내면부모와
내면아이

상처와 치유

김중호 지음

학지사

추천의 글

책을 집필하는 것은 쉬운 일이 아니며, 많은 지식과 경험이 쌓여야만 가능하다. 이번에 김중호 교수가 『내면부모와 내면아이』라는 특별하고 흥미로운 제목의 책을 출간하는 것은 기쁘고 감사한 일이다. 축하한다. 김 교수는 나와 함께 30년 이상 치유상담의 길을 걸어온 사제지간이며 가족 같은 사람이다.

『내면부모와 내면아이』는 창의적인 접근을 시도한 새로운 책이다. 내면아이(inner child)라는 용어는 잘 알려져 있지만 내면부모(inner parents)라는 용어는 생소하다. 왜냐하면 그것은 김 교수가 만들어 낸 독창적인 용어이기 때문이다. 김 교수의 견해에 따르면, 내면부모는 어린 시절 부모의 이미지를 지니고 있는 부모의 모습을 닮은 인격이다. 내면아이는 부모의 말과 행동에 대한 유아의 심리정서적인 반응으로 형성된 인격이다. 김 교수는 상담과 치유 작업을 하면서 사람들의 마음과 행동을 이해하기 위해서는 내면아이 외에 내면부모라는 개념이 필요하다고 생각했다.

인간의 마음을 어떻게 이해하는가에 따라 서로 다른 심리학과 치유의 방법들이 등장한다. 치유와 상담의 임상적 과정에 내면부모라는 개념을 도입한다면 내담자를 이해하고 치유 작업을 하는 데 많은 도움이 될 것이다. 김 교수는 나와 함께 진행하는 영성치유수련에서 '엄마아빠 테라피'라는 치유 프로그램을 맡고 있다. 그것은 김 교수가 만든 것으로서 다른 곳에서는 그 유래를 찾아볼 수 없는 독특한 치유의 과정이다. 그 시간을 통해 많은 참가자가 치유와 변화를 경험하고 있다.

『내면부모와 내면아이』는 누구나 흥미롭게 읽을 수 있는 유익한 책이다. 어려운 이론과 개념들을 많은 사례를 들어서 설명함으로써 알기 쉽게 풀어놓았다. 여러 부류의 사람들에게 이 책을 추천하고 싶다. 첫째는 상담자들과 상담 공부를 하고 있는 학생들이다. 그 이유는 상담과 치유에 필요한 풍부한 지식과 치유 사례들을 접할 수 있기 때문이다. 둘째는 자기성장에 관심이 있는 일반 독자들로서, 이 책에는 자신의 성격과 행동을 이해하고 스스로 치유와 회복을 경험할 수 있는 다양한 사례와 자기치유의 과정이 소개되어 있기 때문이다. 셋째는 어린 자녀를 둔 부모들로서, 이 책에는 자녀의 성격 형성에 부정적으로 영향을 미치는 양육환경의 문제점들이 구체적으로 제시되어 있기 때문이다. 넷째는 유치원과 초·중등학교 교사들로서, 이 책에는 학생들을 이해하고 돌보는 데 도움이 되는 심리학적인 개념들이 소개되어 있기 때문이다. 다시 한 번 이 책의 출간을 축하한다.

2017년 9월
치유상담대학원대학교 총장
정태기

머리말

책을 내는 것이 망설여진다. 나의 지식과 경험의 민낯이 드러나는 느낌이다. 지인들의 권유와 학생들의 요구가 없었다면 어려웠을 것이다. 그들이 나에게 용기를 주었다.

책 속에는 나의 생각과 경험이 담긴다. 내가 습득한 지식과 내가 경험한 나의 이야기가 있다. 나는 내가 습득한 지식과 치유의 경험으로부터 나를 만났고, 내가 나를 만난 것처럼 나에게 찾아온 사람들이 자기 자신을 만나도록 도왔다. 사람들은 자기 자신을 만날 때 어린 시절로 돌아가는 과거로의 여행을 했으며, 그 여행 중에 만난 엄마와 아버지에 대해 이야기했다. 나는 엄마와 아버지에 대해 말하지 않는 내담자를 거의 보지 못했다. 엄마와 아버지에 대한 그들의 기억과 정서는 다양했다. 그리움, 슬픔, 두려움, 분노, 죄책감……. 엄마가 그립다고 말했고, 아버지가 두렵고 밉다고 말했으며, 때로는 죄책감으로 회한의 눈물을 흘리기도 했다.

엄마와 아버지에 대한 이야기 속에는 엄마와 아버지만 있는 것이 아니었다. 그들의 성격과 행동 그리고 삶의 특징이 반영되어 있었다. 나는 그들의 이야기를 들으며, 심리학 책에서 보았던 것처럼, 어린 시절 부모의 양육환경이 자녀의 성격 형성과 정신병리에 많은 영향을 준다는 것을 확인할 수 있었다. 그리고 치유와 회복과 건강을 위해서는 엄마와 아버지에 대한 이야기가 필요하다는 것을 알게 되었다. 많은 심리학자와 상담자들은 어린 시절 부모의 양육환경이 자녀의 성격 형성의 못자리가 된다는 데 동의한다. 정신분석적 견해에 따르면, 인생 초기의 경험은 현재의 갈등과 증상의 원인이 되며,

증상의 원인을 알고 그것을 이야기하면 그 증상이 사라진다. 나는 기본적으로 그런 견해를 따른다. 그것이 이 책의 입장이며 또한 한계일 수 있다.

나는 부모의 양육환경이 자녀의 성격 형성과 정신병리에 중요한 배경이 된다는 것을 내면부모(inner parents)와 내면아이(inner child)라는 개념을 통해서 밝혀 보려고 노력했다. 그리고 개인의 심리상태에 따라 더 적절한 맞춤형의 치유와 회복의 과정을 찾아보려고 하였다.

우리의 인격은 내면부모와 내면아이로 나눌 수 있다. 내면부모는 어린 시절에 부모의 모습과 행동을 보고 듣고 체험함으로써 모방적으로 학습된 부모를 닮은 인격이다. 부모의 생존과 관계없이 부모는 우리 안에 심리적으로 살아 있다. 내면부모는 우리가 왜 부모의 어떤 행동을 싫어하면서도 닮게 되는지, 그리고 부모의 모습이 왜 우리에게 대물림되는지를 이해할 수 있는 배경이 된다. 내면아이는 부모의 양육태도에 대한 유아의 심리내적 반응으로 형성된 인격이다. 유아는 부모의 말과 행동에 대해서 생리적으로뿐만 아니라 심리적으로 반응한다. 그 반응들이 쌓이고 응집됨으로써 내면아이라는 인격이 형성된다. 내면아이는 성인아이(adult child)라는 말과 유사한 개념이다. 그러나 차이점도 있다. 내면아이는 성인아이라고 불리는 사람의 마음속에 있는 내적 인격을 의미한다. 내면아이는 우리 안에 있다고 가정이 되는 심리적인 실체, 곧 정신을 구성하고 있는 내적 구조물이다.

내면부모라는 용어는 내면아이라는 말처럼 널리 알려져 있지 않다. 공인된 용어로 사용되고 있지도 않다. 그러나 나는 상담과 치유 작업을 하면서 내면부모라는 용어와 그 개념의 필요성을 느꼈다. 왜냐하면 한 사람의 인격과 행동 속에는 내면아이라는 개념만으로는 담아낼 수 없는 특성들이 있기 때문이다.

이 책의 내용은 구성상 1부와 2부로 구분할 수 있다. 1부는 1장에서 3장까지로, 1부에서는 기억과 상처 그리고 상처를 남길 수 있는 두 가지의 환경인 외상적 환경과 반복적 환경에 대해 알아보았다. 외상적 환경은 외상이 발생되는 충격적인 환경으로서, 그런 환경은 한 번만 경험해도 마음의 상처와 정신적인 문제를 생기게 한다. 반복적 환경은 작은 좌절과 충격이 반복되는 환경으로서, 그 경험이 쌓이고 쌓이면 결국 마음의 상처가 되고 문제가 되는 환경을 말한다. 부모의 양육태도는 반복적 환경에 속하지만 외상적 환경이 되기도 한다.

2부는 4장에서 10장까지로, 이 책의 주제인 내면부모와 내면아이의 문제를 다루었다. 각 장별로 부모의 양육태도에 따라 형성된 내면부모와 내면아이의 증상과 특징을 분석하고 그에 따른 치유의 과정을 서술하였다. 내적 인격인 내면부모와 내면아이는 부모의 양육환경에 따라 다양하게 나타난다. 부모의 양육환경은 긍정적인 것과 부정적인 것으로 나눠 볼 수 있다. 그러나 이 책에서는 부정적인 양육환경에 따른 내면부모와 내면아이의 특성을 이해하고 분석하는 데 집중하였다. 왜냐하면 이 책은 마음의 상처를 다루고 치유하도록 돕는 데 그 목적이 있기 때문이다. 부모의 부정적인 양육환경은 다양하게 구분될 수 있지만, 여러 문헌을 참고하여 다섯 가지의 부정적인 양육환경, 즉 완벽주의, 강압, 방임, 학대, 거절 등으로 구분하고, 이에 따른 내면부모와 내면아이의 형성과정 및 그 특성을 검토하였다. 그러나 아쉬운 점이 있다. 부모의 부정적인 양육환경에 과보호와 과허용을 포함하지 못한 점이다.

치유는 매우 복합적이며 많은 시간과 노력이 필요한 과정이다. 치유의 모든 원리와 과정을 알아보는 것은 어려운 일이다. 그런 의미에서 치유라기보다는 치유적 논의라고 해야 할 것이다. 치유적 논의는 심리적 치유, 영적 치유, 자기 치유라는 세 가지 측면에서 살펴보았다. 심리적 치유에서는 제한적이지만 심리학자들의 이론에 근거한 치유의 원리와 기법을 제시하였고, 영적 치유에서는 종교와 신앙이 치유에 어떻게 영향을 미치며 도움이 되고 있는지를 알아보았으며, 자기 치유에서는 자기(내면부모)가 자기(내면아이)에게 어떻게 좋은 자기 부모역할을 할 수 있는지를 탐색하였다.

이 책이 나오기까지 도움을 주신 분들이 있다. 치유상담연구원과 치유상담대학원대학교에서 나의 강의를 들으며 영성치유수련에 참석한 학생들이다. 그들은 나에게 영감을 주었고 살아 있는 자신의 이야기를 들려주었다. 이 책에 나오는 여러 사례는 그들의 이야기이며 그들의 비밀보장을 위하여 다소 각색한 것이다. 그 모든 학생들에게 감사한 마음을 전한다. 특별히 강민주 선생님을 비롯하여 원고를 정성껏 타이핑해 준 선생님들과 원고를 꼼꼼히 읽고 조언과 교정을 해 준 나의 아내에게 고마운 마음을 전하고 싶다.

2017년 9월
멀리 남산이 내다보이는 창가에 앉아
김중호

차례

추천의 글 **3**

머리말 **5**

제1장
과거의 기억

초기 기억 **13** | 과거의 영향 **16** | 계속되는 이야기 **21**
브래드쇼의 사례 **24** | 뇌실험 연구 **26**

제2장
기억과 상처

기억의 분류 **32** | 융의 콤플렉스 **34** | 심상적 기억 **35**
정서적 기억 **41** | 일화적 기억 **48** | 공포의 기억 지우기 **56**

제3장
외상적 환경과
반복적 환경

성격의 발달 61 | 상처와 장애의 발생 63 | 외상적 환경 64
외상후 스트레스 장애 69 | 반복적 환경 78
상처의 원인과 결과 83

제4장
부모의
양육태도

부모역할과 대상관계 이론 87 | 부모의 양육태도 91
양육태도의 분류 92 | 바람직하지 않은 양육태도 97

제5장
내면부모와
내면아이

내면부모 102 | 내면부모의 형성과정 107 | 사례 110
내면부모의 기능과 역할 114 | 내면아이 115
건강한 내면아이 118 | 거짓자기 120 | 상처 입은 내면아이 123
사례 124 | 내면아이의 기능과 역할 129 | 통합과 치유 132

제6장

완벽주의,
내면부모와
내면아이

증상과 특징 136 | 완벽주의 137 | 완벽주의 양육태도 139
완벽주의 내면부모 143 | 사례 146 | 완벽주의 내면아이 147
사례 160 | 완벽주의와 결혼 162 | 완벽주의와 인격장애 165
심리적 치유 169 | 영적 치유 173 | 자기 치유 176

제7장

강압,
내면부모와
내면아이

증상과 특징 182 | 강압 183 | 강압의 양육태도 186
강압적인 내면부모 191 | 사례 195 | 강압받은 내면아이 197
사례 214 | 강압과 결혼 217 | 강압과 인격장애 219
심리적 치유 222 | 영적 치유 226 | 자기 치유 231

제8장

방임,
내면부모와
내면아이

증상과 특징 236 | 방임 237 | 방임의 양육태도 239
방임의 종류 242 | 방임의 원인 245 | 방임하는 내면부모 251
사례 254 | 방임받은 내면아이 258 | 사례 269
방임과 결혼 271 | 방임과 인격장애 275 | 심리적 치유 277
영적 치유 282 | 자기 치유 287

제9장
학대,
내면부모와
내면아이

증상과 특징 294 | 학대 295 | 학대의 양육태도 297
학대의 종류 300 | 학대의 원인 305 | 학대하는 내면부모 309
사례 315 | 학대받은 내면아이 318 | 사례 338
학대와 결혼 341 | 학대와 인격장애 345 | 심리적 치유 349
영적 치유 356 | 자기 치유 360

제10장
거절,
내면부모와
내면아이

증상과 특징 370 | 거절 371 | 거절의 양육태도 374
거절의 원인 379 | 거절하는 내면부모 387 | 사례 392
거절받은 내면아이 395 | 사례 417 | 거절과 결혼 423
거절과 인격장애 429 | 심리적 치유 434 | 영적 치유 442
자기 치유 449

참고문헌 457
찾아보기 464

제1장
과거의 기억

🐦 초기 기억

나에겐 오래된 기억이 하나 있다. 기억할 수 있는 것 중에서 가장 오래된 기억인 것 같다. 다섯 살 때였다고 생각된다. 그때 나는 불을 때는 아궁이 속에 들어가 놀던 기억이 있다. 우리 집은 기억 자 집이었는데, 한쪽 지붕은 기와지붕이었고 다른 한쪽 지붕은 양철지붕이었다. 양철지붕 밑에 방을 한 칸 드렸는데, 그 방이 대문 옆에 있다고 해서 문간방이라고 불렸다. 문간방엔 손님이 올 때만 불을 땠기 때문에 평소엔 그 아궁이 앞에 검댕이 묻어 있지 않았다.

나는 그 아궁이 속에 들어가 놀았다. 자주 들어가 놀았다. 그렇다고 허리를 구부리고 구들장 속으로 기어들어 간 것은 아니다. 그 아궁이 앞에는 한 사람이 들어가 불을 땔 수 있는 조그마한 구멍이 있었다. 나는 그 구멍 속에 들어가 놀았던 것이다. 어머니도 그 구멍 속에 들어가 쪼그려 앉아서 불을 때곤 하셨다. 그 구멍 속에 들어가면 그 높이가 내 가슴에 닿는다. 나는 두 팔을 아궁이 구멍 밖으로 올려놓고 장난감을 가지고 놀았다. 내가 가지고 놀았던 유일한 장남감은 아버지의 흰 고무신 두 짝이었다. 고무신 한 짝을 손에 끼고 '붕붕' 소리를 내면 자동차가 되었고, 한 짝을 다른 한 짝 위에 구부려 끼어 넣으면 바다 위로 떠가는 배가 되었다. 그렇게 놀아도 재미있었다.

어느 봄날 오전이었다. 아궁이 앞엔 햇볕이 들어 양지바르고 아늑한 장소가 되었다. 그 날도 나는 아궁이 속에 들어가 놀고 있었다. 때마침 이웃집 아줌마가 우리 집 대문 앞을 지나가다가 나를 보았다. 아줌마는 내게 다가오더니 이렇게 물었다. "아가야! 엄마 언제 오시니?" 엄마가 아빠와 함께 서울에 가셨는데, 서울에 가신 엄마가 언제 오시냐는 물음이었다. 나는 큰 소리로 이렇게 대답했다. "그저께 올 거야!" '글피'라고 해야 하는데 '그저께'라고 잘못 말한 것이다. 그러자 아줌마는 재미있다는 듯이 나를 쳐다보며 깔깔거리고 웃었다. 나는 그때 아줌마가 폭소하며 지나갔던 모습이 잊히지 않는다.

그 시절 나는 왜 그렇게 아궁이 속에 들어가 놀기를 좋아했을까? 어려서는 그 이유를 몰랐다. 물론 생각해 보지도 않았다. 그러나 성인이 되고 상담과 치유에 대한 공부를 하면서 그 이유를 알게 되었다. 내가 아궁이 속에 들어갈 때는 언제나 하나의 공통점이 있었다. 엄마가 집에 없을 때였다. 엄마가 서울에 가시든지, 외출을 하시든지, 마실을 가시든지……. 엄마가 집에 없으면 나는 아궁이 속에 들어가 놀았다. 그렇다면 당시에 아궁이는 나에게 어떤 의미가 있었던 것일까? 아궁이와 엄마는 어떤 관계가 있었던 걸까? 나는 둘 사이에 매우 의미 있는 관계가 있었다는 것을 나중에 알게 되었다. 아궁이는 엄마가 없을 때 엄마를 대신 느낄 수 있도록 해 주는 엄마의 대리물이었다.

대상관계 이론가인 도널드 위니컷(Donald W. Winnicott)의 용어를 빌리자면, 아궁이는 나에게 '중간대상(transitional object)'이었다고 할 수 있다. 중간대상이란 위니컷의 주요 개념 중의 하나로서 유아가 갖게 되는 최초의 개인 소유물을 말한다. 그것은 유아가 스트레스를 받거나 잠자리로 갈 때에 집착적으로 자기 몸에 지니기를 원하는 물건이다. 그것에는 대개 부드러운 담요, 곰 인형, 우유병 등과 같은 것들이 있다. 위니컷에 따르면, 그것은 유아가 엄마로부터 떨어질 때 발생하는 불안, 고통, 두려움 등의 감정을 줄이기 위해 자기 몸에 지니는 것으로 알려져 있다. 즉 유아는 하나의 정서발달 단계로부터 다음 단계로 성장해 갈 때 발생하는 심리적인 불안을 줄이고 스스로 위로하고 마음의 안정을 유지하기 위해 중간대상을 소유한다. 그러므로 중간대상은 종종 엄마를 생각나게 하고 느낄 수 있게 해 주는 엄마에 대한 심리적인 대리물인 것이다. 그것은 엄마가 옆에 없을 때 유아를 위로해 주고 달래 줌으로써 엄마에 대한 착각과 환각을 유지시켜 준다. 그러나 동시에 중간대상은 유아가 엄마로부터 분리되어 좀 더 자율적으로 되는 데 도움을 준다. 즉 유아의 분리 개별화 과정에 필요한 대상이 되는 것이다. 왜냐하면 엄마는 유아의 통제 밖에 있지만, 중간대상은 유아의 통제 안에 있기 때문이다(The American Psychoanalytic Association, 1990, 207–208). 물론 어린 시절의 아궁이는 내가 항상 지니고 다닐 수 없었다는 점에서 위니컷이 말한 중간대상과 정확하게 일치하지는 않는다. 그러나 엄마가 없을 때 엄마 대신 나를 위로해 주고 엄마에 대한 환각을 유지하게 했으며, 또한 엄마로부터 정서적으로 분리되는 데 도움이 되었다는 점에서 아궁이는 나에게 중간대상이었던 셈이다.

아궁이 속에 들어가 본 경험이 없는 사람은 그 기분을 모를 것이다. 그러나 상상할 수는 있다. 아궁이 속에 들어가면 그런대로 기분이 괜찮다. 아궁이가 날 감싸고 있는 것이 아늑하고 포근하게 느껴진다. 마치 엄마의 품속 같기도 하고 치마 속 같기도 하다. 좀 더 상징적으로 말한다면 엄마의 자궁 속에 있는 것과 같다고 할 수 있다. 그러니까 이런 설명이 가능하다. 엄마가 집에 없을 때 아궁이 속에 들어가서 놀았던 것은 엄마의 품속에 있는 것과 같은 착각과 환상을 유지함으로써 엄마가 집에 없는 것에 대한 불안과 슬픔의 감정을 스스로 위로하기 위한 행동이었다. 그러나 당시 나는 그런 이유가 내게 있었다는 것을 전혀 알지 못했다. 나는 아직 어렸고 또한 그런 행동을 유발한 동기는 나의 마음속 무의식 안에 숨겨져 있었기 때문이다.

나의 마음속 무의식 안에서는 어떤 일이 벌어지고 있었을까? 나는 겉으로는 아궁이 속에 들어가 아버지의 고무신을 가지고 놀고 있었지만, 나의 마음속 무의식 안에서는 엄마가 없는 것에 대한 불안과 두려움과 슬픔, 그리고 나를 떼어 놓고 아버지와 함께 서울에 가신 엄마에 대한 분노를 느끼고 있었을 것이다. 이것은 어린아이라면 누구나 경험하는 감정이다. 이와 같이 유아가 자신이 좋아하는 엄마로부터 떨어질 때에는 불안과 분노를 느끼게 되는데, 이런 불안을 분리불안(separation anxiety)이라고 한다. 분리불안은 인간이 경험할 수 있는 가장 근본적인 불안이다. 나는 분리불안을 반복적으로 경험한 것이다. 그것은 나의 마음속에 하나의 인격으로 자리를 잡음으로써 나의 핵심문제가 되었다. 그것은 성인이 된 지금까지도 나의 삶과 행동에 지속적으로 영향을 미치는 심리적인 문제이다.

내가 그렇게 아궁이 속에 들어가 놀기를 좋아했지만, 아궁이 속에서 놀다가 펄쩍 뛰어 나올 때가 있었다. 언제였을까? 엄마가 집에 오실 때, 외출했던 엄마가 대문을 열고 들어오실 때였다. 나는 아궁이 속에서 뛰어나와 엄마에게로 달려갔다. 그리고 엄마의 치맛자락을 붙잡았다. 왜 그랬을까? 이유는 단순하고 분명하다. 내가 더 좋아한 것은 아궁이가 아니라 엄마였기 때문이다. 더 좋아하는 엄마가 왔는데 아궁이 속에 있을 필요가 있겠는가? 사실, 나는 아궁이 속에 들어가 놀고 있었지만, 마음 한쪽에서는 엄마가 오기를 기다리고 있었던 것이다. 서울 가신 엄마가 빨리 와서 내 곁에 있어 주기를 기다렸다. 어린아이가 엄마로부터 떨어져 있을 때 지니게 되는 감정은 매우 양가적이다. 자신을 두고 간 엄마에 대한 분노와 미움이 있는가 하면, 그 엄마가 빨리 와서 자기를 안아 주기를 바라는 마음이 있다. 유아는 엄마를 미워하면서 기다린다. 미워할 수만은 없는 것이 엄마이다.

　　나에겐 엄마에 대한 아름다운 기억들이 많다. 8남매 중 막내로 태어난 나는 엄마의 특별한 사랑과 관심을 많이 받고 자랐다. 엄마는 나에게 생명을 주셨고 사랑을 주셨다. 그러나 그럼에도 불구하고 나의 가장 오래되고 선명한 기억 중의 하나는 엄마가 집에 없을 때 아궁이 속에 들어가 혼자 놀던 기억이다. 왜 그 기억이 사라지지 않는 것일까? 아마도 그것은 그런 상황이 반복적으로 발생했기 때문일 것이다. 반복적인 경험은 일회적인 경험보다 쉽게 잊히지 않는다. 두고두고 기억에 남는다. 그리고 그것은 개인의 성격 형성과 인간관계 방식에 영향을 미친다. 왜냐하면 그것은 한 사람의 전형적인 경험(paradigmatic experience)이 되기 때문이다. 전형적인 경험은 한 개인이 동일한 환경에 지속적으로 노출됨으로써 그 사람의 정서 경험과 행동양식이 일정한 방식으로 굳어지도록 만드는 반복적인 경험을 말한다. 그런 까닭에 전형적인 경험은 성격 형성의 중요한 요인이 된다. 어린 시절에 엄마가 집에 없을 때 아궁이 속에 들어가 놀던 나의 행동은 나의 전형적인 경험이 되었고, 그것은 나의 성격 형성과 삶의 태도에 많은 영향을 주었으리라는 것을 짐작할 수 있다.

🌿 과거의 영향

　　　　　　　　과거의 경험은 사라지지 않는다. 우리 안에 그대로 남아 지속된다. 물론 우리는 과거에 있었던 모든 사건을 기억하지는 못한다. 기억하는 사건들도 있지만 기억하지 못하는 사건들도 많다. 그러므로 과거의 사건들은 기억되는 사건들과 기억되지 않는 사건들로 구분될 수 있다. 그럼 기억되지 않는 사건들은 어디에 있는 것일까? 그것은 완전히 사라진 것일까? 그렇지 않다. 그것은 기억나지 않을 뿐, 여전히 우리 안에 남아 있다. 기억되지 않는 과거의 사건들이 남아 있는 장소를 심리학자들은 무의식이라 부른다. 과거의 경험들은 무의식 안에 저장되어 있다.

많은 심리학자는 과거의 경험이 그냥 사라지지 않고 무의식 속에 저장된다고 말한다. 저장될 뿐만 아니라 우리 안에 그대로 남아서 현재의 삶을 지배한다고 보고 있다. 미국 정신신경의학회 전문의이며 오하이오 주립대학교 의과대학의 교수였던 휴 미실다인(Hugh Missildine) 박사의 견해에 따르면, 어린 시절의 경험은 지금도 우리 안에 살아 있으며, 성인이 된 우리의 삶에 영향을 주고, 때로는 우리의 삶을 방해한다는 것을 알 수 있다. 미실다인은 자신의 책에서 이렇게 기록했다. "당신이 과거에 경험했던 어린 시절은 어른이라는 외관 속에 그대로 남아 지속된다. 그대로 지속된다는 말보다는 오히려 번창한다는 말이 더 어울릴 것이다."(Missildine, 1963, 4)

어린 시절의 경험이 더 번창한다는 것은 무엇을 의미하는 것일까? 그것은 경험이 축적되는 경험의 역사를 말한다. 과거의 경험은 그 경험으로 그치지 않는다. 그 경험 위에 유사한 새로운 경험이 쌓이고 또 쌓임으로써 그 경험은 더 불어나고 굳어지게 된다. 그리고 그것은 그만큼 현재의 삶에 더 많은 영향력을 행사한다. 미실다인은 말하기를 우리는 정서적으로 양파의 속처럼 성장한다고 했다. 그는 휘트먼(Whitman)의 말을 인용하면서, 우리가 경험하는 하루하루의 삶은 우리의 일부가 되며, 따라서 어린 시절과 청소년 시기에 발생한 모든 갈망과 몸부림들은 언제나 우리 마음 안에 남아 있을 것이라고 했다(Missildine, 1963, 41).

프로이트(Sigmund Freud)로부터 시작된 정신분석(psychoanalysis)은 한 사람이 과거에 경험한 개인의 역사가 그 사람의 현재 행동과 인간관계에 어떻게 영향을 미치게 되는지를 탐구해 왔다. 동시에 과거의 경험과 개인의 성격구조 사이에 어떤 관련성이 있는지를 알아내는 데 주력했다. 프로이트는 많은 사람이 겪고 있는 신경증과 정신장애의 원인이 일생 동안 반복되는 어린 시절의 해결되지 않은 갈등 때문이라는 것을 처음으로 주장하였다(Bradshaw, 1990, xiv). 따라서 프로이트의 치료적인 접근은 현재에 영향을 미치는 과거의 갈등을 다루는 것에 초점이 맞추어졌고, 그것은 오늘날까지 정신분석 치료의 중요한 전통이 되었다.

프로이트의 영향을 받은 현대의 대상관계 이론가들도 인간의 성격구조가 형성되는 데 있어서 과거의 경험이 중요하다는 것을 강조했다. 특히 생애 초기에 유아가 갖게 되는 엄마와의 대상관계 경험은 한 사람의 성격구조와 인간관계의 특성을 발현시키는 주된 요인이 된다고 보았다. 따라서 그들은 성격 형성과 행동특성에 항구적인 잔재를 남기는 생애 초기의 인간관계, 즉 유아와 엄마의 관계를 연구하는 데 초점을 두었다(Clair, 2004, 2). 그들은 성격 발달에 있어서 오이디푸스 콤플렉스(Oedipus complex) 이전 단계의 중요성을 강조함으로써 프로이트가 생각했던 것보다 더 이른 발달단계에 주목했다.

1970년대 중반에 시작된 신경언어 프로그래밍(Neuro Linguistic Programming)의 기본 원리도 과거의 경험이 사라지지 않고 마음속에 남아 있다는 가정에 근거하고 있다. 그 분야의 전문가들에 따르면, 우리의 감정과 기억은 고정되어 있으며, 우리는 그것을 언어로 재연해 낼 수 있다고 말한다. 우리는 감각을 통해 인식한 것을 기억하고 기억한 것을 언어로 재연한다. 그것은 마치 버튼을 누르면 작동되는 스트레오 녹음기처럼 되살아난다. 소리, 이미지, 냄새, 맛 등이 되살아나고 고정된 감정이 재연된다(Bradshaw, 1988, 180).

과거의 경험은 사라지지 않고 우리 안에 남아 현재의 삶에 영향을 주고 있다는 것은 많은 심리학자들과 상담자들이 가지고 있는 기본 가정이며, 그들이 상담과 치유를 위해 접근하는 기본 입장이기도 하다. 물론 과거의 경험이 현재의 삶과 행동의 심리적인 원인이 된다는 인과론적인 결정론은 포스트모더니즘(post-modernism)으로 알려진 후기 구조주의와 사회 구성주의(social constructivism)의 인식론에 의해 도전을 받고 있는 것이 사실이다. 현대에 이르러 학문과 철학적 사조의 급격한 변화가 있었다. 1900년대의 전반기를 지배했던 낭만주의(romanticism)는 구조주의(structuralism)로 대변되는 모더니즘에 의해 뒤로 물러나게 되었으며, 또한 1900년대의 후반기를 지배했던 모더니즘은 1980년대에 출현한 포스트모더니즘, 즉 후기 구조주의와 사회 구성주의의 도전에 직면해 있다.

낭만주의는 이성과 합리성에 절대적 가치를 두었던 17~18세기의 계몽주의에 대한 반발로 태동되었다. 낭만주의는 예술과 철학의 한 사조로서, 개인의 개성을 강조하고 이 세상은 보이지 않는 어떤 신성한 힘에 지배를 받으며 그 힘에 의해 움직여지고 있다는 비과학적인 사상을 가지고 있었다. 낭만적 가치가 과학적 사상을 대신한 것이다. 낭만적(romantic)이라는 말의 어원에는 '환상적'이라는 의미가 있다.

모더니즘은 그런 낭만주의에 반대하여 시작되었다. 모더니즘은 세계의 모든 현상에 대한 객관적이고 총체적인 진리는 과학적 관찰과 추론에 의해 밝혀질 수 있다고 보았으며, 따라서 모든 것을 통합할 수 있는 보편적인 법칙을 찾아내는 것에 가치를 두었다. 즉 보편성과 절대성의 가치를 강조했다. 모더니즘의 입장에 서 있는 심리학에서는 어떤 사람의 문제의 원인은 항상 성격이라는 내면에 있으며, 문제의 발생은 내면의 성격 속에 있는 것이 밖으로 드러난 것이라고 이해한다. 그리고 성격의 형성은 과거의 경험에 뿌리를 두고 있는 것이기 때문에 과거와 현재라는 시간적인 인과관계를 중요하게 생각한다. 따라서 외적으로 나타난 것은 내적인 것의 표현이며, 현재는 과거의 결과라고 보았다.

그러나 포스트모더니즘, 즉 후기 구조주의와 사회 구성주의의 입장은 다르다. 포스트모더니즘은 모더니즘에서 강조하는 객관적 진리에 반대하며, 지금까지 믿어 왔던 절대적 진리에 대해 의심한다. 그런 의미에서 탈구조적이다. 그 결과, 절대적이라고 믿어 왔던 원리와 가치들이 무너지게 되었고, 현실이란 불가피하게 개인의 주관적 인식과 경험에 의해 결정되는 것이라고 보았다. 따라서 진리의 문제는 객관성과 보편성의 문제가 아니라 관점과 인식의 문제로 대치된다(김유숙, 2002, 46-50). 이런 포스트모더니즘의 입장에서 본다면, 과거의 경험이 현재에 영향을 미친다는 인과론적인 가설은 받아들이기 어려운 것으로 보인다. 하지만 포스트모더니즘의 인식 방법론 속에도 인과론적인 사고가 전혀 없는 것은 아니다. 다만, 차이가 있을 뿐이다. 포스트모더니즘에서는 모더니즘에서와 달리, 하나의 원인에서 하나의 결과만이 아니라 여러 가지의 다른 결과가 나타날 수 있다고 본다. 그러므로 하나의 원인이 항상 동일한 결과만을 만든다고 말한다면 그것은 절대적이고 보편적인 가치를 강조함으로써 모더니즘의 구조주의적 사고에 묶이게 되지만, 하나의 원인에서 여러 가지의 다른 결과들이 나올 수 있다고 생각한다면 그것은 포스트모더니즘에 근거한 인과론이 될 것이다.

전통적인 심리치료와 상담은 증상의 원인을 밝혀내는 인과론적인 접근을 취한다. 증상과 원인 사이의 인과관계를 찾는 것은 치료와 변화의 중요한 과정으로 간주된다. 그런데 인과관계에는 직선적 인과관계(linear causality)와 순환적 인과관계(circular causality)가 있다. 직선적 인과관계는 원인은 항상 원인이 되고 결과는 항상 결과가 됨으로써, 한 방향으로만 영향을 주는 인과관계를 말한다. 시간의 흐름은 좋은 예가 될 수 있다. 시간은 언제나 미래로부터 와서 현재를 지나 과거로 나아간다. 이런 시간의 흐름은 바뀌지 않는다. 우리가 3차원의 세계에 살고 있는 한, 시간은 거꾸로 흐르지 않는다. 따라서 현재가 과거에 영향을 줄 수 없고 또한 미래가 현재를 바꿀 수 없다. 다만, 과거는 현재에, 현재는 미래에 영향을 줄 수 있을 뿐이다. 이처럼 한 방향으로만 영향을 줄 수 있는 인과적 관계를 직선적 인과관계라고 한다.

그러나 직선적인 인과관계만 있는 것은 아니다. 공간이라는 수평적 세계에 살고 있는 우리는 동시간적인 수평적 상호관계의 경험이 가능하다. 즉 나는 다른 사람에게 영향을 받지만 동시에 그 사람에게 영향을 주기도 한다. 원인과 결과가 상호 순환한다. 이와 같이 원인이 결과가 되고 결과가 원인이 되는 인과관계를 순환적 인과관계라고 한다. 오늘날의 심리학과 상담치료에서는 순환적 인과관계의 중요성을 강조한다. 특히 현대의 가족치료 분야에서는 순환적 인과관계에 주목한다. 즉 가족 구성원들은 서로의 부적응 행동의 원인이 되기도 하고 결과가 되기도 하는 악순환적 관계에 있을 수 있다는 것이다. 따라서 치료는 그 악순환의 연쇄 고리를 끊어 주고 선순환의 연쇄 고리를 만들도록 도움을 주는 데 초점을 둔다(김유숙, 2002, 62).

순환적 인과관계의 개념은 현대 정신분석학계에서 주목을 받고 있는 상호주관성(intersubjectivity) 이론에서도 강조되고 있다. 상호주관성이란 두 사람의 주관적인 대상 사이에 이루어지는 상호작용을 의미하는 말로서, 한 인격이 건강하게 성장 발달하기 위해서는 독립된 두 대상이 서로 영향을 주고받는 상호주관적인 관계의 경험이 필요하다는 의미를 지닌 용어이다. 상호주관적인 관계의 경험은 유아와 엄마 사이에서 필요하다. 상호주관성 이론에 따르면, 유아는 엄마의 행동에 단지 반응하는 수동적인 존재가 아니라 자신의 주관적인 행동을 통해 엄마의 반응행동을 이끌어 내는 능동적인 존재이다. 엄마가 유아의 행동에 의미를 부여하는 것처럼, 유아 역시 엄마의 행동에 의미를 부여함으로써 엄마가 엄마의 역할을 하도록 영향을 미친다. 이처럼 유아는 엄마와의 상호주관적인 관계라는 공간 안에 있을 때 건강한 인격 발달이 가능하다고 보는 것이다.

콜윈 트레바튼(Colwyn Trevarthen)과 다니엘 스턴(Daniel Stern)은 뇌신경학적인 연구를 통해서 상호주관적인 경험이 유아의 건강한 성격 발달에 매우 중요하다는 것을 밝혀냈다. 그들은 부모가 유아의 감정표현과 행동에 주목하고 민감하게 반응할 때 유아의 성격 발달이 훨씬 촉진된다는 것과 유아가 자발적으로 행동하고 반응할 때 부모도 유아의 행동에 영향을 받아 더 적극적으로 행동하게 된다는 것을 알아냈다. 그리고 유아의 성격이 건강하게 발달하기 위해서는 자신이 부모에게 영향을 미칠 수 있다는 '행위의 주체라는 느낌(sense of agency)'이 필요하다고 하였다(Fosha et al; 노경선, 김건종 역, 2013, 317–318). 이런 상호주관적인 관계는 내담자와 상담자 사이에서도 필요하다. 상호주관성이 결여된 상담과 심리치료는 내담자의 치유와 성장에 효과적으로 도움을 줄 수 없기 때문이다.

❧ 계속되는 이야기

과거의 경험은 사라지지 않고 우리 안에 남아 있으면서 현재의 삶에 영향을 준다는 것은 많은 사례를 통해서 알 수 있다. 나의 이야기를 계속해 보자. 어린 시절 엄마가 집에 없을 때 아궁이 속에 들어가 놀았던 경험은 성인이 된 나의 성격과 행동에 영향을 주었다. 그것은 무엇보다도 나의 결혼 생활에 영향을 미쳤다. 나는 아내와 문제가 있을 때 아궁이 속에 들어가는 것과 같은 행동을 반복하고 있다는 것을 알게 되었다. 물론 아내와 사이가 좋을 때는 그런 일이 일어나지 않는다. 그러나 사이가 불편해지고 마음에 섭섭함이나 분노가 느껴질 때, 나는 어린 시절 아궁이 속에 들어갔던 것과 유사한 행동을 반복했다. 나는 소리를 지르며 싸우지는 않는다. 아니 큰소리를 내는 것을 견디지 못한다. 왜냐하면 소리를 지를 때 내가 압도당하는 불안을 느끼게 되기 때문이다. 대신 내가 선호하는 방법이 있다. 침묵이다. 하던 말을 중단하고 자리에서 일어나는 것이다. 그리고 책과 책상이 있는 나의 방, 서재로 들어가서 방문을 닫아 버린다. 내가 책을 보기 위해 방으로 들어갈 때와 아내에게 화가 나서 방으로 들어갈 때에는 분명한 차이가 있다. 책을 보기 위해 들어갈 때에는 굳이 방문을 닫지 않는다. 방문을 열어 놓고도 얼마든지 책을 볼 수 있기 때문이다. 그러나 화가 나서 들어갈 때에는 반드시 방문을 닫아 버린다. 그것은 이런 메시지가 담긴 비언어적 행동이다. "여보! 나 지금 단단히 화가 났거든! 그러니까 내게 가까이 오지 마! 나는 당신이 내 곁에 오는 게 싫어. 혼자 있고 싶어!" 그때 나는 상처받았다고 느끼고 방치되거나 거절받았다고 느낀다.

그런데 참으로 이상한 나 자신을 보게 된다. 나는 방문을 닫아 놓았지만 마음 한쪽에서는 아내가 방문을 열고 들어와 주기를 기다리고 있는 내 자신을 발견하게 되기 때문이다. 아내가 알면 쪽팔리는 일이다. 나는 아내가 방문을 열고 들어와서 미소를 지으며 내게 말을 걸어 주기를 기다린다. 아내가 미안하다고 말하며 나의 상한 마음을 위로해 주기를 원한다. 그러나 내가 먼저 방문을 열고 나가서 미소를 짓는 일은 거의 없다. 그럼 아내는 커피를 타거나 과일을 깎아 접시에 담아 들고 방문을 열며 내 방으로 들어온다. 그리고 이렇게 말한다. "기분 풀어요. 과일 먹어요!" 얼마나 고마운 일인가? 그러나 나는 먹지 않는다. 자존심이 있고 체면이 있지……. 어떻게 금방 받아먹을 수 있겠는가? 나는 입을 굳게 다물고 "음……." 소리를 내며 고개를 좌우로 흔든다. 아내는 다시 말한다. "그러지 말고 먹어요. 먹고 기분 풀어요." 그러나 나는 오히려 더 큰 소리로 이렇게 말한다. "안 먹어! 먹기 싫어! 안 먹는다는데 귀찮게 왜 그래?" 나는 그렇게 말함으로써 내가 아내 때문에 화가 났다는 것을 정당화하려고 한다. 그러나 그럼에도 불구하고 아내는 화를 내지 않는다. 오히려 포크로 과일을 찍어서 내 입에 넣어 준다. 그때서야 나는 못 이기는 척하면서 받아먹는다. 그리고 아내를 따라 방에서 나온다. 생각해 보면 너무나 고마운 일이다.

결혼 후 수년간 나는 그런 행동을 반복했다. 처음엔 그런 행동을 하고 있는 줄도 몰랐다. 왜 그런 행동을 하는지 그 이유는 더더욱 몰랐다. 그러나 알게 되었다. 책과 책상이 있는 나의 서재는 아내와 갈등이 생겨서 아내로부터 정서적으로 방치되거나 거절당했다고 느낄 때 나 스스로를 위로하기 위해 찾아 들어간 또 하나의 다른 아궁이였다. 또 다른 아궁이 속에서 나는 무엇을 했을까? 책상 앞에 앉아 있었지만 책을 본 것은 아니었다. 대신 기다리고 있었다. 아내가 문을 열고 들어와서 위로해 주기를 기다렸다. 마치 어린 시절에 엄마가 외출했을 때 아궁이 속에 들어가서 엄마가 빨리 오기를 기다리고 있었던 것처럼 아내를 기다린 것이다. 이처럼 나는 결혼 생활에서 어린 시절의 행동과 유사한 행동을 반복했다. 아내의 입장에서 본다면, 이런 나의 행동은 너무나 유치하고 어린애 같은 짓이었다. 아내가 많이 힘들었을 것이다. 왜냐하면 아내는 다섯 살짜리 어린애 같은 남편과 살고 있었기 때문이다. 아내는 아내가 아니라 엄마의 역할을 한 것이다. 이처럼 나는 성인이 되었지만, 내 마음속에는 어린 시절에 아궁이 속에 들어가 엄마를 기다리던 다섯 살짜리의 어린아이가 있다. 두렵고 불안하고 화가 나고 슬퍼하며 엄마를 기다리는 어린아이이다. 이런 아이를 내면아이(inner child)라고 한다.

내면아이는 과거의 모습을 그대로 지닌 마음속에 있는 인격으로서 어린 시절 부모의 양육태도와 여러 가지의 삶의 환경으로 인하여 형성된 개인의 인격을 말한다. 이것은 한 사람의 독특한 성격과 행동방식을 특징짓는 내적 요인이 된다. 내면아이가 건강하지 아니할 경우, 그 내면아이를 상처받은 내면아이라고 한다. 어린 시절 삶의 환경이 열악하고 부정적일 때 내면아이는 상처를 받는다. 상처받은 내면아이는 인간관계에 갈등을 초래하고 신경증적인 행동을 함으로써 불행한 삶의 원인이 될 수 있다. 그 내면아이는 평소에 잠잠하게 있지만, 삶이 자신의 뜻대로 잘 통제되지 않거나 스트레스를 받으면 활동을 개시한다. 개인의 전 인격을 장악해 버린다. 모든 말과 행동이 내면아이의 지배를 받게 된다. 그러면 삶과 인간관계가 어려워지고 파괴적으로 끝날 수 있다. 내 안에는 그런 내면아이가 있다. 그러나 내 안에만 있는 것일까? 나는 내가 만난 거의 모든 사람에게 그런 내면아이가 있다는 것을 알게 되었다.

내가 치유받고 회복되지 않았다면 나는 아직도 화가 날 때마다 또 다른 아궁이인 나의 서재로 들어가는 행동을 반복했을 것이다. 왜냐하면 내 안에 있는 내면아이가 그렇게 행동하도록 나를 만들었을 것이기 때문이다. 그러나 이제는 많이 좋아졌다. 치유 덕분이다. 이제는 내가 아내에게 화가 나는 일이 있더라도 말하던 도중에 일어나 나의 방으로 들어가는 일은 거의 없다. 아니 나의 방으로 들어가다가도 얼른 다시 나온다. 왜냐하면 내가 얼마나 유치한 행동을 하고 있는지를 알아차리게 되기 때문이다. 사람은 자신이 왜 그렇게 유치하고 부적절한 행동을 하고 있는지 그 이유를 알게 되면 그런 행동을 반복할 가능성이 줄어든다. 이것을 치유에서는 통찰의 원리(principle of insight)라고 한다. 통찰은 내가 어떤 행동양식을 가지고 있으며 그렇게 행동하게 되는 이유와 동기가 무엇인지를 인지적으로 알아차리게 되는 것을 말한다. 사람은 자기 자신을 알고 이해하는 것만큼 변화하도록 되어 있다. 물론 다른 이유도 있다. 이제는 내가 화가 나서 나의 방으로 들어갈지라도 아내가 커피를 타거나 과일을 깎아 들고 방으로 들어오는 일은 없다는 것을 알기 때문이다.

🌿 브래드쇼의 사례

『수치심의 치유(Healing the Shame that Binds You)』와 『상처 받은 내면아이 치유(Homecoming: Reclaiming and Championing Your Inner Child)』의 저자로 알려진 치유자 존 브래드쇼(John Bradshaw)는 자신의 저서에서 자신의 이야기를 있는 그대로 기록함으로써 치유과정에 필요한 자기개방 행동의 모델을 보여 주었다. 브래드쇼의 이야기는 과거의 경험이 사라지지 않고 현재에 그대로 남아 현재의 삶과 행동을 지배하고 있다는 것을 보여 주는 또 하나의 사례라 할 수 있다.

브래드쇼가 열한 살 때의 일이다. 그는 그것이 크리스마스 이브 때 발생한 일이라고 기억한다. 브래드쇼는 집에 들어오는 아버지를 보자마자 아무 말도 하지 않은 채 어두운 자기 방에 들어가 머리 끝까지 이불을 뒤집어쓰고 누워 버렸다. 왜냐하면 그날 밤 술에 취해 늦게 들어온 아버지 때문에 그렇게 기다리며 준비한 크리스마스 파티를 완전히 망쳐 버리게 되었다고 생각했기 때문이다. 아버지에게 단단히 화가 난 어린 브래드쇼는 아버지가 크리스마스 파티를 망치게 한 것에 대한 책임감을 철저히 느끼게 해 주고 싶었다. 그것은 아버지의 행동에 대한 복수였다. 그러나 브래드쇼는 자신이 화가 났다는 것을 말로 표현하지는 못했다. 왜냐하면 부모에게 화를 내는 것은 잘못된 행동이라고 배웠기 때문이다. 그래서 그는 항상 그렇게 했듯이 이번에도 자신의 분노를 억압하였고, 말로 표현하는 대신 이불을 뒤집어쓰고 누워 버리는 행동으로 바꿨다. 억압된 분노는 항상 위험하다. 왜냐하면 언젠가는 폭발할 수 있기 때문이다. 분노를 억압하고 다른 행동으로 대신 표현하는 것은 브래드쇼의 습관이 되어 버렸다.

분노에 대한 그런 처리 방식은 브래드쇼가 어른이 되었을 때에도 지속되었다. 특히 결혼 후 가족관계에서 그랬다. 그는 자신의 분노를 억압했다가 폭발시켰다. 분노를 폭발시키는 것은 어린 시절보다 훨씬 쉬웠다. 왜냐하면 아내나 자녀들은 어린 시절 아버지만큼 위협적인 존재가 아니기 때문이다. 브래드쇼는 자신이 마흔 살이 되던 해에 있었던 사건을 기억하고 있다. 그때 그는 가족과 함께 어느 섬에 가서 휴가를 보내고 있었다. 그런데 어떤 문제가 발생했다. 그는 몹시 화가 났다. 그렇게 큰 문제가 아닌데도 불구하고 그는 아내와 아이들이 공포에 질릴 정도로 소리를 지르며 화를 쏟아 냈다. 그리고 가족을 버려둔 채 차를 몰고 멀리 가 버렸다. 그는 어느 모텔 방에 들어가 철저히 혼자 있다는 느낌이 들기 시작할 때까지 격렬한 분노에 시달렸다.

브래드쇼의 자기분석에 따르면, 그때 그의 분노 표출은 무의식에서 비롯된 연령 퇴행적인 행동이었다. 퇴행(regression)이란 현실에 대한 불안을 줄이기 위한 방어적인 행동으로서 현재보다 더 안전하다고 느껴지는 과거 또는 이전 발달단계로 돌아가는 심리행동적인 현상을 말한다. 퇴행은 과거의 상태로 돌아가는 것이기 때문에 다른 사람에게는 유치하거나 미숙한 행동으로 보일 수 있다. 때로는 이해할 수 없는 행동으로도 인식된다. 퇴행은 스트레스를 받거나 위기상황에서 많이 나타나며 또한 상담과 치유과정에서 일어나기도 한다. 상담과 치유과정에서 발생하는 퇴행은 치유와 회복에 도움이 되는 것으로 알려져 있다. 그러나 일상적인 삶에서의 퇴행은 인간관계를 파괴하고 삶을 불행하게 만든다. 브래드쇼의 퇴행은 치유적 퇴행이 아니었다. 가족에게 상처를 주었고 자신의 삶을 불행하게 만들었다. 브래드쇼의 행동이 퇴행적이었다는 것은 분명하다. 그가 소리를 지르고 화를 내며 가족들을 버리고 나간 것은 자신의 마음으로부터 가족들을 밀어낸 행동이었다. 그는 그렇게 함으로써 자기를 화나게 한 가족들에게 벌을 주고 있었던 것이다. 그것은 어린 시절 크리스마스 파티를 망치게 한 아버지에 대한 분노를 처리한 방식과 유사하다. 그가 휴가 중에 화가 나서 가족들을 버려두고 밖으로 나간 것과 어린 시절 아버지에게 화가 나서 자기 방에 들어가 이불을 덮어쓰고 누워 버린 것은 겉으로 보기에는 다른 행동이지만, 심리적으로는 동일한 행동이다. 그것은 상대방에게 벌을 주고 관계를 단절하며 자신의 분노를 말이 아닌 행동으로 대신 표출했다는 점에서 공통점이 있다. 그러므로 퇴행은 과거의 경험이 사라지지 않고 현재의 삶과 행동에 영향을 미치고 있다는 것을 단적으로 보여 주는 심리적인 현상이라 할 수 있다. 브래드쇼는 이렇게 기록했다. "어린아이의 성장이 저지되거나 감정이 억제되었을 때, 특히 화가 나거나 상처를 받았을 때, 그 감정들을 그대로 지닌 채 자라서 어른이 된다면, 화나고 상처받은 그 어린아이는 어른이 된 후에도 계속해서 그 사람의 내면에 자리를 잡게 된다. 그리고 그 사람의 내면에 있는 그 어린아이는 그가 어른으로 행동하는 데 계속해서 지장을 주게 된다."(Bradshaw, 1990, 7)

나는 앞서 과거의 경험은 사라지지 않고 우리 안에 남아 현재의 삶에 영향을 준다는 것을 계속 설명하였다. 그러나 그 설명은 좀 더 과학적이고 객관적인 증거를 필요로 한다. 인간의 뇌에 관한 연구는 우리의 논의를 뒷받침해 줄 수 있는 과학적인 증거가 된다.

인간의 뇌는 동물과 비교할 때 기형적이라 할 만큼 크고 비대하며, 놀랍도록 진화와 발달을 거듭해 왔다. 폴 맥린(Paul MacLean)에 따르면, 인간의 뇌는 그 진화의 역사에 따라, 뇌간(파충류의 뇌), 변연계(포유류의 뇌), 대뇌피질(영장류의 뇌)이라는 3층으로 분류된다. 뇌간은 진화의 역사상 가장 오래된 뇌로서 파충류도 가지고 있다. 따라서 뇌간은 '파충류의 뇌' 또는 '원시적 뇌'라고도 불린다. 뇌간은 자율신경계와 연결되어 있으며 호흡과 심장박동 그리고 음식 섭취처럼 인간의 기본적인 생존에 필요한 기능을 담당한다. 변연계는 뇌간과 대뇌피질 사이에 있는 뇌로서 '구피질'이라고도 한다. 변연계는 포유류 이상의 진화된 동물들이 지니고 있기 때문에 '포유류의 뇌'라고도 한다. 변연계에는 감정을 경험하는 편도체와 시간과 공간 및 명시적 기억을 담당하는 해마가 있다. 대뇌피질은 진화의 역사가 가장 짧은 뇌로서 '신피질'이라고도 하고 영장류 동물만이 지니고 있기 때문에 '영장류의 뇌'라고도 한다. 대뇌피질은 뇌의 가장 바깥 부분에 위치하고 뇌의 가장 큰 부위를 차지하고 있으며 인식, 언어, 감정, 분석, 판단, 성찰과 같은 고차원적인 사고 기능을 담당한다.

그런데 이 세 가지 뇌는 독립적으로 존재하는 것이 아니라 서로 영향을 주고받음으로써 상호작용한다. 그것은 마치 프로이트가 말한 성격의 삼중 구조, 즉 원본능(id)과 자아(ego)와 초자아(superego)가 상호작용하는 것과 유사하다. 예를 들어, 배고픈 사람이 빵집 앞을 지나가게 되었다고 상상해 보자. 그때 뇌간은 이렇게 말한다. "너 배고프지? 빨리 저 빵을 집어 먹어라." 그러나 그 순간 대뇌피질에서는 이런 메시지가 들린다. "돈이 없는데 어떻게 먹어! 집에 가서 돈을 가지고 와서 사 먹자. 그때까지 참아라." 이처럼 대뇌피질은 뇌간의 본능적인 욕구를 통제한다. 그러나 뇌간에 대한 대뇌피질의 지나친 간섭과 통제는 한 개인의 생명유지 활동을 억압하는 결과를 가져올 수도 있다는 것을 기억해야 한다. 그러므로 바람직한 상태는 세 가지 뇌 사이에 조화를 이루는 것이다(한국뇌과학연구원, 서울 경제신문, http://julythief.blog.me, 2004).

　　과거의 경험이 사라지지 않고 우리 안에 남아 있다면 어디에 남는 것일까? 뇌 연구에 따르면, 그것은 변연계와 대뇌피질(영장류의 뇌) 속에 남는 것으로 볼 수 있다. 과거의 경험들 가운데 감정적 경험들은 변연계의 편도체 속에 남고, 인지적 기억은 변연계의 해마와 대뇌피질 속에 남는다고 할 수 있다. 그러나 이 둘 사이는 항상 연결되어 있기 때문에 감정이 자극을 받으면 과거의 사건에 대한 인지적 기억이 떠오르고, 과거의 사건에 대한 인지적 기억이 떠오르면 그것과 연결되어 있는 감정이 느껴지기도 한다.

　　1951년 캐나다 맥길 대학교 출신의 신경외과 의사인 와일더 펜필드(Wilder Penfield) 박사는 지금까지의 논의와 관련된 매우 중요한 사실을 과학적인 방법을 통해서 알아냈다. 그는 간질병 환자들의 치료를 위한 뇌수술을 하는 과정에서 일련의 실험을 했는데, 그것은 대뇌피질부, 즉 신피질의 측두엽에 전기 자극을 주는 실험이었다. 피험자들은 뇌수술이 진행되는 과정에서 부분 마취상태에 있었기 때문에 전기 자극에 의한 반응을 인식할 수 있었고, 그것을 펜필드에게 말하도록 사전에 약속되어 있었다. 그 실험은 여러 환자를 대상으로 수년 동안 계속되었다.

　　한 실험에서 펜필드는 피험자의 대뇌피질 오른쪽 측두엽 한쪽 부위에 있는 19번 지점에 전기 자극을 주었다. 그는 실험을 위하여 피질 표면에 가상적인 번호를 매겨 놓은 것 같다. 그때 피험자가 이렇게 말했다. "피아노가 놓여 있고 누군가가 피아노를 치고 있습니다. 나는 어떤 노래 소리를 듣고 있습니다." 펜필드는 전기 자극을 끊었다가 아무런 예고 없이 같은 지점에 다시 자극을 주었다. 피험자는 이렇게 말했다. "어떤 사람이 다른 사람에게 말을 걸고 있어요." 그리고 피험자는 한 사람의 이름을 말했다. 펜필드는 세 번째로 같은 지점에 다시 자극을 주었다. 그는 이렇게 말했다. "그래요. 오, 메리! 오, 메리! 누가 그것을 노래하고 있군요." 그는 기억 속에 떠오른 사람에게 직접 대화하듯 말했다. 네 번째로 동일한 지점에 자극을 주었을 때 그는 노래 소리를 들었고 그 노래가 어떤 라디오 프로그램의 주제곡이었다고 설명했다. 잠시 후 펜필드는 피질 표면의 16번 지점에 전기 자극을 주었다. 그러자 이번에는 이렇게 말했다. "무엇인가 기억이 떠오르고 있습니다. 전에 가 본 적이 있는 크라운 맥주 회사……. 해리슨 제과 주식회사가 보입니다." 19번 지점을 자극했을 때와는 다른 내용의 기억이었다. 펜필드는 실험의 확증을 위하여 전기 자극을 주지 않으면서 자극을 주고 있다고 거짓말을 해 보았다. 그러자 피험자는 "아무것도 보이지 않아요."라고 말했다.

다른 피험자의 실험에서 대뇌피질 오른쪽 측두엽 윗부분의 틈새에 전기 자극을 주었다. 그때 피험자는 관현악 연주와도 같은 훌륭한 음악소리를 들었으며 같은 부위의 반복적인 자극은 계속해서 동일한 음악소리를 재생시켰다. 전기 자극이 계속되는 동안 피험자는 자신이 듣고 있는 음악소리에 맞춰 곡조와 가사를 흥얼거렸다.

피험자에 대한 뇌자극 실험은 계속되었다. 거의 모든 피험자에게서 이 두 사례와 유사한 반응이 나타났다. 이런 실험을 통하여 펜필드는 중요한 발견을 하였다. 과거의 사건과 경험은 사라지지 않고 감정과 함께 우리의 뇌 속에 기록되듯이 저장된다는 것이다. 출생부터 아니 어쩌면 출생 이전부터의 경험들이 사진 필름처럼 그리고 녹음테이프처럼 뇌 속에 저장된다. 그리고 그것은 외부의 어떤 자극에 의해서 재생되고 재현된다(Harris; 이형득, 이성태 역, 1995, 14-23). 물론 과거의 모든 경험이 뇌 속에 저장된다고 말하기 위해서는 과학적인 연구가 더 필요하다. 그러나 펜필드의 실험연구는 그 가능성을 설득력 있게 뒷받침하고 있다. 즉 펜필드의 실험결과에 따르면, 과거의 경험은 사라지지 않고 우리의 뇌 속에 남아 있으며 그것은 외부의 자극을 받으면 재생됨으로써 현재의 삶에 영향을 미치고 있다는 것을 알 수 있다.

재생된 과거의 기억은 과거에 실제로 발생했던 사건과 정확하게 동일하지는 않다. 왜냐하면 그것은 기억에 대한 재생이기 때문이다. 펜필드가 말하기를, 재생된 과거의 기억은 카메라로 찍은 사진이나 녹음테이프처럼 과거의 사건을 정확하게 재연하는 것은 아니라고 했다. 왜냐하면 그것은 피험자가 과거에 보고 듣고 느끼며 이해한 것들, 즉 피험자 자신의 기억에 대한 재생이기 때문이다.

펜필드의 뇌실험에 나타난 또 하나의 발견이 있다. 뇌는 과거의 경험을 체계적으로 분류하여 각각 다른 부위에 저장하고 있다는 것이다. 실험에서 볼 수 있었던 것처럼, 대뇌피질 부위의 한 지점에는 동일하거나 유사한 내용만이 저장되어 있었다. 그리고 다른 부위의 다른 지점에는 다른 내용이 저장되어 있었다. 이것은 오늘날 뇌 연구에서 알려지고 있는 대뇌기능 국재설(局在說)과 연결되는 측면이 있다. 대뇌기능 국재설이란 대뇌피질이 그 부위별로 서로 다른 기능을 가지고 있다는 가설이다. 즉 시각은 대뇌피질의 후두엽에서, 청각은 측두엽에서, 촉각은 두정엽에서, 신체운동은 수의운동중추에서, 그리고 언어나 계산은 좌뇌에서, 상상과 직관과 감정은 우뇌에서, 각각 그 기능을 담당한다는 것이다. 그러므로 다리를 들어올릴 때에는 뇌의 전체가 반응하는 것이 아니라 다리와 관련된 뇌만 작동하게 된다. 하지만 대뇌기능 국재설은 절대적인 지지를 얻는 학설은 아니다. 왜냐하면 대부분의 정신 기능과 활동에는 뇌의 여러 다른 부위가 협동적으로 작용한다는 이론도 있기 때문이다. 하지만 대뇌기능 국재설은 어느 정도 인정받고 있는 학설이다. 이런 대뇌기능 국재설은 뇌의 부위와 위치에 따라 과거의 경험이 다르게 저장된다는 펜필드의 실험내용과 일맥상통한다고 볼 수 있다.

제2장
기억과 상처

　우리의 몸에 상처가 나듯이 우리의 마음에도 상처가 생길 수 있다. 마음의 상처는 의식과 무의식이라는 정신영역에서 발생된다. 마음의 상처는 눈에 보이지 않는다. X-Ray나 MRI 또는 CT 기계로 촬영을 할지라도 나타나지 않는다. 그러나 그렇다고 해서 상처가 없는 것은 아니다. 상처는 마음속에 있다. 그것은 몇 가지의 기억 형태로 뇌 속에 저장되어 있다.

　마음의 상처를 치유하려면 먼저 그 상처가 무엇으로 되어 있는지를 알아야 한다. 물론 마음의 상처는 물리적인 실체가 아니기 때문에 그 상처가 무엇으로 구성되어 있는지를 가시적으로 밝혀낼 수는 없다. 상처는 우리의 정신세계 속에 있다고 가정하는 심리적인 응집물이다. 그것은 프로이트가 우리의 정신을 원본능과 자아와 초자아라는 용어로 설명한 것과 유사한 형식이다. 따라서 상처의 유무를 해부학적으로 증명하는 것은 불가능하다. 그러나 우리는 상처가 있다는 것을 경험적으로 알고 있다. 아프고, 쓰리고, 화나고, 무섭고, 슬프고, 창피하고, 괴로운 정서의 반응들 속에서 우리는 상처를 만난다. 상처는 아픈 것이다. 상처가 무엇으로 되어 있는가라는 문제를 검토하기 위해서는 현대 기억의 연구와 분석심리학자 칼 융(Carl G. Jung)의 콤플렉스(complex) 이론을 살펴볼 필요가 있다.

🐌 기억의 분류

인간은 생각하고 기억하는 존재이다. 기억은 정신 활동의 핵심으로서 만약 기억 활동이 없다면 인간의 삶은 불가능할 것이다. 왜냐하면 신체와 정신의 많은 활동은 기억 활동과 관계가 있기 때문이다. 동작, 운동, 기술, 학습, 인지, 성찰 등의 활동은 물론 자기 정체감을 유지하고 가족을 알아보며 퇴근길에 자기 집을 찾아갈 수 있는 능력은 모두 기억으로부터 나온다. 그런데 기억은 그 유지되는 시간의 정도에 따라 몇 가지로 분류된다. 기억의 연구에 많은 업적을 남긴 앳킨슨(Atkinson)과 쉬프린(Shiffrin)은 기억을 세 가지로 분류한다(양병환 외, 2001, 61-62). 첫째는 감각기억(sensory memory)이다. 감각기억은 외부에서 들어온 시각, 청각, 후각, 미각, 촉각 등의 정보를 감각 형태로 1~2초 정도의 극히 짧은 시간 동안 유지 저장하는 기억이다. 이것은 기억과정의 첫 단계이며, 감각적인 초기 정보와의 접촉을 그 특징으로 하기 때문에 감각 등록기(sensory register)의 기억이라고도 한다. 감각기억의 주요 기능은 주어진 정보를 선택적으로 명시 등록하고 기록하는 것이다. 감각기억에 등록된 정보는 그다음 단계인 단기기억으로 이송되거나 그렇지 않으면 소멸된다. 치매환자는 감각기억에 어려움이 있는 것으로 알려져 있다.

둘째는 단기기억(short-term memory)이다. 단기기억은 감각기억에서 이송된 정보를 1~2분 정도 일시적으로 유지 저장한다. 단기기억 안으로 들어온 정보는 되뇌이기(rehearsal)라는 강화과정을 거쳐서 장기기억으로 이송되거나 그렇지 않은 것은 점차 소멸된다. 즉 단기기억 안에 들어온 정보 중에서 주의를 기울인 정보만이 장기기억으로 이송 전이되는 것이다. 이때 그 정보는 체계적인 저장을 위하여 부호화(encoding) 과정이 이루어진다. 이런 작업과정들 때문에 단기기억은 작업기억(working memory)이라고도 한다. 단기기억 안에 저장될 수 있는 정보의 양은 5~9비트(전화번호 7자리 숫자) 정도로 제한된다. 배들리(Baddeley)의 연구에 따르면, 단기기억에는 두 개의 기억장치가 있는데, 하나는 청각적 기억을 관장하는 조음회로(phonological loop)이고 다른 하나는 시각적 기억을 관장하는 시공간 잡기장(visuospatial scratch pad)이다. 치매환자와 알코올에 의한 기억장애 환자는 단기기억에서 문제가 나타난다.

셋째는 장기기억(long-term memory)이다. 장기기억은 단기기억에서 되뇌이기 과정을 거쳐 이송 전이된 정보를 영구적으로 저장 보관한다. 저장 용량은 무제한적이다. 장기기억 속에 저장되어 있는 정보는 회상(recall)과 재연(recognition)이라는 과정을 통해서 활성화되어 의식과의 접촉이 가능한 단기기억으로 역이송된다. 회상은 어떤 단서나 외부의 자극 없이 기억되는 것이며, 재연은 어떤 단서나 외부의 자극에 의해서 기억되는 것을 말한다. 장기기억과 관련된 뇌는 대뇌의 연관피질로 알려져 있다. 치매환자는 감각기억과 단기기억에서는 장애를 보이지만, 장기기억은 유지된다. 알코올에 의한 기억장애 환자도 장기기억은 유지된다(양병환 외, 2001, 63-73).

과거의 경험과 마음의 상처는 앞서 말한 세 가지 기억의 과정과 어떤 관계가 있을까? 감각기억과 단기기억을 거쳐 다음 단계로 이송된 모든 과거의 경험은 영구적이며 무제한적인 장기기억 속에 저장된다. 기억 연구에 따르면, 과거의 모든 경험이 장기기억 속에 저장되는 것은 아니다. 어떤 것은 감각기억에서 소멸되고 또 어떤 것은 단기기억에서 소멸된다. 소멸되지 아니한 경험만이 장기기억 속에 이송되어 저장된다. 그러므로 장기기억 속에 저장된 과거의 경험은 소멸되지 않은 경험이다. 왜 소멸되지 않았을까? 그 이유는 두 가지로 설명될 수 있을 것이다. 그것은 첫 번째의 감각기억에 등록될 때 소멸될 수 없을 만큼 강렬한 인상을 남겼기 때문이며, 또한 두 번째의 단기기억에서 주의집중을 받을 만큼 되뇌이기의 대상이 되었기 때문이다.

그럼 우리의 마음속에 하나의 기억이 떠오를 때 그것이 장기기억에서 나왔다는 것을 어떻게 알 수 있을까? 앞에서 장기기억 속에 있는 정보는 회상과 재연을 통해 의식과의 접촉이 가능해진다고 했다. 그러므로 회상과 재연을 통해 의식된 과거의 모든 경험은 장기기억 속에 있는 것이라 할 수 있다. 따라서 이미 경험한 사건을 어느 정도 시간이 지난 후에 다시 기억해 낸다면, 그것은 장기기억에서 나온 것으로 볼 수 있다. 왜냐하면 단기기억의 최대 정보 유지시간은 1~2분 정도이기 때문이다. 1~2분이 지난 후에도 어떤 경험을 계속 기억하고 있다면 그 기억은 장기기억 속에 있는 것이다.

그럼 마음의 상처는 어디에 저장되어 있을까? 말할 것도 없이 장기기억 속에 저장되어 있다고 할 수 있다. 왜냐하면 그것은 이미 발생한 사건을 회상과 재연을 통해 지속적으로 경험하는 아픔이기 때문이다. 상처가 장기기억 속에 저장되어 있다는 것은 감각기억과 단기기억에서 소멸될 수 없을 만큼 강렬한 인상이나 충격을 받았다는 것을 의미한다.

🐚 융의 콤플렉스

콤플렉스는 융 심리학의 기초를 이루는 핵심적인 개념이다. 융은 이 개념을 중요하게 생각한 나머지 자신의 심리학을 '콤플렉스 심리학'이라고 부르려고 했다. 융은 콤플렉스를 무의식에 이르는 왕도요, 꿈을 만드는 꿈의 건축가라고 했다. 융은 프로이트와 달리 인간의 무의식을 개인 무의식과 집단 무의식으로 구분했는데, 콤플렉스는 개인 무의식을 이루는 중요한 구조물이 된다고 생각했다. 개인 무의식 속에는 수없이 많은 콤플렉스가 산재해 있다. 예를 들면, 자아 콤플렉스, 어머니 콤플렉스, 아버지 콤플렉스, 외모 콤플렉스, 학력 콤플렉스, 결혼 콤플렉스, 자녀 콤플렉스, 권력 콤플렉스, 돈 콤플렉스, 노래 콤플렉스, 상실 콤플렉스, 거절 콤플렉스, 섹스 콤플렉스 등이다. 그 콤플렉스들이 모여 한 사람의 성격을 형성한다. 그러나 모든 콤플렉스는 각각 하나의 독립된 개체로 활동한다. 즉 하나의 콤플렉스가 자극을 받아 활동을 시작하면, 그 콤플렉스가 한 사람의 성격이 되는 것이다. 융은 단편적인 인격과 콤플렉스 사이에는 원리상 아무런 차이가 없으며, 따라서 콤플렉스는 분열된 정신들이라고까지 말했다. 하지만 자아 콤플렉스만은 다르다. 자아 콤플렉스는 의식세계의 중심으로서 다른 콤플렉스들과 연결되어 있다. 만약 자아 콤플렉스와 다른 콤플렉스 사이에 충돌이 생기거나 연결된 관계가 단절되면, 인격이 분열되거나 신경증적인 행동이 나타날 위험이 있다. 그것은 어떤 콤플렉스가 자아 콤플렉스를 압도하고 삼켜 버림으로써 나타난 총체적인 혼란이다.

『융분석 비평사전(A Critical Dictionary of Jungian Analysis)』을 만든 앤드류 사무엘스(Andrew Samuels), 바니 쇼터(Bani Shoter), 프레드 플라우트(Fred Plaut)에 따르면, 융의 콤플렉스 개념은 기억과 관련이 있다. 아버지 콤플렉스는 그 안에 인류의 전 시대에 걸쳐 축적된 아버지에 대한 원형적인 핵(core)이 있으며, 그 주위에 한 개인이 세상에 태어나서 경험한 아버지와의 경험들이 응집되어 있다. 콤플렉스는 그런 핵과 응집물로 구성된 것이다. 따라서 어린 시절에 겪었던 아버지와의 경험들은 아버지 콤플렉스 안에 저장되어 있다(Samuels et al., 1993, 33-35). 이처럼 모든 콤플렉스 속에는 각기 그 콤플렉스와 관련된 과거의 개인적인 경험들이 축적되어 있는 것이다. 융은 단어 연상검사 실험을 통해서 우리 안에 그런 콤플렉스들이 있다는 것을 알아냈다. 최근 콤플렉스 연구에 대한 관심은 어린 시절에 겪은 감정적인 사건들이 어떻게 어른들의 정신 속에 고착되어 영향을 주고 있는가를 밝혀내려는 데 모아지고 있다. 콤플렉스 연구가 그런 문제를 찾아내는 데 도움이 된다고 보기 때문이다.

나는 융의 콤플렉스 이론으로부터 마음의 상처를 이루는 구성요소들을 찾아내는 데 도움을 받았다. 융의 이론에 따르면, 콤플렉스는 원형으로부터 파생된 것으로 그 핵심부 주변에 심상(images)과 개념(concepts)이 집합되어 있으며, 그것은 임상적인 감정의 톤(tone)에 의해 드러난다고 했다. 즉 콤플렉스는 심상과 개념과 감정으로 되어 있다는 것이다. 심상은 과거에 발생한 사건에 대한 회화적인 기억으로서 과거의 사건이 하나의 장면으로 회상되는 것을 말한다. 개념은 과거의 사건을 언어로 서술할 수 있는 인지적인 기억을 의미한다. 또한 감정은 과거의 사건과 관련된 정서적인 잔재라 할 수 있다. 이러한 콤플렉스 이론으로부터 마음의 상처를 구성하고 있는 요소들을 찾아낼 수 있다. 마음의 상처는 콤플렉스의 구성요소처럼, 심상(images), 정서(emotion) 그리고 개념적 일화(conceptual story) 등으로 되어 있다고 할 수 있다. 왜냐하면 마음의 상처는 콤플렉스가 손상된 상태로 볼 수 있기 때문이다. 예를 들어, 자아가 상처를 입으면 자아 콤플렉스가 손상되고 아버지와의 관계에서 상처를 받으면 아버지 콤플렉스가 손상된다.

기억 연구와 융의 콤플렉스 이론을 통합할 때, 상처가 무엇으로 되어 있는가에 대한 매우 중요한 정보를 얻을 수 있다. 기억 연구와 콤플렉스 이론에 근거한다면, 마음의 상처는 세 가지의 기억, 즉 심상적 기억(imagistic memory)과 정서적 기억(emotional memory)과 일화적 기억(narrative memory)으로 되어 있다고 할 수 있다.

심상적 기억

마음의 상처는 심상적 기억, 즉 마음의 그림 또는 마음의 사진으로 되어 있다. 물론 그것은 밝고 따뜻한 그림이 아니다. 춥고 어둡고 아프고 고통스러운 그림이다. 그런 그림이 우리의 무의식 속에, 장기기억 속에, 변연계와 대뇌피질 속에 들어 있다. 그런 그림이 언제 그 속에 들어와 있게 된 것일까? 우리의 마음속에 상처로 남을 만큼 자극적이고 충격적인 사건이 발생했을 때이다. 그것은 우리의 생애 중에 있었던 과거의 사건이다. 그때 우리의 무의식 속에 그런 그림이 그려졌고 그런 사진이 찍힌 것이다.

…

70세가 넘은 봄날(가별칭)이라는 여인은 마음속에 이런 심상적기억, 곧 마음의 그림을 가지고 있었다. 네살 난 어린 여자아이가 싸리문 앞에 쪼그리고 앉아서 엄마와 아빠가 오기를 기다리는 그림이다. 물론 그 여자아이는 자기 자신이다. 이런 그림이 떠오르면 항상 그리움과 불안 그리고 슬픔과 우울감을 느낀다. 언제 왜 그런 그림을 지니게 된 것일까? 6·25전쟁 중이었다. 수많은 사람이 피난길로 몰려가고 있었다. 그런데 갑자기 총소리가 들리더니 폭탄이 떨어졌다. 사람들이 놀라서 이리 뛰고 저리 뛰었다. 수라장이 되었다. 그러던 중에 엄마를 잃어 버렸다. 봄날은 울면서 아빠와 할머니의 손을 잡고 피난길을 재촉했다. 그날 밤 어느 시골집에서 묵었다. 이튿날 새벽 아빠는 엄마를 찾으러 가면서 봄날과 할머니에게 그 집에서 기다리라고 했다. 아빠가 떠난 후 할머니는 이렇게 말했다. "얘야, 이 싸리문 밖으로 절대로 나가지 말거라. 나가면 큰일난다. 엄마와 아빠를 만날 수 없단다. 아빠가 엄마를 데리고 올 때까지 꼼짝 말고 여기 있거라." 그래서 봄날은 싸리문 앞에 쪼그리고 앉아 지나가는 사람들을 쳐다보면서 아빠가 엄마를 데려오기를 기다렸다. 그러나 밤이 되어도 오지 않았다. 봄날은 무섭고 불안하였다. "아빠가 엄마를 찾지 못하면 어떡하나! 아빠도 오지 않으면 어떡하나!" 그 다음날 새벽에도 일찍 일어난 봄날은 싸리문 앞에 앉아 기다렸다. 그날 오후 다행히도 아빠가 엄마를 데리고 왔다. 그러나 싸리문 앞에 앉아서 엄마와 아빠를 기다리던 어두운 장면은 불안의 감정과 함께 이미 봄날의 무의식 속에 그리고 장기기억 속에 각인되었다. 그것은 그녀의 심상적 기억이 된 것이다. 과거의 이야기를 다 마친 봄날은 나에게 이렇게 말했다. "내가 왜 그렇게 헤어지는 것을 두려워하고 싫어했는지 그 이유를 알 것 같아요." 그녀는 남편이 해외 근무하는 것을 왜 그렇게 반대하고 자녀들이 해외유학 가는 것을 왜 그렇게 싫어했는지를 알게 되었다고 말했다.

단풍(가별칭)은 잊을 수 없는 충격적인 그림을 마음속에 담고 있었다. 초등학교에 다니던 그 시절에 있었던 사건이다. 어느 날, 한밤중이었다. 잠을 자고 있는데 엄마의 신음소리가 들려서 잠에서 깨어났다. 눈을 뜨자 강도가 집에 들어와 엄마와 아빠를 칼로 위협하고 있는 것이 보였다. 너무나 놀란 나머지 비명소리를 질렀는데 그 소리에 이웃집 어른들이 오게 되었고 강도는 도망쳤다. 아버지는 끈에 묶여 있었고 엄마는 칼에 찔려 피를 흘리고 있었다. 엄마는 병원으로 옮겨졌고 다행히 목숨을 구했다. 그러나 그때의 충격은 잊을 수 없는 그림으로 단풍의 무의식 속에 남아 있었다. 그 후로 단풍은 혼자 잠을 자지 못했다. 베개를 들고 엄마와 아빠의 방으로 갔다. 그리고 밤이면 몇 번이고 강박적으로 문단속을 했다. 그때 있었던 그 사건이 자꾸만 떠올라 무서웠기 때문이다.

샘물(가별칭)이라는 50대의 한 남자는 고향집을 생각하면 떠오르는 마음의 그림이 있다. 어린 시절 부모와 함께 잠을 자던 잠자리에 대한 그림이다. 샘물은 고등학교에 다닐 때까지 부모와 같은 방을 사용했다. 지금 생각해 보면 도저히 이해가 되지 않는 일이라고 말했다. 그런데 잊히지 않는 것은 잠자리에 대한 기억이다. 샘물의 아버지는 항상 아랫목에서 주무셨고 엄마는 윗목에서 주무셨다. 샘물은 엄마와 아버지 사이에서 잠을 잤다. 왜 이런 잠자리의 구조가 되었을까? 어려서 샘물은 이렇게 생각했다. 아버지는 추위를 타셨기 때문에 아랫목에서 주무셨고 엄마는 더위를 타셨기 때문에 윗목에서 주무신 것이라고 생각하였다. 완전히 틀린 생각은 아니었다. 그러나 그 외에 다른 이유가 더 있다는 것을 나중에 알게 되었다. 샘물의 엄마와 아버지는 젊어서는 사이가 좋았다고 한다. 그러나 나이가 들면서 사이가 나빠졌다. 자주 싸웠다. 하루도 편안한 날이 없었다. 샘물은 이런 기억을 가지고 있었다. 한창 잠을 자고 있던 한밤중이었다. 시끄러운 소리 때문에 잠을 깼다. 엄마와 아버지가 싸우는 소리였다. 샘물은 눈을 뜨지 않았다. 아니 뜰 수가 없었다. 잠에서 깼다는 것을 부모님이 알면 안 될 것만 같은 생각이 들었기 때문이다. 그래서 꼼짝 못하고 누워서 잠들어 있는 척했다. 그러나 마음은 너무나 불안했다. 무서웠다. 엄마와 아버지가 싸우는 말소리들이 누워 있는 샘물 위로 지나갈 때마다 긴장과 불안으로 가슴이 뛰었다. 마치 자기 위로 총알이 지나가는 것같이 느껴졌다. 잠자리의 구조가 그렇게 된 것은 이유가 있었기 때문이다. 샘물의 부모는 둘이 서로 가까이 몸을 맞대고 눕는 것을 싫어했다. 그들은 샘물이 그들 사이에서 잠을 자게 함으로써 두 사람이 가까이 있게 되는 것을 피할 수 있었다. 또한 부부싸움을 덜하게 되는 효과도 있었을 것이다. 왜냐하면 샘물이 엄마와 아버지 사이에 누움으로써 마치 휴전선처럼 두 사람의 싸움을 어느 정도 막아 줄 수 있었기 때문이다. 그러므로 샘물은 엄마와 아버지의 부부싸움을 줄이도록 하는 데 공헌한 셈이다. 샘물은 그 특별한 잠자리를 떠올릴 때마다 엄마와 아버지가 싸우던 모습이 생각나고 심한 불안과 긴장을 느낀다고 말했다. 그것은 마음의 상처로 무의식 속에 저장되어 있는 샘물의 심상적인 기억이다.

항상 불안과 긴장 속에서 살고 있는 밤나무(가별칭)라는 한 남자는 마음속에 잊히지 않는 심상적인 기억이 있었다. 술에 취한 아버지에 대한 무서운 기억이다. 밤나무의 아버지는 매일 밤마다 술에 취해 집에 들어왔다. 소리를 지르고 구타를 하면서 엄마와 아이들을 괴롭혔다. 아버지만 들어오면 평화롭던 집안이 아수라장으로 변했다. 술에 취한 아버지는 3남매를 나란히 앉혀 놓고 노래를 시켰으며 마음에 들지 않으면 따귀를 때렸다. 밤나무는 그런 아버지가 무섭고 너무 싫었다. 그래서 꾀를 생각해 냈다. 아버지가 대문을 열고 들어오는 소리가 들리면 동생들과 함께 재빨리 잠자리를 펴고 자리에 누웠다. 잠을 자는 척한 것이다. 그렇게 하면 아버지의 괴롭힘을 피할 수 있을 것이라고 생각했기 때문이다. 밤나무의 생각이 틀리지는 않았다. 술에 취한 아버지는 아이들의 방문을 열어 본 후 그냥 안방으로 가곤 하였다. 그러던 어느 날 밤이었다. 아버지가 방문을 열었다. 그러나 이번에는 안방으로 가지 않았다. 아이들이 누워 있는 방으로 들어왔다. 밤나무는 불안하고 긴장이 되었다. 아버지는 방바닥에 앉아서 한참 동안 아이들을 바라보았다. 아이들의 몸 가까이에 얼굴을 갖다 대기도 하였다. 밤나무는 아버지의 입에서 풍기는 술 냄새와 거친 숨소리로 심장이 뛰었다. 너무나 무섭고 불안했다. 만약 잠을 자는 척하고 있다는 것이 발각되면 매를 맞을 것이다. 밤나무는 들키지 않으려고 꼼짝 않고 누워 있었다. 이것이 밤나무의 뇌 속에 그리고 장기기억 속에 저장되어 있는 심상적인 기억이다. 이런 심상적인 기억이 떠오르면 밤나무는 몸이 굳어지고 마음이 불안하며 두려움을 느낀다.

이와 같이 마음의 상처를 지닌 사람들은 그들의 마음속에 상처와 관련된 심상을 지니고 있다. 개인상담은 물론 집단상담이나 내면치유 영성수련의 장에서 만났던 사람들은 모두 그런 마음의 그림을 가지고 있었다. 그들은 그 마음의 그림을 기억해 냄으로써 그 그림을 다시 보았고 언어로 묘사하기도 했다. 그런 중에 눈물을 흘리며 슬퍼했고 소리를 지르며 화를 내기도 했다. 치유의 과정이었다. 이처럼 마음의 상처는 심상, 곧 과거의 사건에 대한 마음의 그림으로 되어 있다. 그러나 그 마음의 그림은 선명하거나 분명하지 않은 경우가 많다. 오래되어 색이 바래서 희미하거나 찢겨진 사진처럼 조각나 있는 심상도 있다. 아예 기억나지 않는 심상도 있다. 왜냐하면 그것은 너무 오래되었고, 그동안 거의 꺼내 보지 않았으며, 오히려 보지 않으려고 회피하거나 억압한 그림이기 때문이다. 어두운 상처의 심상을 기억하고 그 그림을 바라본다는 것은 여간 고통스러운 일이 아니다. 자신이 학대받았거나 소중한 것을 잃어버렸던 과거의 외상적인 사건들을 눈으로 보듯이 생생하게 기억하는 것은 고통스러운 감정을 경험해야 하는 일이다. 그런 까닭에 누구나 자신이 상처받았던 사건과 그 장면을 기억하기를 원하지 않는다. 그 심상을 피하는 것은 자연스러운 반응이다. 그러나 그 심상을 아무리 회피하고 억압할지라도 특별한 계기나 외부의 자극에 의해 회상되는 경우가 있다. 그것은 장기기억 속에 있는 정보가 회상이나 재인의 과정을 통해서 의식과의 접촉이 이루어지는 것과 같다. 앞에서 언급했던 펜필드 박사의 뇌 전기 자극 실험은 그런 현상에 대한 과학적인 설명이 된다.

이처럼 외부로부터 어떤 자극을 받아 순간적으로 과거의 충격적인 장면을 회상하게 되는 것을 심리학적인 용어로 '플래시백(flashback)'이라고 한다. 예를 들어, 교통사고로 죽음의 위험을 경험한 생존자는 자동차의 브레이크 소리를 들으면 순간적으로 과거에 발생한 사고의 장면이 떠오른다. 또 어린 시절 부모로부터 심한 아동학대를 받으며 살았던 사람은 TV에서 아동학대의 장면을 목격하면 순간적으로 자신이 학대받았던 장면이 스치듯 떠오르며 지나간다. 이런 현상이 나타나는 것은 그 사람들의 무의식 안에 그런 심상적 잔재가 남아 있기 때문이다. 심상적 잔재는 사진으로 현상되기 이전의 필름 속에 담겨 있는 영상에 비유될 수 있다. 그 영상은 외부의 자극이라는 특별한 계기를 만나면 플래시백되어 눈에 보이는 사진으로 현상되어 나온다. 이것은 우리의 마음속에 상처에 대한 그림이 있으며, 상처는 심상적 기억으로 되어 있다는 것을 말해 준다.

마음의 상처가 심상, 곧 마음의 그림으로 되어 있으며 또한 그 그림이 희미하거나 찢겨진 상태에 있다는 것을 알면, 치유의 과정에 필요한 것이 무엇인지를 이해하는 데 도움이 된다. 정신분석에 따르면, 치유의 중요한 원리 중의 하나는 재구성(reconstruction) 작업이다. 재구성 작업은 환자가 자신의 부적절한 행동이나 정신장애의 원인이 되는 과거의 고통스러웠던 사건에 대한 경험을 의식적으로 기억해 내는 것을 말한다. 그런 과거의 경험은 무의식 속에 억압되어 있기 때문에 의식적으로 노력하지 않으면 떠오르지 않는다. 그러나 그것을 의식적으로 떠올리는 것은 고통스러운 일이다. 왜냐하면 앞에서 언급한 것처럼, 그렇게 하는 과정에서 환자는 아픈 감정들을 만나야 하기 때문이다. 따라서 재구성 작업을 하기 위해서는 환자가 용기를 내야 한다. 치유자는 환자가 용기를 낼 수 있도록 안전한 보호의 울타리를 만들어 주어야 한다. 정신분석에서는 억압된 기억을 회피하지 않고 의식적으로 떠올려서 직면하면 치유가 일어난다고 보고 있다. 그것은 프로이트 이래 지금까지 강조되고 있는 치유의 원리이다. 억압된 초기의 고통스러운 기억들은 정서적인 갈등으로 가득 차 있으며 성격 형성에 강한 영향을 주고 정신병리의 원인이 되기도 한다. 재구성 작업은 그렇게 억압된 초기의 기억들을 회상해 내는 것이다. 치유는 억압된 외상적인 상처의 기억들을 회상해 내는 재구성 작업을 통해서 일어난다(The American Psychoanalytic Association, 1990, 163-164).

　　치유를 위해서는 심상으로 되어 있는 마음의 상처를 재구성해야 한다. 즉 심상적인 재구성 작업이 필요하다. 심상적인 재구성 작업은 억압을 풀고 의식적으로 자신의 상처를 직면하는 것으로서, 상처에 대한 희미한 심상을 명료하게 떠올리거나 찢겨진 심상의 조각들을 맞춰서 하나의 그림으로 완성하는 것을 말한다. 그것은 마치 그림 퍼즐 맞추기와도 같은 과정이다. 프로이트는 외상적 사건에 대한 재구성 작업을 퍼즐 맞추기에 비유해서 설명한 적이 있다. 찢겨진 심상의 조각들이 모여서 하나의 그림으로 완성되면 치유가 이루어진다. 즉 상처의 심상이 명료해지거나 하나의 그림으로 완성되면 성격과 행동에 미치는 그 영향력은 약화되거나 사라지는 것이다. 그렇게 되면 그 그림은 옛 기억의 박물관에 보관된다고 할 수 있다. 이제 그것은 기억의 박물관에 보관되어 있을 뿐, 현재의 삶과 행동에 영향을 미치지 못한다. 내 안에 있지만 이젠 나를 지배할 수 있는 힘을 상실했기 때문이다.

　　재구성 작업은 플래시백과 다르다. 재구성 작업과 플래시백은 상처가 되는 옛 기억을 회상한다는 점에서는 유사한 과정이다. 그런 까닭에 플래시백의 과정에도 미약하지만 약간의 치유적 기능이 있다고 보아야 한다. 그러나 그것은 적극적인 치유가 되지는 못한다. 치유하는 데 평생이 걸릴지도 모른다. 그렇다면 재구성 작업과 플래시백은 서로 어떤 차이가 있는 것일까? 플래시백은 무의식적인 회상의 과정으로서 외부의 자극에 의해 발생되는 수동적인 반응이다. 의식적인 자아는 상처의 심상을 회상하거나 만나 보고 싶어 하지 않는다. 회피하고 억압하려 한다. 그런데 그런 심상이 외부의 자극에 의해 의식의 세계로 갑자기 들어오는 것이다. 그 결과, 의식은 매우 놀라게 되며 불안, 공포, 분노, 수치감 등의 강렬한 정서적 반응이 나타난다. 왜냐하면 그런 심상을 받아들일 준비가 되어 있지 않았기 때문이다. 그러나 재구성 작업은 다르다. 재구성 작업은 매우 의식적이며 능동적이고 적극적인 과정이다. 재구성 작업은 자신의 상처에 대한 태도가 회피와 억압으로부터 직면(facing)으로 바뀌는 것이다. 용기를 내는 것이다. 그것은 의식적인 자아가 준비된 상태에서 무의식 속에 억압되어 있는 상처의 심상을 의식의 세계로 받아들이는 것이다. 준비되어 있기 때문에 정서적인 아픔을 느낄지라도 놀라지는 않는다. 그 아픔은 감당할 수 있는 아픔이 된다. 이런 과정을 정신분석에서는 '무의식의 의식화'라고 부른다.

정서적 기억

마음의 상처는 심상적 기억으로 되어 있을 뿐 아니라, 감정 곧 정서적 기억으로 되어 있다. 물론 밝고 따뜻한 긍정적인 감정은 아니다. 어둡고 불편하고 고통스러운 감정이다. 상처는 이렇게 어두운 아픔의 감정을 지닌 기억으로 되어 있다. 그런 부정적인 감정이 억압된 채로 뇌 속에 그리고 무의식 안에 저장되어 있다. 아마도 그 뇌는 감정을 관장하는 변연계(구피질)와 대뇌피질의 우뇌반구일 것이다. 그런 부정적인 감정이 언제 어떻게 뇌 속에 저장된 것일까? 그것은 심상적 기억과 마찬가지로 과거에 상처가 되는 사건이 발생했을 때 솟구친 감정인데, 그 감정이 해소되지 못하고 억압되어 저장된 것이다. 어린아이가 방임되거나 학대를 받으면 두려움, 공포, 불안, 분노, 슬픔과 같은 감정들이 생성된다. 그러나 그 감정들을 누군가가 받아 주거나 해소해 주지 못한다면 그 감정들은 무의식 속에 억압된다. 억압된 감정들은 어린아이의 마음속에 상처로 남는다.

…

　'어머니'라는 말만 들어도 눈물을 흘리는 40대의 느티나무(가별칭)라는 남자가 있었다. 그는 TV를 보다가 엄마에 관한 장면만 나오면 눈물을 흘린다. 자녀들은 그런 아빠의 모습을 잘 알고 있다. 그래서 TV를 보다가 아이들끼리 말한다. "애, 아빠가 울 때가 됐다." 그리고 아빠를 쳐다보면 어김없이 아빠는 눈물을 닦고 있었다. 왜 그런 것일까? 그의 무의식은 어린 시절 일찍 돌아가신 엄마에 대한 슬픔으로 가득 차 있었다. 느티나무가 초등학교 4학년 때의 일이다. 아버지는 가족을 두고 집을 나가 버렸다. 엄마는 하루하루 힘든 노동으로 돈을 벌어 세 명의 자녀들과 함께 겨우 연명해 나갔다. 그러다가 그만 중병에 걸려 눕게 된다. 병원에 가 보았지만 치료가 불가능한 상태였다. 사형선고를 받은 것이다. 엄마는 어린 세 자녀를 두고 떠나야 한다는 것 때문에 너무나 괴로웠다. 병원에 입원하기 전날이었다. 엄마는 아이들에게 새 옷을 입히고 김밥을 싸고 맛있는 음식을 장만해서 아이들이 그렇게 가 보고 싶어했던 동물원에 데리고 갔다. 아이들은 신이 났다. 너무 좋아했다. 그것은 엄마가 아이들에게 해 줄 수 있는 마지막 선물이었다. 그러나 맏아들이었던 느티나무는 그렇게 신나지 않았다. 야위고 힘없는 엄마의 얼굴과 평소와는 다른 엄마의 행동에 자꾸 신경이 쓰였기 때문이다. 그 다음날 엄마는 아이들을 친척집에 맡기고 병원에 입원했다. 느티나무는 엄마가 입원한 병원에 몇 번 찾아갔다. 그러던 어느 날, 학교에서 돌아온 느티나무는 동네 아주머니로부터 빨리 병원으로 가 보라는 말을 듣는다. 느티나무는 병원으로 달려갔다. 그러나 엄마는 이미 돌아가신 뒤였다. 느티나무는 검은 옷을 입은 친척들이 장례식장에 모여 있는 것을 보았다. 모두 입을 다물고 말이 없었다. 느티나무는 너무나 놀랍고 두렵고 슬펐다. 그러나 그런 감정을 표현할 수가 없었다. 울 수가 없었다. 왜냐하면 분위기가 너무 경직되고 무서웠기 때문이다. 아무도 느티나무의 마음을 받아 줄 사람이 없었다. 느티나무의 엄마는 늘 이렇게 말했다. "너는 우리 집의 가장이다. 울면 안 된다. 약한 모습을 보이면 안 된다. 동생들을 돌봐야지." 그래서 느티나무는 울지 못했다. 대신 그 두려움과 슬픔을 마음 안에 담아 두었다. 억압했다. 그리고 그렇게 억압된 두려움과 슬픔을 지니고 살았다. 그의 무의식 속에는 그런 두려움과 슬픔이 가득하다. 그것이 느티나무의 상처이다. 그러므로 느티나무는 더 울어야 한다. 큰 소리로 엄마를 부르며 울고 눈물을 흘려야 한다. 왜냐하면 엄마를 잃고도 애도하지 못했기 때문이다. 이것이 정서적 기억으로 남아 있는 느티나무의 상처이다.

장미(가별칭)는 평생 아버지에 대한 분노를 지니고 살았다. 그 분노는 결혼 후에도 사라지지 않았다. 그것은 그녀의 무의식 속에 그대로 남아 있었다. 그녀의 아버지는 항상 무서운 존재였다. 딸의 감정과 욕구를 무시했고 강압적이었으며 때로는 폭력적이었다. 장미는 그런 아버지의 곁을 빨리 떠나고 싶었다. 이것이 이른 나이에 결혼을 선택한 이유였다. 장미에게는 고쳐지지 않는 위험한 운전습관이 있다. 교차로에서 노란 신호등이 꺼지고 빨간 신호등이 켜지면 멈추어야겠다는 생각보다 빨리 지나쳐 버리고 싶은 충동을 느낀다. 그리고 과속페달을 밟아 달려 버린다. 경찰에게 단속을 받기도 하고 위험한 순간도 있었다. 그렇지만 그 습관이 고쳐지지 않는다. 상담과 분석과정을 통해서 장미가 깨달은 것이 있었다. 자신의 무의식 안에서 빨간 신호등은 과거에 자신의 욕구를 억압했던 강압적인 아버지와 동일시되고 있다는 것을 알게 되었다. 빨간 신호등은 장미의 진로를 막고 통제함으로써 과거에 자신의 감정과 욕구를 무시하고 억압했던 아버지에 대한 무의식적인 환상을 자극했다. 그녀가 빨간 신호등을 무시하고 달린 것은 그런 아버지에 대한 분노와 복수심의 발현이었다. 분노는 장미의 상처 속에 들어 있는 사라지지 않는 감정이다.

영성치유수련에 참석한 40대 초반의 한 남자는 어둡고 고통스러운 삶을 살았다. 대인관계와 직장 생활로 힘들었지만 무엇보다 결혼 생활에 어려움이 많았다. 항상 무기력하고 우울했으며 삶에 기쁨이 없었다. 재미있게 이야기하며 즐거워하는 사람들을 보면 '뭐가 저렇게 좋은 걸까? 정말 즐거운 걸까?'라는 의구심이 들었다. 결혼한 아내와의 관계에서 기쁨과 행복을 느낄 수 없었다. 그에게는 행복이라는 단어가 없었다. 왜 그런 것일까? 그는 죄책감의 깊은 상처를 가지고 있었다. 그는 20여 년 전, 젊은 시절에 한 여학생을 만났는데 둘은 뜨겁게 사랑을 했다. 그들의 사랑은

식을 줄 몰랐다. 그러던 어느 날, 두 사람은 사소한 일로 말다툼을 하게 되었다. 언성이 높아지고 행동이 격렬해졌다. 화가 난 그는 그만 실수로 그 여학생의 뺨을 때렸다. 순간 여학생은 충격을 받고 울면서 밖으로 뛰쳐나갔다. 그런데 그것이 마지막이었다. 뛰쳐나간 여학생은 그만 교통사고로 현장에서 죽고 말았다. 처참한 죽음이었다. 어둡고 고통스러운 삶은 그때부터 시작되었다. 그는 자기의 잘못으로 사랑하던 여인이 죽고 말았다는 죄책감에서 벗어나지 못했다. 무엇을 해도 기쁘거나 즐겁지 않았으며 항상 우울했다. 오랜 세월이 지난 다음, 다른 여인과 결혼을 했지만 결혼 생활이 행복하지 않았다. 그는 지금 자녀를 둔 40대 초반의 가장이지만 20여 년 전에 발생한 그 불행한 사건에서 벗어나지 못했다. 이런 경우 어떤 사람은 처녀귀신이 원한이 맺혀 이 남자를 떠나지 않고 괴롭히고 있는 것이라고 말할지도 모른다. 그러나 이 남자가 괴로운 것은 처녀귀신 때문이 아니었다. 죄책감 때문이었다. 죄책감은 그의 상처 안에 쌓여 있는 오래된 정서이다.

영성치유수련에 참석한 그가 20여 년 전에 발생한 그 불행했던 사건에 그대로 매여 있었다는 것과 그 이유는 죄책감 때문이라는 것을 알게 되었다. 그리고 그것이 현재의 결혼 생활과 모든 일상적인 삶에서 행복을 느낄 수 없도록 만드는 원인이 된다는 것을 알았다. 그는 사랑했던 그 여인을 떠나보내지 못한 것이다. 즉 물리적으로는 그 여인이 20여 년 전에 그의 곁을 떠났지만 심리적으로는 여전히 그의 마음속에 있었다. 그 이유는 죄책감 때문이었다. 죄책감 때문에 그 여인을 떠나보내지 못하고 붙잡고 있었던 것이다. 그는 치유자와 집단원들의 도움으로 치유의 시간을 가졌다. 무거웠던 죄책감에서 벗어날 수 있었으며, 그 여인을 보내 줄 수 있었다(정태기, 2001). 죄책감은 그의 상처 속에 들어 있는 정서적인 기억이며 핵심적인 감정이었다. 그는 죄책감에 묶여 오랫동안 고통스러운 삶을 살았던 것이다.

…

상처는 정서적 기억으로 되어 있다. 앞에서 상처는 심상적 기억으로 되어 있다는 것을 설명하면서 여러 가지 사례를 제시했다. 그 사례들은 상처가 정서적 기억으로 되어 있다는 것을 설명하는 것으로도 사용될 수 있다. 왜냐하면 상처의 심상적 기억과 정서적 기억 그리고 일화적 기억은 모두 상호 연결되어 있기 때문이다. 심상적 기억이 떠오르면 정서적 기억과 일화적 기억이 반응하고, 또한 정서적 기억이 자극을 받으면 심상적 기억과 일화적 기억이 떠오른다.

상처가 정서적 기억으로 되어 있다는 것을 설명하는 데 도움이 되는 것이 오늘날의 기억 연구이다. 기억은 기억의 내용과 체계에 따라 몇 가지로 분류된다. 기억 연구에 많은 업적을 남긴 털빙(Tulving, 1972)과 스콰이어(Squire, 1987)의 연구를 종합하면, 기억은 크게 서술적 기억(declarative memory)과 비서술적 기억(nondeclarative memory)으로 나뉘고, 서술적 기억은 다시 일화적 기억(episodic memory)과 의미적 기억(semantic memory)으로 나뉜다(양병환 외, 2001, 22).

서술적 기억은 다른 말로 명시적 기억(explicit memory)이라고도 하는데, 이것은 과거의 사건과 사실에 대한 의식적인 회상과 언어적인 진술이 가능한 기억이다. 예를 들어, 어린 시절을 어떻게 보냈으며 형제는 몇 명이나 있었는지를 말하고 있다면, 그것은 서술적 기억에 해당된다. 서술적 기억의 아류인 일화적 기억은 특정 시기에 특정 장소에서 개인적으로 경험한 것으로서 하나의 이야기 형식으로 진술될 수 있는 기억이다. 대개 과거의 삶에 대한 이야기는 일화적 기억에 속한다. 반면에, 의미적 기억은 어떤 시기나 장소 또는 개인의 경험에 관계없이 일반적으로 공인된 사실, 정보, 지식, 개념 등에 관한 기억을 말한다. 예를 들면, 덴마크의 수도는 어디이며, 세계에서 제일 긴 강의 이름은 무엇인지를 말하는 것 등은 의미적 기억에 해당된다. 의미적 기억에는 논리성이 따른다. 그럼 비서술적 기억은 무엇일까? 비서술적 기억은 암묵적 기억(implicit memory) 또는 절차적 기억이라고도 하는데, 이것은 어떤 행동이나 동작에 관련된 기억으로서 언어적 진술 없이 자동적으로 획득되는 기억이다. 예를 들면, 걷기, 운동하기, 운전하기, 자전거 타기, 악기 연주하기, 컴퓨터 자판 치기, 기계 다루기 등이 여기에 해당된다. 이것은 과거의 사건에 대한 언어적인 진술이 아니다. 서술적 기억이 '무엇(what)'에 대한 기억이라면, 비서술적 기억은 '어떻게(how)'에 대한 기억이라 할 수 있다(양병환 외, 2001, 63~66).

그런데 미국의 신경심리학자 조셉 레두(Joseph Ledoux)는 비서술적 또는 암묵적 기억이 단지 인간의 행동과 기술만이 아니라 감정과 정서에도 해당된다는 것을 알아냈다. 이런 기억을 그는 '암묵적인 정서 기억(implicit emotional memory)'이라고 했다(안석모, 2009). 즉 우리의 기억 중에는 언어로 진술할 수는 없지만 감정으로 느껴지는 기억이 있다는 것이다. 감정이 기억에 대한 단서와 증거가 되는 셈이다. 이런 사실은 오래전 1911년,

스위스의 심리학자 에두아르 클라파레드(Edouard Claparede) 교수의 실험에서도 밝혀진 바 있다. 그는 뇌를 다쳐 기억 상실증에 걸린 한 여인을 병원에서 돌보고 있었다. 그러는 중에 매우 흥미로운 사실을 발견했다. 그 여인은 클라파레드가 자기를 방문할 때마다 항상 처음 만나는 사람처럼 똑같은 질문을 반복했다. "누구시죠? 이름이 뭐예요? 무엇을 하는 사람이에요?" 클라파레드는 악수를 하며 성실하게 그녀의 질문에 답을 했다. 그러나 잠시만 옆방에 다녀와도 똑같은 질문을 하는 여인의 모습에 흥미를 느낀 클라파레드는 재미있는 실험을 하게 된다. 그는 손가락 사이에 뾰족한 핀을 숨기고 그녀를 찾아갔다. 그 여인은 평소와 같이 그의 이름이 무엇이며 무엇을 하는 사람인지를 물었다. 그때 클라파레드는 자신의 이름을 알려 주면서 그녀와 악수를 했다. 순간 뾰족한 핀이 그녀의 손가락을 찔렀고, 그녀는 얼굴을 찡그리면서 황급히 자신의 손을 뒤로 빼내었다. 그런 일이 있은 다음, 그 여인의 행동에 변화가 일어났다. 클라파레드가 그녀를 방문하여 손을 내밀며 악수를 청하면 거절하였다. 그녀는 클라파레드가 누구인지를 여전히 알아보지 못했지만 악수는 하지 않은 것이다. 그녀는 악수를 하지 않은 이유를 말로 설명하지는 못했다. 왜 악수를 하지 않느냐는 질문에 아무 말도 하지 못했다(안석모, 2009). 이런 클라파레드의 실험은 사람이 인지적으로만이 아니라 감정적으로도 기억한다는 것을 말해 준다. 그 여인이 악수를 거절한 것은 클라파레드가 핀으로 자신을 찔렀다는 사실을 인지적으로 기억했기 때문이 아니라 그때의 통증을 그녀의 몸이 감정적으로 기억하고 있었기 때문이다. 이것은 마음의 상처가 정서적 기억으로 되어 있다는 것을 설명하는 데 있어서 더 없이 좋은 실험 사례가 된다.

마음의 상처를 구성하고 있는 주된 감정들은 분노, 슬픔, 두려움, 수치감 등 부정적인 감정들이다. 이런 감정들이 상처 속에 들어 있다. 그러나 그런 부정적인 감정들이 모두 상처와 관련이 있는 것은 아니다. 상처와 관련이 있는 감정들은 부적절한 감정들로서 강도(intensity), 지속도(duration), 빈도(frequency) 등의 세 가지 면에서 적절한 감정들과 차이가 있다.

첫째, 상처에 근거한 감정은 그 강도에 있어서 차이가 난다. 그 감정은 강하고 격렬한 것이 보통이다. 예를 들어, 내가 자동차를 운전하고 가는데 갑자기 깜빡이도 켜지 않고 끼어든 차가 있다고 가정해 보자. 이때 사람들이 나타낼 수 있는 일반적인 반응은 브레이크를 잡으며 놀란 마음과 분노를 가볍게 표현하는 것이다. "왜 운전을 저렇게 해!" "목숨 걸고 운전하네!" "뭐 저런 게 다 있어!" 등의 언어 표현을 하거나 클랙슨을 울리는 것 등으로 분노를 표현한다. 그런데 만약 그런 경우에 그런 정도의 분노를 표현하는 것으로 그치지 않고 심한 욕설을 퍼붓거나 그 차를 끝까지 쫓아가서 운전자의 멱살을 잡는다면, 그것은 분노가 매우 강하다는 것을 보여 준다. 이렇게 과격하게 표현되는 분노의 원인은 끼어든 차의 운전자에게만 있지 않다는 것을 알아야 한다. 운전자의 끼어들기 행동은 내가 가지고 있는 상처를 건드렸고, 그 결과 나의 상처 속에 있는 분노가 표출되었다고 보아야 한다. 그러므로 끼어들기를 한 운전자가 나의 분노에 대해서 일정 부분의 책임이 있지만, 지나치게 과도한 분노에 대해서는 책임이 없다고 말할 수 있다. 과도한 분노의 책임은 나에게 있는 것이다. 나의 상처 속에 있는 분노가 폭발했기 때문이다. 강도가 높은 감정은 충동장애의 원인이 될 수 있다.

둘째, 상처에서 나오는 감정은 그 지속도에 있어서 차이가 있다. 어떤 감정이 한번 발생되면 사라지지 않고 오래 지속된다. 상처와 관련되지 않은 감정은 그 감정이 사라지는 데 걸리는 시간이 비교적 짧다. 앞에서 예로 든 경우를 생각해 보자. 깜빡이도 켜지 않고 갑자기 끼어든 차가 있다면 누구든지 어느 정도의 분노를 느낄 것이다. 그러나 그 분노는 운전을 계속하는 동안, 시간이 지나고 환경이 바뀌면서 약화되거나 사라지는 것이 대부분이다. 출근하여 커피를 마시거나 퇴근하여 저녁 식탁에 앉으면 분노는 이미 소멸된다. 그런데 만약 시간이 지나고 환경이 바뀌어도 그 분노가 사라지지 않는다면, 그 분노는 상처와 관련이 있다는 것을 알아야 한다. 왜냐하면 그것은 부적절한 분노이기 때문이다.

셋째, 상처와 관련이 있는 감정은 그 빈도에 있어서 차이가 있다. 상처에 뿌리를 둔 감정은 감정 발생의 빈도가 높다. 자주 분노를 느끼거나, 자주 슬픔에 빠지고, 자주 두려움을 경험하곤 한다. 마치 어떤 특정한 감정에 중독되어 있는 것처럼, 그 감정을 빈번하게 경험하는 것이다. 예를 들면, 내 차 앞에 끼어든 차 때문에 화가 나기도 하고, 내 차를 끼워 주지 않은 차 때문에 화가 나기도 한다. 또한 내 차가 빨리 안 간다고 클랙슨을 누르는 뒤 차 때문에 화가 나기도 하고, 내 앞에 있는 차가 빨리 가지를 않아서 화가 나기도 한다. 이것은 상처에서 비롯된 부적절한 감정 경험이다.

마음의 상처는 정서적 기억으로 되어 있다. 그럼 치유를 위해 필요한 것은 무엇일까? 정서 곧 감정으로 되어 있는 마음의 상처를 재구성해야 한다. 즉 정서적 재구성 작업이 필요하다. 정서적 재구성은 억압을 풀고 자신을 개방하여 상처 속에 들어 있는 감정을 충분히 느끼고 표현함으로써 감정을 재경험하는 것이다. 이것을 상담과 치유에서는 감정정화(catharsis)라고 한다. 감정정화는 프로이트가 그의 초기 심리치료의 과정에서 강조했던 치유의 원리이다. 그는 히스테리와 신경증 등의 정신적인 문제가 생기는 이유는 외상과 같은 충격적인 사건으로 인하여 발생한 감정을 밖으로 충분히 표현해 내지 못했기 때문이라고 보았다. 따라서 그 감정을 정화하면 치유가 일어난다고 생각했다(Yalom; 최혜림, 장성숙 역, 2001, 48). 그러므로 문제가 되는 것은 억압된 감정이다. 심리적 외상이나 반복적인 스트레스 상황에 노출되면 공포, 분노, 슬픔 등의 강렬한 감정들이 발생한다. 이렇게 발생된 감정들은 적절한 과정을 통해서 해소되어야 한다. 정신건강을 위해서는 그런 감정들의 정화과정이 필요하다. 그러나 그런 감정들이 해소되지 못하고 방치되거나 억압되면 문제가 생긴다. 억압된 감정은 인지 및 사고 기능의 저하, 감정의 폭발과 충동행동, 그리고 신체질환이나 정신장애의 원인이 될 수 있다. 정서적 재구성은 그렇게 억압된 감정을 다시 경험함으로써 그 감정을 해소하고 정리하는 것이라 할 수 있다. 그것은 상처 속에 억압된 감정이 남아 있지 않도록 충분히 표현함으로써 감정의 종료(finish) 상태가 되는 것을 의미한다.

🐦 일화적 기억

일화적 기억은 진술이 가능한 기억을 말한다. 정서적 기억은 진술이 불가능하지만, 일화적 기억은 언어적 진술이 가능하다는 데 그 특징이 있다. 앞에서 본 것처럼, 일화적 기억은 서술적 기억에 속한 것으로서 특정 시기, 특정 장소에서 있었던 개인의 경험을 근거로 한다. 그것은 과거에 발생한 개인적 사건에 대한 언어적인 기억이다. 치유의 과정에서 내담자는 자신이 경험한 상처와 아픔을 언어로 진술하게 되는데 그것은 무의식 속에 억압된 과거의 사건이 의식과 접촉되었다는 것을 의미한다. 과거의 사건을 언어로 진술하고 있다면 그 기억은 인지적으로 알아차린 기억이라 할 수 있다. 일화적 기억은 언어적이고, 의식적이며, 인지적인 기억이다.

마음의 상처는 일화적 기억으로 되어 있다. 즉 상처는 상처를 입게 된 과거의 사건에 대한 언어와 이야기로 구성되어 있는 것이다. 물론 그 이야기는 즐겁고 행복한 이야기가 아니다. 두렵고 수치스럽고 화나고 아픈 이야기이다. 그런 이야기가 무의식 속에, 장기기억 속에, 대뇌피질 속에 저장되어 있다. 일화는 다른 말로 하면 사연이다. 즉 마음의 상처는 사연으로 되어 있다고 할 수 있다.

앞에서 상처에 대한 심상적 기억과 정서적 기억을 설명하기 위해 제시한 사례들은 동시에 일화적 기억의 사례들도 된다. 그 사례들은 이미 진술적으로 기록되었으며 그것은 하나의 사연이기도 하다. 다음의 사례는 오래전 TV에 방영되었던 다큐멘터리 이야기이다. 비밀유지를 위해 다소 각색했다.

···

희정(가명)이는 슬픔과 아픔을 지닌 불우한 여자아이이다. 이 아이의 불행은 네 살 때 시작되었다. 부부싸움으로 더 이상 함께 살 수 없었던 희정이의 부모가 이혼했기 때문이다. 희정이는 아버지와 헤어졌고 엄마와 함께 살았다. 아버지를 잃어버린 것이다. 그러나 3년 후 일곱 살이 되었을 때, 희정이는 또 한 번의 아픔을 겪어야 했다. 엄마에게 남자가 생겨 재혼했기 때문이다. 엄마는 희정이를 시골에 있는 할머니에게 맡기고 재혼을 했다. 아마도 새 남편이 희정이를 원하지 않았기 때문인 것 같다. 엄마는 희정이를 포기하고 새 남편에게 갔다. 희정이는 아빠를 잃고 또 엄마를 잃은 것이다. 그 후 이 여자아이는 여든 살이 다 된 할머니와 함께 가난한 시골집에서 살게 된다. 남편 없이 홀로되신 할머니는 병들어 거동이 불편했고 겨우 밥을 끓여 먹이며 희정이를 돌봐 주었다. 할머니가 아파서 누워 있을 땐 희정이가 부엌에 들어가 밥을 하는 날도 있었다. 희정이는 석유 풍로에 불을 붙이고 라면을 끓였다. 이런 장면이 비춰졌다. 아침에 할머니가 희정이의 머리를 빗겨 준다. 그때 이 영상을 만들고 있었던 PD가 물어보았다. "엄마가 보고 싶지 않아요?" 그러자 희정이는 혼잣말처럼 이렇게 말했다. "엄마가 보고 싶다……. 아빠도 보고 싶다……." 그리고 눈물을 흘렸다.

···

이것이 사연이다. 그리고 상처이다. 지금 희정이는 그것이 마음의 상처라는 것을 모르고 있을 것이다. 그냥 슬프고, 화나고, 엄마가 보고 싶고, 그리울 뿐이다. 그러나 그것이 자신의 상처라는 것을 알게 될 것이다. 상처는 일화적 기억, 곧 사연으로 되어 있다.

『털어놓기와 건강(Opening Up)』이라는 책을 저술한 제임스 페니베이커(James W. Pennebaker)는 치유의 과정에서 가장 중요한 경험은 자신의 상처를 언어로 표현하는 것이라고 했다. 그 표현은 말로 할 수도 있고 글로 쓸 수도 있다. 오늘날에는 상담과 치유의 분야에 많은 발전이 있었고 그 기법 또한 다양해졌다. 춤치유, 미술치유, 음악치유 등이 각광을 받고 있으며 대중들에게 인기가 있다. 그 치유적 효과도 크다. 그 기법들은 치유에 방해가 되는 억압을 저항감 없이 풀게 하고 깊은 내면의 상처를 드러내도록 하는 데 많은 도움이 된다. 그러나 그 모든 치유의 기법들이 더 효과를 거두기 위해서는 상처를 언어로 표현하는 진술적인 과정이 필요하다. 페니베이커는 심리적 외상사건에 대한 춤동작과 글쓰기 효과에 대한 실험을 했다. 그는 64명의 학생들을 세 집단으로 나누어 3일 동안 매일 10분 이상 주어진 과제를 수행하도록 했다. 첫 번째 집단 학생들에게는 각자의 외상경험을 기억하며 춤과 동작으로 마음껏 표현하도록 했다. 두 번째 집단 학생들은 각자의 외상경험을 춤과 동작으로 표현한 다음, 10분 동안 그 외상경험들을 글로 쓰도록 했다. 세 번째 집단 학생들은 외상경험과 관계없이 그냥 체육시간처럼 주어진 방식에 따라 운동을 하게 했다. 학생들은 이 세 집단에 무작위로 할당되었다. 그 후 어떤 결과가 나타났을까? 실험 후 몇 달이 지나서 학생들의 반응을 알아보았다. 단순히 운동을 한 세 번째 집단 학생들에게는 건강과 행복에 별다른 변화가 없었다. 자신의 외상경험을 춤과 동작으로 표현한 첫 번째와 두 번째 집단 학생들은 더 건강하고 더 행복해졌다고 보고했다. 그러나 춤과 동작 후에 자신의 외상경험을 글로 표현한 두 번째 집단 학생들은 건강과 행복의 향상만이 아니라 학교 성적까지 좋아졌다고 보고했다. 결론적으로 페니베이커는 심리적 외상경험을 단순히 동작으로 표현하는 것만으로는 충분하지 않다고 말한다. 그것을 언어로 바꾸는 과정이 필요하다고 했다. 그는 이렇게 말한다. "실제로 대부분의 춤, 미술, 음악 치료자들은 (춤, 미술, 음악으로) 자기를 표현하도록 돕는 것 이상의 것을 한다. 내담자는 춤추고, 그림 그리고, 노래 부르는 동안이나 그 이후에 자기 자신의 정서적 경험을 이야기하도록 북돋아진다. 다시 말해서, 일단 내담자의 억압의 과정이 열리면 비언어에 근거한 치료는 언어적인 치료에 의존하게 된다."(Pennebaker; 김종한, 박광배 역, 1999, 144-145) 페니베이커는 외상의 치유에 있어서 언어적 진술의 가치와 효과를 강조했다. 언어적 진술은 치유의 중요한 과정이 된다. 왜 그럴까? 그 이유는 상처가 일화적 기억으로 되어 있기 때문이다. 일화적 기억으로 되어 있는 상처는 언어적 진술을 통해 효과적으로 치유될 수 있다.

상처 속에 들어 있는 사연, 곧 일화는 무대에서 연극을 하는 배우들이 사용하는 각본에 비유될 수 있다. 배우들은 각본대로 연기해야 한다. 그렇지 않으면 감독이 퇴장시킬 것이다. 그와 유사하게 상처의 사연을 지닌 사람은 그 사연대로 살게 된다. 왜냐하면 그것은 그대로 따라 살아야만 하는 삶의 각본이 되었기 때문이다. 그 각본은 개인의 마음속에 깊게 자리를 잡고 그 사람의 삶의 방향과 행동을 조종한다. 그래서 삶이 내가 원하는 것처럼 살아지지 않는다. 내가 원하는 방향으로 나가지를 못한다. 배우가 무대에서 각본대로 연기해야 하는 것처럼, 상처의 사연을 지닌 사람은 세상이라는 무대에서 그 사연대로 살게 되는 것이다. 이것이 삶의 비극이 반복되는 이유이다.

상처가 일화적 기억으로 되어 있다는 것은 상처가 말과 언어와 관련이 있다는 것을 암시해 준다. 상처는 사연으로 되어 있을 뿐만 아니라 말로 되어 있다. 어떤 말들일까? 독소가 들어 있는 부정적이고 나쁜 말들이다. 비판과 비난의 말, 무시와 경멸의 말, 명령과 협박의 말, 속임과 놀림의 말, 그리고 욕설과 저주의 말들이다. 이런 말들이 상처 속에 들어 있다. 무의식 속에 저장되어 있다. 언제 누구에게 이런 말들을 듣게 되었을까? 어린 시절에, 청소년기에, 어른이 된 후에, 결혼한 다음에, 그리고 부모로부터, 형제로부터, 친구로부터, 선생님으로부터, 배우자로부터, 모르는 사람으로부터, 아는 사람으로부터 들었다. 로버트 파이어스톤(Robert Firestone)은 말하기를, 우리에게는 마음속에서 들리는 '내면의 목소리(inner voice)'가 있는데, 그것은 우리 자신을 파멸시키는 교활한 목소리라고 했다. 그 목소리들은 어린 시절에 부모가 적대적으로 던진 말들이 우리의 내면으로 들어와 자리를 잡게 된 것이라고 하였다(Bradshaw; 김홍찬, 고영주 역, 2008, 200).

. . .

참나무(가별칭)는 어려서 엄마에게 "이마에 피도 안 마른 게!"라는 말을 들었다. 참나무는 집 앞에 있는 교회에 다녔는데 교회 생활에 열심이었다. 교회 앞 입구에서 여학생들과 어울려 이야기하는 시간도 있었다. 참나무의 엄마가 그 모습을 보았다. 그리고 참나무가 연애를 한다고 생각했다. 엄마는 화가 나서 이렇게 비난하듯 말했다. "아직 이마에 피도 안 마른 게!" 참나무는 그 말에 분노와 수치감을 느꼈다.

초등학교 시절 들국화(가별칭)는 남자아이들로부터 솥뚜껑이라고 놀림을 받았다. 남자아이들은 들국화가 못생겼다고 그렇게 놀려 댔다. 들국화가 지나가면 "솥뚜껑! 솥뚜껑!" 하며 박수를 쳤다. 들국화는 남자아이들이 있는 운동장을 지나가지 못했다. 항상 피해 다녔다.

채송화(가별칭)는 어려서부터 오빠한테 "바보, 병신, 쪼다"라고 놀림을 받았다. 오빠는 동생의 이름을 부르지 않았다. 동생인 채송화에게 무엇인가를 부탁하려고 부를 때에도 "바보, 병신, 쪼다"라고 불렀다. 처음에 채송화는 "내가 왜 바보, 병신, 쪼다야?" 하고 따졌다. 그럼에도 불구하고 오빠는 계속 그렇게 불렀다. 그러자 채송화는 오빠가 "바보, 병신, 쪼다"라고 부르면 "왜?" 하고 대답했다. 채송화는 자기 자신을 바보, 병신, 쪼다라고 여기게 된 것이다. 채송화가 어른이 되었다. 그녀는 피해의식과 편집증으로 어려움을 겪고 있었다. 직장에서 동료들이 모여 앉아 이야기를 하고 있는 것을 보면, 그들이 마치 자기 자신을 욕하거나 험담하고 있는 것처럼 느껴진다고 말했다. 그래서 그들 곁에 가지를 못했다. 항상 외톨이가 되었다. 심지어 길을 걸어가다가 버스 역에서 사람들이 모여 있는 것을 보면 자기에게 욕을 하고 있는 것처럼 느껴졌다. 그래서 자꾸만 뒤를 돌아보게 된다고 했다. 채송화의 상처 속엔 '바보, 병신, 쪼다'라는 말이 들어 있었다.

초록(가별칭)은 어려서 언니한테 '메주'라는 말을 듣고 자랐다. 언니는 동생한테 "넌 왜 그렇게 못 생겼냐?"라고 말하면서 메주라고 불렀다. "메주, 메주 같은 년, 머저리 메주"라고 놀렸다. 그 말이 초록의 마음속에 자리를 잡았다. 초록은 스물네 살이 되기까지 정말 자기가 메주처럼 못생겼다고 생각했다. 그래서 대학을 다닐 때에는 미팅이나 데이트를 한 번도 못했다. 왜냐하면 남학생들이 자기를 좋아하지 않을 거라고 생각했기 때문이다. 남자들이 자기를 쳐다보면 자기가 못 생겨서 쳐다보는 것이라고 생각했다. 그러나 초록은 못생기지 않았다. 충분히 매력이 있는 외모를 지녔다. 그럼에도 불구하고 초록은 외모 콤플렉스에 시달렸다. 왜냐하면 그녀의

...

말에는 영향력이 있다. 긍정적인 말을 들으면 힘이 나고 소망이 생긴다. 그러나 부정적인 말을 들으면 힘이 빠지고 낙심하게 된다. 특히 놀림이나 욕설 같은 말 속에는 말독(毒)이 들어 있기 때문에 그런 말을 계속 들으면 그 독이 퍼져서 그 말처럼 살게 된다. 예를 들어, "빌어먹을 놈, 빌어먹을 놈"이라는 욕을 계속 들으면 말 그대로 빌어먹게 될 수 있고, "쓸개 빠진 년, 쓸개 빠진 년" 하는 말을 계속 들으면 정말 쓸개 빠진 짓을 하고 다닐 수 있다. 특히 어린아이는 부모나 어른들이 하는 비난이나 욕설이 섞인 말의 영향을 훨씬 더 많이 받는다. 왜냐하면 아직 그런 말들을 밖으로 밀어낼 수 있을 만큼 자아가 확립되지 못했기 때문이다. 어린아이는 부모가 자기에게 한 말을 그대로 받아들여서 자기 자신을 그 말처럼 여기는 경향이 있다. 이런 과정을 심리학적으로 내사(introjection) 또는 동일시(identification)라고 한다. 내사는 어린아이가 부모와 같은 외부의 대상이 하는 말이나 그 대상이 자기를 대하는 태도 그리고 그 대상과의 경험 등을 받아들여 자신의 성격구조로 삼는 과정을 말한다. 예를 들어, 유아는 자신을 돌봐 주는 엄마의 반응과 태도를 내재화하여 자신의 심리적 구조로 만든다. 동일시는 어린아이가 한 가지 혹은 여러 가지 측면에서 외부의 대상을 닮아 가는 과정을 말한다. 동일시를 통해서 유아는 다른 사람의 태도와 가치와 기능들을 자신의 정체성으로 통합한다(The American psychoanalytic Association, 1990, 102-103). 그러므로 부모가 어린 자녀에게 비난이나 욕설을 반복한다면, 자녀는 자기 자신을 그 부모의 말과 동일시함으로써 자기 정체감을 부정적으로 형성한다.

우리말에 '욕을 먹는다.'는 말이 있다. 이 말 속에는 조상들의 지혜가 담겨 있다. 욕을 먹는다는 것은 욕의 영향력이 그만큼 실제적이고 강력하다는 것을 의미한다. 우리는 밥을 먹듯이 욕을 먹는다. 밥이 우리의 뱃속으로 들어가 영양분이 되고 에너지가 되어서 우리의 몸과 활동에 영향을 미치듯이 욕이 우리의 정신 속에 들어가 파괴의 에너지로 작용한다. 그러므로 바보라는 말을 계속 들으면 바보처럼 행동하게 되고, 병신이라는 말을 계속 들으면 병신처럼 행동하고 다니게 되는 것이다.

상처는 나쁜 말들로 되어 있다. 그런데 그런 말들이 우리의 내면에 자리를 잡게 되면 쉽게 사라지지 않는다. 계속해서 들린다. 그것은 마치 옛날에 사용하던 레코드판에 흠집이 생긴 것과 같다. 오늘날처럼 CD가 나오기 전 옛날에는 LP판(long-playing record)을 사용했다. 그 판을 전축 위에 올려놓고 음악을 들었다. 그런데 그 판에 흠집이 나면 바늘이 튕겨지면서 계속 같은 소리를 낸다. 예를 들어, 전에 유행했던 하숙생이라는 노래를 듣는데, "인생은 나그네길-, 인생은 나그네길-, 인생은 나그네길-"하면서 같은 소리를 반복하는 것이다. 짜증스럽다. 이와 같이 상처 속에 들어 있는 부정적인 말들은 한 번 들리기 시작하면 계속 들린다. "이마에 피도 안 마른 게! 이마에 피도 안 마른 게! 이마에 피도 안 마른 게!……." "솥뚜껑, 솥뚜껑, 솥뚜껑……." "바보 병신 쪼다, 바보 병신 쪼다, 바보 병신 쪼다……." "메주, 메주, 머저리, 메주……." 그리고 그 말의 영향을 받는다. 불안하고 화가 나거나 우울해지고 고통스럽다. 이상한 일이다. 그런 말이 싫고 그 말에서 벗어나려고 하지만 쉽게 벗어날 수 없다. 마녀의 마술에 걸린 것처럼 벗어나지지를 않는다. 브래드쇼는 로널드 라인(Ronald Laing)의 말을 인용하여 "우리는 모두 어린 시절에 걸린 체면에 빠져 있다."고 했다(Breadshaw; 김홍찬, 고영주 역, 1988, 199).

이처럼 마음의 상처는 상처와 관련된 사연과 부정적인 말들로 되어 있다. 그러나 상처 속에 들어 있는 사연 곧 일화적 기억은 하나의 통일된 이야기로 잘 정돈되어 있는 것이 아니다. 짜임새가 없이 뒤죽박죽되어 있거나 여러 개의 이야기로 토막 나 있다. 이야기가 파편화된 상태에 있는 것이다. 이것은 상처의 심상적 기억이 희미하거나 찢겨진 상태에 있는 것과 유사하다. 왜냐하면 그 이야기는 오랫동안 언어화되지 못했으며 부인되거나 억압되어 있었기 때문이다. 그럼 치유를 위해서 필요한 것은 무엇일까? 일화로 되어 있는 마음의 상처를 재구성해야 한다. 즉 일화적 재구성 작업이 필요하다. 일화적 재구성 작업은 마음의 빗장을 풀고 그동안 억압되어 있었던 자신의 상처받은 이야기를 언어로 표현하는 것이다. 그것은 뒤죽박죽되어 있던 이야기를 정돈된 이야기로 만드는 것이고, 토막 나고 파편화된 이야기를 하나의 구성된 이야기로 통합하는 것이며, 길고 복잡한 이야기를 하나의 명료한 이야기로 요약하는 것이다. 이것은 고전적인 이야기치료에서 강조되는 치유의 과정이다. 고전적인 이야기치료의 주요 원리 중의 하나는 토막 나고 파편화되어 있는 상처의 이야기를 정돈되고 통합된 이야기로 완성하는 것이다. 파편화된 이야기가 하나의 이야기로 잘 요약되고 통합되면 치유가 일어난다. 그 이야기는 덜 위협적이 되고 그 영향력은 약해진다(Pennebaker; 김종한, 박광배 역, 1999, 140).

고전적인 이야기치료에 따르면, 상처의 이야기가 현재의 삶과 행동에 영향을 미치는 것은 그 이야기가 조각나 있고 파편화되어 있기 때문이다. 상처의 이야기를 하나의 정돈된 이야기로 통합한다는 것은 비로소 그 이야기를 수용하고 인정하게 된다는 것을 의미한다. 이전에는 그 이야기를 부정하고 밀어내려고 하거나 억압했다. 자신의 삶 속에 있어서는 안 되는 이야기로 생각했다. 만약 자신의 자서전을 쓴다면 그 이야기는 빼놓았을 것이다. 수치스럽기도 하고 두렵기도 하기 때문이다. 그러나 이제는 그 이야기를 받아들인다. 수용한다. 자신의 자서전에 기록할 수 있게 된다.

일화적 재구성 작업을 하기 위해서는 상처받은 자신의 이야기를 상담자나 믿을 만한 사람에게 털어놓을 필요가 있다. 그것도 여러 번 그렇게 하는 것이 필요하다. 왜냐하면 그렇게 해야만 이야기가 잘 정돈되고 통합될 수 있기 때문이다. 반복적으로 말하는 것은 이야기를 요약하고 조직화하는 데 도움이 된다. 이런 털어놓기의 과정을 상담과 치유에서는 자기개방(self-disclosure)이라고 말한다. 자기개방은 많은 심리학과 상담에서 강조되는 치유의 원리이다.

프로이트의 동료이며 정신과 의사였던 조셉 브로이어(Joseph Breuer)는 일찍이 이야기치료의 중요성을 알고 있었다. 그는 최면치료와 이야기치료를 병합함으로써 치유에 괄목할 만한 업적을 남겼다. 그의 치유 사례 중에 나오는 안나 오(Anna O) 양의 이야기는 유명하다. 안나 오 양은 신체의 오른쪽이 부분적으로 마비되어 있었으며 특히 몸이 물을 거부함으로써 물을 마실 수 없는 상태에 있었다. 아마 그녀는 치료를 위해 정신과 의사가 아닌 다른 의사들을 만났을 것이다. 그러나 효험이 없었기 때문에 브로이어에게 찾아왔을 것이다. 브로이어는 최면을 걸었다. 그리고 마음속에 떠오르는 초기 경험들을 말하도록 했다. 그녀의 의식 속에 오랫동안 잊고 있었던 과거의 충격적인 경험이 떠올랐다. 그것은 더럽고 혐오감이 느껴지는 경험이었다. 오래전 어느 날, 그녀는 한 마리의 더러운 개가 컵 속에 담겨 있는 물을 혓바닥으로 핥고 있는 것을 보았다. 그것은 사람이 마셔야 할 물이었다. 충격이었다. 그녀는 혐오감과 역겨움 그리고 분노를 느꼈다. 그것은 너무 충격적이었기 때문에 그녀의 무의식 속에 억압되었다. 그러나 이제 그녀는 최면 상태에 있었기 때문에 그 이야기를 브로이어에게 털어놓을 수 있었다. 최면은 의식의 기능을 약화시킴으로써 무의식의 내용물들이 의식의 세계로 쉽게 출현할 수 있도록 만든다. 이야기가 끝나자 브로이어는 최면을 풀었다. 그리고 주전자에서 물을 한

컵 따라 주었다. 어떻게 되었을까? 안나 오 양은 그 물을 받아 꿀꺽꿀꺽 마셨다. 그녀는 더 이상 물 마시기를 거부하지 않았다. 브로이어에 따르면, 증상의 원인에 대해 말하는 것은 증상을 제거하는 효과적인 과정이 된다(Pennebaker; 김종한, 박광배 역, 1999, 45). 프로이트는 그런 브로이어의 연구사례에 매혹되었다. 그리고 환자는 최면 상태에서만이 아니라 의식이 있는 이완 상태에서 자신의 숨겨진 이야기를 말할 때에도 치유가 일어난다는 것을 알게 되었다. 프로이트는 브로이어와 함께 일했다. 그들의 견해에 따르면, 치유에는 억압된 이야기와 감정을 말로 털어놓는 과정이 필요하다. 이것이 고전적인 이야기치료의 원리이다.

공포의 기억 지우기

최근 뇌 과학의 발달로 왜 공포의 기억이 오랫동안 뇌 속에 남게 되는지, 그리고 어떻게 하면 그 기억을 지울 수 있는지에 대한 연구가 이루어지고 있다. 만약 연구의 성과가 나타난다면 마음의 상처를 치유하는 데 획기적인 길이 열릴지도 모른다. 특히 외상후 스트레스 장애(PTSD)와 같은 외상(trauma)의 치유에 큰 도움이 될 것이다. 상처의 치유에 대한 뇌 과학적인 접근은 앞에서 보았듯이 상처가 기억 그리고 뇌 기능과 관련이 있다는 데 근거한다.

공포를 느끼는 뇌는 편도체(amygdala)라고 알려져 있다. '감정의 뇌'라고도 하는 편도체는 공포의 감정을 감지하고 그 기억을 자체의 뇌 속에 저장한다. 편도체가 공포를 감지하는 방식은 비논리적이다. 충분한 검토나 확인 과정 없이 공포를 느낀다. 그것은 단순한 반응 과정으로서 외부의 위험한 정보가 편도체에 닿으면 자동적으로 공포 시스템이 작동되어 공포를 느끼게 되는 것이다.

2009년 스위스에 있는 프리드리히 미셰르 연구소(Friedrich Miescher Institute)에서는 쥐 실험을 통해서 공포의 기억이 편도체에 저장되며, 또한 특별한 물질을 편도체에 주사함으로써 공포의 기억을 지울 수 있다는 것을 알아냈다. 연구팀은 쥐에게 전기 쇼크를 주며 동시에 특정한 소리를 들려주었다. 그 후 동일한 쥐에게 전기 쇼크 없이 특정한 소리만 들려주었다. 그럼에도 불구하고 쥐는 몇 초 동안 움직이지 않고 전기 쇼크를 받는 것과 유사한 행동을 나타내었다. 왜냐하면 공포에 대한 강한 기억이 소리와 함께 편도체에 저장되어 있었기 때문이다. 마치 행동주의 심리학에서 말하는 조건반사와 같은 모습이다. 그런데 아기 쥐(생쥐)의 경우는 성체 쥐와 달랐다. 아기 쥐는 공포의 기억을 가지고 있지 않았다. 연구팀은 그 이유를 알아냈는데, 아기 쥐에게는 아직 편도체의 뇌세포를 감싸고 있는 보호막이 만들어지지 않았기 때문이다. 아기 쥐가 태어난 지 3주가 지나면 편도체를 구성하는 뇌세포들을 보호하기 위하여 방어막(sheath)이 만들어지는데, 그 방어막이 만들어지면 편도체에 들어온 공포의 기억은 사라지지 않는다. 그러나 그 방어막이 만들어지기 전까지는 어떤 기억도 편도체 속에 남지 않는다. 이런 가설을 입증하기 위해 연구팀은 성체 쥐의 편도체 속에 그 세포의 방어막을 녹여 없앨 수 있는 물질을 주사해 보았다. 그 결과, 성체 쥐도 아기 쥐와 마찬가지로 공포의 경험을 기억하지 못했다. 이 실험 연구는 2009년 9월 세계적인 저널 『과학(Science)』지에 수록되었다(정지훈, http://health20.kr). 사람의 편도체를 구성하는 뇌세포도 쥐와 마찬가지로 방어막으로 둘러싸여 있다. 만약 그 방어막을 제거할 수 있는 안전한 물질이 개발되고 정확하게 주사할 수 있다면 마음의 상처를 치유할 수 있는 새로운 방법이 개발될지도 모른다. 그러나 문제가 있다. 어떤 다른 부작용이 생길지 알 수 없기 때문이다. 그것은 공포의 기억을 지울 수 있을지 모르나 편도체의 다른 기능을 손상시킬 수도 있는 일이다.

또 다른 연구가 최근 미국의 아이오와 주립대학교의 존 웨미(John Wemmie) 교수 연구팀에 의해 이루어졌다. 그들은 수소이온의 농도 변화를 감지하는 단백질인 ASIC1a가 공포감을 느끼도록 하는 데 중요한 역할을 한다는 것과 그 ASIC1a를 억제할 수 있는 물질이 무엇인지를 알아냈다. 그것은 타란툴라라는 독소를 지닌 물질이다. 연구팀은 쥐를 대상으로 실험을 했다. 그들은 ASIC1a를 억제하는 물질로 추정되는 타란툴라라는 물질을 실험쥐에게 주사하였다. 그리고 그 쥐의 후각이 여전히 정상적임을 확인했다. 그런 다음 그 쥐를 정상 쥐와 함께 쥐들이 싫어하는 것으로 알려진 여우 냄새가 나는 비커가 있는 장소에 두었다. 정상 쥐는 여우 냄새를 피해서 달아나려고 했다. 그러나 ASIC1a가 제거된 쥐는 달아나지 않았다. 오히려 여우 냄새가 나는 비커 위에 올라서는 대담한 행동을 보였다. 쥐 실험 결과, 연구팀은 몇 가지의 사실을 알아냈다. 첫째, 여우 냄새에 대한 쥐의 공포는 학습된 것이 아니라 본능적인 것이다. 둘째, 공포를 느끼게 하는 ASIC1a는 편도체 안에 집중적으로 모여 있다. 셋째, 타란툴라라는 물질이 ASIC1a를 제거하는 데 효과가 있다. 결론적으로 존 웨미 교수는 이렇게 말했다. "ASIC1a를 억제하는 약물인 타란툴라는 다른 뇌기능에는 문제를 일으키지 않으면서 공포를 줄이는 데 도움을 줄 수 있을 것이다."(출처: http://www.dongascience.com/)

존 웨미 교수의 말대로 뇌의 다른 기능에 전혀 손상을 주지 않으면서 공포를 줄일 수 있다면 치유의 획기적인 방법이 개발될 수 있을지 모른다. 그러나 다른 부작용이 없는 뇌 기능의 변형 상태를 생각하기는 어렵다. 왜냐하면 편도체에 저장된 공포의 기억들이 전적으로 부정적인 영향만 주는 것은 아니기 때문이다. 편도체 속에 있는 공포의 기억은 과거에 발생한 것과 유사한 공포스러운 사건이 다시 발생하는 것을 예방하고 피하는 데 도움이 된다는 것은 잘 알려져 있는 사실이다. 따라서 어떤 사람의 편도체로부터 ASIC1a를 제거한다면, 그 사람이 위험한 상황에 노출되는 것을 스스로 막을 방법이 없게 될 것이다. 뿐만 아니라 아무런 두려움 없이 어떤 잔인한 행동을 자행할 수도 있다. 만약 공포 기억의 순기능을 유지하면서 역기능만 제거할 수 있는 방법이 개발된다면 치유의 역사상 놀라운 발견이 될 것이다. 그러나 아직까지는 그렇지 못하다. 그러므로 마음의 상처를 부작용 없이 안전하게 치유할 수 있는 뇌과학적이며 해부학적인 방법은 아직 미흡한 상태에 있다고 할 수 있다. 그러나 미래에는 어떤 일이 있을지 모르는 일이다.

제3장
외상적 환경과 반복적 환경

앞에서 우리는 과거의 경험이 어떻게 우리 안에 남게 되며 또한 현재의 삶에 영향을 주게 되는지를 알아보았다. 그리고 과거의 경험으로 발생한 마음의 상처가 무엇으로 되어 있는지도 살펴보았다. 마음의 상처는 심상적 기억과 정서적 기억과 일화적 기억으로 되어 있다. 그것은 상처의 구성요소들이다. 하지만 아직까지 무엇이 상처를 만드는가에 대한 논의는 없었다. 마음의 상처는 왜 생기게 되는 것일까? 이것은 상처의 발생요인에 대한 논의가 될 것이다. 성격 발달에 관한 이야기로 시작해 보자.

☙ 성격의 발달

모든 사람은 각기 다른 자기만의 고유한 성격을 지니고 있다. 유사한 성격을 지닌 사람은 있지만 똑같은 성격을 지닌 사람은 아무도 없다. 성격은 개인차가 분명한 인간의 실존이다. 성격은 개인에 따라 고유할 뿐만 아니라 시간과 장소에 따라 달라지지 않는다. 그것은 지속적이며 변화되기 어렵다. 그러므로 성격은 개인의 독특성을 유지하는 근거가 된다. 만약 성격이 쉽게 바뀐다면 모든 인간관계가 혼란에 빠질 수밖에 없을 것이다.

인간의 성격은 어떻게 형성되는 것일까? 철학과 교육학 그리고 심리학 분야에 종사하는 많은 지식인이 오랫동안 논쟁을 했다. 논쟁의 주제는 '유전이냐, 환경이냐' 하는 문제였다. 유전을 주장하는 학자들은 부모의 난자와 정자가 수정되는 순간 사람의 성격도 결정되는 것이라고 말한다. 하나의 난자와 하나의 정자 안에는 각각 23개의 염색체가 있는데, 그 염색체 속에는 디옥시리보 핵산(DNA)이라는 화학 물질로 구성된 유전인자(gene)가 들어 있다. DNA는 부모의 어떤 특성을 자녀에게 전달할 것인지를 결정하고 자녀의 성장 발달 과정을 일생 동안 관리 조정한다. 난자와 정자 안에 각각 23개씩 들어 있는 염색체는 서로 둘씩 만나 23쌍의 접합체(zygote)를 이루는데, 이 접합체가 세포분열을 계속함으로써 신체와 정신의 모든 영역에서 발달이 이루어진다. 유전론자들에 따르면, 수태 시에 모든 것이 결정되며 출생 후의 환경은 발달에 거의 영향을 미치지 않는다고 보고 있다(정옥분, 2004, 29). 이것은 선천적인 결정론으로서 인간의 성격 발달에 미치는 환경적 요인을 전적으로 배제한다.

환경을 강조하는 학자들의 입장은 완전히 다르다. 사람의 성격은 유전되는 것이 아니라 출생 후의 생존환경이 어떠한가에 따라 결정된다고 주장한다. 이런 주장에 앞장을 섰던 교육철학자 존 로크(John Locke)에 따르면, 갓 태어난 유아의 정신세계는 백지상태(tabular rasa)에 비유될 수 있다. 즉 유아의 정신세계는 아무것도 기록되거나 그려지지 아니한 백지와 같다는 것이다. 그 백지에 무엇이 기록되고 그려지는가 하는 것은 환경에 대한 유아의 경험이다. 그러므로 유아의 생활과 성장 환경은 유아의 성격 발달의 절대적인 요인이 된다. 존 머니(John Money)는 성격 및 성역할 행동의 특성이 환경에 의해 영향을 받는다는 것을 알아냈다. 그는 성격 및 성역할 성향이 타고난 생물학적인 성(性)과 반대로 형성된 아동들을 대상으로 연구했다. 연구 결과, 생물학적으로 남자로 태어난 사람도 생애 초기에 강력한 여성화 훈련의 환경을 경험하면 여성으로 사회화될 수 있으며, 반대로 여자로 태어난 사람도 남성화 훈련의 환경을 경험하면 남성으로 사회화될 수 있다는 것을 밝혀냈다(정옥분, 2004, 33). 이처럼 성격 발달의 환경적 요인을 주장하는 입장은 오늘날 대상관계 이론가들에 의해 더욱 강조되고 있다. 그들은 프로이트와 달리, 한 사람의 성격 형성에 있어서 개인이 지닌 본능적 욕구나 심리적 역동보다 환경적 영향이 더 크다고 말한다. 대상관계 이론가들이 말하는 환경은 엄마 환경으로서 그것은 유아가 오이디푸스 콤플렉스를 경험하기 이전의 시기를 말한다(Clair, 2004, 10).

인간의 성격 발달에 있어서 유전이냐, 환경이냐 하는 오랜 논쟁은 어떻게 결론이 났을까? 짐작할 수 있듯이, 유전과 환경 양자는 모두 중요하며 따라서 두 가지를 모두 고려해야 한다는 합의적 결론이 나왔다. 사실, 오랫동안 논쟁을 했다는 것은 그 두 가지 중 하나만을 선택할 수 없었기 때문일 것이다. 유전과 환경은 모두 인간의 성격 형성에 영향을 미치는 중요한 요인들이다. 그러나 이것은 유전과 환경이 각각 독립적으로 영향을 미친다는 것 이상의 의미가 있다. 유전과 환경은 인간의 성격 발달에 상호 제한적이며 또한 보완적으로 영향을 준다. 즉 인간의 성격은 유전과 환경이라는 두 요소 사이에 발생하는 상호작용의 결과이다. 이것은 인간발달의 모든 측면에서 나타나는 현상이다. 현대의 발달심리학자들의 주장에 따르면, 인간의 인자형(因子型)은 표현형(表現型)을 제한한다고 본다. 예를 들어, 사람은 아무리 좋은 음식을 먹고 좋은 환경에서 살지라도 그 키가 3m 이상 클 수 없다. 그 이유는 인간의 유전인자가 그렇게 되어 있기 때문이다. 한편, 환경은 유전적인 잠재력이 발현되는 정도와 범위에 영향을 준다. 예를 들어, 사람의 IQ는 선천적이며 유전적인 결과라고 알려져 있지만, 환경이 어떠하냐에 따라 15점 정도의 범위 내에서 변화가 가능하다(정옥분, 2004, 29). 따라서 인간의 성격 발달은 유전과 환경의 조합이라 할 수 있다.

🌱 상처와 장애의 발생

성격 발달의 요인으로서 유전과 환경을 모두 고려해야 된다면, 마음의 상처 또는 정신장애가 발생하게 되는 요인에 대해서는 어떤 논의가 가능할까? 마찬가지로, 유전과 환경이라는 측면을 모두 생각해야 한다. 마음의 상처나 정신장애는 유전과 환경의 조합으로 발생한다. 즉 이런 추론이 가능하다. 어떤 사람이 정신장애를 유발할 수 있는 유전인자를 지니고 태어났다고 가정하자. 그 유전인자는 하나의 씨앗에 비유될 수 있다. 그러나 그 씨앗은 농작물과는 달리 기름진 땅에서 싹이 트지 않고 척박한 땅에서 싹이 튼다. 그러므로 그 사람이 방치, 거절, 학대 또는 충격적인 외상적 환경 등을 경험하면, 그 씨앗이 발아하여 정신장애를 일으킬 것이다. 그러나 지지, 돌봄, 사랑, 욕구충족 등의 긍정적인 환경을 경험하면, 그 씨앗은 발아하지 않을 것이며, 따라서 정신장애가 발생하지 않을 것이다.

마음의 상처에 대해서도 동일한 추론이 가능하다. 어떤 사람은 기질적으로 상처를 잘 받는 기질을 지니고 태어나고, 또 어떤 사람은 상처를 잘 받지 않는 기질을 지니고 태어난다. 그러나 상처를 잘 받는 기질을 지닌 사람이라 할지라도 그 사람의 생존환경이 양육적이고 보호적이라면 마음의 상처가 생기지 않을 것이다. 물론 어떤 상처도 생기지 않을 만큼 완전한 환경은 거의 없다. 반대로 상처를 잘 받지 않는 기질을 지닌 사람일지라도 생활환경이 열악하고 파괴적이라면 상처가 생기는 것을 막을 수 없다. 마음의 상처와 정신장애는 유전과 환경의 상호작용으로 발생한다. 그러나 계속되는 우리의 논의는 환경적 요인에 맞추어질 것이다. 왜냐하면 유전의 문제는 상담과 치유의 영역을 벗어나는 주제이기 때문이다.

✒ 외상적 환경

마음의 상처를 남기는 환경적 요인은 무엇일까? 모든 삶의 환경이 상처를 남기는 것은 아니다. 어떤 환경은 희망과 기쁨을 주며 정신세계를 건강하게 만들어 준다. 오히려 과거에 생긴 상처를 치유해 주는 환경도 있다. 마음의 상처가 되는 환경은 따로 있다.

환경이란 한 개인이 살아오면서 접촉한 공간적이고 시간적인 조건을 말한다. 좀 더 축소시켜서 말한다면 환경은 한 사람이 경험한 외부의 사건들이다. 삶은 크고 작은 사건들의 연속이기 때문에 삶의 환경은 연속적인 사건과의 만남이라 할 수 있다. 따라서 환경과 사건이라는 용어는 유사한 의미로 사용될 것이다. 그럼 마음의 상처를 유발하는 외부의 환경에는 어떤 것이 있을까? 크게 두 가지로 나누어 볼 수 있다. 하나는 외상적 환경(traumatic environment)이고 다른 하나는 반복적 환경(recurrent environment)이다.

외상적 환경은 신체적으로나 정신적으로 과도한 충격을 주어 일시적으로나 지속적으로 사람의 정신구조를 붕괴시키거나 마비시키는 환경을 말한다. 이런 환경에 노출되면, 사고와 판단 기능이 약화되고 자기보호나 자기통제 기능이 상실된다. 이것은 격렬한 스트레스를 유발하기 때문에 그런 환경을 한 번만 경험해도 마음의 상처로 남게 된

다. 외상적 환경의 예는 수없이 많다.

...

어떤 남자는 어린 시절, 술에 취한 아버지에게 가혹하게 매를 맞았다. 입술이 터지고 코피가 쏟아지는데도 아버지는 매를 멈추지 않았다. 그래도 화가 풀리지 않은 아버지는 아들을 어두운 광 속에 하루 종일 가두어 놓았다. 밥도 주지 못하게 했다. 배가 고팠다. 광 속에는 쥐들이 기어다니고 있었다. 아들은 너무나 무서웠다. 광문을 열어 달라고 애원했지만 소용이 없었다.

어떤 사람은 어려서 부모가 이혼하는 까닭에 엄마와 헤어졌다. 집을 나가는 엄마를 가지 말라고 붙잡고 싶었지만 할머니 때문에 그렇게 하지 못했다. 울지도 못했다. 한순간에 엄마를 잃어버린 것이다.

어떤 사람은 어린 시절, 엄마의 손을 잡고 시장에 갔다가 손을 놓쳐서 엄마를 잃어버렸다. 엄마를 찾으며 울면서 거리를 헤매고 다녔다. 얼굴이 빨갛게 달아오르도록 찾아다녔다. 그날 밤 아이는 경찰서에서 지내야 했다.

어떤 사람은 지하 식당에 있는 가스통이 폭발하여 부상을 입고 겨우 살아났다. 불이 옷에 붙어 날뛰는 사람도 보았다. 너무나 충격적이었다. 그 후로 이 사람은 지하에 있는 식당에는 가지 않으려고 했다.

어떤 여자는 초등학교 시절, 낯선 남자에게 성추행을 당했고, 또 어떤 여자는 아는 사람에게 성추행을 당했다. 가해자들은 여자아이의 입을 틀어막고 위협했다. 너무나 무섭고 혐오스럽고 끔찍한 일이었다. 주위에는 아무도 없었다. 그 고통을 혼자 겪어야만 했다.

어떤 사람은 교통사고로 갑자기 가족을 잃었고, 또 어떤 사람은 가족이 자살을 했다. 그들은 갑작스러운 사건 앞에 망연자실했다. 가족의 우발적인 죽음은 너무나 큰 외상 사건이다.

어떤 여인은 네 살 난 어린 아들의 손을 잡고 찻길을 건너다가 교통사고가 났다. 자기는 살고 아들은 그 자리에서 즉사하고 말았다. 여인은 그 자리에 주저앉아 죽은 아들을 품에 안은 채 넋을 잃고 울었다. 그 후 여인은 자기의 잘못으로 아들이 죽었다는 죄책감에 시달렸다. 끝이 없는 죄책감이었다. 살고 싶지 않았다.

어떤 사람은 엄마의 태중에서 외상을 경험했다. 왜냐하면 엄마가 원치 않는 임신을 했기 때문이다. 엄마는 그 태아를 제거하려고 언덕에서 구르기도 하고 짜디짠 간장과 쓴 물을 마시기도 했다.

어떤 여인은 태어나자마자 외상을 겪었다. 왜냐하면 부모는 아들을 기다렸는데 딸로 태어났기 때문이다. 실망한 엄마는 그 핏덩이를 흰 천에 말아서 방구석에 밀어놓았다. 그러나 아기는 죽지 않았다.

사고, 재난, 자연재해 등은 외상적 사건이다. 아이티와 칠레의 지진 참사에서 살아남은 사람들, 태국 쓰나미 해일에서 구사일생으로 목숨을 건진 사람들, 일본의 지진과 해일 그리고 원전사고에서 살아남은 사람들, 수년 전 미국의 무역센터 빌딩이 무너지는 참사에서 살아남은 생존자들, 오래전 우리나라에서 있었던 삼풍백화점 붕괴사고에서 구조된 사람들, 대구 지하철 화재 사고에서 살아남은 생존자들 그리고 천안함 침몰과 세월호 참사에서 구조된 생존자들……. 그들은 모두 외상적 환경에 노출된 사람들이다. 그러나 그들만이 아니다. 그런 사고와 재해로 가족을 잃은 사람들은 모두 외상이라는 환경을 겪은 것이다.

오래전 '생존'이라는 다큐멘터리 TV 프로그램에 나왔던 이야기이다. 수년 전 대구 지하철 화재 사고에서 살아남은 한 여인이 그 후 어떻게 살고 있는지를 다뤘다. 그 여인은 끔찍한 참상을 경험했다. 빠져나올 수 없는 지하터널 속에서 죽음의 위험에 봉착했다. 타오르는 불꽃과 숨을 쉴 수 없는 유독가스, 그리고 아우성치며 쓰러지는 사람들을 보았다. 자신도 그들 중의 한 사람이었다. 외상적 사건이다. 여인은 구조되었다. 그러나 그 이후로 지하철을 타지 못했다. 그 사건에 대한 기억 때문이다. 여인은 멀리서 지하철 층계로 내려가는 입구만 보아도 두려움을 느꼈다. 여인은 정신치료를 받고 있었다.

동일한 프로그램에 나왔던 다른 이야기이다. 수십 년 전, 월남전에 참전했다가 귀환한 60대 후반의 한 남자에 관한 이야기이다. 그는 전쟁에서 전우들이 죽는 것을 목격했고, 총탄이 날아오는 위험 속에 있었다. 죽음의 두려움과 공포의 순간들이었다. 그는 귀환했고 많은 시간이 흘렀지만, '전쟁 후 외상 신경증'이라는 후유증으로 시달리고 있었다. 전쟁 후 외상 신경증이란 일명 '탄환충격'이라고도 하는데, 이것은 공포스러운 전쟁 상황에 노출되었던 병사들에게 나타나는 신체 정신적인 증상을 말한다(Herman, 1997, 20). 이 60대 후반의 남자는 하루 종일 두 가지의 행동을 반복하고 있었다. 하나는 무릎을 가슴에 붙이고 웅크린 채 눈을 감고 옆으로 누워서 꼼짝하지 않는 것이며, 다른 하나는 '품바'의 노래를 크게 틀어 놓고 방 안을 위아래로 왕래하며 손뼉을 치는 것이다. 그는 깊은 심야에도 그렇게 행동했다. 그의 두 가지 행동은 모두 전쟁 후 외상 신경증으로 인한 행동이라고 볼 수 있다. 그는 그렇게 함으로써 그 공포스러운 기억과 싸우고 있었다.

내가 만난 한 여인의 이야기이다. 그녀는 하룻밤에 차 사고로 남편을 잃었다. 그날 아침 남편은 늦게 일어나 사무실로 나갔다. 그런데 저녁에 전화가 왔다. 바로 퇴근하려 했는데 친구가 찾아와서 늦을 것 같다는 전화였다. 아내는 평소 남편이 술을 좋아했기 때문에 항상 염려하는 것이 있었다. 음주운전이었다. 음주운전을 하지 말라고 단단히 부탁했다. 그러나 남편은 밤 12시가 넘도록 돌아오지 않았다. 걱정이 되었다. 새벽 1시가 되었을 때 밖에서 오토바이 소리가 났다. 우체국 배달부가 남편 이름을 부르며 급히 한 장의 전보를 내밀었다. 배달부 아저씨는 남편이 교통사고로 병원에 있다고 말했다. 아내는 전보를 자세히 볼 겨를도 없이 그 아저씨에게 부탁을 해서 오토바이를 같이 타고 병원으로 달려갔다. 병원 입구 앞에 내린 아내는 응급실 쪽으로 뛰어가려고 했다. 그러나 우체국 아저씨가 길을 막으며 지하 장례식장으로 방향을 돌려 주었다. 순간 상황파악을 한 아내는 "아! 이게 아니구나!" 하는 생각에 그만 졸도하고 말았다. 뺨을 맞고 겨우 정신을 차린 아내는 애꿎은 그 아저씨를 붙잡고 소리를 지르며 오열했다. 예측하지 못한 외상적 사건 앞에서 나타난 반응이다. 얼마 후 장의사 아저씨가 남편의 시신이 맞는지 확인해 보라고 했다. 그러나 아내는 볼 수 없었다. 아니 보지 않았다. 두려움 때문만은 아니었다. 남편의 죽음을 인정하기 싫었기 때문이었다. "그렇게 술 먹지 말라고 당부했는데, 안 먹겠다고 약속까지 했는데……" 그렇게 술을 마시고 만취상태에서 운전을 하다가 사고를 냈다는 것이 참을 수 없었다. 상실감과 함께 분노가 치솟았다. 그녀의 남편은 그렇게 33세의 젊은 아내와 어린 딸을 남겨 두고 가 버렸다.

그 후 여인은 어린 딸을 데리고 힘들게 살았다. 여인은 자신이 남편으로부터 버림받았다고 느꼈다. 분노가 사라지지를 않았다. 분노는 종종 슬픔과 우울로 바뀌었다. 여인은 어떻게 살아가야 할지 모르는 삶에 대한 불안과 두려움으로 더욱 고통스러웠다. 여인은 어린 딸에게 매우 집착했다. 딸이 밖에 나갔다가 조금이라도 늦거나 전화가 없으면 너무나 불안해했고, 딸이 자신의 말을 따라 주지 않으면 견딜 수 없이 괴로워했다. 여인은 남편이 떠나간 마음의 빈자리에 자신의 딸을 갖다 놓은 것이다. 그러나 그런 삶의 태도는 딸은 물론 본인의 행복에도 도움이 되지 않았다.

이 여인이 영성치유수련에 참석했다. 몸을 움직여서 억압된 감정을 표현하도록 돕는 춤과 동작 치유의 시간이었다. 땀을 흘리며 춤을 춘 다음, 곧이어 바닥에 누워 조용히 명상을 하고 있었다. 순간 환상이 보였다. 하얀 상복을 입은 어떤 여인이 무덤 앞에 앉아 있었다. 직감적으로 그 여인은 자기 자신이며 그 무덤은 죽은 남편의 무덤이라는 것을 알았다. 그런데 자기 자신의 모습이 이상했다. 슬픈 기색이나 눈물은 한 방울도 보이지 않았다. 분노와 증오로 이글거리는 얼굴을 하고 있었다. 갑자기 울음이 터져 나왔다. 손으로 바닥을 치며 통곡했다. 이렇게 소리쳤다. "어떻게 그럴 수가 있어? 이렇게 가 버리면 어떻게 하라고. 나쁜 놈! 나쁜 놈!" 얼마나 울었을까? 얼마나 소리쳤을까? 그동안 마음속에 가두어 두었던 분노와 슬픔과 두려움의 감정이 화산처럼 쏟아져 나왔다. 가슴 밑바닥에 있는 줄도 몰랐던 죄책감과 수치심의 감정도 만났다. 치유의 시간이었다. 그 후 그녀에게는 변화가 나타났다. 세상이 아름답게 보였다. 주위에 있는 사람들이 정다워 보였다. 마음이 가볍고 평안해졌으며 딸과의 관계도 좋아졌다.

　여인은 남편이 죽은 이후에 한 번도 남편의 묘를 찾아간 적이 없었다. 분노와 슬픔과 두려움이 혼합된 상실감 때문이었다. 그런데 치유를 경험한 다음에 시어머니를 모시고 딸과 함께 남편의 묘를 찾아갔다. 남편이 떠난 지 20년만이었다. 놀라운 변화였다. 여인이 남편의 묘를 찾아갔다는 것은 매우 의미 있는 치유의 과정이었다. 그것은 이제 심리적으로 남편의 죽음을 인정하고 받아들였으며, 남편에 대한 미움과 분노가 해소되고 남편과 화해를 했다는 것을 의미한다. 그리고 그것은 남편의 죽음 이후 자기 안에 있었던 분노, 슬픔, 우울, 두려움, 죄책감 등의 정서로부터 벗어나게 되었다는 것을 의미한다. 한마디로 여인의 상실감이 치유된 것이다. 이 여인이 겪었던 사건이 외상적 사건이다. 이처럼 외상적 사건은 갑작스럽게 예고도 없이 발생할 수 있다. 그것은 너무나 충격적이어서 마음에 상처로 남는다.

· · ·

　이런 외상적 사건과 환경이 상처를 만든다. 그러나 동일한 외상적 환경을 경험했을지라도 상처의 정도는 개인에 따라 다를 수 있다. 왜냐하면 그 외상적 환경에 대처하는 개인의 능력과 상태가 다를 수 있기 때문이다. 그것은 개인의 기질, 나이, 성별 그리고 자아의 강도와 건강상태 등에 의해 영향을 받는다. 즉 외상적 환경이 생존자의 정신적인 상태와 관계없이 무조건 상처를 만드는 것이 아니라, 생존자의 상태가 어떠한가에 따라, 즉 생존자가 외상적 환경에 어떻게 반응하는가에 따라 상처가 생길 수도 있고 생기지 않을 수도 있다. 외상적 환경에 대한 자아의 경험이 감당할 수 있을 만큼 과도하지 않은 경험(non-excessive experience)이라면 상처가 남지 않거나, 상처가 남을지라도 경미한 정도의 상처가 남을 것이다. 그러나 그것에 대한 자아의 경험이 감당할 수 없을 정도로 과도한 경험(excessive experience)이라면 상처의 정도는 심각해질 것이다.

외상후 스트레스 장애

　　　　　외상후 스트레스 장애(posttraumatic stress disorder, 약칭 PTSD

라고 함)라는 말은 외상 신경증(traumatic neurosis)에 대한 신조어이다. 미국 정신의학회에서 발간한 정신장애 분류 진단표(Diagnostic and Statistical Manual of Mental Disorders, 약칭 DSM이라고 함) 제4판에서는 외상후 스트레스 장애라는 용어를 공식적인 진단명으로 사용했다. 외상후 스트레스 장애는 신체적으로나 정신적으로 상해 또는 죽음의 위협에 노출됨으로써 과도한 충격과 스트레스를 받은 사람에게 나타나는 일종의 신경증을 말하는데, 이때 그 사람의 정신구조가 붕괴되고 자아기능이 마비되어 일상적인 중재능력을 상실하게 된다. 이것은 불안장애(anxiety disorder)의 한 종류이며 종종 공황상태(panic state)를 유발하기도 한다. 장애는 급성적으로 또는 만성적으로 나타날 수 있다.

외상(trauma)은 프로이트가 제시한 초기 신경증 이론의 핵심적인 개념으로서, 프로이트는 히스테리아(hysteria)의 뿌리에는 항상 외상의 문제가 있다고 보았다. 히스테리아는 신경증(neurosis) 또는 정신병(psychosis)이란 말의 고전적인 용어이다. 자넷(Janet)과 프로이트에 따르면, 외상 사건에 대한 고통스러운 정서적 반응은 의식의 변화를 일으키고 그것은 히스테리아 증상을 유발한다고 하였다(Herman, 1997, 12). 그들은 각각 독립적으로 연구했지만 놀랍도록 유사한 결론을 내렸다. 프로이트는 한마디로 "신경증 환자는 외상에 고착되어 있다."고 말했다. 그러나 외상적 환경에 노출되었다고 해서 모든 사람이 신경증이나 정신병을 앓게 되는 것은 아니다. 언급한 것처럼, 그것은 외상적 환경에 대처하는 개인의 반응상태에 따라 차이가 있다. 그리고 외상적 환경의 상황과 정도에 따른 차이도 있다. 피트만(Pitman)과 오르(Orr)는 연구논문에서 외상후 스트레스 장애가 일반 사람들에게는 1~9%, 강간과 같은 성폭력 희생자들의 경우에는 34~78%, 상해의 폭행을 당한 사람들의 경우에는 3~37%, 그리고 전쟁에 참여했던 병사들의 경우에는 15~31% 정도의 유병률을 나타낸다고 보고했다(Meyer & Osborne; 김영애 역, 1997, 80). 즉 외상후 스트레스 장애는 성폭력 희생자들에게 가장 많이 나타나는 것으로 조사되었다.

DSM-5에 따르면, 외상후 스트레스 장애의 진단기준은 다음과 같다(American Psychiatric Association; 권준수 외 역, 2015).

〈외상후 스트레스 장애 진단기준〉

주의점: 이 기준은 성인, 청소년 그리고 7세 이상의 아동에게 적용한다. 6세 또는 더 어린 아동을 위해서는 다음의 해당 기준을 보기 바란다.

A. 실제적이거나 위협적인 죽음, 심각한 부상, 또는 성폭력에의 노출이 다음과 같은 방식 가운데 한 가지(또는 그 이상)에서 나타난다.

   1. 외상성 사건(들)에 대한 직접적인 경험
   2. 그 사건(들)이 다른 사람들에게 일어난 것을 생생하게 목격함
   3. 외상성 사건(들)이 가족, 가까운 친척 또는 친한 친구에게 일어난 것을 알게 됨
      주의점: 가족, 친척 또는 친구에게 생긴 실제적이거나 위협적인 죽음은 그 사건 (들)이 폭력적이거나 돌발적으로 발생한 것이어야만 한다.
   4. 외상성 사건(들)의 혐오스러운 세부 사항에 대한 반복적이거나 지나친 노출의 경 험(예, 변사체 처리의 최초 대처자, 아동 학대의 세부 사항에 반복적으로 노출된 경찰관)
      주의점: 진단기준 A4는 노출이 일과 관계된 것이 아니라면 전자미디어, 텔레비 전, 영화 또는 사진을 통해 노출된 경우는 적용되지 않는다.

B. 외상성 사건(들)이 일어난 후에 시작된, 외상성 사건(들)과 관련이 있는 침습 증상의 존 재가 다음 중 한 가지(또는 그 이상)에서 나타난다.

   1. 외상성 사건(들)의 반복적, 불수의적이고, 침습적인 고통스러운 기억
      주의점: 7세 이상의 아동에서는 외상성 사건(들)의 주제 또는 양상이 표현되는 반복적인 놀이로 나타날 수 있다.
   2. 꿈의 내용과 정동이 외상성 사건(들)과 관련되는, 반복적으로 나타나는 고통스러 운 꿈
      주의점: 아동에서는 내용을 알 수 없는 악몽으로 나타나기도 한다.
   3. 외상성 사건(들)이 재생되는 것처럼 그 개인이 느끼고 행동하게 되는 해리성 반 응(예, 플래시백) (그러한 반응은 연속선상에서 나타나며, 가장 극한 표현은 현재 주변 상황에 대한 인식의 완전한 소실일 수 있음)
      주의점: 아동에서는 외상의 특정한 재현이 놀이로 나타날 수 있다.
   4. 외상성 사건(들)을 상징하거나 닮은, 내부 또는 외부의 단서에 노출되었을 때 나

타나는 극심하거나 장기적인 심리적 고통

　　5. 외상성 사건(들)을 상징하거나 닮은, 내부 또는 외부의 단서에 대한 뚜렷한 생리
　　　 적 반응

C. 외상성 사건(들)이 일어난 후에 시작된, 외상성 사건(들)과 관련이 있는 자극에 대한 지
　속적인 회피가 다음 중 한 가지 또는 2가지 모두에서 명백하다.

　　1. 외상성 사건(들)에 대한 또는 밀접한 관련이 있는 고통스러운 기억, 생각 또는 감
　　　 정을 회피 또는 회피하려는 노력
　　2. 외상성 사건(들)에 대한 또는 밀접한 관련이 있는 고통스러운 기억, 생각 또는 감
　　　 정을 불러일으키는 외부적 암시(사람, 장소, 대화, 행동, 사물, 상황)를 회피 또는
　　　 회피하려는 노력

D. 외상성 사건(들)이 일어난 후에 시작되거나 악화된, 외상성 사건(들)과 관련이 있는 인
　지와 감정의 부정적 변화가 다음 중 2가지(또는 그 이상)에서 나타난다.

　　1. 외상성 사건(들)의 중요한 부분을 기억할 수 없는 무능력(두부 외상, 알코올 또는
　　　 약물 등의 이유가 아니며 전형적으로 해리성 기억상실에 기인)
　　2. 자신, 다른 사람 또는 세계에 대한 지속적이고 과장된 부정적인 믿음 또는 예상
　　　 (예, '나는 나쁘다.' '누구도 믿을 수 없다.' '이 세계는 전적으로 위험하다.' '나의
　　　 전체 신경계는 영구적으로 파괴되었다.')
　　3. 외상성 사건(들)의 원인 또는 결과에 대하여 지속적으로 왜곡된 인지를 하여 자
　　　 신 또는 다른 사람을 비난함
　　4. 지속적으로 부정적인 감정상태(예, 공포, 경악, 화, 죄책감 또는 수치심)
　　5. 주요 활동에 대해 현저하게 저하된 흥미 또는 참여
　　6. 다른 사람과의 사이가 멀어지거나 소원해지는 느낌
　　7. 긍정적 감정을 경험할 수 없는 지속적인 무능력(예, 행복, 만족 또는 사랑의 느낌
　　　 을 경험할 수 없는 무능력)

E. 외상성 사건(들)이 일어난 후에 시작되거나 악화된, 외상성 사건(들)과 관련이 있는 각성과 반응성의 뚜렷한 변화가 다음 중 2가지(또는 그 이상)에서 현저하다.

    1. (자극이 거의 없거나 아예 없이) 전형적으로 사람 또는 사물에 대한 언어적 또는 신체적 공격성으로 표현되는 민감한 행동과 분노폭발

    2. 무모하거나 자기파괴적 행동

    3. 과각성

    4. 과장된 놀람 반응

    5. 집중력의 문제

    6. 수면 교란(예, 수면을 취하거나 유지하는 데 어려움 또는 불안정한 수면)

F. 장애(진단기준 B, C, D 그리고 E)의 기간이 1개월 이상이어야 한다.

G. 장애가 사회적, 직업적, 또는 다른 중요한 기능 영역에서 임상적으로 현저한 고통이나 손상을 초래한다.

H. 장애가 물질(예, 치료약물이나 알코올)의 생리적 효과나 다른 의학적 상태로 인한 것이 아니다.

다음 중 하나를 명시할 것:

해리 증상 동반: 개인의 증상이 외상후 스트레스 장애의 기준에 해당하고, 또한 스트레스에 반응하여 그 개인이 다음에 해당하는 증상을 지속적이거나 반복적으로 경험한다.

    1. 이인증: 스스로의 정신 과정 또는 신체로부터 떨어져서 마치 외부 관찰자가 된 것 같은 지속적 또는 반복적 경험(예, 꿈속에 있는 느낌, 자신 또는 신체의 비현실감 또는 시간이 느리게 가는 감각을 느낌)

    2. 비현실감: 주위 환경의 비현실성에 대한 지속적 또는 반복적 경험(예, 개인을 둘러싼 세계를 비현실적, 꿈속에 있는 듯한, 멀리 떨어져 있는, 또는 왜곡된 것처럼 경험)

주의점: 이 아형을 쓰려면 해리 증상은 물질의 생리적 효과(예, 알코올 중독 상태에서의 일

시적 기억상실, 행동)나 다른 의학적 상태(예. 복합 부분 발작)로 인한 것이 아니어야 한다.

다음의 경우 명시할 것:
지연되어 표현되는 경우: (어떤 증상의 시작과 표현은 사건 직후 나타날 수 있더라도)
사건 이후 최소 6개월이 지난 후에 모든 진단기준을 만족할 때

이와 같이 어떤 사람을 외상후 스트레스 장애로 진단 판명하는 것은 비교적 까다로운 일이다. 왜냐하면 진단기준에 나타나 있는 B, C, D, E의 조건들을 부분적이지만 모두 만족시켜야 하기 때문이다. 진단은 항상 신중해야 한다. 지금까지 외상후 스트레스 장애에 대한 연구는 상당한 진척이 있었다. 프로이트 이후 많은 심리학자가 외상의 문제에 관심을 기울였다. 아브람 카디너(Abram Kardiner), 피에르 자넷(Pierre Janet) 그리고 주디스 허만(Judith Herman)은 대표적인 사람들이다. 허만은 『트라우마와 회복(Trauma and Recovery: The Aftermath of Violence)』이라는 책을 썼는데, 그 책에서 외상후 스트레스 장애의 증상을 명료하게 밝혀 놓았다(Herman, 1997, 33-50). 다음은 허만의 연구에 기초한 증상들이다.

첫째, 외상후 스트레스 장애의 증상적인 특징은 수축(constriction)과 해리(dissociation)에 있다. 상해, 강간, 죽음의 위협 등과 같은 외상적 사건 앞에서 사람들이 나타내는 전형적인 반응이 있는데, 그것은 그 사건 앞에 압도되어 꼼짝 못하고 굴복 당하는 것이다. 신체적으로나 정신적으로 얼어붙는다. 그 상태는 마치 캄캄한 밤에 달려오는 자동차의 눈부신 헤드라이트의 조명을 받아 꼼짝 못하는 토끼의 반응과 비슷하다. 즉 외상적 사건 앞에 노출된 피해자는 그 상황에 압도됨으로써 소리를 지르거나, 저항적인 행동을 하거나, 위협을 피하여 도망가지 못한다. 그것은 마치 악몽을 꾸거나 가위 눌린 상태에서 깨어나고자 하지만 뜻대로 되지 않는 것과 유사하다. 피해자는 고스란히 그 고통을 겪어야 한다. 이러한 신체적이며 정신적인 수축상태가 외상후 스트레스 장애의 첫 번째 특성이다.

그런데 이런 수축상태에서 피해자의 의식상태가 변형된다. 의식상태의 변형은 여러 가지로 나타난다. 피해자는 자기 인격이 해리되는 것을 경험한다. 해리는 한 사람의 정신 또는 인격이 둘 또는 그 이상으로 나누어지거나 정신이 육체를 떠나는 것을 의미하는데, 이렇게 분열된 인격들은 각각 독립적으로 활동함으로써 혼란을 초래한다. DSM-

5에서는 '해리성 정체장애'라는 용어를 사용하는데, 이것은 한 사람 안에 각각 고유한 생각과 행동과 사회적 관계의 양식을 유지하는 둘 또는 그 이상의 분명한 인격이 존재하는 것이라고 정의하였다. 해리는 개인에 따라 차이가 있지만 학대와 폭력 또는 천재지변이나 전쟁 같은 외상적 사건을 일시적으로 또는 지속적으로 경험할 때 발생하는 것으로 알려져 있다. 최근 연구에 의하면, 해리성 정체장애의 97%가 신체적 또는 성적 학대에서 비롯되었으며, 3%만이 기타 충격적인 재해에 기인한 것으로 보고되어 있다 (Meyer & Osborne; 김영애 역, 1997, 104-105). 허만은 자신의 책에서 한 성폭력 생존자의 자기진술을 이렇게 기록해 놓았다.

...

"그때 나는 나의 몸을 떠났다. 나는 침대 옆에 서서 그 일이 일어나는 것을 보고 있었다⋯⋯. 나는 (내가) 어쩔 수 없는 그 일로부터 분리되었다. 나는 옆에 서 있었고 침대 위엔 그냥 나의 껍데기가 있었을 뿐이다⋯⋯. 나는 아무것도 느낄 수 없었다. 나는 그냥 거기 서 있었다."

...

이처럼 외상적 사건을 경험할 때 인격의 해리 현상이 발생한다. 하지만 이런 인격의 해리는 필요한 것이기도 하다. 왜냐하면 피해자는 인격이 해리됨으로써 그 순간에 고통을 느끼는 자신의 감각기능이 어느 정도 무더질 수 있기 때문이다. 그런 정신적인 변형을 둔감화 현상이라고 한다. 둔감화 현상은 인지적 지각과 정서적 지각에서 모두 나타난다. 인지적 지각의 둔감화는 피해자가 지금 자신이 겪고 있는 외상 경험을 자신의 일이나 현실이 아닌 것처럼 느끼게 되는 것을 말한다. 즉 외상적 사건이 실제가 아니라 꿈이나 환상이나 소설에서 일어나는 일처럼 느껴지는 것이다. 정서적 지각의 둔감화는 아픔과 고통을 느끼는 감각과 정서적 기능이 저하되는 것을 말한다. 피해자는 통각기능이 마비됨으로써 아픔을 느끼는 정도가 감소된다. 때로는 평정심을 가질 수도 있다. 그 결과, 고통의 순간을 넘기게 된다. 그 외에도 시간적 지각의 둔감화가 나타난다. 피해자는 자신의 외상 경험을 마치 슬로우 모션(slow motion)을 보는 것처럼 느리게 진행되는 것으로 느끼며 또는 지금이 아니라 과거에 발생한 사건처럼 인식하게 된다. 이런 과정의 결과, 피해자의 사고 기능과 판단능력은 급격히 저하된다. 그러므로 만약 이때에 어떤 중요한 문제를 결정하는 것은 위험스러운 일이다. 외상적인 장애를 지닌 사람들은 두려움과 분노에 과민하게 반응함으로써 판단력이 손상되는 경우가 많다. 카디너(A. kardiner)에 의하면, 그들의 과도한 반응과 행동은 압도적인 위험 앞에서 '싸우기(fight)와 도망치기(flight)'의 반응체계가 손상된 결과라고 말했다(Herman, 1997, 35-36). 즉 그들은 어떤 위협 앞에서 싸워야 할 것인가 혹은 도망가야 할 것인가를 판단하는 데 어려움을 느낀다. 싸워야 할 때 도망가려 하고, 도망가야 할 때 싸우려 할 수 있다는 것이다.

둘째, 외상후 스트레스 장애의 증상은 과각성(hyperarousal)에 그 특징이 있다. 과각성은 인지적으로나 정서적으로 지나치게 예민한 상태가 되는 것을 말한다. 즉 외상후 스트레스 장애를 지닌 사람은 매우 예민하고 긴장된 상태에 있으며, 지나치게 까다롭고 신경질적이며, 쉽게 놀라고 쉽게 화를 내며, 작은 자극에도 과민하고 과도하게 반응한다. 이런 과각성은 신체적인 반응으로도 나타나는데, 예를 들면 심장 박동 수가 급격히 증가하거나 호흡곤란을 일으키기도 하며, 근육이 수축되기도 한다. 이런 신체적인 반응은 자율신경계가 만성적으로 각성되어 있기 때문이다. 카디너는 "외상후 스트레스 장애의 핵심은 생리 신경증이다."라고 말했다(Herman, 1997, 35). 즉 외상후 스트레스 장애는 각성된 신체반응을 유발한다는 것이다. 로렌스 콜브(Lawrence Kolb)는 베트남 전쟁 참전 병사들을 대상으로 실험을 했다. 콜브는 그 병사들에게 총, 대포, 폭격 등의 전투소리가 담긴 녹음테이프를 틀어 주었다. 외상후 스트레스 장애를 지닌 병사들은 심장 박동 수가 증가하고, 혈압이 올라갔으며, 혼란과 불안이 급격하게 나타나 결국 실험 중지 요청을 했다. 그러나 그런 장애가 없는 사람들은 동일한 녹음테이프 소리를 들었는데도 그렇게 각성된 생리적 반응이나 정신적인 고통을 느끼지 않았다.

셋째, 외상후 스트레스 장애의 증상적인 특징은 억압(repression)과 침습(intrusion)이다. 외상후 스트레스 장애를 지닌 사람은 자신이 경험한 외상 사건에 대한 생각이나 감정을 의식적으로 또는 무의식적으로 억압함으로써 그 기억으로 인한 고통스러운 감정의 경험을 회피한다. 그 결과, 일시적으로 또는 지속적으로 기억상실증에 빠질 수도 있다. 억압은 정신분석에서 강조하는 자아 방어기제 중의 하나이다. 자아 방어기제는 자아가 불안이나 고통스러운 위협에 직면할 때, 그 위협으로부터 도피하거나 스스로를 보호하기 위해 사용하는 정신적인 활동기제이다. 그중 대표적인 방어기제 중의 하나가 억압이다. 억압은 의식이 받아들이거나 감당할 수 없는 내용물들을 의식 밑에 있는 무의식 세계 속에 밀어 넣고 가두어 두는 것을 말하는데, 그런 내용물들 중에는 외상적 사건에 대한 경험과 도덕적으로 용납될 수 없는 생각이나 욕구 등이 포함된다. 그러나 억압은 해소나 치유의 과정이 될 수 없다.

침습은 억압의 결과 나타나는 자연적인 현상으로 무의식 안에 억압된 내용물들이 무의식 밖으로 튀어나오는 것을 말한다. 즉 억압은 침습을 낳는다. 외상후 스트레스 장애를 지닌 사람은 자신이 겪은 외상적 사건에 대한 기억이 무의식으로부터 의식세계로 거침없이 튀어나오는 것을 경험한다. 따라서 외상적 사건이 발생한 지 오랜 시간이 지났을지라도 그 사건이 마치 지금 일어나고 있는 것처럼 느껴진다. 그런 느낌과 경험이 반복된다. 결국, 외상 경험이 현재라는 시간에서 반복되는 것이다. 이런 현시간적이고 반복적인 외상 경험은 외상 장면에 대한 이상 형태로 나타날 수 있는데, 그 대표적인 것이 플래시백(flashback)과 악몽(nightmare)이다. 앞에서 설명한 것처럼, 플래시백은 어떤 외부의 자극으로 과거의 외상 사건이 마치 지금 다시 일어나는 것처럼 순간적으로 회상되는 것을 말한다. 이때 착각과 환각 그리고 해리 경험이 재현된다. 예를 들어, 월남전에 참전했던 생존 병사들은 TV를 통해 전쟁 장면을 보거나 총소리를 들을 때 억압했던 전쟁에 대한 기억이 떠올라서 몹시 고통스럽고 혼란스러워지는 경험을 한다. 또한 외상적 환경에서 살아남은 생존자는 고통스럽고 힘든 악몽을 반복해서 꾸는 경우가 많다. 꿈은 외상적 사건을 직접적으로 나타내기도 하고 상징적으로 표현하기도 한다. 그리고 이런 악몽을 꾸는 동안 공포, 불안, 초조, 분노와 같은 강렬한 감정들을 경험한다.

주디스 허만은 이렇게 말했다. "외상의 순간은 이상 형태의 기억으로 입력되어 깨어 있는 동안에는 플래시백으로, 잠자는 동안에는 외상성 악몽으로, 거침없이 의식 속으로 침투한다. 대수롭지 않은 작은 단서에도 이런 기억이 떠오른다."(Herman, 1997, 37) 그러나 플래시백이나 악몽은 단지 외상후 스트레스 장애에 대한 증상의 의미만 있는 것은 아니다. 자연 치유적인 의미도 있다. 개인이 경험한 외상적 사건은 물리적으로는 끝난 일이지만 심리적으로는 끝나지 않았다. 즉 정신적으로는 미해결의 사건이다. 우리의 정신세계는 어떤 것을 지향하는 성향이 있는데, 그것은 미해결된 사건들을 해결함으로써 그것을 종료시키고자 하는 것이다. 플래시백이나 악몽은 외상적 사건에 대한 해결과 종료를 위해서 나타나는 자연적인 심리현상이다. 자넷(Janet)은 플래시백이나 악몽에는 외상적 사건을 청산하려는 욕구가 나타나 있다고 말했으며, 마르디 호로비츠(Mardi Horowitz)는 플래시백이나 악몽은 외상적 사건을 해결하려는 '종결원칙(completion principle)'의 표현이라고 했다. 폴 러셀(Paul Russell)은 치유와 회복을 위해서는 외상의 재현을 반드시 경험해야 한다고 말했다(Herman, 1997, 41-42). 플래시백과 악몽은 외상 사건을 재현함으로써 적지만 치유적인 효과가 있다고 볼 수 있다. 그러나 앞에서 논의한 것처럼, 플래시백이나 악몽은 외상에 대한 치유적인 효과가 있을지라도 그것은 적극적이며 효과적인 치유는 아니다. 왜냐하면 그것은 의식이 준비되지 않은 상태에서 외상적 기억을 만나는 것이기 때문이다. 적극적인 치유를 위해서는 억압을 풀고 의식이 준비된 상태에서 자신의 외상경험을 직면(facing)하는 것이 필요하다. 직면은 수동적이거나 회피적인 태도와 반대된다. 의식적으로 그리고 적극적으로 기억하고 떠올리고 생각하고 털어놓고 말하는 것이다. 정신분석에서 말하는 재구성 작업은 그런 직면의 대표적인 과정이라 할 수 있다.

반복적 환경

앞에서 외상의 발생과 외상후 스트레스 장애의 심리적 증상들에 대해서 설명했다. 그것은 외상적 환경이 마음의 상처와 정신장애를 만드는 원인이 된다는 것을 설명하기 위한 것이었다. 외상적 환경은 마음의 상처와 정신장애의 온상이다.

마음의 상처와 정신장애를 유발하는 또 하나의 환경적인 요인이 있다. 그것은 유사한 상황이 계속 발생하는 반복적 환경이다. 반복적 환경은 외상적 환경에 비해 경미한 좌절과 충격을 주지만, 그것이 반복적으로 지속되면 결과적으로 외상적 환경과 마찬가지로 마음의 상처나 정신장애를 불러일으키게 되는 환경을 말한다. 그러므로 단회적 사건으로서의 반복적 환경은 외상적 환경에 비교될 수 없다. 즉 한두 번 경험하는 것으로는 마음의 상처가 발생되지 않는다. 그러나 여러 번 반복해서 경험하면 상처가 되고 정신장애의 문제가 발생될 수 있다.

반복적 환경은 그 환경을 경험하는 사람에게 전형적인 경험과 전형적인 반응을 유발함으로써, 그 경험과 반응이 그 사람의 습관과 행동양식이 되고 더 나아가 그 사람의 성격이 되게 한다. 프로이트는 반복적 환경에 의해 발생하는 장애의 문제를 '누적된 외상(cumulative trauma)'이라고 했다. 누적된 외상은 작은 좌절과 실패의 경험이 여러 번 반복되어 쌓이고 또 쌓여서 생긴 외상을 말한다. 즉 작은 좌절도 반복되면 외상이 된다는 것이다(The American Psychoanalytic Association, 1990, 199). 유아는 자신의 욕구를 충족시키기 위한 행동을 반복하곤 하는데, 그 노력이 계속 실패할 경우 유아는 외상을 경험하는 것과 동일한 수준의 장애를 지니게 된다. 그것은 한두 번의 실패로는 외상이 되지 않지만, 반복적으로 여러 번 실패하게 되면 외상이 되기 때문이다.

예를 들어, 엄마가 화장대 앞에 앉아 화장하는 것을 호기심으로 지켜본 여아는 자기도 그렇게 하기를 원한다. 어느 날 여아는 화장대 앞에 앉아 엄마의 화장품을 얼굴에 바르고 립스틱을 입술에 칠한다. 그리고 화장대를 엉망으로 어질러 놓는다. 그런 딸의 행동을 발견한 엄마가 딸에게 야단을 치고 다시는 그렇게 하지 못하도록 손바닥에 체벌을 가했다고 하자. "내가 쟤 때문에 못살아! 이건 엄마 거야. 넌 만지면 안 돼! 맴매 해야 돼! 손 내놔. 맴매!" 그리고 그런 엄마의 행동이 계속 반복되었다고 하자. 그러면 자신의 욕구를 충족하려는 여아의 시도는 체벌이 반복되는 것만큼 계속 실패한다. 이런 상황이 계속된다면 여아는 어떻게 될까? 엄마의 화장대 앞에 가고 싶지만 가지 못한다. 손을 내밀어 화장품을 만지고 싶지만 손을 내밀지 못한다. 엄마의 눈치를 보고 자신의 감정과 욕구를 억압하거나 위장한다. 그 결과, 여아의 마음속에 상처나 장애가 생기게 된다. 이처럼 작은 실패와 좌절이 쌓여서 외상과 같은 상황이 되는 것을 누적된 외상이라 한다. 반복적 환경은 누적된 외상을 만든다. 그리고 누적된 외상은 마음의 상처와 장애를 만든다.

나는 상담과 치유의 작업을 하면서 알게 되었다. 많은 사람의 경우, 그들의 상처와 장애의 문제는 반복적 환경에서 비롯되었다는 것을 알았다. 그것은 외상적 환경에 못지않게 심각한 문제라는 것도 알게 되었다. 미실다인은 우리 자신에 대한 우리들의 태도는 한두 번의 외상 경험으로 굳어지고 형성되는 것이라기보다는 가족 안에서 경험되는 일상적인 분위기와 부모의 양육태도 그리고 가족들과의 관계에 의해서 형성된다고 말했다(Missildine, 1963, 10). 그럼, 이런 마음의 상처와 장애를 남기는 반복적 환경에는 어떤 것들이 있을까? 수없이 많은 반복적 환경이 존재한다.

...

    어떤 사람은 어린 시절에 매일같이 엄마와 아빠가 싸우는 것을 보고 자랐다. 엄마와 아빠는 이틀이 멀다 하고 싸웠다. 특히 저녁식사를 하는 식탁 앞에서 큰소리를 지르며 싸웠다. 그때마다 이 어린아이는 불안했고 무서웠다. 자기가 야단맞는 것 같았다. 아이는 숨을 죽이고 음식을 삼켰다. 부모의 부부싸움이 지속될 때, 그것은 반복적인 환경이 되며 자녀들에게 누적된 외상이 된다.

    어떤 사람은 어려서 아버지의 술 중독 때문에 너무나 힘들었다. 아버지는 매일 저녁 술에 취해 들어왔다. 그리고 아버지만 들어오면 집안이 지옥이 되거나 북극지방처럼 싸늘하게 얼어붙었다. 아이들은 긴장을 늦추지 못하고 불안해하였다. 부모가 무엇인가에 중독되어 있는 것은 자녀들에게 상처를 줄 수 있는 반복적인 환경이다.

    어떤 여자는 부모의 남아선호사상 때문에 성차별적인 어린 시절을 보냈다. 그녀의 부모는 항상 아들과 딸을 차별했다. 아들의 나이가 딸보다 어린데도 아들에게는 더 좋은 옷을 입혔고 더 좋은 음식을 먹였으며 더 많은 용돈을 주었다. 엄마는 딸에게 아들을 돌보고 보호하는 시종처럼 살게 했다. 가정에서의 성차별은 주로 부모에 의해 나타나며, 그것은 자녀에게 상처를 남기는 반복적인 환경이 된다.

    어떤 남자는 첫째가 아니고 둘째라는 이유로 항상 형보다 못한 존재로 차별을 받고 자랐다. 즉 서열에 의한 차별이다. 대개 가부장적인 의식이 강한 부모들은 맏아들에게 집중함으로써 둘째나 셋째 아들을 차별한다. 이것은 자녀의 성장에 부정적인 영향을 줄 수 있는 반복적인 환경이다.

    어떤 사람은 어려서 아버지가 두 집 살림을 살았기 때문에 항상 마음에 불안이 있었다. 아버지를 미워하면서도 아버지를 집안으로 끌어들이려고 애를 썼다. 특히 엄마의 분노와 슬픔을 볼 때마다 자기 자신을 엄마와 동일시했다. 부모의 외도는 자녀에게 정서적으로 부정적인 영향을 줄 수 있는 반복적인 환경이 된다.

어떤 사람은 동생이 병약하여 항상 누워 있는 것을 보며 자랐다. 동생은 심장과 호흡에 이상이 있어 움직이지를 못했다. 엄마는 집안을 입원실처럼 꾸며 놓고 집에서는 떠들거나 장난을 치지 못하게 했다. 집안의 분위기는 항상 침울했다. 밖에서 뛰어놀다가도 집에 들어오면 조용해야 했고 마음이 침울해졌다. 가족 중에 장기 환자나 장애인이 있으면 다른 가족들은 모든 삶의 리듬과 정서적인 반응을 그 환자에게 맞추어야 한다. 그것은 환자가 원한 것은 아닐지라도 자연히 그렇게 된다. 특히 부모는 장애가 있는 자녀에게 관심을 집중함으로써 다른 자녀들의 행동을 통제한다. 이것은 다른 자녀들의 욕구와 행동을 제한하는 반복적인 환경이 된다.

어떤 사람은 초등학교 시절, 같은 또래의 친구들로부터 따돌림을 받았다. 이유는 공부를 잘하고 선생님이 특별히 예뻐했기 때문이다. 다른 아이들은 이 아이와 함께 놀아 주지 않았고 말도 걸지 않으려 했다. 이 아이는 학교에 가는 것이 너무 싫었다. 무서웠다. 그 후 이 아이는 다른 사람들에 대한 불신과 두려움을 지니고 살았다. 긍정적인 것이든 부정적인 것이든, 동료 친구들과의 관계는 반복적인 환경이 된다.

어떤 사람은 어린 시절에 고아원에서 자랐다. 사랑과 돌봄이 부재한 고아원이었다. 고아원 중에는 가정처럼 따뜻한 분위기를 지닌 고아원도 있다. 그러나 그 고아원은 그렇지 못했다. 동료들 사이에 경계와 불신이 많았다. 그리고 매우 엄격하고 경직된 분위기였다. 밥을 먹을 때는 말을 하면 안 되었다. 그리고 매를 맞는 일도 있었다. 그것은 매일 계속되는 반복적인 환경이었다.

…

이상과 같은 환경들이 반복적 환경이다. 물론 이 외에 얼마든지 더 많은 반복적 환경이 있을 수 있다. 일일이 열거할 수 없을 뿐이다. 그런데 반복적 환경들 중에 빼놓을 수 없는 것이 있다. 부모의 양육태도이다. 부모의 양육태도란 부모가 자녀를 대하는 태도, 즉 어떻게 생각하고 느끼고 행동하는가의 문제로서 그것은 심리, 언어, 행동 등 모든 분야에서 나타난다. 그것은 자녀가 부모와 한집에 살고 있는 한 계속 경험해야 하는 반복적 환경이다. 미실다인은 부모가 자녀에게 마음의 상처나 장애를 줄 수 있는 부정적인 양육태도들을 몇 가지 제시했는데 그것은 완벽주의, 강압, 유약, 과보호, 건강염려증, 징벌, 방치, 거절, 성적자극 등이다. 이런 양육태도들은 자녀의 마음속에 상처나 장애를 남길 수 있는 반복적 환경이 된다. 나는 이 책의 후반부에서 반복적 환경으로서의 부모의 부정적인 양육태도들을 집중적으로 다룰 것이다. 그 양육태도들의 특징들과 그 영향을 받은 자녀들의 심리 행동적인 특징들, 즉 '내면부모'와 '내면아이'라는 인격의 문제를 살펴볼 것이다.

부모의 부정적인 양육태도들 중에는 외상적 환경과 반복적 환경을 동시에 지니는 경우가 있다. 예를 들면, 자녀에 대한 신체적 학대와 성적 학대가 부모에 의해서 자행될 경우, 그것은 외상적 환경뿐만 아니라 반복적 환경이 되는 경우가 대부분이다. 왜냐하면 그런 학대는 외부에 노출되지 않은 채 집안에서 계속될 수 있기 때문이다. 이런 이중적인 환경이 자녀에게 미치는 영향은 매우 파괴적일 수밖에 없다. 부모는 자녀에게 세상을 표상하는 대상이 된다. 부모에게 상처를 받은 사람은 세상에서 상처를 받은 것으로 인식된다. 그러므로 부모를 두려워하는 사람은 세상을 두려워한다. 부모를 믿지 못하는 사람은 세상을 믿지 못한다. 부모에게 분노가 있는 사람은 세상의 모든 사람에게 분노를 느낀다. 그리고 세상의 질서를 파괴함으로써 부모에게 복수하기도 한다. 어린 자녀에게 부모는 세상과 같은 존재이다. 자녀에게 부모처럼 크고 중요한 사람은 없기 때문이다.

외상적 환경과 반복적 환경에서 발생한 부정적인 사건들은 마음의 상처를 만들고 그것은 장기기억 속에 저장된다. 그 과정은 이렇게 설명될 수 있다. 외상적 사건과 반복적 사건이 발생하는 순간 그것은 시각적으로, 청각적으로, 그리고 촉각적으로 감각등록기에 등록되고, 그것은 다시 단기기억으로 이송된다. 그 사건들을 감각등록기에서 1~2초 내에 사라지지 않을 만큼 강렬한 자극이 되었기 때문이다. 단기기억에 이송된 그 사건들은 되뇌기 과정을 거쳐서 장기기억으로 보내진다. 되뇌기 과정이 있었다는 것은 그만큼 자극의 강도가 컸다는 것을 의미한다. 장기기억 속에 도달한 그 사건들은 마음의 상처가 되어 심상적 기억과 정서적 기억과 일화적 기억으로 저장된다.

📎 상처의 원인과 결과

마음의 상처에는 그 상처가 발생하게 된 원인과 그 상처로 인하여 마음속에 생긴 핵심문제 그리고 그 결과 외부로 나타난 행동상의 특징이 있다. 집단상담학자 제이 얼리(Jay Earley)는 그의 책『상호작용 중심의 집단상담(Interactive Group Therapy: Integrating, Interpersonal, Action-Orientated, and Psychodynamic Approaches)』에서 핵심문제(core issue)와 그 발생기원(genetic origin) 그리고 그 결과 나타나는 행동양식(doing pattern)에 대해 언급한다(Earley; 김창대 외 역, 2004, 11-12). 그의 설명에 따르면, 핵심문제는 한 개인이 지니고 있는 두드러진 정신문제로서 그 사람의 행복과 건강한 인간관계를 방해하는 지배적인 문제를 의미한다. 이런 핵심문제는 개인에 따라 다를 수 있는데, 여기에는 왜곡된 신념, 왜곡된 표상(자기표상과 대상표상), 낮은 자존감, 불신감, 거절감, 상실감, 수치감, 불안감, 공허감, 우울감, 열등감, 우월감, 과도한 책임감, 무책임감, 도덕성의 결핍, 의존성 문제, 회피성 문제, 친밀감 장애, 사고의 왜곡, 강박적 사고, 감정조절의 문제, 자기주장 능력의 결여, 배타적 독단성, 공격적 행동, 그리고 신경증, 정신병, 인격장애 등 모든 장애가 포함된다. 핵심문제는 마음의 상처와 동전의 양면처럼 맞물려 있다. 즉 핵심문제는 마음의 상처로 인하여 생기는 것이다. 한편, 발생기원은 그런 상처와 핵심문제를 유발한 환경적인 요인을 말하는데, 여기에는 앞에서 언급한 외상적 환경과 반복적 환경이 해당된다. 행동양식은 마음의 상처와 핵심문제로 인하여 나타나는 결과로서, 이것은 인간관계를 비롯하여 외적으로 표현되는 언어와 행동상의 특징을 말한다. 여기에는 부적응적 행동, 역기능적 행동, 장애적 행동이 포함된다. 자신의 감정을 조절하지 못하고 과격한 행동으로 표출하거나, 인간관계에서 계속 실패를 경험하거나, 여건이 주어졌지만 사회활동이나 경제활동을 하지 못하는 것 등은 핵심문제의 결과 나타난 행동양식이라 할 수 있다. 개인의 삶에서 나타나는 많은 문제의 행동들은 여기 행동양식에 해당된다.

얼리는 핵심문제와 발생기원과 행동양식이라는 용어를 사용함으로써 그 개념들의 관련성을 설득력 있게 설명했다. 그런 얼리의 설명에 상처라는 개념을 추가하여 하나의 도식으로 표현하면 다음과 같다.

[그림 3-1] 상처의 기원과 결과

하나의 사례를 들어 이런 개념들이 어떻게 연결되어 있는지를 알아보자.

...

들국화(가별칭)는 성장과정 중에 아버지로부터 지속적인 배척과 거절을 받고 자랐다. 아버지는 들국화의 요구를 들어 준 적이 거의 없었다. 아버지는 항상 "안 돼! 비켜! 저리 가! 이것도 못하는 병신!"이라고 말하곤 했다. 그리고 "너같이 못생긴 여자아이를 누가 좋아하겠느냐?"라고 했다. 들국화는 아버지가 무섭고 싫었다. 아버지를 피했다. 아버지가 집에 들어오면 얼른 자기 방으로 들어갔다. 엄마는 그런 들국화의 마음을 헤아려 주지 못했다. 엄마는 자신의 불행한 결혼 생활을 정리하고 싶었지만, 들국화 때문에 그렇게 하지 못했다고 생각했다. 엄마는 들국화에게 "네가 태어나지 말았더라면!"이라는 말을 자주 하였다. 들국화는 이렇게 생각했다. "나는 엄마와 아빠의 불행의 원인이야. 나는 못생겼고 사랑을 받을 만한 딸이 못 돼. 이 세상엔 아무도 날 좋아할 사람이 없을 거야." 그리고 친구들을 만나면 이런 생각을 했다. "쟤들은 나보다 예쁘고 나보다 훨씬 잘났어. 부모도 잘 만났지. 아마 쟤들은 나를 싫어할 거야. 겉으로는 좋아하는 척하지만 속으로는 거절하고 있을 거야." 사춘기를 지난 들국화는 이성에 대한 관심이 생겼지만 남자를 만나거나 데이트를 하지 못했다. 남학생이 만나자고 요청하는 일은 있었지만 들국화가 거절했다. 왜냐하면 거절하는 것이 거절을 당하는 것보다 덜 아플 거라고 생각되었기 때문이다. 들국화는 인간관계를 맺는 것이 항상 어려웠다. 그 누구하고도 친밀한 관계를 형성하지 못했다.

...

들국화의 이야기를 앞에서 제시한 것과 같이 핵심문제, 마음의 상처, 행동양식, 그리고 발생기원에 따라 분석해 보자. 들국화의 핵심문제는 거절감과 친밀감 장애라고 볼 수 있다. 들국화는 항상 거절받을지 모른다는 두려움을 지니고 있으며, 동시에 사람들, 특히 남자들과 친밀감을 형성할 수 있는 능력이 부족하다. 핵심문제와 관련된 그녀의 자기표상(self representation)과 대상표상(object representation)은 어떻게 형성되어 있을까? 자기표상은 자기에 대한 내적 이미지를 말하는데, 들국화는 '나는 못생겼고 사랑받을 만한 존재가 못된다.'는 자기표상을 지니고 있다. 대상표상은 자기와 연관된 타인에 대한 이미지인데, 들국화는 '다른 사람들은 나보다 낫고 나를 싫어하며 나를 거절할 거야.'라는 대상표상을 가지고 있다. 들국화가 지닌 마음의 상처는 어떻게 되어 있을까? 들국화는 아버지로부터 거절당하고 학대받았던 경험들에 대한 심상적 기억과 정서적 기억, 그리고 일화적 기억을 지니고 있다. 그녀는 아버지의 무섭고 냉정한 거절의 행동과 표정, 그리고 아버지를 피하여 자기 방으로 숨어 버리던 자기 자신에 대한 심상적 기억을 가지고 있다. 그때마다 두렵고 불안하고 속상하고 화가 났던 정서적 기억과 또한 아버지와 엄마로부터 들었던 비난과 욕설에 대한 일화적, 언어적 기억을 가지고 있다. 그럼 들국화는 왜 그런 마음의 상처와 핵심문제를 지니게 되었는가? 그 발생기원은 무엇인가? 그것은 어린 시절에 계속되었던 불행한 양육환경 때문이다. 아버지의 배척과 거절 그리고 엄마의 한탄과 원망은 들국화의 상처와 핵심문제의 원인이 된다. 끝으로 일상의 삶 속에 나타난 들국화의 행동양식을 알아보자. 들국화는 남학생과 데이트를 하지 못한다. 남학생이 만나자고 하면 오히려 거절한다. 들국화의 인간관계는 잘 이뤄지지 않는다. 친밀감을 느낄 수 있는 행동을 하지 못한다. 들국화는 자신의 삶이 자신의 뜻대로 잘 통제되지 않는다고 느낀다. 그 결과, 삶에 대한 만족감과 행복감을 느끼지 못한다. 이처럼 마음의 상처와 핵심문제는 우리가 원치 않는 부적응적 행동양식의 원인이 된다. 그리고 외상적 환경과 반복적 환경은 그런 마음의 상처와 핵심문제를 유발하는 발생기원이 된다.

제4장
부모의 양육태도

⟋ 부모역할과 대상관계 이론

자녀의 성장과 성격 발달에 있어서 부모가 제공하는 양육환경과 부모의 역할은 매우 중요하다. 많은 심리학자는 부모의 양육환경이 자녀의 성격 발달은 물론 마음의 상처와 정신적인 장애를 유발하는 주된 원인이 된다고 보고 있다. 자녀는 부모가 제공하는 양육환경이 어떠한가에 따라 건강하게 성장할 수도 있고 그렇지 못할 수도 있다. 만약 부모의 양육환경이 유아의 마음속에 상처를 남기거나 정신적인 장애를 만든다면 그것은 부정적인 양육환경이라 할 수 있다. 그것은 앞에서 언급한 것처럼 외상적 환경이 될 수도 있고 반복적 환경이 될 수도 있다. 물론 두 가지 모두 해당될 수도 있다.

부모의 양육환경을 강조한 대상관계 이론의 학자들은 유아의 성격 발달에 있어서 초기 대상인 엄마와의 관계에 주목했다. 최초의 대상관계 심리학자로 알려진 멜라니 클라인(Melanie Klein)은 프로이트와 마찬가지로 성격 발달의 요인으로서 본능과 욕동을 강조했지만, 그녀는 유아의 본능과 욕동을 엄마라는 대상과 연결시킴으로써 엄마 대상의 중요성을 강조했다. 클라인에 따르면, 유아는 단순히 본능적 욕구를 해소하기 위해서만 엄마의 젖가슴을 찾는 것은 아니다. 유아는 대상을 향한 관계적인 행동을 필요로 한다. 클라인은 유아의 욕동이 근원적으로 대상을 향한 것이라고 말함으로써 욕동과 대상은 함께 묶여 있는 것이라고 보았다. 욕동은 관계적인 것이다. 욕동은 대상, 즉 엄마와의 관계 속에 존재한다. 성격 발달의 요인에 대한 클라인의 기본 입장은 프로이트와 같이 유아의 욕동과 그 욕동이 만들어 내는 환상 경험에 있다. 그러나 욕동을 대상과 연결 지음으로써 클라인은 본능과 욕동이 대상 없이 존재한다는 프로이트의 입장에 반대한다(Clair, 2004, 36-37).

로널드 페어베언(Ronald D. Fairbairn)은 순수한 대상관계 모델을 제시함으로써 성격 발달에 있어서 본능과 욕동의 중요성을 축소하였다. 그는 인간이 프로이트가 말한 것처럼 쾌락을 추구하는 존재가 아니라 대상을 추구하는 존재(object-seeking being)라고 했다. 리비도적 욕동은 뚜렷한 지향성을 지니는데, 그 지향의 대상은 항상 인간이다. 그리고 유아에게 그 대상은 엄마이다. 유아의 성격은 프로이트가 말한 것처럼, 원본능과 자아와 초자아라는 삼중구조 속에서 발생하는 내적 갈등에 의해서 형성되는 것이 아니라 엄마라는 대상과의 관계를 어떻게 경험하느냐에 따라서 형성된다. 페어베언은 인간이 지닌 기본적인 욕구를 다른 사람들과 관계를 맺고자 하는 관계의 욕구라고 보았다(Clair, 2004, 52-53).

도널드 위니컷(Donald Winnicott)은 유아의 성격 발달에 있어서 엄마환경과 엄마역할 (mothering)의 중요성을 누구보다 강조했다. 유아는 환경이 제공하는 것에 의존하는데, 환경 중 가장 중요한 요소는 엄마의 돌봄이라고 했다. 그는 유아가 잘 성장할 수 있는 최적의 환경을 서술하기 위해서 '충분히 좋은 엄마(good-enough mother)'라는 개념을 만들어 냈다. '충분히 좋은 엄마'는 아기에게 필요한 것이면 무엇이든 넉넉히 제공하고 아기가 지닌 자기 전능성의 욕구를 무시하지 않고 그 욕구에 부응하는 엄마이다. 그런 엄마는 아기의 몸짓에 거울같이 반영해 주고(mirroring) 안아 주기(holding)와 다루기(handling)와 대상 제시하기(object presenting)를 적절하게 잘하는 엄마이다. 위니컷은 "홀로 존재하는 아기는 없다." "아기도 없고 엄마도 없다. 아기와 엄마의 관계가 있을 뿐이다."고 말했다. 이것은 아기가 언제나 엄마와 함께 있으며, 엄마의 보살핌이 없다면 아기는 존재하지 못한다는 것을 의미한다. 위니컷의 일관된 주장은 엄마의 환경이 아동의 성격 발달에 중요한 요인이 된다는 것이다. 그는 유아가 환경과 맺는 관계성이라는 측면에서 발달의 문제를 보았는데, 그 환경은 부모환경이고 그것은 언제나 엄마였다(Clair, 2004, 70-74).

마거릿 말러(Margaret Mahler)는 인간의 성격이란 다른 대상과의 심리적 융합의 상태에서 시작해서 점진적으로 분리의 과정을 거치며 발달된다고 보았다. 유아에게 다른 대상이란 엄마이다. 말러에 따르면, 유아의 성격 발달은 엄마로부터 분리와 개별화의 과정을 어떻게 경험하느냐에 따라 달라진다. 분리란 유아가 엄마와의 공생(symbiosis)관계, 즉 이중단일체로부터 벗어나서 독립적으로 되는 심리적 과정을 말한다. 만약 엄마가 유아의 욕구에 만족감을 제공하고 극단적인 좌절감을 막아 줌으로써 유아의 보조자아(auxiliary ego) 역할을 잘해 준다면 유아의 분리와 개별화 과정은 성공적으로 이루어지고, 그 결과 유아는 잘 조직되고 분화된 성격을 지니게 될 것이다. 그러나 엄마의 역할이 그렇지 못하면 유아의 성격은 잘 조직되지 못할 뿐만 아니라 심리적인 장애를 지닐 수도 있다(Clair, 2004, 87-89).

오토 컨버그(Otto Kernberg)는 외부 사람과의 관계가 어떻게 내면화되어 한 사람의 심리구조가 형성되는지를 연구했다. 유아는 환경 안에 존재하는 초기 대상과의 관계를 내면화시키는데, 초기 대상은 엄마이다. 이렇게 내면화된 대상관계는 유아의 심리구조의 뼈대가 되고 그것은 더욱 확장된다. 생애 초기에 유아는 외부의 대상을 부분대상, 즉 좋은 대상과 나쁜 대상으로 나누어서 받아들인다. 그러나 성장함에 따라 그 대상들의 통합이 이뤄진다. 즉 한 대상 안에 좋은 모습과 나쁜 모습이 동시에 존재할 수 있다는 것을 이해한다. 그러나 외부의 부모환경이 박탈과 방치로 지속되면 유아는 자기 내부에 있는 좋은 대상을 보호하기 위하여 좋은 대상과 나쁜 대상을 분리시킨다. 그 결과, 유아의 정신세계가 분할(splitting)된다. 유아기의 분할기제는 모든 아기에게서 나타나는 것이기 때문에 어느 정도까지는 정상적이지만, 이 기제가 지속될 경우 경계성 인격장애(borderline personality disorder)의 원인이 될 수 있다(Clair, 2004, 131-132). 경계성 인격장애를 지닌 사람은 분할을 계속 사용하여 자신의 나약한 자아가 와해되는 불안을 회피하려고 한다. 컨버그에 따르면, 경계성 인격장애를 지닌 사람들은 대개 생후 2~3년 동안에 과도한 좌절과 외부의 강한 공격을 받은 흔적이 있다고 했다. 이때 유아는 극도의 분노와 공격성을 느끼게 되고, 그 공격성을 부모에게 투사함으로써 자신을 보호하려 하며, 결과적으로 왜곡된 부모 이미지를 갖게 된다. 즉 부모를 위험하고 위협적인 존재로 보며 두려워하고 미워한다.

대상관계 심리학의 새로운 지평을 연 하인즈 코헛(Heinz Kohut)은 한 사람이 자기의 기능을 다하고 잘 성장하기 위해서는 일생에 걸쳐 자기를 공감적으로 반영해 주는 자기 대상(self object)의 환경이 필요하다고 했다. 자기대상은 자기의 욕구를 적절하게 충족시켜 주는 외부의 대상인데, 유아에게 이것은 마치 자기의 한 부분으로 느껴지는 대상을 말한다. 즉 자기 자신으로부터 분화되지 않은 대상이다. 유아의 자기대상은 엄마와 아빠이다. 유아의 자기는 그런 자기대상과의 상호작용과 그 대상이 보여 주는 반응에 의해서 생겨난다. 그렇게 해서 생겨난 자기를 핵심자기(nuclear self)라고 한다. 핵심자기는 과대-과시적인 자기(grandiose-exhibitionistic self)와 이상화된 부모 원상(idealized parent image)으로 구성되는데, 이런 핵심자기는 자기대상인 부모의 거울반응(mirroring)과 같은 공감적 환경 속에서 응집된 자기로 발달된다. 그러나 그런 환경이 제공되지 않으면 유아의 핵심자기는 파편화되어 생명력을 상실할 수 있다(Clair, 2004, 147-151).

대인관계의 중요성을 강조한 해리 스택 설리반(Harry Stack Sullivan)은 사회심리적인 관점에서 인간을 이해했다. 부모와 자녀 사이에 상호 인간관계가 이뤄지는 사회적 조건은 유아의 성격 발달의 중요한 배경이 된다. 설리반에 따르면, 인간은 죽음의 본능과 생명의 본능 사이에서 싸우고 갈등하는 외로운 존재가 아니라, 다른 사람과의 상호작용을 통해서 자기가 만들어지고 인격이 발달되어 가는 관계적인 존재이다. 그리고 인간의 자아는 자기내적 요인에 따라 스스로 형성되는 것이 아니라, 자기 행동에 대한 외부의 반영된 평가(reflected appraisals)에 의해 형성되며, 인간의 성격 또한 독자적으로 형성되는 것이 아니라 중요한 인물과의 상호작용의 산물로 형성되는 것이다. 어린 시절 유아에게 중요한 인물은 누구일까? 유아에게 부모보다 더 중요한 사람은 없다. 왜냐하면 유아의 생존은 전적으로 부모에게 달려 있기 때문이다. 따라서 유아의 성격 발달에 가장 큰 영향을 미치는 사람은 부모일 수밖에 없다. 유아는 자신의 절대적인 의존의 대상이 되는 부모를 어떻게 경험하느냐에 따라 성격의 건강한 발달은 물론 정신적인 장애를 경험할 수 있다(Summers; 이재훈 역, 2004, 442-450).

이 외에도 더 많은 대상관계 이론가와 그 밖의 심리학자들은 인간의 성격 발달과 정신병리의 원인을 부모의 양육환경과 양육태도에서 찾았다. 앞에서 제시된 학자들의 이론은 단지 부분적인 것에 불과하다. 인간의 성격 발달과 정신장애의 문제를 이해하기 위해서는 어린 시절에 경험한 부모의 양육태도와 성장 배경을 살펴보는 것이 필요하다.

🌿 부모의 양육태도

　　　　　　　부모의 양육태도는 양육환경이라는 말보다 적극적이고 능동적인 개념이다. 자녀의 성격 발달과 정신문제는 부모의 양육태도에 따라 크게 영향을 받는다. 부모의 양육태도란 부모가 자녀를 대하는 마음과 언행상의 모든 표현 방식을 말한다. 그것은 자녀의 성격, 태도, 행동, 가치관, 인생관 등의 형성에 영향을 미친다. 여러 학자가 부모의 양육태도에 대한 정의를 내렸다. 베커(Becker, 1964)에 따르면, 부모의 양육태도는 부모 또는 다른 주 양육자가 자녀를 양육할 때 나타내는 보편적인 태도와 행동이라고 했다. 그것은 부모와 자녀 사이의 관계의 질을 결정하며 자녀의 지적, 정서적, 성격적 발달의 요인이 된다고 보았다. 오성심과 이종승(1982)은 부모의 양육태도란 부모나 부모를 대신하는 다른 보호자가 자녀를 양육함에 있어서 일반적이고 보편적으로 나타내는 외형적 그리고 내형적 행동이라고 했다. 파곳(Fagot, 1994)은 부모의 양육태도 안에는 자녀의 육체적인 성장을 위한 도움뿐만 아니라 지적인 성장을 위한 자극과 도덕적인 발달을 위한 훈육과 심리적인 적응을 위한 보살핌 등이 포함된다고 하였다. 김병인(1993)은 부모가 자녀를 대하는 말과 행동과 표정과 마음쓰임 등의 모든 것이 부모의 양육태도라고 하였다(이성실, 2008, 6-7에서 재인용).

　이런 정의들로부터 부모의 양육태도의 개념을 다음과 같이 정리할 수 있다. 첫째, 부모의 양육태도라 할 때 부모는 단지 혈연적인 부모만을 의미하지는 않는다. 혈연적인 부모는 물론 아동의 성장과 발달에 많은 영향을 준 주 양육자를 포함한다. 즉 부모란 양육부모를 의미하는 말이다. 중요한 것은 실제로 자녀의 양육을 맡은 사람이 누구인가 하는 것이다. 친부모 외에 계모, 계부, 할머니, 할아버지, 이모, 고모, 삼촌, 유모, 보모, 그 외의 다른 사람들이 양육부모가 될 수 있다. 둘째, 부모의 양육태도는 일반적이고 보편적인 것이다. 즉 그것은 부모가 일상적으로 항상 그렇게 자녀를 대하는 방식이다. 자녀를 항상 방치했던 부모가 자녀에게 좋은 선물을 사 주었다고 해서 그것이 양육태도가 될 수는 없다. 부모가 자녀를 대하는 일상적인 태도와 행동이 양육태도이다. 셋째, 부모의 양육태도는 시간적으로 오랫동안 유지되고 지속된다. 쉽게 바뀌지 않는다. 그것은 매우 반복적이다. 부모의 양육태도는 부모의 성격과 행동특성과 자녀에 대한 고정된 신념을 반영하기 때문에 쉽게 달라지지 않는다. 넷째, 부모의 양육태도는 외현적인 것(보이는 측면)과 내현적인 것(보이지 않는 측면)을 모두 포함한다. 자녀에게 행한 말과 표정과 행동은 외현적인 것이다. 자녀에 대한 생각과 감정과 욕구와 기대들은 내현적인 것이다. 물론 이 두 요소는 함께 작용하지만 그렇지 않은 경우도 있다. 다섯째, 부모의 양육태도는 포괄적인 것이다. 그것은 부모의 신체적, 인지적, 심리적, 사회적, 도덕적, 종교적 영역에서 모두 나타난다.

한편, 부모의 양육태도는 인식하는 대상에 따라 두 가지 관점에서 볼 수 있다. 하나는 부모가 스스로 인식하는 양육태도이고, 다른 하나는 자녀가 인식하는 양육태도이다. 자녀는 부모가 자기를 어떤 태도로 대하고 있는지 알고 있다. 그런데 이 두 가지는 유사할 수는 있으나 동일할 수는 없다. 왜냐하면 부모의 양육태도는 부모에 의해 은폐될 수 있으며, 또한 자녀는 내부의 자기 인식과정을 통해서 부모의 행동을 인지하게 되기 때문이다. 예를 들어, 메디너스(Medinnus)는 조사연구를 통해서 자녀가 부모의 양육태도를 자기수용의 정도와 관련시켜서 지각하고 있다는 사실을 밝혀냈다. 즉 자기수용 능력이 높은 자녀는 부모의 양육태도를 긍정적으로 지각하는 경우가 많았다(안은선, 2010, 6). 부모가 인지하는 자신의 양육태도와 자녀가 지각하는 부모의 양육태도 중에 어느 것이 더 자녀의 성격 발달에 영향을 주는 것일까? 구태여 구분을 할 필요가 없을지도 모른다. 그러나 사람은 환경의 직접적인 산물은 아니라는 것을 이해할 필요가 있다. 사람은 환경의 자극에 반응하는 존재이다. 따라서 자녀의 성격 발달에 일차적인 영향을 주는 것은 외부 환경으로서의 부모의 양육태도이지만, 또한 자녀가 지니고 있는 내부 환경, 즉 부모의 양육태도를 어떻게 지각하고 있는가를 고려해야 한다.

양육태도의 분류

부모의 양육태도를 어떻게 분류하는가의 문제는 결코 쉬운 일이 아니다. 왜냐하면 부모에 따라 수많은 양육태도가 있으며, 또한 한 사람에게 두세 가지의 양육태도가 중복적으로 나타날 수도 있기 때문이다. 몇몇 학자들은 부모의 양육태도를 애정의 정도, 통제의 정도, 수용의 정도, 합리성의 정도에 따라 분류했다. 그러나 학자들에 따라 다르고 다소 차이가 있다(이성실, 2008, 7-10; 안은선, 2010, 8-14).

부모의 양육태도를 처음으로 체계화한 사람은 시먼즈(P. M. Symonds)인데, 그는 서로 다른 양육태도를 양극으로 대조시킨 두 개의 축을 근거로 분류했다. 즉 거부-수용(rejection-acceptance), 그리고 지배-복종(dominance-submission)이라는 두 축이다(송기분, 2007, 7-8에서 재인용). 시먼즈에 따르면, 가장 바람직한 양육태도는 대조되는 태도들의 중간을 취하는 것이다. 즉 지나치게 거부적이지도 수용적이지도 않으며, 또한 지나치게 지배적이지도 복종적이지도 않아야 한다.

지나치게 거부적인 부모는 자녀에게 필요한 애정을 주지 않고 무관심하거나 적대적이고 징벌적이다. 간혹 애정을 보일 때에는 자녀가 부모의 마음에 드는 행동을 했을 때뿐이다. 이런 부모 밑에서 자란 자녀는 부모의 관심과 애정을 끌기 위해 온갖 행동을 다하거나, 반대로 반항, 공격, 거짓말, 도둑질과 같은 반사회적 행동을 할 수 있으며, 또한 발달의 지체나 이상행동이 나타날 수 있다. 지나치게 수용적인 부모는 자녀의 행동에 제약을 두지 않고 모든 것을 허용하며 필요 이상으로 보호한다. 이런 부모의 환경 속에서 자란 자녀는 사회성이 발달되지 않으며, 의존성이 심하고 대인관계에서 고립되는 경우가 많다. 지나치게 지배적인 부모는 높은 기준을 정해 놓고 자녀가 그 기준에 도달하도록 요구한다. 따라서 강요적이고 지적사항이 많으며 자녀의 생각이나 욕구는 무시된다. 이런 부모의 환경 속에서 자란 자녀의 성격은 서로 다른 두 가지 모습으로 적응된다. 즉 예의 바르고 순종적이 되거나, 반항적이고 투쟁적이 될 수 있다. 그러나 어느 경우라 할지라도 불안과 자학적인 행동이 나타나며 독립성과 창조성이 부족하다. 지나치게 복종적인 부모는 거의 모든 시간을 자녀를 위해 사용하고 자녀의 요구가 부당할지라도 그 요구를 들어준다. 이런 부모 밑에서 자란 자녀는 정서적 발달이 지체되어 유아적 상태로 있으며, 자기중심적, 이기적, 공격적, 반항적이 되고 억지를 부리며 의존적이 될 수 있다.

시먼즈는 거부-수용의 축과 지배-복종의 축을 직교 좌표로 교차시켜서 4개의 영역을 만들어 그 영역에 따라 부모의 양육태도를 네 가지로 분류하기도 했다. 즉 익애(수용과 지배의 영역), 방임(수용과 복종의 영역), 무시(거부와 복종의 영역), 잔인(지배와 거부의 영역)의 양육태도로 나누었다. 이런 시먼즈의 분류는 부모의 양육태도에 대한 최초의 분류라는 데 의미가 있지만 부모의 양육태도를 부정적인 측면에서만 보았다는 데 한계가 있다.

얼 샤퍼(Earl S. Schaefer)는 시먼즈의 한계를 보완하여 부모의 긍정적인 양육태도와 부정적인 양육태도를 모두 고려하여 분류했다. 그는 다양한 자녀의 연령층을 대상으로 정상적인 부모의 양육태도에 대해서 연구했다. 그러나 분류방식은 시먼즈의 형식을 따랐다. 즉 샤퍼는 부모의 양육태도를 애정-적대(love-hostility), 그리고 자율-통제(autonomy-control)라는 두 축으로 구분한 다음, 시먼즈와 같이 직교 좌표를 만들어 네 가지의 양육태도로 분류했다(장미영, 2006, 10에서 재인용).

첫째는 애정과 자율의 영역에서 나타나는 양육태도로서 민주형이다. 민주형의 부모는 자녀를 최대한 존중하고 자녀가 자율적으로 행동하도록 도우며 자녀의 행동에 대해 항상 허용적이고 수용적이다. 부모는 관심을 가지고 자녀와 대화를 나누며 자녀의 의견을 받아들이고 독단적으로 결정하지 않는다. 이런 부모 아래서 자란 자녀는 능동적이고 자율적이며 자기표현을 잘하고 사회 적응능력이 높다.

둘째는 애정과 통제의 영역에서 보이는 양육태도인데, 익애형이라고 한다. 익애형의 부모는 자녀에게 애정을 나타내면서 동시에 자녀의 행동에 많은 한계와 제약을 둔다. 체벌은 가하지 않지만 언어적이며 심리적인 방식으로 자녀를 통제한다. 또한 자녀에 대한 과보호와 소유적 태도를 보인다. 이런 양육환경에서 자란 자녀는 창조성과 사회성이 부족하고 의존성이 높다.

셋째는 거부와 자율의 모습을 지닌 양육태도로서 방임형이라고도 불린다. 방임형의 양육태도를 지닌 부모는 자녀의 존재를 기쁨으로 수용하지 못한다. 부모는 자녀의 행동에 제약을 가하지 않는데, 그것은 자녀를 존중하기 때문이 아니라 관심이 없기 때문이다. 자녀에게 거리감, 무관심, 태만, 냉담함을 보인다. 이런 양육환경에서 자란 자녀는 정서적으로 불안정하고 대인관계에서 자신감이 없으며 위축된 행동을 나타낸다.

넷째는 거부와 통제의 특성을 지닌 양육태도인데, 독재형이라고도 한다. 독재형의 양육태도를 지닌 부모는 심리적으로 자녀의 존재를 수용하지 않을 뿐만 아니라 신체적인 고통과 아픔을 줌으로써 자녀를 통제하고 거부한다. 이런 부모 밑에서 자란 자녀는 분노와 적대감이 있으며 정신적인 장애를 지닐 수도 있다.

바움린드(Baumrind, 1967)는 부모의 양육태도를 애정과 통제라는 양극의 구도로 파악하고 그것에 기초하여 세 가지로 분류했다(송기분, 2007, 10-11에서 재인용). 첫째는 권위적인 양육태도로서 애정과 통제의 수준이 모두 높은 경우이다. 이것은 가장 바람직한 양육태도인데, 여기에 해당되는 부모는 자녀를 따뜻하게 대하지만 분명한 규칙을 제공함으로써 자녀의 방종을 허락하지 않는다. 부모와 자녀 사이에 의사소통이 분명하다. 이런 부모 아래서 자란 자녀는 열정적이고 다정다감하며 자기 통제능력이 높다. 둘째는 권위주의적 또는 독재적인 양육태도로서 애정수준은 낮고 통제수준이 높은 경우이다. 이런 양육태도를 지닌 부모는 자녀에게 규칙의 준수를 지나치게 강조하며 가혹하게 처벌하는데, 그 규칙이 명료하지 않은 경우가 많다. 자녀의 욕구나 의견을 무시한다. 이와 같은 양육환경 속에서 자란 자녀는 두려움과 내적 갈등이 많으며 감정의 기복이 심하고 화를 잘 낸다. 대인관계에서 수동적이며 동시에 공격적이 된다. 셋째는 허용적 또는 방임적 양육태도인데, 이것은 애정수준은 높으나 통제수준은 낮은 경우에 해당된다. 이런 양육태도를 보이는 부모는 자녀양육에 분명한 규칙과 일관성이 없으며 자녀의 부당한 요구에도 거절을 못하고 잘못된 행동에도 훈육하지 못한다. 이런 부모 밑에서 자란 자녀는 충동적이고 지배적이며 공격적이고 자기통제능력이 매우 부족하다.

한편, 마코비(E. E. Maccoby)와 마틴(J. A. Martin)은 바움린드의 세 가지 분류를 네 가지로 더 세분했다. 즉 허용적 양육태도를 허용적 양육태도와 방임적 양육태도로 구분했다. 허용적 양육태도와 방임적 양육태도는 규칙도 없고 요구도 없다는 점에서는 공통점이 있다. 그러나 허용적 양육태도는 자녀에게 많은 자유를 주는 반면, 방임적 양육태도는 자녀의 욕구에 무관심하고 무감각하다는 점에서는 차이가 있다(장휘숙, 2001, 412-413에서 재인용).

우리나라의 몇몇 연구자들은 그들의 독자적인 방식에 따라 부모의 양육태도를 다양하게 분류했다. 정원식(1975)은 성취-비성취, 개방-폐쇄, 친애-거부, 자율-타율 등 서로 대칭되는 태도들의 4차원으로 분류했다. 성취와 비성취는 부모가 자녀의 성취에 얼마나 기대를 가지고 끈기 있게 주의를 기울이며 권장하고 돕는가에 따라 달라진다. 개방과 폐쇄는 부모가 자녀에게 편견을 가지지 않고 자녀의 새로운 행동을 얼마나 수용할 수 있는가에 대한 문제이다. 친애와 거부는 부모가 자녀에게 얼마만큼의 애정과 신뢰를 보여 주며 자녀의 욕구와 감정 등의 자유로운 표현을 허용해 주는가에 대한 문제이다. 자율과 타율은 부모가 자녀의 행동에 얼마나 자유를 주며 얼마나 통제 간섭하는가에 대한 문제이다(송기분, 2007, 12에서 재인용).

한편, 이상로(1979)는 부모의 양육태도를 정서적 차원(온정-냉정), 보호적 차원(과잉보호-방임), 관심적 차원(과잉관심-무관심), 기대적 차원(과잉기대-무시), 통제적 차원(자율-통제), 지시적 차원(민주적 수용-민주적 거부), 권위적 차원(권위적 수용-권위적 거부) 등으로 분류했다(이상로, 1979, 165). 이숙은 부모의 양육태도를 합리적 지도, 애정, 권위적 통제, 과보호, 성취, 적극적인 참여, 일관성 있는 규제 등 일곱 가지 양육태도로 분류했으며, 오성심과 이종승은 애정-적대, 자율-통제, 성취-비성취, 합리-비합리라는 네 개의 축으로 나누어 분류했다(오성심, 이종승, 1982, 2-15).

모든 연구에는 변인이 있듯이 부모의 양육태도에도 변인이 있다. 부모의 양육태도는 성별과 연령과 학력 그리고 소득수준에 따라 어느 정도의 차이가 있다. 아멘트라웃(Armentrout)과 버거(Burger)의 조사에 따르면, 자녀가 지각한 부모의 양육태도에 있어서 대체로 아버지는 아들에 대해서 억압적이고 처벌적이었으며, 어머니는 좀 더 양육적이고 다정한 편으로 나타났다. 그리고 어머니가 자녀를 통제할 경우에는 신체적 통제보다 심리적 통제를 하는 것으로 조사되었다. 또한 문화적으로 차이가 있기는 하지만, 일반적으로 어머니는 아버지보다 아들과 딸에 대한 차별이 적은 것으로 나타났다(이성희, 2002, 5-6). 김순덕(1991)과 최진희(1993)의 연구에 따르면, 우리나라의 경우, 부모의 연령이 낮을수록 애정적이고 수용적이며 합리적이고 자녀의 성취와 독립성을 강조하는 것으로 조사되었다. 김명수(1984)와 성정자(1992)에 따르면, 부모의 학력이 높을수록 애정적이고 덜 통제적이며 자녀에게 더 많은 자율성을 주는 것으로 나타났다. 이런 성향은 아버지와 어머니 사이에 별로 차이가 없었다. 한편, 박미옥(1993)에 따르면, 부모의 소득수준이 높을수록 덜 통제적인 것으로 보고되었다(박홍선, 박경란, 1998, 79-101에서 재인용).

부모의 양육태도를 하나의 공인된 기준으로 분류하기는 어렵다. 연구자들의 관심과 입장에 따라 차이가 있기 때문이다. 그러나 앞에서 살펴본 바에 따르면, 다음과 같은 공통된 관점이 있다는 것만은 분명하다. 첫째, 부모의 양육태도를 분류할 때 서로 상반된 양극의 태도를 비교하여 분류했다는 점이다. 둘째, 부모의 양육태도에는 바람직하고 건강한 긍정적인 양육태도와 바람직하지 않고 건강하지 않은 부정적인 양육태도가 있다는 점이다. 셋째, 부모의 양육태도는 성별, 연령, 학력, 소득수준 등에 따라 차이가 있다는 점이다. 넷째, 부모의 양육태도의 차이에 따라 자녀의 성격 발달에 미치는 영향은 매우 다르다는 점이다.

바람직하지 않은 양육태도

　　　　　　　　　　부모의 바람직한 양육태도에 대한 언급 없이 바람직
하지 않은 양육태도를 말한다는 것이 논리상 맞지 않는 것처럼 보일 수 있다. 자녀를 잘
양육하기 위해서는 바람직한 양육태도를 지녀야 한다. 여기에 이견이 있을 수 없다. 그
러나 나는 다음과 같은 이유 때문에 바람직하지 않은 양육태도를 언급하려고 한다. 첫
째, 이 책에서 다루고 있는 주제는 상처와 치유에 관한 것이기 때문이다. 자녀는 부모의
바람직하지 않은 양육태도 때문에 상처를 입거나 정신적인 장애를 가지게 된다. 그 상
처를 치유하기 위해서는 상처를 입힌 부모의 양육태도에 대해서 알아야 할 필요가 있
다. 둘째, 자녀에게 요구되는 것은 부모의 바람직한 양육태도이지만, 부모가 바람직한
양육태도를 갖기 위한 좋은 방법 중의 하나는 바람직하지 않은 양육태도를 아는 것이
기 때문이다. 흰색은 검은색과 비교될 때 더욱 흰색이 뚜렷해지는 것처럼, 바람직한 양
육태도는 바람직하지 않은 양육태도를 앎으로써 명료해진다.

　　바람직하지 않은 양육태도라는 말을 사용하는 데 어려움이 존재한다. 그래서 건강
하지 않은 양육태도 또는 부정적인 양육태도라는 말을 사용하기도 할 것이다. 언어상
으로는 부정적인 양육태도라는 말이 더 객관성이 있어 보인다. 그러나 그 말에는 문제
가 있다. 권위, 지배, 통제 같은 말들은 부정적으로 보이지만 자녀의 양육에 있어서 모
두 어느 정도는 필요한 양육태도들이기 때문이다. 중요한 것은 정도의 문제이다. 지나
치면 문제가 된다. 지나치지 않고 과도하지 않다면 자녀의 양육에 도움이 된다. 즉 적절
하고 균형 잡힌 태도가 필요하다. 이처럼 양육태도의 중립적인 적절성은 부모의 모든
양육태도들에 해당된다. 그러므로 바람직한 양육태도는 지나치지 않고 과도하지 않은
양육태도라 할 수 있다. 반대로 바람직하지 않은 양육태도는 지나치게 과도하거나 또
는 지나치게 결핍된 양육태도이다. 미실다인은 바람직하지 않은 양육태도를 '병적이
고 지나치며 문제를 일으키는(pathogenic, excessive, troublemaking)' 태도라고 했다. 그는 이렇
게 말했다. "부모의 어떤 특정한 태도 때문에 문제가 생겼다면, 그것은 그 태도가 지나
치게 사용되었거나……. 과도하게 사용되었기 때문이다."(Missildine, 1963, 66)

　　미실다인은 자신의 임상경험을 토대로 병적이며 자녀에게 문제를 유발할 수 있는 바
람직하지 않은 부모의 양육태도들을 제시했다. 완벽주의(perfectionism), 강압(over

coercion), 과복종(over submission), 과관대(over indulgence), 건강염려증(hypochondriasis), 징벌(punitiveness), 방임(neglect), 거절(rejection), 성적자극(sexual stimulation) 등이다(Missildine, 1963, 67-69). 그리고 각각 그런 양육환경에서 자란 자녀들의 성격이 어떻게 형성되며 어떤 심리적인 문제들을 지니게 되는지에 대해서 면밀하게 조사했다. 그는 미국 오하이오 주의 콜럼버스 시에 있는 어린이 정신건강센터의 책임자로 9년 동안 일하면서 많은 어린이와 부모를 만날 수 있는 기회가 있었다. 그는 그 경험을 바탕으로 부모의 병리적인 양육태도를 분류해 내었고, 자녀들이 받은 심리적인 영향들에 대해서 구체적으로 밝혀낼 수 있었다. 그것은 그의 내면아이(inner child) 연구의 배경이 되었다. 나는 그런 미실다인의 연구에서 학문적으로 많은 도움을 받았다.

　미실다인의 연구에 근거해서 나는 부모의 양육태도를 일곱 가지로 다시 통합 분류했다. 물론 이것은 부모의 바람직하지 않은 부정적인 양육태도들이다. 첫째는 완벽주의 양육태도인데, 이런 태도를 지닌 부모는 자녀가 더 잘하고 더 성숙한 행동을 보일 때까지 자녀를 칭찬하고 인정하는 것을 보류한다. 부모의 기준이 지나치게 높아서 자녀를 칭찬하거나 인정하는 일이 거의 없다. 둘째는 강압의 양육태도인데, 지나치게 통제적이고 지배적인 태도이다. 강압적인 양육태도를 지닌 부모는 지시와 명령과 경고가 많고 끊임없이 자녀를 통제하고 감독한다. 자녀의 감정과 욕구와 의견은 무시된다. 셋째는 방임의 양육태도인데, 지나치게 무관심하고 애정 없는 태도를 말한다. 방임의 양육태도를 지닌 부모는 자녀를 돌보는 데 소홀하고 자녀를 혼자 있도록 방치한다. 부모는 너무 바쁘거나 다른 이유들 때문에 자녀와 함께 시간을 보내지 못한다. 넷째는 학대의 양육태도인데, 이것은 적대적이고 착취적인 태도를 말한다. 학대의 양육태도를 지닌 부모는 자녀를 학대하고 징벌한다. 학대는 신체적으로, 정서적으로, 성적으로 모든 수준에서 발생한다. 다섯째는 거절의 양육태도로서, 이런 양육태도를 지닌 부모의 마음속에는 자녀가 머물 수 있는 심리적인 공간이 없다. 자녀의 출산을 후회하거나 자녀를 양육하는 것이 자신의 삶을 방해하는 무거운 짐으로 여겨진다. 여섯째는 과허용의 양육태도로서, 미실다인의 과복종에 해당된다. 과허용의 양육태도를 지닌 부모는 지나치게 유약한 모습을 나타낸다. 부모로서의 권위를 스스로 포기하고 자녀의 부당한 요구에 굴복한다. 자녀를 상전으로 모신다. 일곱째는 과보호의 양육태도인데, 이것은 미실다인의 과관대에 해당된다. 과보호의 양육태도를 지닌 부모는 자녀가 원하지 않는 데도 많은 음식과 의복과 친절을 제공한다. 자녀의 욕구 때문이 아니라 부모의 자기 욕구 때문에 그렇게 하는 것이다. 즉 자녀의 욕구보다 부모의 욕구가 중요하다. 그러므로 외양은 친절이지만 내면은 강압이라 할 수 있다.

이상의 일곱 가지 부모의 양육태도들 중에서 완벽주의, 강압, 방임, 학대, 거절 등은 앞으로 자세하게 다루게 될 것이다. 그리고 그런 부모 밑에서 자란 자녀들의 성격은 어떻게 형성되며, 그들의 행동에는 어떤 문제와 특징이 있는지를 내면부모와 내면아이라는 관점에서 검토할 것이다.

제5장
내면부모와 내면아이

　　제5장에서는 이 책의 주요 개념들을 다룬다. 우리의 내면세계를 이루는 정신구조에 관한 것들이다. 이 개념들을 이해할 필요가 있다. 왜냐하면 앞으로 기술되는 내용은 이 개념들을 기본적인 틀로 하여 쓰여질 것이기 때문이다. 사람들은 누구나 내면의 인격 또는 성격을 지니고 있는데(여기서 인격과 성격은 유사하거나 동일한 말로 사용됨), 그 인격은 하나로 되어 있는 것이 아니라 여러 가지의 부분 인격으로 나뉘어 있다. 프로이트는 그 부분 인격을 초자아와 자아와 원본능으로 구분했다. 융에 따르면, 우리의 무의식 속에는 수없이 많은 콤플렉스가 있는데, 그것은 모두 하나의 작은 부분 인격들이다. 교류분석(transactional analysis)의 창시자인 에릭 번(Eric Berne)은 부분 인격을 부모자아(parent ego)와 어른자아(adult ego)와 아동자아(child ego)로 나누었다. 그러나 이런 부분 인격은 경험과 관찰을 통해서 우리 안에 있다고 가정되는 것이지, 과학적인 방법을 통해서 증명될 수 있는 것은 아니다. 다시 말하면, 그것은 심리적인 실체이지 과학적인 실체는 아니다. 따라서 우리의 부분 인격은 다양한 관점으로 표현되고 설명될 수 있다. 다양한 관점은 새로운 개념과 용어들을 필요로 한다. 나는 우리의 정신 안에 있다고 가정되는 두 가지의 심리적 실체, 곧 부분 인격에 대해서 설명하려고 한다. 그것은 내면부모(inner parents)와 내면아이(inner child)이다.

🌱 내면부모

        내면부모라는 용어가 생소하게 들릴 수 있다. 왜냐하면 아직까지 공인된 말은 아니기 때문이다. 어떤 서적이나 논문에도 사용된 적이 없다. 그러나 나는 상담과 치유 작업을 하면서, 그리고 여러 글을 읽으면서, 내면부모라는 용어와 그 개념의 필요성을 느꼈다. 많은 책에 소개되어 있는 것처럼, 내면아이라는 용어는 비교적 잘 알려져 있다. 그러나 한 사람의 인격과 행동 속에는 내면아이라는 개념만으로는 담아낼 수 없는 특성들이 있다. 따라서 개인의 인격과 행동을 더 잘 이해하기 위해서는 내면아이 외에 내면부모라는 개념이 필요하다. 그렇다고 해서 내면부모와 내면아이라는 개념만 있으면 인간의 모든 행동에 대한 설명이 가능하다는 것은 아니다. 우리의 정신세계는 너무나 크고 복잡하고 다양하다. 그런 이유 때문에 많은 심리학적인 이론과 개념과 치유의 기법들이 존재할 수밖에 없다. 인간에 대한 이해는 많은 이론과 개념을 필요로 한다. 내면부모와 내면아이라는 용어를 사용하는 것은 인간을 폭넓게 이해하기 위한 또 하나의 접근일 뿐이다.

    내면부모는 우리의 인격과 성격을 구성하고 있는 내적 구조물들 가운데 하나이다. 내면부모는 우리의 인격을 구성한다. 내면부모를 어떻게 설명할 수 있을까? 가장 쉽게 말한다면, 내면부모는 우리 안에 있는 부모이다. 부모의 생존여부와 관계없이 부모는 심리적으로 우리 안에 살고 있다. 내면부모와 가장 가까운 개념은 에릭 번이 말한 부모자아이다. 에릭 번에 따르면, 사람은 누구나 세 개의 자아를 가지고 있는데, 앞에서 언급한 것처럼 부모자아와 어른자아와 아동자아이다. 부모자아는 외적인 원천, 주로 부모의 말과 행동과 태도들을 받아들여서 형성된 자아이다. 따라서 부모자아는 부모에 대한 이미지로 되어 있다(James & Jongeward; 우제현 역, 199, 31, 150). 부모자아의 역할은 두 가지이다. 첫째는 외적인 것으로, 외부의 다른 사람과 관계를 맺는 역할이다. 부모자아는 양육적이고 보호적인 측면과 비판적이고 편견적인 측면을 지니고 있다. 전자를 양육부모(nurturing parents)라고 하고 후자를 비판부모(critical parents)라고 한다. 둘째는 내적인 역할로서, 자신의 내부에 존재하는 아동자아에게 끊임없이 영향을 주며 과거의 부모처럼 행동한다. 어른자아는 연령과 관계없이 현실과 객관적인 정보를 추구한다. 합리적이고 이성적이며 냉정하게 따져 보고 결정을 내린다. 아동자아는 유아가 자연스럽게 느끼고 나타내는 여러 형태의 충동과 어린 시절의 경험들로 구성된 자아이다. 그것은 유아 시절부터 계속되는 행동과 반응양식을 지니고 있다. 아동자아는 자연아동(the natural child)과 작은 교수(the little professor)와 적응아동(the adapted child)이라는 세 부분으로 발달해 나간다. 자연아동은 자신의 감정과 욕구를 있는 그대로 표현하는 솔직하지만 길들여지지 않은 인격이고, 작은 교수는 창조적이며 지혜와 현명함을 지닌 인격이며, 적응아동은 부모와 외적인 환경에 길들여진 아동으로서 자연아동이 수정된 모습이라 할 수 있다(James & Jongeward; 우제현 역, 1993, 188).

내면부모는 에릭 번이 제시한 부모자아와 유사하다. 즉 내면부모는 부모의 이미지들로 구성된 자아인데, 어린 시절의 부모의 말과 행동과 태도들을 보고 듣고 체험함으로써 모방과 학습을 통해 형성된 인격이다. 따라서 내면부모는 어린 시절의 부모의 모습을 닮는다. 동일하게 닮지는 않지만 유사하게 닮는다. 많이 닮은 사람도 있고 적게 닮은 사람도 있다. 내면아이의 연구에 업적을 남긴 미실다인은 그의 책에서 내면부모라는 용어를 사용하지는 않았다. 그러나 내면부모의 의미를 지닌 언어적 표현을 여러 번 제시했다.

...

"어른들은 스스로 자기 자신의 부모가 되는데, 어린 시절에 그들에게 주어졌던 부모의 양육태도를 그대로 지속하며, 어른이 되었음에도 불구하고 부모의 태도로서 계속해서 자기 자신을 대한다."(Missildine, 1963, 12)

"당신은 자라면서 점차로 당신의 부모가 당신에게 대했던 태도를 답습하거나 빌려온다. 나는 '빌려온다(borrow)'는 말을 사용하는데 -사실 그 말을 더 좋아한다- 왜냐하면 이 태도는 당신의 부모의 태도이지 당신 자신의 태도는 아니기 때문이다." (Missildine, 1963, 13)

"믿을 수 없게도 어떤 사람은 어린 시절에 부모가 자기에게 했던 가혹한 비난과 경멸, 혹은 무시하는 태도를 자기 자신에게 적용한다."(Missildine, 1963, 32)

"어린아이가 청소년이 되면 점차로 자기 자신의 부모가 되어 간다. 그리고 자기 자신을 과거의 부모가 대하던 태도로서 대하게 된다. 그 태도들이 가혹하고 고통스럽고 지속적으로 자기를 깎아 버리고 해를 입히는 태도들인데도 그렇게 한다."
(Missildine, 1963, 34)

...

이런 미실다인의 언급들은 우리 안에 어린 시절의 부모의 모습을 닮은 내면부모가 있다는 것을 설명하기에 충분하다. 그러나 미실다인은 내면부모와 내면아이의 개념을 구분하지 않았다. 내면아이라는 하나의 용어로 혼합하여 사용했다. 내면부모의 개념을 나타내는 표현은 다른 글들 속에서도 발견된다. 마이클 클레어(Michael Clair st.)는 자아 형성에 관한 프로이트의 이론을 설명하면서 이렇게 기록했다. "자아는 자신 안에 과거의 대상 선택이나 과거의 대인관계의 역사를 지니고 있다. 과거의 상호관계의 흔적은 아이들의 성격에 남아서 아이들로 하여금 자신의 부모와 비슷한 사람이 되도록 이끈다."(Clair, 2004, 26). 애착이론의 창시자인 존 볼비(John Bowlby)는 제자들을 지도하는 슈퍼비전의 회기에서 "사람들은 자신이 대우받은 대로 다른 사람들을 대하는 경향이 있다."는 말을 자주 했다고 한다(Marrone; 이민희 역, 2005, 216). 즉 어린 시절에 방임된 채 자란 부모는 자신의 자녀를 방임할 수 있고, 어려서 학대받고 자란 부모는 자신의 자녀를 학대할 수 있으며, 어려서 변덕스러운 부모 밑에서 자란 부모는 자신의 자녀에게 변덕스럽게 행동할 수 있다는 것이다. 바이올라 대학 탈버트 신학부에서 결혼과 가정 그리고 아동상담을 가르친 노만 라이트(H. Norman Wright)는 이렇게 말했다. "우리는 어린 시절에 부모가 말해 주는 모든 것을 믿었기 때문에 아직도 그 영향에서 벗어나지 못하고 있다. 결과적으로 우리는 기회가 있을 때마다 과거의 행동양식이 우리 안에서 솟아나는 것을 발견한다."(Wright; 송헌복, 백인숙 역, 1996, 25).

교류분석에 나오는 부모자아의 개념은 우리 안에 내면부모가 있다는 것에 대한 가장 효과적인 설명이 될 것이다. 왜냐하면 부모자아는 한 아이가 흡수하여 자기 것으로 만들어 버린 실제적인 부모 이미지의 일부 또는 전부로 구성되어 있기 때문이다. 한 사람의 부모자아는 실제의 부모로부터 합입(incorporation)한 모든 것이다(James & Jongeward; 우제현 역, 1993, 151). 그러나 내면부모는 교류분석에서 말하는 부모자아와 차이가 있다. 내면부모는 부모의 양육태도에 따라 형성된 자아이기 때문에 개인에 따라 다양하게 나타난다. 이것은 부모자아가 양육부모와 비판부모로만 구분되는 것과 비교된다. 다시 말하면, 내면부모는 부모로부터 개인적으로 영향을 받아 형성된 인격이기 때문에 부모의 양육태도가 다양한 것처럼 개인에 따라 다양하게 나타난다.

　나는 사람들의 치유와 성장의 과정을 도우면서 그들의 마음속에는 내면부모라는 인격이 있다는 것을 알게 되었다. 내가 만난 거의 모든 사람은 부모의 모습과 어느 정도 또는 매우 닮은 행동을 하고 있었다. 그것이 건강한 행동이든, 건강하지 않은 행동이든, 차이는 없었다. 흥미롭게도 어떤 사람은 어린 시절에 부모의 어떤 행동 때문에 상처를 입고 그 행동을 혐오했지만 성인이 되어서는 자신도 그와 유사한 행동을 반복하고 있었다.

…

　어린 시절에 매일 밤마다 술에 취해 들어오는 아버지를 혐오했던 아들이 있었다. 아들은 아버지가 골목길에서 큰 소리로 떠들고 노래 부르는 것이 창피했다. 술 취한 아버지가 엄마에게 욕을 퍼붓고 아이들을 괴롭히는 것이 너무나 싫었다. 그렇게 아버지를 싫어하고 혐오했던 아들이 성장해서 결혼을 했고 가정을 이뤘다. 그런데 그는 직장에서 힘든 일이 있을 때마다 술을 마셨다. 그리고 술에 취해서 자신의 아내와 아이들을 괴롭혔다. 아버지의 행동을 그대로 하고 있었다. 물론 다른 경우도 있다. 어린 시절의 아버지는 술 중독이었지만 성장해서 술은 입에도 대지 않는 사람도 있다.

　화를 잘 내고 소리를 지르는 엄마를 싫어했던 딸이 있었다. 엄마는 아이들이 못마땅할 때마다 소리를 질렀다. 심부름을 시킬 때에도 소리를 질렀고 잠자고 있는 아이들을 깨울 때도 큰 소리로 말했다. 딸은 그런 엄마가 무섭고 싫었다. 심장이 뛰고 불안했다. 엄마에게 단 한 번이라도 따뜻하고 부드러운 말을 듣고 싶었다. 그 딸이 자라서 어른이 되었고 결혼을 했다. 그런데 그녀는 자기의 자녀들에게 소리를 지르기 시작했다. 아이들이 말을 듣지 않는다고 생각되면 소리를 질렀다. 남편에게도 화가 나면 소리를 질렀다.

　한 아들은 어려서 아버지로부터 스파르타식으로 양육을 받았다. 아버지는 군대에서 사용하는 말들을 사용했고 매우 강압적으로 자녀들을 키웠다. 아침에 '기상'이라고 외쳐서 아이들을 깨웠고 아이들을 훈계할 때는 '집합'이라고 외쳤다. 이 아들이 커서 결혼을 했고 아들을 낳았다. 아들이 초등학교에 들어가자 강하게 키워야 한다고 생각했다. 그리고 자신의 아버지가 자기에게 했던 것처럼 아들에게 했다. 아들이 사춘기가 되어 반항을 하자 군대처럼 몽둥이로 때렸다.

어린 시절에 부모의 이혼으로 방치되고 거절당한 딸이 있었다. 엄마가 집을 나가 버리자 아버지와 함께 살았는데, 아버지도 딸을 할머니에게 맡기고 집을 나가 버렸다. 그래서 어린 시절을 부모 없이 지냈다. 이 딸이 성장해서 결혼을 했는데, 남편과의 사이가 좋지 않았다. 이 여인은 고심 끝에 이혼을 했다. 자신이 낳은 딸을 남편에게 주고 집을 나왔다. 어린 시절에 자신의 엄마가 그랬던 것처럼 딸을 두고 집을 나간 것이다. 자신의 딸을 남편에게 보내는 것에 대해서 별로 고민하지 않았다. 물론 반대의 경우도 있다. 어린 시절에 부모의 이혼으로 불행한 삶을 살았던 어떤 여인은 남편의 학대와 폭력에도 불구하고 자신이 낳은 딸을 위해 결코 이혼하지 않았던 경우도 있다.

···

자녀가 부모의 행동을 닮고 부모와 유사한 삶을 사는 경우는 무수히 많다. 그러나 그렇지 않은 경우도 있다. 무엇이 그런 차이를 나타내는지를 명확하게 설명하는 것은 어렵다. 다음과 같은 이유들을 생각해 볼 수 있을 뿐이다. 첫째, 내면아이의 영향 때문이다. 우리 안에서 내면부모와 내면아이는 갈등하고 대립한다. 어떤 때는 내면부모가 이기고 어떤 때는 내면아이가 이긴다. 만약 내면아이가 내면부모를 이긴다면 실제 부모의 행동과 다른 모습을 나타낼 것이다. 그러나 내면아이가 이긴다고 해서 긍정적인 변화만 나타나는 것은 아니다. 왜냐하면 바람직하지 않은 부모의 양육환경 속에서 자란 사람은 상처 입은 내면아이를 지니고 있기 때문이다. 둘째, 내면부모의 변화 때문이다. 만약 어떤 사람이 자신의 실제 부모와 다른 태도를 지니고 있고 다르게 행동한다면, 그것은 그 사람의 내면부모가 새롭게 구성되었기 때문이라고 생각해 볼 수 있다. 새로운 구성은 쉽지 않은 일이지만 불가능한 것은 아니다. 부모 외에 영향력 있는 다른 사람과의 만남, 상담과 치유의 작업, 자신의 의지적인 결단, 또는 종교적인 체험 등을 통해서 새롭게 구성될 수 있다. 이처럼 내면부모의 변화가 있다면 부모와 유사한 행동을 하지 않게 될 것이다. 그러나 내면부모의 변화가 없다면 부모와 유사한 모습과 태도로서 자기 자신 및 다른 사람들을 대하며 그렇게 행동할 것이다.

❧ 내면부모의 형성과정

우리 안에 과거의 부모를 닮은 자아, 곧 내면부모가 있다면 그 내면부모는 어떤 과정을 통해서 형성된 것일까? 물론 선천적이며 유전적인 요인을 간과할 수는 없다. 유전은 신체만이 아니라 정신적 측면에서도 나타난다. 자녀는 부모의 성격적인 특성을 유사하게 지닌 채 태어날 수 있다. 그러나 유전이 유일한 이유는 아니다. 유전만큼, 아니 유전보다 더 큰 이유는 부모의 양육태도에 있다. 자녀는 부모와의 접촉과 상호작용을 통해서 부모를 닮는다. 제임스 페니베이커(James W. Pennebaker)는 사람들이 지니고 있는 억압의 기제가 형성되는 요인들에 대해서 논의했다. 그는 제롬 케이건(Jerome Kagan)이 시도한 억제 아동들에 대한 연구와 오크 텔레겐(Auke Tellegen)의 쌍생아들에 대한 추적연구를 근거로 이런 결론을 내렸다. "유전자가 억압의 성격특성을 설명할 수 있는 정도는 30~50%로 보인다. 그것은 큰 수치이다. 그러나 억압의 성격특성을 형성하는 데 있어서 삶의 경험은 똑같이 중요하다. 삶의 경험은 억압 성격의 중요한 요인이 된다."(Pennebaker; 김종한, 박광배 역, 1999, 201-204) 페니베이커가 말하는 삶의 경험 중에서 대표적인 것은 어린 시절의 부모와의 경험이다. 어린 시절에 형성된 억압의 성격특성은 나이를 먹어도 달라지지 않는다. 케이건의 연구에 따르면, 대부분의 아이들은 다섯 살이 지나면 억압의 정도에 변화가 없었다고 보고했다.

자녀는 부모의 양육환경 속에서 부모와의 상호작용을 통해 부모를 닮는다. 그리고 내면부모라는 자아의 인격이 형성된다. 이것은 내면화(internalization)와 모방이라는 심리적 과정을 통해서 이루어진다. 내면화란 개인이 외부대상의 특성을 내면으로 받아들여 자신의 특성으로 삼는 심리적 과정을 말한다. 프로이트에 따르면, 내면화는 초자아가 형성되는 데 중요한 역할을 한다. 자녀는 부모와의 상호작용을 통해서 부모의 태도와 권위와 금기사항들을 내면화한다. 정신분석과 대상관계 이론가들은 내면화의 과정을 통해서 성격의 조직화가 이루어지는 것으로 보고 있다. 컨버그는 유아가 환경에 존재하는 대상과의 관계를 내면화시킴으로써 심리구조가 형성된다고 하였다(Clair, 2004, 126). 유아가 부모와의 관계를 내면화하는 과정은 합입(incorporation), 내사(introjection), 동일시(identification)라는 세 가지 양식으로 나타난다. 합입은 내면화의 초기과정으로서 자기(유아)와 대상(엄마)을 구분하지 못하는 비교적 덜 분화된 상태에서 발생한다. 이것은 구강적인 섭취와 삼키기 그리고 이에 대한 파괴적인 환상 등으로 이루어진다. 아기는 엄마의 젖을 빨면서 그것을 자기 안으로 빨아들인다고 느낀다.

내사는 좀 더 분화된 상태에서의 내면화이다. 여기엔 파괴적인 환상은 없다. 유아는 부모의 요구를 자신의 것으로 받아들여 부모가 없을 때에도 부모의 요구에 따라 동일한 방식으로 반응한다. 유아는 부모의 지시, 훈계, 칭찬 등을 내사함으로써 규제, 금지, 보상의 측면을 지닌 초자아를 형성한다(The American Psychoanalytic Association, 1990, 102-103). 미실다인은 어린이들을 치료하면서 그들이 스스로 자기 자신을 가혹하게 평가하려고 애쓰는 모습을 발견했다. 미실다인의 해석에 따르면, 어린이들의 자기평가 행동은 실제로 부모들이 그들에게 한 말과 행동을 자기의 것으로 받아들인 결과로서, 그것은 그들이 자기 자신을 그렇게 인식하고 있었다는 것을 의미한다(Missildine, 1964, 11).

동일시는 내사보다 더 높은 단계의 내면화로서 자기(유아)와 대상(엄마) 사이에 분화가 더 많이 일어난 상태에서 나타난다. 동일시는 한 개인이 한 가지나 여러 가지 면에서 다른 사람을 닮아 비슷하게 되어 가는 심리적 과정을 말한다. 그 결과, 종종 다른 사람의 정체성을 자기의 것으로 취한다. 동일시는 인간의 본래적인 심리기제이다. 원시부족은 어떤 동물을 잡아먹음으로써 그 동물처럼 될 수 있다고 생각했다. 청소년기의 학생들은 자기가 좋아하는 연예인의 외모와 행동을 흉내 냄으로써 자기가 마치 그 연예인이 된 것처럼 착각하기도 한다. 제이콥슨에 따르면, 유아의 동일시는 성숙의 정도에 따라 부모가 되고자 하는 것(to be parents)으로부터 부모를 닮고자 하는 것(to be like parents)로 바뀐다고 했다(Clair, 2004, 114). 동일시는 유아가 무엇인가를 배우는 중요한 학습과정이 되기도 한다. 유아는 부모가 자기의 옷을 입혀 주는 것을 보면서 그 행동을 모방하여 부모의 도움 없이 스스로 옷을 입을 수 있게 된다.

동일시는 종종 모방이라는 양식으로 표현된다. 그리고 모방은 내면화와 함께 내면부모라는 인격을 형성하는 심리적 과정이 된다. 성격 형성에 있어서 사회학습이론(social-learning theory)을 주장한 앨버트 반두라(Albert Bandura)는 본보기(modeling)에 대한 학습자의 관찰이 학습과정에 어떻게 영향을 미치는지를 연구했다. 반두라에 따르면, 사람은 한 모델에 대한 관찰을 통해서 어떤 특정한 행동이 어떻게 수행되는가에 대한 인지적인 심상(cognitive image)과 부호화된 언어(coded words)를 형성하게 되며, 그것들을 장기기억 속에 저장해 두었다가 필요할 경우 자신의 행동지침으로 활용한다고 보았다(Hjelle & Ziegler, 1981, 243). 이런 반두라의 관점은 학습에 있어서의 모방행동의 중요성을 강조한 것이라 할 수 있다. 그는 모방을 모델(모방대상)과 관찰(모방자)이라는 두 영역으로 나누어 연구하였다.

1960년대에 유치원 어린이들을 대상으로 모방에 대한 연구가 있었다. 유치원 어린이들이 어른들의 폭력과 파괴 행동을 어떻게 모방하는지를 실험적으로 연구했다. 실험 전에 어린이들의 성격과 공격성의 정도를 검사하여 세 집단으로 나누었다. 각 집단의 어린이들은 서로 볼 수 없도록 분리된 방에 배치되었다. 첫 번째 집단의 어린이들에게는 어른들이 방에 들어가서 장난감 인형을 폭력적으로 파괴하는 행동을 보여 주었다. 인형들을 내던지고 주먹으로 때리고 발로 차고 목을 조르는 행동이었다. 두 번째 집단의 어린이들에게는 앞서 있었던 폭력적인 파괴 행동을 그대로 녹화하여 TV영상으로 보여 주었다. 세 번째 집단의 어린이들에게는 어른들이 고양이 복장을 하고 방에 들어가서 첫 번째 집단에서 한 것처럼 동일하게 인형들을 파괴하는 모습을 보여 주었다. 그런 다음 어른들이 없는 상태에서 세 집단의 어린이들에게 똑같은 인형들을 주고 어떻게 반응하는지를 관찰하였다. 결과는 흥미로웠다. 첫 번째와 두 번째 집단, 즉 어른들의 폭력행동을 눈으로 직접 본 어린이들과 영상을 통해 간접적으로 본 어린이들은 매우 폭력적이었으며, 그 폭력의 정도에 차이가 없었다. 어른들의 폭력행동을 그대로 모방하여 인형들을 마구 때리고 짓밟았다. 그러나 세 번째 집단, 즉 고양이 복장을 한 어른들의 폭력행동을 본 어린이들은 차이가 있었다. 폭력과 파괴의 정도가 낮게 나타났다(Gilligan/임경수, 2002, 62-63에서 재인용).

실험을 통해 밝혀진 몇 가지 사실들이 있다. 첫째, 어린이는 어른들의 행동, 특히 폭력적인 행동을 모방한다는 것이다. 둘째, 모방은 실제 행동을 직접적으로 보는 것과 영상을 통해 간접적으로 보는 것 사이에 차이가 없다는 것이다. 셋째, 사람의 행동에 대한 모방은 사람이 아닌 대상, 즉 동물의 행동에 대한 모방보다 강력하다는 것이다. 그렇다면 유아에게 가장 강력한 모방의 대상이 되는 사람은 누구일까? 말할 것도 없이 부모이다. 부모의 행동에 대한 자녀의 모방은 강력하다. 이런 모방의 기제는 자녀가 부모를 닮고 그 결과 내면부모가 형성되는 심리적인 과정이 된다고 할 수 있다.

🐌 사례

　　　　　　　내면부모는 부모의 양육태도에 따라 긍정적으로 또는 부정적으로 형성될 수 있다. 내면부모는 부모의 양육태도를 닮는 것이기 때문이다. 자녀는 부모의 좋은 측면을 내면화하여 건강한 내면부모를 형성하기도 하고, 부모의 나쁜 측면을 내면화하여 건강하지 못한 내면부모를 형성하기도 한다.

···

　파란하늘(가별칭)은 자녀들을 지극한 정성으로 돌보았다. 아이들과 재미있게 이야기하면서 즐겁게 놀아 주었다. 그런데 파란하늘의 행동이 특별하다. 아이들이 감기에 걸려 코가 막히거나 콧물을 훌쩍거리면 코에 입을 대고 콧물을 빨아냈다. 전혀 더럽게 느껴지지 않았다. 어느 날 그런 모습을 바라보고 있던 파란하늘의 어머니가 말해 주었다. "얘야, 꼭 네 할아버지를 닮았구나. 네가 어렸을 때 할아버지가 너에게 그렇게 해 주셨단다."

···

　파란하늘의 변연계와 대뇌피질 속에는 할아버지(보편부모)로부터 체험한 좋은 기억이 저장되어 있었고 그것은 그의 내면부모를 형성하는 내용물이 되었다고 할 수 있을 것이다. 자녀는 부모의 모습을 닮는다. 부모로부터 보고 듣고 체험한 것을 닮는다. 그것은 좋은 것이든 좋지 않은 것이든 모두 포함된다. 건강하지 않은 내면부모의 사례는 다양하다. 그것은 부모의 부정적인 양육태도들과 관계가 있다. 완벽주의, 강압, 방임, 학대, 거절, 과허용, 과보호 등의 양육태도는 자녀에게 건강하지 않은 내면부모를 형성하도록 한다.

···

　조(가명)는 어려서 아버지에게 야단을 맞을 때 회초리로 무섭게 두들겨 맞았다.

그는 어른이 되면 자신의 아이들에게는 아버지와 같은 행동을 절대로 하지 않을 것이며 구타하지 않을 거라고 맹세했다. 그러나 조가 결혼하여 장남이 태어났을 때, 그는 아이가 말썽을 피우면 때려 주는 것이 당연한 행동이라고 생각했다(James & Jongeward; 우재현 역, 1990, 153). 조는 아버지의 행동을 닮은 내면부모를 지니고 있었기 때문이다.

매우 엄격한 아버지 밑에서 어린 시절을 보낸 아들이 있었다. 그의 아버지는 권위를 내세웠고 아내나 자녀의 어떤 요구에도 "안 돼!"라고 말했다. 그 요구가 합리적인 것이든 아니든 상관이 없었다. 이 아들이 결혼을 해서 자녀를 낳았다. 그런데 아버지가 된 아들은 자신의 자녀들 앞에서 자신의 권위를 나타내야 한다고 생각했다. 그리고 자녀가 무엇을 요구하거나 주장하면 "안 돼!"라고 말했다. 그는 자신의 그런 말과 행동이 자신의 아버지로부터 전수된 것이라는 사실을 알고 놀라워했다(임경수, 2002, 63).

데이지는 가난한 집안에 10남매 중 여덟째로 태어나 술에 취한 무서운 아버지를 보며 자랐다. 아버지는 막노동으로 수입이 형편없었는데도 불구하고 매일 술을 마셨다. 그리고 술을 마시면 엄마를 괴롭혔다. 어느 날 데이지는 엄마가 아버지의 폭언으로 집에서 쫓겨나는 것을 보았다. 가방을 들고 집을 나가는 엄마의 뒷모습을 바라보며 울었다. 그 후 형제들은 부모를 따라 둘로 갈라져 살았다. 데이지는 아버지와 함께 살았다. 그녀는 자기 가족의 모든 불행이 아버지 때문이라고 생각했고 아버지를 증오했다. 그 후 오랜 시간이 지났으며 아버지에게 변화가 있었다. 예수님을 영접하고 삶이 바뀐 것이다. 그러나 그녀는 아버지를 계속 증오했으며 아버지가 세상을 떠날 때에도 찾아가지 않았다. 데이지는 평생 아버지처럼 되지 않을 거라고 다짐했다. 그런 결심대로 그녀는 술을 입에 대지 않았다. 그러나 결혼하여 자녀들을 낳았을 때, 자녀들을 양육하는 모습은 아버지를 닮았다. 그녀는 자녀들을 두려움으로 떨게 했다. 정도가 덜 했을 뿐, 아버지의 포악한 행동과 유사했다. 그녀는 걸핏하면 소파 위에 누워 이마에 얼음주머니를 대고 아이들에게 "입 닥쳐!"라고 소리쳤다.
마가렛은 데이지의 딸이다. 마가렛은 엄마의 포악한 행동이 너무나 싫었다. 그래서 자신은 엄마와 다르게 살 것이라고 다짐했다. 마가렛이 결혼을 했고 그녀의 자녀들이 자라서 사춘기가 되었다. 자녀들을 통제하기가 어려웠다. 아이들 때문에 스트레스를 받았다. 그때마다 마가렛은 쇼파 위에 누워 얼음주머니를 이마에 대고 "입닥쳐!"라고 소리치고 싶었다. 그것은 그녀의 마음속에 있는 어머니에 대한 심상으로부터 촉발된 것이다.

　마가렛의 아들인 마이클은 엄마의 신경질적인 말과 행동을 싫어했다. 사춘기가 된 마이클은 엄마와 충돌했다. 그는 로큰롤을 듣고 머리를 길렀으며 이상한 안경을 쓰고 다녔다. 엄마는 그런 마이클이 못마땅했다. 어느 날 대마초를 피우다가 엄마에게 들킨 마이클은 집에서 쫓겨났다. 그리고 히피가 되었다.

…

　우리 안에 내면부모라는 인격이 있다는 것은 고전적인 자료들 속에서도 발견된다. 우리 말에 '부전자전(父傳子傳)'이라는 말과 '그 어미에 그 딸'이라는 말이 있다. 아버지의 것이 아들에게 전해져서 아들은 아버지를 닮고, 딸은 엄마를 닮는다는 뜻이다. 물론 아들이 엄마를 닮을 수도 있고 딸이 아버지를 닮을 수도 있다. 이런 말이 우리나라에만 있는 것은 아니다. 이스라엘 민족에게도 있었다. 구약성경에 보면 이런 기록이 있다. "속담 하는 자가 네게 대하여 속담 하기를 어미가 어떠하면 딸도 그렇다 하리라."(겔16:44)

　구약성경 중 창세기를 보면, 재미있는 이야기가 나온다. 아들 이삭이 아버지 아브라함과 동일한 행동을 한 이야기이다. 창세기 12장에 보면 아브라함이 애굽 왕 바로에게 자기의 아내 사래를 누이라 속여서 소개한 장면이 기록되어 있다. 당시 애굽은 세계를 지배했고 그 나라의 왕 바로의 권세는 하늘을 찌르고 있었다. 그는 무엇이든 원하면 가질 수 있었다. 아브라함이 자기 아내를 누이라 속인 이유는 두려움 때문이었다. 바로가 자기를 죽이고 아내를 빼앗아 갈지도 모른다는 두려움이 있었다. 아브라함이 사래를 누이라고 소개한 것은 의도가 있는 행동이다. 그것은 만약 바로 왕이 사래를 취하기 원한다면 그의 여자로 보내 주겠다는 의도가 담겨 있는 행동이다. 그러면 바로 왕은 아브라함을 제거할 필요 없이 사래를 자기의 여자로 취할 수 있을 것이다. 결과적으로 아브라함은 죽음의 위협을 피할 수 있을 것이고 오히려 바로 왕의 외척으로서 영화를 누리게 될지도 모르는 일이다. 그러니까 아브라함이 아내를 누이라고 속인 것은 두려움이 만들어 낸 비겁한 행동이었다. 그런데 창세기 20장에 보면, 아브라함이 그랄왕 아비멜렉에게 또 한 번 자기의 아내를 누이라고 속인 이야기가 기록되어 있다. 동일한 이유 때문이었다. 아비멜렉이 자기를 죽이고 아내를 빼앗아 갈 것이라는 두려움 때문이었다. 한 번의 속임 행동으로 위기를 모면한 경험은 아브라함의 마음속에 기억으로 저장되어 있다가 유사한 위기가 다시 발생했을 때 쉽게 사용될 수 있었을 것이다.

그런데 더 재미있는 이야기는 그다음에 나온다. 창세기 26장에 보면, 아브라함의 아들 이삭이 그랄 사람들과 블레셋 왕 아비멜렉에게 자기의 아내 리브가를 누이라고 속인 이야기가 기록되어 있다. "그곳 사람들이 그 아내를 물으매 그가 말하기를 그는 나의 누이라 하였으니 리브가는 보기에 아리따우므로 그곳 백성이 리브가로 인하여 자기를 죽일까 하여 그는 나의 아내라 하기를 두려워함이었더라."(창 26:7) 어떻게 이처럼 아버지와 아들의 행동이 동일할 수 있을까? 아내를 누이라 속인 이유도 아버지와 동일하다. 자기를 죽이고 아내를 빼앗아 갈 거라는 두려움 때문이었다. 이것을 어떻게 설명할 수 있을까? 이삭은 마음속 어딘가에 아버지 아브라함과 동일한 행동을 할 수 있는 자료를 지닌 인격이 있었다고 추측할 수 있다. 그 인격을 뭐라고 하면 좋을까? 나는 그것을 내면부모라고 부른다.

아브라함의 속임 행동은 이삭이 태어나기 전에 있었던 일이다. 그런데 이삭은 어떻게 그런 아버지의 행동을 알고 닮게 되었는지 궁금하다. 유전 때문일까? 다른 이유가 있을까? 재미있는 추측이 가능하다. 아마도 이삭은 아버지의 이야기를 누군가로부터 들었을 가능성이 있다. 그리고 누군가로부터 들었다면, 그것은 다름 아닌 엄마 사래였을 것이다. 아브라함의 속임 행동은 사래의 생애 중에 결코 잊을 수 없는 치욕적이며 한이 되는 사건이다. 그 사건을 어떻게 잊을 수 있겠는가? 당시는 가부장적인 남성 중심의 사회였다. 여자들은 불만이 있을지라도 남편에게 따질 수 없었다. 사래도 남편 아브라함과의 관계에서 고통과 스트레스를 받을 때가 있었을 것이고, 그때마다 그것을 풀어 놓을 대상이 필요했을 것이다. 부부관계의 심리적 측면에서 본다면, 그런 경우 아내에게 가장 좋은 대상은 자기 곁에 있는 아들이다. 사래는 남편에 대한 불만을 아들 이삭에게 털어놓았을 가능성이 많다. 그리고 그런 과정에서 치욕적이고 한이 되었던 그 이야기를 했을 것이다. 이유가 어디에 있든, 분명한 것은 이삭이 아버지 아브라함의 특정한 행동을 그대로 따라 했다는 것이다. 무엇 때문이었을까? 그것은 이삭이 지닌 내면부모의 역할 때문이라고 할 수 있다.

✍ 내면부모의 기능과 역할

　　　　　　내면부모의 기능과 역할은 외적인 것과 내적인 것으로 나누어 볼 수 있다. 외적인 것은 외부의 다른 사람들과의 대인관계에서 나타난다. 다른 사람들은 가족은 물론 외부의 모든 사람을 말하는데, 내면부모가 활성화되는 대상은 자신보다 힘이 약한 대상으로서 자녀, 동생, 연하의 사람, 지위가 낮은 사람 그리고 배우자 등이다. 그런 대상들을 만나면 내면아이보다 내면부모가 더 활발하게 작동한다. 그 결과, 과거의 부모가 자기를 대하던 방식으로 그들을 대한다. 물론 이때 내면부모가 아니라 내면아이가 활성화되는 경우도 있다. 그 이유는 내면아이가 내면부모보다 더 발달하여 주도적으로 기능하기 때문이다. 한편, 내적인 기능과 역할은 자기 안에 있는 내면아이와의 관계를 말한다. 내면부모는 내면아이에게 지속적으로 부모역할을 하며 영향을 미치는데 그 역할과 영향력은 과거의 부모만큼이나 위압적이고 강력하다. 미실다인은 우리가 우리 안에 있는 내면아이에게 부모역할을 하고 있다고 주장했는데, 그런 자기 부모역할 때문에 내면아이가 종종 어려움에 처하게 된다고 말했다(Missildine, 1963, 6). 내면아이에 대한 내면부모의 영향은 강력하다. 그 결과, 우리는 더 이상 부모와 함께 살고 있지 않지만 부모와 함께 살던 과거의 삶과 유사한 모습으로 살아간다.

　부모의 양육태도는 내면부모의 형성에 가장 많은 영향을 끼친다. 따라서 내면부모는 부모의 양육태도에 따라 다양하게 나타난다. 나는 부모의 바람직하지 않은 양육태도들과 그 양육태도들을 닮은 건강하지 못한 내면부모들에 대해서 기술할 것이다. 동시에 그런 부모의 양육태도들로 인하여 형성된 건강하지 않은 내면아이들에 대해서도 기술할 것이다. 그렇게 함으로써 상처와 치유라는 주제에 초점을 둘 것이다.

　내면부모의 형성에 영향을 주는 부모는 혈연적인 관계의 부모만을 의미하지 않는다. 비혈연적인 관계에 있는 보편부모를 포함한다. 언급한 것처럼, 보편부모는 우리의 성장과정에서 지속적으로 혹은 일시적으로 양육자 역할을 하면서 영향을 끼친 모든 사람들을 의미한다. 새엄마와 새아버지, 할머니와 할아버지, 이모나 고모, 맏형이나 큰누나, 선생님이나 목사님, 그리고 그 외에 얼마든지 더 있다. 사회의 문화적 전통이나 가치체계가 내면부모를 형성하기도 하고, 종교적인 가르침과 신념이 내면부모 형성에 영향을 주기도 한다. 그러므로 우리 안에 있는 내면부모는 혈연적인 부모만이 아니다. 우리 안에는 비혈연적인 부모가 있다. 물론 다양한 부모 중에서 우리에게 더 많은 영향을 준 대상이 있을 것이다. 그 대상은 내면부모 형성의 중심이 된다.

내면부모의 기능과 역할을 이해하기 위해서는 보편부모의 개념을 이해하는 것이 중요하다. 왜냐하면 간혹 우리의 행동에서 혈연적인 부모의 모습에서는 볼 수 없었던 전혀 새로운 행동이나 태도들이 발견될 수 있기 때문이다. 이런 경우, 혈연적인 부모만 생각하면 자신은 부모를 닮은 내면부모가 없다고 생각될 수 있다. 자신의 보편부모를 생각해 보아야 한다.

내면아이

내면아이라는 말은 내면부모만큼 낯설지 않다. 상처나 치유라는 말처럼 익숙한 용어가 되었다. 내면아이는 내면부모와 마찬가지로 우리의 인격을 구성하고 있는 또 하나의 내적 구조물이다. 내면아이는 부모의 양육태도에 대한 유아의 심리내적 반응으로 형성된 인격이다. 인간은 반응하는 존재이다. 반응은 신체 수준으로부터 정신 수준에 이르기까지 다양하다. 갓 태어난 유아는 부모의 행동에 대해서 생리적으로뿐만 아니라 심리적으로 반응한다. 생애 초기에 있는 유아의 심리적 반응은 매우 단순한데, 그것은 좋다 나쁘다 또는 만족스럽다 불만족스럽다는 반응으로 나타난다. 유아가 배고픔을 느낄 때 엄마가 지체 없이 와서 젖을 주면 유아는 기분이 좋아진다. 만족스럽다는 반응을 보인다. 미소를 지어 보일 수도 있고 옹알이를 하며 놀 수도 있다. 그러나 유아가 배고파하는데도 엄마가 젖을 주지 않으면 유아는 기분이 불쾌해진다. 불만스럽다는 반응을 보인다. 소리 내어 울거나 몸을 흔들어 보일 수도 있다. 이런 유아의 심리적 반응은 부모(보편부모)라는 양육환경이 존재하는 한 계속된다. 그리고 그 반응들이 쌓이고 응집되어 내면아이라는 인격을 형성한다.

내면아이는 교류분석에서 말하는 아동자아와 개념적으로 유사한 측면이 있다. 아동자아 중에서도 적응아동과 유사하다. 교류분석에 따르면, 적응아동은 유아의 외부환경, 즉 부모의 영향으로 형성된 자아이다(James & Jongeward; 우제현 역, 1993, 20). 적응아동은 자연아동과 대조를 이룬다. 자연아동은 있는 그대로의 자신의 감정과 욕구를 표현하는 특성을 지니고 있지만, 적응아동은 부모의 영향을 받아 환경에 맞도록 적응되었기 때문에 그렇지 못하다. 따라서 적응아동은 자연아동처럼 자발적이고 자기중심적으로 행동하지 못한다. 부모의 기대와 요구에 따라 반응한다. 적응아동은 자신의 감정과 욕구를 표현하는 데 어려움이 있으며, 부모의 요구에 따라 반응하므로 순응적이고 예절 바른 모습을 지닌다. 내면아이는 환경에 적응되었다는 점에서 적응아동과 유사하다. 내면아이는 부모의 양육환경에 적응된 자아이다. 그러나 내면아이는 적응아동과 차이가 있다. 내면아이는 부모의 양육태도에 따라 형성된 자아이기 때문에 부모의 양육태도가 다양한 것만큼 다양하다. 예를 들어, 강압의 양육태도는 자녀에게 억압된 내면아이를 지니게 하고, 방임의 양육태도는 자녀에게 방임된 내면아이를 지니게 하며, 과보호의 양육태도는 자녀에게 과보호 받은 내면아이를 지니게 한다. 그리고 그 내면아이들은 각각 서로 다른 심리 행동적인 특성을 나타낸다.

내면아이는 성인아이(adult child)라는 말과 유사하지만 차이가 있다. 성인아이라는 용어는 보다 잘 알려져 있다. 성인아이란 역기능 가정에서 자란 사람들을 일컫는 말이다. 역기능 가정은 가족 간에 심리적인 혼란과 관계적인 문제를 지니고 있는 가정으로서, 알코올 중독이나 약물 중독처럼 중독자 부모가 있는 가정, 가족 간의 대화가 부재하거나 가족역할이 왜곡된 가정, 그리고 부모가 자녀를 방임하거나 학대하는 가정 등을 의미한다. 이런 가정에서 자란 자녀는 심리적인 문제나 장애를 지닐 수 있는데, 그런 문제와 장애를 지닌 사람을 성인아이라고 한다. 그러므로 성인아이는 주로 역기능 가정에서 형성된 심리적인 문제를 지니고 있는 객체, 곧 사람을 의미한다. 성인아이는 그런 심리적인 문제를 지닌 사람이다. 그 사람은 연령에 관계없이 성인아이라고 한다. 왜냐하면 마음속에 어린 시절에 발생한 심리적인 문제를 그대로 지니고 있기 때문이다. 그러나 내면아이는 성인아이라는 말과 차이가 있다. 내면아이는 성인아이라고 불리는 사람의 마음속에 있는 내적 인격을 말한다. 그것은 우리의 마음속에 있는 자아, 곧 심리적인 문제를 지닌 인격을 의미한다. 내면아이는 우리 안에 있다고 가정되는 심리적인 실체, 곧 정신을 구성하고 있는 구조물이다. 그러나 성인아이는 그런 정신적 구조물을 지니고 있는 사람을 말한다.

　미실다인의 글에서는 내면부모라는 말은 나오지 않지만 내면아이라는 용어는 여러 번 반복되는 것을 볼 수 있다. 그의 연구는 내면아이의 특성과 기능을 밝히는 데 집중되었다. 특히 부모의 양육태도에 따라 형성된 내면아이의 심리 행동적인 성향과 대인관계적인 특성을 자신의 임상경험을 토대로 정리해 놓았다. 내면아이는 그의 연구의 핵심 내용이다. 미실다인은 다음과 같이 기록했다.

· · ·

　"우리들은 각자 어린 시절부터 유래된 감정들과 태도들을 가진 '과거의 내면아이(inner child of the past)'를 우리 안에 지닌 채 살아간다."(Missildine, 1963, 10)

　"당신이 지닌 과거의 내면아이는 말 그대로 당신이 과거에 경험한 실제의 어린아이를 말하는데, 그 내면아이는 어른이 된 지금에도 당신의 삶 속에 그대로 남아 계속 존재하는 유아적인 모습이다."(Missildine, 1963, 6)

　"사람은 아무리 나이를 먹을지라도 '자기 마음속에 지닌' 과거의 내면아이의 영향을 받지 않을 만큼 성장한 사람은 아무도 없다."(Missildine, 1963, 15)

· · ·

　미실다인 외에도 상담과 치유에 종사하는 많은 전문가가 내면아이라는 용어를 사용했다. 브래드쇼는 그의 글에서 이렇게 기록했다.

· · ·

　"이제 내가 알게 된 것은 어린아이의 성장이 저지되거나 화가 나고 상처받은 감정이 억압되었을 때, 그 아이가 그 감정들을 그대로 가지고 성인이 된다면, 그 사람은 내면에 분노와 상처를 지닌 어린아이를 지니게 된다는 것이다. 이 내면아이는 자연히 그 사람이 성인으로서 행동하는 데 지장을 주게 된다."(Bradshaw, 1990, 7)

"나는 과거에 방치되고 상처받은 내면아이가 사람들이 불행한 삶을 살게 되는 가장 큰 원인이라고 믿는다. 우리가 그 아이를 찾아서 옹호하고 돌봐 주지 않는다면 그 아이는 지속적으로 파괴적인 행동을 할 것이며 성인으로서의 우리의 삶에 계속 지장을 줄 것이다."(Bradshaw, 1990, 7)

...

중독자 가정의 문제를 연구한 찰스 휫필드(Charles L. Whitfield) 박사는 내면아이와 거의 동일한 개념으로 내재아이(child within)라는 용어를 사용했다. 휫필드에 따르면, 내재아이는 본래 근원적인 생명력과 창조성을 지닌 진정한 자아인데, 어린 시절에 부모와 사회적인 영향을 받아 본래의 속성을 잃어버렸거나 그 속성이 억압되어 있는 상태라고 했다(Whitfield; 김용교, 이인출 역, 2005, 13). 휫필드가 말하는 내재아이는 내면아이라는 말과 동일한 개념으로 보인다. 이처럼 내면아이라는 말은 마음의 상처를 치유하는 사람들에게 공인된 용어로 사용되고 있다. 내면아이는 우리 안에 있는 심리적인 실체로서 어린 시절의 삶의 환경, 특히 부모의 양육태도에 대한 유아의 심리내적 반응으로 형성된 인격이다.

🌿 건강한 내면아이

심리학자들의 견해에 따르면, 내면아이는 본래 건강하고 경이로우며 많은 능력을 지닌 인격으로 이해된다. 칼 융은 그런 인격을 '신성한 아이(divine child)'라고 불렀고, 에릭 번은 '자연아동(natural child)'이라고 불렀으며, 에밋 폭스(Emmet Fox)는 '경이로운 아이(wonder child)'라고 불렀다. 그리고 시드니 쥬라드(Sidney Jourard)는 '진정한 자기(real self)'라고 했고, 도널드 위니컷과 앨리스 밀러(Alice Miller)는 '참자기(true self)'라고 했다(Whitfield; 김용교, 이인출 역, 2005, 13).

칼 융에 의하면, 신성한 아이는 집단 무의식속에 있는 하나의 원형(archetype)으로서 우리를 개성화와 자기실현의 과정으로 인도하는 역할을 한다. 그러므로 신성한 아이는 진정한 자기(Self)의 출현이며 존재의 완전성을 나타낸다(Fontana; 원재길 역, 1998, 38). 신성한 아이는 세상을 변혁하는 기적 같은 능력을 가지고 있으며 그 어떤 구질서의 박해 속에서도 살아남을 수 있는 힘을 지니고 있다. 신성한 아이는 신비로울 만큼 많은 능력을 가진 건강한 인격이다. 에릭 번이 말하는 자연아동은 순수하고 솔직하며, 누구의 눈치도 보지 않고 있는 그대로의 자신의 감정과 욕구를 표현하는 자연 그대로의 인격이다. 위니컷이 강조한 참자기는 충분히 좋은 엄마의 양육환경 속에서 자란 유아의 거짓 없는 인격을 말한다. 유아는 자신이 세상을 창조했다는 전능성에 대한 욕구가 있는데, 엄마가 그 욕구를 좌절시키지 않고 적절하게 충족시켜 줄 때 참자기가 형성된다. 충분히 좋은 엄마는 유아가 원하는 것에 민감하게 응답함으로써 전능성의 욕구를 채워 준다. 그러나 충분히 좋지 않은 엄마는 그 욕구를 채워 주지 못함으로써 결과적으로 참자기의 형성을 돕지 못한다. 이때 유아는 거짓자기를 형성하게 된다. 참자기의 인격을 지닌 사람은 자신의 감정과 욕구를 가식 없이 있는 그대로 표현할 수 있다.

브래드쇼는 상처 입지 않은 자연 그대로의 건강한 내면아이를 '경이로운 내면아이(wonderful inner child)'라고 불렀다. 경이로운 내면아이는 갓 태어난 어린 아기의 특성을 지니고 있다. 브래드쇼는 그 특성을 '경이로운(wonderful)'이라는 영어 단어의 알파벳으로 시작되는 용어들을 사용해서 기술하였다. 자연 그대로의 경이로운 내면아이의 특성은 경이로움(wonder), 낙천주의(optimism), 순진함(naivete), 의존성(dependence), 감정(emotions), 쾌활함(resilience), 자유로운 놀이(free play), 독특성(uniqueness), 사랑(love) 등이다(Bradshaw, 1990, 30-40). 이처럼 내면아이는 본래 건강하고 긍정적인 속성을 지닌 내적 인격이다. 그 내면아이는 세상에 대한 호기심과 경이로움으로 가득 차 있으며, 믿음과 희망으로 거침없이 손을 내밀고, 자신의 감정과 욕구를 숨김없이 표현한다. 그 내면아이는 근본적으로 부모에게 의존하고 있으며 부모로부터 사랑과 돌봄을 받기를 원한다. 경이로운 내면아이의 타고난 천성은 명랑하고 쾌활하며 모험을 즐기는 용기가 있고 진정으로 자기 자신이 되기를 원하는 열망이 있다.

갓난아기를 둔 어느 엄마로부터 들은 이야기가 생각난다. 그 아기가 아직 첫돌이 되기 전이었다. 어느 겨울날 밤, 엄마는 아기를 품에 안고 쓰레기를 버리기 위해 아파트 밖으로 나갔다. 그때 어둠 속에서 함박눈이 내리고 있었다. 아기는 불빛에 비치는 눈을 보았다. 태어나서 처음 보는 눈이었다. 아기는 신기하다는 듯이 하늘을 향해 가만히 손을 내밀었다. 내리는 눈을 만져 보려고 손가락을 꼼지락거렸다. 그 모습을 본 엄마가 미소를 지으며 그 아기의 손을 바닥에 쌓여 있는 눈 위에 살짝 올려놓았다. 아기는 너무

차갑다는 듯이 손을 뒤로 감추었다. 그러나 잠시 후 다시 손을 내밀어 눈을 만져 보았다. 그 행동을 반복했다. 그것은 아기의 즐거운 놀이가 되었다. 아기에게는 온 세상이 신기하고 경이롭다. 그런 까닭에 호기심을 가지고 모험을 한다. 아기는 눈, 코, 입, 귀 그리고 손가락, 발가락, 모두를 사용해서 자기 밖의 세상을 만난다. 엄마의 품이 안전하다면, 아기는 쾌활함과 용기를 가지고 계속해서 세상을 탐색하고 세상과 접촉할 것이다. 그러나 엄마의 품이 안전하지 않다면, 세상을 향한 아기의 탐색과 모험은 중단되고 자신의 내적 세계로 철수할 것이다.

왜곡된 환경에 의해 손상되지 않았다면, 우리의 내면아이는 건강하다고 할 수 있다. 건강한 내면아이는 자연 그대로의 오염되지 않은 인격을 지닐 것이다. 물론 자연 그대로의 어린아이는 자기중심적이고 충동적이며 자기밖에 모르는 유치하고 미성숙한 모습도 가지고 있다. 따라서 어린아이는 성장과 발달이 필요하며 부모는 어린아이에게 성장과 발달을 위한 최적의 환경을 만들어 주어야 한다. 자연 그대로의 어린아이가 지닌 모든 모습과 특성들이 다 경이롭고 건강한 것은 아니다. 어둡고 부정적인 모습도 있다. 그러나 분명한 것은 자연 그대로의 어린아이에게는 어른들에게 없는 순수하고 놀라운 능력이 있다는 것이다. 찰스 휫필드는 손상되지 않은 건강한 내면아이에 대해서 이렇게 말했다. "내재아이(내면아이)는 우리의 내면의 부분을 가리키는 말로서 우리에게 근원적인 생명력과 원기 왕성함을 제공하며 창조적이고 성취감을 주는 우리의 진정한 자기요, 참자기를 말하는 것이다."(Whitfield; 김용교, 이인출 역, 2005, 13)

🌱 거짓자기

그러나 이처럼 경이롭고 건강한 내면아이가 왜곡된 양육환경과 충격적인 외상을 경험하면 본래 지니고 있었던 건강한 능력을 상실하고 상처를 입게 된다. 그 결과, 건강한 내면아이는 상처 입은 내면아이가 된다. 부모의 바람직하지 않은 양육환경 속에서 자란 사람은 상처 입은 내면아이를 지니게 된다. 찰스 휫필드는 거짓자기(false self), 편향 의존적 자기(co-dependent self), 가짜자기(unauthentic self), 공적인 자기(public self)라는 용어들을 사용하고 있는데(Whitfield; 김용교, 이인출 역, 1995, 31), 이것은 모두 상처 입은 내면아이를 표현한 다른 용어들로 볼 수 있다.

찰스 휫필드에 따르면, 거짓자기는 은폐된 자기이다. 자기 자신의 진정한 감정과 욕구를 억압하고 숨기며 항상 다른 사람이 나를 어떻게 생각할까에 의식의 초점을 맞춘다. 상대방의 기분을 맞추기 위해 자신의 감정을 꾸미고, 거절받지 않기 위해 노력한다. 다른 사람을 이상화하고 그 사람 앞에서 열등감과 수치감을 느끼며 인정을 받기 위해 끊임없이 애쓰고 노력한다. 그러나 속으로는 다른 사람을 시기하고 비난하고 비판하며 거부함으로써 자기중심적이 된다. 이처럼 거짓자기는 이중적이다. 외부의 다른 사람을 지향하며(other-oriented) 동시에 자기를 지향한다(self-oriented).

위니컷에 따르면, 거짓자기는 생후 6개월 이전에 해당하는 절대적 의존이라는 발달단계에서 형성될 수 있는데, 이때 엄마가 유아의 전능감의 욕구를 충족시켜 줄 수 있을 만큼 충분히 좋은 양육환경을 제공하지 못하면, 유아가 본래 지니고 있던 참자기가 거짓자기로 바뀌게 된다. 유아의 건강한 성격 발달을 원한다면 엄마는 안아 주기(holding)와 다루기(handling)를 통해서 유아가 스스로 처리할 수 없는 외부의 침범으로부터 유아를 보호하고, 유아의 모습과 행동을 거울처럼 반영(mirroring)해 줌으로써 유아가 거기에 있다는 자기 존재감을 일깨워 주어야 한다. 아기가 엄마의 얼굴을 볼 때 실제로 보게 되는 것은 바로 자기 자신이다. 엄마가 아기의 얼굴을 보며 미소를 지으면, 그것은 아기에 대한 엄마의 반영이 되고 아기는 엄마의 미소를 보며 즐거워한다. 그러므로 엄마는 반영을 통해서 아기에게 아기 자신을 되돌려 준다. 그러나 엄마의 양육환경이 안전하지 못하면, 유아는 마지못해 억지로 반응을 보이고 그 결과 자발성과 생명력을 잃게 되며 자기 안에 고립된다. 이처럼 엄마가 충분히 좋은 양육환경을 제공하지 못하면, 외부대상에게 향하던 유아의 카섹시스(cathexis), 즉 에너지 집중은 유아의 내부로 향하게 되어 유아는 자기 세계 속에 고립된 채 거짓되게 살아간다. 거짓자기는 환경의 요구에 마지못해 반응하고 자신의 진정한 감정과 욕구를 숨김으로써 거짓된 관계를 형성한다. 거짓자기는 자발성을 상실하고 자신이 가짜 같고 허무하다는 느낌을 가지며 다른 사람들과 진정한 관계를 형성하는 데 어려움을 느낀다(Clair, 2004, 70-78).

찰스 휫필드는 찰스 핀(Charles C. Finn)의 '내가 말하는 것을 들어 주세요'라는 시를 인용함으로써 거짓자기의 특성을 문학적으로 표현했다. 그 시의 한 부분을 재인용하면 다음과 같다(Whitfield; 김용교, 이인출 역, 2005, 33-37).

...

나에게 속지 말아 주세요.

내 표정에 속지 말아 주세요.

나는 가면을, 수천 개의 가면을 쓴답니다.

나는 가면 벗기를 두려워하지만,

그 어느 가면도 참된 나는 아니랍니다.

그런 척하는 것은 제2의 본성이 되어 버린 나의 기술,

그것에 속지 말아 주세요.

내가 안전한 상태에 있는 것 같은 인상을 주면서,

나의 안팎으로 햇살이 따사롭게 비치고 평온으로 가득하다고 말할 때,

나의 이름은 자신감, 나의 방침은 냉철함이라고 자랑할 때,

수면은 잔잔하고, 내가 모든 상황을 주관하고 있다고 말하며,

내게는 아무의 도움도 필요치 않다고 말할 때에라도,

나를 믿지 말아 주세요.

나의 표면이 잔잔해 보여도 그것은 나의 가면,

시시각각 변하고 시시각각 숨긴답니다.

내면에는 만족함이 없답니다.

내면에는 혼란과 두려움과 외로움이 늘 있답니다.

나는 그것을 숨기고, 누구도 알기를 원치 않는답니다.

(중략)

내가 누구인지 궁금하지요?

나는 당신이 이미 잘 알고 있는 사람,

당신이 만나는 모든 남자,

당신이 만나는 모든 여자랍니다.

...

상처 입은 내면아이

브래드쇼는 말 그대로 상처 입은 내면아이라는 용어를 쓰고 있는데, 이것은 자연 상태의 경이로운 내면아이가 잘못된 양육환경과 외상을 경험함으로써 그 본래의 능력과 기능을 상실하고 손상을 입게 된 내면아이를 말한다. 브래드쇼는 상처 입은 내면아이의 특성을 '오염(contaminate)'이라는 영어 단어의 알파벳으로 시작되는 용어들을 사용해서 정리해 놓았다. 그리고 그 각각의 특성이 어떻게 우리의 삶을 파괴하고 불행을 만들어 내는지를 설명했다. 상처 입은 내면아이의 특성은 편향 의존성(co-dependence), 공격 행동(offender behaviors), 자기애적 장애(narcissistic disorders), 신뢰 문제(trust issues), 외적 행동화/내적 행동화(acting out/acting in behaviors), 마술적 신념(magical beliefs), 친밀감 장애(intimacy dysfuntions), 훈련받지 못한 행동(nondisciplined behaviors), 중독적 행동/강박적 행동(addictive/compulsive behaviors), 사고 왜곡(thought distortions), 공허감/무관심/우울(emptiness/apathy/depression) 등이다(Bradshaw, 1990, 8-25).

편향 의존성은 일종의 정체감 상실로서, 자신의 감정과 욕구와 희망 등을 자신이 원하는 대로 가지지 못하고 상대방의 눈치를 보면서 상대방으로부터 지나치게 많은 영향을 받는 성향을 말한다. 그 특징은 자신의 정체감을 경험하기 위해서 항상 외부의 대상에게 의존한다는 데 있다. 공격 행동은 어린 시절에 폭력과 학대받은 경험이 있는 사람에게서 많이 나타나는데, 그 이유는 두려움과 분노 때문이다. 학대받는 아이가 그 두려움을 극복할 수 있는 방법 중의 하나는 자신을 학대하는 가해자와 동일시하는 것이다. 자기애적 장애는 어린 시절에 꼭 필요했던 사랑과 관심과 인정을 받지 못했을 때 형성되는 심리적인 문제로서, 이런 장애를 지닌 사람은 항상 자기가 중심이 되어 찬양받기를 원하기 때문에 거의 모든 인간관계가 실패로 끝난다.

신뢰 문제는 상처 입은 내면아이의 또 하나의 특징이다. 신뢰 문제는 사람과 세상을 지나치게 믿지 못하는 것, 또한 반대로 지나치게 믿는 것 모두에 해당된다. 외적 행동화는 분노, 두려움, 슬픔 같은 감정을 언어로 표현하는 대신 과격한 행동으로 표출하는 것을 말하고, 내적 행동화는 외적 대상에게 표현해야 할 감정을 자기 자신에게 향하게 함으로써 자신을 처벌하거나 학대하는 것을 말한다. 마술적 신념은 비현실적이고 비합리적인 신념으로서, 그것은 부모가 유아의 의존적인 욕구들을 충족시켜 주지 못할 때 형성된다. 그때 유아는 마술적인 생각을 통해서 자신의 욕구들을 충족하려고 한다. 친밀감 장애는 다른 사람들과 사귀고 어울릴 수 있는 능력이 결여된 상태로서, 그 밑바닥에는 거절받고 혼자 남겨지는 것에 대한 두려움이 있다. 친밀감 장애를 지닌 사람은 거절에 대한 두려움 때문에 다른 사람에게 다가가지 못할 뿐 아니라, 또한 혼자 남겨지는 두려움 때문에 자신을 이용하고 학대하는 사람으로부터 떠나지를 못한다.

훈련받지 못한 행동의 특성은 어린 시절 부모가 지나치게 유약하거나 좋은 행동의 모델을 보여 주지 못할 때 자녀에게 형성된다. 그 특성 중에는 참을성이 없고 화를 잘 내며 버릇이 없고 충동적으로 행동하는 것 등이 포함된다. 사고 왜곡도 상처 입은 내면아이의 또 다른 특성이다. 사고 왜곡은 모든 것이 좋지 않으면 나쁘다는 흑백논리의 생각, 그리고 어떤 것을 지나치게 일반화하거나 반대로 지나치게 세밀하고 예민하게 생각하는 성향 등을 말한다. 공허감과 우울증은 상처 입은 내면아이의 주된 특성이다. 상처 입은 내면아이를 가진 사람은 자신의 삶이 진짜가 아니라 가짜같이 느껴지며 만성적인 우울감에 시달리게 되는데, 그것은 마치 진정한 자기를 잃어버린 것에 대한 끝이 없는 애도작업을 하고 있는 것에 비유될 수 있다. 공허감은 다른 사람과 세상에 대한 무관심으로 나타나기도 한다.

상처 입은 내면아이의 특징들은 다양하게 나타난다. 그러나 공통점이 있다. 그것은 우리의 내적 세계와 외적 인간관계를 파괴함으로써 행복에 대한 희망을 신기루로 만들어 버린다는 것이다. 치유는 상처 입은 내면아이를 본래의 건강한 내면아이로 회복하는 것이다. 그것은 상실한 본래의 나를 찾는 일이다. 달리 말하자면, 그것은 잃어버린 에덴을 다시 찾는 개인적인 복락원의 과정이라 할 수 있다. 에덴으로부터 추방된 실낙원의 이야기와 예수 그리스도를 통해서 회복되는 복락원의 이야기는 상처 입은 내면아이가 치유받아 본래의 건강한 내면아이로 회복되는 치유의 과정에 대한 원형적인 이야기가 될 수 있다. 치유는 본래의 상태를 회복하는 것이다.

✿ 사례

앞에서 살펴본 것처럼, 내면아이는 부모의 양육환경

에 따라 본래의 건강한 내면아이로 그대로 유지될 수도 있고, 반대로 왜곡되고 상처 입은 내면아이로 바뀔 수도 있다. 이처럼 내면아이는 건강한 내면아이와 건강하지 않는 내면아이로 구분될 수 있다. 이것은 내면부모가 건강한 내면부모와 건강하지 못한 내면부모로 되어 있는 것과 동일하다. 부모의 충분한 사랑과 돌봄을 받고 자란 사람의 내면아이는 건강하지만, 부모로부터 방치되고 거절과 학대를 받은 사람의 내면아이는 건강하지 않다.

신약성경을 기록한 헬라어에는 어린아이를 나타내는 용어가 두 가지로 구분되어 있다. 하나는 파이디온(paidion)이라는 말인데, 이것은 밝고 자유로우며 거짓 없고 겸손하며 순진무구한 어린아이를 뜻한다. 다른 말로 하면 건강한 어린아이이다. 예수님은 이런 어린아이와 같이 되어야 천국에 들어갈 수 있다고 하셨다(마18:3). 다른 하나는 네피오스(nepios)라는 말이다. 이 말은 아직 미성숙한 상태에 있는 유아적이고 유치한 모습을 지닌 어린아이를 의미한다. 이 어린아이에게는 성장과 발달이 필요하다. 바울(Paul)은 자신의 삶을 회상하면서 그런 어린아이에 대해서 언급했다. "내가 어렸을 때에는 말하는 것이 어린아이와 같고 깨닫는 것이 어린아이와 같고 생각하는 것이 어린아이 같다가 장성한 사람이 되어서는 어린아이의 일을 버렸노라."(고전13:11) 그러므로 네피오스는 건강하지 않은 내면아이라고 할 수 있다. 이 책에서는 네피오스, 즉 건강하지 않은 내면아이에 대한 논의에 비중을 둘 것이다. 왜냐하면 이 책의 관심 주제는 상처와 치유라는 데 있기 때문이다.

···

린다(가명)의 사례는 상처 입은 내면아이가 어떻게 그녀가 원하는 것, 즉 결혼하여 가정을 이루고저 하는 소박한 소망을 방해하는지를 알게 해 준다. 그녀는 미실다인의 환자였다. 린다는 자신의 속을 드러내 보이지 않는 내향적인 여인이었다. 그녀는 결혼을 해서 자녀를 낳고 가정을 이루고 싶은 평범한 꿈을 지니고 있었다. 그러나 그 꿈은 이루어지지 않았다. 그녀는 두 번이나 약혼을 했었지만 결혼 날짜가 다가오면 이상하게도 불안과 두려움을 느끼고 당황한 나머지 파혼을 해 버렸다. 린다는 왜 그렇게 결혼을 원하면서도 결혼을 회피하는 것일까? 린다의 어머니는 그녀가 두 살 때 죽었다. 그 후 린다는 할머니와 함께 살았는데, 주중에는 할머니가 그녀를 돌봐 주었고 주말에는 아버지가 그녀를 돌보았다. 린다가 네 살 때에 할머니마저 돌아가셨다. 린다의 아버지는 가정부를 고용해서 그녀를 돌보도록 했다. 그러나 린다가 여섯 살이 되던 해엔 아버지까지 세상을 떠나고 말았다. 린다는 고아가 되었다. 그 후 린다는 늙고 엄격한 숙부 내외와 함께 살았다. 숙부의 집에 살면서 린다는 잠자리에서 깜짝 놀라 깨어나는 경우가 가끔 있었는데, 그때 무섭고 놀랐지만 그 사실을 숙부나 숙모에게 말하지 않았다. 그녀는 성장하면서 숙부 내외에게 짐이 되지 않으려고 무척 애를 썼다. 린다는 학교에서 우수한 학생이었고 착한 소녀로 자랐다. 그러나 그녀는 때때로 어린 시절에 부모를 상실한 경험에서 비롯되는 모호하면서도 이상한 느낌에 휩싸이곤 했다. 그것은 자신이 어떤 사람을 좋아하게 되면 죽음의 화신이 그 사람을 공격하여 마침내 그 사람이 죽게 될 거라는 불안과 두려움이었다. 그래서 린다는 친구들과 사귀면서도 항상 거리를 두었다. 그녀의 마음속엔 누군가와 가까워지면 갑자기 그 사람을 잃어버리게 될 거라는 생각이 자리 잡고 있었다. 그녀는 미실다인 박사와 마주 앉아 상담을 하고 있을 때에도 그런 생각을 하였다. 그녀의 마음속에서는 이런 목소리가 들렸다. "너의 진정한 느낌을 박사님에게 말해서는 안 된다. 그것을 말하면 박사님 역시 잃게 될 것이다." 왜 이런 목소리가 들리는 것일까? 이것은 어린 시절에 엄마와 할머니와 아빠를 모두 잃음으로써 상처 입은 내면아이로부터 나오는 목소리였다. 그녀는 한 남자와 약혼을 하고 결혼 날짜가 가까워졌을 때에도 그런 내면의 목소리를 들었다. 이것이 린다가 결혼을 앞두고 두 번씩이나 파혼을 한 이유였다(Missildine, 1963, 20–21).

하늘(가별칭)은 아내와 부부싸움을 하면, 싸움 뒤에 항상 어디론가 사라지곤 하였다. 어떤 때는 여러 날 동안 자취를 감췄다. 아내는 극도의 흥분과 불안을 느끼며 남편을 찾아 다녔다. 한번은 짐들이 뒤죽박죽으로 쌓여 있는 뒷방 구석에서 남편을 발견했다. 그는 왜 그런 곳에 가 있었던 것일까? 남편은 상담자와 이야기하면서 어린 시절에 어떤 일이 있었는지를 털어놓았다. 그의 아버지와 어머니는 자주 큰 소리를 내며 싸웠는데, 그때마다 그는 담요를 머리에 뒤집어쓰고 침대 밑에 수 시간 동안 숨어 있었다. 그는 그곳에서 두려움과 불안으로 떨었다. 그러나 그의 가족은 대가족이었기 때문에 그가 사라진 것을 아무도 눈치 채지 못했다. 그는 아내와 부부싸움을 하고 나면 아무도 없는 구석에 틀어박혀 있는 경우가 많았는데, 이것은 어린 시절 아버지와 어머니의 싸움이 있을 때 숨는 행동을 재연하는 것이었다. 무엇이 그의 어린 시절의 행동을 재연하게 했을까? 그것은 그의 마음속에 형성된 상처 입은 내면아이라 할 수 있다.

울릉도(가별칭)의 어린 시절은 행복하지 않았다. 아버지가 도박과 여자문제로 가정을 돌보지 않았으며, 엄마는 그런 아버지에 대한 분노와 싸움으로 편할 날이 없었다. 부모의 부부관계에서 행복한 모습을 전혀 볼 수 없었던 울릉도는 결혼에 대해 부정적인 생각을 갖게 되었다. 그것은 인생에 꼭 필요한 과정이 아니라 동물적인 본능과 욕구를 채우는 정도로 이해했다. 울릉도는 도박에 중독되어 가정을 내팽개친 아버지에 대한 분노와 혐오감이 있었다. 그러나 엄마의 강한 욕설과 무서운 매가 더 싫었다. 엄마는 아버지에 대한 분노를 아들에게 쏟아붓곤 하였다. 울릉도는 자신이 엄마의 분노를 받아 주는 총알받이였다고 말했다. 엄마는 아들이 남편의 방탕하고 무책임한 모습을 닮지 않게 하려고 심한 욕설과 매로 다스렸다. 다섯 살 때의 기억이다. 울릉도는 아버지의 사무실에 갔다가 손님이 준 돈으로 과자를 사 들고 집에 들어갔다. 엄마는 화가 나서 "어린 것이 지 애비를 닮아 제멋대로 돈을 쓰고 다닌다."고 야단을 치며 때렸다. 그때 집에서 쫓겨나 신작로에서 추위에 떨었던 기억이 있다.

울릉도의 마음속에는 울분과 한이 가득 쌓여 있었다. 젊은 시절에 울릉도는 날마다 술을 마셨다. 술을 마시지 않고는 그 울분과 한을 견뎌 낼 수 없었기 때문이다. 그는 술에 취해 폭력으로 남에게 상해를 입히기도 하였다. 울릉도의 삶에는 분노와 음주가 지속되었고, 그의 인간관계는 파괴적으로 끝나는 경우가 많았다. 울릉도는 왜 그런 삶을 반복하고 있었을까? 그것은 어린 시절에 아버지의 무책임한 삶과 어머니의 학대로 인하여 그의 내면아이가 상처받았기 때문이다. 물론 사회의 부조리와 자신을 냉대한 세상에 대한 분노도 있었을 것이다. 그러나 더 뿌리 깊은 이유는 그의 내면아이가 상처받았기 때문이라 할 수 있다. 상처받은 내면아이는 하나의 인격 또는 성격이 됨으로써 건강하지 못한 행동을 지속하게 만드는 원인이 된다.

울릉도가 결혼을 했다. 좋은 아내를 만났다. 아내는 울릉도에게 칭찬과 격려를 아끼지 않았다. 그러나 그럼에도 불구하고 두 사람의 결혼 생활은 갈등과 싸움이 그치지를 않았다. 울릉도의 열등감과 분노 그리고 부정적인 결혼관이 문제의 원인이었다. 울릉도는 아내를 원망하고 아내와 대화를 차단하였으며 아내를 속이고 외박을 하기도 했다. 아내는 고통스러워하다가 병들어 눕게 되었다. 갑상선 저하증으로 하루라도 약을 먹지 않으면 일어설 수도 없었다.

그러던 어느 날이었다. 울릉도는 거울 속에 비친 자신의 얼굴 속에서 찌들고 지친 아버지의 모습을 보았다. 소스라치게 놀랐다. 자신이 그렇게 싫어하고 혐오했던 아버지의 모습이 거기에 있었기 때문이다. 그리고 '내가 어린 시절에 겪었던 것과 똑같은 아픔과 고통을 내 아이들이 겪게 되겠구나.'라는 생각이 들었다. 섬뜩했다. 울릉도의 마음속에는 아버지의 모습을 닮은 내면부모라는 인격이 형성되어 있었던 것이다. 울릉도는 어두운 삶에서 벗어날 수 있는 길은 오직 신앙뿐이라고 생각했다. 어린 시절에 다니다가 그만두었던 교회를 다시 다니기 시작했다. 그런데 신앙생활을 시작한 어느 날부터인가 마음속에 특별한 심상(image)이 계속 떠올랐다. 어느 작은 남자아이가 넓은 들판과 커다란 느티나무 밑을 헤매이며 무엇인가를 찾고 있는 모습이었다. 그 아이는 누구였을까? 그 아이는 무엇을 찾고 있었던 것일까?

영성치유수련에 참석했을 때, 울릉도는 마음속에 있는 그 아이가 누구인지를 알게 되었다. 그 아이는 자기 자신이었으며, 그 아이가 찾고 있었던 것은 사랑과 돌봄이 있는 평화로운 가정이었다. 그 아이는 바로 어린 시절에 상처받은 그의 내면아이였던 것이다. 그의 내면아이와 함께 무의식 속에 억압되어 묻혀 있었던 어두운 기억들이 모습을 드러내었다. 울릉도는 두렵고 충격적이었던 기억을 회상해 내었다. 어느 날 아버지와 엄마 사이에 격렬한 싸움이 벌어지고 있었다. 아버지가 분노를 참지 못하고 어머니를 폭행했다. 엄마는 폭행을 피해서 강물에 빠져 죽을 거라며 소리치며 집을 뛰쳐나갔다. 울릉도는 정말 엄마가 죽을까 봐 겁이 났다. 엄마를 쫓아갔다. 엄마는 강가에 앉아 넋두리를 하며 한없이 울었다. 아마 그때 울릉도가 곁에 없었다면 엄마는 죽었을지도 모른다. 엄마 곁에 앉아 엄마의 넋두리를 듣고 있던 울릉도는 그만 잠이 들고 말았다. 울릉도가 눈을 떴을 때는 엄마의 등에 업혀 있었다. 엄마는 울릉도를 업고 집으로 향하고 있었다. 이것이 울릉도의 상처 입은 내면아이와 함께 떠오른 기억이다. 그의 내면아이는 어둡고 아픈 기억들로 가득 차 있었다. 아버지와 엄마의 격렬한 싸움, 폭행과 비명소리, 엄마가 죽어 버리겠다고 강으로 달려가던 충격적인 모습, 엄마의 심한 욕설과 구타, 지 애비를 닮았다고 하는 비난의 목소리…… 이 모든 것은 그의 상처 입은 내면아이가 지니고 있었던 심상적, 정서적, 언어적 기억들이었다.

울릉도의 상처 입은 내면아이는 많이 건강해졌다. 치유 덕분이다. 울릉도는 엄마를 이해할 수 있었다. 엄마의 삶이 얼마나 고단하고 고통스러웠으며 불행했는지를 가슴으로 느낄 수 있었다. 울릉도는 가슴이 미어지는 아픔과 슬픔을 느끼며 엄마에게 편지를 썼다. 그리고 그해 추석, 가정예배를 드리는 시간에 엄마에게 다가가서 그 편지를 읽어 드렸다. "엄마, 사랑합니다. 엄마, 용서하세요. 엄마, 저 좀 안아 주세요." 목이 메었다. 눈물이 쏟아졌다. 칠순이 다 되신 엄마의 얼굴에도 눈물이 흘러내렸다. 엄마는 울릉도를 안아 주었다.

…

🍃 내면아이의 기능과 역할

내면아이의 기능과 역할은 내면부모처럼 외적인 것과 내적인 것으로 구분할 수 있다. 외적인 것은 외부의 다른 사람들을 만날 때 나타나는데, 내면아이가 활성화되는 외부대상은 자기보다 강하고 힘이 있어 보이는 권위적인 인물로서, 부모, 손위형제, 손윗사람, 직장상관, 교수, 목사, 강해 보이는 사람, 그리고 배우자 등이다. 그런 사람들을 만나면 과거의 부모 앞에서 느꼈던 감정을 다시 경험한다. 그리고 부모를 대하던 태도와 방식으로 그들을 대한다. 상처 입은 내면아이를 지닌 사람은 부모가 아닌 사람을 부모로 인식하고 부모에게 반응했던 것처럼 반응하게 되는데, 이런 내면아이의 행동에는 인지왜곡과 전이(transference)라고 하는 심리적 기제가 작동한다. 인지왜곡은 자신이 지닌 내적 문제로 인하여 외부의 현실을 있는 그대로 보지 못하고 굴곡시키거나 변형시켜서 보는 것을 말한다. 전이는 아동기 동안에 부모 또는 부모처럼 중요한 사람들이나 그 외에 특별한 사람들과의 관계에서 경험한 감정, 생각, 태도, 행동 등을 현재 만나고 있는 다른 사람과의 관계에 그대로 옮겨 놓는 것을 말한다. 그러나 이 과정은 거의 무의식적이기 때문에 전이를 일으키고 있는 사람은 자신이 전이하고 있다는 사실을 알지 못한다. 즉 전이 과정에서 나타나는 환상과 태도, 그리고 사랑, 미움, 분노 같은 감정의 근원적인 원천을 지각하지 못한다(The American Psychoanalytic Association, 1990, 196).

내면아이의 내적인 기능은 자기 안에 있는 내면부모와의 관계에서 나타난다. 내면아이는 내면부모의 영향을 지속적으로 받으며 과거의 어린아이처럼 반응하고 행동한다. 그 결과, 현재 부모와 함께 살고 있지 않지만 여전히 부모가 곁에 있는 것처럼 반응하며 살아간다. 한 인격 안에 있는 내면부모와 내면아이는 기본적으로 대립되는 갈등 관계에 있다. 내면부모는 내면아이를 간섭하고 통제하려 하며 내면아이는 그런 내면부모에게 저항으로 맞선다. 이처럼 내면부모와 내면아이가 분열되어 갈등이 심해지면 정신적인 혼란과 장애가 발생할 수 있다. 미실다인에 따르면, 내면아이와 현재의 성인(내면부모) 사이에서 빚어지는 갈등은 심각한 감정상의 혼란을 유발하고 그런 혼란 가운데 있는 열 사람 중의 한 사람은 정신병원에서 치료를 받을 만큼 심한 장애가 나타난다고 했다(Missildine, 1963, 5). 우리는 때때로 이렇게 말하는 경우가 있다. "이것은 내가 원한 것이 아닌데……. 내가 왜 그렇게 말했을까? 왜 그렇게 행동했을까? 이것은 전혀 내 생각이 아니었어!" 이런 말을 하게 되는 이유 중의 하나는 우리 안에서 내면부모와 내면아이가 충돌하고 있기 때문이다.

내면아이는 어린 시절의 경험과 태도와 삶의 양식을 반복한다. 그것은 자신에게 유익한 것이든 유익하지 않은 것이든 관계가 없다. 그 결과, 과거에 경험했던 삶의 환경과 유사한 분위기를 추구한다. 부모와 유사한 태도와 행동을 보이는 사람에게 마음이 끌리기도 한다. 그 이유는 친숙함에서 오는 안전감(security of the familiar) 때문이다(Missildine, 1963, 14). 내면아이는 자신에게 익숙한 환경에 있을 때 안전감을 느낀다. 그것은 현실적인 환경이 어떠한가에 관계가 없다. 즉 현실적인 환경이 위협적인 경우라 할지라도 그것이 과거에 경험한 환경과 유사하다면 그 환경 속에 있는 것이 덜 불안하고 마음이 편하다. 그러므로 만약 우리가 어떤 사람에게 끌리고 집착하고 있다면, 그것은 과거에 우리가 부모와 형성했던 관계에 대한 재현일 수도 있다는 것을 생각해 보아야 한다.

···

    노만 라이트의 글에 나오는 사례이다. 한 여인이 있었는데 그 여인은 데이트를 할 때마다 잘 준비된 남자보다 어떤 약점이 있는 남자에게 마음이 끌렸다. 왜 그랬을까? 어린 시절 그녀의 아버지는 잘생긴 분이었으나 수동적이고 활발하지 못했다. 그러나 그녀는 아버지를 존경했기 때문에 아버지의 약점을 애써 보지 않으려고 했다. 하지만 오랜 세월에 걸쳐 아버지에게 실망을 하면서 아버지에 대한 존경심은 배신감으로 변했다. 그럼에도 불구하고 그녀는 자신의 아버지와 비슷한 남자들을 골라서 만났다. 그녀는 자신이 만나는 남자들이 변화되기를 바랐고 자신이 그들의 변화를 도울 수 있으리라고 믿었다.

    다른 사례도 있다. 이성교제에서 항상 좌절을 경험하는 남자가 있었다. 그는 어린 시절에 마음이 냉담하고 감정을 잘 나타내지 않는 엄마에게 양육을 받았다. 엄마는 지나치게 깔끔했다. 자녀를 돌보는 것에는 관심이 없었고 다른 사람들에게 자신의 집을 자랑하는 데만 관심이 있었다. 엄마는 아들이 자신의 옷이나 머리를 헝클어트릴까 봐 가까이 오는 것을 원치 않았다. 이 아들이 커서 어른이 되었을 때 여자들을 만났는데, 그가 만난 여자들은 모두 사랑과 헌신과는 거리가 멀고 인형처럼 감정이 메마른 여인들이었다. 왜 그랬을까? 노만 라이트의 분석에 따르면, 그는 자신의 엄마와 같은 여자들을 만나 그들을 재조정해서 자신이 원하는 것을 얻어 내려고 하고 있었기 때문이다. 그러나 그들을 개조해 보려는 그 남자의 시도는 계속 좌절로 끝나고 말았다. 노만 라이트는 이렇게 기록했다. "어떤 사람들은 그들이 원래 태어난 가정과 같은 모형을 재창조하려 한다. 예를 들면, 자기 또래의 아이들과 관계를 맺어 본 경험이 많지 않은 외아들이나 외동딸은 부모와 같은 사람을 배우자로 선택하기 쉽다. 어떤 사람들은 자신의 과거를 다시 재현할 수 있게 하는 종류의 사람을 배우자로 선택한다."(Wright; 송헌복, 백인숙 역, 1996, 27)

···

    이처럼 우리는 자신에게 익숙한 대상이나 환경을 추구하는 경향이 있다. 비록 그 대상과 환경이 우리에게 아픔과 좌절을 주는 경우에도 그렇게 한다. 왜 그럴까? 그 이유는 내면아이 때문이다. 내면아이는 과거의 경험과 환경을 재현하려는 성향을 지니고 있다. 노만 라이트는 하워드 할펀(Howard Halpern)의 말을 인용했다. "감정적 영향력은 절단되지 않은 탯줄처럼 그대로 남아 있을 뿐 아니라 부모가 우리에게 끼친 영향력에 따라 쉽게 절단할 수 없는 꼬여진 매듭이 되고 만다."(Wright; 송헌복, 백인숙 역, 1996, 28).

✑ 통합과 치유

우리 안에는 내면부모와 내면아이라는 인격이 있다. 내면부모는 어린 시절 부모의 모습과 행동을 유사하게 닮은 인격이고, 내면아이는 그런 부모의 행동에 대한 심리적인 반응으로 형성된 인격이다. 이 두 인격의 관계는 기본적으로 대립과 갈등이다. 내면부모는 내면아이에게 필요하다고 생각되는 것을 요구하고 강요하고 통제한다. 그것은 어린 시절 부모의 행동만큼이나 강력하다. 내면아이는 그런 내면부모의 태도와 행동에 반항하고 저항한다. 따라서 두 인격 사이에 혼란과 분열이 발생한다. 그리고 그 상태를 방치하면 정신적인 장애가 나타날 수 있다.

우리 안에는 내면부모와 내면아이라는 인격이 있기 때문에 우리의 인간관계는 어렵고 복잡해질 수밖에 없으며, 결혼 생활에는 많은 어려움이 따르게 된다. 결혼은 근본적으로 네 인격의 만남이다. 미실다인의 견해에 따르면, 결혼은 두 사람이 아니라 네 사람이 하는 것이다. 성인(내면부모) 두 사람과 어린이(내면아이) 두 사람! 그리고 결혼 생활의 성공은 한 사람(인격)이 나머지 세 사람(인격)을 어떻게 존중하고 조화를 이루어 내는가에 달려 있다. 미실다인은 유머스럽게도 이렇게 말했다. "부부의 침대는 자주 초만원이 되는데 그 이유는 한 침대에 두 사람이 아니라 네 사람이 누워 있기 때문이다."(Missildine, 1963, 58)

치유는 내면부모와 내면아이의 충돌을 최소화하고 그 대립적 거리를 줄여서 통합하는 것이라 할 수 있다. 통합은 성장을 위한 가장 확실하고 보편적인 기준이 된다. 내면부모와 내면아이의 통합이 치유와 성장의 기준이 된다는 것은 미실다인의 책에 나오는 프레드의 사례에서 명료해진다. 프레드(가명)가 결혼했을 때 그는 과거의 아버지가 자신에게 보여 주었던 태도와 유사한 태도로 자신을 대했다. 어린 시절의 아버지는 매우 엄격했으며 어떤 잘못도 그냥 넘어가는 일이 없이 가혹하게 책망했다. 프레드는 아버지가 그랬던 것처럼 스스로 자기 자신에게 가혹했다. 그 이유는 아버지의 모습을 지닌 내면부모 때문이다. 프레드는 자기 아내에게 반항하고 화를 냈다. 그것은 아내를 과거의 아버지로 인지왜곡함으로써 저항하고 있었기 때문이다. 저항은 그의 내면아이로부터 나온 태도이다. 그러나 그는 아내에게 화를 낸 다음 괴로워했는데 그 이유는 그의 내면부모가 자신을 꾸짖고 있었기 때문이다. 그리고 자기 자신을 꾸짖으면 꾸짖을수록 그의 내면아이는 더 화를 내면서 저항했다. 프레드는 아내를 사랑해야 한다는 의무적인 생각을 떨쳐 버릴 수가 없었다. 그리고 그렇게 하지 못하는 자기 자신을 꾸짖었다. 그것은 어린 시절 아버지의 꾸지람과 유사했다. 하지만 그런 생각에도 불구하고 아내를 사랑하지 못했다. 프레드의 내면 속에서는 아내를 사랑해야 한다고 강력히 요구하는 내면부모와 그 요구에 저항하는 내면아이가 충돌하고 있었다. 미실다인과의 지속된 상담을 통해서 프레드는 변화되었다. 그가 변화된 것은 흥미롭게도 아내를 사랑해야 한다는 내면부모의 요구와 명령을 포기했을 때였다. 그때 비로소 그의 내면아이가 지니고 있었던 저항과 분노 일색의 태도가 바뀌게 되었다(Missildine, 1963, 17-18).

통합은 조화와 균형을 이루는 것이다. 내면부모와 내면아이의 균형이 필요하다. 미실다인은 내면부모와 내면아이의 조화에 필요한 두 가지 요소에 대해 언급했다. 그것은 내면아이를 대하는 내면부모의 태도인데, 하나는 존중이고 다른 하나는 제약이다. 이것은 내면아이에 대한 자기 부모역할이라고 할 수 있다. 내면부모는 내면아이의 감정들을 무시하거나 억압하지 않고 존중해 주어야 한다. 존중한다는 것은 그 감정들을 만나 주고 그런 감정을 지니게 된 과거의 배경을 이해하는 것이다. 그러면 내면아이는 안정과 평안을 얻게 된다. 이해받지 못한 감정만이 문제를 일으킨다. 동시에 내면부모는 내면아이의 부당한 요구와 행동에 제약을 가해야 한다. 때로는 습관적인 감정에 대해서도 제약이 필요하다. 제약은 단호해야 한다. 즉 자신의 부당한 행동에 대해 "안 돼!"라고 말할 수 있어야 한다. 이것은 상처 입은 내면아이의 왜곡된 습관에 굴복하지 않는 것을 의미한다(Missildine, 1963, 43-44). 치유와 회복을 위해서 우리는 상처 입은 내면아이에게 좋은 부모가 되어야 한다. 그것은 내면아이의 인격과 감정을 존중하고, 동시에 그 부당한 태도와 행동에 제약을 두는 것이다. 내면아이에 대한 존중과 제약은 내면부모와 내면아이를 통합함으로써 상처 입은 인격을 치유하고 회복하는 길이 될 것이다. 그것은 자기 치유의 유익한 과정이다.

제6장
완벽주의, 내면부모와 내면아이

완벽주의(perfectionism)의 태도 속에는 부모와 자녀라는 두 인격이 존재한다. 이것은 강압, 방임, 과보호 등의 모든 태도에도 동일하게 적용된다. 완벽주의 속에 있는 부모의 인격을 완벽주의 내면부모라고 하고, 그 속에 있는 자녀의 인격을 완벽주의 내면아이라고 부르기로 한다. 완벽주의 내면부모는 부모의 완벽주의의 삶의 방식을 닮은 인격이다. 완벽주의 내면아이는 부모의 완벽주의 양육에 대한 자녀의 심리 정서적인 반응으로 형성된 인격이다. 이 두 인격은 기본적으로 대립관계에 있다. 완벽주의 내면부모는 내면아이가 완벽하기를 기대하고 요구하며, 그렇지 못한 때에는 비난하고 처벌한다. 내면아이는 그런 내면부모의 요구와 처벌에 저항하거나 적응하려고 노력한다. 저항과 적응은 내면아이가 내면부모와 관계를 맺는 두 가지 방식이다. 그러나 내면아이가 어느 방식을 취할지라도 삶의 기쁨이나 만족을 얻기는 어렵다. 왜냐하면 완벽주의는 내면아이가 진정으로 원하는 삶의 방식은 아니기 때문이다.

완벽주의를 부모와 자녀라는 두 인격으로 구분하는 것은 완벽주의의 태도와 성향을 좀 더 잘 이해하기 위한 것이다. 물론 그 두 인격이 육지와 바다처럼 명료하게 구분되는 것은 아니다. 유사하며 중복되는 점도 있다. 그러나 구분의 기준은 분명하다. 완벽주의 내면부모는 프로이트가 말한 초자아(superego)처럼 금지, 억압, 요구, 지배, 통제하는 역할을 하고, 완벽주의 내면아이는 그 억압과 지배에 저항, 충돌 또는 적응한다.

✒ 증상과 특징

　　　　　다음의 문항들은 완벽주의 내면부모와 완벽주의 내면아이의 특징들이다. 각 문항을 읽고 자신에게 해당되는 것이 있는지 알아보자.

〈완벽주의 내면부모〉

1. ☐ 나는 내 자신과 다른 사람들에게 완벽하게 행동하기를 기대하고 요구한다.

2. ☐ 나는 전부가 아니면 전무(all or nothing)라는 식의 이분법적 사고를 많이 한다.

3. ☐ 나는 반드시, 꼭, 해야만 한다는 식의 당위적인 생각을 많이 한다.

4. ☐ 나는 매사 모든 일에 대한 기대와 평가의 기준이 매우 높다.

5. ☐ 나는 다른 사람들이 해 놓은 일이 마음에 들지 않아 실망할 때가 많다.

6. ☐ 나는 내가 평범하다는 말을 듣는 것이 싫다.

7. ☐ 나는 어떤 일을 하고 나면 좀 더 잘하지 못했다고 내 자신을 책망하는 경우가 종종 있다.

8. ☐ 나는 내가 성취한 일들은 과소평가하고 실패한 일들은 과대평가하는 경향이 있다.

9. ☐ 나는 내 자신은 물론 다른 사람들의 작은 실수라도 용납하기가 어렵다.

10. ☐ 나는 내 자신을 다른 사람들과 비교하며 스스로 최고가 되기를 원한다.

11. ☐ 나는 좀 더 잘하려고 노력하지 않는 사람들을 보면 참을 수가 없다.

12. ☐ 나는 무슨 일이든지 다른 사람들에게 잘 맡기지 못한다. 그들이 잘 해낼 것이라 는 믿음이 없기 때문이다.

〈완벽주의 내면아이〉

1. ☐ 나는 실수를 하거나 빈틈을 보여서는 안 된다고 생각한다.

2. ☐ 나는 청소, 정리 정돈, 계획 수립, 준비, 규칙 준수, 약속시간 준수 등의 행동에 매우 철저하다.

3. ☐ 나는 현실적으로 실천하기 어려운 과도한 목표를 세우는 경향이 있다.

4. ☐ 나는 내가 잘못했다는 죄책감이나 수치감을 자주 느낀다.

5. ☐ 나는 삶에 대한 만족이나 기쁨보다 외로움, 슬픔, 우울 등을 더 많이 느낀다.

6. ☐ 나는 항상 더 잘, 더 많이, 더 반듯하게 해야 한다는 생각에 시달린다.

7. ☐ 나는 내 능력보다 더 많은 것을 하려고 애쓴다.

8. ☐ 나는 항상 칭찬과 인정받기 위해 애쓰고 노력한다.

9. ☐ 나는 고지식하며 지나치게 도덕적이고 양심적이라는 말을 듣는다.

10. ☐ 나는 항상 긴장하고 있으며 실수할지 모른다는 두려움을 가지고 있다.

11. ☐ 나는 해야 할 일을 미루거나 지연시키는 경향이 있다. 아예 시작하지 못할 때도 있다.

12. ☐ 나는 성공과 성취에 집착한다. 성공하면 남들이 나를 알아줄 거라고 생각한다.

13. ☐ 나는 남들을 많이 의식하며 눈치를 본다. 원하지 않을 때에도 "예"라고 말하는 경우가
     있다.

14. ☐ 나는 쉬지 않고 지칠 때까지 일하곤 한다.

15. ☐ 나는 자존감과 자신감이 부족하고 열등감에 시달릴 때가 많다.

16. ☐ 나는 성실하며 일을 잘한다는 말을 듣는다.

17. ☐ 나는 혼자 일하는 것을 좋아하며 혼자 일할 때 더 능률이 오른다.

18. ☐ 나는 다른 사람과의 관계에서 시기와 질투의 감정을 자주 느낀다.

🌀 완벽주의

완벽주의는 지나치게 꼼꼼하고 철저한 성격을 말한다. 모든 것이 제자리에 있어야 하고 정리 정돈이 되어야 한다. 커튼은 양쪽으로 모양과 위치가 균형 있게 걷혀 있어야 하고, 책은 책장에 가지런히 꽂혀 있어야 한다. 몸을 씻거나 청소를 하는 데 오랜 시간이 걸리며 시장에 가서 물건을 고르는 데도 많은 시간을 소비한다. 약속 시간은 철저히 지켜져야 하고 모든 것이 계획된 스케줄대로 진행되어야 한다. 결코 실수가 없어야 하기 때문에 항상 긴장하고 신경을 곤두세운다. 확인한 것을 다시 확인하고 점검한 것을 또 점검한다. 그런 과정 중에 너무나 많은 에너지가 소모되

기 때문에 쉽게 지치고 탈진한다. 실수 없이 철저하게 잘하려는 것이 문제가 되는 것은 아니다. 그것이 자신의 행복과 인간관계를 파괴할 만큼 지나치다는 것이 문제이다.

완벽주의의 성향을 지닌 사람은 자기 자신은 물론 다른 사람의 행동에 대한 기대와 평가기준이 매우 높다. 따라서 웬만큼 잘해서는 마음에 들지 않는다. 항상 잘한 것보다는 잘못한 것이 눈에 보인다. 하마첵(D. E. Hamacheck)은 정상적인 완벽주의와 신경증적인 완벽주의를 구분했다. 정상적인 완벽주의자들은 성실하고 부지런하며, 열심히 노력해서 삶의 기쁨과 보람을 느낀다. 그들은 상황이 허용될 때에는 완벽해지려는 의식에서 벗어날 수 있는 여유가 있다. 그들은 인정받으려는 욕구가 많지만 자신이나 다른 사람들의 작은 실수에 대해서는 관용적이다. 그러나 신경증적인 완벽주의자들은 도달할 수 없는 높은 기준을 세워 놓고 어떤 사소한 실수도 허용하지 않는다. 그들은 만족할 줄 모르며 실패에 대한 두려움과 불안 때문에 새로운 일을 시작하는 데 어려움을 느낀다 (이성실, 2008, 4-12에서 재인용). 하마첵이 말하는 신경증적인 완벽주의는 완벽함의 정도가 지나치다는 데 있는 것으로 보인다. 정상적인 완벽주의는 실수 없이 잘하려는 성실한 삶의 태도라 할 수 있다. 그러나 신경증적인 완벽주의는 그런 태도가 지나치기 때문에 많은 스트레스를 받으며 긴장과 불안에서 벗어날 수가 없다.

완벽주의가 지나치면 강박적인 행동을 할 수 있다. 완벽주의는 강박성 인격장애의 초기 단계에 중요한 원인이 된다(Pittman/이성실, 2008, 13에서 재인용). 나의 고등학교 시절, 한 친구는 완벽주의 성격으로 인한 강박적인 증상을 가지고 있었다. 그는 학교 수업이 끝나고 집에 갈 때가 되면 매우 특별한 행동을 했다. 책상 속에 넣어 두었던 책과 공책과 필기도구 등을 꺼내서 가방을 챙겼는데, 책상 속을 몇 번이고 확인하였다. 무엇인가 빠트린 것이 있다는 생각을 떨쳐 버릴 수 없었기 때문이다. 그는 손바닥을 펼쳐서 책상 속 선반의 구석구석을 천천히 문질렀다. 그래도 안심이 되지 않으면 책상을 거꾸로 들고 흔들었다. 그 속에 빠트렸다고 생각되는 것을 꺼내기 위해서였다. 그 친구는 머리를 감는 데도 오랜 시간이 걸렸다. 비누칠을 하고 그것을 헹궈 내는 것을 여러 번 반복해야 했기 때문이다. 비누 거품은 이미 말끔히 씻겨졌는데도 그렇게 생각되지 않았다. 헹궈 내고 또 헹궈 냈다.

우리는 보통 책을 읽고 중요하다고 생각되는 부분에 밑줄을 긋는 습관이 있다. 그런데 어떤 사람은 그 습관이 매우 특별했다. 강박적으로 밑줄을 그었다. 그는 밑줄을 그을 때 자를 사용했으며 그 밑줄의 양쪽 끝의 길이가 일정해야 한다고 생각했다. 그렇지 않으면 마음이 불편했다. 만약 한 줄이라도 길게 삐져나오면 수정액으로 지워서 끝을 맞추었다.

그리스도인 중에는 장거리 운전을 하기 전에 안전 운전을 위해 기도하는 사람들이 많다. 그런데 내가 만난 한 사람은 기도하는 데 강박적이었다. 그는 친구들을 차에 태우고 서울에서 부산까지 가면서 적어도 서너 번은 기도를 했기 때문이다. 출발하기 전에 기도하고 휴게소 화장실에 다녀와서 기도하고 점심 먹고 다시 기도하고……. 차에서 내렸다가 타면 기도를 했다. 기도하지 않으면 불안했기 때문이다. 그렇게 기도하는 동안 다른 친구들은 눈을 감고 그의 기도가 끝나기를 기다렸다.

✍ 완벽주의 양육태도

완벽주의 성향을 지닌 부모는 자녀를 양육할 때 완벽주의 양육태도를 지니는 것이 보통이다. 완벽주의 양육태도에 속하는 특징과 행동들은 다양하다. 완벽주의 양육태도를 지닌 부모는 자녀에게 그 나이의 아이로서는 하기 어렵거나 불가능한 것을 하도록 기대하고 요구한다. 왜냐하면 자녀에 대한 기대와 기준이 너무 높기 때문이다. 부모는 자녀에게 이렇게 말한다. "넌 애가 왜 그 모양이니? 옆집 형 좀 봐라. 얼마나 의젓하니? 그 형을 반만이라도 닮거라!" 그런데 아들은 일곱 살이고 옆집 형은 열두 살이다. 부모는 네 살짜리 어린아이에게 이렇게 말한다. "왜 방이 이렇게 지저분하니? 정리 정돈을 해야지! 옷은 벗어서 옷장에 넣고, 그림책은 책꽂이에 꽂아 놓고, 장난감은 반드시 통에 넣어 두라고 했잖아! 알았지?" "넌 어떻게 물도 따라 마실 줄 모르니? 왜 이렇게 엎지르는 거야? 두 손으로 잡고 똑바로 따라 봐!" 어떤 엄마는 초등학교 1학년이 된 아이에게 이렇게 말한다. "학교 갔다 오면 뭐 하라고 했지? 엄마가 하라는 대로 했어? 세수하고, 숙제하고, 동화책 한 권 읽고, 영어 학원에 갔다가, 태권도 학원에 갔다가, 피아노 학원에 가라고 그랬잖아! 그대로 했어? 안 했어?" 부모가 짜놓은 완벽한 스케줄대로 행동하도록 요구한다.

완벽주의 양육태도를 지닌 부모는 아직 자녀가 어린데도 스스로 대소변을 가리고 혼자서 세수하고 옷을 입도록 강요하고 가르친다. 그 결과, 자녀는 많은 스트레스와 강박적인 생각에 시달리게 된다. 유아가 대소변 가리기에 지나치게 신경을 쓰게 되면 성격형성에 문제가 발생할 수 있다. 프로이트에 따르면, 그런 경우 유아의 리비도가 항문기라는 발달단계에 고착되어 항문기적 성격을 지니게 된다. 항문기적 성격은 항문 점막에 배설의 자극으로 인한 쾌감이 지속적으로 남아 있는 경우를 말하는데, 그런 성격의 소유자는 지나치게 질서와 절약을 강조하거나 자기중심적이며 이기적인 사람이 될 수 있다. 프로이트는 항문기적 성격을 지닌 사람에 대해 이렇게 말했다. "(그 사람은) 질서 있고 깨끗한 것을 좋아한다. 책임감이 강하며 꼼꼼하다. 절약이 지나치며 욕심이 많고 이기적이다. 고집불통이 되기도 하고 화가 나서 발작을 일으키거나 강한 복수심을 느끼기도 한다."(Freud, Hall, & Osborne; 설영환 편역, 1989, 272-273)

완벽주의 속에는 '평범한 것은 경멸한다. 최고가 되어야 한다.'는 신념이 담겨 있다. 완벽주의 양육태도를 지닌 부모는 자녀가 모든 면에서 모범생이 되어야 한다고 생각한다. 자녀가 항상 모든 사람으로부터 칭찬받기를 원한다. 단정한 외모, 예의바른 행동, 정확한 언어 구사, 그리고 우수한 성적을 기대한다. 부모는 자녀가 최고가 되기를 직접적으로 또는 간접적으로 요구한다. 미국 가족치료센터의 설립자인 데이빗 스툽(David Stoop)에 따르면, 완벽주의의 가장 두드러진 특징은 '전부가 아니면 전무(all or nothing)'라는 이분법적 사고방식이다. 즉 완벽주의 속엔 완벽하게 성공하거나 탁월하지 않은 것은 실패한 것이고, A학점이 아니면 낙제한 것이며, 선두가 아니면 낙오자가 되는 것이라는 등의 극단적인 사고가 담겨 있다. 따라서 완벽주의의 양육태도를 지닌 부모는 자녀가 항상 최고가 되기를 원하며 최고가 아니면 아무것도 아니라는 금메달 콤플렉스를 지니고 있다고 할 수 있다.

완벽주의 양육태도를 지닌 부모는 자녀를 칭찬하고 인정해 주는 데 인색하다. 자녀가 잘한 경우에도 칭찬하지 않는다. 왜냐하면 자녀가 아무리 잘해도 부모의 기대를 만족시킬 수 없기 때문이다. 부모는 자녀의 행동을 칭찬하고 인정해 주는 대신 과소평가하거나 칭찬을 유보한다(Missildine, 1963, 84). 자녀가 학교에서 성적표를 가져왔다. 상위권이다. 그만하면 잘했다. 그러나 완벽주의 부모는 이렇게 말한다. "너는 3등 안에 들어본 적이 없구나. 네가 3등 안에 든다면 한이 없겠다." 자녀가 우등상을 타 왔다. 평균 점수를 보니까 89점이다. 엄마가 이렇게 말한다. "이 점수를 가지고도 우등상을 탔구나.

너희 반에는 공부 잘하는 아이들이 없는 게로구나." 이렇게 직접적으로 말하지 않고 특별한 얼굴 표정이나 동작을 나타내 보임으로써 암시적으로 칭찬을 거부하는 경우도 있다. 예를 들어, 무표정한 얼굴로 자녀의 성적표를 들여다보거나, 고개를 좌우로 살짝 흔들어 보인다. 때로는 이렇게 말하기도 한다. "그래, 알았다. 가 보거라!" 하지만 자녀는 그런 부모의 행동에서 자신이 인정받지 못하고 있다는 것을 알아차린다. 또한 부모는 다음과 같이 말함으로써 칭찬을 유보하기도 한다. "다음에 3등 안에 들면 핸드폰 바꿔 줄게!" "1등 하면 컴퓨터 사 줄게!" 그 결과, 자녀는 칭찬과 인정에 갈증을 느끼고 그것에 집착하게 된다.

완벽주의 속에는 남을 믿지 못하는 의심과 불신의 태도가 있다. 그래서 무슨 일이든지 남에게 맡기지를 못한다. 스스로 직접 해야 안심이 되기 때문이다. 그것은 힘들고 지치는 일이지만 그렇게 해야 직성이 풀린다. 완벽주의 양육태도를 지닌 부모는 자녀를 믿지 못한다. 자녀가 잘 해낼 수 있을 것이라는 믿음이 매우 부족하다. 자녀가 스스로 하도록 맡겨 두거나 기다리지를 못한다. 간섭하고 참견하고 지시한다.

완벽주의는 항상 자신을 남과 비교함으로써 자기가 더 우수한 사람이라는 것을 확인하고 싶어 한다. 그런 비교의식이 사라지는 것은 다음과 같이 두 가지의 극단적인 경우뿐이다. 하나는 상대방이 자기 자신에게 비교될 수 없을 만큼 형편없다고 생각하는 경우이며, 다른 하나는 반대로 자기 자신이 상대방에게 비교될 수 없을 만큼 부족하다고 생각하는 경우이다. 전자의 경우에는 상대방에게 동정적이 되고, 후자의 경우에는 상대방에게 의존적이 된다(Bradshaw; 김홍찬, 고영주 역, 2008, 120-121). 완벽주의 양육태도를 지닌 부모는 자녀를 다른 아이들과 비교함으로써 자기 자녀가 더 우월하다는 것을 확인하려고 한다. 가령 자녀가 학교에서 시험을 보았는데 100점을 맞았다. 이때 부모는 이렇게 물어본다. "네 짝은 몇 점 맞았니?" "영희(자기 자녀와 경쟁하는 아이)는 몇 점 받았는데?" 만약 자녀가 "영희도 100점 맞았어요."라고 말하면, 부모의 입가에서 미소가 사라지고 "그래 알았다."라고 힘없이 말한다.

완벽주의의 양육태도를 지닌 부모는 자녀의 실수와 잘못을 허용하지 않는다. 지적하고 비난하고 비판한다. 왜냐하면 같은 실수가 반복되는 것을 견딜 수 없기 때문이다. 부모는 이렇게 말한다. "그럴 줄 알았어. 너는 우유도 하나 못 따라 먹니? 칠칠치 못하게 왜 엎지르는 거야?" "기다리라고 했잖아! 엄마가 해 준다고 그랬잖아!" "그것은 만지지 말라고 그랬지? 너 때문에 못 살아!" "틀릴 걸 틀려야지, 엄마가 다 가르쳐 주었잖아! 아는 것을 왜 틀려?" 완벽주의 부모는 자녀의 작은 실수를 크게 확대 해석하기도 한다. "하나를 보면 열을 안다고 했어. 정말 실망스럽구나!" 완벽주의 부모는 항상 자녀의 긍정적인 행동보다 부정적인 행동에 관심을 보인다. 그래서 자녀가 잘한 것보다 잘못한 것이 눈에 띈다. 그것은 자녀를 대할 때 보상보다 처벌이 많은 이유가 된다. 데이빗 스톱은 그의 책 『완벽주의로부터의 해방(Hope for the perfectionist)』에서 이렇게 기록했다. "완벽주의자들은 소위 극대화와 극소화의 양식에 빠져 있다. 그것은 실패는 극대화하고 성공은 극소화시키는 사고방식이다."(Stoop; 김태곤 역, 2006, 37)

완벽주의 부모는 항상 자녀의 실수를 지적하고 잘한 경우에도 칭찬을 유보함으로써 자녀를 거절할 수 있다. 완벽주의 부모의 말과 행동에는 이런 메시지가 담겨 있다. "내 아들은 이렇게 낮은 점수를 받아오지 않는다." "내 딸은 이렇게 많이 먹지 않는다. 이렇게 뚱뚱하지 않다." "내 아들은 이렇게 못된 행동을 하지 않는다." 이처럼 완벽주의 부모는 자녀의 행동이 만족스럽지 못할 때 자녀를 거절하게 된다(Thompson & Thompson; 허광일 역, 1993, 135).

완벽주의 부모가 종교를 가지고 있는 경우 부모는 자신의 완벽주의 양육태도와 종교의 가르침을 결합한다. 그 결과, 자녀에게 지나친 당위성으로 해야 할 것과 하지 말아야 할 것을 제시하고 강요한다. 부모는 율법주의의 신앙을 가질 수 있으며, 성경의 말씀을 자녀를 통제하고 비난하고 정죄하는 수단으로 사용할 수 있다. 이런 경우, 부모의 완벽주의는 종교적인 완벽주의, 즉 율법주의가 된다. 이런 부모의 양육 속에서 자란 사람은 자신이 자발적으로 남을 사랑하고 의롭게 행동하는 것이 아니라 자신이 다른 사람들의 눈에 사랑을 베풀고 의롭게 행동하는 것처럼 보이는 것에 더 관심을 두게 된다(Bradshaw; 김홍찬, 고영주 역, 2008, 94).

완벽주의 양육태도를 지닌 부모가 즐겨 사용하는 말이 있다. 그것은 '더(more)'라는 말이다(Missildine, 1963, 84). 부모는 이렇게 말한다. "더 잘하거라." "더 많이 하거라." "더 반듯해야 한다." "더 깨끗해야 한다." "더 노력해야 한다." "더 좋아져야 한다." "더 공부해야 한다." 그 결과, 자녀에 대한 칭찬이나 인정은 유보되고 자녀로서는 성취하기 어려운 과제가 제시된다.

이처럼 완벽주의 양육태도를 지닌 부모는 자녀에 대한 기대와 기준이 높고, 자녀가 더 잘하기까지 칭찬과 인정을 유보하며, 자녀의 긍정적인 행동을 과소평가한다. 자녀를 남과 비교하고, 자녀의 실수를 용납하지 않으며, 보상보다 처벌에 비중을 두고, 종교적인 가르침을 사용해서 자녀를 통제하려 한다. 완벽주의 양육태도는 가끔 강압 또는 학대의 양육태도와 손을 잡는다.

완벽주의 내면부모

완벽주의 부모의 양육을 받으며 자란 사람의 내면에는 그런 완벽주의를 닮은 내면부모라는 인격이 형성된다. 그것은 성장 과정에서 부모의 태도와 말과 행동을 보고 듣고 체험함으로써 형성된 인격이다. 그것은 동일시와 모방 그리고 학습을 통해서 이뤄진 인격의 구조물이다. 여러 학자의 견해에 따르면, 완벽주의가 형성되는 가장 중요한 원인은 부모의 영향 때문이라고 할 수 있다. 바로우와 무어(Barrow & Moore)는 완벽주의 성격의 발달에 영향을 주는 원인으로 부모의 네 가지 행동을 제시했다. 첫째는 부모의 과도한 요구나 비판이고, 둘째는 자녀의 행동에 대한 부모의 높은 기대와 기준이며, 셋째는 자녀의 행동을 위하여 부모가 제시하는 기준이 없거나 불분명한 경우이고, 넷째는 부모가 완벽주의적인 태도와 행동의 모델을 보일 경우이다(이성실, 2008, 3에서 재인용).

카렌 호나이(Karen Horney)에 따르면, 완벽주의의 원인은 이상적 자아 형성과 관계가 있다. 이상적 자아는 상상 속에만 존재하는 자아로서 현실과는 거리가 멀다. 그런 의미에서 이상적 자아는 거짓 자아라고 할 수 있다. 카렌 호나이는 이렇게 말했다. "완벽주의자는 자신의 마음속에 완벽한 이미지를 설정해 두고 무의식 중에 자신에게 이렇게 암시를 준다. 너의 수치스러운 실제 모습은 잊어라. 네가 마땅히 되어야 할 모습은 이상화된 자아이다. 이상화된 자아를 성취하는 것이 너의 가장 중요한 과제이다. 너는 모든 것을 참을 수 있어야 하고, 모든 것을 이해해야 하며, 모든 사람을 좋아해야 하고, 항상 생산적일 수 있어야 하며, 자신에게 내리는 이런 내적 명령의 종류도 점점 줄어들어서 극소수가 되어야만 한다."(Stoop; 김태곤 역, 2006, 77에서 재인용) 이상적 자아의 형성은 어린 시절 부모의 양육환경의 영향을 받는다. 그것은 두 가지 방식으로 나타난다. 하나는 부모의 돌봄 부재와 학대로 인한 불안과 두려움 때문이다. 자녀는 그런 불안과 두려움에서 벗어나기 위해 책망받지 않을 만큼 완벽한 자아, 즉 이상적 자아를 형성해야 한다고 느낀다. 그러므로 이것은 불안을 회피하기 위한 하나의 방어기제로서 형성된 자아라 할 수 있다. 다른 하나는 부모의 칭찬과 인정의 부재로 인하여 충족되지 못한 인정욕구 때문이다. 부모를 향한 자녀의 인정욕구는 의존적일 만큼 매우 강력한 것이기 때문에 부모로부터 인정받지 못한 자녀는 상상 속에서 인정받을 만한 이상적 자아를 형성한다. 이것은 부모로부터 인정받지 못하는 현실적 자아에 대한 심리적인 보상행동이다. 이런 보상행동으로서 자녀는 완벽주의라는 정신세계를 구축한다.

완벽주의 내면부모가 한 사람의 인격으로 작용할 때 그 특징과 역할은 어떻게 나타날까? 그 성격적 특징은 부모를 닮았기 때문에 부모의 완벽주의 양육태도에서 나타난 모습을 거의 그대로 지니게 된다. 완벽주의 내면부모는 스스로 자기 자신에게 완벽해지기를 요구하고 최고가 되기를 원하며, 어떤 일에 대한 기대와 기준이 매우 높기 때문에 웬만큼 잘해서는 만족하지 못한다. 완벽주의 내면부모는 칭찬과 인정에 인색하고, 이룩한 업적에 대해서 평가절하 하며, 더 잘하면 인정해 주겠다고 말함으로써 칭찬과 인정을 유보한다. 완벽주의 내면부모는 비교의식이 강하고, 결코 실수를 용납하지 않으며, 작은 실수도 크게 확대해서 해석한다. 잘한 것보다 못한 것에, 그리고 보상보다 처벌에 관심이 있으며, 때로는 거절의 태도를 나타내기도 하고, 종교적인 율법주의에 빠질 수도 있다. 완벽주의 내면부모는 만족할 줄 모르며 항상 더 잘해야 한다고 밀어붙인다.

완벽주의 내면부모는 모든 것이 전적으로 옳거나 전적으로 그르다는 이분법적 사고를 많이 한다. 선한 것이 아니면 악한 것이라는 생각과 최고가 아니면 의미 없다는 태도가 있다. 왜냐하면 2등은 등수가 아니라고 생각하기 때문이다. 그래서 모든 것을 다 하든지 아니면 전혀 아무것도 하지 않는다(Wright; 송헌복, 박인숙 역, 1996, 141). 예를 들어, 다이어트를 해서 완전히 살을 빼고 날씬해지든지, 아니면 그냥 포기하고 음식을 마구 먹든지 한다. 공부를 해서 한 분야의 전문가가 되든지, 아니면 아예 공부를 포기한다. 완벽주의 내면부모를 지닌 사람은 항상 이상적인 목표와 계획을 수립해 놓지만, 그 목표와 계획에 흠집이 나거나 작은 실수라도 생기면 그냥 포기해 버린다. 그리고 아무것도 하지 않는다. 그 사람은 자신이 할 수 있는 것과 할 수 없는 것을 구별하는 균형 감각이 부족하다. 자신의 약점이나 한계를 인정하기 싫어한다(Bradshaw; 김홍찬, 고영주 역, 2008, 120).

그 결과, 현실성이 없는 환상을 지닐 수 있다.

완벽주의 내면부모를 지닌 사람은 '~을 해야만 한다.'는 당위적인 사고를 많이 한다. 카렌 호나이는 이를 두고 '강요의 폭군'이라고 했는데, 존 브래드쇼는 이것을 완벽주의의 사고방식으로서 자신이나 남에게 어떤 행동을 하도록 강요하는 것이라고 했다 (Bradshaw; 김홍찬, 고영주 역, 2008, 215). 이 사람이 쓰는 언어 중에는 '반드시, 꼭, 절대로'와 같은 말들이 많다.

완벽주의 내면부모의 기능과 역할은 두 가지로 나타난다. 하나는 자기 내부에 있는 내면아이에 대한 관계이고, 다른 하나는 외부에 있는 다른 사람들과의 관계이다. 완벽주의 내면부모는 자기 안에 있는 내면아이, 즉 완벽주의 내면아이에게 완벽하게 행동하기를 기대하고 요구한다. 그것은 어린 시절의 부모가 완벽하기를 요구했던 것처럼 강력한 요구이다. 즉 완벽주의 내면부모는 자기 안에 있는 내면아이에게 너무나 어렵고 거의 불가능한 것을 하기를 기대하고 요구한다. 예를 들면, 완벽주의 내면부모는 내면아이에게 이렇게 말한다. "더 잘해야 한다. 더 노력해야 한다." "칭찬과 인정을 받으려면 실수해서는 안 된다. 완벽해야 한다." "네 친구는 출세했는데 너는 왜 그 모양이니? 학교에 다닐 때에는 네가 공부를 더 잘했잖아?" "나는 네게 실망스럽구나! 왜 그렇게밖에 못 하니?" 이처럼 과거에 부모에게 들었던 말들을 거의 그대로 자기 자신에게 한다. 그 결과, 부모를 떠나 살고 있음에도 불구하고 심리적으로는 여전히 부모와 함께 살고 있다. 이런 내면부모의 자기 내적 역할은 내면아이와의 갈등과 충돌을 초래한다. 왜냐하면 내면아이의 기본적인 입장은 내면부모의 기대와 요구에 반항하고 저항하는 것이기 때문이다.

완벽주의 내면부모의 또 하나의 기능과 역할은 외부의 다른 사람들과의 관계인데, 그 외부대상은 주로 자녀, 동생, 손아래 사람, 부하직원, 그리고 배우자 등이다. 즉 자기 자신보다 부족하거나 열등하게 느껴지는 대상들이다. 이런 대상들을 만나면 완벽주의 내면부모가 작동하고 활성화되어 그들이 완벽하고 실수 없이 행동하기를 기대하고 요구한다. 그들이 잘한 경우에도 칭찬하지 않으며, 과소평가하고 더 잘하기를 원한다. 그들을 남과 비교하고 그들의 실수를 용납하지 않으며, 항상 잘한 일보다 잘못한 일에 관심을 둔다. 이런 완벽주의 내면부모의 특징은 대인관계의 갈등과 충돌의 원인이 되기도 한다.

🐚 사례

...

세라(가명)는 미실다인에게 상담받기 위해 찾아온 내담자이다. 세라는 자기 자신과 삶에 만족할 수 없어서 찾아왔다. 그녀는 두 딸의 엄마로서 석사학위를 가진 지식인이다. 그녀는 가정 경제에 대한 공부를 했다. 세라는 가정살림과 자녀양육을 배운 지식에 따라 완벽하게 하고 싶었다. 그러나 뜻대로 되지 않았다. 그녀는 아이들이 지저분하게 행동하는 것을 견딜 수가 없었다. 아이들은 종종 밖에 나가 놀다가 옷에 흙이 묻은 채로 방 안에 들어왔는데, 세라는 그것을 참을 수가 없었다. 몸을 씻기고 옷을 갈아입히면서 짜증을 냈다. 그리고 이렇게 하고 저렇게 하라고 강박적으로 교육했다. 그녀는 두 딸에게 그 나이에 하기 어려운 것을 하도록 기대하고 요구했다. 그러나 마음 한구석에서는 개운하지가 않았다. 세라는 이렇게 말했다. "그런 방식이 옳지 못하다는 것쯤은 나도 알고 있어요. 아이들에게 좋은 엄마가 되어야 하는데 그렇지 못하다는 것을 알고 있습니다."

세라는 자신이 딸들에게 무리한 요구를 하고 있다는 것을 알면서도 왜 그것을 고치지 못하는 것일까? 그녀의 진술에 따르면, 그 이유는 부모의 모습을 닮은 완벽주의 내면부모 때문이다. 어린 시절 세라의 어머니는 자녀들에 대한 높은 기대와 기준을 가지고 있었다. 세라는 어머니의 기대와 기준에 맞게 행동하려고 무척 애쓰고 노력했다. 세라의 아버지는 대학교수였는데, 항상 그녀에게 교수의 딸로서 반듯하게 행동하라고 가르쳤다. 어머니는 세라의 외모와 행동을 눈여겨보았고 아버지는 학교 성적에 관심을 기울였다. 그 결과, 세라의 학교 성적은 우수한 편이었지만 세라는 행복하지 않았다. 세라는 이렇게 말했다. "나는 딸아이들을 야단칠 때에 언제나 나의 어머니가 그랬던 것처럼 오만상을 찌푸립니다. 나는 독서를 통해서 내가 이렇게 행동하는 것이 자녀양육에 나쁘다는 것을 알고 있습니다……. 그리고 책에서 본 것처럼 해야지 하고 고개를 끄덕입니다. 그러나 정작 아이들의 더러운 옷차림을 목격하면, 바로 저의 어머니가 그랬던 것처럼, 아이들이 깨끗이 씻을 때까지 참을 수가 없습니다."(Missildine, 1963, 87-88) 세라는 자녀양육에 대한 지식을 가지고 있음에도 불구하고 자녀의 양육에 어려움을 느끼고 있었다. 그 이유는 그녀의 내면에 어린 시절 부모의 모습을 닮은 완벽주의 내면부모라는 인격이 있었기 때문이다. 그 내면부모의 영향력은 책과 배움을 통하여 습득한 새로운 지식의 영향력보다 훨씬 강력했다.

솔방울(가별칭)이라는 여인의 집은 백화점의 잘 정돈된 가구 전시장과 같다. 가구, 장식, 잡지 등 모든 것이 말끔하고 완벽하게 정돈되어 있다. 커튼은 조금도 치우친 데가 없이 양쪽이 똑같이 드리워져 있다. 액자들은 똑같은 높이에 1센치의 오차도 없이 걸려 있다. 이 집안에서 규격에 벗어난 것은 아무것도 없다. 솔방울은 가족들이 집안의 질서와 청결을 유지하도록 요구하고 그렇게 하지 아니할 때에는 화를 냈다. 그녀는 세밀한 부분까지 관심을 보이고 모든 일에 아주 정확했지만, 결코 충분하다고 느끼지는 못했다. 언제나 '좀 더 잘할 수 있었는데……'라고 생각했으며, 자신이 한 일들에 대해 과소평가했다. 손님들이 집안이 너무나 깨끗하다고 칭찬을 하면 잠시 기쁨을 느끼기는 하지만, 그 기쁨과 만족은 곧 사라지고 말았다. 솔방울은 집안의 정리 정돈을 위해 많은 시간을 투자한다. 정리 정돈에 대한 그녀의 기준은 너무나도 높았다. 그녀의 마음속에서는 낡고 오래된 테이프가 계속 돌아가고 있었다. '그건 충분하지 않아. 좀 더 잘하면 인정을 받을 수 있을 거야. 열심히 노력해 봐. 그러다 실수하면 안 돼!' 그녀의 마음속에 있는 내면부모의 목소리이다. 이것은 어린 시절 그녀의 부모로부터 반복적으로 들었던 말이다. 그녀의 부모는 완벽주의자였다.

…

완벽주의 내면아이

완벽주의 부모의 양육을 받으며 자란 사람에게는 또 하나의 자아, 즉 완벽주의 내면아이라는 인격이 형성된다. 완벽주의 내면아이는 자녀가 완벽해지기를 기대하고 요구하는 부모의 양육태도, 즉 그런 부모의 말과 행동에 대한 자녀의 심리내적 반응으로 형성된 인격이다. 부모의 다른 모든 양육태도와 마찬가지로, 완벽주의 양육태도는 자녀의 성격 형성과 정신병리에 영향을 줄 수 있는 반복적이고 지속적인 환경이 된다. 정신건강 측면에서 본다면, 완벽주의 내면아이는 건강한 인격이 아니다. 그런 내면아이를 지닌 사람은 행복지수가 낮으며 삶이 만족스럽지 못하다.

완벽주의 내면아이의 증상과 특징은 무엇일까? 많은 논의가 필요하다. 완벽주의 내면아이는 항상 내면부모로부터 완벽해야 한다는 요구와 지시를 받는다. 그 요구와 지시는 거역할 수 없을 만큼 강력한 내면의 소리로 들린다. 그것은 항상 내면에서 들려오는 소리이기 때문에 그 영향에서 잠시도 벗어날 수가 없다. 어디에 가든, 무엇을 하든, 영향을 받는다. 그러므로 내면부모의 영향력은 외부에 실재하는 부모의 영향력보다 더 크다고 할 수 있다. 따라서 완벽주의 내면아이는 항상 스트레스를 받는 상태에 있으며, 어떻게 하든지 잘해서 내면부모로부터 꾸중을 듣지 않으려고 노력한다. 그 결과, 완벽해야만 한다는 강박적인 사고가 나타난다. '나는 완벽해야만 한다. 완벽하지 않으면 야단맞을 것이다.'라고 생각한다. 완벽주의 내면아이를 지닌 사람은 지속적인 내면부모의 요구와 압력으로 인하여 많은 피로를 느낀다. 얼굴은 긴장되어 있는 빛이 역력하고 가슴은 자주 뛰며 때로는 불면증으로 시달린다. 잠자리에 누우면 많은 생각이 꼬리를 물고 일어난다.

완벽주의 내면아이는 항상 실수와 실패에 대한 두려움이 있다. 무슨 일을 하든지 실수할지 모른다는 두려움과 불안을 떨쳐 버릴 수가 없다. 왜 그럴까? 실수하면 안 된다는 내면부모의 영향력 때문이다. 그리고 어려서 실수할 때마다 부모로부터 꾸중과 비난을 받았기 때문이다. 완벽주의 내면아이를 지닌 사람이 자주 꾸는 꿈이 있다. 실수 불안에 대한 꿈이다. 예를 들어, 학교에 갔는데 책가방을 안 가지고 가서 선생님한테 꾸중을 듣는 꿈을 꾸거나, 시험을 치르는 데 펜이 없어서 답을 쓰지 못하는 꿈을 꾼다. 어떤 사람은 꿈에 한 과목을 이수하지 못해서 대학을 졸업하지 못하게 되었다는 통보를 받았다. 그는 몹시 당황하고 불안해하다가 꿈에서 깼다. 노만 라이트 교수를 찾아온 학생 중에 강박관념에 시달리는 완벽주의자가 있었다. 그는 조건적인 사랑을 베푸는 부모 밑에서 자랐다. 부모는 기대와 조건에 맞을 때에만 그에게 사랑을 주었다. 그런 이유 때문에 학생은 항상 실수하면 안 된다고 생각하였고 그것은 그에게 강박적인 두려움이 되었다. 그는 A학점을 받아야 한다는 강박관념에 시달렸다. 그러나 그러면 그럴수록 더 공부에 집중할 수 없었다. 그는 4학기 기말고사를 앞두고 휴학을 했다. 왜냐하면 좋은 점수를 받지 못할까 봐 두려웠기 때문이다. 그 학생에게는 A학점이 아니면 점수가 아니었다.

완벽주의 내면아이는 실수와 실패에 대한 두려움 때문에 성공이 확실하다고 생각되지 않는 일이면 시작하지 않는다. 따라서 시작하기 전에 이것저것을 따져 보고 살펴보는 데 많은 시간을 보낸다. 그리고 시작한 일을 마무리하는 데도 많은 시간과 에너지를 소비한다. 왜냐하면 실수 없이 완전하게 마무리를 해야 한다고 생각하기 때문이다. 즉 완벽주의 내면아이는 일을 착수하고 종결하는 데 어려움을 느낀다. 이런 착수와 종결의 어려움은 어떤 일에 대한 미루기와 지연, 그리고 늑장 부리기와 게으름의 원인이 되기도 한다. 완벽주의 내면아이를 지닌 사람은 미루기와 지연을 잘 한다(Wright; 송헌복, 백인숙 역, 1996, 145). 그것은 결정장애로 나타나기도 한다. 스스로 결정을 하지 못하고 다른 사람에게 의존한다. 그 사람은 잘못 시작했다가 실패하는 것보다는 아예 시작하지 않는 것이 낫다고 생각한다. 실수와 실패에 대한 두려움은 그 사람을 늑장 부리고 게으름을 피우는 사람으로 보이게 하는 원인이 될 수 있다. 한편, 완벽주의 내면아이가 미루고, 지연시키고, 늑장 부리는 것은 완벽을 요구하는 내면부모에 대한 심리적인 저항으로 볼 수 있다. 완벽주의 내면아이는 완벽주의 내면부모의 지시와 요구에 근본적으로 저항한다. 그것은 실재하는 부모에 대한 저항이기도 하다.

완벽주의 내면아이는 사소하고 세부적인 일에 신경을 쓰고 집착하다가 정작 중요한 일 또는 해야 할 일을 못하는 경우가 있다. 예를 들어, 오늘 저녁에 꼭 참석해야 할 중요한 회합이 있다고 하자. 완벽주의 내면아이를 지닌 사람은 어떤 옷을 입을까, 머리는 어떻게 할까, 어떤 구두를 신을까, 어떤 스카프를 맬까 하고 생각하는 데 많은 시간을 보낸다. 그러다가 하나의 스카프가 생각나면 꼭 그것을 매고 나가야 하기 때문에 그것을 찾기 위해 옷장과 서랍을 구석구석 뒤진다. 그렇게 시간을 소비하다가 회합 시간에 늦는다.

완벽주의 내면아이는 다른 사람들로부터 칭찬과 인정받고 싶은 욕구가 매우 강하다. 그것은 가히 집착적이다. 왜 그럴까? 어려서 부모로부터 칭찬과 인정을 받지 못했기 때문이다. 그 내면아이는 부모로부터 항상 더 잘하면 칭찬해 줄 거라는 말을 들었을 뿐이다. 따라서 인정욕구의 탱크(tank)가 텅 비어 있다. 그 결과, 완벽주의 내면아이를 지닌 사람은 인정욕구의 탱크를 채우기 위해 애쓰고 노력한다. 인정을 받으려면 상대방에게 잘 보여야 한다. 상대방에게 마음에 없는 미소를 짓거나 선물을 제공하기도 한다. 그런 행동은 상대방을 조정하고 통제하는 수단으로 사용되기도 한다. 이 사람이 인생을 살아가는 가장 중요한 동기와 목적은 인정받는 데 있다. 그는 인정받기 위해 사람을 만나고 인정받기 위해 일을 한다. 인정욕구의 결핍은 완벽주의 내면아이가 지닌 핵심문제(core issue)이다.

...

채송화(가별칭)라는 한 여인은 인정과 사랑을 얻어 내기 위해 자신의 자유를 그 대가로 지불하고 있었다. 그녀가 상담을 위해 나를 찾아왔을 때, 그녀는 무엇보다도 나에게 환심을 사고 많은 관심과 인정을 받기 위해 신경을 썼다. 그녀는 정작 도움을 받아야 할 자신의 문제를 말하는 데는 소홀했고, 나에게 자신이 얼마나 섹시하고 매력 있는 여인인지를 알려 주려고 노력했다. 상담을 받으러 올 때마다 예쁘게 단장을 했고, 선물을 들고 왔다. 그녀는 항상 상담자로부터 인정받는 이차적 이득에 관심이 있었기 때문에 정작 상담을 통해서 도움받아야 할 일차적 이득은 얻을 수가 없었다. 그녀는 다른 사람들을 만날 때에도 그렇게 행동했다. 항상 인정받고 사랑받기 위해 노력했다. 그런 노력의 행동이 얼마나 자신을 힘들게 하고 고통의 늪 속에 빠트리고 있었는지 알지 못했다. 이야기를 나누는 중에 나는 채송화에게 이렇게 말해 주었다. "채송화 님, 인정받고 사랑받는 것처럼, 아니 그것보다 더 중요한 것이 있습니다." 채송화는 놀란 듯이 나를 정면으로 바라보며 그것이 뭐냐고 물었다. 나는 말해 주었다. "자유입니다. 채송화 님은 자신의 자유를 팔아서 인정과 사랑을 구매하려 하고 있습니다." 채송화는 충격을 받은 듯이 말이 없었다.

...

완벽주의 내면아이는 항상 모든 사람으로부터 인정받기를 원한다. 자신이 만나는 모든 사람으로부터 좋은 평가를 받아야 한다고 생각한다. 만약 한 사람에게서라도 부정적인 평가를 받게 되면 견디지를 못한다. 가령, 어떤 모임에서 아홉 사람들로부터 긍정적인 평가를 받고 한 사람으로부터 부정적인 평가를 받았다면, 그 한 사람의 부정적인 평가에 비중을 두고 괴로워한다. 왜냐하면 완벽주의 내면아이에게는 항상 100점에 대한 환상이 있기 때문이다. 하지만 모든 사람으로부터 긍정적인 평가를 받을지라도 인정받고 싶은 욕구가 다 충족되는 것은 아니다. 그 내면 깊은 곳에는 부모로부터 인정받지 못한 오래된 아픔이 있기 때문이다. 그것은 밑 빠진 독과 같아서 외부의 다른 사람들로부터 많은 칭찬과 인정을 받을지라도 채워지지 않는다.

완벽주의 내면아이는 자기의 삶에 대한 기쁨과 만족이 없다. 계획된 일을 마칠지라도 만족하지 못한다. 대신 외로움과 슬픔과 우울을 느낀다. 늘 마음 한구석이 비어 있는 것 같으며 자기 주위에는 아무도 없다고 느낀다. 완벽주의 내면아이를 지닌 사람은 다른 사람들과 너무 가까워지면 자신의 불완전한 모습이 드러나게 되고, 그렇게 되면 그들로부터 거절받게 될 것이라는 두려움 때문에 스스로를 고립시킨다. 공허와 비애, 그리고 외로움과 우울은 완벽주의 내면아이의 일상적인 정서이다. 데이빗 스툽은 외로움과 우울이 완벽주의자들의 두 가지 병폐이며 그것은 자신이 완벽하지 못하기 때문에 다른 사람들로부터 거절당할 거라고 믿는 두려움에서 기인하는 것이라 했다(Stoop; 김태곤 역, 2001, 112).

완벽주의 내면아이는 남을 많이 의식하며 눈치를 본다. 자신이 원하지 않을 때에도 "예."라고 대답한다. "아니요."라고 말하면 인정받지 못할 것이라는 두려움 때문이다. 따라서 완벽주의 내면아이를 지닌 사람이 말을 할 때에는 조심해서 들어야 한다. 확실한 긍정이 아니면 부정으로 간주해야 한다. 완벽주의 내면아이는 자신의 생각이나 감정을 자신감 있게 표현하지 못한다. 상대방의 표정과 기분을 살핀 다음, 괜찮은 것 같으면 말하고 그렇지 않은 것 같으면 말하지 않는다. 즉 완벽주의 부모 밑에서 자란 사람들은 눈치가 발달한다고 할 수 있다. 눈치 자체가 병리적인 것은 아니다. 적절한 눈치는 센스로 간주된다. 그것은 현실적인 상황의 특성을 재빨리 파악해서 적절하게 대처할 수 있게 하는 능력이다. 만약 이런 센스가 없다면 성공적인 인간관계를 맺는 것은 어려울 것이다. 문제가 되는 것은 눈치를 보는 것이 지나치다는 데 있다. 완벽주의 내면아이를 지닌 사람은 항상 눈치를 보는 정도가 너무 지나치다. 지나치게 눈치를 보게 되면 자신의 주관적인 생각과 감정을 억압하게 되고 자신이 원하는 삶을 살 수가 없다. 자기의 존재감을 잃어버리게 된다.

완벽주의 내면아이의 핵심 감정(core emotion)은 수치감이다. 완벽주의 내면아이를 지닌 사람은 지속적인 수치감에 시달린다. 브래드쇼는 완벽주의가 수치감을 만드는 주범이라고 했다(Bradshaw; 김홍찬, 고영주 역, 2008, 88). 완벽주의 내면아이를 지닌 사람은 어린 시절 부모에게서 들었던 비난과 꾸중을 자신의 내면부모로부터 계속 듣는다. 그 결과, 내면아이는 자신이 부족하고, 미달되고, 잘못되었다는 느낌을 피할 수가 없다. 그런 느낌이 생길 때마다 내면아이는 그런 느낌에서 벗어나기 위해 애를 쓴다. 더 높은 기준을 세우고 그 기준을 달성하기 위해 노력한다. 더 열심히, 더 많이, 더 철저하게 행동하려고 한다. 그것은 자신의 수치감을 피해 보려는 몸부림이다. 그러나 본인은 그 사실을 알지 못한다. 브래드쇼에 따르면, 수치감에는 두 종류의 수치감이 있다. 하나는 건강한 수치감인데, 이것은 인간이라는 한계와 유한성에서 비롯되는 것으로서 우리는 얼마든지 잘못과 실수를 할 수 있는 연약한 존재라는 것을 받아들이도록 돕는다. 건강한 수치감은 우리가 사랑과 도움을 받는 것이 필요한 존재이며 또 남을 사랑하고 도와주어야 할 필요가 있음을 일깨워 준다. 그러나 해로운 수치감은 우리가 사랑과 도움이 필요하며 사랑과 도움을 받을 수 있는 존재라는 것을 부인한다. 스스로 그런 사랑과 도움을 받을 자격이 없다고 느낀다. 왜냐하면 해로운 수치감은 우리가 행한 어떤 잘못된 특정 행동에 대한 감정이 아니라 바로 존재 자체에 대한 감정이기 때문이다(Bradshaw; 김홍찬, 고영주 역, 2008, 5). 해로운 수치감은 내가 어떤 잘못이나 실수를 했다고 생각될 때 생기는 감정이 아니다. 내 존재 자체가 잘못되었다고 생각될 때 생기는 감정이다. 이런 수치감은 완벽주의, 학대, 거절 등과 같은 부모의 부정적인 양육환경 속에서 자란 사람에게서 많이 발견된다.

완벽주의 내면아이를 가진 사람은 시기심과 질투심에 시달릴 때가 많다. 왜냐하면 결핍된 인정욕구와 수치감이 시기심과 질투심을 부추기기 때문이다. 시기(envy)와 질투(Jealousy)는 다른 것이다. 시기는 양자관계, 즉 두 사람 사이에서 발생되는 감정으로서 내가 갖고 싶지만 갖지 못한 것을 상대방이 갖고 있을 때 생기는 감정이다. 그 감정에는 불편하고 억울하고 화가 나고 적대적이며 나도 가져야 한다는 갈망이 포함된다. 시기는 선망 또는 부러움과 같은 의미의 말이다. 질투는 삼자관계, 즉 세 사람 사이에서 발생되는 감정이다. 이것은 내가 좋아하거나 사랑하는 대상을 다른 사람도 좋아하거나 사랑한다고 생각될 때, 또는 내가 좋아하거나 사랑하는 대상이 있는데 그 대상이 내가 아니라 다른 사람을 좋아하거나 사랑한다고 생각될 때 생기는 감정이다(The American Psychoanalytic Association, 1990, 68, 108). 마음속에 완벽주의 내면아이가 있는 사람은 이런 시기와 질투의 감정을 자주 경험한다.

정신분석에 따르면, 인간의 시기는 질투와 함께 초기 발달단계로부터 시작되었다는 것을 알 수 있다. 여아에게는 페니스 선망(penis envy)이라는 것이 있는데, 이것은 여아가 자신의 성기에 만족하지 못하고 남아의 남근을 갖고 싶어 하는 공격적이며 탐욕적인 소망을 말한다. 이런 페니스 선망은 종종 여성들에게 어떤 결핍감과 열등감을 유발한다. 프로이트는 이런 페니스 선망이 여성성을 형성하는 일차적인 원인이 된다고 보았다. 그러나 현대의 정신분석학자들은 여성성이 페니스 선망에 대한 반응으로 형성되는 것이 아니라 여성의 독자적인 발달 경로를 따라 이뤄지는 것으로 보고 있다. 그러나 페니스 선망이 지속될 경우, 여성성의 발달을 저해할 수 있다는 견해도 있다. 그것은 부모의 상실, 부모의 부적절한 양육태도, 엄마와 여아 사이의 관계의 질, 엄마가 스스로 가지고 있는 여성성에 대한 태도 등에 의해 영향을 받는다(The American Psychoanalytic Association, 1990, 140-141).

한편, 정신분석에 따르면, 남아에게는 젖가슴 선망(breast envy)이라는 것이 있다. 이것은 남아가 엄마의 젖가슴을 갖고 싶어 하는 탐욕적인 소망을 나타내는 말이다. 남아와 여아는 모두 엄마의 젖가슴에 대한 선망이 있지만, 그 선망은 남아에게 더 보편적이고 강렬하다. 젖가슴 선망은 성인 남성들에게 두드러진 환상으로 나타날 수 있는데, 이때 젖가슴은 그들에게 성적 감정을 불러일으키는 주물(fetish)이 되기도 한다. 남성의 젖가슴 선망은 남성이 지닌 작은 페니스 콤플렉스에서 비롯될 수도 있는데, 이것은 젖가슴 선망이 페니스 선망에 대한 대응물임을 말해 준다(The American Psychoanalytic Association, 1990, 35).

멜라니 클라인(Melanie Klein)은 시기와 선망이 인간이 지닌 가장 원시적이고 근본적인 정서 중의 하나라고 말했다. 그것은 죽음 본능이 정신적으로 표현되는 결과로서, 유아에게 나타나는 파괴적인 충동의 원인이 된다고 보았다. 클라인에 따르면, 남녀의 유아는 모두 엄마의 젖가슴에 대한 선망이 있다고 했다. 처음에 유아는 엄마의 젖가슴이 제공하는 긍정성(음식, 따뜻함, 안락함 등)을 좋아하고 즐긴다. 그러나 자신이 그런 젖가슴에 무력하게 의존하고 있다는 것을 알게 됨으로써 시기와 선망으로 고통을 받는다. 그것은 자신이 그런 젖가슴을 갖고 있지 못한 것에 대한 심리적인 반응이다. 그런 유아의 시기와 선망은 엄마에 대한 파괴적인 환상이나 엄마의 젖을 깨무는 것과 같은 실제적인 공격 행동으로 나타난다. 이것은 시기와 선망의 심리에는 부정적인 역동성이 있다는 것을 의미한다. 그것은 대상이 지니고 있는 좋은 것을 발견하자마자 그것을 파괴하려 한다는 것이다. 그 결과, 외부의 좋은 대상을 내재화해서 자신의 것으로 만들지 못한다. 즉 외부의 좋은 대상에 대한 내적 표상이 형성되지 않는 것이다. 따라서 인간관계가 파괴적으로 끝나는 경우가 많다(The American Psychoanalytic Association, 1990, 108).

시기심과 선망의 대상은 유아가 성장하면서 바뀔 수 있다. 성장한 아이들은 신체적 특징(키, 외모, 몸매, 근육 등), 의복, 재능, 학교 성적, 가정환경 등 자신이 갖지 못한 것을 가지고 있는 아이들을 부러워하는데, 이것은 페니스 선망이나 젖가슴 선망이 다른 대상으로 치환된 것이다. 시기와 선망의 대상은 대개 획득이 불가능한 것들이 많다. 따라서 시기와 선망에 대한 해결은 대상 획득의 불가능성을 인식하고 그 소망을 포기함으로써 이루어진다. 그것은 나에게 선망하는 목표가 있지만 그 목표에 도달할 수 없다는 현실을 수용하는 것이다. 완벽주의 내면아이는 이런 시기와 질투의 감정에 연루될 경우가 많다.

질투는 언급한 것처럼, 삼자관계에서 발생하는 감정이다. 그것은 내가 좋아하는 대상에 대한 경쟁자와의 관계에서 발생한다. 즉 질투는 내가 좋아하는 대상과 독점적인 관계를 맺으려는 소망에서 비롯된 것이다. 질투의 일차적인 목적은 대상에 대한 나의 관심을 표현하고 그 대상을 소유함으로써 나의 욕구를 충족하는 것이다. 그러나 질투에는 경쟁자를 무시하고 제거하려는 무의식적인 소망이 포함되어 있다. 정신분석에 따르면, 질투는 발달의 초기 단계인 오이디푸스 콤플렉스의 상황으로부터 기인하는 것으로 알려져 있다(The American Psychoanalytic Association, 1990, 106).

오이디푸스 콤플렉스 상황의 유아는 한쪽 이성 부모의 사랑을 독차지하기 위해 다른 쪽 동성 부모와 경쟁을 한다. 예를 들면, 남아는 자신이 사랑하는 엄마를 독점하기 위해 아버지와 경쟁하고, 여아는 자신이 사랑하는 아버지를 차지하기 위해 엄마와 경쟁한다. 이런 경쟁은 계속되는 오이디푸스 갈등 속에서 질투를 유발한다. 질투는 유아의 마음속에 경쟁자에 대한 미움, 분노, 적대감, 좌절감, 열등감 등을 만든다. 그러나 질투의 핵심목표는 경쟁자를 제거하고 사랑하는 대상을 소유하는 것이다.

유아의 독점하고자 하는 대상과 경쟁자는 유아가 성장하면서 달라진다. 유아가 성장함에 따라 독점하고자 하는 대상은 이성의 부모로부터 친구, 애인, 의복, 자동차, 집,

돈, 명예, 인기, 권력 등으로 치환된다. 경쟁자도 동성의 부모로부터 형제, 친구, 동료 등으로 치환된다. 질투도 시기와 선망처럼 인간의 근본적인 정서 중의 하나이다. 질투에는 한 대상을 향한 독점적인 사랑과 다른 대상에 대한 배타적인 미움이 동시에 존재한다. 따라서 질투의 감정은 내가 사랑하는 대상을 완전히 차지하거나 미워하는 대상을 제거함으로써 끝난다. 즉 질투는 삼자관계라는 한 울타리 안에 있던 세 사람 중에 한 사람이 그 울타리 밖으로 나가게 됨으로써 해결되는 것이 보통이다.

　완벽주의 내면아이는 자존감과 자신감이 부족하다. 어린 시절의 부모와 자기 안에 존재하는 내면부모로부터 끊임없이 비난과 지적을 받고 있기 때문이다. 자존감과 자신감의 향상을 위해서는 외부와 자기 내부로부터 들려오는 칭찬과 지지와 인정의 말들이 필요하다. 부모로부터 칭찬과 지지를 많이 받은 사람은 스스로 자기 자신을 칭찬하고 지지할 수 있는 능력이 강화된다. 반대로 부모로부터 비난과 지적을 많이 받은 사람은 스스로를 비난하고 지적할 수 있는 가능성이 많아진다. 유아의 건강한 성장 발달을 위해서는 자기가 사랑받고 환영받는 존재라는 느낌이 필요하다. 그것은 부모의 무조건적인 사랑과 인정과 지지를 통해서 이루어진다. 유아는 본래적인 자기애적 욕구를 지니고 있다. 그러나 이런 욕구가 제대로 충족되지 않으면 유아는 '나-됨(I-AMness)'이라는 자존감에 심각한 손상을 입는다. 그리고 자존감이 손상된 내면아이를 지닌 사람은 애정과 관심과 사랑, 그리고 인정받는 것에 대한 만족할 줄 모르는 탐욕을 지니게 된다 (Bradshaw, 1990, 11). 자존감은 내가 나를 얼마나 좋아하고 스스로 내 자신을 얼마나 가치 있게 생각하는가와 관련된 감정이다. 내가 나를 좋아하고 가치 있게 여긴다면 자존감이 높을 것이며, 내가 나를 싫어하고 가치 없게 여긴다면 자존감은 낮게 나타날 것이다. 자존감에는 자신감, 만족감, 행복감과 같은 동반 감정들이 따라 다닌다.

　자존감은 내가 나 스스로에게 주는 자기점수와 관계가 있다. 자기점수를 많이 주면 자존감이 높게 나타나고 자기점수를 적게 주면 자존감은 낮게 나타날 수밖에 없다. 그러므로 자존감이 부족하다는 것은 내가 내 자신을 낮게 평가하고 있다는 것을 의미한다. 그런데 자기점수는 다른 사람들이 나에게 주는 타인점수의 영향을 받는다. 다른 사람들이 나에게 높은 점수를 주면 나도 나에게 높은 점수를 줄 가능성이 많아진다. 다른 사람들이 낮은 점수를 주면 나도 나에게 낮은 점수를 줄 가능성이 많다. 즉 자기점수는 타인점수의 영향을 받는다. 자기점수가 타인점수의 영향을 받는 정도는 나이가 어릴수록 더욱 심하다. 왜냐하면 어린아이들은 어른들의 평가를 그대로 받아들여서 자기의 것으로 삼아 버리는 내면화의 기제가 어른들보다 훨씬 더 강화된 상태에 있기 때문이다. 자녀에게 가장 많은 영향을 끼치는 평가는 부모의 평가이다.

완벽주의 내면아이를 지닌 사람은 수치감과 낮은 자존감으로 인하여 왜곡된 자기표상과 대상표상을 가진다. 자기표상(self-representation)과 대상표상(object-representation)은 대상관계 이론의 주요 개념들로서 인간의 성격과 정신세계를 구성하는 구조물로 이해된다. 대상관계 이론가인 제이콥슨(E. Jacobson)에 따르면, 자기표상은 자기 자신에 대하여 자아(ego)가 자기 내부에 가지는 무의식적, 전의식적, 의식적인 이미지이다. 이것은 쾌 또는 불쾌 등의 감정에 대한 기억의 흔적들을 가지고 있으며, 신체 및 정신적인 자기의 상태와 잠재능력과 한계 등을 반영한다(Clair, 2004, 109). 자기표상은 외부대상의 세계와 구별되는 자기 자신에 대한 심리내적 이미지로서 스스로에게 자신을 구상화한 것이다.

대상표상은 자기와 연관하여 갖게 되는 외부대상, 즉 다른 사람에 대한 이미지로서 다른 사람의 모습이 하나의 정신적인 상으로 떠오른 것을 말한다. 따라서 대상표상은 외부의 실재 대상과 반드시 일치하지는 않는다. 어린 유아에게 대상표상은 자기표상과 경계가 이루어지지 않은 채로 함께 융합되어 있으나 유아가 성장과 발달을 거듭함에 따라 두 표상으로 분화된다(Clair, 2004, 110). 유아는 처음에는 자기와 대상을 구별하지 못한다. 외부대상을 자신의 한 부분으로 여긴다. 즉 유아는 어머니의 젖가슴과 자기 손가락을 구분하지 못한다. 엄마의 젖가슴이 없을 때 자기 손가락을 빠는 것으로 대치한다. 그러나 유아는 점진적으로 자기와 대상, 즉 나와 나 아닌 것을 구분하게 되고, 그 결과 자기표상과 대상표상을 지니게 된다. 유아가 자기표상과 대상표상을 형성하는 데 가장 많은 영향을 주는 외부대상은 부모이다. 유아는 부모와의 상호작용을 통해서 자기표상과 대상표상을 형성한다. 한번 형성된 자기표상은 자기 자신에 대한 태도와 이미지와 감정에 지속적으로 영향을 주며, 대상표상은 다른 사람과 관계를 맺는 태도와 이미지와 감정에 지속적으로 영향을 미친다. 완벽주의 내면아이를 지닌 사람은 항상 자기 자신이 뭔가 부족하고 미달된다는 느낌과 함께 자기 자신이 칭찬과 인정받지 못할 거라는 자기표상을 가지고 있다. 그리고 다른 사람들은 자기 자신보다 낮고 그들은 항상 나를 지켜보고 있으며 결코 나의 실수를 용납하지 않을 거라는 대상표상을 가지고 있다.

완벽주의 내면아이는 현실적으로 실천하기 어려운 목표를 세운다. 거의 완벽에 가까울 만큼 과도한 목표를 수립한다. 왜 그럴까? 그 내면아이는 외부의 실재 부모와 내부의 내면부모에게 자신이 훌륭하다는 것을 입증해야 한다고 생각하기 때문이다 (Wright; 송헌복, 박인숙 역, 1996, 137). 그 내면아이는 현실을 고려하지 않고 목표를 세운다. 완벽주의 내면아이를 지닌 학생은 현재 자신의 실력은 생각하지 않고 다음 시험에서 학급석차 1등이라는 목표를 세운다. 완벽주의 내면아이를 지닌 사업가는 금년도의 실적에 관계없이 과도하게 세운 내년도의 사업목표를 발표한다. 완벽주의 내면아이를 지닌 여인은 자신의 건강상태는 고려하지 않고 최고의 현모양처가 될 것이라고 결심한다. 하지만 그들은 곧 무리한 목표 때문에 스스로 좌절해 버린다. 그들이 세운 목표는 달성할 수 없는 목표이기 때문이다. 그들은 과도한 '목표 세우기와 목표 포기하기'라는 양극을 반복적으로 왕래한다. 이것은 완벽을 요구하는 내면부모에 대한 내면아이의 저항방식이다.

완벽주의 내면아이는 성공과 성취에 집착하고 몰두한다. 성공과 성취를 위해 분투한다. 출세, 승진, 학위 획득, 권력 획득, 사업 확장, 재산 증식, 대기업, 대형교회……. 완벽주의 내면아이를 지닌 사람은 성공이라는 안경을 쓰고 자기 자신을 바라본다. 왜 그럴까? 성공하면 인정받을 수 있다고 생각하기 때문이다. 성공은 인정받기 위한 수단이다. 그 사람의 내면아이는 이렇게 생각한다. '내가 어려서 부모에게 인정받지 못한 것은 더 노력하지 않았기 때문이다. 내가 더 노력해서 성공하면 인정받게 될 것이다.' (Missildine, 1963, 84) 완벽주의 내면아이를 지닌 사람은 성공을 위해 총력 질주한다. 인생을 달리기 경주처럼 성공을 위해 달려간다. 일하고 또 일하고, 확장하고 또 확장하고, 끊임없이 달린다. 일 중독에 빠질 가능성이 있다. 건강하고 행복한 삶에는 일과 사랑의 균형이 필요하다. 사랑만 있고 일이 없는 사람은 자신감과 성취감을 잃는다. 일만 있고 사랑이 없는 사람은 삶의 의미와 가치를 잃는다. 완벽주의 내면아이를 지닌 사람은 일과 성공에 집착함으로써 사랑을 잃을 수 있다. 그 사람은 성공하면 인정받게 되고 인정받으면 사랑받을 수 있을 거라는 거짓된 자기 음성에 귀를 기울이다가 결국 사랑을 잃어버린다. 그 사람의 성공은 인정을 받기 위한 과시적인 행동이므로 성공을 할지라도 진정한 기쁨과 만족을 누리지 못한다.

완벽주의 내면아이는 성공과 성취를 향해 총력질주하기 때문에 삶에 휴식과 쉼표가 없다. 쉬면서 삶을 즐기지 못한다. 왜냐하면 항상 일하고 있지 않으면 불안하게 느껴지기 때문이다. 완벽주의 내면아이를 지닌 사람은 그냥 친구들과 앉아 이야기하고 노는 것을 견디지 못한다. 그것은 시간 낭비요, 비생산적인 행동이라고 생각하기 때문이다. 그래서 사회적 관계나 친구와의 사귐이 원만하지 못하다(Missildine, 1963, 79-80). 그런 태도는 가족관계에서도 그대로 나타난다. 완벽주의 내면아이를 지닌 남편은 집에 퇴근하면서 일거리를 가지고 오며 집에서 일하느라고 가족과 시간을 보내지 못한다. 모처럼 가족과 휴가를 가면서도 학습용 책이나 일거리를 가지고 간다. 중소기업의 사장이었던 50대 초반의 한 남자는 나에게 이렇게 말했다. "선생님, 하루가 30시간이었으면 좋겠습니다. 시간이 부족합니다." 그는 항상 할 일은 많은데 시간이 턱없이 부족하다고 생각한다. 그는 아내와 자녀들의 요청으로 모처럼 시간을 내서 여행을 떠났지만 하루가 지나자 회사일이 궁금해서 견딜 수가 없었다. 그는 쉬지 않고 전화를 했다. 전화하느라고 가족과 함께 보낼 시간이 없었다. 아내는 불만을 터트렸고 결국 2박 3일로 계획했던 여행이 1박 2일로 끝나고 말았다.

한편, 완벽주의 내면아이를 지닌 사람은 여행도 마치 수행해야 할 하나의 일처럼 생각하는 경향이 있다. 철저한 계획과 준비를 하고 그 계획과 스케줄에 맞춰 여행을 한다. 스케줄에 차질이 있으면 안 되기 때문에 몹시 신경을 써야 한다. 따라서 가족들에게 여행은 휴식이나 즐거움이 아니라 스트레스가 될 수 있다.

완벽주의 내면아이를 지닌 사람은 모든 일에 지치고 탈진할 때까지 일한다. 왜냐하면 완벽하게 해야 하기 때문이다. 완벽주의 내면아이를 지닌 여인은 집안 청소를 할 때 지쳐 누울 때까지 철저하게 청소한다. 쓸고 닦고 문지르고 다시 쓸고 닦고 문지르고……. 그런 다음 침대에 쓰러지듯 누우며 이렇게 말한다. "아이코, 죽겠다. 지쳐 죽겠다." 완벽주의 내면아이를 지닌 회사원은 보고서를 작성하는 데 며칠 밤을 새운다. 읽고 고치고 다시 작성하기를 반복한다. 이 사람들은 누가 그렇게 하라고 시키지도 않았는데 그렇게 한다. 그렇게 하지 않으면 불안하기 때문이다. 그들은 내면에서 모든 것을 완벽하게 하지 않으면 안 된다고 끊임없이 말하는 음성을 듣는다.

완벽주의 내면아이는 혼자 있기를 좋아하고 혼자 일하는 것을 좋아한다. 그리고 혼자 일할 때 능률이 오른다. 미실다인에 따르면, 완벽주의의 성향을 지닌 사람들은 내면부모의 높은 기대와 기준과 평가로 인해서 함께 일하는 사람들과 갈등을 일으키기 때문에, 그리고 비교하고 인정욕구와 성공에 집착하는 내면아이의 특성 때문에, 단체보다 혼자 일하는 영역에 적합하다. 그들은 창조적인 분야와 혼자 일하는 분야에서 성공할 수 있다. 완벽주의 내면아이를 지닌 사람은 타인과의 경쟁은 물론 자기 자신과 경쟁하는 경향이 있다(Missildine, 1963, 79). 그리고 능력 있는 사람은 혼자 일한다는 생각을 가지고 있다. 왜냐하면 다른 사람들에게 부탁을 하거나 도움을 청하는 것은 약점의 표시로 인식되기 때문이다. 그래서 고통스러울지라도 다른 사람들에게 도움을 청하지 않는다.

완벽주의 내면아이를 지닌 사람은 대개 두뇌가 명석하고 모든 것을 철저하게 하려고 하기 때문에 공부를 잘하고 일을 잘 해서 사회적으로 성공하는 경우가 많다. 그 사람은 연구하고 발명하고 가르치는 전문분야에서 성공할 수 있다. 그러나 남들이 보기에는 성공한 것처럼 보일지라도 마음은 항상 공허하다. 그의 내면아이는 여전히 인정받지 못했다고 생각되기 때문이다. 미실다인은 그렇게 외적인 일에 성공하고도 내적인 공허감을 느끼는 사람을 '성공적인 실패작(successful failure)'이라고 했다(Missildine, 1963, 76).

완벽주의 내면아이의 기능과 역할은 무엇일까? 두 가지로 나누어 볼 수 있다. 하나는 내부에 있는 내면부모와의 관계이고 다른 하나는 외부에 있는 다른 사람들과의 관계이다. 완벽주의 내면아이는 자기 안에 있는 완벽주의 내면부모의 끊임없는 요구와 비난과 처벌로 인하여 스트레스를 받는다. 그것은 한 사람의 마음속에서 두 인격이 갈등과 충돌을 일으키고 있다는 것을 의미한다. 마음이 하나로 통합되지 못하고 분할되어 있다. 그 결과, 외부 사건과 관계없이 자기 안에서 많은 에너지를 소비해야 한다. 그러나 내면아이의 저항은 지속되기가 어렵다. 왜냐하면 그것은 너무나 많은 스트레스를 받고 에너지를 소비해야 하는 일이기 때문이다. 따라서 완벽주의 내면아이는 완벽주의 내면부모의 기대와 요구에 적응하려고 한다. 적응은 두 가지 수준에서 나타난다. 하나는 건강한 적응으로서 이것은 내면부모와 내면아이라는 두 인격의 간격을 좁히고 통합하는 것이다. 다른 하나는 병리적인 적응으로서 이것은 내면아이가 자신의 감정과 욕구를 억압하고 내면부모의 요구에 흡수되는 것이다. 후자의 경우 앞에서 논의한 것처럼 완벽주의 내면부모와 내면아이의 많은 문제가 나타난다.

완벽주의 내면아이의 또 하나의 기능과 역할은 외부의 대상들과의 관계이다. 외부 대상은 주로 부모, 손윗사람, 권위적인 인물, 직장상관, 그리고 배우자 등이다. 즉 자기 자신보다 힘이 있거나 우월하게 느껴지는 대상들이다. 배우자는 인간관계에 있어서 이중적인 태도를 지니게 되는 대상이다. 어떤 때는 내면부모로서 그리고 또 다른 때는 내면아이로서 만나는 대상이 된다. 자기 자신보다 힘이 센 대상을 만나면 완벽주의 내면아이가 작동하고 활성화된다. 실수하지 않으려고 긴장하게 되고, 칭찬과 인정을 받으려고 노력하며, 눈치를 보고 수치감을 느끼기도 한다. 내면아이는 긴장과 위축 상태에 있게 된다.

사례

...

　단풍(가별칭)은 어린 시절 인정과 칭찬이 없는 완벽주의 엄마와 함께 살았다. 엄마는 항상 단풍이 할 수 있는 것 이상의 것을 하기를 기대하고 요구했다. 단풍의 집에는 아들이 없었다. 단풍의 엄마는 아들을 낳기 원했지만 아들을 낳지 못했다. 아들을 기대하고 임신을 했지만 딸만 다섯을 낳았다. 엄마는 딸 다섯이 한 아들만 못하다고 생각했다. 그런 까닭에 딸들이 웬만큼 잘해서는 기쁨이 되지 않았다. 단풍은 엄마한테 칭찬을 받아 본 기억이 없다. 초등학교 시절 단풍은 선생님으로부터 공부를 잘해서 공책 세 권을 상으로 받은 적이 있었다. 단풍은 자랑스러웠다. 집에 와서 엄마에게 공책을 보여 주며 말했다. "엄마, 나 상 탔어요. 이 공책 좀 보세요!" 그러나 엄마는 별로 반가워하지 않았다. 칭찬도 하지 않았다. 혼잣말처럼 이렇게 말했다. "아들이 상을 타 왔다면 오죽이나 좋을까?" 엄마는 딸들이 아들이 되기를 기대했다. 그것은 불가능한 일이었다.

　단풍은 항상 마음이 허전했다. 엄마에게 인정받고 싶었지만 인정받지 못했기 때문이다. 단풍의 인정욕구 탱크는 텅 비워져 있었다. 단풍은 자기 자신을 못났다고 생각했으며 항상 자기 자신을 과소평가했다. 한번은 친구들과 어울려 놀다가 말다툼을 하며 싸운 적이 있었는데, 단풍은 맞서 싸우지 못했다. 자기주장을 못했다. 힘없이 포기하고 돌아왔다. 왜냐하면 내면의 힘이 부족했기 때문이다. 그 힘은 엄마와 아버지의 지지와 인정으로부터 생겨나는 것인데, 단풍에게는 그런 힘이 없었다. 단풍은 스스로 자기는 매력이 없으며, 다른 사람은 아무도 자기를 좋아하지 않을 것이라고 생각했다. 청년 시절 단풍은 의외의 행동을 했다. 남자들을 만났는데 그들을 좋아하지 않으면서도 만났다. 그들의 성적인 요구를 모두 들어주었다. 자신의 욕구를 채운 남자들은 단풍을 떠났다. 단풍은 배신의 상처를 입었다. 단풍은 왜 좋아하지 않으면서도 그들의 요구를 거절하지 못했을까? 그 이유는 인정받고 싶은 욕구 때문이었다. 그것은 그녀의 완벽주의 내면아이가 지닌 핵심문제였다. 단풍은 그들로부터 인정과 애정을 얻기 위해 그들의 요구를 들어준 것이다. 그러나 그것은 결코 옳은 방법이 아니었다.

레슬리(가명)는 부유한 가정에서 자란 총명하고 매력적인 소녀이다. 하지만 그녀는 자살을 시도하여 정신과 상담을 받게 되었다. 그녀의 부모는 항상 딸의 행복만을 생각했다고 말했지만 정작 그녀는 행복하지 않았다. 왜냐하면 자신에 대한 부모의 기대와 기준이 너무 높아 그 요구에 맞출 수가 없었기 때문이다. 레슬리는 학업 성적도 뛰어나고 예쁜 소녀였지만 항상 자신감이 없었다. 자기가 한 일을 과소평가했으며 자신이 어머니의 명예와 위신을 떨어트리고 있다고 생각했다. 레슬리는 이렇게 말했다. "만일 내가 엄마가 되어 나와 같은 딸을 두었다면 얼마나 끔찍할까?" 이처럼 그녀는 자기 자신을 받아들이지 못했다. 그녀는 엄마의 생각과 태도를 내면화하여 그대로 자기 자신에게 적용하였다.

레슬리가 성장하는 동안 그녀의 부모는 그녀에게 스스로 할 수 있는 기회를 주지 않았다. 항상 개입하여 지시하고 요구했다. 그녀가 완벽한 인간으로 성장하기를 원했기 때문이다. 그녀의 어머니는 완벽한 양육을 위해 엄격한 규칙과 규정을 정해 놓고 그대로 실천에 옮겼다. 레슬리는 불과 생후 3개월부터 대소변 가리기 훈련을 받았다. 성장하면서 그녀에게는 더 엄격한 기준들이 부과되었다. 말씨, 태도, 청결, 품행, 순종, 친구를 사귀는 것에서부터 공부, 독서, TV 시청, 숙제, 예절 등에 이르기까지 모든 분야에서 철저하게 훈련을 받았다. 균형 잡힌 몸매와 걸음걸이와 옷차림까지 항상 신경을 써야 했다. 레슬리의 어머니는 그녀에게 처벌을 하거나 심하게 꾸짖지는 않았다. 대신 자신의 불만과 요구사항을 은근하게 그러나 거부할 수 없게 표현했다. "네 친구 도로시는 착한 아이이지만 단정하지 못하고 말하는 것이 어법에 맞지 않더구나. 그렇지 않니? 앨리스를 초대하는 것이 어떻겠니? 앨리스는 좋은 집안에서 자란 아이더구나." "물론 네가 입고 싶은 옷을 입거라. 그러나 지금 입고 있는 옷은 너무 야하지 않니? 푸른색 계열의 옷을 입으면 정숙해 보일 거야." 레슬리는 어머니에게 인정을 받기 위해 열심히 공부했다. 그러나 학교에서 항상 백점을 받을 수는 없었다. 레슬리는 자신이 앨리스보다 도로시를 더 좋아하는 것에 대한 죄책감을 느꼈다. 엄마가 도로시와 노는 것을 좋아하지 않았기 때문이다. 레슬리는 자기가 입는 옷이나 색상에 대한 자신의 감각과 취향이 매우 조잡하다고 생각했다. 항상 어머니에게 지적을 받았기 때문이다. 레슬리는 수치감과 낮은 자존감으로 삶에 대한 기쁨이 없었다. 그녀는 공허감과 비애를 느꼈으며 삶에 대한 희망을 잃어 버렸다. 그녀에게 있어서 부모에게 인정받지 못하는 것은 세상으로부터 인정받지 못하는 것과 같은 것이었다(Missildine, 1963, 85-87).

...

완벽주의와 결혼

완벽주의 내면부모 밑에서 자란 사람의 마음속에는 완벽주의 내면부모와 내면아이라는 두 인격이 있기 때문에 부부관계는 복잡해지고 어려울 수밖에 없다. 완벽주의 내면부모는 기대와 기준이 높기 때문에 그런 내면부모를 지닌 사람은 자신이 원하는 배우자를 만나는 것이 쉽지 않다. 완벽주의 내면부모를 지닌 사람은 완벽한 배우자를 찾는다. 외모와 지성과 가문과 경제력 그리고 신앙과 교양까지 모든 것에 준비되어 있는 대상을 구한다. 그러나 그런 대상을 만난다는 것은 어려운 일이다. 한편, 그 사람의 마음속에 있는 완벽주의 내면아이는 자기가 완벽하지 않기 때문에 어떤 사람도 자기와 결혼하기를 원하지 않을 거라고 생각한다. 그 결과, 늦은 나이까지 결혼을 못하는 경우가 많다.

완벽주의 내면아이는 결혼도 인정과 칭찬을 받기 위한 수단, 즉 하나의 성공으로 생각한다. 결혼이 자기가 성공한 사람이 되기 위한 수단이 되는 셈이다(Missildine, 1963, 81). 완벽한 배우자를 찾는 이유는 자기가 결혼에 성공했다는 것을 다른 사람들에게 알리고 싶기 때문이다. 다른 사람들의 중심에는 항상 아버지와 어머니가 있다. 따라서 그 사람에게는 사랑이나 신뢰 같은 인격적인 요소보다 외모와 지위와 재산 같은 외적인 조건이 결혼의 이유가 된다.

완벽주의 내면아이를 지닌 사람은 부부의 성생활에 있어서도 성공과 성취감을 추구한다. 성생활에서의 성공은 배우자를 완벽하게 만족시키는 것이다. 만약 배우자에게서 그런 반응이 나타나지 않는다면 스스로 실패했다고 느끼고 자기 자신을 비하한다. 그리고 그것은 다시 실패할지 모른다는 두려움과 불안감으로 이어진다. 그 결과, 만족한 성생활이 어려워진다(Missildine, 1963, 80). 배우자를 성적으로 완벽하게 만족시켜 주어야 한다는 성공의식은 오히려 부담이 되어 부부의 성생활을 회피하게 만드는 이유가된다. 그것은 영혼 없는 성교, 즉 사랑과 친밀감이 빠진 성교를 만든다.

완벽주의 내면부모와 완벽주의 내면아이를 지닌 사람은 부부 사이에 친밀감을 느끼는 데 어려움이 있다. 완벽주의 내면부모는 상대방이 완벽하게 행동하기를 요구하고, 완벽주의 내면아이는 완벽하지 않은 자신의 모습을 감추어야 한다고 생각하기 때문이다. 마음의 벽을 쌓아 놓고 배우자로부터 일정한 거리를 유지한다. 그런 까닭에 친밀감보다는 외로움과 우울을 자주 느낀다. 외로움과 우울한 정서에 익숙해져 버린다. 이런 상태에 이르면, 친밀감을 원하면서도 그것을 회피한다. 이처럼 친밀감은 완벽주의자들이 가장 원하는 것이지만 동시에 두려워하는 것이기도 하다(Stoop; 김태곤 역, 2006, 116).

완벽주의 내면부모와 완벽주의 내면아이는 상황에 따라 강화되고 작동되는 경우가 다르기 때문에 부부관계에 혼란을 초래한다. 한 사람의 인격 안에서 완벽주의 내면부모가 작동되면 과거에 부모가 자기 자신에게 그렇게 했던 것처럼 배우자에게 완벽한 모습을 기대하고 요구한다. 너무 높은 기준 때문에 배우자를 칭찬하거나 인정하는 일이 거의 없으며, 배우자의 실수를 용납하지 못한다. 그 사람이 남자라면, 아내에게 항상 집안을 깨끗이 정리 정돈하고, 시간 맞춰 좋은 음식을 제공하고, 자녀들을 훌륭하게 양육하기를 기대하고 요구할 것이다. 그 사람이 여자라면, 남편에게 사회활동과 가정생활에 완벽한 균형을 유지하고, 집안을 지저분하게 하지 않도록 요구하며, 세세한 잔소리로 남편에게 스트레스를 줄 수 있을 것이다. 데이빗 스툽은 "완벽주의자는 불완전한 나의 배우자를 완벽하게 바꾸자는 목표를 세운다."고 말했다(Stoop; 김태곤 역, 2006, 115). 그러나 그 사람의 내면에서 내면아이가 활성화되면 배우자에게 의존적이 되고 배우자로부터 사랑과 인정을 받기 위해 노력할 것이다. 배우자에게 실수하는 모습을 보여 주지 않으려고 애쓰고 자기 자신의 입장이 분명한 경우에도 "아니요."를 못하고 눈치를 보게 될 것이다. 즉 내면부모가 활성화되면 요구적(demanding)이 되고, 내면아이가 활성화되면 의존적(depending)이 된다. 부부관계에서 요구와 의존을 반복한다.

...

빌라드(가명)는 명석하고 매력적인 지식인이었지만 그의 결혼 생활은 완벽주의 성향 때문에 어려움을 겪고 있었다. 그는 아내와 별거와 다름없는 생활을 하고 있었다. 그는 화학자였는데, 퇴근을 하면 저녁식사를 하자마자 자신의 연구실로 들어가 과학 잡지를 읽으면서 새로운 실험 계획을 세우느라고 꼼짝하지 않았다. 그는 아내가 말을 붙이려 하면 안타깝다는 듯이 퉁명스럽게 말했다. "여보, 내가 바쁘다는 것을 당신도 알지 않소! 이해하지?" 아내는 남편이 자신의 기분은 전혀 생각해 주지 않을 뿐만 아니라 자신은 남편에게 별로 중요한 사람이 되지 못한다는 것 때문에 괴로워했다. 아내는 남편을 대화의 장으로 끌어내기 위해 자신은 흥미도 없는 화학에 관한 이야기를 나누기도 했다. 그러나 빌라드는 자신의 연구에 빠져들 뿐이었다. 빌라드는 자신의 연구 활동에 적극적으로 성원해 주지 않는 아내에게 불만을 나타냈다. "여보, 당신도 알다시피 나는 이 일을 결국 당신과 우리 모두를 위해서 하고 있는 것이란 말이요."

빌라드는 왜 이렇게 사랑과 결혼 생활은 무시하고 일에만 몰두하고 있는 것일까? 어린 시절 빌라드의 아버지는 성공한 사업가였다. 아버지는 사업에만 관심을 두었으며 집안일에는 관심이 없었다. 그가 사업에 대해 생각하고 있을 때에는 아무도 말을 걸어서는 안 되었다. 빌라드의 어머니는 자기 고장의 역사를 글로 쓰는 작가였으며 그 고장의 발전을 위한 사업 추진회의 회장이었다. 아버지는 아버지대로, 어머니는 어머니대로, 너무나 바쁘게 지냈다. 그래서 빌라드는 부모 중 누구와도 친밀하게 이야기를 나눌 시간을 갖지 못했다. 빌라드는 부모처럼 자기도 성공해야 한다고 생각했다. 그는 열심히 공부함으로써 성공적이고 화려한 부모님의 삶을 따라가려고 노력했다. 그는 부모의 인정을 받기 위해 안간힘을 썼다. 이런 삶의 태도는 결혼 후에도 계속되었다. 그는 아내와 함께 시간을 보내며 정담을 나누는 것은 비생산적이고 시간 낭비와 같이 느껴졌다. 그는 일과 관계된 것을 하고 있지 않으면 불안을 느껐다. 왜냐하면 그의 내면에는 더 열심히 일해서 성공하지 않으면 인정받지 못한다고 생각하는 내면아이가 있었기 때문이다(Missildine, 1963, 81-82).

· · ·

◈ 완벽주의와 인격장애

　　　　　　　　　인격장애(personality disorder)는 대다수의 사람에게서 보이는 일반적인 정신활동과 행동으로부터 동떨어진 특성을 나타내는 사람에게 내려지는 정신의학적인 진단명이다. 인격장애를 지닌 개인은 그 사람이 속한 사회의 문화적인 기대로부터 심하게 벗어난 내적 경험과 외적 행동을 보이는데, 그것은 광범위하게 굳어져 있고 시간이 지나도 쉽게 변화되지 않는 지속성의 문제를 가지고 있다(American Psychiatric Association, 1996, 629). 시간이 지나도 변화되지 않는 이유는 그것이 하나의 성격으로 굳어졌기 때문이다. 우리말로 인격장애는 성격장애와 동일한 말이다. 미국 정신치료 의학회에서 발간한『정신질환의 진단 및 통계 편람-제4판(DSM-IV)』(1994)을 번역한 이근후 박사 팀은 인격장애로 번역했고,『정신질환의 진단 및 통계 편람-제5판(DSM-5)』(2015)을 번역한 권준수 박사 팀은 성격장애로 번역했다. 이 책에서는 인격장애라는 용어로 통일한다. DSM-5에 따르면, 인격장애는 편집성 인격장애, 조현성(분열성) 인격장애, 조현형(분열형) 인격장애, 반사회성 인격장애, 경계성 인격장애, 연극성(히스테리성) 인격장애, 자기애성 인격장애, 회피성 인격장애, 의존성 인격장애, 강박성 인격장애 등 10가지로 분류된다(괄호 안의 명칭은 이근후 박사 팀이 번역한 용어이다).

　　앞에 제시된 10가지의 인격장애는 증상의 유사점에 따라 크게 세 집단으로 묶을 수 있다(Meyer & Osborne; 김영애 역, 1997, 265-266).

1) 괴상하거나 별난 행동이 나타나는 인격장애

- 편집성 인격장애: 타인의 말과 행동을 있는 그대로 믿지 못하고 의심함
- 조현성(분열성) 인격장애: 사회적 관계에서 고립되고 정서표현이 제한됨
- 조현형(분열형) 인격장애: 대인관계의 불안, 인지와 지각의 왜곡, 망상과 환상, 괴상

한 행동을 나타내 보임

2) 극적이고 정서적으로 불규칙한 행동이 나타나는 인격장애

- 반사회성 인격장애: 타인의 권리를 무시하고 사회적인 규범을 위반하는 행동을 함
- 경계성 인격장애: 자아상, 감정, 대인관계가 불안정하고 분노조절에 어려움이 있음
- 연극성(히스테리성) 인격장애: 과도하게 감정적이며 타인의 관심을 끌기 위해 행동함
- 자기애성 인격장애: 자신을 과대평가하고 칭찬에 대한 과도한 욕구가 있으나 타인에 대한 공감 능력은 결여됨

3) 불안과 공포감을 느끼는 인격장애

- 회피성 인격장애: 대인관계와 사회활동을 회피하며 부정적 평가에 과민하게 반응함
- 의존성 인격장애: 타인의 보호와 지지에 대한 과도한 욕구 때문에 스스로 행동하지 못하고 의존하고 매달림
- 강박성 인격장애: 지나친 정리 정돈과 완벽성을 추구하고 자기 자신 및 타인의 행동을 집착적으로 통제하려 함

완벽주의 내면부모와 내면아이를 지닌 사람과 가장 관련이 많은 인격장애는 강박성 인격장애(obsessive-compulsive personality disorder)와 자기애성 인격장애(narcissistic personality disorder)로 보인다. 강박성 인격장애는 자기 자신과 다른 사람에게 항상 완벽하기를 요구하고, 엄격하게 행동하며, 원리원칙을 강조하고, 삶의 규범과 의례를 과도하게 챙기는 것이 그 특징이다. 그 결과 지나치게 철저하고 꼼꼼하며, 정서적으로 위축되어 있고, 자신의 삶을 즐기지 못하며, 자신이 지닌 잠재능력을 발휘하지 못한다(원호택, 2003, 366). 그러나 강박성의 인격을 지닌 사람은 정도가 심하지 않다면 사회생활에 잘 적응해 나간다. 따라서 강박성 인격장애와 강박성 인격성향을 구별할 필요가 있다. 강박성 인격성향은 정도가 심하지 않은 상태로서 정상적인 인격의 범주에 들어가며 장애로 간주되지 않는다. 강박성 인격성향을 지닌 사람은 스트레스에 취약하기는 하지만, 성취 지향적이고 가정적으로나 사회적으로 성공적인 삶을 사는 경우가 많다. 그러나 강박성 인격장애를 가진 사람은 성공적인 삶이 어렵다. 중년기가 되면 우울증에 걸리기 쉽다는

연구보고도 있다(원호택, 2003, 367). DSM-5에 따르면, 강박성 인격장애의 진단기준은 다음과 같다(American Psychoanalytic Association; 권준수 외 역, 2015).

〈강박성 인격장애 진단기준〉
융통성, 개방성, 효율성을 희생시키더라도 정돈, 완벽, 정신적 통제 및 대인관계의 통제에 지나치게 집착하는 광범위한 양상으로 이는 청년기에 시작되며 여러 상황에서 나타나고 다음 중 네 가지(또는 그 이상)로 나타난다.

1. 내용의 세부, 규칙, 목록, 순서, 조직 혹은 스케줄에 집착되어 있어 활동의 중요한 부분을 놓침
2. 완벽함을 보이나 이것이 일의 완수를 방해함(예: 자신의 완벽한 기준을 만족시키지 못해서 계획을 완수할 수 없다)
3. 여가활동이나 친구 교제를 마다하고 일이나 성과에 지나치게 열중함(경제적으로 필요한 것이 명백히 아님)
4. 지나치게 양심적임, 소심함 그리고 도덕 윤리 또는 가치관에 관하여 융통성이 없음 (문화적 혹은 종교적 정체성으로 설명되지 않음)
5. 감정적인 가치가 없는데도 낡고 가치 없는 물건을 버리지 못함
6. 자신의 일하는 방법에 대해 정확하게 복종적이지 않으면 일을 위임하거나 함께 일하지 않으려 함
7. 자신과 타인에 대해 돈 쓰는 데 인색함. 돈을 미래의 재난에 대해 대비하는 것으로 인식함
8. 경직되고 완강함을 보임

이 외에도 강박성 인격장애가 있는 사람은 어떤 문제를 선택하고 결정하는 것을 어려워하거나 그렇게 하는 데 많은 시간이 걸린다. 새로운 일을 계획하거나 추진하지 못하며, 이미 시작한 일도 완수하지 못하고 중도에 그만두는 경우가 많다. 자기 방식대로 상황이 통제되지 않으면 당황하거나 화를 낸다. 존경하는 권위자에게는 복종하지만 존경하지 않는 권위자에게는 분노를 느끼며 반항한다.

모든 인격장애와 마찬가지로 강박성 인격장애의 원인을 밝혀내는 것은 어려운 일이다. 왜냐하면 거기에는 유전적인 요인과 환경적인 요인이 모두 고려되어야 하기 때문이다. 환경적인 요인에는 외상적 환경과 반복적 환경이 모두 포함되어야 한다. 따라서 강박성 인격장애의 원인으로서 부모의 완벽주의 양육태도를 언급하는 것은 제한적이며 부분적인 논의가 될 수밖에 없다. 다만, 다양한 부모의 양육태도 중에서 완벽주의 양육태도가 강박성 인격장애의 원인과 가장 관련이 많다는 것을 이해하는 것이 필요하다. 완벽주의 양육태도를 지닌 부모 밑에서 자란 자녀의 내면에 형성된 완벽주의 내면부모와 내면아이는 강박성 인격장애에서 나타나는 특징들과 유사한 점이 많기 때문이다.

자기애성 인격장애도 완벽주의와 관련이 있어 보인다. 그러나 강박성 인격장애만큼 관련이 많은 것은 아니다. 완벽주의 내면부모에게서 나타나는 이상적 자아의 모습과 다른 사람들에 대한 비판적인 태도, 그리고 완벽주의 내면아이에게서 보이는 인정욕구와 성공에 대한 집착은 자기애성 인격장애의 특징과 유사한 면이 있다. 자기애성 인격장애는 자기가 중요한 인물이며 특별한 대우를 받아야 한다는 과장된 자기 지각을 특징으로 한다. 이 장애를 지닌 사람은 다른 사람들을 배려할 줄 모르며, 주고받는 정서적 상호관계가 결여되어 있다. 자신의 과대성향을 유지하기 위하여 합리화하거나 공상에 잘 빠진다. 자기애성 인격장애를 지닌 사람의 인지도식은 '나는 내 뜻대로 해야 한다.' '다른 사람들은 내 뜻에 따라야 한다.' '나는 특별한 존재이다.' '나는 숭배받아야 한다.' 등 자기 중심적으로 되어 있다(원호택, 2003, 360-361). DSM-5에 따른 자기애성 인격장애의 진단기준은 다음과 같다(American Psychoanalytic Association; 권준수 외 역, 2015).

〈자기애성 인격장애 진단기준〉

과대성(공상 또는 행동상), 숭배에의 요구, 감정이입의 부족이 광범위한 양상으로 나타나고 이는 청년기에 시작되며 여러 상황에서 나타나고 다음 중 다섯 가지(또는 그 이상)로 나타난다.

1. 자신의 중요성에 대한 과대한 느낌을 가짐(예: 성취와 능력에 대해서 과장한다. 적절한 성취 없이 특별대우 받기를 기대한다.)
2. 무한한 성공, 권력, 명석함, 아름다움, 이상적인 사랑과 같은 공상에 몰두함

3. 자신의 문제는 특별하고 특이해서 특별하게 높은 지위의 사람(또는 기관)만이 그것을 이해할 수 있고 또는 관련해야 한다는 믿음

4. 과도한 숭배를 요구함

5. 자기에게 특별한 자격이 있는 것 같은 느낌을 가짐(즉 특별히 호의적인 대우를 받기를 원하며 다른 사람들이 자신의 기대에 자동적으로 순응하기를 불합리하게 기대한다)

6. 대인관계에서 착취적임(즉 자신의 목적을 달성하기 위해서 타인을 이용한다.)

7. 감정이입의 결여: 타인의 느낌이나 요구를 인식하거나 확인하려 하지 않음

8. 다른 사람을 자주 부러워하거나 다른 사람이 자신을 시기하고 있다는 믿음

9. 오만하고 건방진 행동이나 태도

이상의 진단기준 외에 더 부수적인 특징들이 있다. 자기애성 인격장애를 지닌 사람은 자존감이 낮아 상처 입기 쉬우며, 다른 사람들의 평가와 비난에 대해서 항상 두려움과 분노를 느낀다. 칭찬과 인정받는 것에 대한 강한 욕구를 지니고 있지만 남을 칭찬하고 인정해 주지는 못한다. 대개의 대인관계는 실패로 끝나기 쉬우며, 수치감과 굴욕감으로 인한 고립과 우울을 자주 경험한다. 때로는 거만해 보이며 도전적인 반격을 가함으로써 다른 사람들에게 상처를 입힌다. 인정에 대한 욕구 때문에 높은 목표를 세우지만 대부분 실패로 끝난다.

심리적 치유

치유는 매우 복합적이며 많은 시간과 노력이 필요한 과정이다. 치유의 일반적인 원리와 총체적인 과정은 별도의 지면이 필요하다. 여기서는 완벽주의 내면부모와 내면아이의 치유에 참고할 수 있는 부분적인 논의를 할 수 있을 뿐이다. 그런 의미에서 치유라기보다는 치유적 논의라고 해야 할 것이다. 치유적 논의는 심리적 치유, 영적 치유, 자기 치유라는 세 가지 측면에서 다루려고 한다.

완벽주의 내면아이가 지닌 문제 중의 하나는 인정욕구의 탱크가 채워지지 못했다는 것이다. 부모는 자녀에 대한 지나친 기대와 높은 기준 때문에 자녀가 지닌 칭찬과 인정

의 욕구를 채워 주지 못했다. 유아는 부모의 사랑과 인정과 지지가 절대적으로 필요하다. 왜냐하면 유아는 부모의 돌봄이 없이는 살 수 없는 연약한 존재이기 때문이다. 인정받지 못한 완벽주의 내면아이의 치유를 위해서는 자기심리학이라는 분야에 업적을 남긴 하인즈 코헛(Heinz Kohut)의 발달이론을 이해할 필요가 있다. 하인즈 코헛에 따르면, 유아는 스스로 행복할 수 있는 본래의 자기애적 지복(primary narcissistic bliss)의 상태에서 태어난다. 자기애적이라는 것은 유아가 자신의 리비도를 자기 자신에게 집중한다는 것을 의미한다. 유아는 아직 자신의 리비도를 외부대상에게 투자할 수 없다. 이처럼 유아는 리비도를 자기 자신에게 투자함으로써 자기 행복의 상태를 만들어 낸다. 그러나 그 지복의 상태는 유아를 돌보는 부모의 한계 때문에 어쩔 수 없이 깨지고 만다. 그러면 유아는 그것을 다시 회복하기 위한 시도를 하게 되는데, 그 시도에는 두 가지가 있다.

하나는 부모를 이상화하는 것이다. 유아는 자신의 리비도를 부모에게 투자함으로써 부모를 이상화한다. 부모가 자기의 욕구를 충족시켜 주고 자기를 행복하게 만들어 줄 것이라고 느끼며 부모를 이상적인 대상으로 바라본다. 그 결과, 유아의 마음속엔 이상화된 부모 원상(idealized parental imago)이 만들어진다. 이런 부모 원상에 대한 애착은 유아의 자기만족을 위한 부가적인 원천이 된다. 그러나 유아는 부모에게 실망하게 됨에 따라서 이상화된 부모 원상은 점진적으로 포기된다. 이런 실망과 포기의 과정이 급진적이지 않고 점진적으로 이뤄진다면, 이상화된 부모 원상은 변형적 내재화(transmuting interalization) 과정을 거쳐서 자아 이상으로 바뀐다. 자아 이상은 유아가 실현하고 싶어 하는 현실적인 목표가 된다. 그러나 이상화된 부모 원상의 갑작스러운 포기나 때 이른 붕괴는 오히려 그런 부모 원상을 집착적으로 고수하게 함으로써 건강한 자기 이상의 발달을 방해한다. 이런 부적응적 상태는 부모의 상실이나 역기능적 행동에 의해 발생될 수 있다. 이처럼 이상화된 부모 원상이 건강한 자아 이상으로 변형되지 못한 사람은 외부대상에 대한 지속적인 굶주림 속에 있게 된다. 즉 자신의 내적 굶주림을 채우기 위해 외부대상을 추구한다. 그러나 이런 대상추구는 대상 자체의 특성 때문이 아니라 자기 내부의 결함을 메우기 위해서 추구하는 것이다. 이것은 자기애성 인격장애의 두드러진 특징이다. 즉 자기애성 인격장애를 지닌 사람은 대상을 자기 안에 두고 자신의 결함을 채우기 위해 대상을 이용한다(Summers; 이재훈 역, 2004, 366-367).

다른 하나는 자기를 이상화하는 것이다. 유아는 리비도를 자기 자신에게 투자함으로써 자기를 이상화한다. 자기를 완벽하고 이상적인 존재로 느낀다. 그 결과, 유아의 마음속엔 자기애적이며 과시적인 욕구로 가득 찬 과대자기(grandiose self)가 형성된다. 과대자기는 으시대고 뽐내기를 좋아하며 다른 사람들로부터 칭찬과 인정을 받기 원하는 자기이다. 이때 부모는 반영하기(mirroring)를 통해서 유아를 칭찬해 주어야 한다. 그 칭찬은 찬사와 찬양과 경배 수준의 칭찬이 될 필요가 있다. 짝짝꿍의 행동이나 걸음마 같은 작은 성취라도 그렇게 칭찬해 줄 필요가 있다. 물론 부모의 반영이 유아의 과대자기 욕구를 완벽하게 충족시켜 주기는 어렵다. 따라서 유아는 자연히 욕구의 좌절을 경험하게 된다. 그러나 이 좌절이 지나치지 않고 적절한 것이 될 때, 그것은 오히려 발달에 도움이 된다. 코헛은 그것을 최적의 좌절이라고 했다. 유아의 과대자기 욕구가 부모의 적절한 반영으로 충족되거나 최적의 좌절을 겪게 되면 유아가 지닌 자기애적 과대자기는 수정되어 현실적이고 적절한 야망(ambitions)으로 바뀌어 인격에 통합된다(Siegel, 1996, 64-69). 그러나 만약 그런 과대자기 욕구가 무시되거나 전혀 충족되지 않으면 자기애성 인격장애가 나타날 수 있다. 자기애성 인격장애는 자기 자신에 대한 과대평가와 특권 의식 그리고 자기 찬사에 대한 과도한 욕구를 그 특징으로 한다.

완벽주의 부모의 양육을 받으며 자란 사람의 내면 속에 형성된 인정받지 못한 완벽주의 내면아이는 과대자기 욕구를 지닌 유아의 심리상태와 유사한 면이 있다. 그러므로 치유를 위해서는 그의 인정욕구가 충족될 필요가 있다. 이런 인정욕구의 충족은 어린 시절에 부모로부터 인정받지 못한 결핍에 대한 보상적 경험이 된다. 누가 인정받지 못한 내면아이를 지닌 사람에게 보상적 경험을 하도록 도울 수 있을까? 상담자, 멘토, 집단상담의 집단원들, 배우자, 가족, 가까운 친구, 동료 등 누구든지 도울 수 있다. 배우자나 가족으로부터 그런 도움을 받을 수 있는 사람은 행복하다.

그러나 단순히 그의 인정욕구를 만족시켜 주는 것으로는 부족하다. 치유적으로 충족시켜 주어야 한다. 제이 얼리(Jay Earley)는 단순한 욕구만족(gratification)과 치유적 반응으로서의 필요충족(meeting needs)을 구분했다. 욕구만족은 내담자가 원하는 대로 그에게 위로와 만족을 줌으로써 단지 기분 좋게 해 주는 것이다. 필요충족은 어린 시절 내담자의 결핍된 욕구를 채워 줌으로써 치유를 돕는 행동이다. 상담자의 행동이 내담자에게 단순한 욕구만족이 아니라 치유적 반응으로서 필요충족이 되기 위해서는 분명한 기준이 있어야 한다. 그 기준은 내담자가 자기의 결핍된 인정욕구를 인식하고 그 욕구가 왜 결핍되었는지를 이해하고 통찰한 다음에 충족해 주어야 한다는 것이다. 즉 내담자는 자신이 그렇게 인정욕구에 집착하게 된 이유가 어린 시절 칭찬과 인정이 가장 필요했던 시기에 그것이 결핍되었기 때문이라는 것을 이해하여야 한다. 그런 이해와 통찰이 없이 주어지는 위로와 칭찬은 단순히 욕구를 만족시켜 주는 것에 불과하며, 그것은 치유에 별로 도움이 되지 않는다. 그것은 밑 빠진 독에 물 붓는 것과 같아서 아무리 칭찬과 인정을 받아도 그 욕구가 채워지지 않는다. 상담자는 내담자의 인정욕구를 단순히 만족시켜 주는 것이 아니라 치유적으로 충족시켜 주어야 한다(Earley; 김창대 외 역, 2004, 29-32).

이런 제이 얼리의 입장은 통찰치료와 지지치료의 통합적 접근의 필요성을 강조한 것이라 할 수 있다. 통찰치료(insight therapy)는 정신분석적 심리치료에서 가장 중요하게 여겨지는 치료의 과정이다. 통찰은 내담자가 자신의 무의식 속에 있는 역동적인 요소들을 알아차리는 자기인식을 의미한다. 정신분석에서 통찰은 '아하' 경험이라고 불리우는 섬광과 같은 자기인식이나 자기이해로 여겨지는데, 이러한 통찰을 통해서 내담자는 자신의 사고와 정서와 행동에 영향을 미치는 요인들을 알게 된다(The American Psychoanalytic Association, 1990, 99). 이처럼 정신분석에서는 현재의 정신작용과 행동에 영향을 주고 있는 과거를 기반으로 한 원인들을 밝혀내려고 하는데, 이러한 통찰을 발생적 통찰(genetic insight)이라고 한다.

지지치료(supportive therapy)는 무의식의 깊은 내면을 파헤치는 통찰치료와는 달리, 역동적인 입장을 취하지만 내담자의 의식적 자아를 강화함으로써 대인관계나 사회적 기능을 향상시키도록 돕는 치료기법이다. 지지치료에서는 격려와 권고 같은 직접적인 지지나, 이해와 공감 같은 간접적인 지지를 사용해서 내담자의 변화와 성장을 돕는다. 지지적으로 잘 구조화된 치료법이 인지왜곡이나 자아경계에 문제가 있는 내담자의 치료에 효과적이라는 연구 결과가 있다(원호택, 2003, 375). 이런 지지치료는 소집단에서 이뤄지는 것이 효과적인데, 이때 지지가 필요한 내담자를 집단 가운데 앉게 하고 집단원들이 그 사람에게 필요하다고 생각되는 칭찬과 지지와 인정의 말을 집중적으로 해 주게 된다. 때로는 접촉이나 포옹과 같은 몸의 언어로 지지해 주면 효과적이다. 그러나 사람에 따라서는 접촉을 싫어하는 사람도 있다는 것을 기억해야 한다. 몸의 언어로 지지를 할 경우에는 먼저 상대방에게 물어보고 행동하는 것이 안전하다. 사람들은 어려서 자신이 받고 싶었지만 받지 못했던 인정과 지지를 받으면 눈물을 흘리게 되는데, 이것은 보상적 경험에서 나타나는 정서적인 반응이라 할 수 있다. 이런 지지의 과정에 참여하는 집단원들은 치유받는 내담자를 돌보고 재양육하는 좋은 부모의 역할을 하는 것이며, 그 결과 내담자의 내면아이는 새롭게 반응하고 변화되는 치유의 경험을 하게 된다. 이처럼 지지치료는 완벽주의로 상처 입은 내면부모와 내면아이를 지닌 사람의 치유에 도움이 된다.

영적 치유

완벽주의 내면부모와 내면아이의 치유를 위해서 필요한 영적인 논의는 무엇일까? 완벽주의에 대한 근원적인 이해가 필요하다. 인간은 완벽해지려고 하는 욕구와 환상을 가지고 있다. 그것은 태곳적부터 있었던 근원적인 환상이다. 인간은 모든 필요와 욕구가 충족된 에덴동산에 있을 때에도 완벽해짐으로써 하나님과 동등해지려는 갈망을 가지고 있었다(Stoop; 김태곤 역, 2006, 91). 하나님과 같아지려는 갈망은 인간으로서의 제약과 한계를 뛰어넘어 신적 상태가 되려는 완벽주의의 소산이다. 사단은 선악과를 따 먹으면 눈이 밝아져 하나님과 같이 될 수 있다는 말로 아담과 하와를 유혹했고, 그 유혹에 자극을 받은 그들은 그들의 갈망대로 선악과를 따 먹었다. 이처럼 완벽주의의 기원은 오래된 것이다. 아담의 후손인 모든 인간은 완벽에 대한 환상을 가지고 있다. 우리는 존재적으로 그리고 경험적으로 하나님과 동등해지는 것은 불가능하다는 것을 알고 있다. 그러나 완벽해지려고 하는 것이 하나님처럼 되려고 하는 무의미한 시도라는 것을 아는 사람은 없는 것 같다.

인간은 하나님처럼 될 수 없다는 것을 알면서도 왜 완벽해지려고 하는 것일까? 왜 그런 욕구와 환상을 지니고 있는 것일까? 그 이유는 우리 안에 있는 악과 불완전성을 인정하지 않으려 하기 때문이다. 우리가 악하고 불완전하다는 것을 인정하는 것은 우리의 삶 속에 좌절과 불안과 고통이 항상 존재할 수밖에 없다는 것을 전제하는 것이다. 그러나 인간은 그런 불안과 고통에서 벗어나려고 필사적으로 노력해 왔다. 그리고 그렇게 될 수 있는 방법으로 찾은 것이 스스로 완벽해지는 것이다. 노아의 홍수 이후 바벨탑을 쌓은 인간의 행동은 대표적인 사례라 할 수 있다. 그러나 이것은 우리의 환상일 뿐 결코 실현될 수 없는 것이다. 그런 의미에서 완벽주의는 우리의 악과 불완전성에서 비롯되는 불안과 좌절과 고통을 회피하기 위해 찾아낸 방어기제라 할 수 있다. 완벽주의는 우리의 불완전성을 스스로 받아들이지 않는 거짓된 행동이다. 데이빗 스툽은 이렇게 기록했다. "우리가 악하다는 생각은 우리 자신을 구속한다. 이 구속을 다스리기 위해 우리는 소위 분할(splitting)이라는 방어기제를 사용한다. 즉 우리는 전적으로 선하거나 전적으로 악한 어느 한쪽에 속해야 하기 때문에 악한 부분을 우리 자신으로부터 분할함으로써 우리를 보호할 필요가 있다고 믿는다."(Stoop; 김태곤 역, 2006, 94) 그 결과 우리는 우리 자신을 선, 곧 완벽주의와 동일시하고, 우리 안에 있는 악, 곧 불완전성을 다른 사람에게 투사한다. 선악과를 따 먹은 아담의 핑계는 자기 안에 있는 악과 불완전성의 투사적인 행동이라 할 수 있다. 아담은 하나님께 "하나님이 주셔서 나와 함께하게 하신 여자 그가 그 나무 실과를 내게 주므로 내가 먹었나이다."(창3:12)라고 말했다. 그는 자신의 악과 불완전성을 하와와 하나님에게 전가시켰다. 하와도 아담과 유사한 행동을 했다. 그녀는 하나님께 "뱀이 나를 꾐으로 내가 먹었나이다."(창3:12)라고 말했다. 하와도 역시 자신의 악과 불완전성을 뱀에게 투사했다. 재미있는 유머가 있다. 한번은 사단이 하나님께 나가 억울해서 못살겠다고 하소연했다고 한다. 하나님이 뭐가 그렇게 억울하냐고 묻자 사단은 이렇게 말했다. "사람들이 자기가 잘못 해 놓고 전부 '사탄아 물러가라'고 하며 내 탓으로 돌리고 있습니다. 정말 억울합니다."

완벽주의 안에는 투사라는 심리적인 기제가 있다. 그러므로 완벽주의를 벗어나기 위해서는 악과 불완전성의 투사를 거둬들이고 우리 안에 선과 악 그리고 완전성과 불완전성이 공존하고 있다는 것을 인정해야 한다. 데이빗 스툽은 로마서 7장에 나오는 사도 바울의 말을 인용했다. "나의 행하는 것을 내가 알지 못하노니 곧 원하는 이것은 행하지 아니하고 도리어 미워하는 그것을 함이라……. 그러므로 내가 한 법을 깨달았노니 곧 선을 행하기 원하는 나에게 악이 함께 있는 것이로다."(롬7:15, 21) 우리 안에 악과 불완전성이 있다는 것을 인정할 때 우리에게 주어지는 소득이 있다. 완벽주의에 묶여서 잃어버렸던 자유를 되찾게 된다. 완벽주의엔 자유가 없다. 우리가 완벽하지 않다는 것을 인정하고 받아들일수록 자유는 우리의 것이 된다.

완벽주의 내면부모와 내면아이의 인격에 묶임으로써 잃어버린 자유를 찾는 데 도움이 되는 성경말씀이 있다. 갈라디아서 10장에 나오는 바울의 말이다. 바울은 항상 고민하고 있었다. 사람들의 평가와 하나님의 평가가 항상 일치하지는 않았기 때문이다. 사람의 인정과 칭찬받는 일이 하나님에게는 그렇지 못한 일이 될 수 있으며, 반대로 사람의 무시와 비난과 경멸을 받는 일이 하나님께는 인정과 칭찬받는 일이 되는 경우가 있다. 바울은 사람을 기쁘게 할 것인가, 하나님을 기쁘시게 할 것인가를 놓고 기도하며 고민했다. 그는 하나님을 기쁘시게 하기로 결정한다. "내가 사람들에게 좋게 하랴 하나님께 좋게 하랴 사람들에게 기쁨을 구하랴 내가 지금까지 사람에게 기쁨을 구하는 것이었다면 그리스도의 종이 아니니라."(갈1:10) 바울은 하나님을 기쁘시게 하는 삶에 초점을 맞추었고 그것은 그에게 자유를 주었다. 완벽주의 내면아이의 특징 중의 하나는 다른 사람들로부터 칭찬과 인정을 받기 위해 눈치를 보며 의존적인 행동을 하는 것이다. 이것은 자신의 자유를 구속하는 것이며 많은 에너지가 소모되는 피곤한 삶이다. 이런 삶에서 벗어나 자유를 얻으려면 우리의 시선을 사람들의 평가로부터 하나님의 평가로 전환할 필요가 있다. 그리고 하나님으로부터 인정받는 것은 우리가 완벽하기 때문이 아니라 오히려 우리 안에 악과 불완전함이 있다는 것을 인정하기 때문이라는 것을 기억해야 한다.

　　로마서 3장에는 이런 말씀이 있다. "모든 사람이 죄를 범하였으매 하나님의 영광에 이르지 못하더니 그리스도 예수 안에 있는 구속으로 말미암아 하나님의 은혜로 값없이 의롭다 하심을 얻은 자 되었느니라."(롬3:23-24) '은혜'라는 말에 주목해 보라. 은혜엔 값이 없다. 조건이나 의무조항도 없다. 왜냐하면 은혜는 사랑에서 나오는 무보상적인 행동이기 때문이다. 우리 안에 있는 완벽주의 내면부모는 내면아이에게 항상 "더 잘해야 한다, 더 노력해야 한다, 더 반듯해야 한다."고 말한다. 그것은 내면아이가 인정받기 위한 조건이 된다. 그러나 은혜 속엔 그런 조건이 없다. 은혜는 조건을 달지 않는다. 현재의 내 모습 그대로의 나를 받아 준다. 우리가 이런 하나님의 은혜를 체험한다면 완벽주의 내면부모와 내면아이가 치유될 것이다. 자유를 얻을 것이다. 하나님은 우리에게 결코 완벽을 요구하시지 않는다는 것을 기억할 필요가 있다. 데이빗 스툽은 데이빗 시먼스(David Seamans)의 말을 다음과 같이 인용했다. "완벽주의를 온전히 치유하는 데는 오직 한 가지 길만이 있을 뿐이다. 그것은 참으로 심오하면서도 단순한 것으로서 '은혜'라는 말이다. 신약성경에서 은혜는 아무런 장점이나 능력이나 자격이 없는 사람에게 아낌없이 주어지는 호의라는 놀라운 의미의 말로 사용된다. 우리의 가치에 관계없이 우리를

용납하시는 하나님의 완전한 사랑을 의미한다."(김태곤 역, 2006, 197에서 재인용)

완벽해지려는 것은 하나님처럼 되려고 하는 것이고 하나님처럼 되려고 하는 것은 불가능한 것이기 때문에 완벽주의를 포기하는 것은 당연한 일이다. 인간은 불완전하기 때문에 하나님이 필요하다. 그리고 불완전하기 때문에 하나님을 만날 수 있다. 매우 역설적이다. 우리가 완전하다면 하나님을 만날 수 없으며 오히려 불완전하다는 것을 인정해야 만날 수 있기 때문이다. 그러므로 하나님을 진정으로 만나기 원한다면 완벽주의를 포기하고 자신의 불완전성을 인정해야 한다.

자기 치유

앞에서 언급한 것처럼 집단의 지지치료는 완벽주의로 상처받은 내면부모와 내면아이를 치유하는 데 많은 도움이 된다. 그러나 보다 온전한 치유를 위해서는 내담자가 스스로 자기 자신을 인정하고 칭찬하는 자기 지지(self-support)가 필요하다. 외부의 다른 사람들로부터 제공되는 타인의 지지에만 의존하는 것은 치유의 범위와 경험을 제한한다. 자기 지지는 앞에서 말한 지지치료의 연장으로서 효과적이고 지속적인 치유의 과정이 된다.

우리 자신을 묶어 버리는 완벽주의 내면부모와 내면아이의 치유를 위해서는 있는 그대로의 나 자신을 용납하고 사랑하는 것이 필요하다. 자신의 상태를 있는 그대로 용납할 때 자기 자신과의 화해가 이뤄지기 때문이다. 자신을 용납한다는 것은 완벽주의 내면부모와 완벽주의 내면아이가 서로를 대하는 관계방식이 바뀌는 것을 의미한다. 그것은 내면부모가 지금까지 사용해 왔던 금지, 억압, 요구, 지배, 통제 등의 관계 방식을 이해와 수용으로 바꾸는 것이며, 또한 내면아이가 지금까지 사용해 왔던 방어, 저항, 회피, 충돌 등의 관계 방식을 협력과 자발적인 선택으로 바꾸는 것이다. 그러므로 자기 지지는 내면부모와 내면아이가 함께 치유되는 효과가 있다. 자기 지지는 내면부모와 내면아이의 두 인격이 동시에 변화되는 치유적 과정이 된다. 자기가 자기를 지지할 때 지지를 제공하는 인격은 내면부모이다. 그리고 지지를 받는 인격은 내면아이이다. 완벽주의 내면부모는 내면아이를 지지함으로써 자신에게 부족했던 인정하고 칭찬하고 지지해 주는 능력을 습득한다. 그것은 완벽주의 내면부모가 지닌 문제들로부터 벗어나는 경험이 된다. 또한 완벽주의 내면아이는 내면부모의 지지를 받음으로써 어린 시절에 결핍된 인정욕구가 충족된다. 그것은 완벽주의 내면아이에게서 나타나는 문제들을 완화시킨다. 따라서 자기 지지는 내면부모와 내면아이가 동시에 치유되는 효과적인 과정이다.

브래드쇼는 "나는 나 자신을 사랑하며 무조건 날 받아 줄 것이다."라고 큰 소리로 자주 외치라고 했다. 이때 중요한 것은 무조건적으로 외쳐야 한다는 것이다. 내 자신이 싫고 혐오스럽게 느껴질지라도, 사랑할 만한 조건이나 이유가 전혀 없을지라도, 무조건 해야 한다. 왜냐하면 사랑은 행위에 응답하는 것이 아니라 존재에 응답하는 것이기 때문이다. 브래드쇼는 자신의 치유 경험을 이렇게 기록했다. "나는 성취를 위해 힘들게 노력하며 항상 더 잘 하려고 애를 써 왔다. 그러나 아무리 그렇게 할지라도 나는 못나고 결점 투성이라는 내면의 음성을 잠재우지 못했다. 하지만 나에게 '나는 내 자신을 사랑해.'라고 말하는 것이 수치감을 느끼게 하는 그 음성을 긍정적인 음성으로 바꾸어 놓는 최상의 방법이라는 것을 나중에 알게 되었다." 그는 결론적으로 이렇게 말했다. "'나는 내 자신을 무조건 받아 줄 거야.'라고 외쳐 보라. 그 외침이 당신의 삶을 변화시킬 것이다."(Bradshaw; 김홍찬, 고영주 역, 2008, 224-225) 브래드쇼는 자신의 책에서 자기 사랑에 대한 조 코뎃(Jo Courdet)의 글을 인용했는데, 소중한 깨달음을 주는 글귀라 생각되어 다시 인용한다. 조 코뎃은 이렇게 말했다. "당신은 자신을 희생하면서 사랑을 받으려고 할 필요가 없다. 삶의 중심이 되며 가장 중요하고 단순한 관계는 자기 자신과의 관계이다. 당신이 살아오면서 만난 모든 사람들 중에 당신이 잃어버리지 않을 수 있는 유일한 사람은 오직 당신 자신뿐이다."(Bradshaw; 김홍찬, 고영주 역, 2008, 223)

완벽주의 내면부모와 내면아이의 치유를 위해 도움이 되는 자기 치유의 방법을 한 가지 더 소개한다. 그것은 자신의 내면부모가 내면아이를 언어적으로 지지해 주는 것이다. 사람은 언어적인 존재이다. 언어를 통해서 생각하고 언어를 통해서 의사소통하며 상호작용한다. 언어는 기억과 창조의 수단이다. 언어는 경험과 지식의 축적을 가능하도록 해 주었으며 개인적인 의식의 확장과 집단적인 문화와 문명의 발달을 가져다주었다. 언어는 한 사람이 지니고 있는 신념과 태도와 감정을 반영한다. 언어는 종종 개인이 지니고 있는 자기표상과 대상표상을 나타낸다. 즉 언어는 신념(자기표상과 대상표상)과 연결되어 있다. 따라서 언어는 왜곡된 신념을 바꾸는 데 도움이 된다. 사람들이 어떻게 자신의 경험을 구성하는지를 밝힘으로써 상담과 치유에 많은 도움이 되고 있는 신경언어 프로그래밍(Neuro-Linguistic Programming)은 세 가지 중요한 개념을 강조한다. 첫째로, 사람의 몸과 마음은 신경세포와 연결되어 있고, 둘째로, 사람은 언어를 통해서 자신의 경험을 구성하고 언어를 통해서 자기 및 타인과 상호작용을 계속하며, 셋째로, 사람은 어떤 생각과 행동을 반복적으로 하게 되는 프로그래밍을 지니고 있다는 것이다 (McDermott & O'Conner; 설기문 역, 2002, 16). 언어는 인간의 정신과 직결되어 있기 때문에 언어의 사용은 인간의 정신을 바꾸는 데 실제적인 도움이 된다.

완벽주의 내면부모와 내면아이의 치유를 위한 언어적인 자기 지지는 다음과 같은 문장을 반복하는 것이다. "나의 ○○은 아름답고 능력 있고 사랑스러워!" 이 문장을 자신의 외적 신체 부위로부터 내적 정신세계에 이르기까지 모두 대입해서 크게 말해야 한다. 예를 들면, 이렇게 하는 것이다.

…

- 나의 머리는 아름답고 능력 있고 사랑스러워!
- 나의 이마는 아름답고 능력 있고 사랑스러워!
- 나의 두 눈은 아름답고 능력 있고 사랑스러워!
- 나의 코는 아름답고 능력 있고 사랑스러워!
- 나의 입술은 아름답고 능력 있고 사랑스러워!
- 나의 어깨는 아름답고 능력 있고 사랑스러워!
- 나의 가슴은 아름답고 능력 있고 사랑스러워!

- 나의 생각은 아름답고 능력 있고 사랑스러워!
- 나의 마음은 아름답고 능력 있고 사랑스러워!
- 나의 영혼은 아름답고 능력 있고 사랑스러워!
- 나의 꿈은 아름답고 능력 있고 사랑스러워!
- 나의 사랑은 아름답고 능력 있고 사랑스러워!
- 나의 삶은 아름답고 능력 있고 사랑스러워!

- 나의 미래는 아름답고 능력 있고 사랑스러워!

- 나의 남편은 아름답고 능력 있고 사랑스러워!
- 나의 아내는 아름답고 능력 있고 사랑스러워!
- 나의 가족은 아름답고 능력 있고 사랑스러워!

···

이렇게 자기 지지를 할 때 중요한 것은 무조건적으로 하는 것이다. 그냥 하는 것이다. 이때 두 손을 사용하면 더 효과적이다. 두 손으로 신체 부위를 감싸거나 마음의 세계를 접촉하면 그 의미가 강화된다. 이 말들은 내면부모가 내면아이에게 하는 말이다. 내면부모는 진정성을 담아 그렇게 말하고, 내면아이는 귀를 기울여 그 말을 들어야 한다. 그러면 완벽주의 내면부모와 내면아이가 조금씩 변화되는 것을 경험할 수 있을 것이다. 나는 이런 치유의 과정을 '언어적 자기 지지 요법'이라고 부른다.

제7장
강압, 내면부모와 내면아이

　강압(overcoercion)은 성격이 강하고 권위주의적이며 자신의 견해가 옳다고 주장하는 사람이 대인관계, 특히 자녀와의 관계에서 나타내는 인간관계의 방식과 태도를 말한다. 그렇게 강압적인 성격을 지닌 부모 밑에서 자란 자녀의 마음속에는 강압적인 내면부모와 강압받은 내면아이라는 두 인격이 존재한다. 강압적인 내면부모는 부모의 강압적인 성격과 삶의 방식을 유사하게 닮은 인격이고, 강압받은 내면아이는 부모의 강압적인 양육에 대한 자녀의 심리 정서적인 반응으로 형성된 인격이다. 다른 경우와 마찬가지로, 이 두 인격은 서로 대립하고 충돌한다. 강압적인 내면부모는 내면아이의 감정과 욕구 등을 무시하거나 억압하고, 내면아이의 잘못된 행동을 꾸중하고 처벌한다. 강압받은 내면아이는 그런 억압과 처벌에 저항하거나 적응하려고 노력한다. 저항과 적응은 내면아이가 내면부모와 관계를 맺는 두 가지 방식이다.

　강압적인 내면부모와 강압받는 내면아이의 특징과 성향은 서로 비교된다. 강압적인 내면부모는 능동적이고 주도적이며 지배적인 반면, 강압받은 내면아이는 수동적이고 복종적이며 반항적이다. 이것은 동일한 문제에 대하여 내면부모는 능동적이고 지배적이 되며, 내면아이는 수동적이고 반항적이 된다는 것을 의미한다. 이 두 인격이 한 사람의 내면에서 충돌할 때 개인은 혼란과 갈등 그리고 마음이 둘로 나뉘는 심리적인 분열을 경험한다.

증상과 특징

　　　　　　　　　　　다음의 문항들은 강압적인 내면부모와 강압받은 내면아이의 특징들이다. 각 문항을 읽고 자신에게 해당되는 것이 있는지 알아보자.

〈강압적인 내면부모〉

1. ☐ 나는 내 자신의 감정과 욕구를 스스로 무시하거나 억압하는 경향이 있다.
2. ☐ 나는 내 생각이나 견해가 틀렸다고 내 자신을 종종 꾸짖는다.
3. ☐ 나는 나와 의견이 다른 사람들을 보면 답답하고 화가 난다.
4. ☐ 나는 주위 사람들로부터 잔소리가 많다는 말을 듣는다.
5. ☐ 나는 지시받는 것보다 지시하고 감독하고 통제하는 것에 익숙하다.
6. ☐ 나는 내가 생각하기에도 고집이 세고 편견이 강한 편이다.
7. ☐ 나는 가족이나 손아랫 사람들에게 "해, 하지 마." 또는 "돼, 안 돼."와 같은 말을 많이 한다.
8. ☐ 나는 성욕을 억압하는 경향이 있으며 누구하고도 섹스에 대해 얘기하지 않는다.
9. ☐ 나는 가끔 성격이 강하고 권위적이라는 말을 들을 때가 있다.
10. ☐ 나는 내 자신과 다른 사람들에게 금욕적인 삶을 살도록 요구한다.
11. ☐ 나는 잘못된 것은 힘으로 밀어붙여서라도 바꿔야 한다고 생각한다.
12. ☐ 나는 다른 사람들의 의견을 따르는 것이 어렵다.

〈강압받은 내면아이〉

1. ☐ 나는 의존적이고 수동적이며 자율성이 부족하다고 느낀다.
2. ☐ 나는 지시와 명령을 받는 데 익숙하고 지시와 명령이 없으면 오히려 불안을 느낀다.
3. ☐ 나는 승진이나 높은 위치로 올라가는 것에 대한 불안과 두려움이 있다.
4. ☐ 나는 누가 무엇을 하라고 시키면 이의를 제기하지 않고 그대로 하는 편이다.
5. ☐ 나는 권위의 인물이나 윗사람에게 나의 생각이나 감정을 표현하는 데 두려움이 있다.

6. ☐ 나는 권위의 인물이나 윗사람에 대한 숨은 분노와 저항감이 있다.

7. ☐ 나는 상대방의 기분 상태에 따라 나의 기분이 많이 좌우된다.

8. ☐ 나는 상대방을 기분 좋게 해 주려고 눈치를 보거나 과도한 명랑성을 보일 때가 있다.

9. ☐ 나는 어떤 일을 할 때 계획은 빠짐없이 철저하게 세우지만 실천을 하지는 못한다.

10. ☐ 나는 만성적인 피로와 무력감에 시달린다.

11. ☐ 나는 불안이나 성적 긴장에서 벗어나기 위해 종종 자위행위를 한다.

12. ☐ 나는 공상이 많을 뿐만 아니라 공상을 즐긴다.

13. ☐ 나는 무엇이든 잘 잊어버리고 빠트리는 경향이 있다.

14. ☐ 나는 난처한 상황이 되면 슬쩍 거짓말을 할 때가 있다.

15. ☐ 나는 성욕을 느끼거나 성행위를 할 때 동시에 죄책감을 느낀다.

16. ☐ 나는 불만이나 분노를 상대방이 눈치 채지 못하도록 간접적으로 표현하곤 한다.

17. ☐ 나는 누가 무엇을 하라고 시키면 꾸물거리거나 늑장을 부리는 경향이 있다.

18. ☐ 나는 무엇인가에 집착적이거나 중독적인 행동을 할 때가 있다.

강압

　　　　　강압(overcoercion)은 성격의 특성을 나타내는 말로 사용된다. 그러나 완벽주의와 달리 공식적으로 사용되는 말은 아니다. 우리는 간혹 이런 말을 한다. "저 사람, 성격이 너무 강해. 너무 완고해. 너무 고집이 세서 말이 안 통해. 자기 말만 하고 통 내말은 들으려고 하지 않아." "저 사람 왜 그러지? 왜 그렇게 소리를 질러? 왜 그렇게 자기주장만 하는 거야. 또 만날까 봐 무서워." "저 사람은 뭐든지 자기 맘대로 하려고 해. 지가 뭔데 이래라, 저래라 지시하고 그래!" 이상은 모두 강압적인 성격을 지닌 사람을 묘사하는 말들이다.

　강압은 힘(power)과 관련된 용어이다. 강압은 힘의 비민주적인 사용으로서, 힘 있는 사람이 힘없는 사람을 힘으로 밀어붙이는 것이다. 힘과 권력이 비민주적인 방식으로 사용될 때 필연적으로 발생되는 두 종류의 사람들이 있다. 억압하는 자와 억압받는 자이다. 억압하는 자는 힘을 가진 사람이 그 힘을 남용하는 것이며, 억압받는 자는 남용된 그 힘의 피해자가 되는 것이다. 억압하는 자가 자신의 힘을 사용하는 방식은 지시, 요구, 명령, 경고, 감독, 통제, 처벌 등이다. 억압하는 자는 억압받는 자에게 자신의 명령에 복종하기를 강요하고 만약 그렇게 하지 않으면 처벌한다.

반면, 억압받는 자의 상태는 어떠할까? 자유를 잃어버리고 속박된다. 억압하는 자가 하라는 대로 해야 한다. 그 결과 자신의 진정한 생각과 감정과 욕구를 표현하지 못하고 스스로 숨기거나 부인하게 된다. 하고 싶은 말을 하지 못하고, 하고 싶은 행동을 할 수가 없다. 그것은 고통스러운 일이다. 마음속에 불만과 분노가 쌓인다. 억압받는 자의 마음속에는 불만과 분노가 있다. 그러나 더 문제가 되는 것은 그런 불만과 분노를 표현할 수 없다는 것이다. 왜냐하면 처벌이 두렵기 때문이다. 강압은 백성들에 대한 독재자의 정치 지배 형태를 나타낼 때 많이 사용되는 말이다. 과거의 포악한 군주나 오늘날의 독재적인 정치 지도자들은 자신의 권력을 유지하기 위해 강압이라는 지배 방식을 사용한다. 그 지배 방식에는 항상 억압받는 백성들의 희생이 따른다. 강압과 유사한 의미로 사용될 수 있는 말들이 있다. 억압, 억제, 통제, 지배, 강제, 강요 등과 같은 말이다.

강압은 권위주의와 관계가 있다. 권위주의는 스스로의 안위와 현 체제를 유지하기 위해 힘 있는 사람들이 사용하는 사고형태와 대인관계의 방식을 말한다. 그러나 권위와 권위주의는 다르다. 권위는 강압을 수단으로 사용하지 않는다. 권위는 통제적이지만 동시에 수용적이고 배려적이다. 원칙과 질서를 강조하지만 복종을 강요하지는 않는다. 따라서 권위가 있는 사람은 자기 자신뿐만 아니라 상대방이 지니고 있는 권리와 의무를 모두 중시한다. 권위는 스스로의 됨됨이에서 나오는 것으로서 외부 사람들의 존경을 기반으로 자연스럽게 만들어지는 것이다. 그러나 권위주의 속에는 지배와 통제만 있고 애정과 배려는 존재하지 않는다. 권위주의는 타협할 줄 모르며 상대방에게 복종을 강요한다. 따라서 권위주의적인 사람은 상대방이 지니고 있는 권리는 무시하고 의무만을 강조한다(Baumrind/이성실, 2008, 9에서 재인용). 그러므로 강압은 권위주의에서 비롯되는 대인관계의 방식이라 할 수 있다. 한국의 가정과 사회에는 권위보다 권위주의적인 요소가 많다. 왜냐하면 오랫동안 유교의 문화적 영향 속에 있었기 때문이다. 가정에서 부모는 자녀에게 권위주의적인 존재로 군림해 왔다. 아버지는 더욱 그랬다. 왜냐하면 남성 중심의 가부장적인 의식과 전통이 있었기 때문이다. 따라서 강압은 한국의 부모들이 자녀를 양육하는 가장 흔한 태도와 방식이 될 수 있다. 하지만 강압의 양육태도는 한국의 가정에서만 문제가 되는 것은 아니다. 미실다인의 견해에 따르면, 미국에서도 강압은 부모가 자녀를 대하는 가장 흔한 양육태도이다(Missildine, 1963, 91). 물론 그 정도와 비율은 점차 줄어들고 있다.

강압은 금욕주의와도 관계가 있다. 금욕주의는 인간적인 욕망과 욕구를 지나치게 억압하고 절제함으로써 어떤 도덕적 또는 종교적 가치를 위해 자기 자신을 희생하는 것이다. 문제는 그 억압과 절제가 지나치다는 데 있다. 지나치다는 것은 자연스러움과 균형을 깨트린다. 금욕주의가 아니라 금욕이라면 그것은 어느 정도 필요한 미덕이 될 수 있다. 금욕은 인간의 욕망과 무절제를 통제하는 수단이 될 수 있기 때문이다. 그러나 금욕주의는 인간이 욕망과 욕구를 지닌 존재라는 것을 근본적으로 부정하는 태도이다. 그것은 우리가 원본능(id) 없이 초자아(superego)만 지니고 살아야 한다고 말하는 것과 같다. 금욕주의는 종교인들에게서 많이 나타난다. 그리스도인들 중에는 금욕주의를 삶의 기본 원칙으로 삼고 있는 사람들도 있다. 만약 그런 사람들이 자녀를 양육한다면 그들의 양육방식은 강압이 될 것이다.

또한 강압은 부모의 알코올 중독과 관계가 많다. 알코올에 중독되어 있는 부모는 일반적으로 자녀에게 강압적이거나 방임 또는 학대하는 경향이 있다. 알코올을 섭취했을 때 나타나는 개인의 행동은 개인차가 있지만 대개 말이 많아지고 감정적이 되며 분별력과 집중력이 떨어지고 행동이 과격해진다. 또한 자기 기분에 휩쓸리기 쉬우며 자기 중심적이 되어 상대방을 배려하는 능력이 저하된다. 많은 아동의 방임과 학대가 부모의 알코올 중독과 관계가 있는 것으로 알려져 있다. 즉 알코올을 습관적으로 섭취하는 부모는 자녀를 방치하거나 억압하거나 학대할 가능성이 높다. 부모의 습관적인 알코올 섭취는 강압적인 양육태도의 원인이 된다.

🌀 강압의 양육태도

강압적인 성격을 지닌 사람이 자녀를 양육한다면 어떤 행동적인 특징들이 나타날까? 강압적인 양육태도를 지닌 부모는 자녀의 자연스러운 감정과 욕구와 생각들을 무시하거나 억압한다. 왜냐하면 자녀가 마음대로 자기를 표현하는 행동을 옳지 못한 일이라고 생각하기 때문이다. 부모는 자녀의 감정상태가 어떠한가, 자녀가 무엇을 원하고 있는가, 무슨 생각을 하고 있는가에 별로 관심이 없다. 부모는 자녀가 무엇을 원한다고 하면 "안 돼!"라고 말한다. "그건 안 돼, 안 된다고 그랬지!" 강압적인 부모는 이렇게 말한다. "엄마가 안 된다면 안 되는 거야! 너는 엄마가 하라는 대로만 하면 돼!" "이 다음에 커서 어른이 되면, 그땐 네가 하고 싶은 대로 해! 지금은 안 돼!" "울지 마! 뚝! 뚝 그치지 못해?" "조용히 하라니까! 왜 그렇게 웃는 소리가 시끄러워?" "네가 뭘 안다고 그래? 너는 어려서 몰라." "그게 말이 되니? 넌 어떻게 생각하는 게 그 모양이니?" 강압적인 부모는 자녀의 생각이나 견해가 틀렸다고 꾸짖고 책망한다. 그것은 자녀의 창의적인 생각을 차단하는 결과가 된다. 부모가 자녀의 욕구를 적절하게 충족시켜 주는 것은 자녀의 성격 발달에 매우 중요하다. 왜냐하면 자신의 욕구가 충족되지 않은 유아는 정신적인 문제를 지니게 될 수 있기 때문이다. 유아가 자신의 욕구를 충족하는 데 계속해서 실패를 경험하면, 그것은 외상장애와 같은 문제를 유발한다. 욕구충족에 한두 번 실패하는 것은 큰 문제가 되지 않는다. 그러나 그것이 작은 실패라 할지라도 반복적으로 발생되면 그 실패 경험이 쌓여서 외상경험이 된다. 프로이트는 이런 외상을 누적된 외상(cumulative trauma)이라고 말했다(The American Psychoanalytic Association, 1990, 199).

강압적인 양육태도를 지닌 부모는 자녀의 감정과 욕구의 표현은 막고 억압하는 반면, 자기 자신의 감정과 욕구는 거침없이 나타낸다. 자신의 감정과 욕구에 비교할 때 자녀의 감정과 욕구는 별로 고려할 가치가 없다는 동기가 깔려 있기 때문이다. 부모는 크게 소리를 지르기도 하고 화를 내기도 한다. 강압적인 부모에게는 분노가 많다. 분노는 자녀를 통제하기 위한 수단으로 사용된다. 그래서 부모는 자녀가 자신의 욕구와 생각에 따르도록 강요한다. 그렇게 함으로써 요구하고 지시하고 지배하는 부모가 된다. 부모는 자녀의 인격을 존중하지 않는다. 자녀가 지닌 자아의 경계선을 침범한다. 어린아이라 할지라도 자신이 지키고 싶은 자아의 경계선이 있다. 아주 갓난아기에게는 그런 경계선이 형성되어 있지 않지만 의식과 성격이 발달함에 따라 자아의 경계선이 형성된다. 그것은 나와 나 아닌 것을 구분하고 내부의 세계와 외부의 세계를 분리시킴으로써 한 인격의 정체성을 유지하기 위한 심리적인 국경선이다. 내부세계의 중심에는 자기표상이 있고 외부세계의 중심에는 대상표상을 이루는 실체가 있다. 마이클 클레어는 대상관계이론에 관한 그의 책 『대상관계와 자기심리학(Object Relations and Self Psychology)』에서 이렇게 기록했다. "유아는 처음에는 자기와 대상을 구별할 능력이 없다. 이때 대상은 자신의 한 부분이거나 한 측면으로 여겨지는 듯하다. 따라서 유아는 아주 어려서는 어머니의 젖가슴과 자기 손가락을 구분하지 못한다. 엄마의 젖가슴을 찾다가 우연히 자기 손가락을 발견하게 되면 그 손가락을 빤다. 그러나 점차적으로 자기와 대상, 자기와 자기가 아닌 것, 그리고 자기표상과 대상표상을 구별할 수 있게 된다."(Clair, 2004, 7) 유아는 자아의 경계선을 유지함으로써 자신의 내부세계를 지키고 싶어 한다. 그러나 강압적인 부모는 요구하고 지시함으로써 유아의 동의 없이 그 경계선을 무너트린다.

강압적인 부모는 자녀의 말을 막고 자녀의 말에 귀를 기울이지 않는다. 부모는 자신이 하고 싶은 말만 하고 자녀가 말할 수 있는 기회를 주지 않는다. 그 결과, 자녀에게는 말로서 자기를 변호할 수 있는 시간이 주어지지 않는다. 그것은 부모와 자녀 사이에 대화의 단절이라는 문제를 유발한다. 결국 자녀는 부모와 대화하기를 싫어한다. 왜냐하면 부모의 말을 일방적으로 듣기만 하는 것은 답답하고 짜증나고 화나는 일이기 때문이다. 자녀는 부모 앞에서 입을 닫아 버린다. 아예 말하려 하지 않는다. 그렇게 되면 이젠 부모가 답답해진다. 부모는 이렇게 말한다. "왜 말이 없어? 입은 두었다가 뭐 해? 얘가 왜 말을 안 하고 그래? 답답하게." 그러나 자녀는 속으로 이렇게 말한다. "답답하기는 나도 마찬가지예요. 엄마(아빠)가 말을 들어 주어야 말을 하지."

강압적인 부모의 말에는 지시, 명령, 경고, 위협 등의 말이 많다(Missildine, 1963, 93) "하라, 하지 마라!" 등의 율법적인 요구가 많다. 부모는 이렇게 말한다. "빨리 일어나지 못해? 학교 늦잖아!" "얌전히 앉아 있지 못해? 가만히 있으라고 했다! 두 번 말했다! 한 번만 더 그러면 알지? 죽는다!" "TV 끄지 못해? 냉큼 방으로 가지 못해? 저걸 그냥!" "공부 안 해? 성적이 이 모양인데 넌 걱정도 안 되니?" "왜 부르는데 대답이 없어! 당장 오지 못해?" "오늘은 꼼짝 말고 집에 있어! 알았지?" 많은 부모가 자녀에게 하는 말이다.

부모는 자신이 자녀를 얼마나 강압적으로 양육하고 있는지 스스로 알지 못하는 경우가 많다. 유치원생이나 초등학교 저학년생을 자녀로 둔 엄마가 하루 동안 자녀에게 하는 말들을 생각해 보라. 지시와 명령의 말들이 너무나 많은 것을 발견하게 될 것이다. "일어나라, 옷 입어라, 세수해라, 밥 먹어라, 골고루 먹어라, 준비물 챙겨라, 인사해라, 선생님 말 잘 듣거라, ……. 손 닦아라, 공부해라, 숙제해라, 동화책 읽어라, TV 그만 봐라, 컴퓨터 게임 그만 해라, 학원에 가라, 조용히 해라, 가만히 있어라……." 물론 부모가 이런 말을 하지 않을 수는 없다. 그러나 이런 지시와 명령의 언어만큼 칭찬과 인정과 공감의 말들은 너무 부족하다는 것이 문제이다.

또한 강압적인 부모의 말에는 자녀를 통제하고 감독, 감시하는 말들이 많다. "숙제다 했어? 가져와 봐. 왜 이건 안 했어?" "너 조금 전에 뭐 했어? 엄마가 다 봤어. 이게 누굴 속이려고 그래? 엄마는 네 머리 위에 있어." "왜 너는 맨날 방문을 닫아 놓니? 문 닫고 뭐를 하길래? 왜 그렇게 비밀이 많아?" 요즘엔 자녀들도 모두 핸드폰을 가지고 있기 때문에 부모가 자녀를 통제하기가 쉬워졌다. "너 지금 어디야? 빨리 오지 못해?" "너 왜 전화 안 받아? 왜 전화기를 꺼 놨어?" 이런 말들은 자녀를 심리적으로 감옥에 가둬 놓는 언어적인 창살과 같다. 감독과 감시는 말로만 이뤄지는 것이 아니다. 부모는 말 대신 행동으로 자녀를 감시하기도 한다. 예를 들어, 어떤 부모는 자녀의 방 안쪽에 있는 발코니에 뭔가를 가지러 가는 척하면서 자녀가 무엇을 하고 있는지 감시한다. 그러나 자녀는 부모의 그런 행동이 자기를 감시하기 위한 수단이라는 것을 알고 있다. 그래서 화가 나기도 하고 불안해지기도 한다. 물론 자녀를 잘 양육하기 위해서는 적절한 한계를 주고 필요한 경우 훈육이 있어야 한다. 그런 한계와 훈육이 없으면 자녀는 오히려 불안을 느끼게 되기 때문이다. 어항 속에 있는 물고기의 안전을 위해서는 몇 가지의 장신구들이 필요하다. 아무런 장신구가 없이 물만 담겨 있을 경우 물고기는 어디가 경계인지 분명하지 않아서 불안을 느낀다고 한다. 헤엄쳐 돌아다니지 못하고 정지된 상태로 가만히 있는 것이다. 어항 속에 돌과 수초 등을 넣어 주면 그때부터 물고기는 헤엄쳐 다닌다. 그 돌과 수초가 자신이 움직일 수 있는 영역에 대한 안전한 한계를 만들어 주기 때문이다. 이처럼 어린 자녀에게도 부모가 제시하는 한계와 훈육은 필요하다. 그러나 그것이 지나치면 문제가 된다. 물은 적고 돌과 수초들만 가득한 어항 속에서는 물고기가 마음껏 움직여 다닐 수 없듯이, 통제와 감독이 많은 부모의 강압적인 양육환경 속에서는 자녀가 자유롭게 성장할 수 없기 때문이다.

부모의 반복되는 잔소리는 강압적인 부모의 언어적인 특징이다(Missildine, 1963, 91). 알려진 바에 의하면, 자녀들이 가장 싫어하는 것 중의 하나가 부모의 잔소리라고 한다. 부모의 잔소리는 듣고 싶지 않은 말을 짜증스럽게 반복함으로써 자녀에게 스트레스를 준다. 자녀는 듣고 싶어 하지 않는다. 그러나 부모는 반복한다. 그러면 자녀에게 스트레스와 분노가 쌓이게 되는데, 이에 대한 자녀의 대처방법은 그런 부모의 잔소리를 무시하는 것이다. 한 귀로 듣고 한 귀로 흘려 버린다. 아예 귀를 막고 듣지 않으려 한다. 그러므로 잔소리는 실제적인 효율성이 매우 떨어지는 말이다. 반복하는 데 많은 에너지가 소모되지만 그 효험은 거의 없다.

강압적인 부모는 언어로만이 아니라 표정과 시선과 동작 등 비언어적인 방식으로 자녀를 통제하고 억압한다. 예를 들어, 자녀의 행동이 못마땅한 부모는 자녀를 두 눈으로 째려보거나 강한 고갯짓으로 자녀를 통제하려 한다. 부모의 비언어적인 통제 방식은 집에 손님이나 웃어른이 있을 경우 흔히 사용된다. 때론 주먹을 쥐어 보이기도 하고 "씩―" 하는 소리를 내기도 한다. 2008년도에 어느 TV방송국에서 중고생들을 대상으로 실시한 설문조사가 있었다. 그 조사 결과에 따르면, 부모의 말 중에서 자녀가 가장 싫어하는 말은 "에휴~" 하며 부모가 한숨짓는 것이었다. 싫어하는 말 5위는 "너 누굴 닮아 그 모양이니?"라는 말이고, 4위는 "옆집 ○○는 1등 했다더라." 하는 말이며, 3위는 "저 놈의 컴퓨터 없애 버려야지." 하는 말이고, 2위는 핸드폰으로 "너 지금 어디야?"라고 하는 말이었다. 그런데 그런 말들보다도 더 싫어하는 말은 부모가 실망스러운 표정으로 자녀를 바라보면서 "에휴~" 하며 한숨짓는 것이었다. 부모의 그런 비언어적인 모습 속에서 자녀는 크게 낙담하고 좌절하는 것으로 보인다.

성적인 금욕주의는 강압적인 양육태도와 관련이 있다. 강압적인 부모는 자녀에게 자연스럽게 발생하는 성적인 호기심과 충동을 억압한다(Missildine, 1963, 263). 부모는 자녀에게 성은 위험하고 나쁜 것이며, 따라서 피해야 할 것으로 가르친다. 부모는 직접 말하기도 하지만 은연중에 이런 메시지를 전한다. "성은 위험하고 불결한 거란다. 그러니까 성에 대해서는 관심도 갖지 말고 생각도 하지 말거라." 혹은 자녀와 함께 TV를 보다가 남녀의 성적인 장면이 나오면 눈살을 찌푸리며 이렇게 말한다. "세상에 저런 걸 TV에 내보내다니. 말세야 말세." 부모는 자녀에게 이성교제는 좋지 않은 것으로 가르치고 금지한다. 부모는 이렇게 말한다. "○○ 좀 봐라, 그 애 정말 괜찮은 아이였는데 연애 잘못해서 완전히 신세 망친 거야!" 그 결과, 집안에서 성과 성에 대한 이야기는 금기사항이 된다. 그것은 호기심을 가져서도 안 되고 물어보아서도 안 된다. 자녀는 성에 대한 호기심과 궁금한 것이 있어도 안 그런 척해야 한다. 부모도 마찬가지이다. 부모도 안 그런 척해야 한다. 그래서 가족 모두 가면을 쓰게 된다. 그러나 만약 자녀의 성충동적인 행동이나 연애 사실이 발각되면 부모는 자녀를 심하게 꾸짖고 처벌한다.

성적인 금욕주의를 지닌 부모가 자녀와의 관계에서 많이 사용하는 대화방식은 회피와 주의 분산 등이다. 자녀들과 함께 소파에 앉아 TV를 보는데, 갑자기 야한 장면이 나오면 부모와 자녀들이 모두 당황한다. 이때 부모는 TV채널을 다른 데로 돌리거나 슬쩍 일어나 목이 마르지 않은데도 냉장고에서 물을 꺼내 마신다. 혹은 자녀의 관심을 분산시키기 위해 이렇게 묻는다. "너 요즘 학교생활 잘하고 있는 거지?" "아빠가 용돈 좀 줄까? 용돈 줄게. 이리 와 봐."

그러나 이미 잘 알려져 있는 바와 같이 인간의 성적인 욕구와 발달은 아주 어린 나이에서부터 시작되는 자연스러운 현상이다. 그때 아이들은 자기의 성기를 만지거나 주무르는 데서 즐거움을 경험하기도 하고, 다른 성별을 지닌 아이들의 성기에 대해서 호기심을 갖기도 한다. 남자아이들은 여자아이들의 가슴과 엉덩이에 관심을 가지며 치마를 들추기도 한다. 여자아이들도 남자아이들의 신체에 호기심을 느낀다. 프로이트는 유아의 성애적인 관심과 행동이 성격 발달의 중요한 동기가 된다는 것을 처음으로 밝혀냈다. 그러므로 부모의 강압과 금욕주의적인 양육태도는 자녀의 건강한 성격 발달을 저해하는 요인이 될 수 있다.

요컨대, 강압적인 양육태도를 지닌 부모는 자녀의 감정과 욕구와 생각을 억압하고, 대신 자신의 욕구나 생각을 따르도록 강요하며, 자녀의 말을 막고 자녀의 말에 귀를 기울이지 않는다. 부모의 말에 지시, 명령, 경고, 위협 등이 많고, 항상 통제, 감독, 감시하려 한다. 잔소리가 많을 뿐만 아니라 표정과 동작 같은 비언어적인 방식으로 자녀를 통제한다. 강압적인 부모는 대개 자녀의 성적 호기심과 충동을 억압하며, 집안에서 성에 대한 이야기를 금하거나 회피한다.

💮 강압적인 내면부모

　　　　　　　강압적인 부모와 함께 어린 시절을 보낸 자녀의 마음 속에는 부모의 강압적인 태도와 행동을 닮은 강압적인 내면부모라는 인격이 형성된다. 이것은 어린 시절에 부모의 강압적인 말과 행동과 삶의 모습을 보고 듣고 경험함으로써 형성된 인격이다. 부모는 혈연적인 부모만을 의미하지 않는다. 가족 개념의 부모만을 말하는 것도 아니다. 개인의 성장과 인격 형성에 영향을 준 모든 사람과 대상을 뜻한다. 조부모, 삼촌, 이모, 고모, 교사, 목사 등을 비롯해서 문화적인 전통과 교육 그리고 종교의 가르침에 이르기까지 다양하다. 이런 모든 대상이 자녀의 인격 발달에 영향을 주는 보편적인 부모가 된다. 언급한 것처럼, 모방과 동일시는 자녀가 부모를 닮는 심리적인 수단이 된다. 동일시는 자신의 태도나 행동양식을 외부의 다른 대상과 일치시키는 것이다. 그러므로 우리가 자신을 누군가와 동일시하면 그 사람을 닮게 된다. 자녀가 부모를 닮게 되는 것은 자녀가 부모의 특성을 자기 것으로 흡수하기 때문이다. 따라서 외부의 대상을 닮고자 하는 경향은 성격 발달에 매우 중요한 과정이 된다.

　프로이트의 견해에 따르면, 동일시에는 크게 네 가지가 있다. 첫째는 자기애적인 동일시로서, 이것은 자기 자신과 비슷한 특성을 지닌 사람과 동일시하는 것을 말한다. 예를 들면, 신체 근육에 관심이 있는 소년은 타잔과 같은 근육질의 남성과 자기를 동일시하고, 남편을 잃은 아내는 홀로된 여성들과 자기를 동일시한다. 이것은 자기애적인 에너지 집중(cathexis)이 자기와 유사한 외부대상에게 뻗어 나가 그 대상에게서 자기애를 경험하게 됨으로써 나타나는 동일시이다. 자기애적 동일시는 왜 동성애를 즐기는 사람들이 있는지, 왜 어떤 남자는 키가 크고 근육질의 여성을 좋아하는지, 그리고 왜 어떤 여자는 연약하고 여성스러운 남자와 결혼하게 되는지, 그 이유를 아는 데 도움이 된다.

　둘째는 목표지향적인 동일시로서, 이것은 좌절과 불안과 자기결핍에서 비롯된다. 즉 무엇인가 원하는 것을 가지고 있지 않은 사람은 그것을 가지고 있는 사람과 자기를 동일시함으로써 그 사람을 닮고자 한다. 왜냐하면 대리만족이라는 이득을 주기 때문이다. 프로이트에 따르면, 이 두 번째의 동일시가 자녀에게 가장 흔한 동일시라고 할 수 있다. 자녀는 자신이 가지지 못한 것을 부모가 가지고 있다고 생각하기 때문에 자기 자신을 부모와 동일시함으로써 대리만족을 느낀다. 예를 들어, 아들은 아버지의 강한 힘이나 사회적 성공에 자기를 동일시하고, 딸은 엄마의 예쁘게 차려입은 외모에 자기를 동일시함으로써 기쁨을 느낀다.

셋째는 대상상실의 동일시로서, 이것은 자신에게 중요한 대상을 잃었을 때 발생한다. 이때 개인은 마치 잃어버린 대상이 자기 자신인 양 자기를 그 대상으로 만듦으로써 자기를 대상과 동일시한다. 예를 들어, 부모가 세상을 떠났을 경우 자녀는 부모가 하던 일을 대신함으로써 자기를 부모와 동일시한다. 자녀는 부모를 이상적 모델로 삼고, 부모가 살아 계셨다면 어떻게 행동했을까 생각하며 부모처럼 행동한다.

넷째는 권위자와의 동일시인데, 이것은 권위자가 금지한 것과 자신을 동일시하는 것을 포함한다. 권위자 속에는 자신에게 고통을 준 가해자가 포함된다. 부모는 자녀에게 권위자이며 종종 가해자가 된다. 이런 동일시의 행동은 권위자의 요구와 지시에 따름으로써 처벌받지 않으려는 동기에서 비롯된다. 즉 어떤 대상을 좋아해서 닮는 것이 아니라 두려워서 닮는 것이다. 프로이트에 따르면, 이런 동일시는 인간의 양심 발달의 바탕이 된다. 자녀는 부모에게 책망이나 처벌을 받지 않기 위해서 부모의 지시를 따른다. 그리고 점차로 사회의 규칙과 질서를 따르지 않으면 안 된다는 것을 배운다(Freud, Hall, & Osborne; 설영환 편역, 1989, 171-177). 이런 권위자와의 동일시는 자녀가 왜 강압적인 부모를 닮음으로써 강압적인 내면부모라는 인격을 지니게 되는지, 그 심리적인 이유를 이해하는 데 도움이 된다. 부모의 어떤 행동과 모습이 싫고 그것 때문에 고통을 겪고 있음에도 불구하고 자녀가 그런 부모의 행동과 모습을 닮는 이유는 이처럼 권위자와의 동일시라는 개념으로 설명될 수 있다.

강압적인 내면부모를 지닌 사람의 특징은 강압적인 양육태도에서 나타난 모습과 유사하다. 그 기능과 역할은 두 가지로 나타난다. 하나는 자기 안에 있는 내면아이, 즉 강압받은 내면아이와의 관계인데, 강압적인 내면부모는 기본적으로 내면아이의 유아적인 감정과 욕구를 억압한다. 그리고 내면아이의 창조적인 생각을 무시한다. 즉 강압적인 내면부모를 지닌 사람은 내면아이로부터 나오는 자기의 솔직한 감정과 욕구와 생각을 스스로 무시하거나 억압한다(내면부모와 내면아이에 관한 논의에서 '자기'라는 말은 이중적인 의미로 사용된다. 즉 자기라는 말은 문맥에 따라 내면부모를 의미할 수도 있고 내면아이를 의미할 수도 있다). 강압적인 내면부모는 어린 시절의 부모가 자기에게 그랬던 것처럼 자기(내면아이)에게 "안 돼! 그만해!"라고 말한다. 그리고 자기(내면부모)가 자기(내면아이)에게 이렇게 말한다. "나서지

마라. 네가 뭘 안다고 그래? 가만히 있어." "울지 마! 울기는 왜 울어." "떠들지 마! 흥분하지 마! 얌전하게 있어."

강압적인 내면부모는 내면아이의 감정과 욕구를 억압하는 대신 내면아이에게 자기(내면부모)의 생각을 따르도록 강요한다. 그 생각은 어린 시절 부모의 말과 행동을 보고 듣고 경험함으로써 배우게 된 것들이다. 내면부모는 내면아이에게 "이렇게 해, 저렇게 해."라고 말함으로써 지시하고 명령한다. 지시와 명령 그리고 통제와 감독은 강압적인 내면부모가 자기 자신(내면아이) 그리고 다른 사람들과 관계를 맺는 특징이다. 강압적인 내면부모 안에는 어린 시절에 부모로부터 들었던 강압적인 말들이 녹음테이프처럼 저장되어 있다. 그리고 필요할 때마다 그 테이프가 작동된다. 이때 그 말들은 자기(내면부모)가 자기(내면아이)에게 하는 말이 된다. 강압적인 내면부모는 내면아이에게 하기 싫은 일과 하기 어려운 일을 하도록 강요한다. 과도한 계획을 수립하고 그것을 수행하라고 지시한다(Missildine, 1963, 95). 그리고 '너는 그것을 해야만 한다. 하지 않으면 안 된다.'고 몰아붙인다(Missildine, 1963, 96). 그것은 과거에 부모로부터 들었던 말이다. 내면부모는 지시하고 명령할 뿐, 내면아이가 하는 말소리에 귀를 기울이지 않는다. 결과적으로 자기(내면아이)와의 대화가 단절된다. 강압적인 내면부모는 과거의 부모가 그랬던 것처럼 내면아이에게 권위적이며 위압적이다. 따라서 내면부모과 내면아이 사이에 긴장과 갈등이 발생한다. 내면부모는 내면아이에게 명령하고 내면아이는 그 명령에 저항한다. 명령과 저항은 강압적인 내면부모와 내면아이의 통상적인 관계 방식이다.

강압적인 내면부모는 성적인 금욕주의와 손을 잡음으로써 내면아이의 자연스러운 성적 호기심과 충동을 억압한다. 그리고 어린 시절에 부모로부터 들었던 말을 내면아이에게 반복한다. "성은 위험하고 나쁜 것이란다. 그것은 생각도 하지 말고 관심도 두지 말거라." 내면부모의 이런 말들 때문에 내면아이는 항상 죄책감에서 벗어날 수가 없다. 그러므로 강압적인 내면부모를 지닌 사람은 물리적으로는 부모를 떠나 살고 있지만 심리적으로는 여전히 부모와 함께 살고 있다고 할 수 있다. 결혼하여 어른이 되었지만 부모를 떠나지 못한 것이다. 얼마나 모순된 삶인가? 어린 시절에 너무나 싫어했던 부모의 강압적인 말과 행동을 스스로 자기 자신에게 하고 있다.

억압(repression)은 강압적인 내면부모를 지닌 사람이 많이 사용하는 방어기제 중의 하나이다. 방어기제는 정신 안에 발생하는 불안을 줄이기 위해서 자아(ego)가 사용하는 정신기제인데, 이것은 대개 현실을 부인, 왜곡, 위장함으로써 인격의 건강한 발달을 저해한다. 프로이트에 따르면, 억압에는 원시적인 억압(primal repression)과 적절한 억압(repression proper)이 있다. 원시적인 억압은 선천적으로 물려받은 정신기제로서 원본능(id)을 구성하는 내용물들을 영원히 무의식 속에 붙잡아 두려고 하는 것을 말한다. 그 결과, 그것이 아예 의식의 세계에 떠오르지 못하도록 근원적인 봉쇄를 하는 것이다. 원시적인 억압의 한 예로서, 인간은 근친상간의 욕망을 강하게 억압함으로써 그것을 금기 사항으로 삼고 있다. 이런 억압은 선천적으로 유전되는 것이기 때문에 가르치거나 배울 필요가 없다. 적절한 억압은 위험한 생각, 욕구, 기억, 지각, 환상 등이 의식세계에 올라오지 못하도록 장벽을 치고 무의식 속에 묻어 두는 것이다. 이것을 적절한 억압이라고 한 것은 어느 정도의 억압이 필요하다는 것을 의미한다. 왜냐하면 무의식적 요소가 거침없이 의식으로 드러나는 것은 위험할 수도 있기 때문이다. 그러나 적절한 억압이 과도한 억압으로 바뀌는 경우가 많다. 보통 억압이라고 말할 때에는 적절한 억압을 의미한다. 이것은 자아를 불안으로부터 보호하기 위한 조치로서 위험한 현실을 못 보게 하거나 보았을지라도 왜곡해서 받아들이게 한다. 즉 인지왜곡 현상이 나타난다. 이런 억압은 그 위험성이 사라졌다고 느낄 때까지 계속된다(Freud, Hall, & Osborn; 설영환 편역, 1989, 185-189). 억압의 주요 대상들은 성욕과 공격성(살해 욕구) 그리고 상처 입은 기억들이다. 강압적인 내면부모는 내면아이로부터 의식세계에 떠오르는 감정과 욕구와 환상들을 부당하거나 위험하다고 간주함으로써 억압한다. 그 결과, 내면아이는 억압되는데, 일반적으로 이런 사람들을 가리켜 '억압되었다'고 말한다.

　강압적인 내면부모가 지닌 또 하나의 기능과 역할은 외부의 다른 사람들과의 관계에서 나타난다. 외부의 다른 사람들은 자녀, 손아랫사람, 부하직원, 그리고 배우자 등이다. 그들은 자기보다 힘이 없거나 열등하게 느껴지는 사람들이다. 한사람의 내면에서 언제 강압적인 내면부모가 작동되고 또 언제 강압받은 내면아이가 작동되는가 하는 문제는 그 사람이 만나는 외부의 대상에 따라 결정된다. 자기보다 강하고 힘 있고 우월하게 느껴지는 대상을 만나면 강압받은 내면아이가 작동되지만, 자기보다 약하고 열등하게 느껴지는 대상을 만나면 강압적인 내면부모가 작동한다. 강압적인 내면부모가 외부의 다른 사람들과 형성하는 관계 방식은 기본적으로 억압과 명령이다. 강압적인 내면부모는 다른 사람들이 나타내는 자유로운 감정표현과 자기주장을 거북해하며 막으려

한다. 그들의 말에 귀를 기울이지 않는다. 자기의 말을 듣고 따르도록 강요한다. 강압적인 내면부모가 다른 사람들과의 사이에서 자주 사용하는 말들은 역시 지시와 명령 그리고 통제와 감독의 말들이다. 강압적인 내면부모는 이렇게 말한다. "안 됩니다. 틀렸습니다. 이렇게 해야 합니다." "내 말 좀 들어 보세요. 글쎄 내 얘기를 들어 보시면 알게 됩니다." "그건 소용없는 일입니다. 내게 다 생각이 있습니다. 다른 얘기는 들어볼 것도 없습니다." 그러나 이런 말들을 듣는 사람들에게는 스트레스가 쌓인다. 고통스러운 일이다. 결과적으로 강압적인 내면부모를 지닌 사람과 다른 사람들과 사이에 갈등과 충돌이 일어난다. 그리고 강압적인 내면부모를 지닌 사람은 고립되어 소외를 느끼게 된다.

강압적인 내면부모는 자녀를 만날 때 가장 활성화된다. 그 결과, 강압적인 내면부모를 지닌 사람은 어린 시절에 자기의 부모가 자기에게 했던 것처럼 자녀에게 말하고 행동한다. 즉 강압적인 부모가 되는 것이다. 그리하여 강압이라는 양육태도가 대물림된다(Missildine, 1963, 110). 그 사람은 강압적인 부모가 되어 자녀의 감정과 욕구와 생각을 억압하고, 자녀의 말에 귀를 기울이지 않으며, 자기의 생각을 자녀가 따르도록 강요하고, 자신의 부모가 그랬던 것처럼 자녀에게 지시하고 명령한다. 분노와 잔소리로 자녀를 통제한다.

❧ 사례

...

단풍(가별칭)은 30대 중반의 여성이다. 그녀는 자녀와의 문제로 내가 인도하는 집단상담에 참석했다. 그녀에겐 초등학교에 다니는 두 명의 자녀가 있었다. 그녀는 이렇게 말했다. "제 문제는 아이들만 보면 짜증이 나고 화가 난다는 거예요. 나중에 생각해 보면 아이들이 잘못한 것도 아닌데 그렇게 소리를 지르곤 해요. 저도 알아요. 그러면 안 된다는 것을……. 하지만 그러지 않으려고 해도 안 돼요." 단풍은 자녀들에게 "이거 해라, 저거 해라."고 끊임없이 말했고 그들이 자신의 말을 따르지 않을 때마다 화를 내고 소리를 질렀다. 단풍은 자녀에게 변명할 기회를 주지 않았다. 이런 자녀양육 문제로 남편과 여러 번 싸우기도 했지만 전혀 달라지지 않았다. 오히려 남편에게 화를 내고 잔소리를 퍼부었다.

나는 단풍에게 어린 시절 엄마에 대해서 물어보았다. "엄마는 어떤 분이셨나요? 자녀들을 어떻게 키우셨나요? 엄마와의 관계는 어떠셨는지요?" 단풍의 진술에 따르면, 단풍의 어머니는 성격이 급하고 강했으며, 자주 화를 내어 집안을 시끄럽게 만들었다. 특히 자녀들의 말에는 귀를 기울이지 않았으며, 잔소리를 많이 했고 신경질을 부렸다고 한다. 단풍은 이야기 도중에 스스로 알아차리며 이렇게 말했다. "내가 엄마와 똑같이 하고 있네요."

다음은 미실다인에게 상담을 받으려고 왔던 내담자의 사례이다. 어린 시절에 어머니로부터 강압적으로 양육받은 20대 중반의 여인이 있었다. 그녀는 매력적이었고 자신이 하는 모든 분야에서 유능한 여인이었다. 그녀는 사려 깊고 정중하며 자기를 따뜻하게 배려해 주는 한 청년을 만났다. 둘은 사랑에 빠지게 되었고 결혼을 했다. 그녀는 행복한 가정을 이루기 위해 노력했다. 남편에게 좋은 음식을 만들어 주기 위해 요리학원에 다녔으며, 남편의 하소연을 들어 줌으로써 스트레스를 풀어 주었다. 그러나 문제가 있었다. 그녀는 성관계를 거부하였다. 남편이 요구하는 모든 성관계를 회피했으며 심지어 화를 내기도 했다. 물론 그렇게 해서는 안 된다는 것을 알고 있었다. 그녀의 마음속에서는 이런 소리가 들렸다. "훌륭한 아내가 되려면 남편을 성적으로 만족시켜 주어야 한다. 남편을 실망시키지 마라. 남편의 요구를 받아들여야지." 그러나 그런 소리가 들리면 들릴수록 더욱더 남편의 요구에 응하기가 싫었다. 남편의 직접적인 성적 요구는 물론 암시적인 성적 표현에도 강하게 반발했다. 간혹 남편의 요구에 억지로 응하기도 했는데, 그러나 그녀는 아무런 즐거움도 느끼지 못했다.

이 여인은 왜 그렇게 남편의 성적 요구에 반발했을까? 미실다인의 해석에 따르면, 그녀는 훌륭한 아내가 되어야 한다는 내면의 목소리를 어린 시절 강압적인 어머니와 동일시함으로써 그런 자신의 강요적인 목소리에 반항했기 때문이다(Missildine, 1963, 109-110). 그녀의 내면에서 들렸던 그 목소리들은 어린 시절의 강압적인 어머니의 말과 행동에 그 기원이 있다고 할 수 있다. 왜냐하면 그녀는 그런 어머니의 말과 행동을 보고 듣고 닮음으로써 강압적인 내면부모라는 인격을 형성하게 되었기 때문이다. 남편을 만족시켜 줌으로써 훌륭한 아내가 되어야 한다는 것은 아내의 의무감을 자극하는 당위적인 요구로서, 듣기 싫은 말이다. 그러나 그녀의 내면부모는 자기 자신(내면아이)에게 훌륭한 아내가 되어야 한다는 당위적인 요구를 계속했다. 이 여인은 성장과정에서 그와 유사한 말을 어머니로부터 여러 번 들었으며, 그 결과 그런 어머니의 모습을 닮은 강압적인 내면부모를 지니게 되었고, 이제 자기 안에 지니게 된 내면부모가 어머니가 했던 그 말을 자기 자신(내면아이)에게 하고 있는 것이다. 그리고 그녀의 내면아이는 그런 내면부모의 지시와 명령에 반항함으로써 남편의 성적 요구를 거부한 것이다.

…

✆ 강압받은 내면아이

어린 시절에 부모의 강압적인 환경에서 자란 자녀의 내면에는 강압적인 내면부모 외에 또 하나의 인격인 강압받은 내면아이가 형성된다. 강압받은 내면아이는 말 그대로 강하게 억압받은 인격이다. 그것은 부모의 강압적인 양육태도에 대한 자녀의 심리적, 정서적 반응으로 형성된 자아이다. 강압적인 부모의 양육방식은 지시, 명령, 통제, 요구, 감시, 처벌 등이었다. 자녀는 부모의 지시와 명령, 그리고 감시와 처벌을 받으며 지내야만 한다. 이런 지시와 명령과 처벌에 대한 자녀의 기본적인 반응은 반항과 저항이다(Missildine, 1963, 103–106). 자녀는 부모의 강압적인 요구와 명령에 반항하고 저항한다. 따라서 부모와 자녀 사이에 '명령-반항'의 순환이 반복된다. 이런 경험이 반복되고 축적되면 자녀에게 강압받은 내면아이라는 인격이 형성된다. 인격은 한 개인의 심리 행동적인 특성으로 고정됨으로써 쉽게 변하지 않는다는 것을 의미한다.

강압받은 내면아이의 심리 행동적인 특성은 다양하게 나타난다. 강압받은 내면아이는 의존적이며 스스로 할 수 있는 자율성과 독립성이 매우 부족하다. 스스로 선택하고 결정하는 능력이 부족하다. 강압받은 내면아이를 지닌 사람은 무엇을 하든지 다른 사람들에게 의존하려 한다. 그들의 의견을 묻고 그들의 판단을 따르려 한다. 자신이 맡은 일을 계획하고 진행하는 것에서부터 자기 삶의 중요한 문제를 결정하는 것에 이르기까지 외부의 사람들을 의존한다. 외부의 사람들은 자기보다 힘이 있고 우월하다고 생각되는 사람들이다. 예를 들면, 부모, 선생, 선배, 윗사람, 직장상관, 성공한 친구 등이다. 이런 의존적인 모습은 부모의 과잉보호 속에서 자란 사람의 내면아이에게서도 나타난다. 왜 그렇게 의존적인 성향이 생기는 것일까? 그 이유는 어린 시절에 부모가 자녀에게 스스로 할 수 있는 기회를 주지 않았기 때문이다. 부모는 "이렇게 해라, 저렇게 해라."라고 지시하고 명령함으로써 자녀가 스스로 생각하고 판단하고 결정하고 행동할 수 있는 기회를 박탈한 것이다. 미실다인은 이렇게 기록했다. "강압적인 부모들은 자녀에 대한 염려 때문에 자녀의 행동에 대해서 계속해서 지시하고 또 지시한다. 자녀에게 잔소리를 해 대고 계속 밀어붙임으로써 자녀가 스스로 자신의 관심에 따라 행동할 수 있는 기회를 주지 않는다."(Missildine, 1963, 91) 이런 경험이 축적되면 자녀에게는 무엇을 하든지 남에게 의지하려는 의존성이 성격으로 자리를 잡는다.

강압받은 내면아이에게서 나타나는 의존성은 자기 정체감의 유지에 방해가 되는 편향 의존성(co-dependence)의 원인이 되기도 한다. 편향 의존성이란 자신의 감정과 욕구와 생각 등을 자유롭게 경험하거나 소유하지 못하고 외부의 강한 사람의 영향을 받아 좌우되는 성향을 말한다. 편향 의존성을 지닌 사람은 자신의 감정을 자기가 느끼고 싶은 대로 느끼지 못한다. 외부대상의 영향을 너무 쉽게 받기 때문이다. 그 대상이 강압적인 성격을 지닌 사람의 경우에는 더욱 민감하게 영향을 받는다. 편향 의존성이 있는 사람은 자기 밖에 있는 외부 사람 중심의 가치체계를 가지고 있기 때문에 자기 정체감의 형성과 유지에 문제가 있다. 즉 다른 사람의 평가와 태도에 따라 자기가치가 결정되는 것이다. 그 사람은 다른 사람들에게 자신의 감정이나 욕구를 분명하게 표현하지 못한다. 왜냐하면 자신의 감정이나 욕구보다 상대방의 감정과 욕구가 더 크고 중요하다고 생각되기 때문이다. 그런 행동 특성 때문에 다른 사람들의 눈에는 착한 사람으로 보이기도 한다(Bradshaw, 1990, 8-11).

브래드쇼의 글에 소개된 사례들은 편향 의존성이 무엇인지를 이해하는 데 도움이 된다. 퍼빌리아는 남자 친구로부터 그가 직장에서 많은 어려움으로 스트레스를 받고 있다는 말을 들었다. 그날 밤 그녀는 남자 친구를 걱정하느라고 잠을 이루지 못했다. 그 이유는 자기의 감정보다 남자 친구의 감정에 더 민감하고 더 많이 반응하고 있었기 때문이다. 맥스 밀리안은 6개월 동안 사귀던 여자 친구로부터 갑작스럽게 결별하자는 말을 들었다. 그는 충격을 받아 거의 자포자기 상태가 되었다. 그 이유는 자신의 가치가 그녀의 사랑에 달려 있다고 믿고 있었기 때문이다. 그는 스스로 자기를 가치 있게 여길 수 있는 능력을 지니고 있지 못했다. 졸리사는 남편이 외출하자는 제안을 했을 때 찬성도 반대도 하지 않고 따라 나섰다. 남편이 어디에 가고 싶으냐고 물었지만 그녀는 아무 곳이나 괜찮다고 말했다. 결국 남편의 취향에 따라 공포 영화를 보게 되었다. 졸리사는 그 영화가 끔찍했지만 아무 말도 하지 않았다. 그녀는 주위 사람들의 마음에 들게 행동함으로써 항상 착하고 좋은 사람이라는 말을 들었다. 그러나 사실 그녀는 그런 말을 듣기 위해서 착한 사람인 척했을 뿐이다. 오펠리아는 얼마 전 남편에게 벤츠를 한 대 구입해 달라고 요구했다. 뿐만 아니라 컨트리클럽 회원권도 사 달라고 졸라 댔다. 하지만 경제적으로 그럴 수 있는 형편이 아니었다. 그들은 빚더미 위에 앉아 있었기 때문이다. 그럼에도 불구하고 그녀는 많은 돈을 쓰며 부유층 행세를 하고 다녔다. 그녀는 자신의 가치가 남들에게 소위 '있어 보이는 사람'으로 보이는 데 달려 있다고 믿고 있었다. 이처럼 편향 의존성을 지닌 사람들은 자기 내부보다 외부의 다른 사람들이 자신을 바라보는 시선에 더 비중을 둔다. 그 결과, 자기가 원하는 진정한 자기의 삶을 살지 못한다. 삶은 나의 삶인데도 불구하고 다른 사람들이 내 삶의 주인 행세를 하고 있는 것이다.

강압받은 내면아이를 지닌 사람은 어린 시절에 늘 부모의 지시와 명령 속에서 살았기 때문에 지시와 명령 받는 것에 익숙해 있으며, 지시와 명령이 없으면 오히려 불안을 느낀다. 혼자 있으면 무엇을 어떻게 해야 할지 잘 모른다. 그래서 누군가가 자신이 해야 할 일을 낱낱이 일러 주고 가르쳐 주기를 기대한다(Missildine, 1963, 92). 이것도 역시 의존성의 결과라 할 수 있다. 이런 사람은 공부나 일에 대한 수행능력이 어린 시절에는 높을 수 있으나, 나이가 들어 상급학교에 올라가거나 승진하여 윗자리에 올라갈수록 그 능력이 떨어진다. 왜냐하면 상급학교에 올라가거나 직장에서 승진한다는 것은 다른 사람들의 지시와 명령이 줄어들고 스스로 해야 하는 자율성의 영역이 넓어지는 것을 의미하기 때문이다. 우리는 주위에서 이런 이야기를 많이 듣는다. 초등학교에 다닐 때에는 공부를 잘하던 아이가 중학교에 들어가서 성적이 떨어지더니 고등학교에 올라가서는 아예 하위권에 머물고 있다는 이야기 말이다. 이런 아이가 대학에 들어가면 학습 수행능력은 더욱 떨어진다. 왜냐하면 대학은 스스로 공부하는 장소이기 때문이다. 왜 이런 현상이 나타나는 것일까? 물론 다른 이유도 있을 것이다. 그러나 그 이유들 중의 하나는 어린 시절에 부모의 강압적인 양육으로 인하여 자녀에게 형성된 강압받은 내면아이 때문이다. 자녀가 어려서는 부모의 지시와 명령과 통제에 따라 억지로라도 공부해야 했기 때문에 좋은 성적을 받을 수 있었는지 모른다. 그러나 자녀가 성장할수록 부모의 명령과 통제는 줄어들 수밖에 없으며, 자녀의 학습 수행은 자연히 자녀에게 맡겨지게 된다.

강압받은 내면아이를 지닌 사람은 지시와 명령에 익숙한 의존성 때문에 왜곡된 자기표상과 대상표상을 가질 수 있다. 즉 자기 자신은 항상 능력이 부족해서 스스로 할 수 없다는 자기표상을 가진다. "나는 못해. 나는 할 수 없어. 도움이 필요해."라고 말한다. 또한 다른 사람들은 자기 자신 보다 힘 있고 능력이 있으며 무엇이든지 잘한다는 대상표상을 지닌다. 그것은 낮은 자존감과 자신감 부족의 원인이 된다.

강압받은 내면아이를 지닌 사람은 자기표현이나 자기주장 능력이 매우 부족하다. 특히 어린 시절의 부모와 유사한 모습을 지닌 사람이나 권위적인 사람 앞에서는 더욱 그렇다. 강해 보이는 사람, 연장자, 윗사람, 직장상관, 교수, 목사 등 어린 시절의 부모를 연상시킬 수 있는 사람 앞에서는 자신 있게 말을 못한다. 자신이 원하는 것을 요구하지 못하며, 상대방의 요구가 마음에 들지 않을 때에라도 "아니요."라고 말하지 못한다. 왜 그럴까? 왜냐하면 어려서 부모에게 자신의 감정과 욕구를 표현하고 요구해 보는 경험을 가지지 못했기 때문이다. 아주 어려서는 그런 표현과 요구를 했을지도 모른다. 그러나 부모가 그런 표현과 요구를 받아 주지 않았기 때문에 더 이상 그렇게 할 수 없었다. 강압적인 부모는 자녀에게 이렇게 말한다. "입 다물지 못해? 웬 말대꾸가 그렇게 많아?" 자녀는 부모가 두렵기 때문에 입을 다물고 있어야 한다. 이처럼 자기표현이나 자기주장을 못하는 경우 그 사람은 심리적으로 억압된 상태에 있게 된다. 이런 사람이 가끔씩 꾸는 꿈이 있다. 배설과 화장실에 관한 꿈을 꾼다. 배설이 급하여 화장실을 찾고 있는데 화장실이 나타나지 않는 꿈을 꾼다. 이것은 다른 사람 앞에서 좀 더 자신을 드러내야 할 필요성과 이에 대한 두려움 사이에서 갈등하고 있는 자기 자신의 상태를 나타낸다. 이런 꿈도 꾼다. 화장실 안에 들어가 앉아 있는데 화장실 벽이 투명하거나 문이 닫히지 않아서 밖에 있는 사람들이 자신을 들여다보는 불안한 꿈이다. 이것은 공개석상에 나서는 것에 대한 두려움, 혹은 좀 더 자기를 표현해야 할 필요성이 있음을 의미한다. 또한 화장실이 너무 지저분하거나 변기가 넘쳐서 배설을 할 수 없는 꿈을 꾸기도 한다. 이것은 자신의 감정이 심히 억압되어 있다는 것과 그것이 언제 어떻게 폭발할지 몰라서 두려워하고 있음을 말해 준다. 즉 자기감정의 통제가 어려운 상태에 있음을 의미한다(Fontata; 원재길 역, 1998, 97).

강압받은 내면아이를 지닌 사람이 어린 시절에 두려워했던 대상은 부모였다. 그런데 왜 부모가 아닌 다른 권위적인 인물을 두려워하는 것일까? 이것은 내면아이가 지닌 전이(transference) 또는 치환(displacement) 현상 때문이다. 전이와 치환은 의미상 같은 개념이다. 전이는 프로이트가 확립한 정신분석 이론의 중요한 개념 중의 하나이다. 전이는 인간이 지닌 본능적인 에너지가 하나의 대상에서 다른 대상으로 유입되는 과정을 의미하는데, 이런 전이의 가장 전형적인 예는 아동기 동안에 부모와 같이 중요한 사람들과의 관계에서 경험한 감정, 심상, 사고, 행동, 태도 등의 유형이 현재 만나고 있는 다른 사람들과의 관계에서 그대로 나타나는 경우이다. 이 과정은 거의 무의식적으로 일어나기 때문에 개인은 자기 안에서 발생하는 생각과 심상과 태도, 그리고 사랑과 미움과 분노 같은 감정들의 근원적인 원천을 알지 못한다(The American Psychoanalytic Association, 1990, 196-197). 즉 그 원천이 어린 시절에 있었던 부모와의 관계 경험에 있다는 것을 이해하지 못한다. 따라서 현재의 생각과 정서 경험의 원인이 지금 만나고 있는 상대방에게 있다고 지각한다. 대상관계 이론에서 본다면, 전이는 대상과의 만남에서 발생하는 대상관계의 한 형태로서 누구에게나 있는 보편적인 현상이다. 왜냐하면 개인의 모든 대상관계는 어린 시절의 아동기 애착을 재구성하고 재경험하는 것이기 때문이다. 전이는 종종 사랑과 미움이 함께 있음으로써 양가적으로 나타난다.

이런 점에서 전이는 긍정적 전이와 부정적 전이로 나눌 수 있다. 긍정적 전이는 어린 시절 부모와 관계에서 발생한 긍정적인 감정과 경험을 다른 사람에게 치환하는 것으로서, 사랑과 애착 같은 긍정적인 감정이 일어나는 것을 말한다. 부정적 전이는 어린 시절 부모에 대한 부정적인 감정과 경험을 다른 사람에게 치환하는 것이다. 이때 개인은 미움과 분노 같은 감정을 경험하게 되며 거부감이나 적대감을 가질 수도 있다. 강압받은 내면아이를 지닌 사람은 부정적 전이를 많이 한다. 즉 어린 시절에 강압적이었던 부모와의 관계에서 발생한 부정적 감정, 심상, 생각, 행동, 태도 등을 다른 사람과의 관계에 옮겨 놓음으로써 다른 사람 앞에서 두려움, 미움, 분노와 같은 감정을 느낀다. 무의식이 그렇듯이 내면아이의 행동은 매우 비합리적이고 비과학적이다. 왜냐하면 어린 시절의 강압적인 부모와 현재 만나고 있는 사람은 전혀 관계가 없는 대상임에도 불구하고 그 두 대상을 구별하지 못하기 때문이다. 강압받은 내면아이는 어린 시절의 부모와 현재 만나는 권위의 인물을 동일시함으로써 인지왜곡을 한다.

　언급한 것처럼, 강압받은 내면아이는 외부의 대상을 두려워함으로써 자기의 진정한 감정과 생각과 욕구를 드러내지 못한다. 이것은 거짓자기(false self)를 형성하게 되는 원인이 된다. 앞에서 언급한 것처럼, 대상관계 이론가로 알려진 위니컷은 유아의 성장과 발달에 있어서 양육환경의 중요성을 누구보다도 강조했다. 유아는 양육환경이 어떠한가에 따라서 참자기(true self)라는 인격이 형성될 수도 있고 거짓자기라는 인격이 형성될 수도 있다. 참자기는 유아가 '나의 세계'와 '나 아닌 세계'를 구분함으로써 형성되기 시작한다. 엄마가 유아의 본능적인 충동과 욕구에 적응적으로 응답해 주면 유아는 환경, 즉 나 아닌 세계를 발견하게 되고, 그 결과 나의 세계를 확립하게 된다. 이때 엄마가 충분히 좋은 양육환경을 제공함으로써 외부의 침범으로부터 유아를 보호해 주어야 한다. 그러면 유아는 참자기를 지니게 된다. 참자기는 자신의 감정과 욕구를 자발적으로 표현하고, 자기 자신에 대한 신뢰와 확신이 있기 때문에 외부 사람들의 압력이나 영향에 흔들리지 않고 자신이 원하는 삶을 살아갈 수 있는 능력을 지닌다. 그러나 유아의 양육환경이 안전하지 아니하고 엄마가 유아의 본능적인 욕구를 충족시켜 주지 못하면 유아는 마지못해 반응함으로써 거짓자기를 발달시킨다. 특히 부모가 유아의 자연적인 충동과 욕구를 억압한다면 유아는 자신의 진정한 감정을 숨기고 부모가 받아들일 수 있는 것으로 바꿔 표현함으로써 거짓된 삶을 살게 된다. 거짓자기는 자신의 감정과 욕구를 표현하지 못하고, 자기 자신에 대한 확신이 부족하기 때문에 외부대상의 영향을 너무 쉽게 받는다. 거짓자기는 마지못해 환경의 요구에 응답함으로써 참자기를 은폐하고 외부의 사람들과 거짓된 관계를 맺는다. 그 결과, 자신의 삶이 가짜 같고 허무하다는 느낌을 갖게 된다(Clair, 2004, 71). 강압받은 내면아이는 자신의 감정과 욕구를 숨기고 위장 표현함으로써 거짓된 관계를 형성하고 자기 자신이 없는 거짓된 삶을 살아간다. 이런 내면아이를 지닌 사람은 마음속에 분노나 슬픔이 있지만 겉으로는 미소를 지으며, 자신의 상황으로는 기뻐할 상태가 아님에도 불구하고 상대방을 기분 좋게 해 주려고 과도한 명랑성을 보이기도 한다.

강압받은 내면아이는 억압된 불만과 분노가 많다. 왜냐하면 어린 시절 부모의 일방적인 지시와 명령 그리고 강요와 통제는 자녀의 마음속에 스트레스와 분노를 일으켰기 때문이다. 그러나 자녀는 그런 불만이나 분노를 부모에게 표현할 수 없었다. 부모의 처벌에 대한 두려움 때문이다. 대신 자녀는 그 불만이나 분노를 무의식 속에 억압함으로써 쌓아 두었다. 그러므로 강압받은 내면아이를 지닌 사람은 부모에 대하여 두려움과 분노라는 두 가지 감정을 가지고 있다. 하지만 분노는 두려움 밑에 숨겨져 있는 경우가 많다. 이런 양가적인 감정의 현상은 부모를 대신하는 권위적인 인물에 대해서도 동일하게 적용된다. 즉 강압받는 내면아이를 지닌 사람은 외부의 권위적인 인물 앞에서 두려움과 분노를 느낀다.

강압받은 내면아이를 가지고 있는 사람은 만성적인 피로와 무력감 그리고 우울감에 시달린다. 미실다인은 강압받은 내면아이의 두드러진 특징 중의 하나가 만성적인 피로와 무기력이라고 했다. 그는 만약 어떤 내담자의 주된 호소 내용이 피로와 무기력이라면 그 이유로서 어린 시절의 강압적인 부모의 양육환경을 생각해 봐야 한다고 했다 (Missildine, 1963, 92). 강압받은 내면아이는 왜 피로와 무력감 그리고 우울감을 느끼는 것일까? 자신의 감정과 욕구가 억압되었기 때문이다. 사람들은 자신의 감정을 표현하지 못하면 생동감을 잃어버리고 우울감을 느끼게 된다. 특히 분노를 억압하면 우울증의 원인이 될 수 있다. 또한 사람들은 자신이 하고 싶은 것을 못하게 하거나 반대로 하기 싫은 것을 강제로 하게 하면 쉽게 피로와 싫증을 느끼고 무기력해진다. 강압적인 부모는 자녀가 하고 싶은 것을 못하게 했고 하기 싫은 것을 하게 함으로써 자녀의 본래적인 욕구를 억압했다.

강압받은 내면아이가 피로와 무력감과 우울감을 느끼게 되는 또 다른 이유가 있다. 그것은 내면아이의 반항 때문이다. 어린 시절 강압적인 부모의 양육적인 특징은 지시와 명령 그리고 통제와 강요였다. 그리고 이에 대한 자녀의 근본적인 반응은 반항과 저항이었다. 그 후 자녀가 성장함에 따라 부모의 강압적인 태도는 한 개인의 인격 안에서 내면부모가 되었고, 자녀로서 반응했던 반항과 저항은 내면아이가 되었다. 그 결과, 한 인격 안에서 내면부모와 내면아이가 충돌한다. 내면부모는 계속해서 지시하고 강요하며, 내면아이는 그런 지시와 강요에 반항하고 저항한다. 이런 내면아이의 반항과 저항은 피로와 무기력 그리고 우울한 기분을 발생시킨다. 미실다인은 어떤 사람의 피로 중후군의 원인이 신체적인 검사와 어떤 조사로도 밝혀지지 않을 때에는 그 원인이 그 사람의 내면에서 반복되고 있는 내면화된 부모의 명령과 내면아이의 저항에 있다는 것을 의심해 보아야 한다고 기록했다(Missildine, 1963, 101). 한 예로서, 미실다인을 찾아왔던 여인의 사례를 들 수 있다. 그 여인은 만성적인 피로와 소진 상태에 시달리고 있음을 호소해 왔다. 그녀는 집안일을 전혀 할 수 없을 만큼 항상 지친 상태에 있었다. 그러나 신체 검사 결과, 아무런 이상이 발견되지 않았기 때문에 그녀를 진찰했던 내과의사가 미실다인에게 재의뢰하였다. 미실다인은 그녀의 성장과정과 부모의 양육환경에 대해서 물어보았다. 그녀의 진술에서 밝혀진 것이 있었다. 어린 시절 그녀의 부모는 지나칠 정도로 강압적이었다는 것과 그녀는 그런 부모의 강압적인 양육에 항상 반항으로 일관했다는 것이다. 미실다인의 해석에 따르면, 그녀가 집안일을 돌보지 못할 정도로 피로를 느끼는 것은 내면부모의 지나친 강압에 대한 내면아이의 저항 때문이다.

강압받은 내면아이는 외부세계와의 접촉을 싫어하고 항상 위축되고 긴장되어 있으며 몸과 마음이 경직되어 있다. 이런 내면아이를 지닌 사람은 억압이라는 억지력 때문에 여러 가지의 신체적인 장애가 발생할 수 있다. 관절염은 분노나 적개심이 억압되었을 경우에 발생한다. 즉 화가 나는데도 그것을 꾹 참고 있으면 그것이 근육 조직으로 확산되어 통증이 나타나고 이런 상태가 오래 지속되면 만성 관절염이 된다. 억압이 호흡기 계통으로 확장되면 천식이 생길 수 있다. 불안과 긴장이 지속되면 얕은 호흡을 하게되고 그 결과 충분한 산소를 흡입하지 못하며 동시에 이산화탄소를 잘 내보낼 수 없게된다. 그러면 폐의 한 부분에 질식 현상이 나타나고 마침내 천식이 되는 것이다. 위궤양도 마찬가지로 설명이 가능하다. 즉 분노나 공포 그리고 불안과 긴장이 발생하면 소화가 잘 안되고 그런 상태가 지속되면 위궤양이 될 수 있는 것이다(Freud,. Hall, & Osborne; 설영환 편역, 1989, 187). 이 외에도 다른 신체적인 질환이 발생할 수 있다. 고혈압, 심장질환, 그리고 암 등의 질환은 억압이라는 정신기제와 관계가 있다.

강압받은 내면아이는 앞 장에서 보았던 완벽주의 내면아이처럼 계획은 빠짐없이 철저히 세우지만 정작 실천하지는 못한다. 하나하나 해야 할 일들의 일람표를 작성하지만 그것은 실천하기 어려운 일람표일 뿐이다. 왜 그럴까? 내면아이가 일람표를 철저히 작성하는 것은 어린 시절 강압적인 부모(이제는 내면부모가 되었음)의 지시와 명령에 따르는 순응반응이며, 그 계획을 실천하지 못하는 것은 내면아이의 본래적인 특성인 저항반응이 나타났기 때문이다. 그러나 내면아이의 저항은 동시에 불안을 불러일으킨다. 즉 내면부모의 명령과 요구에 저항한다는 것은 불안을 감수해야 하는 일이다. 부모의 명령과 통제와 요구 속에서 자란 사람의 마음속에서는 성인이 된 이후에도 부모의 강압적인 요구의 목소리가 들린다. "공부해라, 성적이 이게 뭐니?" "넌 왜 이렇게 게으르니? 빨리 일어나지 못해?" "말해 봐! 앞으로 어떻게 할 거냐?" 부모가 곁에 없는데도 이런 목소리가 들린다. 강압적인 내면부모의 목소리이다. 이런 내면부모의 요구와 압력에 따라 내면아이는 무리한 계획을 세우고 실천할 수 없는 일람표를 만든다. 그리고 곧 저항함으로써 그 계획을 수포로 만든다. 미실다인은 기록했다. "이렇게 해야만 하는 것들의 일람표, 즉 비현실적인 기대와 계획과 프로그램들은 부모가 당신에게 요구했던 강압의 틀에서 비롯된 것일 수 있다……. 그러나 그렇게 해야만 하는 것들의 일람표는 성취될 수 없는 것들이다. 또한 그 일람표는 모순되고 일관성이 없는 것이 보통이다. 그것은 성취될 수 없는 것이기 때문에 당신은 그 일람표 앞에서 불안해지고 애쓰게 되고 밀어붙인다는 느낌을 받게 되어 결국에는 그것에 저항하게 된다."(Missildine, 1963, 95) 우리말에 작심삼일(作心三日)이란 말이 있다. 해야 할 일을 계획하지만 3일도 못 되어서 그만둔다는 의미의 말이다. 이것은 강압받은 내면아이의 행동특성에 잘 들어맞는 표현인 것 같다. 그리고 이 표현이 다수의 사람들에게 해당되는 말이라면 적어도 상당수의 사람들이 강압받은 내면아이의 특성을 지니고 있다고 할 수 있다.

어린 시절을 강압적인 부모의 양육환경에서 보낸 사람들은 공상, 망각, 거짓말, 그리고 중독의 문제를 나타낼 수 있다. 즉 그런 특성들은 강압받은 내면아이의 증상이 된다. 공상(daydream)은 강압받은 내면아이의 특징이다. 강압받은 내면아이는 공상이 많고 공상에 자주 빠지며 공상하는 것을 즐긴다. 공상하는 데 많은 시간을 낭비한다(Missildine, 1963, 92-94). 예를 들어, 어제 보았던 TV드라마의 한 장면을 생각하기도 하고, 학교나 직장이나 교회 등에서 있었던 일을 떠올리기도 하며, 전혀 비현실적인 생각이나 환상을 만들어 내기도 한다. 그런 공상에는 공통된 주제가 있다. 자기가 원하던 욕구가 성취되거나 어떤 일에서 성공하고 칭찬받는 것이다. 때론 영웅적인 주인공이 되기도 한다. 가령, 부모의 지나친 강요와 통제 속에 있는 아들은 공상의 세계에서 영웅적인 행동을 함으로써 현실적인 삶에서 채울 수 없는 영웅적 욕구를 간접적으로 충족한다. 예를 들면, 그는 공상을 통해 어두운 골목길에서 몇 명의 불량배들이 예쁜 여학생을 괴롭히고 있는 장면을 설정한다. 그는 위험을 무릅쓰고 불량배들과 싸워서 여학생을 구출한다. 불량배들을 완전히 평정시킨 다음, 그는 여학생에게 다친 데는 없느냐고 묻는다. 그리고 조심해서 집에 가라는 말을 남기고 카우보이 영화에 등장하는 총잡이 영웅처럼 유유히 걸어간다. 그러자 여학생이 달려와 자신을 구해 줘서 고맙다는 인사를 하며 차를 대접하고 싶다고 말한다. 그러나 그는 당연히 해야 할 일을 했다고 말하면서 사양한다. 영웅적인 공상이다. 왜 이런 공상을 하게 되는 것일까? 공상에서의 성취와 영웅 경험은 강압적인 부모의 양육환경에서는 결코 맛볼 수 없었던 희열과 즐거움의 경험이 되기 때문이다. 공상의 세계는 현실의 세계보다 훨씬 더 자유롭다. 왜냐하면 공상의 세계 속에는 부모가 없기 때문이다. 공상의 세계에서는 무엇이든지 자기가 하고 싶은 대로 할 수 있다. 대개 현실의 세계에서 지시와 통제만을 받고 있는 사람은 공상의 세계에서는 반대로 다른 사람들을 지시하고 통제하는 환상을 가질 수 있는데, 이것은 현실에서 결핍된 것을 공상에서 보상하는 행동으로 이해할 수 있다.

　　망각은 강압받은 내면아이의 또 다른 특징이다(Missildine, 1963, 67). 망각은 쉽게 잊어버림으로써 고통스러운 현실을 피하는 무의식적인 반응이다. 그러므로 망각은 하나의 방어기제가 될 수 있다. 부모의 지시와 명령과 잔소리, 그리고 강요와 감시와 통제의 행동은 자녀의 스트레스 수준을 강화한다. 그럼에도 불구하고 부모의 그런 행동이 지속되면 자녀는 견딜 수 없는 짜증과 분노를 느끼게 된다. 그러나 그런 분노를 직접 표현할 수 없기 때문에 자녀는 극도의 고통 속에 있게 된다. 이런 상황에 이르게 되면, 자녀는 그런 고통 속에서 살아남기 위해 어떤 정신적인 기제를 발달시키게 되는데, 그것이 망각이라는 방어기제이다. 자녀는 부모가 한 말을 잊어버림으로써 고통스러운 스트레스 상황에서 살아남는다. 그러므로 경우에 따라서 망각은 정신건강에 도움이 된다고 할 수 있다. 왜냐하면 자녀가 강압적인 부모의 모든 지시와 강요의 말을 다 듣고 기억한다면 더 큰 정신적인 장애가 발생할 수도 있기 때문이다. 간혹 부모가 재차 묻는 질문에 자녀가 이렇게 말하는 경우가 있다. "난 못 들었어요. 생각이 나지 않아요." "엄마가 언제 그렇게 말했어요?" 만약 이렇게 말하는 자녀가 있다면 부모는 자녀에게 거짓말하지 말라고 야단치기 전에 자신의 양육태도에 대해 생각해 보아야 할 필요가 있다. 이처럼 어린 시절에 강압적인 부모로 인하여 망각이라는 방어기제가 형성된 사람은 성인이 된 이후에도 그 기제가 그대로 남아 무엇이든지 쉽게 잊어버리는 경향이 있다. 특히 스트레스 상황에서는 더 그렇다. 강압받은 내면아이의 반응 때문이다.

거짓말 역시 강압받은 내면아이가 사용하는 행동특성이다. 거짓말의 행동은 학대받은 내면아이에게서 더 많이 나타난다. 거짓말은 의도적인 속임수로서 부모의 지시와 명령과 강요에 대한 자녀의 반항적인 행동이다. 자녀는 부모를 속임으로써 부모에게 반항하고 부모를 통제한다. 거짓말은 자녀가 부모를 통제하기 위한 수단으로 사용된다. 자녀는 숙제를 안 했지만 엄마의 질문에 태연한 목소리로 "숙제 다 했어요."라고 말한다. 그러면 부모는 더 이상 강요하지 못한다. 또한 거짓말은 부모의 강압적인 지시와 요구와 통제 속에서 살아남기 위한 자녀의 수단으로도 사용된다. 자녀는 부모의 책망과 처벌과 같은 위기의 순간을 피하기 위하여 거짓말을 한다. 그리고 만약 그 거짓말이 효과가 있을 때에는 계속 사용하게 되고, 그것이 계속되면 습관적인 행동이 된다. 강압받은 내면아이의 행동특성이 되는 것이다.

강압받은 내면아이를 지닌 사람은 지나친 의존성과 자기표현의 어려움 때문에 스스로의 자기 존재감이 부족하다. 그러나 이런 비존재감 속에 있는 것은 고통스러운 일이기 때문에 거기서 벗어나 자기 존재감을 느껴 보려고 알코올이나 마약 또는 섹스나 인터넷 등에 깊이 빠지는 경우가 있다. 즉 중독의 문제에 연루된다(Missildine, 1963, 104-110). 왜 술을 마시거나 마약을 흡입하는 것이 자기 존재감에 도움이 될까? 술을 마시거나 마약을 흡입하면 일시적이기는 하지만 내면부모의 강압적인 요구와 목소리를 무시할 수 있기 때문이다. 그것은 자기가 하고 싶은 것을 할 수 있게 됨으로써 자기 존재감을 느낄 수 있게 해 준다. 그러나 그런 자기 존재감은 일시적인 것이다. 그리고 중독은 내면아이의 의존성을 더욱 강화함으로써 문제를 더욱 악화시킨다.

강압받은 내면아이를 지닌 사람이 인터넷에 빠지는 이유는 인터넷이라는 환경이 주는 보상적 이득 때문이라 할 수 있다. 인터넷 속에는 자신을 통제하는 강압적인 부모가 없다. 오히려 자신이 자판을 통해서 화면을 통제할 수 있다. 그렇게 자기 맘대로 명령을 내려서 화면을 설정하고, 화면을 바꾸는 모든 과정은 내면아이에게 더없이 재미있고 신나는 통제의 경험이 되는 것이다. 강압받은 내면아이가 인터넷 중독에 연루될 때, 그것은 인터넷 음란물에 접촉되는 경우가 대부분이다. 왜냐하면 그것은 강압적이고 금욕적인 부모에 대한 반항이며 동시에 보상적인 행동이 되기 때문이다. 나는 인터넷 음란물에 중독되어 있는 남자를 만난 적이 있다. 인터넷 음란물에 대한 그의 접촉은 단순한 호기심 이상이었다. 하루도 빠트릴 수 없는 삶의 일부가 되었다. 그것은 그의 삶 속에서 가장 자극적이고 재미있는 일이 되어 버렸다. 그러나 그것은 동시에 가장 혐오스러운 일이기도 했다. 그는 음란물에 접촉된 다음에는 항상 죄책감에 시달리곤 했다. 죄책감을 느낄 때의 기분을 그는 이렇게 말했다. "그 기분을 모르실 거예요. 꼭 똥통에 빠진 기분이에요." 그러나 그럼에도 불구하고 그는 거기서 벗어나지 못했다. 그는 왜 그렇게 죄책감과 더러운 기분을 느끼면서도 벗어나지 못하는 것일까? 그 남자의 진술에 따르면, 어린 시절 그의 아버지는 너무나 무섭고 엄격했으며 매우 강압적이었고 종종 그를 학대하였다. 그는 그런 아버지를 싫어했으며 기회만 있으면 아버지를 피해 아버지가 없는 곳으로 도망치고 싶어 했다. 그리고 마침내 도달한 곳이 인터넷이었다. 왜냐하면 인터넷 속에는 아버지가 없었기 때문이다. 그곳에서는 아버지가 금지하고 억압한 행동을 마음대로 할 수 있었다.

강압받은 내면아이가 어린 시절의 부모와 지금의 내면부모에게 반응하는 방식은 기본적으로 반항과 저항이다. 이런 과정에서 내면아이는 세 가지 유형의 반응을 하게 되는데, 그런 반응이 지속되면 한 개인의 성격으로 적응될 수 있다. 첫 번째 적응방식은 순응이다. 그리고 그렇게 적응된 사람을 순응형이라고 한다. 순응형의 사람은 의문을 제기하지 않고 누가 무엇을 하라고 시키면 시키는 대로 행동한다. 그 사람은 누구에게나 고분고분하며 외부의 지시와 통제에 잘 따른다. 따라서 윗사람이나 고용주에게는 착한 사람이라는 말을 듣는다. 그 사람은 매우 순종적이다. 그러나 엄밀하게 말한다면 순종이 아니라 복종이다. 왜냐하면 그것은 자발적인 순종은 아니기 때문이다. 순응형의 사람에게는 어떤 문제가 있을까? 그 사람은 항상 착한 사람이 되어야 한다는 착한아이 콤플렉스를 지니고 있다. 콤플렉스는 유사한 이미지와 감정과 생각들의 집결체로서, 콤플렉스가 자극을 받아 작동되면 개인이 의식하든 의식하지 못하든 감정과 행동이 불안정해지고 민감한 반응을 나타낸다. 착한 아이 콤플렉스를 지닌 사람은 항상 자기를 착한 아이와 동일시하고 착한 아이가 되어야 한다고 생각하기 때문에 다른 사람들을 너무 많이 의식하게 되어 자유롭게 행동하지 못한다. 또한 순응형의 사람은 지시와 명령에 익숙해 있기 때문에 지시와 명령이 없으면 허전함과 불안을 느낀다. 그 사람은 의존성이 매우 크며 자율성과 주도성과 리더십은 부족하다. 특히 개인적인 책임이 강조되는 일이 있으면 불안해진다. 미실다인에 따르면, 이런 사람에게는 사람들을 가르치는 직업이 적당하다고 할 수 있다. 해야 할 일들과 하지 말아야 할 일들의 한계가 명확하게 구분되어 있는 영역에서는 능력을 발휘할 수 있다(Missildine, 1963, 97).

강압받은 내면아이의 두 번째 적용방식은 적극적인 반항이다. 이런 유형의 사람을 반항형이라고 한다. 반항형의 사람은 외부의 권위적인 인물을 만나면 무의식적인 분노와 저항감을 느낀다. 현재의 인물을 과거의 부모로 인지왜곡을 하고 있기 때문이다. 그 사람은 다른 사람의 지시와 명령에 불만을 느끼고 거부감을 드러낸다. 그 결과, 인간관계에서 많은 갈등과 충돌을 유발한다. 또는 겉으로는 지시에 따르는 것 같지만 속으로는 강한 분노를 지닐 수도 있다. 독자 중에는 이런 의문을 가지는 사람이 있을 것이다. 부모의 강압적인 양육환경은 동일한 것인데, 왜 어떤 자녀는 순응형이 되고 또 어떤 자녀는 반항형이 되는 것일까? 미실다인에 따르면, 그 이유는 부모의 강압적 행동이 자녀의 성장 발달 과정에서 어느 시기에 시작되었는가와 관련이 있다. 만약 부모가 자녀를 갓난 아이 시절부터 강압적으로 양육했다면 자녀는 부모의 지시에 순순히 따르는 순응형이 될 가능성이 높다. 그러나 부모의 강압적인 양육방식이 자녀가 자신의 능력과 힘을 어느 정도 인식할 정도로 성장한 이후에 시작되었다면 자녀는 반항형이 될 가능성이 많다(Missildine, 1963, 97-98). 후자의 경우 자녀는 부모의 지시와 명령에 불만을 느끼고 반항한다. 외적으로는 부모의 지시에 따르는 것처럼 보일 때에도 마음속으로는 분노를 느낀다. 자녀는 부모의 강압적인 명령과 통제 앞에서 마음속으로 이렇게 말한다. "두고 보자. 지금은 당신이 나보다 크니까 나를 이길 수 있겠지! 그러나 내가 강해질 때까지 조금만 기다려 봐. 내가 당신을 굴복시킬 거야!"(Missildine, 1963, 98) 이렇게 자녀의 마음속에 쌓인 분노와 반항심은 신체적으로 강해지고 정신적으로 독립할 수 있는 청소년기에 이르면 폭발하는 경우가 많다. 가끔 이렇게 말하는 부모들이 있다. "우리 아들은 초등학교 때에는 말도 잘 듣고 공부도 잘하는 정말 착한 애였어요. 그런데 중학교에 가더니 친구를 잘못 사귀었는지 완전히 달라졌어요. 대들고 반항하고……. 어떻게 해 볼 수가 없어요." 자녀의 이런 변화에는 다른 이유도 있을 것이다. 그러나 자녀의 성장 발달 과정의 이전 단계에서 부모의 강압적인 행동이 있었는지를 생각해 보아야 한다. 자녀의 이런 삶의 태도와 양식은 어린 시절 동안 계속되고 성인이 된 이후에도 지속될 수 있다. 그 결과, 윗사람이나 권위의 인물을 만나면 마음속에서 유사한 반응이 나타난다. 적극적인 반항이다. 이것은 어린 시절의 강압적인 부모에 대한 심리 정서적인 반응을 다른 사람에게 옮겨 놓은 것이라 할 수 있다. 즉 전이 현상이 나타난다. 하지만 반항형의 사람이라고 해서 모든 삶이 실패하는 것은 아니다. 비록 반항형의 사람이라 할지라도 최소한의 원칙과 지시만 주어진다면, 그리고 스스로 해 나갈 수 있는 자유와 주도권이 주어진다면, 자신이 해야 할 일들을 효율적으로 잘 처리해 나갈 수 있다.

강압받은 내면아이의 세 번째 적응방식은 소극적 반항이다. 이렇게 적응된 사람을 소극적 반항형 또는 늑장형이라고 한다. 이것은 가장 흔하게 나타나는 일반적인 적응방식이다. 소극적 반항형의 사람은 외부의 권위적인 인물이 제시하는 지시와 명령에 따르기는 하되, 꾸물거리거나 늑장을 부림으로써 행동을 지연시킨다. 말하자면, 즉시 실천에 옮기지 못하는 것이다. 이런 행동은 다른 사람들의 눈에는 늑장을 부리고 게으름 피는 것으로 지각됨으로써 충돌을 불러일으키기도 한다. 그럼 어떤 사람은 왜 이렇게 소극적 반항형의 성격을 지니게 되는 것일까? 어린 시절 강압적인 부모의 지시와 명령에 대한 자녀의 또 다른 적응방식에서 그 원인을 찾을 수 있다. 또 다른 적응방식이란 자녀가 부모의 요구를 따르면서 동시에 자신의 욕구를 만족시키려는 이중 목적의 방식이다. 부모의 명령과 자녀의 욕구가 충돌할 때 자녀가 취할 수 있는 행동은 세 가지인데, 즉 자신의 욕구를 포기하고 부모의 명령에 순순히 따르는 것(순응)과, 부모의 명령에 거역하고 자신의 욕구를 만족시키는 것(반항)과, 부모의 명령을 따르면서 자신의 욕구를 만족시키는 것(소극적 반항) 등이다. 부모의 명령에 대한 자녀의 반항이 소극적이 되는 이유는 부모의 즉각적인 처벌을 어느 정도 모면할 수 있기 때문이다. 자녀의 소극적인 반항은 대개 이렇게 나타난다. 부모가 무슨 일을 하라고 시키면, 자녀는 "네, 알았어요."라고 말한 다음 자기가 하던 일을 계속한다. 부모가 자녀에게 "TV 그만 보고 공부해!"라고 말하면, 자녀는 "네 알았어요."라고 부드럽게 말해 놓고 계속 앉아서 TV를 본다. 부모가 다시 "TV 그만 보지 못해?"라고 소리를 지르면, 자녀는 "네, 지금 갈게요."라고 말하면서 천천히 일어나 자기 방으로 간다. 자녀의 이런 행동은 강압적인 부모 밑에서 자신의 욕구를 최소한이라도 충족시키려는 반응으로서 스스로 살아가기 위한 하나의 생존방식이라 할 수 있다. 따라서 소극적 반항의 행동은 어느 정도 존중되어야 한다 (Missildine, 1963, 94). 이런 소극적 반항의 행동은 반복된 경험을 통해서 습관화되고 성격화된다. 이를 통해 한 개인의 행동특성으로 고정된다. 그것은 성인이 된 이후에도 그리고 부모가 아닌 사람들과의 관계에서도 나타난다.

노동자의 노동쟁의 중에 파업(sit-down)과 태업(slow-down)이라는 것이 있다. 노동쟁의는 고용주와 노동자 사이에 발생하는 욕구와 이해관계의 불일치에서 비롯된다. 파업은 노동자들이 스스로 원하는 것을 얻어 내기 위해서 조업을 완전히 중단하는 것이고, 태업은 조업을 게을리하거나 태만히 하는 것을 말한다. 적극적 반항이 파업과 같은 것이라면, 소극적 반항은 태업과 같다고 할 수 있다. 미실다인은 노동쟁의로서의 파업과 태업을 심리학적으로 분석했다. 그것은 모두 외부의 강압적인 요구에 대한 심리적인 반항과 저항으로서, 그런 행동의 깊은 뿌리 속에는 어린 시절 강압적인 부모의 양육으로 형성된 강압받은 내면아이가 있다고 했다(Missildine, 1963, 103-104).

강압받은 내면아이는 성(sex)에 대한 호기심과 충동이 억압되어 있다. 성적인 충동이 억압된 것은 어린 시절 강압적인 부모와 그런 부모를 닮은 내면부모의 영향 때문이다. 어린 시절 부모는 자녀의 성적 호기심과 충동적인 욕구에 대한 어떤 표현도 허락하지 않았다. 그런 부모의 행동이 반복되면 자녀에게는 그런 모습을 닮은 내면부모라는 인격이 형성되어 실제로는 부모가 없지만 부모가 곁에 있는 것처럼 자신의 성적 욕구를 억압한다. 억압은 욕구에 대한 해결책이 아니다. 오히려 욕구를 더 강화시킨다. 즉 욕구의 팽창압력이 더 커질 뿐이다. 그러나 강압받은 내면아이는 자기 안에 그렇게 억압된 성적인 욕구가 있다는 것을 모른다. 그리고 혹시 그것을 알게 될지라도 스스로 부인한다. 이때 꾸는 꿈이 있다. 자신이 적에게 잡혀 포로나 노예가 되는 꿈, 또는 밧줄에 묶여 조금도 움직일 수 없는 상태와 같은 꿈을 꾼다. 이런 꿈은 대부분 성적인 의미를 나타낸다. 깨어 있을 때 스스로 인정하지 아니한 성적인 충동을 반영한다. 그러나 꿈의 전후 상황이 전혀 성과 관련이 없을 경우에는 자유나 해방 등의 정신적인 염원을 나타낼 수도 있다(Fontana; 원재길 역, 1998, 100-101).

강압받은 내면아이는 성적인 환상에 자주 빠지고 강박적으로 자위행위를 하는 경우가 많다. 성적 욕구에 대한 금지와 억압은 오히려 그 욕구를 강화시킴으로써 성적인 환상이나 비정상적인 행동의 원인이 된다. 성적인 환상은 현실에서 수용될 수 없는 욕구를 상상의 세계에서 만족시키는 것으로서 현실에 대한 보상적인 행동이다. 이런 환상의 정도는 억압의 정도에 비례한다. 즉 억압이 많을수록 환상도 많다. 그 이유는 억압이 만들어 낸 침투(intrusion)라는 정신기제 때문이다. 침투는 무의식 속에 억압된 내용물이 팽창되어 의식으로 솟아오르는 것을 말한다. 강압받은 내면아이는 억압된 자신의 성적인 욕구와 충동을 환상이라는 형태로 바꾸어서 충족시킨다. 예를 들면, 상상 속에서 이성의 나체를 자세하게 그려 보거나 자기의 것으로 소유하는 것 등이다. 강압받은 내면아이를 지닌 사람이 성적인 환상에 자주 빠지는 이유는 무엇일까? 언급한 바와 같이, 환상은 현실에서 불가능한 것에 대한 보상적 행동이 되기 때문이다. 그러나 다른 이유도 있다. 환상은 부모의 제약이나 처벌 없이 섹스를 즐길 수 있는 방법이 되기 때문이다. 환상 속에는 자신의 욕구와 충동을 억압하고 통제하는 강압적인 부모가 없다. 그것은 자녀가 마음대로 섹스를 즐길 수 있는 공간을 만들어 준다.

강압받은 내면아이가 자신의 억압된 성적 충동을 가장 쉽게 해소하는 방식은 자위행위이다. 오늘날 정신의학상으로 적당한 자위행위는 자기접촉과 긴장의 해소를 위해 필요한 행동으로 간주된다. 그것은 자연스럽고 정상적인 행동이다. 정신분석 이론에 따르면, 어린아이가 자기 성기를 만지며 노는 다양한 행위는 자연스러운 자기성애적 행동이라 할 수 있다. 이것은 내부에 쌓인 긴장감을 기분 좋게 해소함으로써 유아의 초기 분화, 학습, 자기탐색, 자의식의 발달 등을 촉진시킨다. 그러나 강압받은 내면아이의 자위행위는 그 정도가 지나치며 강박적이라는 데 문제가 있다. 그 내면아이는 하루의 일과 중 많은 시간을 자위행위에 사용하며 그 행위에 몰두한다. 혼자 있을 때는 항상 자위행위를 하곤 한다. 정신분석에서는 이런 자위를 강박적 자위(compulsive masturbation)라고 하는데, 그와 같이 자위행위를 강박적으로 하게 되는 이유는 거세불안이나 죄책감 때문이라고 보고 있다. 이 경우 남자의 자위행위는 자신의 성기가 온전한지를 확인하기 위한 시도이다(The American Psychoanalytic Association, 1990, 117-118). 자위행위 중에는 정신적인 자위라는 것도 있는데, 이것은 신체적인 자극 없이도 성적 충동을 완전히 해소할 수 있을 만큼 아주 강렬한 환상을 통해서 이뤄진다. 프로이트는 자위행위가 인간이 지닐 수 있는 일차적인 중독이며, 이것은 살아가면서 술, 담배, 마약 등 이차적인 중독으로 대체될 수 있다고 보았다. 또한 그는 히스테리 신경증이 자위 환상과 싸우기 위한 투쟁에 따른 결과이며, 자기금지, 자기처벌(피학증) 등과 같은 강박적인 증상들도 역시 어린 시절에 부모가 자녀의 성적 충동과 자위행위를 금지한 강압적인 행동에서 비롯된 것일 수 있다고 보았다.

이 외에도 강압받은 내면아이는 관음증, 노출증, 복장 도착증과 같은 병리적인 행동의 원인이 될 수 있다. 성적 환상이나 지나친 자위행위가 지속되면 나타나는 문제가 있다. 성을 비인격화시킨다는 점이다. 즉 사랑하는 남녀 사이에 있어야 할 상호작용적인 행동이 혼자만의 환상이나 자기 공간에서 수행됨으로써 인격적인 관계나 친밀감이 없는 성행위가 된다. 실제적인 파트너가 없는 성교는 대상관계를 차단시키고 그것을 자기 안에 가두어 놓음으로써 스스로를 관계로부터 소외시킨다. 이것은 오늘날 많은 사람들이 겪고 있는 외로움의 원인이 된다(Missildine, 1963, 314-315). 그리고 이렇게 대상이 없는 성교에 익숙해지면 실제 대상과의 성교를 피하게 되거나 심한 불안을 느껴 성적 무능 상태에 이를 수도 있다.

강압받은 내면아이가 섹스와 관련해서 나타내는 또 하나의 특징이 있다. 죄의식이 성적 태도의 중요한 구성요소가 된다는 것이다. 즉 강압받은 내면아이가 성적인 쾌감과 만족을 경험하려면 마음의 한 구석에서 죄책감을 느껴야 한다는 것이다(Missildine, 1963, 313). 그 내면아이의 인격 속에는 성적 쾌감과 죄책감이 동전의 양면처럼 함께 달라붙어 있다. 죄책감은 성적 쾌감을 강화시키는 숨어 있는 수단이 된다. 왜 그럴까? 어린 시절 부모의 강압과 처벌은 자녀에게 자신의 성적인 욕구를 남모르게 표현하게 함으로써 부모를 속이고 있다는 죄책감을 느끼도록 만들었기 때문이다. 따라서 강압받은 내면아이를 지닌 사람은 정상적인 부부관계에서는 성적인 만족을 경험하지 못하는 경우가 있다. 그 결과, 도덕적으로 허용되지 아니한 불법적인 성관계를 맺으려고 한다. 그 한 예가 외도이다. 외도는 강압받은 내면아이를 지닌 사람에게서 많이 나타난다. 우리 사회에 불법적인 음란업소가 많이 생기는 이유는 아마도 성적으로 억압된 내면아이를 가진 사람들이 많기 때문일 것이다. 유교의 엄격한 가정 문화권에서 자란 사람의 마음속에는 강압받은 내면아이가 형성될 가능성이 많다.

강압받은 내면아이가 지닌 기능과 역할은 다른 내면아이와 마찬가지로 두 가지로 나누어 생각해 볼 수 있다. 하나는 인격의 내부에 있는 내면부모와의 관계이다. 강압받은 내면아이는 자기 안에 있는 강압적인 내면부모의 지시와 명령과 통제에 반항하고 저항한다. 그것은 어린 시절에 자녀가 부모의 강압적인 행동에 반항했던 것과 유사하다. 반항의 방식도 유사한데, 그것은 전술한 바와 같이 순응과 적극적 반항과 소극적 반항 등이다. 그 결과, 한 사람의 인격 안에서 내면부모와 내면아이의 갈등과 충돌이 계속된다. 그리고 이제는 성인이 되어 부모를 떠났지만, 그럼에도 불구하고 여전히 강압받는 삶을 살게 된다. 심리적으로는 부모를 떠나지 못한 것이다. 내면아이의 감정과 욕구와 성적 충동은 부인되거나 억압되어 있으며, 내면아이는 스스로 자기를 속임으로써 거짓 자기를 발달시킨다. 내면아이는 내면부모의 명령과 강요에 저항함으로써 분노가 발생하지만, 그런 분노의 원인이 자기 안에 있다는 것을 알아차리지 못한다. 그 원인을 외부의 다른 대상에게 투사한다.

강압받은 내면아이가 지닌 또 하나의 기능과 역할은 외부의 대상들과의 관계인데, 그 외부대상은 주로 부모, 윗사람, 권위적인 인물, 배우자 등, 자기 자신보다 강하고 힘이 있어 보이는 사람들이다. 그런 사람들을 만나면 강압받은 내면아이가 자극을 받아 작동하게 된다. 그 결과, 의존성이 나타나고 자기표현이나 자기주장을 못하며 때로는 두려움과 분노를 느끼기도 한다. 이런 내면아이의 반응은 상대방과의 친밀한 관계형성을 방해한다.

🍂 사례

...

등불(가별칭)의 아버지는 무섭고 엄격한 성격의 소유자였다. 자녀의 어떤 주장이나 변명도 허락하지 않았다. 등불이 조금이라도 자기변명을 하면 말대꾸한다고 야단을 쳤다. 등불은 아버지에게 돈을 달라고 요구해 보지 못했다. 학교 등록금이 필요할 때에도 엄마에게만 말했다. 아버지가 무서웠기 때문이다. 등불이 커서 어른이 되었다. 그리고 어느 교회에서 여전도회장이 되었다. 등불은 몹시 불안해하였다. 여전도회장이 된 것은 자신이 원했던 것이 아니기 때문이다. 이제라도 그만두고 싶은 마음이 굴뚝같았다. 등불에게 가장 어려웠던 것은 가끔씩 담임 목사님을 만나는 일이었다. 여전도회의 연중계획과 행사들에 대해 보고하고 건의하기 위해 담임 목사님을 만나야 하는 일이 있었는데, 그것은 너무나 부담스럽고 스트레스가 되는 일이었다. 등불은 무엇을 말할까 미리 생각하고 예행연습까지 한다. 그러나 목사님의 방문 앞에 서기만 하면 너무나 불안했고, 목사님과 마주 앉으면 막상 해야 할 말들이 생각나지 않았다. 등불은 목사님의 방을 나오면서 기분 좋은 순간이 한 번도 없었다. 제대로 말하지 못했다는 생각 때문에 수치감을 느꼈다. 왜 그런 것일까? 등불의 마음속에 있는 강압받은 내면아이의 반응 때문이다. 그녀의 내면아이는 목사님을 어린 시절의 강압적인 아버지와 동일시함으로써 목사님을 아버지로 인지왜곡을 하였고 그 결과 아버지에게 반응했던 것처럼 반응한 것이다.

제인(가명)은 알코올 중독 문제로 미실다인을 찾아온 기혼 여성이다. 제인은 술을 마시지 않으면 어떤 집안일도 하지 못했다. 왜냐하면 극심한 분노와 짜증이 올라왔기 때문이다. 그녀는 청소나 빨래를 할 때마다 짜증이 났으며 온몸에 피로를 느꼈다. 그러나 이상하게도 술을 한 잔 마시면 날아갈 듯한 기분으로 일을 할 수 있게 되었다. 제인은 왜 술을 마시면 기분이 좋아졌을까? 미실다인의 분석에 따르면, 제인은 술에 취함으로써 "청소해라, 빨래해라."고 말하며 자신을 질타하는 내면부모의 소리를 무시할 수 있었기 때문이다. 자기 안에서 강압적인 내면부모의 명령을 듣는 것은 너무나 짜증스럽고 피곤한 일이었다. 즉 그녀가 술을 마시지 않은 상태에서 일을 하지 못한 것은 내면부모의 강요에 내면아이가 저항하는 행동이었다. 그러나 술을 마신 후에 기분 좋게 일을 할 수 있었던 것은 술을 마심으로써 내면아이가 내면부모의 강요를 무시할 수 있었기 때문이었다. 제인은 어떻게 그런 강압받은 내면아이를 지니게 된 것일까? 어린 시절에 제인은 매우 완고하고 권위주의적인 할아버지와 함께 살았다. 할아버지는 제인과 제인의 부모를 포함해서 모든 가족들에게 항상 강압적이었다. 할아버지는 그들의 모든 가정생활과 언행을 세밀하게 점검했고 자신의 뜻을 따르도록 강요하고 명령했다. 제인은 할아버지에 대해 이렇게 말했다. "할아버지는 내가 놀고 있거나 앉아서 책을 읽거나 아무것도 하지 않은 채로 있는 것을 보면 그냥 넘기지 못했어요. 항상 일을 하라고 시켰고 청소를 하라고 했어요. 나는 하루에도 두 번씩이나 먼지를 털어 낸 곳을 다시 털어 내곤 했지요. 할아버지는 나를 거짓말쟁이로 만들었어요. 나는 일하는 척했을 뿐이니까요. 나는 책을 보면서 가끔씩 먼지를 털어 내는 척했어요." 이제 제인은 결혼을 해서 할아버지와 함께 살지 않는다. 그러나 그럼에도 불구하고 할아버지와 함께 살던 때처럼 집안의 먼지를 쓸어 내고 청소하는 것은 너무나도 하기 싫은 일이다. 그렇게 하려고 할 때마다 자기 안에서 분노와 짜증이 일어나고 온몸이 무기력해진다. 할아버지를 닮은 그녀의 내면부모는 지금도 청소하라고 강요하고 있으며 그녀의 내면아이는 그런 강요에 반항하고 있기 때문이다(Missildine, 1963, 102-103).

　잭크(가명)는 젊은 변호사인데 자신이 맡은 일을 계속 미루고 처리하지 못해 스트레스를 받고 있었다. 그는 출근하면 '오늘은 제대로 일을 해야지.'라고 스스로에게 다짐한다. 그리고 서류들과 참고할 수 있는 법률서적들을 책상 위에 꺼내 놓는다. 그러나 막상 일을 시작하지는 못한다. 어디에서부터 시작해야 할까 망설이다가 소득 없이 시간을 낭비한다. 잠시 후 그는 밖에 나가 담배를 피우며 생각한다. "이제 이 담배만 다 피우면 시작할 수 있을 거야." 그러나 그는 여전히 일을 시작하지 못한다. 때로는 연필을 깎고 커피를 마시며 준비를 해 보지만 결과는 항상 마찬가지였다. 잭크는 과거의 판례집을 찾아 읽어 본다. 법률 적용이 훌륭했던 것들을 발견하고 그런 판례들을 남긴 사람들에게 존경심을 느낀다. 그러나 정작 해야 할 일은 못한 채 하루를 보낸다. 그는 퇴근 전에 자신을 불러 일의 진척 사항에 대해 채근하는 수석 변호사에게 분노와 저항을 느낀다. 퇴근한 잭크는 스스로 실망한 자신의 마음을 아내가 위로해 주기를 기대하지만, 아내는 남편의 그런 행동을 이해할 수가 없다. 저녁을 먹고 난 잭크는 혼자 책상 앞에 앉아 공상을 시작한다. "내일은 일을 확실하게 끝낼 수 있을 거야. 그러면 수석 변호사가 내게 와서 악수를 청하겠지! 소송 의뢰인도 내게 찾아와서 감사하겠지! 상대편 변호사도 내가 일을 처리한 것을 보고 내게 존경심을 표할 거야." "아내도 내게 와서 날 안아 주며 참으로 고생이 많았다고 말할 거야." 그러나 다음날에도 그리고 또 그 다음날에도 잭크는 같은 행동만 반복하고 있었다. 왜 그런 것일까? 미실다인의 분석에 따르면, 일을 빨리 끝내라는 수석 변호사의 요구와 그렇게 해야 한다고 말하는 자기 안에 있는 내면부모의 명령에 그의 내면아이가 소극적으로 반항하고 있었기 때문이다. 내면아이의 반항은 늑장을 부리고 게으름을 피움으로써 일의 착수를 지연시키는 것이었다. 잭크는 언제까지 늑장을 부릴 수 있을까? 아마도 수석 변호사의 강력한 책망으로 해고의 위협을 느끼게 되거나, 가장으로서 경제적인 부양책임을 못하는 것 때문에 아내로부터 이혼하자는 요청을 받기 전까지 계속될 것이다(Missildine, 1963, 99-100).

···

강압과 결혼

         강압적인 내면부모와 강압받은 내면아이를 지닌 사람이 부부관계에서 나타낼 수 있는 관계방식의 유형은 네 가지이다. 억압, 순응, 반항, 늑장이다. 억압은 강압적인 내면부모가 발달된 사람이 배우자와 관계를 맺는 방식이며, 순응과 반항과 늑장은 강압받은 내면아이가 발달된 사람이 각각의 특성에 따라 자신의 배우자와 관계를 맺는 방식을 말한다.

  자신의 인격 중에서 강압적인 내면부모가 더 발달된 사람의 경우, 배우자와의 관계방식은 억압이다. 그 사람은 배우자의 감정과 생각과 욕구의 표현을 억압하고 대신 자신의 생각과 욕구를 따르도록 강요한다. 상대방의 자유로운 감정표현이나 자기주장을 허용하지 않을 뿐만 아니라 그것을 수용하지 못한다. 이런 억압적인 행동은 부부 사이의 의사소통과 정서적인 상호작용을 차단한다. 강압적인 내면부모가 발달된 사람이 배우자와의 대화에서 많이 사용하는 언어적 방식은 지시와 명령, 통제와 강요, 감독과 잔소리 등이다. 이것은 과거에 강압적인 부모로부터 보고 들음으로써 체험적으로 습득된 말들이다. 그 사람은 배우자에게 이렇게 말한다. "당신은 가만히 있어요, 내가 말할 테니까 듣기만 하세요. 나한테 다 생각이 있어요." "당신은 왜 이렇게 말이 많아? 정신이 하나도 없잖아! 그래서 결론이 뭔데?" "여보, 그건 안 돼! 안 된다니까!" "당신은 몰라, 내가 하라는 대로 하기만 하면 돼!" "당신 오늘 어디 있었어요? 왜 전화 안 했어요? 왜 전화 안 받았어요?" "이번이 마지막이야! 다시는 용서 못 해!" "에휴~, 당신 때문에 내가 못 살아." 이렇게 말함으로써 강압적인 내면부모를 지닌 사람은 배우자에게 억압하는 자가 되고 배우자는 억압받는 자가 된다. 이런 관계 방식은 부부의 갈등과 싸움의 원인이 된다. 그러나 그런 관계 방식이 큰 갈등의 노출 없이 반복되면 하나의 부부관계 양식으로 고정될 수 있다. 그렇게 고정되면 그 관계 방식을 바꾸는 것은 좀체 어렵다. 강압적인 내면부모라는 인격을 남편이 지니고 있는 경우와 아내가 지니고 있는 경우에는 차이가 있다. 남편이 지니고 있을 경우에 남편이 억압하는 자가 될 가능성이 더 많다. 그 이유는 사회 문화적인 영향 때문이다. 아직도 우리는 정치, 경제, 문화적으로 남자들이 더 많은 지배권을 행사하는 사회에 살고 있다. 특히 한국의 가정과 사회에는 남성 중심의 가부장적인 삶의 태도가 집단적으로 남아 있기 때문에 아내보다는 남편이 강압적이 될 가능성이 더 많다고 할 수 있다.

　자신의 인격 중에서 순응하는 내면아이가 더 발달된 사람의 경우에 있어서 배우자와 형성하는 관계방식은 순응이다. 그 사람은 배우자의 지시와 요구에 순응한다. 그 지시와 요구가 마음에 들지 않고 부당하다고 생각될지라도 그대로 따른다. 자기 자신의 솔직한 감정을 표현하지 못하며 배우자와 생각이 다를 때에도 자신의 의견을 분명하게 제시하지 못한다. 배우자의 비난이나 책망이 두렵기 때문이다. 순응하는 내면아이를 지닌 사람은 무슨 일이 있으면 배우자에게 의존하려고 한다. 배우자가 의견을 제시하고 결정해 주기를 바란다. 그리고 그런 지시와 결정에 익숙해 있기 때문에 배우자의 지시와 결정이 없으면 아무것도 하지 못한다. 이 사람은 책임지기를 싫어하며 책임져야 할 일이 생기면 배우자에게 떠넘기려 한다. 왜냐하면 자신이 실수할 경우 책망을 받게 될지 모른다는 두려움 때문이다(Missildine, 1963, 107). 남편과 아내가 모두 순응적인 내면아이를 지니고 있다고 할 때, 그 내면아이가 더 많이 작동되는 쪽은 아내이다. 왜냐하면 역시 사회 문화적인 영향 때문이다. 아직도 우리 사회에서는 강하고 주도적인 여성보다는 협조적이며 보조적인 역할을 하는 여성을 더 여성스럽다고 생각하는 경향이 있다. 만약 강압적인 내면부모가 발달된 남편과 순응적인 내면아이가 발달된 아내가 만나서 결혼을 한다면 어떻게 될까? '명령과 복종'이라는 관계 방식이 두 사람 사이에 고정될 수 있다. 그것은 매우 불평등한 부부관계이다. 그러나 부부는 그런 불평등 관계에서 비롯되는 불편함이나 고통을 별로 의식하지 못하며 살아간다.

　만약 반항하는 내면아이가 더 발달된 인격을 지니고 있는 사람이 있다면, 그 사람이 배우자와 맺는 관계 방식은 반항이 될 것이다. 그 사람은 배우자를 외부의 권위적인 인물 또는 어린 시절의 강압적인 부모로 인지왜곡을 함으로써 배우자에게 분노와 저항감을 느낀다. 배우자의 정당한 부탁과 요구에도 불구하고 거부감을 느끼며 배우자를 굴복시키려고 한다. 이런 내면아이의 반항은 배우자가 요구하는 성생활까지 거부함으로써 부부관계에 심각한 문제를 가져올 수도 있다. 문제는 이런 자기 분노와 반항의 원인이 자기 안에 있다는 것을 알지 못한다는 것이다. 오히려 그 원인을 배우자에게서 찾는다. 이것은 부부 싸움의 아주 흔한 원인이 된다.

　만약 자신의 인격 중에서 소극적 반항을 하는 내면아이가 더 발달된 사람이 있다면, 그 사람이 배우자와 갖는 관계방식은 늑장(소극적 반항)이 될 것이다. 그 사람은 집안에서 자신이 해야 할 일을 미루고 늑장을 부림으로써 배우자의 분노를 자극하는 경우가 많다. 그리고 그렇게 함으로써 배우자를 지시하고 명령하는 사람, 곧 강압자로 만들기도 한다. 만약 늑장 부리는 내면아이를 가진 사람이 남편이라면 부부 사이에 다음과 같은 대화를 나누게 될 것이다. 아내가 남편에게 부탁한다. "여보, 여기 벽에 못 하나만 박아 주세요. 이것 좀 걸어 놓게요." 남편이 대답한다. "그래, 알았어요." 그러나 대답을 해 놓고 계속해서 TV를 보고 있거나 신문을 본다. 아내가 재차 부탁하면 남편은 이렇게 대답한다. "알았다니까. 왜 짜증을 내고 그래? 해 주면 되잖아!" 하지만 남편이 못을 박아 주는데 삼 일 혹은 일주일이 걸릴 수도 있다. 왜 그런 것일까? 남편의 내면아이는 아내의 부탁을 어린 시절의 강압적인 부모의 지시와 강요로 인지왜곡을 함으로써 소극적 반항을 하고 있는 것이다.

강압받은 내면아이가 순응형과 반항형과 소극적 반항형 중에 어느 유형으로 적용되든지 공통적으로 나타나는 부부관계의 문제가 있다. 강압받은 내면아이는 모든 일에 열정과 주도성이 부족하기 때문에 부부의 성생활에 있어서도 열정과 주도성이 없다는 것이다(Missildine, 1963, 108). 즉 열정이 없는 성생활을 할 수 있다. 때로는 부부의 성생활을 단지 해야만 하는 의무감으로 받아들임으로써 성생활에서 누릴 수 있는 기쁨과 활기를 상실한다. 뿐만 아니라 부부의 성생활이 하나의 스트레스가 되어 그것을 회피하게 된다.

강압과 인격장애

강압적인 내면부모와 강압받은 내면아이를 지니고 있는 사람에게 나타날 수 있는 인격장애는 의존성 인격장애(dependent personality disorder)와 수동-공격성 인격장애(passive-aggressive personality disorder)이다. 의존성 인격장애는 과보호받은 내면아이에게서 더 많이 나타나지만, 강압받은 내면아이에게서도 나타난다. 의존성 인격장애는 다른 사람의 지시와 요구를 쉽게 따르고, 자신의 주관적인 감정이나 의견을 표현하지 못하고, 일상적으로 작은 일까지도 다른 사람이 결정해 주기를 바라며, 상대방과의 의존 관계를 유지하기 위해서 학대나 무시까지도 참고 견디는 것 등을 그 특징으로 한다. 의존성 인격장애는 수동적이고 복종적인 인간관계를 형성한다는 점에서 수동-공격성 인격장애와 유사한 측면이 있다. 그러나 수동-공격성 인격장애의 복종은 적대적인 복종임에 비해서 의존성 인격장애의 복종은 우호적이다(원호택, 2003, 365). 의존성 인격장애는 남성보다는 여성에게서 그 발생 빈도가 더 높다. DSM-5에 따르면, 의존성 인격장애의 진단기준은 다음과 같다(American Psychoanalytic Association; 권준수 외 역, 2015).

〈의존성 인격장애 진단기준〉
돌봄을 받고자 하는 광범위하고 지나친 욕구가 복종적이고 매달리는 행동과 이별에 대한 공포를 초래하며, 이는 청년기에 시작되며 여러 상황에서 나타나고 다음 중 다섯 가지(또는 그 이상)로 나타난다.

1. 타인으로부터의 과도하게 많은 충고 또는 확신 없이는 일상의 판단을 하는 데 어려움을 겪음
2. 자신의 생활 중 가장 중요한 부분에 대해 타인이 책임질 것을 요구함
3. 지지와 칭찬을 잃는 것에 대한 공포 때문에 타인과 불일치하는 의견을 표현하는 데 어려움을 나타냄(주의점: 보복에 대한 현실적인 공포는 포함하지 않는다.)
4. 계획을 시작하기 어렵거나 스스로 일을 하기가 힘듦(동기나 에너지의 결핍이라기보다는 판단이나 능력에 있어 자신감의 결여 때문임)
5. 타인의 돌봄과 지지를 지속하기 위해 불쾌한 일이라도 자원해서 함
6. 혼자서는 자신을 돌볼 수 없다는 심한 공포 때문에 불편함과 절망감을 느낌
7. 친밀한 관계가 끝나면 자신을 돌봐 주고 지지해 줄 근원으로 다른 관계를 시급히 찾음
8. 자신을 돌보기 위해 혼자 남는 데 대한 공포에 비현실적으로 집착함

물론 어린 시절 부모의 강압적인 양육방식이 모든 의존성 인격장애의 원인이 되는 것은 아니다. 다른 인격장애의 경우와 마찬가지로, 의존성 인격장애의 원인을 정확하게 밝혀내는 것은 너무나 어려운 일이다. 왜냐하면 그것은 부모의 양육방식 외에도 유전적인 요인과 트라우마를 비롯하여 많은 성장환경이 검토되어야 하기 때문이다. 그러나 그럼에도 불구하고 부모의 강압적인 양육방식이 자녀의 의존성을 강화시키고 의존성 인격장애의 원인이 될 수 있다는 것을 기억해 두는 것은 도움이 된다.

수동-공격성 인격장애는 DSM-Ⅲ에 수록되어 있다. 그러나 그 진단기준이 불명확하고 발생빈도가 낮다는 이유로 DSM-Ⅳ와 DSM-5에는 빠져 있다. 하지만 한국인의 경우에 많이 해당되기 때문에 이에 대한 이해가 필요하다. 우리나라의 몇몇 학자들은 수동-공격성 인격장애를 한국의 사회 문화와 관련하여 나타나는 문화증후군으로 보기도 한다(원호택, 2003, 368). 수동-공격성 인격장애의 특징은 빈둥거리기, 늑장 부리기, 잊어버리기, 고의적으로 실수하거나 무능하게 보이기 등과 같은 방식으로 권위자의 지시와 요구, 그리고 주어진 의무와 책임에 저항하는 것이다. 이런 사람은 불평을 잘하고, 핑계를 잘 대고, 따지기를 좋아하며, 만족할 줄 모르고, 화가 난 얼굴 표정을 지음으로써 불안을 조장한다. 이 사람은 화가 나거나 불만스러울 때, 이를 직접 표현하는 대신 간접적으로 은근히 표현한다. 예를 들어, 윗사람으로부터 지시받은 일이 마음에 들지 않으면, 못하겠다고 말하는 대신 그럴듯하게 핑계를 대거나 계속 미루는 것으로 불만을 드러낸다. DSM-Ⅲ에 따르면, 수동-공격성 인격장애의 진단기준은 다음과 같다(원호택, 2003, 369).

〈수동-공격성 인격장애 진단기준〉

적절한 행위를 요구하는 데 대해 부정적인 태도나 수동적인 저항의 태도를 광범위하게 보이는 양상으로 성인 초기에 시작되고 여러 방면에서 나타난다.

1. 정규적인 사회적, 직업적 업무의 수행에 수동적으로 저항한다.
2. 다른 사람으로부터 이해받지 못하고 평가받지 못한다고 불평한다.
3. 뾰로통하고 논쟁적이다.
4. 권위의 인물에 대해 비이성적인 판단이나 비난을 한다.
5. 자신보다 운 좋은 사람들에 대해 질투와 분노를 표시한다.
6. 개인적인 불운에 대해서 과장되게 말하고 계속 불평한다.
7. 적대적인 반항이나 뉘우침 사이에서 왔다 갔다 한다.

수동-공격성 인격장애의 특징은 앞에서 살펴보았던 것처럼, 강압받은 내면아이의 하위 유형인 소극적 반항형의 행동과 유사한 측면이 있다. 늑장 부리기, 뒤로 미루기 등은 소극적 반항형의 주요 특징이다. 따라서 부모의 강압적인 양육방식이 강압받은 내면아이의 소극적 반항형이라는 인격 형성에 원인이 된다면, 또한 그것은 수동-공격성 인격장애의 원인으로 검토될 수 있다. 김광일과 조연규(1995)는 수동-공격성 인격장애의 발생과정이 대체로 4단계에 걸쳐 나타난다고 보았다. 첫째는 부모의 기대에 어긋나지 않게 행동하는 단계이고, 둘째는 부모의 기대에 어긋나는 행동을 하면서 좌절과 의욕상실과 자존감이 손상되는 단계이고, 셋째는 모든 좌절의 원인을 부모에게 돌리고 부모의 기대와 반대로 행동하는 단계이며(이때 자기에게 해로운 행동을 함으로써 부모를 괴롭힌다), 넷째는 적극적으로 부모에게 공격하고 기물을 파괴하기도 하는 폭력적이 되는 단계이다(원호택, 2003, 369).

심리적 치유

강압받은 내면아이가 지닌 가장 핵심적인 문제는 자신의 진정한 감정과 생각과 욕구들을 억압하고 있다는 것이다. 대신 외부의 다른 사람들이 좋아하거나 좋아할 것이라고 예상되는 것들(감정, 생각, 욕구)만을 골라서 표현한다. 그 결과, 나의 삶인데도 불구하고 내가 없는 삶을 살아간다. 내가 내 삶의 책임 있는 주체가 되지 못한다. 따라서 치유는 자신의 진정한 감정과 생각과 욕구들을 표현하고 충족할 수 있는 능력을 형성함으로써, 진정한 자기, 즉 강압받지 않은 건강한 내면아이를 찾고 그 인격을 회복하도록 돕는 데 초점을 두어야 한다. 건강한 내면아이의 회복을 위해서는 상담심리학적으로 다양한 이론들과 치유적인 접근들이 필요하다. 그러나 이 책에서는 강압받은 내면아이의 특징과 증상을 고려할 때, 비교적 많은 도움이 될 수 있다고 생각되는 하나의 이론을 소개하고 그것을 집중적으로 다루려고 한다. 그것은 칼 로저스(Carl R. Rogers)의 '유기체적 가치화 과정(organismic valuing process; 이하 OVP라 함)'과 '무조건적인 긍정적 존중(unconditional positive regard)'이라는 개념들이다. 클라라 힐(Clara E. Hill)과 카렌 오브리언(Karen M. O'Brien)은 그들의 책 『상담의 기술(Helping skills: Facilitating exploration, Insight, and Action)』에서 그 개념들을 잘 정리해 놓았다(Hill & O'Brien; 주은선 역, 2012, 112-122).

로저스는 내담자 중심의 비지시적인 상담을 제시한 1950~1960년대의 대표적인 상담심리학자이다. 그는 갓 태어난 유아가 어떻게 좋은 것과 나쁜 것을 구별하고 가치를 결정하게 되는지에 대해서 연구했다. 그것이 유기체적 가치화 과정(OVP)이라는 것이다. OVP는 한 유기체로서의 유아가 가치를 결정하는 방식을 말하는 것인데, 이것은 가치의 결정과정이 매우 주관적이고 자기중심적이며 자동적으로 진행되는 것을 그 특징으로 한다. 로저스의 견해에 따르면, 유아는 태어날 때부터 OVP라고 하는 심리적인 자동장치를 가지고 태어난다. 유아는 자신이 지닌 OVP에 따라 무엇이든지 자기가 느끼고 싶은 대로 느끼고, 반응하고 싶은 대로 반응하며, 행동하고 싶은 대로 행동한다. 즉 유아는 엄마를 포함하여 외부의 모든 대상을 자기 마음대로 경험한다. 그 대상을 보고 웃고 싶으면 웃고, 울고 싶으면 운다. 그런 유아의 정서적인 경험은 전적으로 자기 주관적인 것이며 외부대상의 통제를 받지 않는다. 유아의 가치결정의 과정은 그런 자기 주관적인 정서 경험에 달려 있다. 유아는 자신의 정서 경험에 따라 좋은 대상과 나쁜 대상을 구분함으로써 가치를 결정한다.

예를 들어, 아기가 배가 고플 때 엄마가 빨리 와서 젖을 주면 아기는 기분이 좋아지고 만족감을 느낀다. 그 엄마는 좋은 엄마가 된다. 그러나 배가 고파 울고 있는데도 엄마가 오지 않으면 아기는 고통을 느낀다. 그 엄마는 나쁜 엄마가 된다. 아기가 기저귀에 오줌을 쌌다. 축축하고 찝찝해서 기분이 좋지 않다. 이때 엄마가 얼른 와서 기저귀를 갈아 채워 주면 아기는 기분이 상쾌해진다. 그리고 그 엄마는 좋은 엄마가 된다. 그러나 아기가 오줌을 싸 놓고 울고 있는데도 엄마가 오지 않으면 아기는 더욱 기분이 나빠지고 그 엄마는 나쁜 엄마가 된다. 아기가 이렇게 감정을 경험하고 표현하는 것은 지극히 주관적이고 자동적인 것이다. 외부의 어떤 요구나 압력에 의해 영향을 받지 않는다. 배가 고파서 울고 있는 갓난아기에게 울음을 그치라고 야단치는 것은 울음을 지속시킬 뿐이다. 이처럼 유아는 자기의 감정을 즉각적으로, 거침없이, 남의 눈치를 보지 않고, 자기 마음대로 솔직하게 표현한다. 이것이 유아가 지닌 OVP의 기능이다.

로저스는 OVP의 기능이 건강한 자아 형성에 토대가 된다고 보았다. 즉 건강한 자아를 지닌 사람은 OVP의 기능을 본래대로 유지하는 사람이다. 로저스에 따르면, 자아(self)는 경험의 조합체이고 감정의 근원이다. 자아는 특정한 방식으로 환경을 지각하고 환경에 반응함으로써 개인의 독특성을 유지한다. 건강한 자아를 가진 사람은 자신의 감정을 있는 그대로 경험할 뿐만 아니라 그 감정이 자기 안에서 발생했다는 것을 이해한다. 따라서 그 감정이 발생하게 된 원인을 외부의 다른 사람에게 돌리지 않는다. 즉 자신의 경험을 자기만의 경험으로 받아들인다. 요컨대, 건강한 자아를 가진 사람은 경험에 개방적이고 수용적이며, 사랑과 미움 그리고 감사와 분노를 모두 진실되게 표현하고 자유롭게 행동하지만, 결코 다른 사람들의 자유를 침해하지 않는다. 그 사람은 자신에게 최선이 되는 것을 선택할 수 있는 능력이 있으며, 자기 자신과 다른 사람들에 대한 기본적인 신뢰감을 잃지 않는다.

그러나 우리가 OVP의 기능을 본래대로 유지한다는 것은 어려운 일이다. 왜냐하면 인간은 환경에 반응하고 적응해 나가는 존재이기 때문이다. 유아가 성장해 감에 따라서 OVP의 기능은 약화되거나 손상된다. 부모로부터 주어지는 칭찬과 책망이라는 평가 때문이다. 칭찬과 책망은 자녀의 행동에 대한 부모의 평가를 반영한 것이다. 부모는 자녀의 행동을 평가한다. 이런 평가의 과정이 계속되면 유아는 자기 마음대로 느끼고 반응하고 행동하지 못한다. 부모가 싫어하는 행동은 피하거나 숨기게 되고 부모가 좋아하는 행동만을 나타내 보인다. 그 결과, 가치결정의 기준이 유아의 자기 경험으로부터 부모의 평가로 이동된다. 즉 이제 유아의 가치결정은 부모의 평가라는 조건을 기반으로 한다. 그 결과, 유아가 본래 지니고 있었던 OVP는 그 기능을 중단하게 되고, 부모의 평가에 의해서 만들어진 새로운 가치결정 기제가 작동되기 시작한다. 로저스는 이것을 '가치의 조건(condition of value)'이라는 말로 표현했다. 가치의 조건이란 OVP와 대조되는 개념이다. OVP는 유기체 곧 유아가 자기 마음대로 느끼고 경험함으로써 가치를 결정하는 주관적인 가치화 과정이라면, 가치의 조건은 부모 등 외부의 대상들로부터 주어지는 평가라는 조건에 따라 가치가 결정되는 조건적인 가치화 과정이라 할 수 있다. 이처럼 가치의 조건(조건적인 가치화 과정)이라는 정신기제가 형성되면 유아는 자기가 느끼고 싶은 대로 느끼지 못하고 행동하고 싶은 대로 행동하지 못한다. 부모가 기대하고 요구하는 대로 느끼고 행동해야 한다. 그 결과, 유아의 가치결정은 부모의 평가에 의존된다. 부모가 좋아하는 것을 자기도 좋아하려고 하고 부모가 싫어하는 것을 자기도 싫어하려고 한다. 부모가 좋아하는 것은 가치 있는 것이 되고 부모가 싫어하는 것은 가치 없는 것이 된다. 이처럼 OVP의 기능이 무력화되고 가치의 조건이라는 기제가 지배적이 되면, 유아는 자신의 진정한 감정과 욕구를 알아차릴 수 없을 뿐만 아니라 그 감정과 욕구가 자신의 것이 아니라고까지 인식하게 된다. 이런 경험이 지속되면 인격의 분열 현상이 나타날 수 있다. 한 인격 안에 본래의 자아와 강요받은 자아가 공존한다. 그것은 정신적인 혼란과 장애의 원인이 된다. 가치의 조건이라는 정신기제는 위니컷이 제시한 거짓자기의 개념과 관계가 있어 보인다. 거짓자기는 유아의 양육환경이 안전하지 않을 때, 즉 엄마가 유아의 본능적인 감정과 욕구와 충동들의 표현을 억압하고 만족시켜 주지 못할 때 생겨난다. 거짓자기는 자신의 진정한 감정과 생각과 욕구들은 은폐하고 상대방에게 수용될 만한 것들만 나타내 보임으로써 거짓된 관계를 맺는다. 거짓자기라는 인격 안에는 OVP가 아니라 가치의 조건(조건적인 가치화 과정)이라는 정신기제가 작동되고 있다고 볼 수 있다.

지금까지 로저스가 제시한 OVP(유기체의 주관적인 가치화 과정)와 가치의 조건(부모의 평가에 따른 조건적인 가치화 과정)에 대해서 설명했다. 이런 설명과 이해가 강압받은 내면아이를 치유하는 데 어떻게 도움이 될 수 있을까? 강압받은 내면아이가 가지고 있는 가치결정의 기제는 OVP가 아니라 가치의 조건(조건적인 가치화 과정)이라는 것에 주목할 필요가 있다. 즉 강압받은 내면아이의 가치결정의 기준은 자기 안에 있지 않고 자기 밖의 다른 대상에게 있다. 그 결과, 강압받은 내면아이는 자신이 느끼고 싶은 대로 느끼지 못하고, 행동하고 싶은 대로 행동하지 못하며, 경험하고 싶은 대로 경험하지 못한다. 부모 등 외부의 다른 대상이 기대하고 요구하는 대로 느끼고 행동하고 경험해야 한다. 이런 성향을 다른 말로 하면, 앞에서 언급한 것처럼, 편향 의존성이라 할 수 있다. 따라서 강압받은 내면아이의 치유에서 중요한 것은 훼손된 OVP의 기능을 회복하는 것이다. 가치결정의 기준을 가치의 조건(조건적인 가치화 과정)에서 다시 OVP(주관적 가치화 과정)으로 되돌리는 것이다. 이것이 상담자나 치유자의 역할이다.

로저스는 OVP의 기능을 회복하기 위해 필요한 것은 상담자 또는 치유자에 의해서 제공되는 '무조건적인 긍정적 존중(unconditional positive regard)'이라고 했다. 물론 상담자와 치유자만이 할 수 있는 것은 아니다. 인격적으로 진실하고 성숙된 사람은 누구나 그런 존중의 환경을 제공할 수 있다. '무조건적'이라는 말은 조건적인 가치화 과정이 아니라는 것을 강조한다. 상담자는 내담자의 자기감정과 경험을 무조건적으로 존중함으로써 감정 경험과 가치결정의 기준을 외부대상으로부터 내담자 자신에게로 돌려주어야 한다. 존중의 진정한 의미는 내담자가 어떤 감정을 느끼고 표현하든지 그것을 허용하고 수용하는 것이다. 상담자의 이런 태도는 내담자가 자신의 감정을 자기 마음대로 경험해도 된다는 안전감을 가지게 함으로써 그 감정이 자신으로부터 나온 자신의 것이라는 것을 이해할 수 있도록 돕는다.

로저스는 유아가 OVP의 기능을 유지하고 건강한 자아를 형성하는 데 부모의 역할이 중요하다는 것을 강조했다. 부모는 유아에게 무조건적인 긍정적 존중을 제공해야 한다. 즉 유아에게는 가치의 조건 없이 제공되는 사랑과 수용과 보살핌이 필요하다. 부모는 자녀가 부모의 마음에 들게 행동한 것 때문에 자녀를 사랑을 하는 것이 아니라 그냥 자녀이기 때문에 사랑하는 것이다. 만약 부모가 자녀의 모든 감정표현을 허용하고 무조건적으로 긍정적으로 존중해 준다면 자녀는 OVP의 기능을 그대로 유지할 수 있게 되고 건강한 자아가 발달하게 될 것이다. 그러나 부모가 자녀의 감정을 존중해 주지 못하면 OVP의 기능은 소멸되고 가치의 조건이라는 기제가 이를 대신한다. 상담자와 치유자의 역할은 내담자에게 무조건적인 긍정적 존중의 환경을 제공함으로써 좋은 부모의 역할을 하는 것이다. 그것은 강압받은 내면아이의 치유에 필요한 최적의 환경을 조성한다.

영적 치유

강압적인 내면부모와 강압받은 내면아이의 치유를 위한 영적인 논의는 어떻게 시작할 수 있을까? 하나님이 주신 자유와 권리에 대한 인식과 자각이 필요하다. 우리에게는 자신의 감정을 있는 그대로 표현하고 경험할 수 있는 자유가 있으며, 또한 우리의 생각을 나타내고 우리의 욕구를 드러낼 수 있는 권리가 있다. 그런 자유와 권리는 하나님이 우리에게 주신 것이므로 누구에 의해서도 침해될 수 없다. 그것은 말 그대로 자연권과 같은 것이다. 사람은 자신의 진정한 감정을 표현하고 경험할 때에만 참된 자기가 될 수 있으며, 자신의 진정한 생각과 욕구를 표현할 수 있을 때에만 자기 존재감을 느끼게 된다. 나의 생각과 욕구를 표현하는 문제는 상대방이 그것을 받아들여서 내 욕구를 충족해 주는 문제와는 별개의 것이다. 나의 생각은 상대방에게 받아들여질 수도 있고 그렇지 않을 수도 있으며, 나의 욕구는 충족될 수도 있고 그렇지 않을 수도 있다. 중요한 것은 나의 감정과 생각과 욕구를 표현하는 경험을 하는 데 있다. 왜냐하면 한 인격으로서의 자기 존재감과 독립성은 자신의 감정과 생각과 욕구를 표현함으로써 이뤄지는 것이기 때문이다.

영적 치유에서 강조되어야 할 것은 하나님 체험이다. 인간을 사랑하시는 하나님을 인격적으로 만나는 경험은 치유의 근원적인 요인이 된다. 거의 모든 마음의 상처는 사람과 사람 사이의 왜곡된 관계 때문에 발생한다. 억압과 무시와 방치와 학대와 폭력 등 내면의 인격에 상처를 주는 행위들은 상처를 주는 사람과 받는 사람의 관계가 잘못되었다는 것을 의미한다. 따라서 상처가 관계 때문이라면 치유도 관계적이어야 할 필요가 있다. 치유를 위한 관계는 상처를 준 관계를 보상하고도 남을 수 있을 만큼 충분해야 한다. 그렇게 충분하고 온전한 관계를 경험할 수 있는 대상은 하나님뿐이시다.

누가복음 15장에는 예수님이 남겨 주신 세 가지의 비유 말씀이 기록되어 있는데, 이 비유들은 모두 하나님의 품속을 떠나 방황하고 있는 영혼들을 찾으시는 하나님의 긍휼과 사랑이라는 주제를 담고 있다. 잃은 양 한 마리를 찾기 위해 험산준령을 헤매는 목자의 이야기, 잃은 은전 한 닢을 찾기 위해 등불을 켜고 집안 전체를 빗자루로 쓸고 있는 한 여인의 이야기, 그리고 자기 분깃을 챙겨 집을 나가 허랑방탕하게 살고 있는 둘째 아들이 돌아오기를 간절히 기다리고 있는 자비로운 한 아버지의 이야기……. 이 세 가지 이야기는 모두 잃은 영혼을 향하신 하나님의 사랑이라는 주제를 담고 있다. 그러나 그 주제를 나타내시는 하나님의 방식에는 차이가 있다. 잃은 양의 비유와 잃은 은전의 비유에 나타난 하나님은 잃은 영혼을 '찾으시는 하나님'이시다. 그러나 집을 나간 둘째 아들의 비유에서 하나님은 잃은 영혼이 돌아오기를 '기다리시는 하나님'이 되신다. 하나님은 한 영혼을 찾기 위해 이 세상의 도시와 거리를 구석구석 돌아다니실 뿐만 아니라, 한 영혼이 회개하고 돌아오기를 끝까지 참고 기다리신다.

집을 나간 둘째 아들의 비유 속에는 비록 부랑한 행동을 하는 아들일지라도 그의 인격을 최대한 존중하고 끝까지 기다리는 아버지의 모습이 나타나 있다. 이야기는 이렇게 시작된다. "어떤 사람이 두 아들이 있는데 그 둘째가 아비에게 말하되 아버지여 재산 중에서 내게 돌아올 분깃을 내게 주소서 하는지라." 둘째 아들은 아버지의 집에 거하는 것이 안전하기는 하지만 재미없는 삶이라고 느꼈다. 그는 세상의 쾌락과 재미를 맘껏 누리며 살고 싶었다. 그렇게 하기 위해서는 돈이 필요했고 아버지의 간섭이 없는 먼 나라로 가야만 했다. 둘째 아들은 아버지에게 무리한 요구를 한다. 아버지가 돌아가시면 자기에게 상속될 재산을 미리 달라는 것이다. 고대 유대 나라의 상속법에 따르면, 한 아버지에게 두 아들이 있을 경우, 큰 아들은 재산의 2/3를, 그리고 작은 아들은 1/3을 물려받도록 되어 있었다. 그러나 아직 아버지는 살아 있을 뿐만 아니라 건강하지 않은가? 둘째 아들의 행동은 무례하고 무리한 요구였다. 하지만 아버지는 아들의 요구대로 재산을 정리하여 나누어 준다. 아버지는 "안 돼!"라고 꾸중하지 않는다. 아들의 요구가 무례함에도 불구하고 그 요구를 들어주었다. 아버지는 아들의 요구와 욕구를 존중한 것이다. 하지만 이것을 존중이라 할 수 있을까? 하나님은 우리를 어디까지 존중하실까? 존중의 가장 진화된 형태는 상대방이 스스로 자신의 실패를 알아차릴 때까지 그 실패를 허용하는 것이라 할 수 있다. 아버지는 아들의 실패를 예견했을지 모른다. 그러나 아버지는 그 둘째 아들이 스스로 실패를 경험하지 않고서는 아버지의 어떤 권면도 받아들이지 않으리라는 것을 알고 있었던 것 같다. 그런 의미에서 진정한 존중은 상대방의 실패까지 존중하는 것이라 할 수 있다. 비유에서 아버지가 아들이 돌아오기를 기다리고 그 아들을 환대한 것은 아들의 실패까지도 존중했다는 것을 의미한다.

둘째 아들의 실패는 당연한 귀결이었는지 모른다. 그는 아버지가 없는 먼 나라에 가서 자신의 정욕을 따라 허랑방탕하게 살았다. 가지고 갔던 재물은 곧 바닥이 났고 당장 먹을 것이 없는 굶주림에 시달려야 했다. 그는 돼지들이 먹는 쥐엄 열매로 배를 채우며 하루하루를 연명해 나갔다. 그러나 고난은 인생의 최고의 스승이라는 말이 있듯이, 그의 고난은 그의 인생이 바뀌는 변화의 시작이었다. 그는 거기서 자신의 실존을 보았으며 자신의 실패를 인정하고 받아들였다. 그리고 아버지를 떠나 아버지가 없는 삶에서 다시 아버지에게 돌아가 아버지와 함께하는 삶으로의 방향 전환이 이뤄진다. 이것은 스스로 실패의 바닥까지 내려가지 않으면 일어날 수 없는 전환 경험이다. 이런 변화는 체험에서 비롯된 것이기 때문에 힘이 있었다. 어떻게 이런 전환과 변화가 일어날 수 있었는가? 그 이유는 아들의 실패까지 허용하는 아버지의 무조건적인 긍정적 존중이 있었기 때문이다. 이런 아버지의 존중은 아들이 어떤 실패를 경험할지라도 '너는 여전히 내 아들이다.'라는 메시지를 전달한다.

둘째 아들은 근본적으로 변화되었다. 그는 아버지에게로 향했다. 그리고 이렇게 말씀드릴 것이라고 생각한다. "아버지여, 내가 하늘과 아버지께 죄를 얻었사오니 지금부터는 아비지의 아들이라 일컬음을 감당치 못하겠나이다. 나를 품꾼의 하나로 보소서."

하지만 아버지는 아들의 생각과 달랐다. 아버지는 아들이 집을 나가던 날부터 아들이 돌아오기를 기다렸다. 대문을 열어 놓고 아들이 떠나갔던 먼 산모퉁이 길을 바라보면서 아들의 귀환을 기다린 것이다. 아버지는 한 번도 아들을 잊은 적이 없었다. 그런 이유 때문이었을 것이라고 생각된다. 아버지는 아직 아들이 먼 거리에 떨어져 있었는데도 불구하고 아들을 알아보았다. 아버지가 아들을 먼저 발견한 것이다. 그리고 달려가 목을 안고 입을 맞춘다. 헬라어 원문에 따르면, 이것은 아버지가 '키스로 아들의 몸을 덮었다(covered him with kisses)'는 의미를 지닌 말이다. 아버지는 한 번의 키스로 만족할 수 없었을 것이다. 아들은 자신이 마음먹은 것처럼 품꾼으로 여겨 달라는 말을 시작했을지 모른다. 그러나 그 말은 곧 중단되고 말았을 것이다. 왜냐하면 아버지가 그의 입을 막았을 것이기 때문이다. 아버지가 기다린 것은 품꾼이 아니고 아들이었다. 아버지에겐 아들이 있을 뿐이다. 아버지는 아들에게 제일 좋은 옷을 입히고 손에 가락지를 끼우고 발에 새 신을 신겼다. 가장 좋은 옷을 입힌 것은 그가 이미 용납되고 새로운 사람이 되었다는 것을 알리는 것이다. 손에 가락지를 끼운 것은 '너는 여전히 나의 아들이다.' 라는 아버지와 아들 사이에 파괴될 수 없는 신성한 약속을 상징하는 행동이다. 발에 새 신을 신긴 것은 아들의 신분이 완전히 회복되었음을 선포하는 것이다. 당시 품꾼이나 종들은 어떤 신도 신을 수 없었고 오직 주인의 가족들만 신을 수 있었다. 아버지는 살진 송아지를 잡아 잔치를 열었다. 그리고 이렇게 말했다. "우리가 먹고 즐기자. 이 내 아들은 죽었다가 다시 살아났으며 내가 잃었다가 다시 얻었노라." 아버지는 기뻤다. 돌아온 아들보다 더 행복했다. 아들을 찾은 오늘의 기쁨이 아들을 잃었던 어제의 슬픔을 대신한다. 그러나 슬픔도 사랑 때문이었고 기쁨도 사랑 때문이다.

이것이 하나님의 사랑이다. 하나님의 기쁨이다. 그런 하나님의 사랑과 기쁨을 이해할 수 있을까? 그 사랑과 기쁨을 알아차릴 수 있을까? 이것이 하나님 체험이다. 치유의 근원이다. 그 체험만큼 치유되고 회복될 것이다. 강압적인 내면부모와 강압받은 내면 아이가 변화될 것이다. 참사랑은 강요하지 않는 것이다. 대신 허용하고 존중하고 기다린다. 실패까지도 허용하고 존중하며, 스스로 변화되기를 기다린다. 사랑은 상대방을 그대로 놔두는 것이다. 강제로 붙잡고 끌어들이지 않는다. 아무리 나의 생각이 옳고 상대방의 생각이 틀렸다고 해도 강제로 끌어오지 않는다. 그 대신 오래 참고 기다린다. 포기하지 않고 기다린다.

한 영혼의 문 밖에 서서 기다리시는 예수님의 사랑을 생각해 보라. "볼찌어다 내가 문 밖에 서서 두드리노니 누구든지 내 음성을 듣고 문을 열면 내가 그에게로 들어가 그로 더불어 먹고 그는 나로 더불어 먹으리라."(계3:20) 문 밖에 서서 기다리시는 예수님, 문을 두드리며 기다리시는 예수님……. 이 장면의 이미지를 우리 자신에게 적용해 보자. 예수님은 왜 거기 서서 문을 두드리고 계신 걸까? 나를 사랑하시기 때문이다. 나를 만나기를 원하시기 때문이다. 문을 두드리는 것은 예수님이 바로 거기에 계시며, 나를 만나기 원하시며, 그래서 문을 열어 달라는 요청이다. 그러나 나는 문을 열지 않는다. 예수님의 두드림에도 불구하고 마음의 문을 열지 않는다. 그리고 예수님을 문 밖에 서 있게 한다. 하루 종일……. 이틀 동안……. 아니 한 달 이상……. 그러나 예수님은 그냥 돌아가시지 않는다. 나를 포기하지 않으신다. 오래 참고 기다리시며 결코 나를 포기하지 않으시는 예수님의 인격을 만날 수 있을까? 그러나 여기에는 오래 참고 기다리시는 예수님의 인격 외에 또 하나의 다른 인격이 있다는 것을 알아야 한다. 문을 두드리며 문을 열어 주기를 기다리시는 예수님, 그 문이 열리기를 너무나 원하시는 예수님, 그러나 그 문을 부수고 들어가지는 않으신다. 예수님은 강제로 하지 않으신다. 나에게 줄 너무나 좋은 선물을 가지고 있지만 그것을 주기 위해 강제로 내 마음의 문을 부수고 들어오시지 않는다. 예수님은 신사적이시다. 나를 존중하신다. 내가 내 마음의 문을 열 때까지 문 밖에 서서 기다리신다. 그러나 결코 포기하고 돌아가지 않으신다. 존중은 강요하지 않는 것이다. 대신 문을 두드리며 기다리는 것이다. 두드리고 기다리고 두드리고 기다리고……. 이런 예수님의 인격을 만난다면 강압적인 내면부모와 강압받은 내면아이가 치유되고 자유를 얻게 될 것이라고 믿는다.

강압은 하나님의 방식이 아니다. 하나님의 방식은 사랑과 존중이다. 하나님이 우리를 보시고 우리와 관계를 맺으시는 관점은 우리의 행위에 있지 않고 존재에 있다. 하나님은 우리가 얼마나 대단한 일을 많이 했는가라는 행위에 비중을 두시지 않는다. 하나님은 우리가 우리 자신이기 때문에 우리를 사랑하고 존중해 주신다. 치유의 근원적인 경험은 행위에 있지 않고 존재의 수용에 있다. 요구와 강요에 있지 않고 사랑과 용납과 존중에 있다. 이것이 하나님의 치유이다.

🌀 자기 치유

로저스는 OVP 기능을 상실한 내담자의 치유와 회복을 돕기 위해서는 상담자의 무조건적인 긍정적 존중이 있어야 한다는 것을 강조했다. 상담자의 그런 태도와 행동은 유년기에 잃어버린 OVP 기능을 되찾도록 돕는다. 그러나 그런 긍정적인 존중을 상담자에게만 의존하는 것으로는 부족하다. 내담자에 의해서 스스로 제공되는 자기존중이 있어야 한다. 자기존중은 내가 나의 감정과 생각과 욕구들을 가치 있게 여기고 그것에 스스로 응답하는 것이다. 내가 나의 감정과 생각을 표현하도록 스스로 격려하고, 내가 나의 욕구를 최대한 충족시켜 보려고 노력해야 한다.

내가 나 자신을 무조건적으로 존중할 때, 존중하는 것은 내면부모이고 존중받는 것은 내면아이이다. 따라서 무조건적인 자기존중은 강압적인 내면부모와 강압받은 내면아이가 동시에 치유되는 효과가 있다. 이것이 자기존중의 큰 이점이다. 강압적인 내면부모는 내면아이의 감정과 생각과 욕구를 존중함으로써 자신에게 문제가 되었던 지시와 명령, 통제와 감시, 강요와 잔소리 같은 행동 특성들이 변화되는 경험을 한다. 즉 내면아이와 외부대상들이 지닌 감정과 욕구들을 이해하고 수용할 수 있게 되는 것이다. 또한 강압받은 내면아이는 억압의 방어기제가 풀림으로써 자신의 생각과 감정과 욕구들을 표현할 수 있는 능력을 형성해 나가게 된다.

강압적인 내면부모와 강압받은 내면아이의 치유에 도움이 되는 자기존중의 방식이 있다. 그것은 내면부모가 내면아이를 언어적으로 수용하고 존중하는 것이다. 즉 '언어적 자기존중 요법'이다. 언어적 자기존중 요법은 어린 시절에 부모로부터 강압, 거절, 강요, 지적, 처벌 등을 받았던 경험들을 기억하며, 자기 자신(내면아이)에게 "괜찮아!(You are all right, Never mind!)"라고 말하는 것이다. 이때 "괜찮아."라고 말하는 것은 내면부모이고 그 말을 듣는 것은 내면아이이다. 일명 '괜찮아 요법'이다. 물론 현재의 자기 행동과 삶에 대해서도 그렇게 하는 것이 필요하다. 예를 들면, 다음과 같이 하는 것이다.

〈어린 시절의 경험에 대해〉

－울어도 괜찮아!　－화내도 괜찮아!　－미워해도 괜찮아!　－소리 질러도 괜찮아!

－무서워해도 괜찮아!　－말 안 해도 괜찮아!　－떠들어도 괜찮아!　－좋아해도 괜

찮아! -싫어해도 괜찮아! -실수해도 괜찮아! -깨트려도 괜찮아! -엎질러도 괜찮아! -쏟아도 괜찮아! -오줌 싸도 괜찮아! -늦게 일어나도 괜찮아! -놀아도 괜찮아! -TV 봐도 괜찮아! -장난 쳐도 괜찮아! -공부 못해도 괜찮아!

〈현재의 경험에 대해〉

-못살아도 괜찮아! -혼자 살아도 괜찮아! -결혼 못해도 괜찮아! -인정받지 못해도 괜찮아! -칭찬받지 못해도 괜찮아! -인기가 없어도 괜찮아! -사업에 실패해도 괜찮아! -학위가 없어도 괜찮아! -돈이 없어도 괜찮아! -일을 못해도 괜찮아! -지적받아도 괜찮아! -살림을 못해도 괜찮아 -그만두어도 괜찮아! -누워 있어도 괜찮아! -안 해도 괜찮아!

이처럼 언어적으로 자기를 존중할 때 요청되는 것은 자기 자신(내면아이)을 향한 자기(내면부모)의 자세에 진정성이 있어야 한다는 것이다. 자기 자신의 존재와 모든 행동을 스스로 수용하고 존중하는 것이 필요하다. 그렇게 하기 위해서는 자기의 존재와 행동의 모든 경우에 대해서 지속적으로 그리고 반복적으로 "괜찮아."라고 말해야 한다. 지속적이고 반복적인 자기존중의 언어는 내면부모의 자세와 내면아이의 인격을 모두 변화시키는 데 도움이 된다.

진정성 외에 필요한 것이 하나 더 있다. 실험정신이 있어야 한다. 실험정신은 내가 나의 과거와 현재의 모든 삶과 경험에 대해서 어디까지 "괜찮아."라고 말할 수 있겠는가라는 문제에 대한 것이다. 부모(보편부모)와 다른 사람들이 괜찮지 않다고 말한 것에 대해서도 나는 "괜찮아."라고 말할 수 있을까? 예를 들면, 나는 나에게 "이혼을 했어도 괜찮아." "죄를 지었어도 괜찮아." "비난받았어도 괜찮아." "배신을 했어도 괜찮아." "정신질환을 앓았어도 괜찮아."라고 말할 수 있겠는가? 나는 나의 부정성과 단점을 어디까지 괜찮다고 말할 수 있을까? 이처럼 실험정신이란 이전에는 괜찮다고 말할 수 없었던 자기의 부정성에 대해서 "괜찮다."라고 말함으로써 자기수용과 자기존중의 범위와 한계선을 최대한 확장하는 것을 의미한다. 이것은 모든 사람에게 하나의 자기 도전이며 가슴뛰는 경험이 될 것이다. 그런 자기 도전과 새로운 경험이 강압적인 내면부모와 강압받은 내면아이의 변화를 촉진시킬 것이다.

괜찮아 요법을 집단상담에서 사용할 경우 효과적이다. 이때 상담자는 집단원들로 하여금 각자 자기 자신의 삶과 경험을 회상하며 "~ 해도 괜찮아."라고 소리 내어 말하도록 돕는다. 한 집단원이 말하면 다른 집단원들은 그 말을 들으며 마음속으로, 또는 소리를 내어, 함께 따라서 "그래 괜찮아, 정말 괜찮아!"라고 응답한다. 집단원들은 각자 생각나는 대로 그렇게 말하고 다른 집단원들은 함께 따라 응답하며 계속한다. 나는 실제로 집단에서 그렇게 해 보았는데, 여러 사람에게서 눈물이 흐르는 정서적인 반응이 나타나는 것을 보았다. 많은 도움이 되었다는 피드백도 받았다.

제8장
방임, 내면부모와 내면아이

어린 시절에 방임(neglect)의 양육태도를 지닌 부모 밑에서 자란 사람의 마음속에는 방임과 관련된 두 가지의 인격이 존재한다. 하나는 방임하는 내면부모로서, 이것은 어린 시절 부모의 행동을 보고 듣고 체험함으로써 모방적으로 학습된 인격이다. 즉 어린 시절에 방임하는 부모의 양육을 받은 자녀의 마음속에는 그런 부모의 모습을 닮은 방임하는 인격이 존재한다. 그런 의미에서 부모의 생존과 관계없이 우리의 마음속에는 어린 시절의 아버지와 어머니가 그대로 살아 있다고 할 수 있다. 다른 하나는 방임받은 내면아이인데, 이것은 방임하는 부모의 행동에 대한 자녀의 심리내적 반응으로 형성된 인격이다. 자녀는 부모의 행동과 양육방식에 정서적으로 그리고 관계적으로 반응하게 되는데, 이런 반응이 지속적으로 반복되면 하나의 인격으로 자리를 잡는다. 인격이란 한 개인의 행동특성과 대인관계방식을 결정짓는 내적 요인으로서 쉽게 바뀌지 않는다는 데 그 특징이 있다.

내면부모와 내면아이의 형성에 영향을 미치는 부모는 단지 생물학적인 부모만을 의미하지 않는다. 한 사람의 성장과 인격 형성에 영향을 줄 수 있는 대상으로서의 보편부모를 말한다. 이미 언급한 것처럼, 보편부모 속에는 조부모, 이모, 고모, 형, 언니, 보모 등을 비롯하여 교사, 목사 그리고 사회 문화적인 통념과 종교적인 가르침 등이 포함된다. 한사람의 인격 안에 있는 방임하는 내면부모와 방임받은 내면아이는 기본적으로 대립과 갈등관계에 있다. 내면부모는 내면아이를 지속적으로 방임하며 내면아이는 그런 내면부모에게 저항한다.

증상과 특징

다음의 문항들은 방임하는 내면부모와 방임받은 내면아이의 특징들이다. 각 문항을 읽고 자신에게 해당되는 것이 있는지 알아보자.

〈방임하는 내면부모〉

1. ☐ 나는 내 자신의 감정이나 욕구를 무시하는 경향이 있다.
2. ☐ 나는 사람들을 돌보고 배려하는 것을 힘들고 어려워한다.
3. ☐ 나는 사람들과의 만남이나 대화를 즐기지 않는다.
4. ☐ 나는 내 자신을 위해 좋은 음식을 사 먹거나 비싼 옷을 사 입지 못한다.
5. ☐ 나는 인간관계를 소홀히 하고 그 중요성을 무시하는 경향이 있다.
6. ☐ 나는 사람들과의 관계에서 어떤 의무나 책임을 지는 것을 싫어한다.
7. ☐ 나는 다른 사람들의 기분이나 감정 상태가 어떠한지에 별로 관심이 없다.
8. ☐ 나는 내 자신의 건강을 살피는 일에 소홀하다.
9. ☐ 나는 친구들에게 내가 먼저 만나자고 연락하는 일이 별로 없다.
10. ☐ 나는 나의 감정이나 욕구를 스스로 무시하고 하찮게 여기는 경향이 있다.
11. ☐ 나는 사람들과 악수나 포옹 같은 신체적인 접촉을 하는 것이 어색하다.
12. ☐ 나는 도움이나 보호가 필요한 사람들을 만나면 당황하거나 불편해진다.

〈방임받은 내면아이〉

1. ☐ 나는 사랑과 돌봄을 받고 싶은 욕구가 많지만 그런 욕구를 표현하지는 못한다.
2. ☐ 나는 내 자신이 가치 있고 중요한 존재라는 생각이 들지 않는다.

3. ☐ 나는 마음이 텅 빈 느낌, 즉 허전함과 공허감을 자주 느낀다.

4. ☐ 나는 종종 외로움을 느끼며 우울해질 때가 있다.

5. ☐ 나는 나의 인간관계가 깊이가 없고 피상적이라는 느낌이 든다.

6. ☐ 나는 사람들과 친밀해지고 싶지만 그 방법을 잘 모른다.

7. ☐ 나는 종종 소외감을 느끼고 외톨이가 된 것 같은 기분이 든다.

8. ☐ 나는 새로운 환경을 만나면 적응하기가 어렵고 소속감을 갖는 데 오랜 시간이 걸린다.

9. ☐ 나는 가끔 현재의 내가 아니었으면 하고 생각할 때가 있다.

10. ☐ 나는 가끔 내가 이탈이나 비행적인 행동을 할 가능성이 있다는 것을 안다.

11. ☐ 나는 다른 사람들의 도움이 필요할 때에도 도움을 청하지 못한다.

12. ☐ 나는 나의 삶을 열정적으로 생생하게 살고 있다는 느낌이 들지 않는다.

13. ☐ 나는 가끔 나의 욕구와 공허감을 채우기 위해 다른 사람들을 이용하거나 조정할 때가 있다.

14. ☐ 나는 사람들과 어울려 지내는 것보다 혼자 있는 것이 편하고 좋다.

15. ☐ 나는 내 자신의 진정한 감정과 욕구를 잘 파악하거나 표현하지 못한다.

16. ☐ 나는 다른 사람들의 마음을 함께 느끼는 공감능력이 부족하다.

17. ☐ 나는 불만족스러운 환경을 수용하는 능력이 부족하다. 당황하거나 화를 낸다.

18. ☐ 나는 내가 하는 분야에서 성실하고 유능하다는 말을 듣지만 행복하지는 않다.

🌿 방임

방임이란 무엇일까? 방임은 나와 관계가 있는 사람이나 대상을 혼자 있도록 내버려두는 것을 말한다. 손을 내밀거나 신체적인 접촉을 하지 않는 것은 물론 정서적으로도 상대방에게 관심을 기울이지 않는 것이다. 그렇게 함으로써 상대방을 외롭게 만들거나 고립시킨다. 방임은 나와 연결되어 있는 사람들과의 관계를 단절하는 것이다. 그 사람이 가족일 수도 있고 친구일 수도 있으며 교인이나 직장 동료일 수도 있다. 그동안 유지되어 왔던 어떤 대상과의 관계가 단절되었다면, 그리고 그 단절의 이유가 나의 무관심이나 무반응 때문이었다면, 그것은 내가 그 대상을 방임한 것이다.

방임은 사람과의 관계에서만 나타나는 것은 아니다. 집에서 화초를 키우고 금붕어를 돌보는 일 등에서도 나타난다. 어떤 사람은 화초를 햇볕이 잘 드는 곳으로 옮기고 물과 거름을 주어 잘 자라게 하지만, 또 어떤 사람은 제대로 돌보지 않아서 말라 죽거나 얼어 죽게 한다. 어떤 사람은 집에서 금붕어를 기를 때에 먹이를 챙겨 주고 어항 물을 갈아 주면서 잘 돌보지만, 또 어떤 사람은 먹이도 제대로 주지 않고 물이 더러워져도 그대로 방치해 둔다.

방임은 자신이 해야 할 일과의 관계에서도 나타난다. 그 일은 직업상 주어진 일뿐만 아니라 가정이나 교회에서 역할상 주어진 일도 포함된다. 어떤 사람은 자신이 해야 할 일을 제때에 성실하게 해내지만, 또 어떤 사람은 그 일을 미루거나 방치해 버린다. 그러므로 방임은 책임감의 부족 상태이거나, 책임감을 느끼더라도 일을 할 수 있는 에너지의 부족 상태에서 비롯되는 것이라 할 수 있다.

방임에는 물리적인 방임과 정서적인 방임이 있다. 물리적인 방임은 신체적으로 함께 있지 않는 것이다. 상대방을 혼자 있도록 떼어 놓거나 멀리 보내는 것은 물리적인 방임에 해당된다. 정서적인 방임은 상대방에게 관심이나 돌봄을 제공하지 않는 것이다. 상대방의 기분이 어떤지, 염려나 걱정은 없는지, 생활의 어려움은 없는지 등의 생각이나 관심을 기울이지 않는다면 이것은 정서적인 방임이라 할 수 있다.

방임이라는 용어에 대한 이해가 필요하다. 방임과 거의 동의어로 사용되는 우리말이 있다. 방치이다. 방임은 책임감을 느끼지 않거나 이행하지 않는다는 의미를 지니고 있으며, 방치는 주의나 관심을 기울이지 않고 함부로 내버려 둔다는 의미를 지니고 있다. 따라서 방치라는 말이 좀 더 실제적인 용어로 보인다. 그러나 여기서는 방임이라는 용어를 사용하기로 한다. 왜냐하면 방임이라는 말이 방치보다 보편적이고 공식적인 용어로 사용되고 있기 때문이다. 전문가들의 언어 사용에 따르면, 방치아동이라는 말보다 방임아동이라는 말이 더 공식적인 용어로 보인다. 그러나 경우에 따라 나는 방치라는 용어도 사용할 것이다.

방임은 앞에서 다룬 강압이라는 태도와 비교된다. 강압은 힘 있는 자가 힘없는 자를 힘으로 밀어붙이고 강요함으로써 상대방이 지니고 있는 자아의 경계선과 삶의 영역을 침범하는 것이다. 그러나 방임은 상대방에게 무관심하거나 관계를 단절함으로써 아예 상대방과의 만남과 접촉의 기회를 갖지 않는 것이다. 즉 방임에는 긍정적인 접촉도 없고 부정적인 접촉도 없다. 따뜻한 신체 접촉도 없고 차갑거나 폭력적인 신체 접촉도 없다. 이처럼 방임은 대상과 과도하게 분리된 상태에 있는 것이다(Hajime; 김정운 역, 2007, 190). 다시 말하면, 방임은 상대방이 지닌 자아의 경계선으로부터 멀리 이탈됨으로써 정서적인 상호작용을 포기하는 것이다. 건강한 인간관계에 필요한 것은 자아의 경계선을 침범하는 것도 아니고 그 경계선으로부터 이탈되는 것도 아니다. 상호작용이 활발하게 진행될 수 있도록 적절한 접촉상태에 있는 것이다.

피해 아동의 문제를 연구한 자료들에 따르면, 방임은 항상 학대의 문제와 함께 다뤄진다. 넓은 의미에서 본다면, 방임은 학대에 포함될 수도 있기 때문이다. 그러나 여기서는 방임과 학대를 구별하기로 한다. 왜냐하면 학대는 방임과 달리 상대방이 지닌 자아의 경계선을 마구 부수고 들어가서 그 자아를 짓밟는 의미가 강하기 때문이다. 따라서 이 장에서는 방임의 문제를 다루고 다음 장에서는 학대의 문제를 다루기로 한다.

🌿 방임의 양육태도

방임의 태도와 성향을 지닌 사람이 자녀를 낳고 양육한다면 그 사람의 양육방식에 나타나는 특징들은 무엇일까? 방임의 양육태도에는 다양한 특징들이 있다. 방임의 양육태도를 지닌 부모는 자녀를 제대로 돌보지 않고 혼자 있도록 내버려 둔다. 자녀가 아직 혼자 있기에는 어린 나이인데도 집에 두고 외출을 하거나 자녀가 부모로부터 떨어지지 않으려고 울고 있는데도 떼어 놓는다. 물론 부모 나름대로 이유가 있을 것이다. 그러나 어떤 이유라 할지라도 어린 자녀를 혼자 있게 하는 것은 방임에 해당된다.

어린 자녀를 할머니나 이모 등 친척들에게 오랫동안 맡겨 두는 것도 방임이다. 오늘날에는 부부의 맞벌이와 만학 때문에 어린 자녀의 양육을 할머니에게 맡기는 부모가 많다. 물론 할머니와 손주 사이에는 친화력이 있어서 할머니가 아기에게 좋은 양육자가 되기도 한다. 그러나 아기에게는 엄마만이 제공할 수 있는 모성적 사랑과 돌봄이 필요하다. 대상관계 이론가인 도널드 위니컷(Donald Winnicott)은 유아의 성장 발달을 위한 일차적 환경으로서 엄마의 양육환경을 강조했다. 그는 유아가 건강하게 성공적으로 적응할 수 있는 양육환경으로서 '충분히 좋은 엄마(good-enough mother)'라는 용어를 사용한다. 충분히 좋은 엄마는 아기와 함께 있으면서 아기가 필요로 하는 것이면 무엇이든지 제공해 주고, 아기의 변화하는 요구에 따라 적절하게 대응하고 스스로를 변화시켜 나가는 엄마이다. 충분히 좋은 엄마는 아기의 자발적인 몸짓에 거울처럼 반영해 줌(mirroring)으로써 아기의 자기 존재감을 일깨워 주고, 아기를 물리적으로 안아 주고(holding) 다루어 줌(handling)으로써 아기의 내적세계가 건강하게 형성될 수 있도록 안전한 외적 환경을 만들어 준다. 위니컷에 따르면, 아기에게 가장 안전하고 충분히 좋은 외적 환경을 만들어 줄 수 있고 또한 그렇게 해야 할 대상은 엄마이다. 그는 '일차적 모성몰두(primary maternal preoccupation)'라는 용어를 만들어 냄으로써 아기 양육에 있어서 엄마만이 할 수 있는 역할을 강조했다(Clair; 안석모 역, 2009, 70). 일차적 모성몰두는 아기에게만 관심을 갖고 집중하는 엄마의 마음 상태로서, 출산 직전부터 시작되어 출산 후 몇 주 동안 지속된다. 이때 엄마는 병리적으로 보일 만큼 아기 외의 다른 대상에 대해서는 무관심하게 되는데, 이것은 아기의 생존과 적응에 필요한 완전한 돌봄을 제공하기 위한 것이다. 이것은 모성애와 같이 자연적이며 본성적으로 만들어진다. 이런 마음 때문에 엄마는 아기에게 반영해 주고 안아 주고 돌봐 주는 환경적인 엄마가 된다. 이런 환경적인 엄마는 한 사람에 의해서 지속적으로 제공될 필요가 있다. 방임은 아기를 엄마로부터 격리시킴으로써 자녀의 성격 발달에 필요한 반영하기, 안아 주기, 다뤄 주기 등의 양육환경을 박탈하는 것이다. 유아는 양육자가 바뀔 경우 성격 발달상의 문제가 발생할 수 있다. 왜냐하면 유아와 엄마 사이에 이미 형성된 애착관계가 파괴되기 때문이다. 미실다인은 유아가 성장해서 어떤 성격적인 장애도 겪지 않기 위해서는 한 사람으로부터 지속적인 사랑과 돌봄을 받을 필요가 있다고 말했다(Missildine, 1963, 226).

　너무 어린 나이에 자녀를 유치원에 보내거나 남에게 맡기는 것도 방임에 해당된다. 자녀는 아직 부모로부터 격리되어 지낼 수 있는 준비가 되어 있지 않은데 부모의 조급함 때문에 자녀를 유치원에 보내거나 보모에게 맡기는 것은 자녀를 방임하는 것이다. 요즈음에는 자녀를 해외로 조기 유학을 보내는 부모들이 많은데, 조기 유학은 부모가 자녀를 돌볼 수 있는 기회가 사라진다는 점에서 신종 방임이라 할 수 있다. 미국이나 유럽에서는 어린 자녀를 기숙사 생활을 하는 명문 사립학교에 보내는 경우가 있는데, 미실다인은 이런 조기 유학을 일종의 방임으로 보았다(Missildine, 1963, 218).

방임의 양육태도를 지닌 부모는 자녀에게 무관심하거나 자녀를 돌보고 양육하는 데 소홀하다. 자녀가 어떻게 지내는지, 정서상의 어려움은 없는지, 유치원이나 학교생활은 어떻게 하고 있는지, 친구들과는 잘 지내고 있는지 등에 관심을 기울이지 않는다면 자녀를 방임하는 것이다. 따라서 방임의 양육태도를 지닌 부모는 자녀와 함께 앉아 이야기를 하거나 자녀에게 관심을 갖고 물어보는 일이 거의 없다. 이것은 정서적이며 관계적인 방임이다.

방임의 양육태도를 지닌 부모는 자녀를 돌봐야 하는 부모로서의 적절한 역할과 의무와 책임을 이행하지 않는다. 자녀는 혼자 살아갈 수 없는 연약하고 의존적인 존재이기 때문에 스스로 살아갈 수 있는 성인이 되기까지 부모의 도움이 절대적으로 필요하다. 자녀의 성장과 독립에 필요한 요소들을 제공하고 도와주는 것이 부모의 역할이다. 만약 그렇지 못한 부모가 있다면 그것은 부모로서의 역할과 책임을 다하지 못하는 것이다. 특히 오늘날에는 아버지가 아버지의 역할을 못하는 가정들이 많다. 아버지는 직장과 사업 등 가정 밖의 일에 시간과 에너지를 모두 사용한 나머지 퇴근해서 자녀들과 함께 지내며 자녀들을 돌볼 수 있는 여력이 없다. 이런 가정을 '아버지 없는 가정'이라 한다. 이 말의 의미는 물리적으로는 아버지가 있지만 정서적으로 자녀와 상호작용하며 관계를 맺는 아버지는 없다는 뜻이다. 심리학자 잭 스턴백(Jack Sternback)의 조사 통계에 따르면, 서구의 경우 물리적으로 아버지의 부재를 경험한 자녀는 23%이고, 아버지가 있으나 아버지와의 대화나 상호작용이 없기 때문에 심리적으로 아버지의 부재를 경험한 자녀는 29%나 된다(임경수, 2002, 61).

자녀양육에 대한 부모의 책임에는 두 가지가 있다. 하나는 본성적인 책임으로서, 부모라면 누구든지 자연스럽게 자녀를 돌보고 싶은 내적 동기에 이끌리는 것이다. 이것은 모성적 사랑과 부성적 사랑에서 비롯되는 책임감이다. 이런 책임감은 동물들에게도 있다. 다른 하나는 도덕적인 책임으로서 부모라면 마땅히 자녀를 돌봐야 한다는 사회문화적인 전통과 인류학적인 관습에서 비롯된 것이다. 이것은 태고의 원시사회로부터 유지되어 온 도덕적 통념이다. 그러므로 부모는 본성적 책임감이 부족하면 도덕적 책임감으로라도 자녀를 돌봐야 한다. 방임은 이런 두 가지 책임감을 느끼지 않거나 그런 책임감을 느끼더라도 책임을 이행하지 않는 것이다.

방임의 종류

방임에는 경우에 따라 여러 종류의 방임이 있다. 음식의 방임은 자녀에게 영양가 있는 음식을 제대로 먹이지 못하는 것이다. 이것은 자녀의 신체 발육을 불량하게 함으로써 성장의 장애를 초래한다. 요즈음에는 자녀에게 음식을 제공하지 못할 만큼 경제적으로 어려운 가정은 많지 않다. 그러나 한 세대 전에는 그런 가정이 많았다. 음식의 방임은 경제적인 어려움 때문에 발생하는 것만은 아니다. 부모의 무관심과 소홀함 때문에 발생되기도 한다. 어린 자녀가 배가 고픈데 엄마가 집에 없다면 자녀는 음식으로부터 방임될 수밖에 없다.

욕구의 방임은 자녀가 하고 싶은 것을 못하게 하거나 갖고 싶은 것을 제대로 사 주지 못하는 것이다. 어린 나이의 자녀들은 하고 싶은 것도 많고 갖고 싶은 것도 많다. 나는 어려서 가지고 싶은 것이 두 가지 있었다. 세발자전거와 가죽잠바였다. 물론 한두 세대 전에 그런 것들을 가지고 있는 아이들은 드물었다. 그러나 앞집에 살던 친구아이는 세발자전거를 탔으며, 뒷동네에 살던 다른 아이는 가죽잠바를 입었다는 데 문제가 있었다. 나는 얼마나 부러웠는지 모른다. 앞집에 살던 아이가 세발자전거를 끌고 나오면 그것을 한번 얻어 타기 위해 그 아이의 비위를 맞춰 주려고 애쓰던 기억이 난다. 뒷동네에 살던 아이는 가죽잠바를 입고 나와서 으스대며 자랑을 했는데, 그 아이는 마치 나와는 다른 세상에 사는 아이처럼 느껴졌다. 하지만 나는 부모님에게 세발자전거와 가죽잠바를 사 달라고 떼를 쓰지는 못했다. 결혼 후 얼마 안 되어 우연히 그런 이야기를 아내에게 했다. 아내는 내 손을 슬며시 잡고 일어서더니 버스를 타고 백화점으로 갔다. 그리고 가죽잠바를 사 주었다. 지금 생각하면 너무나 고마운 일이다. 아동문제 전문가인 헬퍼 (S. Helfer)에 따르면, 방임의 환경에는 자녀의 욕구가 지속적으로 충족되지 못하는 환경이 포함된다고 했다(Urguiza & Cynthia; 노충래 역, 2003, 57).

보호의 방임은 어린 자녀를 혼자 있게 함으로써 위험에 노출되게 하는 것이다. 어린 아이는 스스로 자신의 안전을 지킬 수 있는 능력이 없기 때문에 부모의 보호가 필요하다. 그런 부모의 보호가 없을 때 자녀는 보호로부터 방치되어 있다고 할 수 있다. 부모가 어린 자녀를 집에 두고 외출하는 것은 보호의 방임에 해당된다. 집에 남겨진 아이는 정서적으로 두려움을 느끼며 여러 가지의 위험에 노출될 수 있다. TV 뉴스에 보도된 사건이다. 이른 새벽에 부모가 일하러 가기 위해 세 명의 어린 자녀들을 집에 두고 외출을 했다. 그런데 집에 화재가 발생했다. 맏딸이었던 일곱 살 여자아이가 119 소방서에 전화를 했다. "불이 났어요. 애들만 있어요……. 터지는 소리가 나요." 소방서에 비치되어 있는 자동녹음장치에 그 아이의 목소리가 녹음되었다. 그러나 소방대원들이 도착했을 때 이미 세 아이들은 죽어 있었다. 보호의 방임은 많은 문제를 유발한다. 부모가 자녀를 혼자 있게 내버려 두는 것은 불량한 사람의 접근을 허용함으로써 성추행이나 유괴 등의 더 큰 문제가 발생하는 원인이 되기도 한다.

그 외에도 방임에는 대화의 방임, 접촉의 방임, 놀이의 방임 등이 있다. 대화의 방임은 부모가 자녀와 이야기를 하지 않는 것이다. 어린 자녀가 성장하는 데는 밥을 먹는 것만으로는 부족하다. 엄마 아빠와 이야기하는 시간이 필요하다. 엄마 아빠가 해 주는 옛날이야기를 듣고, 엄마 아빠가 동화책 읽어 주는 소리를 들으며 잠들어야 한다. 자녀는 엄마 아빠에게 많은 것을 물어보고 이야기를 해야 하며, 엄마 아빠의 성의 있는 대답을 들어야 한다. 아동은 부모와의 대화를 통해서 생존에 필요한 언어 능력과 기본적인 지식을 습득하고 인간관계를 맺을 수 있는 의사소통 능력을 습득하게 된다. 대화의 방임은 그런 기회를 박탈하는 것이다.

접촉의 방임은 부모가 자녀를 안아 주거나 쓰다듬어 주지 않는 것을 말한다. 즉 부모와 자녀 사이에 스킨십이 부족하거나 부재한 상태가 되는 것을 의미한다. 피부 접촉은 유아의 건강한 성장 발달을 위해 없어서는 안 되는 양육조건이다. 유아는 피부 접촉을 통해 나와 나 아닌 것(외부 대상)을 구별하며, 나와 나 아닌 것 사이에 관계를 맺는 능력을 습득하게 된다. 부모로부터 제공되는 부드럽고 따뜻한 접촉의 경험은 유아의 정신 세계를 형성하는 내적 구조물이 된다. 그리고 그것은 유아가 외부세계를 만나고 반응하는 유아의 인격과 태도가 된다. 프랑스의 정신분석가인 디디에 앙지외(Didier Anzieu)는 『피부자아(Le Moi-peau)』라는 책을 썼는데, 피부자아란 피부에 닿는 경험이 자아를 형성하는 중요한 요인이 된다는 의미를 지닌 말이다. 따라서 부모로부터 제공되는 모든 접촉과 접촉 경험은 그대로 유아의 자아와 성격이 된다고 할 수 있다. 앙지외에 따르면, 피부 접촉 경험은 자아를 감싸는 '심리적 싸개(enveloppes psychigues)'가 된다. 이런 개념으로부터 그는 자아를 피부에 연결하고 그런 특성을 강조하여 피부자아라는 용어를 만들어 냈다(Anzieu; 권정아, 안석 역, 2008, 13-14).

놀이의 방임은 부모가 시간을 내서 자녀와 놀아 주지 않는 것을 말한다. 부모가 자녀와 함께 놀아 주지 않으면 자녀는 놀이로부터 방임된다. 유아의 성장 발달에 있어서 놀이는 무엇보다 중요한 삶의 요소이다. 유아는 놀이를 통해서 자아 밖의 세상을 경험하고 배우며, 친밀한 인간관계를 형성하는 능력을 습득한다. 친밀감을 느낄 수 있는 가장 좋은 방법은 놀이이다. 유아는 놀이를 통해서 삶을 즐기며 새로운 것을 창조해 내는 방법을 배운다. 어떤 의미에서 삶은 놀이가 되어야 한다. 삶을 즐기지 못하는 사람들에게는 놀이가 결핍되어 있는 것을 볼 수 있다. 그리고 그들에게는 어린 시절에 부모와 재미있게 놀아 본 경험이 부족하다는 것을 알 수 있다. 도널드 위니컷에 따르면, 놀이는 인간의 행동 중에서 가장 자연스러운 것이며 성장을 촉진하는 건강한 경험이다. 그는 놀이의 개념을 심리치료에 도입했다. 심리치료는 환자의 놀이와 분석가의 놀이가 함께 겹쳐지는 영역에서 발생한다. 그러므로 분석가의 우선적인 과제는 놀이를 할 수 없는 상태에 있는 환자를 놀이를 할 수 있는 상태로 이동하게 하는 것이다(Winnicott; 이재훈 역, 1997, 67). 사람은 유아로부터 성인에 이르기까지 놀이의 경험을 통해서 창조적이고 자유로워질 수 있다. 놀이의 방임은 이처럼 유아가 많은 것들을 경험하고 습득할 수 있는 기회를 제공하지 않는 것이다.

그런데 방임 중에는 자칫 가볍게 여겨질 수 있는 방임이 있다. 정서적인 방임이다. 정서적인 방임이란 부모가 자녀의 마음과 감정 상태를 살피지 않는 것이다. 부모는 항상 어린 자녀의 마음과 감정 상태에 관심을 기울이고 살펴야 한다. 지금 자녀의 마음이 어떤지, 기분이 좋은 상태인지 안 좋은 상태인지를 살펴야 한다. 그래서 안 좋은 상태에 있으면 그 마음을 알아주고 위로해 주어야 한다. 예를 들어, 네 살 된 남자아이가 밖에 나가서 놀다가 동네 형한테 얻어맞고 울면서 집으로 들어왔다고 가정해 보자. 엄마는 아이를 보자마자 하던 일을 멈추고 달려가서 아이를 안아 주며 위로해 주어야 한다. 눈물을 닦아 주고 달래 주어야 한다. 이때 이런 말을 해 주면 더 좋다. "엄마가 가서 혼내 줄게! 엄마가 때찌 해 줄게!" 그럼 아이는 울음을 그치고 힘을 낸다. 기가 죽지 않는다. 다음날 그 형을 다시 만나도 두려워하지 않는다. 오히려 두 주먹을 쥐고 배를 내밀며 이렇게 말한다. "우리 엄마가 혼내 준대!" 이 아이의 마음속에는 언제나 자신을 안아 주고 지지해 주는 엄마가 있다. 그 엄마는 아이가 성장하여 세상을 살아갈 때 만나게 되는 삶의 장애와 고통을 이겨 낼 수 있는 심리적인 에너지와 자원이 된다. 그러나 만약 동네 형한테 얻어맞고 울면서 들어온 아이에게 엄마가 큰 소리로 야단을 쳤다고 가정해 보자. "에이, 바보 같은 녀석! 울지 마! 뭘 잘 했다고 울어? 넌 왜 맨날 얻어맞기만 하니?" 이런 말을 들으면 아이는 어떻게 될까? 밖에서는 동네 형한테 주먹으로 얻어맞고 집에 와서는 엄마한테 말로 또 한 번 얻어맞은 격이 된다. 두 번이나 맞은 셈이다. 엄마한테 맞은 것이 더 아프다. 이런 아이의 마음속에는 자신을 지지해 주고 힘이 되어 주는 엄마가 존재하지 않는다. 다음날 밖에서 그 형을 만나면 고개를 숙이고 눈치를 본다. 멀리서 보고 피해 달아난다. 정서적인 방임의 결과이다.

✿ 방임의 원인

방임의 원인은 무엇일까? 부모가 자녀를 방임하는 이유는 다양하다. 부부의 맞벌이는 자녀를 방임하게 되는 가장 흔한 원인이 된다. 부부가 맞벌이를 할 경우 자녀는 할머니나 이모 등의 친척에게 보내지거나 시간제로 방문하는 보모에게 맡겨진다. 또는 아직 어린 나이임에도 불구하고 유치원에 보내지기도 한다. 부부의 맞벌이는 옛날에도 있었다. 남편과 아내가 모두 밭에 나가 일하는 것은 부부 맞벌이의 오래된 전형이다. 이때 부모는 어린 자녀를 집에 두고 나감으로써 자녀를 방임하게 된다. 〈섬 집 아기〉라는 동요가 있다. 나는 이 노래를 부르노라면 마음속에서 방임된 아기의 모습이 떠오른다. 노래의 1절 가사는 이렇다.

···

엄마가 섬 그늘에 굴 따러 가면 아기는 혼자 남아 집을 보다가
바다가 불러 주는 자장노래에 팔 베고 스르르 잠이 듭니다.

···

나는 언젠가 이 노래의 가사가 왠지 이치에 맞지 않는다는 생각이 들었다. 가사를 보면, 엄마가 섬 그늘에 굴 따러 가면 아기는 혼자 남아 집을 본다고 되어 있다. 그러나 아기는 집을 볼 수가 없다. 왜냐하면 그런 능력이 없기 때문이다. 아기는 돌봄이 필요한

상태에 있는 것이지 집을 볼 수 있는 상태에 있는 것이 아니다. 또한 가사에 아기는 바다가 불러 주는 자장노래에 팔을 베고 스르르 잠이 든다고 되어 있다. 그러나 그런 아기는 없다. 혼자 집에 있는 아기는 파도소리를 바다가 불러 주는 자장가로 듣지 못한다. 아기는 파도소리를 자장가로 들으며 잠이 드는 것이 아니라 울다가 지쳐서 잠이 드는 것이다. 그래서 그런지 모르겠다. 이 노래를 부르면 슬퍼진다. 그러나 노래의 2절 가사는 1절과 다르다.

…

아기는 잠을 곤히 자고 있지만 갈매기 울음소리 맘이 설레어
다 못 찬 굴 바구니 머리에 이고 엄마는 모래 위를 달려옵니다.

…

굴 따러 나간 엄마가 정신을 차린다. 아기가 혼자 집에 방치되어 있다는 것을 알아차린 것이다. 엄마는 걱정이 된다. 마음이 설렌다. 집에 혼자 있을 아기를 생각하니까 아무것도 할 수가 없다. 더 이상 굴을 딸 수가 없다. 그래서 다 못 찬 굴 바구니를 머리에 이고 아기에게 가기 위하여 모래 위로 힘껏 달린다. 이것이 엄마의 진정한 모습이다. 하지만 오늘날 많은 엄마는 굴 바구니를 채우는 것이 더 중요하다고 여기는 것 같다. 많은 엄마는 여전히 굴을 따고 있기 때문이다. 부부의 맞벌이는 오래전부터 자녀를 방임해 왔던 주요 원인이다.

부모의 분주함과 지나친 과로는 자녀를 방임하게 되는 또 하나의 원인이다. 지나친 과로는 부모의 에너지를 고갈시킴으로써 자녀와 함께 시간을 보낼 수 없게 만든다. 일하러 나간 엄마와 아빠를 하루 종일 기다리던 아이는 부모가 집에 오면 반가워하며 매달린다. 함께 놀자고 한다. 그러나 과로로 지쳐 있는 부모는 아이를 밀어내며 이렇게 말한다. "그만 해. 저리 가. 왜 이렇게 매달리니? 피곤하게!" 결국 자녀는 방임된다. 미실다인은 명예욕이 많은 부모가 지나친 사회봉사활동을 함으로써 자녀를 방임할 수 있다는 것을 지적했다.

부모가 질병으로 오랫동안 누워 있거나 병원에 입원할 경우 자녀는 방임될 수 있다. 부모가 아프게 되면 자녀를 돌볼 수 있는 신체적인 에너지와 정신적인 여유가 없어진

다. 부모가 장기간 입원하게 되면 자녀는 부모로부터 떨어져 지내야 한다. 그러므로 부모는 자녀를 방임하지 않기 위해서라도 아프지 말아야 한다. 건강해야 한다. 도널드 위니컷의 사례이다. 한 엄마가 일곱 살 된 남자아이를 위니컷에게 데리고 왔다. 그 아이의 행동이 너무 이상해서 상담을 받도록 데리고 온 것이다. 아이는 매우 이상한 놀이를 하였다. 긴 끈을 가지고 놀기를 좋아했는데, 그 끈으로 무엇이든지 두 개의 물체를 묶어 놓았다. 의자를 책상 다리에 묶었다. 방석을 난로에 묶어 놓았다. 여동생의 목을 끈으로 묶었다. 그리고 여동생을 고양이와 묶어 놓기도 했다. 자기 자신을 뜰에 있는 나무에 묶기도 했다. 엄마는 그 아이의 행동이 염려스러웠다. 아이는 왜 그런 행동을 했을까? 위니컷은 상담을 통해서 그 이유를 알아냈다. 아이의 엄마는 매우 병약했다. 1년에 몇 차례씩 입원을 해야 했다. 아이는 엄마가 입원하는 것이 싫었다. 왜냐하면 엄마로부터 떨어져 있어야 하기 때문이다. 그런데 엄마는 정기적으로 입원을 했기 때문에 아이는 엄마가 언제 병원에 가는지를 짐작할 수 있었다. 그리고 엄마가 병원에 갈 것이라고 생각되면 마음이 불안해졌다. 그럴 때마다 그렇게 이상한 놀이를 한 것이다. 그러므로 아이가 두 개의 물체를 끈으로 묶어 놓는 이상한 놀이를 한 것은 병원에 가는 엄마로부터 떨어지지 않으려는 마음과 또한 떨어지게 될지도 모른다는 두렵고 불안한 마음을 투사적으로 표현한 것이라 할 수 있다(Winnicott; 이재훈 역, 1997, 34-41).

중독은 자녀를 방임하게 되는 또 하나의 원인이다. 부모가 알코올, 마약, 도박, 섹스 또는 일이나 종교에 중독되어 있는 경우에, 자녀는 방임될 수밖에 없다. 왜냐하면 중독되어 있는 부모는 자기 자신마저도 돌보고 통제할 수 있는 능력이 없기 때문이다. 자녀를 돌보는 것은 불가능해진다. 오히려 자녀가 부모를 돌봐야 하는 경우가 생긴다. 나는 어린 자녀가 술에 취한 아버지를 부축하며 집으로 데리고 가는 것을 목격한 적이 있다. 읍내에 장보러 나간 아버지가 귀가할 시간이 지났는데도 오지 않으면 가족들이 걱정을 한다. 엄마는 어린 자녀를 내보내며 아버지를 찾아보라고 한다. 아이는 아버지가 술에 취해 길바닥에 누워 있는 것을 발견한다. 그러면 아이는 아버지를 깨워 아버지의 팔을 잡고 집으로 끌고 간다. 아버지는 비틀거리며 아이를 따라간다. 누가 누구를 돌보고 있는 것일까? 자녀는 방임된 상태에서 오히려 아버지를 돌본다. 자녀는 아버지를 돌보는 부모역할을 해야 하며 다른 사람들의 시선과 수치감을 감수해야 한다. 애어른이 되는 것이다. 이런 사례도 있다. 남편과 이혼한 아내가 그 고통을 견디지 못해 술을 마시기 시작했다. 그리고 술이 없이는 하루도 지낼 수 없는 알코올 중독자가 되었다. 그녀에게는 초등학교에 다니는 두 딸들이 있었는데, 엄마 대신 밥을 하고 청소를 하고 빨래를 했다. 뿐만 아니라 엄마의 술심부름을 하며 엄마를 돌봐야 했다. 엄마는 아이들을 괴롭혔다. 폭언과 폭행을 서슴치 않았다. 아이들은 그런 엄마가 무서웠다. 특히 밤이면 더 그랬다. 아이들은 술에 취한 엄마가 잠들 때까지 밖에 나가 어두운 거리를 방황했다. 아이들은 위험에 방치되어 있었다.

한 아이에게 동생이 생겼을 경우 앞서 태어난 아이는 방임될 수 있다. 왜냐하면 부모의 관심과 돌봄이 동생에게 집중되기 때문이다. 특히 딸들만 있고 아들이 없는 가정에서 아들이 태어나면 딸들은 부모의 관심으로부터 밀려나고 방치되는 경우가 많다. 재미있는 사례가 있다. 네 살 된 아들이 있는 가정에 신생아가 태어났다. 부모의 관심은 자연히 어린 동생에게 향했다. 어느 날이었다. 엄마가 동생을 안고 젖을 먹이고 있었다. 네 살 된 형은 부러움과 질투심이 느껴졌다. 엄마에게 매달리며 자기도 젖을 먹겠다고 했다. 그러나 엄마는 그 아이를 밀어내며 이렇게 말했다. "너는 다 컸잖아. 젖 안 먹어도 돼. 이건 동생 거야." 아이는 엄마 젖을 바라보며 울면서 말했다. "저거 내 건데. 저거 내 건데." 심리학자 알프레드 아들러(Alfred Adler)는 이처럼 부모의 관심과 애정으로부터 밀려난 첫째 아이를 '폐위된 왕(king dethroned)'에 비유했다. 이것은 방치된 자녀에게 외상적인 경험이 된다. 부모의 관심과 사랑을 차지하려는 전투에서 첫째 아이는 동생에게 패함으로써 자기 혼자 있을 때 누리던 첫째의 패권을 동생에게 넘겨주어야 했기 때문이다. 그 전투는 애초부터 패배하도록 되어 있는 전투였다(Hjelle & Ziegler, 1981, 89). 그러나 이와는 달리 둘째나 셋째 아이가 방임되는 경우도 있다. 특히 남성 중심의 가부장적인 전통이 있는 한국의 가정에서는 아들에 비해 딸들이 방임되었으며, 맏아들에 비해 둘째나 셋째 아들이 방임되는 경우가 많았다.

한 가정에 자녀가 많을 경우 자녀들은 방임될 수 있다. 왜냐하면 부모는 자녀들을 한 사람씩 개인적으로 충분히 관심을 가지고 돌볼 수 없기 때문이다. 부모에게는 그럴 만한 시간과 에너지가 없다. 이런 경우 자녀들은 형제간의 활발한 놀이를 통해서 상호작용을 하게 되는데, 이런 상호작용은 부모의 방임에서 비롯되는 정서적인 교류의 박탈을 보상하기도 한다.

이 외에 부모가 자녀를 방임하게 되는 경우는 부부갈등과 빈곤한 생활환경 등이다.

갈등과 싸움으로 불행한 결혼 생활을 하고 있는 부부는 자녀의 건강한 성장과 성격 발달에 지장을 초래한다. 그것은 방임만이 아니라 학대, 거절 또는 과보호 같은 문제들을 만든다. 즉 불행한 결혼 생활 중에 있는 부부는 자녀를 방임하기도 하고, 학대하고 거절하기도 하며, 과보호하기도 한다. 그러므로 부부의 갈등과 불행한 결혼 생활은 자녀의 건강한 성장 발달에 방해가 되는 매우 부정적인 환경이라 할 수 있다. 부부는 가정이라는 집의 지붕을 떠받치고 있는 두 개의 기둥에 비유될 수 있다. 아내라는 기둥과 남편이라는 기둥이 협력하여 지붕을 떠받친다. 두 사람이 서로 사랑하고 존경하면 두 기둥 사이에 사랑이라는 서까래가 놓이고 존경이라는 서까래가 연결된다. 사랑의 서까래, 존경의 서까래, 믿음의 서까래, 기쁨의 서까래, 감사의 서까래, 친밀감의 서까래……. 이런 서까래들이 놓임으로써 두 기둥은 단단하게 연결된다. 그 결과, 든든한 사닥다리가 만들어진다. 부부가 만든 사랑의 사닥다리이다. 그러면 자녀들이 그 사닥다리를 타고 오르고 내리며 재미있게 놀면서 성장한다. 그 사닥다리를 오르며 엄마의 얼굴을 보고 아빠의 얼굴을 본다. 미소 짓는 엄마의 얼굴을 보고 즐거워한다. 평화로운 아빠의 얼굴을 보고 행복해한다. 그러나 엄마의 얼굴이 밝지 않으면 아이들은 불안해진다. 아빠가 인상을 쓰고 있으면 눈치를 살피게 된다. 만약 엄마와 아빠가 싸우고 있으면 아이들은 불안한 나머지 사닥다리에 매달려 꼼짝을 못한다. 엄마와 아빠의 싸움이 극도로 격렬해지면 어떻게 될까? 그 사랑의 사닥다리가 흔들린다. 가로놓여 있던 서까래들이 빠지고 부숴진다. 그러면 그 위에서 놀고 있던 아이들이 추락한다. 심리적인 외상을 입는다.

경제적인 가난과 빈곤은 자녀를 제대로 먹이지 못하는 음식의 방임과 자녀가 원하는 것을 사 줄 수 없는 욕구의 방임을 초래할 수 있다. 가난과 빈곤이 자녀의 성장에 장애가 된 것이다. 그러므로 부모는 자녀의 건강한 성장을 위해서라도 너무 가난하게 살면 안 된다. 하지만 경제적으로 어려운 형편에 있을지라도 뜨거운 관심과 사랑으로 자녀를 양육하고, 그런 형편을 자녀에게 잘 이해시킬 수 있다면 자녀가 받게 될 부정적인 영향은 최소화될 것이다.

방임의 원인에 있어서 가장 문제가 되는 것이 두 가지 있다. 하나는 부모의 이혼이고 다른 하나는 부모의 죽음이다. 부모가 이혼을 하면, 자녀는 어쩔 수 없이 부모 중 한 사람과 헤어지게 된다. 그것은 헤어진 부모와의 관계가 단절됨으로써 지속적인 방임의 문제를 낳는다(Missildine, 1963, 232). 그런데 이 경우 더 문제가 되는 것은 이혼한 부모가 재혼할 경우이다. 이때 한부모와 함께 살고 있던 자녀는 할머니에게 맡겨지거나 다른 집에 양자나 양녀로 보내질 수 있다. 또는 고아원 같은 시설에 보내지기도 한다. 이런 경우 아이는 방임과 거절의 문제를 함께 겪게 된다. 앞에서 언급했던 사례이다. 네 살 때 부모의 이혼으로 아버지와 헤어지고 엄마와 함께 살고 있는 여자아이가 있었다. 아이는 자신의 뜻과는 관계없이 아버지를 잃었고 아버지로부터 방임되었다. 그런데 그 후 3년이 지나서 엄마와도 헤어져야만 했다. 엄마에게 남자가 생겨 재혼을 하게 되었는데, 그 남자가 아이를 데려오는 것을 원하지 않았기 때문이다. 엄마는 딸아이를 시골에 있는 외할머니에게 맡기고 재혼을 했다. 아이는 엄마에게서도 방임되고 거절되었다. 외할머니는 칠십이 넘었는데 병든 몸으로 할아버지 없이 혼자 살고 있었다. 손녀를 돌볼 만한 건강을 지니고 있지 못했다. 오히려 아이가 밥을 끓여 할머니를 먹이기도 했다. 아이는 엄마가 보고 싶었다. 아빠도 보고 싶었다. 그러나 볼 수 없었다.

2005년 자료에 의하면, 우리나라에서 한 해 동안 부모의 이혼으로 고아원에 보내지는 아이들이 천 명이나 된다고 한다. 그리고 2008년 자료에 따르면, 어린아이가 부모 없이 조부모와 함께 살고 있는 조손 가정이 5만 8천 명이나 된다고 한다. 가장 큰 이유는 부모의 이혼 때문이다(KBS 1TV, 2008년 5월 5일, 어린이날 뉴스). 이런 조손 가정은 점점 더 많아지고 있다.

부모의 죽음은 자녀 방임에서 빼놓을 수 없는 원인이 된다. 부모가 죽으면 자녀는 상실의 아픔만이 아니라 방임의 문제를 함께 겪는다. 자녀는 상실과 방임이라는 이중적인 문제에 직면한다. 부모가 죽으면 그동안 있었던 부모와의 모든 관계와 부모의 돌봄이 일시에 사라진다. 부모의 보살핌과 보호 그리고 부모와의 접촉과 놀이와 대화가 한순간에 없어진다. 이것은 외상적인 사건이다.

따라서 자녀가 어느 정도 성장하기까지 부모는 이혼을 하거나 죽으면 안 된다. 어느 정도 성장해야 한다는 것을 어떻게 이해해야 할까? 프로이트에 따르면, 만 5세까지는 개인의 기본적인 성격이 형성되는 결정적인 시기이므로 그때까지는 자녀를 방임하지 않는 것이 좋다. 그러나 그렇다고 해서 만 5세가 넘으면 방임으로 인한 문제가 없다는 말은 결코 아니다. 그 영향의 정도가 줄어들 뿐이다. 따라서 자녀의 건강한 성장을 위해서는 만 5세 이후에도 자녀를 방임하지 않는 것이 필요하다.

심리학자 홀(C. S. Hall)에 따르면, 사람은 20세가 되어야 비로서 혼자 살아갈 수 있는 생존 능력이 획득된다. 홀은 20세가 넘은 성인에게는 타협을 통해서 고통과 불안을 이겨낼 수 있는 능력이 생긴다고 했다(Freud, Hall, & Osborne; 설영환 편역, 1989, 204). 그러므로 부부 사이에 갈등이 있을지라도 자녀가 20세가 넘을 때까지는 가능하다면 이혼을 하지 않는 것이 좋다. 그리고 부모가 아무리 아플지라도 자녀가 20세가 넘을 때까지는 죽으면 안 된다. 그러나 그럼에도 불구하고 부모에게 이혼이나 죽음의 문제가 발생했다면 어떻게 해야 할까? 혼자된 부모는 자녀를 갑절로 사랑해야 한다. 만약 한부모가 자녀를 돌보고 사랑하되 다른 부모의 몫까지 할 수 있다면 자녀는 방임으로 인한 문제를 겪지 않게 될 것이다. 그러나 그렇게 한다는 것은 현실적으로 불가능하다. 왜냐하면 혼자된 부모는 경제수입을 위한 사회활동과 자녀 돌보기라는 가사활동을 모두 해야만 하는 이중적인 부담을 지니게 되기 때문이다. 한편, 자녀가 충분히 좋은 대리부모를 만난다면 방임의 문제를 겪지 않을 수도 있다. 할머니와 할아버지 그리고 이모, 고모, 삼촌 등은 방임된 아이의 좋은 대리부모가 될 수 있다. 그러나 엄마나 아빠만큼 좋은 대리부모를 만나기는 결코 쉽지 않다.

방임하는 내면부모

방임하는 내면부모란 무엇인가? 그것은 부모의 방임하는 양육태도를 닮은 자녀의 내적 인격을 말한다. 방임하는 부모의 양육을 받으며 성장한 자녀의 마음속에는 그런 방임의 태도를 닮은 내면부모라는 인격이 만들어진다. 그것은 어린 시절에 방임하는 부모의 말과 행동을 보고 듣고 체험함으로써 모방적으로 학습되어 형성된 인격이다. 앞에서 언급한 것처럼, 방임은 자기와 연결되어 있는 대상과의 관계를 무시하거나 단절하는 것이다. 그 결과, 상대방을 혼자 있도록 내버려두는 것이다. 이런 방임의 태도가 형성되는 가장 주된 요인은 부모의 영향 때문이다. 부모로부터 방임을 경험한 사람은 다른 사람을 방임할 가능성이 많다. 그 이유는 그 사람의 내면 속에 부모를 닮은 방임하는 내면부모라는 인격이 형성되어 있기 때문이다.

방임하는 내면부모의 기능과 역할은 무엇일까? 두 가지로 구분하여 생각해 볼 수 있다. 하나는 자기 안에 있는 내면아이와의 관계이고, 다른 하나는 외부대상과의 관계이다. 방임하는 내면부모의 가장 전형적인 기능은 자기 안에 있는 내면아이, 즉 방임받은 내면아이의 욕구와 필요를 무시하고 방임하는 것이다. 내면부모는 내면아이의 존재를 존중하지 않는다. 내면아이가 무엇을 느끼고 무엇을 원하는지 내면아이의 감정과 욕구에 관심을 기울이지 않는다. 내면아이의 고통과 어려움을 헤아리지 않는다(Missildine, 1963, 216). 방임하는 내면부모를 지닌 사람은 종종 자기(내면아이)가 혼자 있도록 고립시킨다. 가족으로부터 분리되어 떨어져 지내는 것을 쉽게 생각한다. 예를 들면, 내면아이로부터 올라오는 외로움과 고립감을 스스로 무시하고 가족들과 쉽게 헤어진다. 방임하는 내면부모를 지닌 사람은 지금 자신의 정서상태가 어떤지, 얼마나 외롭고 어려운지에 관심을 두지 않는다. 자신을 정서적으로 방임한다. 스스로 자기 자신을 돌보지 못한다. 때로는 식사를 하지 않음으로써 음식으로부터 자기를 방임하고, 자신을 위험한 장소에 노출시킴으로써 보호로부터 자기를 방임한다. 자기 자신(내면아이)에게 긍정적인 말이나 긍정적인 스트로크(stroke)를 주지 못하고, 자기 자신의 몸과 마음을 부드럽고 따뜻하게 안아 주지 못하며, 자신(내면아이)이 남들과 재미있게 어울려 노는 것을 허용하지 않는다. 이처럼 방임하는 내면부모는 자기 안에 있는 내면아이의 존재와 욕구와 필요를 무시하고 방임한다. 과거의 부모가 자신을 방임했던 것처럼 자기 자신을 방임하는 것이다. 그것은 과거의 부모의 행동만큼이나 강력한 방임이다. 따라서 이미 어른이 되어 부모를 떠나 살고 있음에도 불구하고 여전히 방임된 삶을 살게 된다.

한 직장의 사무실에 여러 명의 직원들이 근무하고 있었다. 어느 날 오후 사무실의 팀장은 직원들의 사기진작을 위해 함께 야구 구경을 가기로 했다. 그러나 한 사람은 남아서 전화를 받으며 사무실을 지켜야 한다. 서로 남으려 하지 않았다. 그때 한 사람이 자원하며 이렇게 말했다. "내가 사무실에 있을게요. 모두 다녀오십시오." 하지만 마음속으로는 적지 않은 분노와 우울감을 느꼈다. 아마도 그 사람은 방임하는 내면부모를 지니고 있었던 것으로 보인다. 그 내면부모가 자기 안에 있는 내면아이의 욕구를 방임했을 것이다.

방임하는 내면부모가 지닌 또 하나의 기능과 역할은 외부의 다른 사람들의 욕구와 필요를 방임하고 무시하는 것이다. 외부의 다른 사람들은 주로 자녀, 나이 어린 사람, 지위가 낮은 사람, 그리고 배우자 등이다. 내면부모가 보기에 이들은 자기보다 힘이 없고 열등하게 보이는 대상들이다. 이런 대상들을 만나면 내면부모라는 인격이 활동을 시작한다. 이것은 자기보다 힘이 세고 우월한 대상들을 만나면 내면아이가 활동을 시작하는 것과 대조된다. 방임하는 내면부모가 외부의 다른 사람들과 관계를 맺는 방식은 소홀, 무시, 무관심, 방임, 방치 등이다. 그들의 감정이 어떠한 상태에 있는지 관심을 기울이지 않음으로써 그들을 정서적으로 방임한다. 그들의 욕구에 응답하지 않음으로써 욕구의 방임을 초래한다. 그들과 이야기를 주고받지 않음으로써 대화의 방임을 만들고, 그들과 피부 접촉이나 놀이를 즐기지 않음으로써 접촉의 방임과 놀이의 방임을 만든다. 가족이나 친구 또는 가르치는 제자들에게 부주의하고 무관심하거나 그들과 재미있게 지내지 못한다. 때로는 인간관계를 쉽게 끝낸다.

방임하는 내면부모를 지닌 사람은 다른 사람들을 돌보고 보호하고 함께 시간을 보내는 것에 익숙하지 않다. 이런 방임의 문제는 특히 자녀와의 관계에서 그대로 나타난다. 과거에 자신이 부모로부터 방임받은 것처럼 이제는 자기가 자녀를 방임하는 것이다. 그 결과, 방임이 대물림된다. 왜 그럴까? 왜냐하면 그것이 어린 시절에 부모로부터 보고 듣고 체험함으로써 배운 부모역할이기 때문이다. 그러나 간혹 어린 시절에 부모로부터 방임받은 사람이 자신의 자녀를 과잉보호하거나 지나치게 살피고 돌봐 주는 경우가 있다. 그 이유는 자녀를 대할 때 내면부모가 아니라 내면아이로서 대하기 때문이다. 이 경우 과잉보호는 부모의 방임으로 발생한 자신의 결핍 욕구를 충족하기 위한 보상 행동이 된다. 부모는 자녀를 과잉보호함으로써 자신의 내면아이의 결핍욕구를 충족하는 것이다.

아동학대와 방임의 문제를 연구한 메인과 골드윈(M. Main & R. Goldwyn)에 따르면, 자녀를 방임하는 엄마들은 대부분 과거에 자신이 방임되거나 학대받은 경험이 있다고 했다. 이런 엄마들은 자녀를 제대로 돌보지 못한다. 그들은 친밀한 관계를 형성하기 위한 방법을 모르며, 정서적으로 불안정하고, 외부의 다른 사람들과의 원만한 상호작용을 못한다. 그 결과, 그런 엄마들의 자녀들도 대인관계에 필요한 기술과 상호작용 능력을 습득하지 못한다. 방임과 학대가 세대 간에 대물림되는 것이다(Urquiza & Cynthia; 노충래 역, 2003, 58).

동물행동 연구가인 할로우(H. F. Harlow)는 부모로부터의 격리와 방임이 자녀에게 미치는 영향을 알아보기 위해 원숭이를 대상으로 실험 연구를 했다. 암컷 새끼 원숭이 다섯 마리를 태어나자마자 어미로부터 격리시켰다. 새끼 원숭이들은 어미와의 접촉이 전혀 없는 장소에서 사육되었다. 그 새끼 원숭이들이 자라서 어미가 되었다. 할로우는 격리 사육된 어미들이 자기의 새끼들을 어떻게 돌보는지를 관찰했다. 충격적인 모습이 나타났다. 어미들은 자기의 새끼들을 돌보지 않았다. 돌보기는커녕 무자비하게 학대했다. 새끼가 어미에게 달라붙으려 하면 새끼를 밀어냈으며 심지어 손으로 때리고 발로 차기도 했다. 새끼를 바닥에 내동댕이치는 어미도 있었다. 어떤 어미는 자기 새끼에게 아무런 관심도 나타내지 않았다. 또 어떤 어미는 아예 자기 새끼가 존재하지 않는 것처럼 행동했다. 새끼 원숭이들은 어미가 거부하고 밀쳐 버리는 데도 불구하고 어미에게 다가가서 안기려 했다. 사육장 안에 설치해 놓은 철봉에 계속 매달려 있는 새끼도 있었다. 이것은 어미와의 접촉 욕구가 거절당한 것을 보상적으로 충족하기 위한 자기행동이었다. 이처럼 어려서 어미 없이 자라 어미가 된 원숭이를 '어미 없는 어미(motherless mother)'라고 부른다(Hajime; 김정운 역, 2007, 132-134에서 재인용). 어미 없는 어미 원숭이의 실험 연구는 다음과 같은 교훈을 준다. 첫째, 동물이 본래 지니고 있는 것으로 보이는 모성본능은 단지 선천적인 것만은 아니다. 성장과정에서 어미의 양육과 돌봄을 받음으로써 경험적으로 형성되는 것이다. 둘째, 자신의 어미로부터 방치되고 학대받은 원숭이는 어미가 되어 자신의 새끼를 방치하고 학대한다. 즉 방치와 학대가 대물림된다. 물론 이것은 동물의 행동 연구이다. 이것을 그대로 인간의 행동에 대입시킬 수는 없다. 그러나 이 실험 연구는 어린 시절 부모로부터 방임된 자녀가 성장하여 자신의 자녀를 방임할 수 있다는 주장을 뒷받침해 주는 근거 있는 자료가 된다는 것만은 분명하다. '어미 없는 어미'라는 말이 가능하다면 '부모 없는 부모'라는 말도 가능할 것이다.

✑ 사례

...

민들레(가별칭)는 방임하는 엄마 밑에서 어린 시절을 보냈다. 엄마는 민들레의 마음을 헤아리지 않았다. 엄마는 민들레와 별로 말을 하지 않았으며 민들레가 슬퍼할 때에도 위로해 주지 않았다. 민들레는 갖고 싶은 것이 많았다. 그러나 엄마는 사 주지 않았다. 갖고 싶은 욕구가 방임되었다. 민들레가 커서 어른이 되었고 결혼을 해서 두 명의 자녀를 낳았다. 민들레는 가끔 백화점에 가서 쇼핑을 했다. 남편과 두 자녀를 위해 옷을 샀다. 메이커 있는 좋은 옷을 샀다. 남편의 옷도 사고 두 자녀의 옷도 한 벌씩 샀다. 그러나 자기의 옷은 사지 못했다. 자기를 위해 비싼 옷을 사는 것이 스스로 용납되지 않았기 때문이다. 많은 돈을 주고 자기의 옷을 구입하려고 하면 불안해지고 죄책감이 느껴졌다. 그래서 백화점 옆에 있는 남대문 시장으로 갔다. 자기 옷은 남대문 시장에서 값싼 것으로 구입한 것이다. 절약과 건강한 자기희생 때문에 그렇게 한 것이 아니었다. 불안과 죄책감 때문이었다. 왜 그런 불안과 죄책감이 생긴 것일까? 그녀의 내면에 있는 방임하는 내면부모 때문이다. 그녀의 내면부모는 자기 안에 있는 내면아이의 욕구를 방임했다. 비싸고 좋은 옷을 입고 싶은 내면아이의 욕구를 무시하고 억눌렀다. 그 결과, 어린 시절의 방임하는 엄마와 떨어져 있었지만 여전히 방임된 삶을 살고 있었다. 민들레가 내게 와서 자신의 이야기를 털어 놓았다. 나는 그녀에게 이렇게 말했다. "민들레님, 민들레님의 자녀는 두 명이 아니라 세 명이라는 것을 기억하세요. 민들레님의 마음속에는 또 한 명의 자녀가 있습니다. 어린 시절부터 갖고 싶은 것을 갖지 못한 방임된 내면아이입니다. 그 아이를 위해서도 백화점에 가서 좋은 옷을 한 벌 사 주세요." 민들레는 미소를 지으며 돌아갔다.

8남매의 막내로 태어난 나는 부모님의 돌봄과 형제들의 사랑을 많이 받고 자랐다. 그러나 방임도 경험했다. 나는 부모님과 재미있게 이야기하거나 함께 놀았던 기억이 없다. 부모님으로부터 옛날이야기를 들은 기억도 없고 숨바꼭질이나 씨름을 하며 놀았던 기억도 없다. 엄마는 가끔 내 귀를 잡아당겨 주셨다. 귀가 커야 잘 산다고 하셨다. 그러나 아버지와의 신체 접촉은 없었다. 아버지는 연세가 많았고 근엄했으며 성실하고 부지런하셨다. 나는 아버지가 어려웠다. 아버지는 나를 사랑하셨지만 그 사랑을 말과 행동으로 표현하시지는 않았다. 엄마와 아버지는 서울에 가시는 일이 많았다. 그럴 때면 나를 데려가기도 했고 두고 가기도 했다. 날 두고 가면 누나들과 형들이 날 돌봐 주었다. 그러나 혼자 지낼 때가 많았다. 나는 치유에 대한 공부를 하면서 내가 어린 시절에 방임을 경험했다는 것을 알게 되었다. 욕구의 방임, 대화의 방임, 접촉의 방임, 놀이의 방임, 정서적인 방임 등을 경험했다. 그리고 그런 방임의 경험이 성인이 된 나의 삶과 인간관계에 영향을 끼치고 있다는 것도 알게 되었다. 그것은 특히 자녀양육에 영향을 주었다. 나는 부모와 대화, 접촉, 놀이 등의 시간을 갖지 못했던 것처럼 내 아들과 그런 시간을 갖지 못했다. 나는 내가 갖고 싶은 것을 가지지 못했던 것처럼 아들이 갖고 싶어 했던 것을 사 주지 못했다. 나는 내가 혼자 지냈던 것처럼 아들을 혼자 있게 했다. 미국으로 간 이후에 더욱 그랬다. 나는 공부하고 목회하기에 너무 힘들고 바빠서 아들과 함께 놀아 주지를 못했다. 아들은 원했지만 그렇게 해 주지 못했다. 아들과 많은 이야기를 나누지도 못했고 따뜻한 피부 접촉도 부족했다. 아들이 나를 필요로 하면 엄마에게 가 보라고 했다. 그런데 내가 아들을 방임한 것이 힘든 공부와 목회 때문만은 아니라는 것을 알게 되었다. 내 속에 있는 방임하는 내면부모라는 인격 때문이라는 것을 깨닫게 되었다.

한국에 나온 지 여러 해가 지났다. 아내와 나는 대학에 들어간 아들을 미국에 두고 나왔다. 아들이 보고 싶었다. 아내가 더욱 그랬다. 한국에 나온 지 3년이 되던 겨울에 우리는 아들을 보기 위해 미국으로 갔다. 하와이에서 만났다. 하와이는 따뜻하고 거리상 중간지점이기 때문에 만나기 좋은 장소라고 생각했다. 우리는 먼저 도착해서 호텔을 잡고 아들을 기다렸다. 이윽고 아들이 도착했다. 3년만에 만나는 아들이었다. 얼마나 반가웠을까? 그러나 아들은 별로 반가워하지 않는 것 같았다. 오랜 비행시간 때문에 피곤해서 쉬고 싶다고 했다. 그래서 첫날 저녁은 일찍 잠자리에 들었다. 둘째 날 아침이었다. 아내는 시차관계로 아직 피로를 느끼며 누워 있었고, 아들과 나는 수영복으로 갈아입고 바닷가로 나갔다. 와이키키 해변이었다. 얼마나 아름답고 멋진 곳인가? 나는 아들에게 제안했다. "우리 수영할까? 물놀이하자." 아들은 무심한 표정으로 싫다고 말했다. "노우(no)." 나는 뭔가 함께하기를 기대하며 다시 물었다. "그럼 우리 뭐 할까? 뭐 하면 좋을까?" 아들은 아무것도 하고 싶지 않다고 했다. 그래서 우리는 야자수 그늘 밑에 무릎을 세우고 나란히 앉았다. 서로 아무 말도 없이 밀려오는 파도와 파도타기를 하는 사람들을 바라보고 있었다. 멀리 갈매기가 날아가는 것이 보였다. 순간 나는 서글픈 느낌이 들었다. 3년만에 만난 아들과 아버지인데……. 이렇게 멋진 장소에서 만났는데……. 서로 아무 말도 없이 앉아 있다니……. 나는 침묵을 깨며 말을 건넸다. "그동안 잘 지냈니? 공부하기 힘들었지? 대학생활은 어떠니? 아빠한테 하고 싶은 말이 있으면 해 봐!" 아들은 단지 "예" "아니요."로만 대답했다. 말을 하고 싶어 하지 않았다. 그냥 잘 지냈고 할 말이 없다고 했다. 나는 조금 화가 났다. 그래서 이렇게 말했다. "아들아, 말 좀 하자! 네가 말을 안 하니까 너무 답답하구나. 엄마와 아빠가 너를 만나려고 여기까지 왔는데 그렇게 말이 없으니까 이상하잖아. 아빠는 너와 친해지고 싶어. 친밀감을 느끼고 싶단 말이야!" 그때였다. 아들은 정색을 하고 나를 보며 이렇게 말했다. "아빠, 아빠는 친밀감을 느끼고 싶다고 하셨는데 아빠하고 나는 친밀감을 느낄 수 있는 기초가 되어 있지 않아요." 순간 나는 어리둥절해졌다. 무엇으로 한 대 얻어맞은 것 같았다. 내가 겨우 정신을 차리자 아들은 다시 말했다. "아빠는 내가 아빠를 원할 때 내 곁에 없었잖아요. 항상 바쁘셨잖아요." 나는 머리가 아찔해지는 것을 느꼈다. 나는 잠시 아무 말도 못하고 멍청하게 앉아 있었다. 생각해 보면 아들의 말이 틀리지 않는다. 아들과 나 사이엔 친밀감을 느낄 수 있는 정서적인 기초가 마련되어 있지 않았다. 아들이 어렸을 때 아들을 그렇게 방임했는데 어떻게 친밀감을 느낄 수 있겠는가? 나는 아들이 나를 원할 때 아들 곁에 있어 주지 못했다. 아들이 운동을 잘 했고 엄마를 닮아 음악적인 재능도 있었다. 학교에서 배구선수도 했고 축구선수도 했다. 그러나 나는 아들이 뛰는 운동경기에 몇 번 가 보지 못했다. 아들은 학교 오케스트라의 단원이 되어 바이올린을 연주했다. 한번은 아들이 연습 삼아 작곡을 했는데 그 작품이 인정을 받아 영광스러운 기회가 주어졌다. 학교 졸업식에서 그 곡을 연주하기로 한 것이다. 놀랍게도 아들이 지휘까지 맡았다. 그러나 나는 그 자리에도 가지 못했다.

나는 마음에 통증을 느끼며 아들 옆에 앉아 있었다. 수많은 일이 머리를 스치고 지나갔다. 바닷바람이 불어왔다. 잠시 후 아들은 이렇게 말했다. "아빠, 나는 아빠가 목사님이 되시고 연구원의 교수님이 되신 것을 존경해요. 그러나 존경하는 것과 친밀감을 느끼는 것은 다른 것 같아요." 나는 다시 한 번 어리둥절해졌다. 그리고 그 말이 계속 내 귀에서 맴돌았다. "존경하는 것과 친밀감을 느끼는 것은 다른 것 같아요." 그날 밤, 나는 잠을 잘 수 없었다. 새벽 2시가 넘도록 호텔 로비에 혼자 앉아 있었다. 아들이 한 말을 생각하고 또 생각했다. 아니 귀에서 계속 맴돌았다. 가슴이 아팠다. 눈물이 났다. 어찌해야 할지 몰랐다. 앞으로 아들과 나의 관계는 어떻게 될까? 우리는 친밀감을 느낄 수 없는 사이가 된 것인가? 나는 무엇을 해야 할까?……. 그러나 아들이 이제라도 자신의 속마음을 솔직하게 말해 준 것이 고맙다는 생각이 들었다. 아들은 그만큼 용기를 냈으며 그만큼 마음을 열어 놓은 것이라는 생각이 들었기 때문이다. 그때 나는 비로소 알게 되었다. 내가 아들로부터 정말 듣고 싶은 말이 무엇인지를 알았다. 그것은 '존경한다'는 말이 아니었다. '보고 싶다'는 말이었다. 나는 정말 그 말이 듣고 싶다. 그런 이유 때문이라고 생각된다. 나는 간혹 사람들로부터 "목사님 보고 싶었습니다. 교수님 보고 싶었어요."라는 말을 들으면 기분이 너무나 좋다. 가슴이 설레도록 좋다. 내 마음속에는 아들로부터 그 말을 듣고 싶은 욕구가 있었기 때문이라는 것을 알게 되었다. 나는 미국에 있는 아들이 언젠가 내게 전화를 걸어 이렇게 말해 주기를 기다린다. "아빠, 언제 와? 아빠, 보고 싶다!"

    몇 년 전 여름이었다. 세미나 참석차 미국에 갔다가 아들을 만났다. 아들의 아파트에서 하룻밤을 지냈다. 늦은 시간이었다. 아들이 내게 물었다. "아빠, 게임할래?" TV 화면으로 하는 영상 볼링 게임이었다. 나는 반가워하며 하자고 했다. 나는 기뻤다. 아들과 함께 놀 수 있다니……. 그런데 나는 게임 중에 여러 번 느꼈다. 아들은 나를 즐겁게 해 주려고 했다. 마치 게임에서 내가 이기기를 바라는 것 같았다. 내가 스트라이크를 치면 "와" 하고 박수를 치며 기뻐했다. 그날 밤 나는 두 번 다 이겼다. 나는 깨달았다. 이젠 아들이 어린애가 아니라는 것을! 그리고 아들이 아버지를 배려할 만큼 성장했다는 것을! 콧잔등이 찡할 만큼 고맙다.

…

🌱 방임받은 내면아이

                        부모로부터 방임된 자녀들의 문제가 심각하게 제기된 것은 제2차 세계대전 당시 영국에서였다. 두 부류의 자녀들이 있었다. 한 부류는 전쟁으로 파손된 열악한 환경에서 제대로 먹지도 못했지만 엄마와 함께 지낼 수 있었던 자녀들이다. 그들은 때때로 야간 공습을 겪기도 했다. 다른 한 부류는 공습의 위협이 없는 안전하고 훨씬 더 양호한 환경에 있었지만 엄마로부터 떨어져 지낸 자녀들이다. 어느 부류의 자녀들이 심리적으로 더 건강했을까? 놀랍게도 엄마와 함께 있었던 자녀들이 안전하고 양호한 환경에서 엄마와 떨어져 지낸 자녀들보다 정서적으로 더 안정되었다. 엄마와 함께 지낸 자녀들이 더 건강하게 성장했다. 그 후 아동의 방임에 대한 관심과 연구가 세계적으로 확산되었다(Missildine, 1963, 217).

어린 시절에 부모가 없거나 방임하는 부모 밑에서 자란 사람의 마음속에는 그런 부모의 행동에 반응함으로써 형성된 방임받은 내면아이라는 인격이 존재한다. 그 인격의 특성과 행동은 다양하게 나타난다. 방임받은 내면아이는 다른 사람들, 특히 중요하다고 생각되는 사람들로부터 관심과 돌봄을 받고 싶은 욕구가 많다. 왜냐하면 그 욕구가 충족되지 않았기 때문이다. 그러나 문제는 그런 자신의 욕구를 표현하지 못하고 억압하거나 부인한다는 데 있다. 그런 욕구를 지니는 것은 옳지 않은 일이라고 생각한다. 따라서 욕구는 있으나 그 욕구를 표현하지는 못한다(Missildine, 1963, 242). 방임된 내면아이를 지닌 사람은 이런 말을 하지 못한다. "나 이것이 먹고 싶어요. 나 이것이 갖고 싶어요. 사 주세요." "여보, 나 외로워요. 나 좀 안아 주세요. 위로해 주세요." "여보, 나는 당신의 사랑과 관심을 받고 싶어요." 왜 그럴까? 어쩌면 어려서는 그런 욕구들을 부모에게 표현했을지 모른다. 그러나 부모는 그런 욕구들의 표현을 부담스러워하거나 무시했을 것이다. 그런 경험이 반복된다면 자신이 원하는 것을 표현하기가 어려워진다. 하지만 만약 어떤 사람이 자신에게 관심을 나타내면 그 사람에게 더 관심을 받기 위하여 매달리게 되는 경우도 있다.

방임받은 내면아이를 지닌 사람은 자기 자신이 가치 있고 중요한 존재라는 생각을 갖기가 어렵다. 다른 말로 하면, 자기 존재감이 부족하다(Missildine, 1963, 216). 자기 존재감은 몇 가지로 나누어 생각해 볼 수 있다. 하나는 현재와의 접촉 정도를 나타내는 것으로, 과거나 미래에 대한 생각에 연루됨이 없이 지금 여기에 깨어 머무를 수 있는 능력을 말한다. 또한 다른 사람의 말이나 평가에 별로 영향을 받지 않고 자기 존중감과 마음의 평정을 유지할 수 있는 내적인 힘을 의미한다. 이때 우리의 내면 상태는 고요해지고 평화로워진다. 그리고 자기 존재감은 다른 사람과의 관계에서 나타나는 자기역할과 영향력을 뜻한다. 자기 존재감이 있는 사람은 다른 사람들에게 더 많은 영향력을 미칠 수 있다. 그것은 인위적이지 않고 자연스럽게 흘러넘치는 것이다. 그런데 이런 자기 존재감의 형성은 중요한 대상으로부터 자신이 얼마나 존중받았는가와 관련이 있다. 돌봄과 존중받는 경험이 많을수록 자기 존재감은 강화된다. 어린아이에게 있어서 가장 중요한 대상은 누구일까? 부모이다. 어린아이에게 부모보다 더 중요한 대상은 없다. 그러므로 자기 존재감의 형성은 어린 시절 부모로부터 얼마나 돌봄과 존중을 받았는가와 관계가 있다.

자기 심리학(self psychology)을 태동시킨 하인즈 코헛은 자신의 심리학을 프로이트의 심리학으로부터 구분하기 위하여 비극적인 인간(tragic man)이라는 용어를 사용했다. 이것은 프로이트가 죄책감을 지닌 인간(guilty man)이라는 용어를 사용한 것과 비교된다. 즉 프로이트의 심리학이 근친상간적인 소망을 지닌 원본능과 그것을 억압하는 초자아 사이에서 갈등하며 죄책감을 지닌 인간을 배경으로 하고 있다면, 코헛의 심리학은 인간이 본래 지니고 있는 자기 창조적인 능력을 표현하지 못함으로써 비극적인 삶을 사는 인간을 배경으로 한다. 그런데 코헛에 따르면, 개인이 그렇게 비극적인 실패의 삶을 살게 되는 이유는 자기의 내적 갈등 때문이 아니라 자기대상으로부터 공감받지 못하는 열악한 외부환경 때문이다(The American Psychoanalytic Association, 1990, 176). 즉 내적 갈등에 문제가 있는 것이 아니라 외부환경의 결핍이 문제가 되는 것이다. 유아에게 있어서 가장 기본적인 자기대상은 부모이다. 부모로부터의 반영과 공감을 받지 못하면 유아는 자기 존재감을 형성하기가 어렵다.

방임받은 내면아이를 지닌 사람은 항상 마음이 허전하고 부족하다는 느낌이 있다 (Missildine, 1963, 217). 마음이 텅 비고 채워지지 않은 느낌, 즉 내적인 공허감이다. 가슴 속에서 찬바람이 일어나는 것 같다. 밥을 먹었는데도 배가 고프다. 왜 그럴까? 관심과 돌봄이 필요한 시기에 그것이 결핍되었기 때문이다. 신체적으로는 성인이 되었지만 마음은 과거의 어린 상태로 남아 있다. 이것을 심리학적으로 고착(fixation)이라고 한다. 고착은 방어기제 중의 하나로서, 발달단계에서 필연적으로 발생하는 불안을 피하기 위하여 아예 발달을 포기하고 이전 단계에 머물러 있는 것을 말한다. 방임받은 내면아이를 지닌 사람은 새로운 환경에 대한 두려움 때문에 성격 발달의 이전 단계에 머물러 있으려고 한다. 부모의 돌봄이 부재한 상태에서 유아는 모험을 시도하지 못한다. 한편, 방임받은 내면아이를 지닌 사람은 누군가가 다가와서 자신의 공허감을 채워 주기를 기대한다. 그러나 그런 일은 일어나지 않는다. 왜냐하면 그 사람의 공허감은 쉽게 채워질 수 없는 깊은 공허감이기 때문이다. 때로는 그런 자신의 공허감을 채우기 위해서 다른 사람을 조정하거나 이용하기도 한다. 예를 들어, 상대방이 자기에게 관심과 배려와 동정심을 느끼도록 상대방을 은밀하게 자극한다(Missildine, 1963, 223).

방임받은 내면아이의 주된 느낌, 곧 핵심감정은 외로움이다. 외로움과 슬픔과 우울감은 방임받은 내면아이의 정서적인 친구이다. 인생을 살아가면서 항상 가슴 밑바닥에 흐르는 감정이 있었다. 쉽게 사라지지 않는 감정이다. 외로움이다. 가을이 왔기 때문에 외로운 것이 아니다. 친구와 헤어져서 외로운 것도 아니다. 그런 외로움은 일시적이다. 오래 지속되지 않는다. 그러나 방임받은 내면아이로부터 비롯된 외로움은 그 농도가 짙고 쉽게 사라지지 않는다. 친구와 함께 있으면서도 외로움을 느낄 수 있고, 배우자가 곁에 있는데도 외로움을 느낀다. 왜 그런 것일까? 그 외로움의 뿌리가 깊고 오래되었기 때문이다. 그것이 인격의 특성이 되었기 때문이다. 때로는 그런 외로움으로부터 벗어나기 위해서 주어진 일에 몰두하기도 한다. 그리고 그 분야에서 유능한 직장인으로 평가받거나 성공하기도 한다(Missildine, 1963, 237). 그러나 그럼에도 불구하고 행복하지는 않다. 왜냐하면 인격의 중심 속에 외로움이라는 짙은 감정이 지속되고 있기 때문이다.

방임받은 내면아이를 지닌 사람은 자신의 삶이 생생하지 않고 마치 그림자처럼 희미하게 느껴진다. 살고 있으나 살아 있는 것 같지 않다. 삶에 대한 재미와 관심과 열정이 부족하다(Missildine, 1963, 224). 삶에 대한 분명하고 생생한 느낌의 정도를 생동감 지수 (aliveness quotient)라고 한다. 이것은 감각과 지각 기능이 건강하게 깨어 있는 상태에서 매 순간을 놓치지 않고 충분히 접촉할 때 발생하는 살아 있는 느낌의 정도를 나타내는 말이다. 생동감 지수는 음식을 먹을 때 나타나는 반응에 비유될 수 있다. 건강할 때 음식을 먹으면 그 음식이 지닌 맛과 향을 충분히 즐길 수 있다. 나는 간장게장을 좋아한다. 한번은 식당 종업원의 조언대로 게장을 밥에 비벼 먹은 적이 있었다. 게 다리 속에 있는 흰 살과 게 딱지 안에 붙어 있는 노란색의 알을 모두 파서 따끈한 쌀밥 위에 올려놓았다. 그리고 얇게 썬 쪽파와 잘게 부순 김을 그 위에 뿌리고 게장 속에 있는 간장을 섞어서 비볐다. 한 숟가락 떠서 입안에 넣는 순간 그 맛이 환상적이었다. 고소하면서 달콤하고 약간 비린듯 하며 짭짤한 맛! 꿀꺽 삼켰다. 목구멍을 통과하여 식도 아래로 내려가는 그 느낌이 너무 좋았다. 행복했다. 그때의 그 맛을 잊을 수가 없다. 그러나 독감에 걸리거나 병이 나면 아무리 맛있는 음식이라 할지라도 그 맛을 즐길 수가 없다. 입맛을 잃었기 때문이다. 생동감 지수가 높은 사람은 매 순간의 삶을 건강할 때 음식을 먹는 것처럼 그렇게 살아간다. 하지만 생동감 지수가 낮은 사람은 독감의 상태에서 음식을 먹는 것처럼 삶에 대한 생생한 경험을 하지 못한다. 방임받은 내면아이를 지닌 사람은 생동 감 지수가 낮기 때문에 살고는 있지만 자신의 삶이 그림자처럼 느껴지고 삶에 대한 생 생한 경험을 하지 못한다.

방임받은 내면아이를 지닌 사람은 자신의 주된 감정인 외로움과 공허감, 그리고 그 림자 같은 삶에서 벗어나기 위해 무엇인가 자극적이고 감각적인 행동을 할 수 있다. 예 를 들면, 격투기 같은 과격한 운동이나 폭음과 폭주운전 등이다. 때로는 마약과 도박에 손을 대거나 혼외정사 같은 자극적 행동에 빠지기도 한다. 그렇게 함으로써 그 사람이 추구하는 것은 자기 자신이 살아 있음을 느끼는 것이다. 그리고 그림자 같은 삶에서 벗 어나 현재의 자기가 아닌 다른 사람이 되어 보려고 한다(Missildine, 1963, 224).

방임받은 내면아이를 지닌 사람의 또 다른 행동특성은 대인간 간 사회적 활동에서 나타난다. 그 사람은 혼자 있는 것에 익숙하고 혼자 있는 것을 좋아한다. 다른 사람들을 만나 함께 대화하는 것이 항상 부담스럽다. 누군가와 잠시 동안 함께 있는 것은 괜찮지 만 오랫동안 함께 있으면 신경이 쓰이고 불편해진다. 별로 할 말도 없고 할 것도 없다고 느낀다. 왜냐하면 어려서 부모와 함께 긴 시간 동안 이야기를 나눠 본 경험이 없기 때문 이다. 그 결과, 빨리 상대방과 작별하고 헤어지고 싶은 마음이 든다. 자신이 혼자 있을 수 있는 장소로 가고 싶다. 그러나 한편, 혼자되는 것에 대한 두려움도 있다. 왜냐하면 혼자 있는 것은 자신이 다른 사람들로부터 방임된 상태로 느껴지기 때문이다(Missildine, 1963, 216). 따라서 혼자 있는 것에 대한 양가적인 감정을 지닌다. 혼자 있는 것이 익숙하 고 편하지만 동시에 두렵다.

방임받은 내면아이를 지닌 사람은 사람들과 어울려 지내는 것에 대한 부담감 때문에 사회적으로 철수된 행동을 나타내며 대인관계에서 수동적이고 위축된 모습을 보인다. 호프만-프로킨(Hoffman-Plotkin)과 트웬티먼(Twentyman)의 연구에 따르면, 방임 피해 아동 과 신체 학대 아동은 학대받지 않은 아동에 비해서 대인간 간 상호작용을 잘하지 못하 며 친사회적인 행동을 덜 보이는 것으로 나타났다(Urquiza & Cynthia; 노충래 역, 2003, 61). 그들 은 사회활동에서 소극적이었으며 대인관계에서 많은 불편과 어려움을 겪고 있는 것으 로 조사되었다.

방임받은 내면아이를 지닌 사람은 대인관계에서 소외감을 많이 느끼며 어디에 가든지 소속감이 부족하다. 항상 혼자 있는 것 같고 외톨이가 된 느낌이다. 아무도 자신을 소외시키거나 왕따시키지 않았다. 그럼에도 불구하고 소외감을 느낀다. 사람들과 함께 있을지라도 어울려 지내지 못하며 겉돌고 있다는 느낌이 든다. 스스로 나그네가 된 것 같고 이방인이 된 것 같다. 어떤 모임에 참석했다가 마치고 돌아갈 때면 항상 혼자 가고 있는 자기를 발견한다. 다른 사람들은 둘씩, 셋씩, 짝을 지어 얘기를 하며 가고 있는데, 자기는 언제나 외톨이가 되어 있다. 방임된 내면아이를 지닌 사람은 소속감이 부족하기 때문에 어떤 단체에도 깊숙이 참여하지를 못한다. 지금 다니고 있는 회사가 자신의 회사라는 느낌이 없고, 수년 동안 교회를 다녔지만 그 교회가 내 교회라는 생각이 들지 않는다. 따라서 어떤 단체에서 소속감을 갖기 위해서는 오랜 시간이 걸린다. 또한 이직률도 높다.

마음속에서는 사람들과 어울리며 친밀감을 느끼고 싶다. 그러나 그렇게 되지 않는다. 왜냐하면 친밀감을 형성할 수 있는 방법을 모르기 때문이다. 친밀감을 형성하는 능력과 방법은 강의를 듣거나 책을 읽는 것으로 습득되지 않는다. 그것은 어린 시절 부모와의 친밀한 관계 경험을 통해서 습득되는 것이다. 엄마 아빠와의 격의 없는 대화와 접촉과 놀이의 경험이 있어야 한다. 엄마 아빠와 많은 이야기를 주고받은 경험, 볼을 비비고 껴안고 매달리고 뽀뽀하던 경험, 무등을 타고 씨름을 하고 숨바꼭질을 하며 놀던 경험이 필요하다. 그러나 방임받은 내면아이를 지닌 사람은 그런 경험이 없다. 사람들과 친해지려면 너무 사무적이거나 예의를 갖춘 태도만으로는 안 된다. 격식 없이 다가가서 손을 내밀고 말을 건네야 한다. 때로는 어깨를 툭 치며 "안녕!" 하고 장난기 섞인 말과 행동이 필요하다. 그런데 방임받은 내면아이를 지닌 사람은 그런 상호작용을 하는 것이 매우 낯설고 어렵다.

방임받은 내면아이를 지닌 사람이 다른 사람들과 주고받는 상호작용에는 정서적인 깊이가 부족하다. 마치 다른 사람들과 관계를 맺는 데 별로 관심이 없는 듯이 보이며 관계를 맺을지라도 피상적인 경우가 많다. 미실다인은 그런 피상적인 관계를 연예인들이 그들의 팬들과 형성하는 관계에 비유했다(Missildine, 1963, 222). 연예인들과 팬들의 관계는 열정적인 것 같으나 실상은 먼 거리에서 바라보는 피상적인 관계에 불과하다. 개인적이고 사적인 것이 알려져서는 안 되며 특히 인기에 방해가 되는 정보는 철저히 차단되어야 한다. 방임된 내면아이를 지닌 사람이 꾸는 꿈이 있다. 사람도 없고 나무도 없는 황량한 들판을 걷고 있는 꿈을 꾸기도 하고, 많은 사람이 등장하지만 그 누구와도 말을 하지 않으며 서로 만나지지 않는 꿈을 꾸기도 한다. 또는 여러 사람과 식탁에 둘러앉아 식사를 하는데 그 분위기가 냉담하거나 불편한 느낌 때문에 식사를 제대로 하지 못하는 꿈을 꿀 수도 있다(Fontana; 원재길 역, 1998, 65, 109). 이런 꿈들은 방임된 내면아이의 특성을 상징적으로 나타낸다.

방임받은 내면아이를 지닌 사람은 자기를 방임한 부모와의 불만족스러운 대상관계를 보상하고 싶어 한다. 그러나 그런 대상을 외부에서 찾는 것은 쉽지 않은 일이다. 결국 자기 내부 속에 있는 환상적인 대상을 찾음으로써 보상하려고 한다. 그런 보상 행동은 유아의 경우엔 손가락을 빠는 것으로 나타날 수 있고, 성인의 경우엔 자위행위로 나타날 수도 있다. 그것은 부모 대상과의 친밀감 형성의 부재에 대한 자기 내적인 보상과 위로의 행동으로 볼 수 있다. 대상관계 이론가인 페어베언(Fairbairn)은 자아가 내면화된 다양한 대상들과 어떻게 내적 관계를 맺는지를 살펴보았다. 그리고 이런 내부 대상들과의 내적 경험과 외부대상들과의 외적 경험 사이에 어떤 영향을 주고받게 되는지를 연구하였다. 페어베언은 유아가 부모와 같은 외부대상을 상실하였거나 그 외부대상과의 관계가 불만족스러우면 그 대신에 자기 안에 있는 내면화된 환상적 대상과 관계를 맺으려 한다는 것을 알아냈다(Clair, 2004, 54).

방임받은 내면아이를 지닌 사람은 자신의 감정을 파악하고 표현하는 데 어려움이 있다. 지금 자기 안에 어떤 감정이 일어나고 있는지 잘 모른다. 기쁜 것인지 흥분된 것인지, 화가 난 것인지 슬픈 것인지, 두려운 것인지 수치스러운 것인지 등의 감정을 잘 알아차리지 못한다. 자신의 감정을 알아차리지 못하기 때문에 그 감정을 표현할 수도 없다. 다른 사람들과의 대화에서 정서적인 언어 표현이 부족하다. 호에스(Howes)와 에스피노자(Espinoza)는 연구를 통해서 방임 피해 아동들이 친구를 만났을 때, 긍정적인 감정이든 부정적인 감정이든, 감정을 잘 표현하지 못한다는 것을 알아냈다(Urquiza & Cynthia; 노충래 역, 2003, 57). 왜 그럴까? 어려서 자신의 감정을 부모에게 표현했을 때 존중받지 못했기 때문이다. 무시되거나 오히려 꾸중을 들었기 때문이다.

상담과 치유 과정 중에 어려움을 겪는 내담자들이 있다. 자신의 진정한 감정을 잘 모르거나 표현하지 못하는 사람들이다. 예를 들면, 매우 슬프고 가슴 아픈 이야기를 하면서 남의 이야기를 하듯이 하는 경우가 있고, 너무나 억울하고 화가 나는 이야기를 하면서 미소를 짓는 경우도 있다. 이런 사람들의 치유 과정에서 공통적으로 드러나는 것이 있다. 어린 시절에 방임이나 거절 또는 학대와 같은 환경을 경험한 것이다. 그들은 그런 고통스러운 환경에서 살아남기 위해 자신의 감정을 외면하고 부인하는 방어기제를 발달시켰다.

방임받은 내면아이를 지닌 사람은 감정뿐만이 아니라 자신의 욕구를 파악하고 표현하는 데도 어려움이 있다. 지금 자신이 무엇을 원하는지 잘 모른다. 무엇을 갖고 싶은지, 무엇을 먹고 싶은지 잘 모른다. 설령 자신의 욕구를 안다고 해도 그것을 다른 사람에게 표현하지 못한다. 왜냐하면 거절받을지도 모른다는 두려움이 있기 때문이다. 그 사람의 마음속에는 항상 자신의 욕구보다 상대방의 욕구를 더 생각하는 경향이 있다. 그 결과, 상대방이 먼저 말할 때까지 자신의 욕구를 표현하지 못한다. 어린 시절 나의 경험이 생각난다. 나는 나의 욕구를 표현하는 것을 어려워했다. 초등학교 1학년 때의 일이다. 결혼한 큰 누나 집에 간 적이 있었다. 누나가 날 데리고 시장엘 갔다. 시골에서는 볼 수 없는 것들이 진열되어 있었다. 특히 바나나와 오렌지가 내 시선을 끌었다. 당시엔 흔하지 않은 것들이다. 그림책에서나 볼 수 있었다. 누나가 내게 물었다. "저거 먹고 싶니? 사 줄까?" 그러나 나는 이렇게 대답했다. "누나 마음대로!" 누나는 내가 별로 관심이 없는 줄로 생각하고 그냥 지나쳐 버렸다. 어처구니없는 일이다. 나는 "그래, 누나! 사 줘!"라고 말해야 했다. 나는 내가 원하는 것을 말로 표현하지 못했다. 내 속에 있는 방임받은 내면아이 때문이었다. 우르퀴자와 신시아(Urguiza & Cynthia)는 방임 피해 아동에 대한 연구에서 이렇게 기록했다. "방임아동은 사람들이 자신의 욕구에 무반응일 것이라 생각한다. 이러한 현실적인 인식으로 인하여 방임아동은 타인과의 관계가 자신의 욕구를 효과적으로 충족시킬 수 없거나 자신의 욕구는 타인에 의해 충족될 수 없는 것이라고 믿게 된다."(Urguiza & Cynthia; 노충래 역, 2003, 62) 이런 이유로 방임을 경험한 사람은 자신의 욕구를 표현하는 것을 어려워한다.

방임받은 내면아이를 지닌 사람은 다른 사람의 감정과 욕구에 반응하는 공감 정도가 부족하다. 상대방의 감정이 어떤 상태에 있는지, 상대방이 무엇을 원하는지 등에 관심을 기울이지 못한다. 왜냐하면 자신의 감정과 욕구가 지속적으로 무시당하는 경험을 했기 때문이다. 자신의 감정과 욕구가 무시되는 경험을 한 사람은 그렇지 않은 사람에 비해서 다른 사람의 감정과 욕구에 응답할 가능성이 적어진다. 따라서 그 사람은 냉정하고 차가운 사람으로 보일 수도 있다(Missildine, 1963, 242). 예를 들어, 한 사람의 슬픈 이야기를 듣고 모두 눈물을 흘리는데, 나만 눈물이 나오지 않는다. 슬픔이 느껴지지 않는다. 오히려 눈물을 흘리는 사람들이 낯설게 느껴진다. 그들을 쳐다보며 '왜 저렇게 눈물을 흘리고 있지?'라는 생각이 든다. 또는 모두 재미있는 이야기와 유머를 나누며 깔깔거리고 웃고 있는데, 나는 그렇게 웃음이 나오지 않는다. 재미가 없는 것은 아니지만 그렇게 소리 내어 웃을 일은 아니라고 생각한다. 옆 사람들의 행동이 의아할 뿐이다.

방임받은 내면아이를 지닌 사람은 그렇지 않은 사람에 비해서 불편하고 불만족스러운 상황을 참고 견뎌 내는 수용능력이 부족하다. 만족을 추구하려는 욕구가 강하며 그런 욕구가 충족되지 아니할 때 몹시 힘들어 하거나 화를 낸다. 왜냐하면 자신의 욕구가 지속적으로 충족되지 못하는 상황에서 살았기 때문이다. 우르퀴자와 신시아는 전문가들의 연구에 근거하여 이렇게 기록했다. "방임의 환경은 아동이 즉각적인 만족을 얻지 못할 때 이를 수용할 수 있는 능력의 발달을 저해한다."(Urquiza & Cynthia; 노충래 역, 2003, 57)

방임받은 내면아이를 지닌 사람이 가지고 있는 자기 부모에 대한 태도는 양분된다. 하나는 분노와 적대감에 기초한 거리 두기이며, 다른 하나는 이상화에 의한 동일시이다. 경우에 따라서는 두 가지의 태도를 모두 지님으로써 양가적인 모습을 보이기도 한다. 어린 시절에 부모로부터 보살핌을 받지 못하고 방임되었던 사람들은 대부분 부모에 대한 분노를 지니고 있다. 보살핌을 받지 못했다는 박탈감이 분노로 남아 있는 것이다. 미 육군연구소의 한 연구팀은 3세부터 18세에 이르는 200명의 어린이들을 대상으로 아버지의 부재가 자녀의 심리와 행동에 어떤 영향을 미치게 되는지를 연구하였다. 아버지의 군복무 때문에 오랫동안 아버지와 떨어져 지낸 자녀들을 대상으로 했다. 연구의 결과에 따르면, 아버지의 장기 출타로 인한 자녀들의 심리적인 반응과 아버지가 죽었을 경우에 나타나는 자녀들의 심리적인 반응 사이에 별 차이가 없었다. 연구팀은 아버지의 부재로 인한 자녀들의 심리적인 반응의 정도를 빈도가 가장 높은 것으로부터 차례로 알아냈는데, 그 순서는 분노, 부정적 태도와 공상, 재회의 시도, 죄의식, 두려움, 충동 변화, 퇴행 등으로 나타났다(Thompson & Thompson; 허광일 역, 1993, 85-93). 연구팀은 아버지와의 장기적인 분리에서 비롯되는 자녀들의 분노에 주목했는데, 그 분노를 억압하거나 내면화시킬 경우엔 심한 정서적 장애가 발생할 수 있으며, 반대로 밖으로 외면화시킬 경우엔 범죄와 관련된 사회적인 문제를 일으킬 수 있다고 했다. 미실다인도 레포

퍼트(R. N. Rapoport) 박사의 연구를 예로 들어, 부모로부터 방임된 자녀들이 탈선과 비행 행동에 연루될 가능성이 있다는 것을 지적했다. 그 이유는 부모와 신체적이며 정서적인 접촉 경험이 부족하기 때문이라고 했다(Missildine, 1963, 217).

방임받은 내면아이를 지닌 사람이 부모를 이상화하고 자신을 부모와 동일시하는 것은 죽음이나 이혼 등으로 부모를 갑작스럽게 상실한 경우에 많이 나타난다. 자녀는 부모를 이상화함으로써 부모의 상실로 인한 고통을 줄이려고 한다. 이상화된 부모는 언제나 너그럽고 사랑이 많으며 능력이 있는 존재로서 상실의 아픔과 현실적인 고통 속에서 어려움을 겪고 있는 자녀에게 위로와 용기를 준다. 이때 자녀는 자기 자신을 부모와 동일시하게 되는데, 이것은 상실의 아픔을 피할 수 있는 매우 효과적인 방법이 될 수 있다. 자녀는 부모가 살아 있다면 자신이 어떤 존재가 되기를 원했을까라는 상상적인 모델을 만들어 놓고 그렇게 되기 위해 노력한다. 즉 자녀는 부모가 현실적으로 없을지라도 부모와 동일시하는 것이 가능해 지는데, 이것은 물리적인 부모보다 부모가 나낸 태도나 가치관이 자녀에게 영향을 준 것으로 이해할 수 있다. 이런 동일시를 프로이트는 대상상실의 동일시라고 불렀다(Freud, Hall, & Osborne; 설영환 편역, 1989, 175).

그러나 이렇게 헤어진 부모를 이상화하고 자신을 그 부모와 동일시하는 것은 다른 문제를 유발할 수 있다. 자녀는 상실한 과거의 부모와 심리적인 작별을 하지 않음으로써 새롭게 만나는 양육 부모와의 적응이 어려워진다. 즉 자녀는 헤어진 부모에 대한 상실을 받아들이지 않음으로써 현재의 새 부모를 인정하지 않는다. 그런 자녀에게 새로운 부모는 과거의 부모보다 항상 열등한 존재이다. 이처럼 이상화된 부모를 그대로 지닌 채 청소년과 성인이 된다면 이성교제와 결혼 생활에 어려움이 발생될 수 있다. 예를 들어, 어린 시절에 엄마의 죽음으로 엄마를 이상화시킨 아들에게는 다른 모든 여자가 이상화된 엄마에 비해 미흡하거나 천박한 존재로 보일 수 있다. 마찬가지로 어려서 아빠를 잃은 딸은 아빠를 이상화함으로써 비현실적인 기대와 기준으로 남자들을 바라본다. 어떤 남자도 자신의 그런 기준에 도달할 수 없음을 발견함으로써 결국 그녀는 남자에게 실망하고 관심을 두지 않게 된다.

방임받은 내면아이의 역할과 기능은 무엇일까? 방임받은 내면아이의 첫 번째 주된 기능은 인격 내부에 있는 방임하는 내면부모와의 관계에서 나타난다. 방임받은 내면아이는 내면부모와의 관계에서 지속적으로 방임을 경험한다. 내면부모로부터 돌봄을 받지 못하며 자신이 가치 있고 중요한 존재라고 여김을 받지 못한다. 따라서 내면아이는 그런 자기 안의 내면부모에게 분노를 느낀다. 자기(내면부모)에 대한 자기(내면아이)의 분노이다. 이런 분노로 인하여 인격이 분할적 갈등 관계에 있게 된다. 즉 내면부모와 내면아이 사이에 대립과 충돌이 발생한다. 일반적으로 말한다면, 우리는 내면부모와 내면아이의 인격적 분할을 피할 수 없다고 할 수 있다. 왜냐하면 내면부모와 내면아이는 근본적으로 서로 다른 인격이기 때문이다. 그것은 유아를 비롯하여 모든 인간이 지니고 있는 두 가지의 성격적인 기제, 즉 모방(동일시와 내재화)과 반응(저항과 적응)이라는 방식에 의하여 형성된 인격이다. 내면부모는 모방의 기제에 의해서 형성된 인격이고, 내면아이는 반응의 기제에 의해서 형성된 인격이다. 따라서 한 인간의 정신세계 안에서 내면부모와 내면아이라는 두 인격이 존재하는 것을 막을 수 없다. 다만, 문제가 되는 것은 두 인격이 분할되어 존재하는 데 있는 것이 아니라, 분할된 두 인격 사이의 관계가 갈등적 관계에 있는가, 혹은 협력 보완적 관계에 있는가 하는 점이다. 부정적인 양육환경 속에서 자란 사람의 내면부모와 내면아이는 항상 갈등적 관계에 있다는 것을 주목할 필요가 있다. 방임의 양육환경 속에서 자란 사람의 정신세계 속에 형성된 방임하는 내면부모와 방임받은 내면아이는 서로 충돌하는 갈등관계에 있다. 내면부모는 내면아이를 지속적으로 방임하며, 내면아이는 그런 내면부모의 행동에 저항한다. 방임을 피할 수는 없다. 그 결과, 물리적으로는 과거의 부모를 떠나 살고 있지만 심리적으로는 여전히 방임된 삶을 산다.

방임받은 내면아이의 또 하나의 주된 기능은 외부의 다른 사람들과의 관계에서 나타난다. 외부의 다른 사람들은 부모, 윗사람, 직장 상관, 교수, 배우자 등 자기 자신보다 힘이 세고 더 강하다고 느껴지는 사람들이다. 그런 사람들을 만나면 방임받은 내면아이가 반응하기 시작한다. 방임받은 내면아이의 행동특성들이 모두 나타난다. 자신의 감정과 욕구를 표현하지 못한다. 그들과 친밀감을 형성하고 싶지만 친밀감 형성이 잘 안 된다. 때로는 그들로부터 소외감을 느끼고, 아예 관계를 맺지 않는 쪽을 선택함으로써 소외감에서 비롯되는 아픔을 회피하려고 한다. 앞에서 보았던 방임받은 내면아이의 다양한 행동특성들이 나타난다.

🐦 사례

...

　　방임받은 내면아이에 대한 사례들은 무수히 많다. 어렸을 때 엄마를 잃은 강물(가별칭)이라는 남자가 있었다. 강물의 엄마는 강물이 다섯 살 때 중병을 앓다가 세상을 떠났다. 강물은 엄마의 죽음으로 인하여 상실의 아픔과 방임의 문제를 모두 지니게 되었다. 그러나 강물의 아프고 슬픈 감정을 받아 주고 위로해 주는 사람은 없었다. 아버지는 아내를 잃은 자신의 아픔을 이겨 내기에도 힘겨워했다. 더욱이 집에서 죽은 엄마를 찾거나 그 엄마에 대해 말하는 것은 금기시되었기 때문에 강물은 엄마에 대한 어떤 감정도 표현할 수 없었다. 그것은 부인되거나 억압되었다. 엄마의 죽음은 강물에게서 엄마에 대한 모든 것을 빼앗아 버렸다. 엄마의 돌봄, 엄마와의 대화, 엄마와의 접촉, 엄마와의 놀이가 일시에 사라지고 말았다. 그의 욕구는 방치되었다. 그는 얼마동안 아버지와 함께 살았다. 그러나 아버지는 아들을 돌봐 줄 수 있는 여유가 없었다. 그런 중에 아버지가 재혼을 하게 되었다. 강물은 시골에 있는 할머니에게 보내졌다. 그러나 연로한 할머니 역시 강물을 돌봐 줄 수 있는 여력이 없었다. 강물은 죽은 엄마가 보고 싶었지만 그런 감정을 한 번도 드러내지 못했다. 왜냐하면 할머니한테 야단맞을 것이 뻔했기 때문이다. 강물이 성장하여 결혼을 했다. 그런데 결혼 생활에 어려움이 생겼다. 그는 아내로부터 항상 말이 없어 답답하다는 이야기를 들었다. 실제로 강물은 말이 없었고 아무런 감정표현도 하지 못했다. 기쁠 때 기뻐하지 못했으며 슬플 때 슬퍼하지 못했다. 사랑한다는 말도 못했고 화가 난다는 말도 못했다. 그의 얼굴에는 웃음도 없었고 눈물도 없었다. 아내는 답답해서 죽을 지경이었다. "여보, 말 좀 해 봐! 말 좀!" 그러나 그는 말이 없었다. 오히려 그는 그렇게 답답해하는 아내의 마음을 이해할 수 없었다. 그는 아내의 어떤 마음도 공감하기 어려웠다. 강물은 이렇게 말했다. "난 사랑이 뭔지 모르겠습니다. 또 어떻게 사랑해야 하는지도 모르겠습니다." 강물의 입장에서 보면, 강물의 말은 맞는 말이다. 왜냐하면 그는 어려서 사랑을 느끼고 경험할 수 있는 기회를 잃어버렸기 때문이다.

방임받은 내면아이의 특징을 잘 보여 주는 사례 중의 하나는 상담을 위해 미실다인을 찾아왔던 어느 여성의 이야기이다. 그 여인은 서 있거나 걸어 다닐 때 몸이 흔들리고 균형을 잃게 되어 어떤 의사를 찾아갔다가 미실다인에게 보내졌다. 그 여인은 미실다인에게 이렇게 말했다. "나도 한 인간이라는 느낌을 가질 수 있다면 좋겠어요. 나는 내가 누구인가 자주 질문하곤 하지요. 난 나의 이름과 주소와 그 밖의 것들을 알고 있어요. 하지만 내가 한 인간이라고 느껴지지 않아요. 예를 들어, 음식점에 들어갈 경우, 나는 내가 무엇을 먹고 싶은지, 무슨 음식을 원하는지, 전혀 알 수가 없어요. 그리고 나 자신이 움츠러들고 있다고 느껴지면 이따금씩 발작을 일으키지요……. 다른 여자들은 가정을 갖고 아이들을 낳으면 만족감을 느낀다는데, 난 그렇지 못해요……. 간혹 파티 장소에서 사람들이 내게 하는 말에 집중할 수가 없어요. 그래서 나는 단순히 고개를 끄덕이고 얼굴을 찡그리며 상대방의 말을 이해하는 것처럼 보이게 하려고 애쓸 뿐이지요. 하지만 나는 내가 그들과 관계를 맺고 있다는 느낌이 들지 않아요. 그들은 언제나 내게 낯선 사람들이고 나는 이방인처럼 느껴져요. 파티 장소에서 나는 마음속에 공허감만을 느끼면서 혼자 서성거려요. 나는 모든 사람으로부터, 심지어 남편에게서조차 동떨어져 있다는 느낌이 들어요." (중략)

계속되는 진술에서 그녀는 어린 시절의 자신의 가정적 배경에 대해 말했다. "나는 아버지와 이야기를 해 본 적이 없었어요. 아버지는 매일 저녁 친구를 만나기 위해 외출하셨습니다. 내가 고등학교를 마쳤을 때 아버지는 더 이상 공부할 필요가 없다고 하셨지요. 이제 결혼할 텐데 더 이상 공부해서 무슨 유익이 있겠느냐고 말했습니다. 나는 한 동네에 사는 남자아이들에 대해서 관심이 있었지만 아버지에게 아무런 말도 못했습니다. 아버지는 내가 그 아이들과 시시덕거린다고 꾸중하시며 일어나시곤 했기 때문입니다……. 어머니도 마찬가지였어요. 어머니는 내가 하고 싶은 이야기를 한마디도 들으려 하지 않았어요. 어머니는 신경통 치료를 위해 의사에게 가느라고 집을 비울 때가 많았지요. 어머니는 항상 아버지에 대해 불평하셨어요. 어머니는 내게 무엇을 물어보거나 의논해 보신 적이 없습니다……. 그래서 저는 공부에만 관심을 가졌고 실제로 공부를 잘 했습니다. 나는 내가 하는 일에 애착심을 가졌습니다. 집에서는 말을 건넬 사람이 없었기 때문에 내 방에 혼자 앉아 책을 읽으며 지냈습니다. 오빠가 있었지만 나이 차이가 많은데다가 오빠도 자주 집을 비웠습니다. 그리고 1층에 있으려고 하면 어머니의 불평을 들어야 했기 때문에 그것이 싫어서 2층에 있는 내 방에 혼자 있었습니다." (중략)

이 사례에 나오는 여인은 어려서 부모로부터 대화, 접촉, 욕구, 정서 등의 방치를 경험했다는 것을 알 수 있다. 그녀는 어린 시절의 대부분을 외롭게 혼자 지냈다. 부모로부터 관심과 돌봄을 받지 못했고 이해받지 못했다. 그녀의 내면아이는 방임되었고 상처 입었다. 그 결과, 그녀는 자신의 진정한 감정과 욕구를 알지 못했으며, 다른 사람들과 의사소통하는 데 어려움을 느꼈다. 사람들과 잘 어울리지 못했으며 자주 소외감을 느꼈고 외로움과 공허감에 시달렸다. 그녀는 남편과 함께 있을 때에도 소외감과 외로움을 느꼈다. 하지만 그녀의 외로움은 남편이 이해할 수 없는 외로움이었다(Missildine, 1963, 220-222).

...

방임과 결혼

방임과 결혼 사이에는 어떤 관계가 있을까? 부부는 누구나 특별한 관계를 형성한다. 한 인격 안에 방임하는 내면부모와 방임받은 내면아이가 있다는 것을 유념할 필요가 있다. 어떤 때는 내면부모로서 배우자를 만나지만, 다른 때는 내면아이로서 배우자를 만난다. 그러므로 부부관계는 단순하지가 않다. 세상에 존재하는 모든 인간관계 중에 가장 복잡한 것이 부부관계이다.

방임하는 내면부모가 활성화되어 부부관계에 고정될 수 있다. 그러면 부부 사이에 어려움이 발생한다. 왜냐하면 내면부모를 지닌 배우자는 상대방을 방임할 수 있기 때문이다. 상대방의 감정표현을 공감하거나 수용하지 못하고 상대방의 욕구에 응답하지 않는다. 무시하거나 무관심하다. 다소 관심을 가지는 경우가 있을지라도 행동으로 나타내지는 못한다. 먼저 다가가서 손을 내밀거나 피부 접촉을 못한다. 상대방이 먼저 다가오기를 기다릴 뿐이다. 상대방이 아프다고 말하면 "병원에 가 봐." 또는 "약 사 먹어!"라고 말할 뿐, 더 적극적으로 간호하지 못한다. 왜냐하면 다른 사람을 돌보는 능력이 부족하기 때문이다. 그 결과, 상대방 배우자를 외롭게 만든다. 부부관계가 소원해진다. 자신이 외로웠던 것처럼 상대방을 외롭게 만드는 것이다. 한편, 방임하는 내면부모를 남편이 지닌 경우와 아내가 지닌 경우에 차이가 있다. 남편의 경우가 아내의 경우보다 배우자를 방임할 가능성이 높다. 왜냐하면 대개의 부부관계에서 남편이 아내보다 더 힘이 센 대상으로 여겨지기 때문이다. 힘 센 사람이 약한 사람을 대할 때는 방임하는 내면부모가 활성화되고, 힘 약한 사람이 힘 센 사람을 만날 때는 방임받은 내면아이가 활성화된다.

어린 시절에 동일한 방임의 환경에서 자랐을지라도 어떤 사람은 방임하는 내면부모가 더 발달되고 또 어떤 사람은 방임받은 내면아이가 더 발달될 수도 있다. 왜냐하면 개인에 따라 모방과 저항 또는 적응의 기제에 차이가 있기 때문이다. 방임받은 내면아이가 더 발달된 사람의 결혼 생활은 어떠할까? 배우자로부터 일방적으로 모성적 사랑 또는 부성적 사랑을 받기를 기대한다. 왜냐하면 어린 시절에 부모로부터 받지 못한 사랑을 보상받기 원하기 때문이다. 상대방이 자신을 돌봐 주는 이상적인 부모가 되기를 바란다. 그리고 상대방을 그런 인물로 변화시키려고 한다(Missildine, 1963, 240-241).

정신역동 이론에 따르면, 모든 사람은 배우자가 자신의 좌절된 욕구를 충족시켜 주고 무의식적인 상처를 치유해 주기를 원하는 무의식적인 동기 때문에 결혼을 하는 것으로 보고 있다. 그리고 이런 상태에 있는 결혼을 무의식적 결혼이라 한다(유영권, 2007). 이런 관점에서 본다면, 방임받은 내면아이를 지닌 사람은 배우자가 자신의 결핍된 돌봄과 사랑의 욕구를 충족시켜 주기를 바라는 소원이 있다고 할 수 있다. 즉 배우자가 먼저 다가와서 말을 건네 주고, 신체적으로 따뜻하게 접촉해 주고, 정서적으로 위로해 주고, 함께 시간을 보내며 놀아 주고, 자신의 말에 귀 기울여 주고, 무슨 말을 해도 이해해 주기를 바라는 욕구가 있다. 그러나 그런 욕구가 있음에도 불구하고 그 욕구를 배우자에게 표현하지는 못한다. 상대방이 자신을 안아 주기를 원하지만 안아 달라는 말을 못하고, 부부 사이에 황홀한 성행위를 원하지만 그 욕구를 표현하지 못한다. 따라서 그 사람의 배우자는 매우 부담스럽고 피곤한 상황에 놓일 수 있다. 왜냐하면 항상 알아서 상대방의 욕구를 충족시켜 주고 또한 먼저 다가가서 돌봐 줘야 하기 때문이다. 그 사람은 항상 기다리는 아기가 되고 배우자는 찾아가서 돌봐 주는 부모가 되어야 한다.

방임받은 내면아이를 지닌 사람은 배우자와 친밀감을 느낄 수 있는 행동을 못한다. 재미있게 이야기하는 것이 어렵고 장난치고 함께 노는 것이 어색하다. 여자의 경우엔 애교 없는 아내가 될 수 있고, 남자의 경우엔 목석같은 남편이 될 수 있다. 양자 모두 배우자를 답답하게 만든다. 방임받은 내면아이를 지닌 사람은 배우자에게 먼저 다가가서 말을 건네고 장난치고 놀며 유머와 스킨십 하는 것을 어려워한다.

방임받은 내면아이를 지닌 사람은 정서적으로 친밀감 없는 성생활을 할 수 있다 (Missildine, 1963, 241). 왜냐하면 이 사람은 성에 대한 정신적인 가치보다 단순히 육체적인 쾌락의 가치를 앞세우는 경향이 있기 때문이다. 어린아이가 지속되는 방임의 환경 속에서 살아남기 위해서는 자신의 감정을 무시하거나 외면해야만 한다. 모든 감정을 느끼며 살아가는 것은 너무나 고통스러운 일이기 때문이다. 따라서 방임의 환경 속에서 자란 아이에게 사랑이나 친밀감 등의 정서적인 경험을 하는 것은 너무 복잡하고 어려운 일로 느껴진다. 아이는 쉽게 즐거움과 쾌락을 추구하는 쪽을 선택하게 된다. 친밀감 없는 성생활은 쉽게 즐거움과 쾌락을 맛보는 통로가 된다.

앞에서 언급한 것처럼, 방임받은 내면아이를 가진 사람은 자신의 삶이 그림자처럼 느껴지고 삶에 대한 생동감 지수가 낮다. 그것은 맛도 없고 재미도 없는 삶이다. 따라서 그런 그림자 같은 삶에서 벗어나기 위해 어떤 자극적이고 강렬한 경험을 하기를 원한다. 이런 내적 동기는 결혼 생활을 파국으로 이끄는 외도의 원인이 되기도 한다.

...

낙엽(가별칭)이라는 40대의 남자가 있다. 그는 어려서 방치와 학대를 경험했다. 어린 나이에 아버지가 일찍 죽었고, 그 후 엄마가 재혼하게 되자 숙부에게 보내져 양육받았다. 낙엽은 아버지와 엄마로부터 모두 방임되고 거절받은 것이다. 숙부 내외는 낙엽을 부담스러워 했을 뿐만 아니라 마지못해 양육했다. 그들은 낙엽을 방치하고 학대했다. 밥도 제대로 주지 않았으며 작은 실수나 잘못에도 혹독한 매질을 계속했다. 한번은 배가 고파 부엌에서 밥을 훔쳐 먹다가 들켜서 작대기로 두들겨 맞은 적도 있다. 낙엽의 마음속에는 방임과 거절과 학대라는 삼중적인 내면아이가 형성되었다. 낙엽이 성장하여 결혼했다. 결혼 생활 초기에는 잘 지내는 것 같았다. 그러나 조금씩 문제가 드러나기 시작했다. 그는 아내와 친밀감을 형성하지 못했다. 말이 없었고 감정 표현을 못했으며, 아내에게 문제가 없었음에도 불구하고 아내로부터 소외감과 거절감을 느꼈다. 그리고 삶에 대한 재미가 없었다. 낙엽은 같은 직장에서 환경미화의 일을 하는 여자를 만났다. 결혼했다가 이혼해서 혼자 살고 있는 여자였다. 그 여자에게 특별한 매력이나 사랑을 느끼지는 않았다. 그러나 은밀하게 계속 만났다. 왜 그랬던 것일까? 그 이유는 단지 자신의 오래된 외로움, 공허감, 소외감, 거절감 그리고 그림자 같은 삶에서 벗어나고 싶었기 때문이다.

...

방임받은 내면아이를 지닌 사람은 배우자와 함께 있으면서도 외로움과 공허감을 느낀다. 특히 부부 사이에 작은 갈등이라도 생기면 외로움의 골짜기는 한없이 깊어진다. 남편이나 아내에게 어떤 문제가 있기 때문이 아니다. 그만하면 괜찮은 남편이고 아내이다. 자신에게 잘해 주고 자녀들과도 잘 지낸다. 경제적으로 어려움이 있는 것도 아니다. 그런데 마음이 외롭고 공허해서 견딜 수가 없다. 삶이 재미도 없고 삶에 대한 열정도 없다. 왜 그런 것일까? 왜냐하면 그 외로움과 공허감의 뿌리가 마음속 깊은 곳에 있는 방임받은 내면아이에게 있기 때문이다.

만약 남녀 모두 방임받은 내면아이를 지닌 사람들이 만나서 결혼을 한다면 어떤 문제가 발생할 수 있을까? 그들은 외로움과 공허감 등의 공통점 때문에 쉽게 접근하고 서로 상대방을 잘 이해할 수 있을 것이라고 생각한다. 그리고 그것은 결혼의 가능성을 높여 준다. 그러나 막상 결혼하고 나면 문제가 발생한다. 왜냐하면 그들은 모두 소외와 거리 두기라는 자기 이탈의 울타리 속에 갇혀 있기 때문이다. 그들은 스스로 그 울타리를 부수고 나오지 않는다. 상대방이 자신의 울타리 안으로 들어와 접촉해 주기를 기대할 뿐이다(Missildine, 1963, 244). 그 결과, 그들은 접촉과 친밀감이 없는 결혼 생활을 유지해야만 한다. 미실다인의 사례에 나오는 한 부부는 남편과 아내 모두 유년기에 방임과 박탈을 경험했다. 그들은 가족을 잃고 고아원에서 자랐다. 고아원이라는 불우한 성장과정에 대한 공통점 때문에 그들은 서로를 더 잘 이해하고 돌볼 수 있을 것이라는 기대를 가지고 결혼했다. 그들은 경제적으로 두 채의 집을 지닐 만큼 여유가 있었다. 그러나 어느 날 직장에서 돌아온 남편은 술에 취해 거실 바닥에 쓰러져 있는 아내를 발견했다. 그리고 그녀가 오래전부터 혼자서 술을 마시고 있었다는 것을 알게 되었다. 그녀는 너무 우울하고 불행해서 술을 마셨다고 했다. 술만이 자신을 불행과 무능감에서 구해 줄 수 있는 유일한 대상이라고 생각하고 있었다. 남편은 그런 아내를 이해할 수 없었다. 남편 역시 아내에게 다가가서 따뜻하게 접촉하고 정서적으로 친밀감을 느낄 수 있는 행동을 하지 못했다. 결혼 생활은 더 이상 지속하기 어려울 만큼 위기에 봉착했다. 그러나 그들은 계속된 상담을 통해서 그들이 서로 채워 줄 수 없는 방임된 내면아이의 부적절한 욕구를 지니고 있었다는 것을 알게 되었고, 이제는 그런 부적절한 욕구가 채워지기를 원하는 기대를 내려놓을 수 있었다. 그리고 그들이 모두 고아원에서 자랐다는 공통점이 반드시 행복한 결혼 생활의 이유가 될 수는 없다는 것도 알게 되었다.

방임과 인격장애

인격장애의 원인을 부모의 양육태도에서 찾는 것은 매우 제한된 작업이라는 것을 알아둘 필요가 있다. 그리고 이런 작업은 다소 인위적이며 의도적인 과정이기도 하다. 왜냐하면 아직까지 인격장애의 원인을 명확하게 밝혀내는 이론은 없기 때문이다. 그럼에도 불구하고 부모의 양육태도와 인격장애를 연결시켜 보려는 것은 이유가 있기 때문이다. 어린 시절 부모의 양육환경은 성격 형성에 있어서 매우 중요한 배경이 된다. 그것은 긍정적인 경우는 물론 부정적인 경우에 모두 동일하게 해당된다.

어린 시절에 방임의 양육환경 속에서 자란 사람의 마음속에는 방임하는 내면부모와 방임받은 내면아이가 존재한다. 이런 내면부모와 내면아이를 지닌 사람에게 나타날 가능성이 있다고 보이는 인격장애는 회피성 인격장애(avoidant personality disorder)와 의존성 인격장애(dependent personality disorder)이다.

회피성 인격장애는 낮은 자존감, 열등감, 소외감, 부적절감, 거절받음에 대한 두려움, 사회적 활동으로부터의 철수, 대인관계의 접촉 회피, 새로운 시작이나 모험의 회피 등을 그 특징으로 한다. 이것은 사회적 철수라는 점에서 조현성(분열성) 인격장애와 유사한 점이 있으나, 조현성 인격장애는 무관심과 정서적 메마름이 특징인 반면, 회피성 인격장애는 사회적 관계를 갖고자 하지만 두려움과 불안 때문에 그렇게 하지 못한다는 점에서 차이가 있다. 즉 회피성 인격장애를 지닌 사람은 관계와 접촉에 대한 욕구가 강렬하지만 스스로 그 욕구를 억압하기 때문에 사회적 관계를 피하는 것이다(원호택, 2003,

364-365). 회피성 인격장애는 의존성 인격장애와 중복된다는 연구 보고가 있다. 회피성 인격장애와 의존성 인격장애는 대인관계가 불안정하고 낮은 자존감 등을 지닌다는 점에서 유사점이 있다. 그러나 회피성 인격장애자들은 대인관계를 시작하는 데 어려움을 느끼지만, 의존성 인격장애자들은 대인관계를 끝내는 데 더 어려움을 겪는 것으로 알려져 있다(원호택, 2003, 365에서 재인용). DSM-5에 따르면, 회피성 인격장애의 진단기준은 다음과 같다(American Psychoanalytic Association; 권준수 외 역, 2015).

〈회피성 인격장애 진단기준〉

사회관계의 억제, 부적절감, 그리고 부정적 평가에 대한 예민함이 광범위한 양상으로 나타나고 이는 청년기에 시작되며 여러 상황에서 나타나고 다음 중 네 가지(또는 그 이상)로 나타난다.

1. 비판이나 거절, 인정받지 못함 등 때문에 의미 있는 대인 접촉이 관련되는 직업적 활동을 회피함
2. 자신을 좋아한다는 확신 없이는 사람들과 관계하는 것을 피함
3. 수치를 당하거나 놀림 받음에 대한 두려움 때문에 친근한 대인관계 이내로 자신을 제한함
4. 사회적 상황에서 비판의 대상이 되거나 거절되는 것에 대해 집착함
5. 부적절감으로 인해 새로운 대인관계 상황에서 제한됨
6. 자신을 사회적으로 부적절하게, 개인적으로 매력이 없는, 다른 사람에 비해 열등한 사람으로 바라봄
7. 당황스러움이 드러날까 염려하여 어떤 새로운 일에 관여하는 것, 혹은 개인적인 위험을 감수하는 것을 드물게 마지못해서 함

의존성 인격장애를 유발하는 부모의 양육환경은 방임뿐만이 아니라 강압과 과보호와도 관련이 있다. 그 원인의 비중이라는 관점에서 본다면, 과보호, 강압, 방임의 순이라 할 수 있다. 의존성 인격장애를 지닌 사람은 자신의 주관적인 생각이나 감정을 잘 표현하지 못하고, 상대방의 눈치를 보며, 상대방의 지시와 요구를 따르고, 항상 보호받고

싶어 함으로써 복종적으로 되거나 상대방에게 매달리는 행동을 한다. 이 사람은 사람들과 헤어지는 것을 몹시 두려워하며, 다른 사람의 도움이 없이는 사소하고 일상적인 일도 결정하지 못한다. 어떤 일을 스스로 혼자서 시작하거나 수행하지도 못한다. 뿐만 아니라 의존관계를 중요하게 여기기 때문에 그것을 유지하기 위해 상대방이 자신을 무시하거나 학대할지라도 참고 견딘다. 원호택 교수의 사례에 나오는 한 여학생은 자신의 친구가 여러 번 약속을 파기함으로써 못마땅하고 화가 났지만, 친구가 자신을 떠나버릴까 봐 걱정이 되어서 한 번도 친구의 잘못을 지적하거나 항의하지 못했다. 그녀는 화가 나고 속상해서 혼자 울었지만 직접 말하지는 못했다(원호택, 2003, 365). 의존성 인격장애의 진단기준은 앞에 기록된 '강압과 인격장애' 부분을 참고하기 바란다.

✎ 심리적 치유

　　　　　　　　　　　방임의 양육환경으로 형성된 내면부모와 내면아이를 치유하고 회복하는 데 필요한 것은 무엇일까? 많은 논의가 필요하겠지만, 앞에서 언급한 것처럼 심리적 치유, 영적 치유, 자기 치유의 세 가지 측면에서 살펴본다.

　방임받은 내면아이의 상처를 치유하는 데 참고할 수 있는 심리학적인 이론이 있다. 영국의 소아정신과 의사이자 정신분석가인 존 볼비(John Bowlby)와 그의 동료 제임스 로버트슨(James Robertson)은 엄마와 애착관계를 형성한 유아가 엄마로부터 강제로 떨어질 때 나타내는 심리 행동적인 반응 과정을 연구했다. 한두 살 된 어린아이는 항상 엄마와 함께 있기를 원한다. 엄마가 잠시라도 밖에 나가려고 하면 엄마를 쫓아가고, 엄마가 눈에 보이지 않으면 울면서 찾아다닌다. 엄마에 대한 유아의 행동은 거의 집착적이다. 엄마가 곁에 있으면 행복하지만, 엄마가 곁에 없으면 불안하다. 유아는 엄마로부터 떨어지려고 하지 않는다. 이처럼 유아가 항상 엄마와 함께 있으려고 하는 성향을 엄마와 유아 사이의 애착관계(attachment relation)라고 한다. 그런데 이처럼 엄마와 애착관계를 형성한 유아를 엄마로부터 강제로 떼어 놓는다면 유아는 어떻게 반응할까? 예를 들어, 부부가 맞벌이를 위해 한두 살 된 아기를 시골에 있는 외할머니한테 장기간 맡겨 두기 위해 떼어 놓는 경우를 생각할 수 있다. 로버트슨은 영상촬영을 통해서 엄마로부터 강제로 분리된 유아들이 나타내는 심리 행동적인 반응 과정을 관찰 연구하였다. 그 연구에 따르면, 유아는 엄마로부터 분리되는 과정에서 저항(resistance), 절망(despair), 이탈(detachment)이라는 심리적인 과정을 단계적으로 경험하는 것으로 알려졌다(Marrone; 이민희 역, 2005, 68-71). 볼비에 따르면, 이것은 엄마를 잃은 유아가 그 상실의 슬픔을 애도하는 과정에서 나타내는 반응으로 볼 수 있다. 나는 볼비와 로버트슨이 제시한 세 단계에 갈망(yearning)이라는 단계를 추가하여 네 단계로 설명하고자 한다.

첫째는 저항의 단계이다. 유아를 엄마로부터 강제로 떼어 놓을 때 유아가 나타내는 첫 번째 반응은 엄마로부터 떨어지지 않으려고 발버둥치고 울면서 저항하는 것이다. 유아는 소리를 지르고 울면서 엄마를 붙잡는다. 울음소리가 크고 거세다. 엄마가 가지 못하도록 가로막거나 혹은 함께 가려고 따라 나선다. 왜냐하면 유아에게 엄마가 없는 것은 생존의 기초가 없어지는 것으로 느껴지기 때문이다. 이때 유아는 마치 자신이 엄마로부터 버림받는 것처럼 느낀다. 유아는 분노에 차 있다. 왜냐하면 자기를 떼어 놓고 가는 엄마를 도저히 이해할 수 없기 때문이다. 유아는 할머니 품에 넘겨졌지만, 그 품을 빠져나와 엄마한테 가려고 팔을 뻗으며 몸부림친다. 유아는 있는 힘을 다해 큰 소리로 울어 댄다. 만약 이때 유아가 말을 할 줄 안다면 엄마한테 무슨 말을 할까? "엄마, 가지마." "엄마, 나도 갈래." 유아는 전쟁을 치르듯 저항한다.

둘째는 갈망의 단계이다. 그렇게 큰 소리로 울면서 엄마를 붙잡았는데도 엄마가 가 버리면 유아는 이제 더 이상 큰 소리로 울지 않는다. 왜냐하면 울어도 아무런 소용이 없기 때문이다. 유아의 큰 울음소리는 흐느낌으로 바뀌거나 가슴 속으로 잦아든다. 이제 유아는 울지 않는다. 유아는 무엇을 해 줘도 즐겁지 않다. 할머니가 아무리 잘해 줘도 행복하지 않다. 대신 기다린다. 엄마가 오기를 기다린다. 손꼽아 기다린다. 이것이 갈망이다. 이때 유아가 눈물을 흘린다면 그것은 분노의 눈물이 아니라 설움의 눈물이다. 만약 이때 유아가 말을 할 줄 안다면 엄마한테 무슨 말을 할까? "엄마, 빨리 와." "엄마, 빨리 와." 유아는 엄마가 오기를 기다린다. 이때 유아들에게 나타나는 두 가지의 공통된 현상이 있다. 하나는 할머니에게 물어보는 것이다. "할머니, 엄마 언제 와?" 그러나 좀 더 유아다운 질문이 있다. "할머니, 엄마 몇 밤 자면 와?" 왜냐하면 유아의 시간 계산법은 한 밤, 두 밤이기 때문이다. 유아에게 밤은 가장 엄마가 보고 싶은 시간이다. 밤은 엄마 품에 안겨 잠들었던 그 달콤한 기억을 자극한다. 이때부터 유아는 한 밤, 두 밤을 세며 엄마가 오기를 기다린다. 이 단계에서 유아에게 나타나는 또 하나의 현상은 자기 혼자서 들어갈 수 있는 작은 공간을 선호하는 것이다. 예를 들면, 옷장, 벽장, 장롱 속, 이불 속, 책상 속, 장독대, 병풍 뒤 등과 같이 작은 공간에 들어가는 것을 좋아한다. 왜냐 하면 그런 장소는 엄마의 품속을 연상시켜 주기 때문이다. 상징적으로 말하자면, 그런 장소는 유아에게 엄마의 자궁과 같은 곳이다. 유아는 그렇게 행동함으로써 엄마로부터 떨어져 있는 자신의 슬픔과 고통을 스스로 위로한다.

셋째는 절망의 단계이다. 그렇게 기다리고 기다렸는데도 엄마가 오지 않으면 유아는 절망한다. 절망은 엄마가 오지 않는다고 생각한 결과이다. 유아는 이렇게 생각한다. "엄마는 안 올 거야. 이젠 안 올 거야. 나를 잊은 거야. 나를 버린 거야." 유아는 어쩔 수 없이 마음속에서 엄마를 지워야 한다. 그러나 그것은 너무나 고통스러운 일이다. 그 고통을 견뎌 낼 수가 없다. 이때 유아에게 나타나는 심리적인 현상이 하나 있다. 아예 엄마가 없다고 엄마를 부정하는 것이다. 왜냐하면 엄마가 오지 않는데 엄마가 있다고 생각하는 것은 너무나 고통스러운 일이기 때문이다. 유아는 다른 아이들에게 이렇게 말한다. "나 엄마 없어. 우리 엄마 죽었어." 이런 현상을 심리학적으로 부정의 방어기제라고 한다. 유아는 엄마를 부정하는 방어기제를 발달시킨다. 이 방어기제는 엄마가 오지 않는 현실 속에서 유아가 살아가기 위해 어쩔 수 없이 개발한 삶의 수단이라 할 수 있다.

...

구름(가별칭)이라는 40대의 한 여인이 있다. 구름의 아버지는 그녀가 아직 어렸을 적에 병환으로 세상을 떠났다. 남편을 잃고 혼자된 엄마는 시댁 어른들을 모시며 구름과 함께 어린 두 자녀들을 돌봐야 했다. 그러던 중에 할머니의 권유로 엄마가 재혼을 하게 된다. 아이들은 할머니가 맡아 양육하기로 했다. 엄마가 낯선 남자와 함께 집을 떠나가던 날, 당시 여덟 살이었던 구름은 엄마가 시집간다는 것을 알았다. 이제는 엄마를 볼 수 없을 거라는 생각이 들었다. 마음이 너무나 슬프고 아팠다. 구름은 울면서 이렇게 말했다. "엄마, 가지 마! 엄마, 가지 마! 나하고 동생들은 어떻게 살라고! 엄마, 가지 마!" 그러나 엄마는 갔다. 가지 말라고 붙잡는 딸을 남겨 두고 새 남편을 따라 갔다. 그 후 시간이 많이 지났다. 엄마는 아이들이 보고 싶었다. 그렇게 가지 말라고 붙잡았던 큰딸이 보고 싶었다. 엄마는 큰딸이 다니고 있던 초등학교로 찾아갔다. 점심시간에 잠시 동안 딸을 만났다. 그리고 엄마는 다시 돌아갔다. 구름은 더 슬프고 마음이 아팠다. 엄마가 왔지만 자기와 함께 살려고 온 것은 아니었기 때문이다. 교실로 돌아온 구름은 책상에 엎드려 얼굴을 파묻고 소리 내어 울었다. 아이들이 수군거리는 소리가 들렸다. "쟤, 왜 그러니? 왜 우는 거니?" "쟤, 엄마 만났대. 엄마 있나 봐." 그러자 구름이 고개를 들고 화를 내며 소리쳤다. "나, 엄마 없어! 우리 엄마 죽었어!" 이것이 절망의 단계에서 나타나는 엄마에 대한 부정이다.

···

넷째는 이탈의 단계이다. 절망의 시간이 깊어지면 이탈의 단계로 들어간다. 이탈이란 말 그대로 완전한 분리를 의미한다. 이것은 무감각, 무반응, 망각 등으로 나타난다. 이제는 유아가 엄마를 기다리지 않는다. 왜냐하면 이미 엄마를 잊어버렸기 때문이다. 엄마가 올지라도 반가워하지 않는다. 엄마에게 가지 않는다. 엄마를 알아보지 못한다. 유아의 마음속에 엄마가 없기 때문이다. 가령, 맞벌이를 위해 아기를 시골에 있는 할머니에게 맡겨 놓았던 엄마가 1년 후 이제는 살 만해져서 아기를 데리러 갔다고 하자. 엄마는 할머니 품에 안겨 있는 아기를 보고 너무 반가워서 달려간다. 두 손을 내밀며 "아가야, 이리 온." 하고 말한다. 하지만 아기는 엄마에게 오지 않는다. 할머니에게 얼굴을 돌린다. 왜냐하면 이젠 엄마로부터 이탈되었기 때문이다. 그리고 할머니와 새로운 애착관계가 형성되었기 때문이다. 엄마의 마음이 무너지는 것처럼 아프다. 눈물이 난다. 그러나 아기는 그 이상의 아픔을 겪었다. 엄마를 잊어버리지 않으면 안 될 만큼의 아픔을 겪은 것이다.

부부의 갈등과 싸움은 종종 어린 자녀를 떼어 놓게 되는 이유가 된다. 결혼해서 어린 아들을 낳은 젊은 부부가 있었다. 그러나 부부 사이가 좋지 않았다. 남편에게 다른 여자가 있었기 때문이다. 아내는 너무나 실망스럽고 괴로웠다. 남편과 싸우고 붙잡아 보았지만 소용이 없었다. 설상가상으로 시부모는 남편의 편을 들었다. 아내는 먹지도 못하고 병이 들었다. 이런 사실을 알게 된 친정 부모가 와서 이 여인을 데려갔다. 그런데 문제는 겨우 한 살밖에 안 되는 어린 아기였다. 시부모의 반대로 엄마는 아기를 두고 갈 수밖에 없었다. 아기는 자신의 의도와는 관계없이 엄마로부터 떨어지게 된 것이다. 수개월이 지났다. 다행히 남편이 밖에서 만나던 여자를 정리하고 아내와 재결합하기로 했다. 아기의 엄마가 시댁으로 돌아갔다. 엄마는 아기가 가장 보고 싶었다. 아기가 방 안에 있었다. 엄마는 방문을 열고 얼굴을 내보이며 "아가야." 하며 손을 내밀었다. 그러나 아기는 오지 않았다. 엄마의 얼굴을 피해 뒷걸음쳤다. 엄마의 마음이 찢어지는 것처럼 아팠다. 아기가 엄마로부터 이탈된 것이다.

이처럼 엄마로부터 분리된 상태에 있는 유아가 돌이켜 엄마와의 관계를 회복하는 데는 두 가지의 요인이 필요하다. 하나는 시간이다. 볼비의 견해에 따르면, 회복에 걸리는 시간은 유아가 엄마로부터 얼마나 오랫동안 떨어져 있었는가에 따라 다르다 (Missildine, 1963, 228). 즉 어떤 분리 반응 단계에 있는가에 따라 다르게 나타난다. 1년 떨어져 있었던 유아는 3개월 떨어져 있었던 유아보다 오래 걸린다. 마찬가지로, 이탈 단계에 있는 유아는 갈망이나 절망의 단계에 있는 유아보다 오래 걸린다. 엄마는 인내심을 가지고 기다려야 한다. 또 하나의 요인은 엄마의 강렬한 사랑이다. 결코 포기할 수 없는, 그리고 포기해서도 안 되는, 엄마의 사랑이 있어야 한다. 아기가 오지 않을지라도 엄마는 끝까지 아기의 이름을 부르며 손을 내밀어야 한다. 언제까지 그렇게 해야 할까? 아기가 올 때까지! 아기가 엄마 품으로 돌아올 때까지 그렇게 해야 한다. 이런 엄마의 모성적인 사랑이 유아의 마음을 돌려놓는다.

이런 유아의 심리적 변화와 회복의 과정을 이해하는 것은 방임받은 내면아이를 지닌 사람을 치유하는 데 도움이 된다. 방임받은 내면아이의 상태가 저항, 갈망, 절망, 이탈의 단계 중 어느 단계에 있는지를 알아야 한다. 그리고 방임된 내면아이의 치유에 꼭 필요한 것이 시간과 사랑이라는 것을 잊지 않아야 한다. 방임받은 내면아이의 치유를 위해서는 시간을 갖고 끝까지 기다리며 결코 포기하지 않고 내미는 사랑의 손길이 필요하다.

내가 인도하는 치유 집단에 백일홍(가별칭)이라는 30대 중반의 여인이 참석했다. 백일홍은 다섯 살 때 엄마와 헤어지고 아빠와 살았다. 엄마는 아빠와 부딪히고 싸우는 것이 고통스러워서 집을 나갔다. 엄마가 집을 나간 후, 백일홍은 엄마가 오기를 기다렸다. 그러나 엄마는 오지 않았다. 백일홍은 슬펐다. 우울했다. 그리고 끝내 엄마가 오지 아니하자 엄마를 포기했다. 엄마를 잊어버렸다. 그 후 긴 시간이 지났다. 그러던 어느 날 누군가의 소개로 헤어졌던 엄마를 만나게 되었다. 거의 30년만에 만나는 엄마이다. 얼마나 기쁘고 반갑고 감격스러웠을까? 그러나 그렇지 않았다. 백일홍의 진술에 따르면,

엄마와 만난 그 자리가 너무나 낯설고 어색하기만 했다. 눈물이 나오지도 않았다. 별로 할 말도 없었다. 백일홍은 엄마가 물어보는 몇 가지 질문에 대답했을 뿐이다. 왜 그랬을까? 백일홍은 엄마로부터 이탈된 상태에 있었기 때문이다.

나는 백일홍과의 치유 작업 시간을 잊을 수가 없다. 나는 백일홍이 내면 깊은 곳에서부터 엄마를 만나야 한다고 생각했다. 엄마를 만나 엄마로부터 이탈된 관계를 회복할 필요가 있다고 느꼈다. 백일홍이 이야기를 다 마쳤을 때, 나는 그녀에게 눈을 감아 보라고 했다. 그리고 푹신한 베개를 가슴에 안겨 주며 "엄마예요. 엄마가 왔어요."라고 말했다. 순간 백일홍은 징그러운 물체를 털어 내듯 베개를 내던지며 "싫어, 저리 가!"라고 소리쳤다. 나는 놀라고 당황스러웠다. 함께 있던 집단원들도 모두 놀랐다. 그러나 나는 멈춰서는 안 된다는 것을 알았다. 나는 내던진 베개를 가져다가 다시 그녀의 가슴에 안겨 주었다. 그리고 이번에는 큰 소리로 말했다. "엄마예요. 엄마가 왔다구요." 그러나 백일홍은 다시 베개를 뿌리치며 "필요 없어. 오지 마. 나, 엄마 없어!"라고 외쳤다. 나는 당황스러웠을 뿐 아니라 두려웠다. 내게 다시 시도할 수 있는 힘과 용기가 있을까? 심장이 빠르게 뛰었다. 나는 다시 베개를 잡았다. 백일홍의 가슴에 안겼다. 그리고 더 큰 소리로 외쳤다. "엄마가 왔다니까요!" 그런 과정이 몇 번 더 계속 되었다. 베개를 안겨 주고 내던지고, 다시 안겨 주고 내던지고…… 마치 전투 같았다. 나는 포기하지 않았다. 아니 포기할 수 없었다. 나는 엄마처럼 행동했다. 오랫동안 떨어져 있던 아기에게 아기가 올 때까지 손을 내미는 엄마처럼 베개를 안겨 주었다. 인간의 극적인 행동에는 임계점과 같은 순간이 온다. 그것은 방어기제가 무너지는 시간이다. 백일홍이 베개를 내던지면서 동시에 바닥에 엎어졌다. 그리고 통곡했다. 울음소리가 너무나 컸다. 수십 년 동안 쌓였던 감정을 쏟아 내는 것 같았다. 얼마나 소리치며 울었을까? 백일홍은 울음 사이로 이렇게 말했다. "엄마, 왜 갔어? 왜 날 두고 갔어? 엄마, 왜 안 왔어? 얼마나 기다렸는데……." 백일홍은 내던졌던 베개를 스스로 끌어안았다.

영적 치유

방임하는 내면부모와 방임받은 내면아이가 치유되기

위해서는 결코 방임되지 않은 환경을 경험할 필요가 있다. 치유의 보편적인 원리 중의 하나는 피치유자가 과거의 상처받았던 환경과는 다른 새로운 환경을 경험하는 것이다. 새로운 환경은 치유의 환경으로서 과거에 대한 보상적인 환경이 된다. 집단치유의 전문가인 제이 얼리(Jay Earley)는 그것을 '치료적 불일치(therapeutic dissonance)'의 경험이라 했다. 제이 얼리가 제시한 치료적 불일치는 내담자가 지니고 있는 핵심문제(core issue)와 충돌하여 그것을 교정할 수 있도록 돕는 집단원들의 돌봄과 치유적인 피드백(feedback)을 의미한다(Earley; 김창대 외 역, 2004, 67).

방임의 치유적 불일치는 단지 방임하지 않는 것 이상이다. 그것은 관심과 돌봄을 제공하는 것이다. 관심은 애정과 염려의 마음으로 상대방의 상태를 살피는 것이다. 돌봄은 상대방의 필요를 채워 주는 것이다. 따라서 방임하는 내면부모와 방임받은 내면아이의 회복을 위해서는 외부의 대상으로부터 관심과 돌봄이 제공되어야 한다. 그리고 그런 관심과 돌봄이 제공되기 위해서는 한 대상(치유자)이 다른 대상(피치유자)을 지속적으로 기억해야 한다. 기억은 관심과 돌봄의 근거가 되기 때문이다. 목회상담학자 존 패튼(John Patton)은 말하기를, "돌보는 것은 기억하는 것이며 기억하는 것은 돌보는 것이다(Caring is remembering. Remembering is caring)."라고 했다. 기억하는 것은 상대방을 마음속에 두는 것이며 그 대상을 기억 속에서 만나는 것이다. 존 패튼은 "성경에서 가장 핵심적인 목회적 돌봄의 주제는 기억하고 기억받는 것"이라고 말했다(Patton, 1993, 6-35). 기억하고 기억받는 것은 방임에 대한 치유적 불일치의 경험이 된다고 할 수 있다.

방임에 대한 치유적 불일치, 곧 치유적 환경은 상담자가 내담자를 기억하고 내담자가 상담자의 기억을 받는 것이다. 오래전의 일이다. 미국으로 유학을 갔을 때의 일이다. 언어와 문화의 차이로 어려움이 많았다. 의사소통이 제대로 되지 않으니까 내 자신이 바보가 된 것 같았다. 우울했다. 유학을 간 것에 대한 회의마저 들었다. 그러던 어느 날이었다. 학교 건물 안에 있는 복도를 지나다가 한 교수님을 만났다. 나는 단지 "하이(Hi)" 하고 지나치려 했다. 그러나 뜻밖에도 교수님은 내 이름을 불러 주었다. "안녕, 중호. 중호가 맞지(Hi, Joong ho, Right)?" 나는 놀랐다. 어떻게 내 이름을 기억하고 불렀을까? 학교에는 얼마나 많은 학생이 있는데……. 감사했다. 위로가 되었다. 순간 우울하고 불안하고 냉랭했던 마음이 녹아내렸다. 누군가 어떤 사람이, 그것도 한 번밖에 만난 적이 없는데, 내 이름을 기억하고 내 이름을 불러 준다면 그것은 단지 감사를 넘어서 위로가 되는 일이다.

　방임받은 내면아이에 대한 영적 치유는 나를 기억해 주는 기억의 주체가 하나님이심을 알아차리는 것이다. 영적 치유는 하나님이 나를 기억하시며 나는 하나님의 기억 받는 존재임을 아는 것이라 할 수 있다. 존 패튼은 돈 샐리어(Don Salier)의 글을 인용하여 말하기를, 성경에 나오는 하나님에 대한 특징적인 묘사는 "하나님이 하나님의 백성을 기억하신다."는 것이라 했다(Patton, 1993, 28). 하나님은 기억의 하나님이다. 나의 모든 것을 아시는 하나님, 그리고 기억하시는 하나님! 하나님은 방주 안에 있는 노아를 기억하셨고(창8:1), 술 맡은 관원장으로 하여금 잊고 있었던 요셉을 기억하게 하셨고(창40:23; 41:9-13),아브라함과 이삭과 야곱에게 세운 언약을 기억하사 애굽에서 종이 되었던 이스라엘 백성들을 구원하셨다(출2:23-25). 성경에는 하나님이 하나님의 백성을 기억하신다는 말씀이 반복된다.

　이사야 49장 15~16절에 있는 말씀이다. "여인이 어찌 그 젖 먹는 자식을 잊겠으며 자기 태에서 난 아들을 긍휼히 여기지 않겠느냐 그들은 혹시 잊을지라도 나는 너를 잊지 아니할 것이라 내가 너를 내 손바닥에 새겼고 너의 성벽이 항상 내 앞에 있나니." 이 세상에서 가장 믿을 만한 것이 있다면 그것은 자녀에 대한 어머니의 사랑일 것이다. 어머니의 사랑은 동서고금을 통해 가장 아름답고 숭고한 사랑으로 받아들여져 왔다. 그러므로 어머니는 자기가 낳은 자녀의 얼굴이나 이름을 잊을 수가 없다. 그것은 불가능한 일이다. 그러나 그런 일이 천의 하나, 만의 하나, 있을지라도 하나님이 우리를 잊어버리시는 일은 결코 없을 것이다. 왜냐하면 하나님의 사랑은 어머니의 사랑보다 크기 때문이다. 아가페는 모성애보다 강하기 때문이다. 여기에 하나님이 우리를 잊지 않고 기억하시는 이유가 있다. 사랑하심은 기억하심의 이유가 된다. 하나님은 우리를 사랑하시기 때문에 기억하신다.

　"내가 너를 내 손바닥에 새겼고"라는 말씀에 주목해 보자. 내 손바닥이란 누구의 손바닥인가? 하나님의 손바닥이다. 상상이 되는가? 하나님의 거룩한 손바닥에 나를 새겨 놓으셨다는 것을 상상해 보라. 무엇을 새겨 놓으셨을까? 아마도 나의 얼굴이나 나의 이름일 것이다. 얼마나 놀랍고 가슴이 뛰는 일인가? 이것이 우리를 잊지 않고 기억하시는 하나님의 방법이다. 등산을 하다 보면 간혹 바위 위에 새겨져 있는 사람들의 이름을 볼 수 있다. 왜 새겨 놓았을까? 무엇인가 바라는 소원이 있었기 때문일 것이다. 그럼 그들은 왜 나무나 흙이 아니라 바위에 새겨 놓았을까? 이유는 간단하다. 바위는 나무나 흙보다 강하고 단단하기 때문이다. 바위에 새겨 둔 이름은 오래 보존된다. 그런데 이사야 49장 말씀에는 우리를 어디에 새겨 놓았다고 했는가? 하나님의 손바닥이다. 하나님의 손바닥은 바위보다 강하고 바위보다 영원하다. 왜냐하면 하나님의 손은 바위를 만드신 손이기 때문이다. 이처럼 강하고 영원하신 하나님의 손바닥에 나의 얼굴과 이름이 새겨져 있다. 이것이 하나님의 사랑이며, 하나님이 우리를 잊지 않고 기억하시는 방식이다.

그런데 하나님의 손바닥은 강하고 영원하다는 의미만 있는 것은 아니다. 그것은 그만큼 가깝고 친밀한 관계라는 의미도 있다. 손바닥은 자주 들여다보는 장소로서 항상 가까운 시야 내에 존재한다. 우리는 손바닥을 볼 때에 그냥 본다고 말하지 않는다. '들여다'본다고 말한다. 손바닥은 들여다보는 곳이다. 들여다본다는 것은 바라보는 눈과 그 대상 사이의 거리가 매우 가깝다는 것을 의미한다. 손바닥을 들여다보려면 고개를 숙이고 손바닥을 눈 가까이 끌어당겨야 한다. 이처럼 하나님은 우리를 하나님 곁에 가까이 두시고 기억하신다.

하나님의 기억은 단순한 사고 과정이 아니다. 그것은 구체적인 행동을 의미한다. 하나님이 애굽에서 종이 된 이스라엘 백성을 기억하신 것은 곧 그들을 그곳에서 구출하신 것을 의미했다. 갈보리 산에서 십자가에 함께 달렸던 한 행악자가 "예수여 당신의 나라에 임하실 때에 나를 기억하소서(remember me)."라고 부탁했을 때, 예수님은 "내가 진실로 네게 이르노니 오늘 네가 나와 함께 낙원에 있으리라."고 말씀하셨다(눅23:39-43). 예수님의 말씀에 따른다면, 기억하는 것은 곧 구원하는 것이다. 구약 학자 브레바드 차일즈(Brevard Childs)에 따르면, 하나님의 사고와 하나님의 행동 사이에는 어떤 분리나 괴리가 없다. 하나님이 누군가를 기억하신다는 것은 항상 기억하시는 그 대상을 위해 어떤 행동을 하신다는 것을 의미한다(Patton, 1993, 28).

그런데 성경이 강조하는 메시지는 그와 같이 하나님이 우리를 잊지 않고 기억하신다는 것에만 있지 않다. 우리가 그 사실을 기억해야만 한다는 것에 있다. 이것이 중요하다. 방임하는 내면부모와 방임받은 내면아이가 치유되기 위해서는 하나님이 우리를 잊지 않고 기억하신다는 것을 우리가 기억해야 한다. 믿음은 하나님이 나를 사랑하신다는 것을 기억하는 것이다. 구원은 예수님이 나를 위해 고난당하셨다는 것을 기억하는 것이다. 그 사실을 기억할 때에만 하나님의 은혜와 사랑이 나의 것이 된다. 하나님의 기억하심을 기억해야 한다. 하나님의 잊지 않으심을 잊지 않아야 한다. 성경은 계속해서 하나님과 하나님이 우리를 위해 하신 일을 기억하라고 말한다(신5:15; 7:18-19; 시77:11; 143:5-6). "그들을 두려워하지 말고 네 하나님 여호와께서 바로와 온 애굽에 행하신 것을 잘 기억하되 네 하나님 여호와께서 너를 인도하여 내실 때에 네가 본 큰 시험과 이적과 기사와 강한 손과 편 팔을 기억하라……."(신7:18-19)

그러나 인간의 조건은 그렇지 않다는 데 문제가 있다. 기억의 반대는 망각이다. 인간은 기억상실증(amnesia)이라는 오래된 정신질환을 가지고 있다. 프로이트는 억압과 망각이 신경증의 원인이 된다는 것을 지적했다. 그리고 치유를 위해서는 그렇게 억압되고 잊힌 기억들을 의식적으로 회상해 내는 직면과 재구성의 과정이 필요하다고 주장했다. 프로이트의 견해는 오늘날까지 치유의 중요한 원리로 받아들여지고 있다. 그러나 그는 부정적이고 고통스러운 사건에 대한 억압과 망각을 지적했을 뿐, 인간은 긍정적이고 행복했던 사건도 망각할 수 있다는 것을 별로 강조하지 않았다. 나는 많은 사람과의 상담을 통해서 사람들은 부정적인 사건 못지않게 긍정적인 사건을 기억해 내는 데 어려움이 있다는 것을 알았다. 기억에는 어떤 층이 있어서 대개 긍정적인 사건은 부정적인 사건 밑에 가려져 있는 것으로 보인다. 과거의 경험을 기억하는 것은 치유와 회복과 성장에 이르는 효과적인 과정이 된다. 그것은 긍정적인 사건에 대한 기억이든, 부정적인 사건에 대한 기억이든, 모두 도움이 된다. 하나님이 우리를 사랑하시고 기억하신다는 것을 기억하는 것은 영적인 치유의 핵심이다.

다음은 방임과 관련된 내면부모와 내면아이의 치유와 회복에 도움이 되는 성경말씀들이다. 이 말씀들을 기억해 두자.

···

"보라 처녀가 잉태하여 아들을 낳을 것이요, 그의 이름을 임마누엘이라 하리라 하셨으니 이를 번역한즉 하나님이 우리와 함께 계시다 함이라."(마1:23)

"볼지어다. 내가 세상 끝날 때까지 너희와 항상 함께 있으리라 하시니라."(마 28:20b)

"영원하신 하나님이 네 처소가 되시니 그의 영원하신 팔이 네 아래에 있도다."(신 33:27a)

"여호와는 나의 목자시니 내게 부족함이 없으리로다. 그가 나를 푸른 풀밭에 누이시며 쉴 만한 물가로 인도하시는도다."(시23:1-2)

"여호와는 너를 지키시는 이시라. 여호와께서 네 오른쪽에서 네 그늘이 되시나니 낮의 해가 너를 상하게 하지 아니하며 밤의 달도 너를 해치지 아니 하리로다."(시 121:5-6)

"두려워하지 말라. 내가 너와 함께 함이라. 놀라지 말라. 나는 네 하나님이 됨이라. 내가 너를 굳세게 하리라. 참으로 너를 도와주리라. 참으로 나의 의로운 오른손으로 너를 붙들리라."(사41:10)

"너희가 노년에 이르기까지 내가 그리하겠고 백발이 되기까지 내가 너희를 품을 것이라. 내가 지었은즉 내가 업을 것이요, 내가 품고 구하여 내리라."(사46:4)

...

하나님은 결코 우리를 방임하지 않으신다. '하나님'의 칭호 앞에 붙일 수 있는 방임과 불일치되는 수식어들을 찾아보는 것은 도움이 된다. 예를 들면, 하나님은 돌보시는, 채우시는, 도우시는, 안으시는, 품으시는, 보호하시는, 지키시는, 막으시는, 함께 계시는, 들으시는, 응답하시는, 기다리시는, 그늘이 되시는, 먹이시는, 입히시는, 재우시는, 찾으시는, 건지시는, 다 아시는, 기억하시는 하나님이시다.

자기 치유

치유는 상담자에게만 의존해서는 안 된다. 스스로 노력하고 수고하는 자기 치유가 있어야 한다. 자기 치유는 내면부모와 내면아이가 동시에 치유된다는 점에서 효과가 더 크다고 할 수 있다. 왜냐하면 자기 치유는 내면부모가 내면아이의 결핍을 채워 주고 돌보고 양육함으로써 스스로 좋은 부모역할을 하는 것이기 때문이다.

내 안에 있는 방임하는 내면부모와 방임받은 내면아이를 치유하고 회복하기 위해서는 내가 나를 기억하고 돌보는 자기기억(self-remembering)과 자기돌봄(self-caring)의 과정이 필요하다. 이때 기억하고 돌보는 나는 내면부모이고 기억받고 돌봄받는 나는 내면아이이다. 그렇게 함으로써 내면부모는 자신에게 부족했던 '지켜 주고 돌보고 배려하는' 능력을 습득하게 되며, 내면아이는 자신에게 결핍되었던 '보호받고 돌봄받고 싶던' 욕구가 충족되는 경험을 하게 된다.

앞에서 말한 것처럼, 기억하는 것은 돌보는 것이다. 만약 내가 나를 기억한다면, 그것은 내가 나를 돌보는 것이 된다. 방임은 단지 돌보지 않는 것만을 의미하지 않는다. 방임은 기억하지 않는 것이다. 우리 안에 있는 방임하는 내면부모는 나의 과거와 과거의 삶을 기억하지 않는다. 부정하고 억압하고 망각한다. 그 결과, 내면아이는 더욱 방임되고 소외된다. 치유를 위해서는 내면부모의 전환이 필요하다. 그것은 자신의 존재와 과거의 삶을 기억하는 것이다. 자기기억은 나를 만나는 것이다. 자기기억 속에서 내면부모와 내면아이가 대화를 한다. 자기기억은 나의 뿌리를 찾음으로써 나 자신을 수용하는 것이다. 물론 그 기억 속에는 아픔도 있고 슬픔도 있다. 그러나 그 아픔과 슬픔은 기억의 과정을 통해서 나의 삶과 경험 속에 통합된다.

자기기억의 좋은 방법은 글을 쓰거나 이야기를 하는 것이다. 자신이 기억할 수 있는 아주 어린 시절부터 생각나는 중요한 사건들을 글로 써 보라. 자전적인 글을 쓰는 것이다. 그리고 그 이야기를 신뢰할 수 있는 사람들과 나누라. 그것은 효과적인 자기기억의 과정이 된다. 내가 나를 기억하는 것은 내(내면부모)가 나(내면아이)를 돌보고 수용하는 것이다.

내가 나를 돌보는 자기돌봄은 여러 가지 수준에서 제공될 필요가 있다. 그것은 지금까지 살아오면서 내가 나를 어떻게 방임했는가에 따라 달라질 수 있다. 내가 나를 방임하는 자기방임에는 여러 수준이 있다. 신체적 자기방임은 내가 내 몸을 돌보지 않고 내버려두거나 혹사시키는 것이다. 신체 부위에 어떤 통증이나 장애가 나타날 수 있다. 정서적 자기방임은 내가 나의 감정을 무시하거나 억압하는 것이다. 자기감정을 만나 주지 않고 표현하지 못하도록 막는 것은 정서적인 자기방임이다. 욕구의 자기방임은 스스로 자기가 하고 싶은 것을 하지 못하게 하며 스스로 원하는 것을 제공하지 않는 것이다. 먹고 싶은 것, 입고 싶은 것, 가고 싶은 곳, 하고 싶은 것 등의 욕구가 충족되지 않는다면 욕구의 자기방임에 해당된다.

자기돌봄은 앞에서 제시된 여러 수준의 자기방임을 보상하는 것이다. 여기서는 신체적인 자기돌봄과 정서적인 자기돌봄에 도움이 될 수 있는 몇 가지의 과정을 소개한다. 먼저 신체적인 자기돌봄의 과정이다. 가벼운 옷을 입고 편안한 의자에 앉는다. 맨발이면 더 좋다. 눈을 감고 숨을 깊게 들이쉬고 내쉰다. 천천히 몇 번 반복한다. 마음에 준비가 되는 대로 눈을 뜨고 자신의 두 손으로 자신의 몸을 접촉한다. 지금 내 몸의 상태가 어떤지를 살핀다. 양손을 자세히 들여다보면서 오른손으로 왼손을 만진다. 왼손으로 오른손을 만진다. 손가락 마디와 손톱 끝까지 천천히 쓰다듬고 만진다. 손등에 생긴 주름과 검버섯, 그리고 작은 점이나 흉터를 바라본다. 그리고 떠오르는 생각이나 느낌을 전한다. "고맙구나! 미안하구나! 너의 수고를 몰라줘서 미안하구나." 같은 방법으로 온몸을 천천히 쓰다듬고 만진다. 머리, 이마, 얼굴, 눈, 코, 귀, 입, 목, 뒤통수, 양어깨, 가슴, 배, 허리, 등, 무릎, 종아리, 발……. 각 신체 부위마다 원하는 시간만큼 머물러 있으라. 혹시 통증이나 장애가 있는 신체 부위가 있는가? 두 손이 그곳에 닿았을 때 어떤 생각이나 느낌이 일어나는가? 그 생각과 느낌을 전한다. 그리고 그 신체 부위가 무슨 말을 하고 있는지 귀를 기울인다. 잠시 후에 다시 한 번 반복한다. 이때 접촉하고 돌보는 두 손은 내면부모가 되고 돌봄받는 신체 부위는 내면아이가 된다.

정서적인 자기돌봄은 감정을 돌보는 것이다. 3단계의 감정 돌보기 과정을 소개한다. 1단계는 알아차리기(awaring) 단계이다. 이것은 인지적인 돌봄의 과정으로서 지금 내 안에서 어떤 감정이 일어나고 있는지를 머리로 알아차리는 것이다. 기쁨, 슬픔, 분노, 두려움, 외로움, 그리움, 답답함 등 어떤 감정이 내 마음속에서 발생되고 있는가? 이것은 관찰자기로서 존재하고 살아가는 효과가 있다. 자기감정에 대한 우리의 존재 방식에는 두 가지가 있는데, 하나는 관찰자기이고 다른 하나는 경험자기이다. 관찰자기는 인식의 주체로서 자기를 감정 경험으로부터 분리시킨다. 그리고 감정으로부터 떨어져서 그 감정 경험을 바라본다. 이런 현상을 탈동일시(de-identification) 또는 거리 두기(distancing)라고 한다. 그러나 경험자기는 주체와 감정 경험 사이에 거리 두기가 없다. 인식의 주체와 감정 경험이 하나가 되어 있다(장현갑 외, 2007, 220-224).

예를 들어, 음식을 먹으면서 "아, 맛있다. 정말 맛있네."라고 말하거나, 어떤 일에 직접적으로 화를 내며 "그만해!"라고 소리를 지른다면, 그것은 경험자기로 사는 것이다. 그러나 음식을 먹으면서 '내가 이 음식을 맛있게 먹고 있네. 내가 이 음식을 좋아하는구나.'라고 생각한다든지, 또는 어떤 일에 대해서 직접 화를 내는 대신에 '내가 지금 화가 났구나.' 하고 자신의 감정을 알아차린다면, 그것은 관찰자기로 사는 것이다. 물론 우리는 관찰자기로서만 살 수는 없다. 두 가지의 존재 방식이 다 필요하다. 그러나 우리는 지나치게 경험자기로서만 살고 있다는 것이 문제이다. 자기감정 알아차리기는 관찰자기로 존재하는 데 도움이 된다.

2단계는 안아 주기(holding) 단계이다. 이것은 정서적인 돌봄의 과정으로서 머리로 알아차린 자신의 감정을 가슴과 두 팔로 감싸 안는 것이다. 마치 엄마가 울고 보채는 어린 아기를 안아서 달래 주듯이 안아 줘야 한다. 감정은 어린 아기와 같다. 나는 이것을 '감정 아기(emotional baby)'라고 부른다. 만약 엄마가 주방에서 음식을 만들고 있는데 방에 뉘어 놓은 아기가 잠에서 깨어 울고 있다면 엄마는 어떻게 할까? 하던 일을 멈추고 아기에게 갈 것이다. 그리고 아기가 왜 울고 있는지를 살피고 아기를 달래기 위한 조치를 취할 것이다. 젖을 물려주고, 기저귀를 살피고, 몸에 열이 있는지 알아볼 것이다. 엄마는 아기가 울음을 그치도록 온갖 노력을 다한다. 마찬가지이다. 우리 마음속에 어떤 감정이 발생했을 때 우리가 취해야만 하는 조치는 아기에 대한 엄마의 행동과 같아야 한다. 특히 슬픔이나 분노, 두려움 같은 부정적인 감정에 대해서는 더욱 그렇게 해야 한다. 만약 지금 내 안에서 그런 감정이 느껴진다면 책 읽기를 중단하고 그 감정 아기를 돌봐 주어야 한다. 조용한 곳에 앉아서 자신의 두 팔을 가슴 위에 얹으라. 가슴과 두 팔로 자신의 감정 아기를 안으라. 그 아기의 얼굴을 살펴보라. 그 아기에게 이렇게 말해 보라. "화가 났구나, 슬프구나, 무섭구나. 하지만 이젠 염려하지 말거라. 내가 너를 지켜 줄 거야. 내가 너를 돌봐 줄 거야." 그 말에 그 아기가 어떻게 반응하는지 가만히 바라보라.

3단계는 표현하기(expressing) 단계이다. 이것은 언어적이고 진술적인 돌봄의 과정으로서 머리로 알아차리고 가슴과 두 팔로 안아 준 자신의 감정을 입으로 표현하는 것이다. 감정은 본질상 표현되어야 한다. 감정을 나타내는 영어의 공식적인 단어는 emotion이다. emotion은 라틴어에서 온 것인데, 그것은 '밖으로(out)'라는 뜻을 지닌 접두사 e와 '움직인다(move)'는 뜻을 지닌 어근 motore의 합성어이다. 따라서 어원적으로 보면, 감정(emotion)이라는 말은 본래 '밖으로 움직이다'라는 의미를 지니고 있는 말이다. 즉 감정은 마음 안에 발생하는 것이지만 일단 발생되고 나면 밖으로 나오기를 원한다. 따라서 우리 마음 안에 감정이 발생했을 때 우리가 취해야 할 조치는 그 감정이 잘 빠져나오도록 통로를 마련해 주는 것이다. 거의 모든 상담자와 치료자는 내담자에게 그런 통로를 제공해 준다. 제3단계의 표현하기는 그런 통로를 스스로 마련하는 것이다.

그러나 표현은 과격한 행동이나 감정폭발이 되어서는 안 된다. 표현에서 중요한 것은 언어화(verbalizing)하는 것인데, 이것은 상대방이 나의 감정 상태를 이해할 수 있도록 전달하는 데 그 목적이 있다. 표현의 반대는 억압만을 의미하지는 않는다. 폭발도 표현의 반대가 된다. 나-전달법(I-message)이나 나-보고법(I-reporting)은 감정표현에 도움이 되는 대화기법이다. 나-전달법은 표현되는 문장의 주어가 일인칭으로서 상대방의 말과 행동이 자신에게 미친 신체 정서적인 영향을 묘사하는 것이며, 나-보고법은 자신의 감정 상태를 보고서를 작성하듯이 상대방에게 보고 형식으로 전달하는 것이다. 예를 들어, 나-전달법은 "여보, 당신이 그렇게 소리를 지르니까 (내가) 두렵기도 하고 화가 나기도 해요."라고 말하는 것이고, 나-보고법은 "여보, 나 오늘 직장에서 아주 불쾌한 일이 있었거든."이라고 말을 시작하며 직장에서 있었던 일을 알리는 것이다. 이런 3단계의 감정 돌보기 과정은 내(내면부모)가 나(내면아이)를 돌보는 자기돌봄의 매우 유익한 방법이다.

제9장
학대, 내면부모와 내면아이

　학대(abuse)의 양육환경 속에서 어린 시절을 보낸 사람의 내면에는 학대하는 내면부모와 학대받은 내면아이라는 두 인격이 존재한다. 학대하는 내면부모는 어린 시절 부모의 학대하는 행동을 유사하게 닮은 인격이다. 자녀는 부모의 습관과 태도와 행동을 보고 듣고 체험함으로써 모방적으로 배운다. 그렇게 형성된 학대하는 내면부모는 자기 자신(내면아이)과 주위 사람들을 학대한다. 즉 자기학대(자학)와 타인학대(가학)의 동기가 된다. 한편, 학대받은 내면아이는 학대하는 부모의 양육환경에서 생존하기 위해 적응된 자녀의 인격이다. 인격은 그냥 형성되지 않는다. 환경에 대한 반응과 적응으로 형성된다. 학대받은 내면아이는 부모의 학대행동에 대한 자녀의 심리 정서적인 반응으로 형성된 인격이다.

　학대하는 내면부모와 학대받은 내면아이의 관계방식은 매우 대조된다. 학대하는 내면부모는 내면아이를 지속적으로 학대하며, 학대받은 내면아이는 그런 내면부모에게 저항하거나 순응한다. 그 결과, 두 인격 사이에 갈등과 부조화가 발생한다. 한사람의 인격이 내면부모와 내면아이로만 되어 있는 것은 아니다. 이것은 부모와 자녀의 관계 도식에서 바라본 인격의 구조라는 것을 밝혀 둔다. 인격은 심리학적인 입장과 이해에 따라 다양하게 논의될 수 있다.

✐ 증상과 특징

다음의 문항들은 학대하는 내면부모와 학대받은 내면아이의 특징들이다. 각 문항을 읽고 자신에게 해당되는 것이 있는지 알아보자.

〈학대하는 내면부모〉

1. ☐ 나는 나 자신에게 화가 나고 자신이 미워질 때가 종종 있다.

2. ☐ 나는 내가 실수나 잘못을 했을 때 나 자신을 말 또는 행동으로 처벌한다.

3. ☐ 나는 지칠 때까지 일하거나 밤새워 일하도록 나 자신을 밀어붙이는 경우가 종종 있다.

4. ☐ 나는 주위 사람들에게 불안이나 공포감을 조장하는 경우가 있다.

5. ☐ 나는 원칙이나 일관성이 없이 화를 내곤 한다.

6. ☐ 나는 주위 사람들에게 불만과 비난이 많다.

7. ☐ 나는 사람들에게 욕설이나 폭력 등으로 가해행동을 한 적이 있다.

8. ☐ 나는 나 자신에게 비난을 하거나 욕을 할 때가 있다.

9. ☐ 나는 나 자신을 신체적으로 학대하거나 자해해 본 경험이 있다.

10. ☐ 나는 사람들에게 정서적으로 아픔을 느끼게 해 주고 싶을 때가 있다.

11. ☐ 나는 나 자신을 벌주기 위해 금식을 하거나 TV 시청 또는 외출 등을 금할 때가 있다.

12. ☐ 나는 이성을 성적으로 유혹하거나 학대하는 공상을 할 때가 있다.

〈학대받은 내면아이〉

1. ☐ 나는 자주 불안을 느끼며 주의집중에 어려움이 있다.

2. ☐ 나는 기쁨, 감사, 행복 등의 긍정적인 감정을 잘 느끼지 못한다.

3. ☐ 나는 세상과 사람들에 대한 불신과 두려움이 있다.

4. ☐ 나는 사회의 규범이나 공동체의 권위와 질서에 반항적이다.

5. ☐ 나는 죄책감이나 수치감을 많이 느낀다.

6. ☐ 나는 무엇이든지 자주 잊어버린다. 망각을 잘 한다.

7. □ 나는 대인관계적인 사회활동을 거의 하지 못한다.

8. □ 나는 자주 공상이나 환상에 빠진다. 공상을 즐긴다.

9. □ 나는 내가 남에게 희생양이 되거나 학대받는 상황을 묵인할 때가 있다.

10. □ 나는 내 안에 내가 아닌 다른 인격이 있는 것처럼 느껴질 때가 있다.

11. □ 나는 강한 분노와 적대감을 자주 경험한다.

12. □ 나는 종종 우울해지거나 무력감을 느낀다.

13. □ 나는 가끔 내가 근본적으로 나쁜 인간이라는 생각이 들 때가 있다.

14. □ 나는 인간관계가 파괴적으로 끝나는 것을 반복적으로 경험한다.

15. □ 나는 청소년 비행이나 기타 범죄행동에 연루된 적이 있다.

16. □ 나는 감정조절이 잘 안 되며 충동적으로 행동할 때가 많다.

17. □ 나는 자극적이거나 비정상적인 행동을 함으로써 자신의 기분을 바꿔 보려고 한다.

18. □ 나는 궁지에 몰리거나 어려운 상황이 생기면 쉽게 거짓말을 하곤 한다.

〈성적으로 학대받은 내면아이의 추가적인 특징〉

19. □ 나는 나와 다른 성을 지닌 사람들에 대한 불신과 분노와 두려움이 있다.

20. □ 나는 어린 나이에 일찍 성에 대한 관심을 가졌으며 성적 행동을 자주 하였다.

21. □ 나는 자존감이 낮으며 내 자신이 파손된 물건처럼 느껴질 때가 있다.

22. □ 나는 내가 보통 사람들과는 다른 운명을 가지고 태어난 것처럼 느낀다.

학대

학대는 신체적으로나 정신적으로 고통을 줌으로써 상대방을 곤경에 빠뜨리는 것이다. 욕설과 폭력과 강제행동은 학대의 수단이 된다. 그렇게 함으로써 상대방에게 마음의 상처를 주거나 신체적인 상해를 입힌다. 강압과 마찬가지로, 학대는 힘 있는 사람이 힘없는 사람에게 일방적으로 행사하는 상해적인 행동이다. 학대는 힘을 가학적 수단으로 사용하는 것이다. 힘이 가학적 수단으로 사용될 때, 그 힘을 행사하는 사람은 학대하는 자가 되고 그 힘에 희생당하는 사람은 학대받는 자가 된다. 학대하는 자는 언어적으로, 정서적으로, 신체적으로, 그리고 성적으로 학대한다. 학대의 동기는 상대방을 괴롭게 함으로써 얻게 되는 자기만족과 쾌감, 그리고 우월감에 있다. 학대하는 자는 학대함으로써 자신의 힘을 과시한다. 한편, 학대받는 자는 학대하는 자의 쾌감과 우월감을 위해서 고통을 받고 희생되어야 한다. 그것은 폭력에 의한 부당한 희생이다. 이처럼 희생이 강요될 때 나타나는 희생자의 반응은 저항과 분노 또는 복종과 우울이다. 저항과 분노는 학대 행동에 대한 일차적인 반응이다. 그러나 저항이 불가능하다고 느낄 때 희생자는 힘의 폭력 앞에 굴복하게 되고 그 결과 정서적으로 우울한 상태에 있게 된다.

학대는 방임과 달리 상대방이 지니고 있는 자아의 경계선을 마구 짓밟고 침범하는 것이다. 학대는 강제로 문을 부수고 안으로 들어가서 상대방의 침실을 장악하는 것이다. 어떤 배려나 존중 같은 태도는 조금도 존재하지 않는다. 자기중심적인 분노와 공격적 행동만이 나타난다. 그 결과, 학대받는 자의 내적 세계는 무참히 부서지고 상처 입는다. 학대는 강압보다 사악하다. 선한 동기가 보이지 않는다. 학대는 자신의 쾌락과 이득을 위해 상대방을 이용하고 희생시키는 것이다. 상대방의 입장이나 이득은 고려하지 않는다. 강압에는 가끔 무엇인가를 잘 해 보려는 동기가 있다. 부모는 자녀를 잘 양육해 보려는 마음에서 자녀에게 강압적인 행동을 하기도 한다. 그러나 학대에는 그런 동기가 없다.

학대가 자녀에 대한 부모의 양육태도가 될 때, 학대는 자녀의 자아와 인격을 붕괴시키는 매우 심각한 환경이 된다. 왜냐하면 학대는 외상적 환경이 반복되는 것이기 때문이다. 학대의 양육태도는 자녀에게 외상적 환경과 반복적 환경이라는 이중적 환경을 제공하는 것이다. 외상적 환경은 신체적으로나 정신적으로 과도한 충격을 가함으로써 단회적인 경험만으로도 피학대자의 정신기능을 마비시키고 붕괴시키는 상황을 말한다. 이런 환경에 노출되면 사고와 정서 기능은 물론 신체 기능에도 이상상태가 나타나고 통제할 수 없는 스트레스에 시달리게 된다. 반복적 환경은 단회적 경험으로는 경미한 충격이지만 그것이 반복적으로 계속되면 결과적으로 외상적 환경처럼 큰 충격이 되는 상황을 말한다. 반복적 환경이 여러 번 계속되면 쌓이고 쌓여서 누적된 외상을 만든다. 학대의 양육태도 속에는 외상적 환경과 반복적 환경이 동시에 존재한다.

언급한 것처럼, 학대는 힘 있는 자와 힘 없는 자 사이에서 발생한다. 그것은 아동학대라는 이름으로 부모와 자녀 사이에서, 배우자 학대라는 이름으로 남편과 아내 사이에서, 노인학대라는 이름으로 부양자녀와 노부모 사이에서 발생한다. 그러나 학대는 가정에서만 발생하는 것이 아니다. 직장에서 윗사람과 아랫사람 사이에, 그리고 군대에서 상관과 부하 사이에 발생한다. 서로 알지 못하는 낯선 사람들 사이에서도 일어난다. 뿐만 아니라 폭정이란 이름으로 정치적 독재자와 백성 사이에, 또한 침략이라는 이름으로 강대국과 약소국 사이에서도 일어난다. 학대는 사람과 사람 사이에만 국한되지 않는다. 사람과 동물 사이에서도 나타난다. 집에서 기르는 반려동물을 때리거나 밥을 주지 않는 것은 동물학대에 해당된다.

학대라는 개념에 포함해야 할 말들이 있다. 폭력, 폭언, 징벌, 응징, 고통 주기 등의 말이다. 아량과 용서가 전혀 없는 응징적인 처벌은 학대에 해당된다. 미실다인은 그의 책에서 학대라는 말 대신에 징벌(punitiveness)이라는 용어를 사용했다(Missildine, 1963, 178~213).

☙ 학대의 양육태도

양육태도는 자녀를 기르고 돌보는 부모의 마음자세와 행동을 말한다. 따라서 양육태도로서의 학대는 부모가 자녀에게 가하는 아동학대를 의미한다. 보건복지부와 중앙아동보호전문기관이 조사한 자료에 의하면, 우리나라의 아동학대 사례는 매년 증가하는 것으로 나타났다. 두 기관이 공동으로 작성한 '2007년도 전국 아동학대 현황보고서'에 따르면, 2007년도 한 해 동안 아동보호 전문기관에 접수된 아동학대 신고는 9,478건으로 전년도에 비해 6.5% 증가했고, 그중 학대받은 아동에 대한 보호는 5,581건으로 7.3% 증가했다. 학대받은 아동의 연령분포는 만 7~12세 사이의 초등학생이 전체의 52.7%를 차지했는데, 그 이유는 초등학생의 경우 청소년에 비해 자기보호 능력이 부족하고, 또한 영유아의 경우와는 달리 학교 등 외부기관에 노출되어 학대의 흔적이 비교적 쉽게 발견되었기 때문인 것으로 분석되었다. 상대적으로 영유아의 학대 사실은 은폐되는 경우가 많다. 아동학대의 장소로는 가정이 전체 보호

사례의 79.6%로 가장 많았고, 아동학대의 행위자는 아동의 부모인 경우가 81.1%나 되어 대부분 부모에 의한 학대로 밝혀졌다. 아동학대의 발생빈도는 매일 학대받는 경우가 50.5%로 가장 많았고, 2~3일에 한 번 학대받는 경우가 10.8%로 나타났다. 학대의 유형은 방임과 유기 등을 포함하여 신체적 학대, 정서적 학대, 성적 학대 등 다양했다(메디컬투데이/뉴시스, 2008년 7월 1일). 중앙아동보호전문기관이 2009년에 단독으로 조사한 자료에 나타난 통계 내용도 거의 유사하다. 2009년도 한 해 동안의 아동학대 신고 내용을 보면, 전체의 87.2%가 가정에서 발생했으며, 전체의 83.3%가 부모에 의한 학대였다(경향신문, 2011년 3월 15일). 그러나 신고되지 않은 아동학대가 신고된 아동학대보다 훨씬 많다고 생각해야 한다. 왜냐하면 아동학대의 신고는 대개 아동 자신에 의한 경우가 거의 없고 이웃 주민이나 학교 선생님에 의해서 제한적으로 이뤄지고 있기 때문이다. 아동학대 문제에 대한 사회적 관심이 필요하다.

학대가 하나의 양육태도로 규정될 때 학대는 폭넓게 설명되어야 한다. 왜냐하면 학대는 자녀를 대하는 부모의 마음과 자세와 말과 행동 등 모든 분야에서 나타날 수 있기 때문이다. 많은 것이 논의되어야 한다. 학대의 양육태도를 지닌 부모는 자녀에게 미움, 분노, 적개심 등의 부정적이고 공격적인 감정들을 지닌다(Missildine, 1963, 187). 이것은 학대의 정서적 특징이라 할 수 있다. 부모의 마음속에 자녀에 대한 미움과 분노가 있다. 자녀를 생각하면 화가 난다. 항상 그렇지 않을지라도 자녀를 야단치거나 꾸중할 때 과도하게 화를 낸다면 학대에 해당된다. 이런 분노와 적개심은 종종 신체적인 학대를 유발한다. 과도한 분노는 말과 표정, 행동으로 나타난다. 분노의 신체적 반응은 자녀를 학대하는 위협적인 분위기를 만든다.

학대는 신체적으로나 정신적으로 자녀에게 고통을 주는 것이다. 학대하는 부모는 자녀에게 상처 주는 말이나 폭력을 행사한다. 그리고 "이것은 다 너 잘되라고 그러는 거야."라고 말한다. 자녀는 그 말이 거짓인 줄 알면서도 속아 넘어간다. 신체적 학대는 상해적인 폭력 행동 외에 음식이나 수면 등 자녀의 성장과 발달에 필요한 환경을 박탈하는 것으로도 나타난다. 자녀를 강제로 굶게 하는 것은 학대에 해당된다.

학대는 원칙 없이 비일관되게 그리고 독단적이며 집요하게 폭력을 행사하는 것이다. 학대받은 자녀들의 진술에 따르면, 부모의 폭력이 언제 시작될지 예측할 수 없는 상황이 가장 두려웠다고 한다(Herman, 1997, 98). 부모는 자녀의 동일한 행동에 대해서 면죄

부를 주기도 하고 징벌을 하기도 한다. 웃어넘기기도 하고 극도의 분노로 폭행을 하기도 한다. 이런 상황에서 자녀가 스스로 할 수 있는 것은 아무것도 없다. 공황상태가 되거나 완전한 굴복을 배운다.

학대하는 부모는 불안이나 공포를 조성함으로써 자녀를 통제한다. 만성적인 아동학대는 공포가 만연한 가정에서 발생한다. 불안과 공포를 불러일으키는 방법은 다양하다. 소리를 지르거나 기물을 파괴하기도 하고, 반려동물을 발로 차거나 집어던지기도 한다. 반려동물에 대한 학대는 공포감 조성을 위한 효과적인 수단이 된다. 그러나 불안과 공포를 조성하는 가장 흔한 부모의 행동은 자신의 학대 사실을 일체 발설하지 못하도록 위협하는 것이다(Herman, 1997, 98). 부모는 만약 발설한다면 더 아픈 고통을 받게 되거나 가족이 해체될 것이라고 위협한다. 자녀는 침묵하지 않으면 안 된다. 아동학대는 사회적으로 고립되고 은폐된 가정에서 많이 발생하는 것으로 알려져 있다. 그 가정은 이웃과 거의 왕래가 없는 닫힌 가족체계(closed family systems)를 유지한다. 가족치료의 체계이론에 따르면, 닫힌 체계를 지닌 가족은 외부세계와의 접촉이나 정보교환을 거부하고 변화를 원하지 않으며 현재의 폐쇄적인 체계를 그대로 유지하려고 한다. 이것은 외부세계와의 접촉과 상호작용이 활발한 열린 체계(open systems)를 지닌 가족과 대조된다(김유숙, 2002, 34, 344). 아동학대는 닫힌 체계를 지닌 가정에서 많이 발생한다.

학대는 자녀를 가혹하게 처벌하거나 징벌하는 것이다. 징벌은 부모가 자녀의 어떤 잘못이나 실수도 용납하지 않고 반드시 응징하는 것을 말한다. 학대하는 부모는 용서에 매우 인색하다. 처벌과 징벌이 자녀교육의 최선의 수단이라고 여긴다. 즉 자녀의 잘못이나 실수가 반복되지 않도록 하려면 반드시 징벌이 있어야 한다고 생각한다. 그러나 부모가 분노나 미움 없이 자녀를 징벌한다는 것은 어려운 일이다. 왜냐하면 징벌은 욕설과 감금과 체벌 등의 가혹한 행동으로 나타나는 것이 보통이기 때문이다.

학대는 자녀를 나쁜 아이로 평가하고 불신하는 것이다. 미실다인에 따르면, 자녀를 부정적으로 평가하고 믿지 않는 것은 학대와 징벌에 해당된다. 그는 이렇게 기록했다. "아이의 미성숙한 행동을 '나쁘다, 악하다'고 말하면서 그 행동에 윤리적 가치를 부여하는 것은 그 아이를 때리는 것과 동일한 효과를 갖는다. 실제로 수많은 아이들은 부모로부터 그런 말을 듣는 것이 정말 견디기 어려운 일이라고 말할 것이다."(Missildine, 1963, 190) 다음은 자녀를 나쁘게 평가하는 말들이다. "너는 애당초 잘못됐어. 너는 싹수가 노래.”“너는 어쩌면 그렇게 잔인하니? 너밖에 모르는구나.”“누가 너 같은 애를 좋아하겠니? 너는 도둑놈이나 마찬가지야.” 자녀를 전혀 믿지 않고 불신하는 것도 학대와 징벌에 해당된다. 불신은 자녀가 잘되거나 성공하리라는 기대를 포기하고 아예 실패할 것이라고 예상하는 것이다(Missildine, 1963, 208). 학대하는 부모는 자녀가 부모의 얼굴을 안 보게 되는 순간 부모의 말을 따르지 않고 자기 마음대로 행동할 것이라고 생각한다. 다음은 자녀를 불신하는 말들이다. “니가 뭘 한다고 그래? 네가 할 줄 아는 게 있니?”“넌 뭘 해도 안 될 거야. 뻔하지 뭐!”“내가 뭐라고 그랬지? 넌 안 될 거라고 그랬잖아.”“그럴 줄 알았다니까. 하는 짓이 꼭 지 애비를 닮아 가지고.” 이런 부모의 불신은 자녀의 자기불신으로 이어지고 그 결과 자녀는 자신감을 잃고 무능력하게 살아간다.

학대는 서로 모순되는 이중적인 말을 통해서 자녀를 꼼짝 못하게 하는 것이다. 학대하는 부모는 동일한 일에 대해서 ‘하라’와 ‘하지 말라’는 말을 동시에 함으로써 자녀를 혼란과 불안 상태에 빠트린다. 이것을 가족치료에서는 이중구속(double binding)이라고 한다. 이중구속은 부모가 자녀에게 서로 다른 수준의 모순되는 메시지를 동시에 보내는 것이다. 예를 들면, 학대하는 부모가 자녀에게 어떤 일을 하라고 명령한 다음, 자녀가 그 일을 못하면 왜 못하느냐고 야단치고, 그 일을 했으면 왜 이렇게 해 놓았느냐고 야단치는 것이다. 자녀는 이렇게 해도 혼나고 저렇게 해도 혼난다. 이 경우 자녀는 이러지도 저러지도 못하는 덫에 걸린 느낌을 갖게 된다. 부모가 자녀에게 “너는 무엇이든지 스스로 자발적으로 해야 한다.”고 명령을 하는 것도 이중구속이 된다. 왜냐하면 ‘자발적’이란 말과 ‘명령’에 따르도록 강요하는 것은 서로 모순이 되기 때문이다. 그레고리 베이트슨(Gregory Bateson)과 그의 동료들의 연구에 따르면, 이중구속은 조현병 환자가 발생한 가정에서 많이 사용되는 의사소통의 방식이다(김유숙, 2005. 77, 265).

학대의 종류

자녀학대는 수없이 많은 형태와 방식으로 나타나고 있지만, 크게 세 가지로 구분해 볼 수 있다. 신체적인 학대(physical abuse), 언어-정서적인 학대(verbal-emotional abuse), 성적인 학대(sexual abuse) 등이다.

신체적인 학대는 자녀에게 신체적으로 고통을 줌으로써 자녀를 부모의 의도대로 통제하는 것이다. 신체적인 학대의 대표적인 형태는 매질, 구타, 폭력, 굶기기, 가두기 등이다. 다음의 행위들도 신체적인 학대에 해당된다. 물건을 던지는 행위, 떠밀고 움켜잡는 행위, 머리를 잡고 끌고 가는 행위, 뺨을 때리는 행위, 발로 차고 주먹으로 치는 행위, 물어뜯는 행위, 물건을 손에 들고 때리는 행위, 칼이나 망치 등으로 위협하는 행위, 묶어 놓거나 가두어 두는 행위, 옷을 벗겨서 집 밖에 세워 두는 행위 등이다. 나는 상담과 치유 작업을 하면서 어린 시절 부모로부터 학대받은 이야기를 많이 들었다. 어떤 사람은 자신이 무엇을 잘못했는지에 대한 기억은 없었지만, 아버지에게 무섭게 학대받던 기억은 선명했다. 아버지는 그 어린 아들을 끈으로 묶어 놓고 가죽 혁대를 풀어서 마구 때렸다. 무릎을 꿇고 잘못했다고 빌었지만 소용이 없었다. 어떤 여인은 어려서 엄마한테 머리채를 잡힌 채 끌려왔다. 엄마는 그 딸의 머리를 반복해서 여러 번 벽에 부딪혔다. 머리에서 피가 흘렀다. 어떤 남자는 어려서 캄캄한 광 속에 갇혔던 기억이 있었다. 아버지는 밥도 주지 못하게 했다. 쥐들이 기어 갈 때마다 무서워 비명을 질렀다. 광 문을 두드리며 열어 달라고 애원 했지만 열어 주지 않았다. 신체적인 학대는 직접적인 폭력 행동으로만 나타나는 것이 아니다. 자녀 앞에서 한쪽 부모가 다른 부모에게 폭력을 행사하는 것도 자녀학대에 해당된다. 아버지가 엄마나 형에게 폭력을 가할 때, 그것을 바라보는 자녀는 엄마나 형이 받는 것과 같은 정도의 충격과 상처를 받는다(Bradshaw; 김홍찬, 고영주 역, 2008, 77). 이것은 간접적인 신체학대가 직접적인 신체학대 못지않게 깊은 상처가 된다는 것을 의미한다.

신체적인 학대는 가정 밖에서도 발생된다. 교사나 선배 같은 사회적 보편부모에 의한 학대가 있다. 브래드쇼는 초등학교 시절에 보았던 끔찍한 장면을 잊지 못한다. 그 장면을 떠올릴 때마다 신체적인 이상 반응을 느낀다. 그때 그는 한 수녀 교사가 같은 반 친구의 뺨을 열두 번 이상 마구 때리는 것을 목격했다. 그것을 바라보던 브래드쇼는 친구가 뺨을 맞을 때마다 주춤거리며 겁에 질려 꼼짝도 못한 채 주저앉아 있었다. 그리고 그런 일이 자신에게도 생길 수 있다는 생각에 두려워하게 되었다고 기록했다. 근래에 와서는 교사의 교권확립과 학생의 인권이라는 문제가 대립양상을 보이고 있다. 교사가 학생을 심하게 체벌하거나 구타하는 것은 위법적 행동으로 규정되었으며, 또한 그런 교사의 행동은 많이 근절되었다. 상대적으로 학생의 자유와 권리는 훨씬 강화되었다.

하지만 부작용도 있다. 학생에 대한 교사의 지도와 통제가 어렵게 되었으며, 교사와 학생 사이에 있어야 할 사랑과 존경과 신뢰가 많이 손상되었다. 교사와 학생 간의 관계를 향상시킬 수 있는 새로운 문화의 형성이 필요하다. 그 새로운 문화는 적어도 학대와 방종이 없는 문화이어야 할 것이다.

정서적인 학대는 많은 가정에서 쉽게 발생한다. 정서적인 학대는 자녀의 자연스러운 감정표현에 대해서 부모가 그렇게 하지 못하도록 야단치고 화내고 처벌하는 것이다. 학대하는 부모는 자녀의 분노를 용납하지 않는다. 자녀가 화를 내면 더 크게 화를 냄으로써 자녀의 분노를 제압한다. 자녀가 슬퍼서 눈물을 흘리면 울지 말라고 호통을 친다. 자녀가 기쁘고 즐거워서 큰 소리로 웃고 떠들면 시끄럽다고 야단을 친다. 부모는 자녀의 감정을 함께 느끼지 못한다. 이런 상황이 반복되면 자녀는 자신의 감정을 잘 표현하지 못할 뿐만 아니라 아예 감정을 느끼지 못할 수도 있다. 또는 어떤 감정을 느낄 때마다 동시에 수치감을 느끼게 된다. 예를 들면, 분노와 수치감을 동시에 느낀다. 또는 슬픔과 수치감을 함께 느낀다. 그리고 이런 생각을 한다. "모두 어려운 상황인데 내가 이렇게 기뻐하고 즐거워하면 되겠는가? 이런 감정을 갖는 것은 잘못이다."(Bradshaw; 김홍찬, 고영주 역, 2008, 79)결국 모든 감정이 수치감에 묶이게 된다.

언어-정서적인 학대는 고함과 폭언 등을 통해서 자녀를 정서적으로 고통스럽게 만드는 것이다. 학대하는 부모는 자녀를 향해 소리를 지르고 욕을 하거나 모욕적인 말을 한다. 그 말 한마디 한마디가 자녀의 가슴 속에 박혀서 상처가 된다. 부모는 자녀가 잘못을 했거나 자녀의 행동이 맘에 들지 않을 때 잘 타이르지 못한다. 대신 화를 내며 고함을 치고 욕을 한다. 나는 상담을 하면서 많은 사람이 어렸을 때 부모나 다른 어른들로부터 심한 욕설을 들으며 자랐다는 이야기를 들었다. 그 욕설은 성인이 된 지금도 그들의 마음속에 남아 있는 잔존물이 되어 힘든 일이 발생할 때마다 다시 들리곤 한다. 바보, 멍청이, 병신, 쪼다, 미친놈, 개자식, 웬수, 죽일 놈, 빌어먹을 년, 그지 같은 년, 쓸개 빠진 년, 잡년, 우라질 놈, 육시할 놈……

말에는 힘이 있다. 생명을 살리는 힘도 있고 생명을 죽이는 힘도 있다. 좋은 말, 긍정적인 말을 들으면 희망이 솟고 자존감이 향상된다. 긍정적인 자기표상이 형성된다. 그러나 나쁜 말, 부정적인 말을 들으면 상처를 받고 마음에 병이 생길 수 있다. 특히 부모가 자녀에게 하는 욕은 더욱 그렇다. 욕은 단순한 말이 아니다. 마음과 정신을 병들게 하는 독성이 들어 있다. 그러므로 부모로부터 어떤 욕을 계속 들으면 그 욕 속에 들어 있는 독성이 자녀의 내면으로 들어가서 자녀의 정신 속에 퍼진다. 그 결과, 자녀는 그 욕의 영향을 받아 그 욕처럼 되어 간다. 부모로부터 '웬수 같은 놈, 웬수 같은 놈'이라는 말을 계속 들은 아들은 실제로 부모와 원수가 될 수 있다. 부모로부터 '빌어먹을 년, 빌어먹을 년'이라는 욕을 반복적으로 듣고 자란 딸은 실제로 경제 능력이 없어서 빌어먹는 삶을 살 수 있다. 물론 부모로부터 반복해서 욕을 들었다고 해서 다 그렇게 되는 것은 아니다. 그렇지 않은 자녀들도 있다. 그러나 부모의 반복적인 욕설이 자녀의 자기표상과 정체감 형성에 매우 부정적인 영향을 미친다는 것을 부정하는 사람은 없을 것이다. 반복적인 욕은 부모가 자녀에게 붙여 주는 심리적인 딱지가 된다. 자녀는 평생 그 딱지를 달고 다녀야 한다. 그것은 쉽게 떨어지지 않는 자기 딱지이다.

우리말에 '욕을 먹는다.'는 말이 있다. 이 말의 의미는 무엇일까? 누가 나에게 욕을 하면 내가 욕을 먹는다. 음식을 삼키듯이 욕을 삼킨다. 이처럼 욕은 거부하고 부정하기 어려운 것이다. 욕은 삼켜지는 것이다. 삼키지 않으려면, 그 영향을 받지 않으려면, 내면에 힘이 있어야 한다. 자아가 강해야 한다. 어린아이에게는 그런 힘이 없다. 부모가 내뱉은 욕을 부정하고 밀어낼 수 있는 힘이 없다. 그대로 받아들인다. 그리고 자기 자신을 그 욕과 동일시한다. 어린아이들은 어른들에 비해서 부모의 말을 내면화하고 동일시하는 경향이 훨씬 강하다. 브루스 톰슨은 그의 책에서 이렇게 기록했다. 부모가 자녀들의 능력과 외모와 미래에 대해서 조심하지 않고 함부로 말하는 경우에도 자녀들은 그 말들을 문자 그대로 받아들인다. 특히 어린 자녀들은 부모가 하는 말을 마치 하나님의 말씀처럼 최종적인 진실로 받아들인다. 이런 사실을 부모가 알고 있어야 한다(Bruce & Barbara; 허광일 역, 1993, 68).

성적인 학대는 다른 학대보다도 피학대자를 더욱 치욕스럽게 만든다. 성적인 학대는 부모가 자신의 쾌락과 만족을 위해 자녀에게 강제적으로 성적인 행동을 하는 것이다. 물론 부모는 생물학적인 부모만을 의미하지 않는다. 삼촌, 오빠, 이웃집 어른 등의 보편부모를 말한다. 대부분의 성적인 학대에 있어서 어린아이들이 어른들의 성적인 쾌락을 위해서 이용되고 희생된다. 이런 학대가 아이들에게 남기는 부적절한 교훈이 있다. 자신이 인정받고 중요한 존재가 되기 위해서는 나이 많은 성인과 성적인 관계를 맺어야 한다는 것이다. 그 결과, 학대받은 아이의 관심은 무엇보다 멋진 성적 파트너가 되는 데 있으며, 또한 다른 사람들이 자신을 정말로 좋아하게 만들려면 성적으로 매력적인 사람이 되어야 한다고 생각한다(Bradshaw, 1990, 41).

다른 학대와 마찬가지로 성적인 학대도 가정에서 많이 발생한다. 왜냐하면 가정은 옷을 벗은 상태에서 가족 간에 쉽게 신체적인 접촉이 가능하기 때문이다. 브래드쇼는 이렇게 기록했다. "성폭력은 다른 어떤 폭력보다도 더 심각한 정신적인 상처를 남긴다……. 가족 안에서 발생하는 노출증이나 관음증과 같은 충격적인 사례들은 이미 잘 알려져 있다. 그런 학대가 발생하는 핵심적인 요인은 부모의 내적인 상태에 그 원인이 있는 것으로 보인다. 그들은 자신의 나체나 자녀들의 벗은 몸을 볼 때 흥분을 한다." (Bradshaw, 1990, 42) 다음의 행위들은 모두 성적인 학대에 속한다. 자녀의 벗은 몸을 만지는 행위, 자녀의 특별한 신체 부위에 관심을 나타내는 행위, 자녀가 목욕 중인데 욕실 문을 여는 행위, 자녀의 성기를 만지거나 접촉하는 행위, 자녀에게 자신의 성기를 만져 달라고 요구하는 행위, 자녀에게 자신의 벗은 몸을 보여 주는 행위, 자녀 앞에서 자신의 성기를 만지는 행위, 자녀의 옷을 강제로 벗기는 행위, 강제로 애무하거나 키스하는 행위, 강제로 성관계를 시도하는 행위, 자녀 앞에서 노골적인 음담패설을 하는 행위, 자녀 앞에서 부모의 섹스 경험에 대해 말하는 행위, 자녀에게 포르노 비디오를 보여 주는 행위, 자녀에게 매춘을 강요하는 행위 등이다. 성적인 학대는 자녀의 신체에 상흔을 남기기도 한다. 자녀는 질 또는 항문의 파열, 그리고 성병의 발생과 같은 직접적인 상해를 입기도 하고, 유뇨증이나 유분증 혹은 요도염 같은 2차적인 신체 증상이 나타나기도 한다(Urquiza & Cynthia; 노충래 역, 2003, 52).

부모에 의한 자녀의 성적인 학대 사건은 보고된 것보다 보고되지 않은 것이 훨씬 더 많다. 왜냐하면 부모는 그 사실을 은폐하기 위해 때로는 자녀를 위협하기도 하고 때로는 선물로 보상하기도 하기 때문이다. 성적인 학대는 계속되고 있다. 어떤 아버지는 다 큰 딸의 엉덩이를 톡톡 치며 '매력적인 엉덩이'라고 말하면서 자신이 딸과 같은 나이 또래가 되어서 딸과 사귀고 싶다고 말했다. 어떤 아버지는 자신의 아내가 죽은 후 알코올 중독자가 되어 밤마다 어린 딸을 성추행했다. 어떤 오빠는 혼자된 아버지가 장기간 병원에 입원하게 되자 여동생을 자기 방에 재우며 상습적으로 성추행을 계속했다. 그럼에도 불구하고 자녀들은 부모를 떠나지 못한다. 그리고 어떻게 해서든 부모에 대한 믿음을 유지하기 위해 부모의 학대 사실을 부정하고 부모와의 환상적인 결속을 만들어

낸다. 예를 들면, 자녀는 그렇게 학대받았음에도 불구하고 "나는 어린 시절이 고통스럽지 않았다. 아버지는 비록 알코올 중독자였지만 나를 사랑했었다."라고 말한다.

학대의 종류에 대해 말할 때, 함께 생각해 보아야 할 것이 있다. 보편부모로서의 사회적인 학대(social abuse)이다. 사회적인 학대란 사회의 어떤 전통이나 제약 또는 처벌이 한 개인에게 큰 상처가 될 만큼 고통을 주는 것을 말한다. 그런 학대는 고아원이나 양로원, 또는 정신 요양원 같은 시설에서 발생될 수 있다. 또한 소년원이나 형무소 같은 수감시설에서 일어날 수도 있다. 미실다인의 사례에 나오는 한 내담자는 어린 시절의 수감된 생활을 이렇게 기록했다. "내가 처음으로 수용된 시설은 게으르고 무단결석하는 학생들을 교화하는 특수학교였다. 나는 당시 열한 살 반이었다. 사회는 내가 학교에 가는 것을 좋아하지 않는다는 이유로 내게 자유를 주지 않았다. 어느 날 나는 나쁜 말을 했다는 이유로 붙잡혀서 한 시간 동안 비누조각을 입에 물고 있어야 했다. 한번은 그곳을 도망치다가 붙잡혀서 창고 같은 방에 감금되었다. 그 방의 창문에는 창살이 박혀 있었고 난방이 되지 않았으며 누울 침대도 없었고 신을 신발이나 슬리퍼도 없었다. 생쥐들이 내 주위를 밤낮으로 뛰어다니고 있었다. 낮에 입을 옷도 밤에 입을 잠옷도 없었다. 그때가 2월이었다. 내 기분이 어떠했을지 상상할 수 있겠는가?"(Missildine, 1963, 204) 그 후에도 그는 고아원과 소년원과 교도소 같은 수감시설에 있었으며, 그 시설에서 겪었던 끔찍한 경험들을 털어놓았다.

안정된 사회를 유지하기 위해서는 질서와 규범이 있어야 한다. 그 질서와 규범을 어긴 사람에게는 그것에 해당하는 제재와 처벌이 필요하다. 그러나 우리가 살고 있는 사회 안에서는 제재와 처벌이라는 이름으로 학대와 같이 부당한 일들이 자행될 수도 있다는 것을 잊지 않아야 한다. 그런 부당한 일들은 어느 사회에서나 발견된다. 그것은 문명사회의 어둠과 그림자이다.

학대의 원인

학대는 상해와 죽음에 대한 위협, 사소한 규칙에 대한 집요한 강요, 일관성 없는 규칙의 적용, 통제되지 않은 분노의 폭발, 학대자의 이기적인 착취, 그리고 폭언과 폭력, 고립과 은폐를 통해서 나타난다. 그것은 신체적으로, 정서적으로, 성적으로, 그리고 사회적으로 발생한다.

앞에서 밝힌 것처럼, 대부분의 아동학대의 중심에는 부모가 있다. 부모는 아동학대의 주역이 되어 왔다. 그럼, 부모가 자녀를 학대하는 이유는 무엇일까? 그 이유는 부모마다 다를 것이다. 자녀학대의 원인으로서 가장 먼저 지적되어야 할 것이 있다. 부부의 불행한 결혼 생활이다. 자녀학대가 발생되는 가정의 경우 행복한 결혼 생활을 하는 부부는 거의 없다. 부부의 불행한 결혼 생활과 자녀학대는 상당한 연관성이 있는 것으로 보인다. 물론 부부의 갈등과 불행이 자녀학대라는 양육태도로만 나타나는 것은 아니다. 자녀를 방치하거나 거절하거나 또는 과보호하는 경우로도 나타난다. 예를 들어, 남편과 갈등상태에 있는 아내는 자신의 아들을 과보호함으로써 남편으로부터 받지 못한 애정과 친밀감을 보상하려고 할 수 있다. 이때 자녀는 엄마와 밀착됨으로써 엄마의 작은 남편 역할을 하기도 한다. 그러나 이런 경우에도 자녀학대가 발생할 수 있다. 부모가 자신의 정서적인 욕구를 채우기 위해 자녀를 이용하고 있다면 그것은 자녀학대에 해당된다. 한 전문가의 말을 인용한 브래드쇼의 기록에 의하면, 부모 중의 한 사람이 자녀와 갖는 관계가 자신의 배우자와 갖는 관계보다 더 가까우면 정서적 또는 성적 학대라고 볼 수 있다고 했다(Bradshaw; 김홍찬, 고영주 역, 2008, 74). 아무튼 부부의 갈등이 자녀를 학대하는 주된 원인이 된다는 것만은 분명하다. 그런 사실은 많은 상담사례에서 발견된다. 자녀학대는 부모가 자주 심하게 다투는 가정, 또는 부모 중 한 명이 가출했거나 이혼으로 인한 한부모 가정에서 많이 발생한다. 남편과의 계속된 갈등으로 분노를 지니고 있었던 어느 여인은 자신의 아들이 남편의 말과 행동을 닮았다는 이유로 어린 아들을 미워하고 학대하였다. 여인은 분노의 대상을 남편에서 아들로 치환하였고 그것은 아들을 학대하는 행동으로 나타났다. 아버지로부터 두개골이 파열될 만큼 학대를 받은 어느 피해 아동은 아버지가 생모와 이혼하였고 다시 재혼했지만 재혼모도 아버지의 폭행으로 집을 나갔다고 말했다. 어떤 여인은 남편과의 불행한 결혼 생활을 청산하기 위해 이혼을 했으나 그 후 극심한 우울증에 시달렸다. 그녀의 우울증은 분노로 폭발되곤 했는데 그때마다 자녀의 몸에 피가 나고 멍이 들도록 마구 때렸다. 부부의 갈등과 이혼은 자녀를 학대하는 원인이 될 수 있다.

불행한 결혼 생활 외에 부모의 자기실패는 자녀를 학대하는 또 다른 원인이 되곤 한다. 부모의 자기실패는 사업의 실패, 직장생활의 실패, 경제적 손실, 개인적 목표의 좌절, 인간관계의 결렬, 명예의 실추, 부부 외에 가족관계의 갈등, 우발적인 위기의 발생 등 다양하게 나타난다. 자기실패는 분노와 좌절 그리고 스트레스를 유발한다. 이때 부모는 자기실패에서 발생한 분노와 스트레스를 해소할 수 있는 대상을 무의식적으로 찾게 되는데, 가장 손쉬운 대상은 어린 자녀이다. 왜냐하면 자녀는 부모에게 저항할 수 있는 힘을 갖고 있지 않으며, 또한 학대를 받을지라도 부모를 떠날 수 없는 의존상태에 있기 때문이다. 이 경우 자녀는 부모의 쌓인 분노를 해소하는 배출구로 이용되는 셈이다. 그러나 그 분노의 원인은 자녀에게 있지 않다. 그것은 부모 자신에게 있거나 외부의 다른 대상과의 왜곡된 관계에서 비롯된 것이다. 미실다인은 이렇게 기록했다. "어린아이는 매우 의존적이기 때문에 부모 자신의 험악한 감정들을 해소할 수 있는 안전한 배출구가 된다."(Missildine, 1963, 188)

알코올 중독은 자녀학대의 직접적인 원인이 된다. 자녀를 학대하는 대부분의 부모들은 술을 정기적으로 마신다. 대개 자녀학대 사례는 이렇게 진행된다. 술에 취해서 들어온 아버지가 엄마에게 폭언을 한다. 싸움이 시작된다. 폭력이 나타난다. 자녀는 불안에 떨고 있다. 이윽고 아버지는 자녀들에게로 화살을 돌린다. 소리를 지르고 명령을 한다. 마음에 들지 않는다고 따귀를 때린다. 결혼 생활에서 불행과 자기실패를 겪고 있는 부부는 그 고통을 잊기 위해 술을 마시는 경우가 많다. 술은 부작용을 일으킨다. 술은 사고와 판단 그리고 자기통제 능력을 약화시킨다. 그 결과, 부모는 자기실패에서 비롯된 분노와 스트레스를 자녀에게 쏟아 놓는 부당한 학대 행동을 하면서 그것을 스스로 통제하지 못한다. 아내와 이혼한 어느 남자는 자신의 불행감을 잊기 위해 술을 마셨고 그때마다 자신의 두 아들을 난폭하게 구타했다. 그가 술을 마시고 자녀를 학대하는 것은 매일 반복되는 일상이었다. 남편과의 이혼으로 우울증에 빠진 어느 여인은 매일 밤마다 술을 마셨다. 그녀는 초등학교에 다니는 두 딸을 방치하고 학대했는데, 딸들은 엄마 대신 밥을 하고 청소를 했으며 엄마가 술을 마시는 동안 엄마의 학대를 피해 밤 늦도록 집 밖에 나가 있어야 했다.

간혹 자녀의 학대와 징벌은 그런 행동이 자녀양육에 필요한 교육과정이 된다는 오해 때문에 발생한다(Missildine, 1963, 189). 오해의 근거는 이렇다. 자녀의 잘못된 행동을 고쳐 주기 위해서는 자녀에게 고통을 느끼게 해 줘야 한다는 것이다. 이런 부모의 마음속에는 세상을 선과 악으로만 보려는 지나치게 이분법적 태도가 있다. 이런 경우 대개 부모는 학대를 통해서 자녀를 통제하고 자녀가 부모를 존경하도록 만드는 계기로 삼으려고 한다. 그러나 학대와 징벌을 받은 자녀가 부모를 존경하게 되는 경우는 거의 없다. 자녀는 부모에 대한 분노와 적대감을 느끼며, 하루 빨리 부모의 통제에서 벗어나려고 노력한다. 학대와 징벌은 어떤 경우에도 자녀교육의 수단으로 추천될 수 없다. 그것은 실패한 자녀교육이 될 것이며, 반면에 그것은 자녀에게 분노와 증오, 불경과 두려움을 가르치는 데는 매우 효과가 있을 것이다.

부모가 자녀를 학대하는 이유로 빼놓을 수 없는 것이 있다. 어린 시절에 부모로부터 방임되고 학대받은 부모는 자신의 자녀를 학대할 수 있다. 이것은 부모의 학대 행동을 보고 듣고 체험함으로써 형성된 내면부모라는 인격 때문인 것으로 보인다. 학대하는 부모가 자녀를 학대하고 징벌하는 것은 자신이 과거에 부모로부터 받았던 학대와 징벌에 대한 보복적 행동이 될 수 있다(Missildine, 1963, 192). 그러나 부모는 자신의 행동이 과거의 부모에 대한 보복적 행동이라는 것을 의식하지 못한다. 그것은 무의식 속에서 일어나는 정신기제의 현상이다. 물론 과거에 부모로부터 학대받은 부모가 모두 자신의 자녀를 학대하는 것은 아니다. 오히려 자녀에게 집착하고 자녀를 과보호할 수 있다. 이런 경우 부모가 자녀를 과보호하는 것은 자신의 학대받은 내면아이에 대한 보상적인 행위인 경우가 많다.

부모의 자녀학대와 징벌의 원인이 모두 부모에게만 있다고 말하는 것은 균형감을 잃은 주장으로 들릴 수 있다. 왜냐하면 자녀는 종종 부모에게 떼쓰고 요구하고 소리 지르며 부모의 분노를 자극하기도 하기 때문이다. 그러나 그럼에도 불구하고 자녀에 대한 학대나 가혹한 징벌의 원인은 부모에게 있다고 보아야 한다. 왜냐하면 학대와 징벌은 강한 힘을 가진 자만이 할 수 있는 폭군적인 행동이기 때문이다.

학대의 양육태도는 종종 다른 양육태도와 연합되어 나타난다. 학대는 완벽주의나 강압적인 양육태도를 지닌 부모에게서 자주 나타난다. 왜냐하면 완벽주의나 강압의 양육태도는 학대와 연결될 수 있는 특성이 있기 때문이다. 자녀에 대한 지나친 기대와 억압은 학대에 대한 이유가 될 수 있다. 강압은 완벽주의보다 무서운 것이지만, 학대는 그런 강압보다 잔인한 것이다. 또한 학대는 과보호나 과허용의 양육태도와도 연합될 수 있다. 자녀를 학대한 부모는 자녀의 상한 몸을 보면서 죄책감을 느끼곤 하는데, 이때 부모는 자녀를 과보호하거나 과허용함으로써 죄책감에서 벗어나려고 한다. 그러나 이것은 부모의 일관성 없는 양육태도로, 학대에서 비롯되는 문제만이 아니라 과보호나 과허용에서 비롯되는 문제들을 제공하는 결과가 된다. 학대는 거절의 양육태도와 연합되기도 하는데, 이 경우 자녀는 부모의 부담스러운 짐이 되어 단순히 존재하고 있다는 이유만으로도 학대받게 된다(Missildine, 1963, 189).

◈ 학대하는 내면부모

자녀는 부모를 닮는다. 외모만이 아니라 내면까지 부모를 닮는다. 거기에는 유전적인 원인과 함께 환경적인 원인이 있다. 학대하는 부모의 양육을 받으며 자란 자녀의 내면에는 그런 학대의 모습을 지닌 내면부모라는 인격이 형성된다. 학대하는 내면부모는 자녀가 성장과정 중에서 자신과 형제들을 학대하는 부모의 말과 행동을 보고 듣고 체험함으로써 모방적으로 학습된 인격이다. 자녀의 모방능력은 내면부모를 형성하는 중요한 정신과정이 된다. 학대는 이기적인 목적에서 상대방에게 고통을 주는 것이다. 그것은 신체적으로, 언어적으로, 정서적으로 그리고 성적으로 나타난다. 이런 학대의 태도가 형성되는 이유 중의 하나는 부모의 영향 때문이다. 부모로부터 학대와 징벌을 받은 사람은 다른 사람을 학대하고 징벌할 가능성이 높다. 왜냐하면 그 사람의 마음속에는 부모의 모습을 닮은 학대하는 내면부모라는 인격이 만들어져 있기 때문이다.

학대하는 내면부모는 자기 자신, 곧 내면아이를 학대하고 징벌한다. 그 내면아이는 어린 시절에 부모에게 학대받은 내면아이다. 그러나 이제는 자기 안에 있는 학대하는 내면부모로부터 계속해서 학대를 받는다. 내면부모의 학대는 과거의 물리적인 부모의 학대보다 더 집요하고 지속적이다. 왜냐하면 어디에 가든지 무엇을 하든지 항상 함께 있기 때문이다. 미실다인은 '학대하는 내면부모'라는 용어를 사용하지는 않았다. 그러나 어린 시절에 징벌받은 사람의 내면에는 그런 특성을 지닌 정신 기능이 있다는 것을 여러 번 말했다. "당신은 과거에 당신의 부모가 그랬던 것과 똑같은 방식으로 당신 자신에게 벌을 주려 할 것이다. 부모가 일관성이 없었다면 당신도 그럴 것이다. 부모가 당신의 욕구를 무시하는 엄격한 규칙을 세웠다면 당신도 그렇게 할 것이다. 하지만 당신의 욕구는 스스로 만든 규칙을 위반하도록 당신 자신을 계속 몰아붙일 것이고, 그 결과 당신은 자신을 더 징벌하게 될 것이다."(Missildine, 1963, 192)

학대하는 내면부모는 자기 안에 있는 내면아이를 지속적으로 학대한다. 자기 자신(내면아이)을 미워하고 싫어하며 때로는 자기 자신에게 적개심을 느낀다. 자기 자신에 대한 분노가 많으며 신체적으로나 정서적으로 자신에게 고통을 준다. 아동기의 학대와 자해적 행동 사이에는 상당한 연관성이 있는 것으로 알려졌다. 반복적으로 자해하거나 충동적으로 자기 신체를 공격하는 것은 아동기 초기에 학대를 받았던 생존자들에게서 많이 나타나는 행동특성이다(Herman, 1997, 109).

학대하는 내면부모는 자기 자신을 처벌하고 징벌하는 데 익숙하다. 자기 자신에 대한 미움과 분노로 자기를 처벌한다. 그러나 그런 자기처벌과 자기학대에 일관성이 없다. 동일한 자기 잘못이나 실수의 행동에 대해서 때로는 자기를 심하게 징벌하고 때로는 그냥 넘어간다. 학대하는 내면부모는 자기 자신을 스스로 나쁜 인간으로 평가하고 자기 자신을 믿지 못한다. 부모에게 들었던 말을 스스로 자기 자신(내면아이)에게 반복한다. "너는 애가 어쩌면 그러니? 너밖에 모르는구나. 누가 너 같은 애를 좋아하겠니?" "애가 왜 이렇게 잔인하니? 너는 근본적으로 잘못됐어!" "네가 할 줄 아는 게 뭐가 있어? 네가 뭘 하겠니? 뻔하지 뭐!" "이번에는 혹시나 했는데 역시나 너는 안 돼!" 과거에 부모로부터 들었던 욕설과 저주의 말을 스스로 자신에게 반복한다. "바보, 멍청이, 병신……, 웬수……, 미친놈, 쓸개 빠진 년." 그리고 이렇게 말한다. "내가 미친놈이지. 내가 쓸개가 빠졌지. 내가 죽일 년이지." 참으로 안타깝고 어이없는 일이다. 지금은 과거의 부모와 함께 살고 있지 않다. 그러나 그럼에도 불구하고 과거에 들었던 부정적인 학대의 말들을 계속 듣는다. 삶이 괴롭고 행복하지 않다. 학대하는 내면부모의 영향 때문이다.

브래드쇼는 몇 사람의 전문적인 견해를 근거로 우리의 마음속에는 수없이 많은 부정적인 목소리들이 입력되어 있다고 주장했다. 교류분석의 창시자 에릭 번(Eric Berne)에 따르면, 그 목소리는 우리에게 부모 노릇을 하려는 음성으로서 마치 카세트 테이프에 녹음되어 있는 것처럼 마음속에 저장되어 있다고 했다. 게슈탈트 심리학을 창안한 프리츠 펄스(Fritz Perls)는 그것을 우리 안에 '내면화된 부모의 목소리(introjected parental voices)'라고 불렀다. 추정된 연구 결과에 따르면, 우리의 마음속에는 약 25,000시간 분량의 내면의 목소리들이 입력되어 있다고 한다. 브래드쇼는 로버트 파이어스톤(Robert Firestone)의 말을 다음과 같이 인용했다(Bradshaw; 김홍찬, 고영주 역, 2008, 200). "이 목소리는 자신을 파멸시키는 교활한 음성으로 묘사될 수 있다. 우리 안에 존재하면서 계속 진행되고 있고 다양한 방법으로 활동하며 모든 사람 안에 다 존재한다. 이 목소리는 어린 시절에 부모가 적대적으로 투사한 말들이 내면으로 들어와 자리를 잡게 된 것이다."

학대하는 내면부모는 자기 자신(내면아이)을 학대함으로써 과거에 자기를 학대했던 부모와 동일한 역할을 한다. 그것은 자기(내면부모)를 과거의 부모와 동일시한 결과로서 어떤 심리적인 이득이 있기 때문이다. 즉 그것은 부모로부터의 학대와 징벌의 두려움에서 벗어날 수 있는 효과적인 방법이 된다. 학대하는 내면부모의 자기학대는 부모 노릇을 통한 자기 위안의 과정이 되는 셈이다(Missildine, 1963, 183). 미실다인에 따르면, 이처럼 자기를 학대하는 사람들은 직업선택에 있어서 매우 힘들고 고된 일을 찾는 경향이 있다고 했다. 그들은 자기 몸을 혹사시킴으로써 자신을 처벌한다. 동시에 그것은 그의 내면아이가 자신의 만성적인 죄책감으로부터 벗어나는 효과가 있다.

앞에서 언급한 것처럼, 학대에는 학대하는 자와 학대받는 자라는 두 대상이 존재한다. 학대의 양육환경에 있어서, 학대하는 자는 부모이고 학대받는 자는 자녀이다. 일반적으로 학대하는 자는 학대와 관련된 정신적인 성향을 지니고 있는데, 그것을 가학증(sadism)이라고 한다. 그리고 학대받는 자는 자신이 학대받는 것을 예상하거나 기대하는 성향이 있는데, 그런 성향을 피학증(masochism)이라고 한다. 이런 설명은 부모로부터 학대받은 자녀의 자기학대의 경우에도 그대로 적용된다. 즉 자녀의 한 인격 안에 가학증을 지닌 내면부모와 피학증을 지닌 내면아이가 함께 존재하는 것이다. 이것은 왜 동일한 사람의 행동 속에서 가학적 행동과 피학적 행동이 동시에 나타나는지에 대한 설명이 될 수 있다.

가학증과 피학증에 대한 심리학적인 설명을 처음으로 시도한 사람은 프로이트이다. 프로이트는 가학증과 피학증을 성적 본능의 보편적인 구성요소로 보았다. 프로이트에 따르면, 가학증은 남에게 고통과 굴욕을 주는 행동에서 성적인 쾌감을 얻는 성향이며, 반대로 피학증은 자신이 신체적으로나 정신적으로 고통을 받음으로써 성적인 쾌감과 만족을 추구하는 성향을 말한다. 가학증은 심리성적 발달의 첫 단계인 구강기에 형성된다. 이때 유아는 자신의 좌절된 욕구나 분노를 해소하기 위하여 엄마의 젖을 깨무는 행동을 하게 되는데. 그것은 유아에게 쾌감을 불러일으킨다. 피학증은 두 번째 단계인 항문기에 나타난다. 배변운동이 가능할 만큼 괄약근이 발달하면, 유아는 배설의 쾌락을 느끼기 위해 배설물을 자기 몸에 가두어 둠으로써 자기통제에 의한 내적 고통을 만들어 낸다. 이것은 스스로 선택한 피학적 행동이다(The American Psychoanalytic Association, 1990, 170-171). 프로이트는 가학증과 피학증이 기본적으로 성적 본능과 관련된 것으로 보았지만, 그 외의 상황에서도 나타난다. 폭력과 고문 등의 신체적인 학대와 비난과 폭언과 억압 등의 정서적인 학대가 발생되는 경우, 가학증과 피학증의 문제가 대두된다.

프로이트는 가학증과 피학증의 발생기원이 유아의 자기 내적 상황인 구강기와 항문기에서 나타난 성적 발달 과정에 있는 것으로 보았다. 환경적인 요인은 별로 중요하게 생각하지 않았다. 그러나 대상관계 이론가들은 자녀의 성격 발달에 있어서 부모의 양육환경의 중요성을 대부분 강조하고 있다. 따라서 가학증과 피학증의 형성 요인이 부모의 양육환경에도 있다고 보아야 한다. 그리고 부모의 양육환경에서 그 요인을 찾는다면 그것은 학대의 양육태도일 것이다.

프로이트는 가학증과 피학증이 서로 연결 관계가 있다는 것을 지적했다. 즉 가학증과 피학증은 따로 존재하지 않는다. 한 사람의 무의식 속에서 연결된다. 예를 들어, 가학적인 성애자는 상대방에게 고통을 주어 쾌감을 얻음과 동시에 자신을 그 상대방과 동일시함으로써 피학적인 쾌감을 느낀다. 피학적인 쾌감은 가학적인 행동에 대한 죄책감을 느끼면서 강화된다. 또한 피학적 성애자는 자신이 고통을 받음으로써 쾌감을 느끼는 동시에 상대방에게 죄책감을 불러일으킴으로써 가학적인 쾌감을 얻는다. 성도착적인 행동의 경우, 실제로 두 사람의 성적 파트너 사이에 가학적 역할과 피학적 역할을 교대로 하는 것으로 알려져 있다. 이런 현상은 성행위 과정에서만 나타나는 것은 아니다. 부부관계를 비롯하여 수많은 인간관계에서 나타난다. 즉 어떤 경우에는 가학적이 되고 어떤 경우에는 피학적이 된다. 한 인격 안에서 가학증과 피학증이 교대로 나타난다. 나는 한 사람의 인격 안에 학대하는 내면부모와 학대받은 내면아이가 있다는 주장이 이런 심리적 현상을 설명해 줄 수 있는 이론적인 배경이 될 수 있다고 생각한다.

학대하는 내면부모는 자기 자신(내면아이)을 학대할 뿐만 아니라, 외부의 다른 사람들을 학대하고 징벌한다. 다른 사람들은 자녀, 나이 어린 사람, 사회적 지위가 낮은 사람

그리고 배우자 등이다. 그들은 자기보다 힘이 없고 연약한 사람들이다. 그런 사람들을 만나면 내면아이가 아니라 내면부모가 활동을 준비한다. 내면부모는 과거에 자신이 학대받고 징벌받았던 것처럼 그들을 학대하고 징벌한다. 때로는 놀라울 정도로 과거의 부모와 동일하게 행동한다(Missildine, 1963, 182-184). 이것은 부모의 학대 행동을 체험함으로써 만들어진 모방과 학습의 결과이다. 아동들이 학대받은 결과로 흔히 보고되는 증상이나 행동 가운데 하나는 공격적인 행동이 증가한다는 것이다. 신체학대를 당한 아동들을 대상으로 조사한 결과에 따르면, 그들의 행동에서 언어, 신체적인 공격 행동이 많이 나타나고 있음이 보고된다. 특히 가정에서 부모가 자녀에게 보여 준 공격 행동은 자녀가 어려움이나 욕구불만의 상태에 있을 때 그대로 따라서 활용하게 되는 정신기제가 된다(Urquiza & Cynthia; 노충래 역, 2003, 49). 외부대상들에 대한 내면부모의 학대와 징벌은 자신이 경험했던 것처럼 언어적으로, 정서적으로, 신체적으로 그리고 성적으로 나타날 수 있다. 비난과 경멸과 폭언, 그리고 신체적으로 고통 주기, 혹사시키기, 굴복시키기 등은 학대하는 내면부모가 많이 사용하는 방법이다.

　다른 내면부모와 마찬가지로 학대하는 내면부모가 가장 활성화되는 외부대상은 자녀이다. 내면부모는 항상 자녀와의 관계에서 그 기능이 강화된다. 즉 과거에 부모로부터 학대와 징벌을 받은 것처럼 자신의 자녀를 학대하고 징벌한다. 세대 간에 학대가 계속되는 것이다. 세대 간의 학대는 삼사대를 통해서 일어날 수 있다. 특히 근친상간에 의한 성적인 학대는 세대에 걸쳐서 은밀하게 발생되기도 한다. 미실다인은 이렇게 기록했다. "어려서 가혹하게 징벌받은 부모는 흔히 자신의 자녀만큼은 결코 그런 식으로 징벌하지 않을 것이라고 맹세한다. 그러나 부모가 되어 가면서, 그는 자신의 부모가 했던 것과 아주 동일하게 행동하고 있는 것을 발견하게 될 것이다. 비록 그런 행동이 잘못된 것이라고 느껴질지라도, 실제로 자녀를 다뤄줘야 할 상황이 되면 그의 분노가 격앙되고, 그 결과 과거에 자신이 취급받았던 것처럼 보복적으로 자녀를 취급 하고자 하는 동기가 강화된다."(Missildine, 1963, 207)

　브래드쇼는 앨리스 밀러(Alice Miller)가 사용한 '강박적 재연(repetition compulsion)'이란 용어에 주목했다. 사람은 과거에 자신이 경험한 것을 다시 반복하고자 하는 성향을 지니고 있는데, 이런 성향은 학대의 양육환경에서 자란 자녀의 경우에 더 강하게 나타난다. 밀러에 따르면, 대부분의 범죄 행위는 자신이 당하고 받은 것을 밖으로 표출하는 행위이다. 표출하는 행위가 재연이다. 따라서 현재의 가해자는 과거에 피해자였다는 말이 가능하다. 어린 시절에 부모의 학대를 받으며 자란 자녀는 다음의 두 가지 행동을 반복하는 경향이 있다. 첫째, 자녀는 과거에 학대받았던 것처럼 계속 학대받는 상황을 반복한다. 둘째, 가해자가 되어 자기가 학대받았던 것처럼 다른 사람을 학대한다. 즉 피해자와 가해자의 역할을 반복한다. 이것이 강박적 재연이다(Bradshaw; 김홍찬, 고영주 역, 2008, 38-39). 왜 한 인격 안에서 피해자와 가해자의 역할이 반복되는 것일까? 나의 생각에 그 이유는 학대받은 내면아이(피해자 역할)와 학대하는 내면부모(가해자 역할)의 기능 때문으로 보인다. 학대하는 내면부모를 지닌 사람은 동시에 학대받은 내면아이를 지니고 있다. 따라서 자신의 자녀를 정서적으로, 신체적으로 학대하는 부모는 자신도 어린 시절에 부모로부터 그렇게 학대당한 사람이라 할 수 있다. 이때 부모는 자신의 자녀를 학대함으로써 과거에 자신을 학대했던 부모에 대한 분노를 표출한다.

샐터(Salter)와 그의 동료들은 피학대 아동에게서 나타나는 피해자와 가해자의 역할을 두 가지 심리적 기제로 설명했다. 이들의 견해에 따르면, 아동이 학대를 받을 때 고통에 대해 나타내는 반응에는 두 가지가 있다. 하나는 내재화(internalizing)와 과잉통제로서, 이것은 자신의 감정을 지나치게 억압하고 수줍어하며 불안해하는 행동으로 나타난다. 다른 하나는 외현화(externalizing)와 통제불능으로서, 이것은 자신의 감정을 밖으로 과격하게 표출하고 행동화하며 공격하는 행동으로 나타난다(Urquiza & Cynthia; 노충래 역, 2003, 48). 내재화는 학대받은 내면아이의 기제로서 피해자 역할과 관계가 있고, 외현화는 학대하는 내면부모의 기제로서 가해자 역할과 관계가 있을 것이다.

학대하는 내면부모는 어린 시절 부모의 학대하는 행동을 보고 듣고 체험함으로써 모방적으로 형성된 인격이다. 부모에 대한 자녀의 모방학습은 내면부모가 형성되는 중요한 과정이 된다. 그런데 학대하는 내면부모가 형성되는 또 하나의 정신 과정이 있다. 그것은 정신과 의사인 브루노 베틀하임(Bruno Bettelheim)이 말한 '가해자와의 동일시(identifying with the offender)'라는 개념이다. 자녀가 부모로부터 정서적으로 상처를 입거나 신체적으로 학대를 받을 때, 자녀는 그 상태에 있는 것이 너무 고통스럽기 때문에 그 고통을 덜 느낄 수 있는 방법을 찾는다. 그것은 자신을 가해자인 부모와 동일시함으로써 자기 정체성의 변형을 일으키는 것이다. 이렇게 함으로써 자녀는 그 참혹한 시간들을 견뎌 낸다. 자녀는 자신을 학대하는 부모와 동일시함으로써 자신이 학대받은 연약한 피해자로부터 막강한 힘을 가진 가해자가 되어 보려고 한다. 이런 가해자와의 동일시에 의한 정체성의 변형은 그 후 다른 사람들과의 관계에서 나타날 수 있는데, 그 주된 대상이 되는 것은 자신의 자녀나 동생이나 배우자 등이다(Bradshaw, 1990, 10). 베틀하임이 제시한 가해자와의 동일시는 학대하는 내면부모라는 인격이 형성되는 심리적인 기제가 된다.

많은 사례에서 아동기에 학대받은 부모는 자신의 자녀를 제대로 돌보지 못하며 방임하고 학대하는 것으로 알려졌다. 그러나 아동기에 학대받은 모든 부모가 그런 것은 아니다. 어떤 부모들은 어린 시절에 학대받았지만 자녀가 자기처럼 고통스러운 삶을 살게 되지 않을까 염려하며 자녀를 보호한다. 그들은 자신이 받아 본 적이 없는 사랑과 보살핌을 제공하기도 한다. 따라서 '학대의 세대적 순환'이라는 말은 신중하게 사용되어야 한다(Herman, 1997, 114).

☞ 사례

...

학대받은 자가 남을 학대한 극단적인 사례는 제2차 세계대전 당시의 히틀러이다. 알려진 바에 의하면, 히틀러는 어렸을 때 아버지로부터 상습적으로 학대를 받았다고 한다. 히틀러의 삶을 연구한 앨리스 밀러(Alice Miller)는 그가 어렸을 때 신체적으로, 그리고 정서적으로 심한 학대를 받았다는 믿을 만한 증거를 내놓았다. 그의 아버지는 유태인 부호의 사생아로서 성격이 포악했으며, 자녀를 학대함으로써 자신의 분노를 풀곤 하였다. 그는 히틀러를 매로 다스렸다. 히틀러가 그린 그림이 있다고 한다. 한 어린아이를 가슴에 안고 있는 자비로운 어른의 모습이다. 이것은 히틀러가 어린 시절에 아버지의 사랑을 받아 보지 못한 아픔이 표현된 그림이라는 설명이 있다. 물론 그 어린이는 자기 자신을 표현한 것으로 볼 수 있을 것이다. 그렇게 무서운 아버지로부터 사랑받지 못하고 학대받은 어린아이가 자라서 어른이 되었을 때 무슨 일이 일어났는가? 히틀러는 수백만의 죄 없는 유태인들을 죽임으로써 자신이 학대당한 어린 시절의 아픔을 보복적으로 재현했다고 보는 견해가 있다(Bradshaw; 오제은 역, 2006, 59). 그는 6백만이 넘는 유태인들을 가스실과 수용소에서 죽게 했다. 물론 그의 극악한 범죄의 모든 원인이 어린 시절 아버지의 학대에 있었다고 말하는 것은 만족스러운 대답이 되지 못한다. 개인이 지닌 이기심과 탐욕, 가진 자와 못 가진 자 사이에 발생하는 사회적 갈등, 그리고 당시 독일이라는 나라가 당면한 영토문제와 게르만 민족의 우수성을 내세움으로써 세계적인 패권을 장악하고 싶었던 사회적 분위기 등의 요인들이 고려되어야 한다. 그러나 어떤 요인들이 검토된다고 할지라도 역사상 유래가 없을 만큼 잔인하고 비인간적인 히틀러의 범죄행위는 아버지로부터 학대받은 한 어린아이의 심리적인 상처에도 그 원인이 있었다는 것을 부인할 수는 없다. 어린 시절 아버지로부터 학대받을 때 히틀러의 마음속에서는 자기를 가해자인 아버지와 동일시함으로써 고통을 피해 보려는 과정이 진행되고 있었을 것이다. 그리고 그런 동일시의 과정은 그의 내면 속에 학대하는 내면부모라는 인격이 형성되는 배경이 되었을 것이다. 그렇게 형성된 그의 내면부모는 유태인을 학살함으로써 자신의 학대받은 내면아이의 분노를 보복적으로 해소할 수 있었을 것이다.

다음은 브래드쇼의 글에 나오는 사례이다. 도슨(Dawson)은 부부의 갈등문제로 브래드쇼를 찾아왔다. 그는 나이트클럽의 경호원으로 일하고 있었는데, 한번은 찾아온 손님과 시비 중에 폭력을 사용하였다. 화가 난 도슨은 손님의 턱을 때려 상해를 입혔다. 그러나 그는 그 이야기를 장황하게 하면서 모든 원인은 상대방에게 있다고 했다. 계속되는 상담과정에서 나타난 현상이 있었다. 도슨은 자주 두려움을 느꼈다. 그리고 어렸을 때 있었던 고통스러웠던 경험을 기억해 냈다. 그의 아버지는 매우 폭력적이었으며 그를 신체적으로 심하게 학대했다. 그는 무서운 아버지의 폭력 앞에서 두려워하며 무기력하게 떨곤 하였다. 그는 그 두려움과 공포로부터 벗어나기 위해 자기 자신을 아버지와 동일시하기 시작했고 결국 아버지처럼 되고 말았다. 그는 어린 시절에 학대받았던 아픔을 자극하는 일이 발생할 때마다 두려움을 느꼈고 그 두려움에서 벗어나기 위해 아버지처럼 되어 자신이 당한 것과 똑같이 다른 사람들에게 상처를 입혔다(Bradshaw, 1990, 10).

진경(가명)이와 수경(가명)이는 초등학교에 다니는 자매이다. 그 아이들은 아버지의 학대와 상습적인 도벽 문제로 어느 아동학대 보호센터에 보내졌다. 두 자매는 손버릇이 좋지 않았다. 교회에 가서 헌금에 손을 대었고 이웃집에 놀러 갔다가 돈을 훔치기도 했다. 동네 가게에서도 돈을 훔쳤다. 한번은 학교에 갔는데, 교무실에 있는 선생님의 책상에서 돈을 훔친 것이 발각되기도 했다. 얼마 전에는 수경이가 아버지의 지갑에서 돈을 훔치다가 들켜서 심한 신체적 학대를 받았다. 아버지는 수경이의 목을 두 손으로 조여서 피멍이 들게 하였다. 진경이와 수경이는 품행장애로 문제행동 지도를 받아야 했다. 두 자매가 그런 상태가 된 것은 이유가 있기 때문이다. 엄마는 수년 전에 도박 중독으로 모아 둔 돈을 다 없애고 가출했다. 아버지는 그런 엄마와 법정 이혼을 하고 중국에서 온 조선족 여인과 동거하였다. 그러나 그 여인이 어느 날 갑자기 중국으로 떠나 버리자 아버지는 그 괴로움을 술로 달래기 시작했다. 매일 공사장에서 막일을 하고 돌아올 때마다 아버지는 술에 취해 있었다. 그리고 두 딸들을 신체적으로 학대하였다. 한번은 집안이 더럽다고 진경이를 야단치다가 분노를 참지 못하고 사정없이 밀어 버렸는데, 진경이의 머리가 책상 모서리에 부딪혀 2센티 가량 찢어져 피를 흘리고 있었다. 그런데도 아버지는 술에 만취해 그런 상황을 전혀 인지하지 못했다. 아버지는 술에 취해 유리컵을 진경이에게 던져 왼쪽 가슴 아랫부분이 찢어지게 한 적도 있었다. 또한 교회에서 헌금을 훔쳤다는 이유로 화가 난 아버지는 책상 유리를 깨고 그 위에 진경이를 던져 허벅지에 유리가 박히고 찢어지게 한 일도 있었다. 그 후 가족 상담을 받았다. 아버지는 자신의 잘못을 깊이 반성했으며 학대 행동의 시정을 약속했고 학대아동 보호센터에서 부모교육을 받았다. 진경이와 수경이의 품행장애와 도벽 증상도 없어졌다. 상담의 도움이었다. 그들의 잘못된 행동은 부모의 불행한 결혼 생활과 자기실패 그리고 학대와 심한 징벌의 결과로 나타난 것으로 볼 수 있다. 만약 그들이 회복되지 않았다면 성장해서 반사회적 인격장애의 문제를 지닐 수도 있을 것이다. 그들의 내면에는 아버지와 엄마를 닮고 동일시된 학대하는 내면부모라는 인격이 형성되었을 것이기 때문이다.

· · ·

🌀 학대받은 내면아이

아동기에 부모의 학대와 징벌 속에서 자란 자녀의 내면에는 그런 부모의 행동에 반응하고 적응함으로써 학대받은 내면아이라는 인격이 형성된다. 학대받은 내면아이의 문제와 특성은 인지행동의 문제, 정서반응의 문제, 자기표상과 정체감의 문제, 사회적 인간관계의 문제 등에서 다양하게 나타난다.

학대받은 내면아이는 학대의 종류에 따라 더 세분화 될 수 있다. 즉 신체적으로 학대받은 내면아이, 정서적으로 학대받은 내면아이, 성적으로 학대받은 내면아이 등으로 나눌 수 있다. 이처럼 세분화된 내면아이의 문제와 특성 사이에는 일반적으로 공통점이 더 많지만 차이가 나타나기도 한다. 신체적인 학대와 성적인 학대는 외상후 스트레스 장애의 원인이 될 수 있다는 데 공통점이 있다. 브래드쇼는 그의 책『가족(The Family)』에서 세 가지 학대로 인한 증상과 문제들을 구분해 놓았다. 그는 세 가지 학대가 각각 자존감을 어떻게 손상시키고 있는지를 점검해 볼 수 있는 체크리스트를 만들었다. 다음은 브래드쇼가 만든 체크리스트의 항목들이다(Bradshaw; 오제은 역, 2006, 228, 258, 289-290).

- 신체적인 학대로 인한 심리 행동적인 반응(이것은 신체적으로 학대받은 내면아이의 특성이라 할 수 있다.) → 학대를 정상으로 느낌, 망상과 부인, 비현실감, 일의 시작이나 문제해결 능력의 상실, 신뢰감의 결여, 범죄 행동, 적대감과 내면화된 분노, 강렬한 질투심과 소유욕, 외로움과 소외감과 단절감, 해리와 비인간화, 경직, 섭식장애, 무감각과 냉담, 자신과 타인의 대상화, 인성 발달의 고착, 매춘과 성적 분노, 지나친 경계심과 통제 상실의 두려움, 부모의 인정 갈망, 수치심, 실제 또는 상상에 의한 질병, 편향 의존성, 표출행동, 자기 경계선의 상실, 희생자 역할, 부모에 대한 격양된 분노, 가해자 역할, 만성적인 우울, 문제의 외면화와 무능, 악몽과 꿈의 억압, 강박 중독 행동, 인격의 분열

- 정서적인 학대로 인한 심리 행동적인 반응(이것은 정서적으로 학대받은 내면아이의 특성이라 할 수 있다.) → 버림받음의 두려움, 부인과 망상, 미분화된 감정, 외로움과 소외, 강박적 사고, 강박 중독 행동, 높은 수준의 불안, 친밀감의 결여, 애정과 에너지의 상

실, 수치심에 묶인 충동들과 욕구들, 분노와 죄책감의 순환, 수치심에 묶인 감정, 감정표현 금지 규칙, 지나친 통제 행동, 거짓자기, 공허감과 자기애의 박탈, 조종과 게임, 지나친 자기방임과 순종, 공포와 시달림, 불만족, 완벽주의와 엄격과 권위주의, 결핍욕구, 신체적인 학대와 성적인 학대, 정서적 대처 능력과 대화기술의 부족, 정서적 경계선의 침범, 분노와 슬픔과 공포와 즐거움과 수치심과 죄책감의 내면화, 가해자와 희생자의 이중역할, 내면적 자기 일치감의 상실, 지나치게 다른 사람의 감정 돌보기, 현재를 살지 못함, 편집증적인 사고와 행동, 감정의 억제

- 성적인 학대로 인한 심리 행동적인 반응(이것은 성적으로 학대받은 내면아이의 특성이라 할 수 있다.) → 나이에 맞지 않는 성지식과 성행동, 부인과 망상과 해리, 대치된 감정과 비인간화와 심리적 마비, 비현실감, 외로움과 소외감과 틀어박히기, 공포와 불안과 과도한 경계심, 강박 중독 행동, 적대감과 성적인 분노와 수동 공격적 행동, 내면화된 수치심, 희생자역할, 비행과 범죄 행동과 매춘, 희생자와 가해자가 되는 학대의 재연, 고용과 이직의 문제, 말 안 하기 규칙, 가해자역할, 감정의 신체화 증상, 인격의 분열과 다중인격, 섭식장애, 정체성 혼란, 만성적인 우울, 공격적이고 유혹적인 행동, 성 정체감과 성기능의 장애, 침범당한 성적 경계선, 친밀감의 결여, 자신과 타인의 성적 대상화, 사랑과 섹스의 혼동, 섹스 파트너에 대한 의존과 집착, 악몽과 수면장애, 세대 간의 연합과 역할 혼란, 유년기로의 퇴행 행동

앞에서 알 수 있듯이 신체적인 학대와 정서적인 학대와 성적인 학대로 인한 심리 행동적인 반응들은 서로 유사한 점들이 많다. 나는 세 가지의 학대로 인하여 형성된 내면아이의 특성들을 따로 분류해서 설명하지 않을 것이다. 하나의 학대받은 내면아이로 통합하여 설명하려고 한다. 나는 세 종류의 학대로 인한 내면아이의 문제와 특성들이 서로 다른 분야의 다른 문제라기보다는 동일한 분야를 세분화한 하위 분야의 문제라고 생각한다. 이제 언급하는 학대받은 내면아이의 문제와 특성들은 세 가지 내면아이의 특성들을 종합한 것이다. 다만, 성적으로 학대받은 내면아이는 별도의 문제를 더 지닐 수 있기 때문에 몇 가지의 특성들을 후반부에 추가할 것이다.

외상의 문제와 치유에 관해 연구한 주디스 허만(Judith Herman)은 이런 말을 남겼다.

"성인기에 반복적인 외상을 경험하면 이미 형성된 성격구조가 파괴된다. 그러나 아동기에 반복적인 외상을 경험하면 그것은 단지 성격이 파괴되는 것이 아니라 (외상 경험 자체가) 성격이 된다."(Herman, 1997, 96) 자녀학대는 자녀의 성격을 단지 파괴하는 것이 아니다. 처음부터 파괴된 성격을 갖게 하는 것이다. 그것은 학대받은 내면아이라는 인격 안에 그대로 나타난다. 학대받은 내면아이의 문제와 특성은 무엇일까? 많은 이야기가 필요하다.

학대받은 내면아이는 최면 몰입의 상태와 정신적인 해리(dissociation)의 성향을 자주 보인다. 해리란 인격의 분리 또는 의식의 변형상태로서, 그것은 흔히 정신이 '멍~'해지는 경험을 동반한다. 해리는 의식이 몸과 현실을 떠남으로써 고통을 완화하는 효과가 있다. 고통을 줄인다는 점에서 해리는 하나의 방어기제라 할 수 있다. 학대와 폭력으로 인한 고통이 너무나 견디기 어려운 것일 때 의식은 잠시 고통의 순간을 떠남으로써 고통을 경감시킨다(Bradshaw; 오제은 역, 2006, 224). 사람이 폭행 앞에 노출되면 심한 두려움과 공포를 느낀다. 그러나 어떤 저항으로도 공포를 피할 수 없을 때 해리는 불가피하다. 해리는 의식의 변형과 분리라는 점에서 최면 몰입 상태와 유사하다. 최면 몰입 상태에 들어가면 자기 주도적이고 비판적인 의식과 행동이 정지됨으로써 외부대상의 지시와 명령을 저항감 없이 따르게 된다. 동시에 현실감을 상실하고 심상적 지각이 강화되며 고통을 느끼는 통각 기능이 약화된다. 아픔에 대한 둔감화 현상이 나타난다. 해리와 최면 상태는 모두 고통의 감각 기능을 둔감하게 만드는 효과가 있다. 주디스 허만은 심리학자 어네스트 힐가드(Ernest Hilgard)가 말한 것처럼, 최면은 모르핀 효과가 있다고 기록했다. 실제로 최면은 고통에 대한 통각 기능을 마비시키기 위해 아편의 대체물로 사용되는 예가 있다고 한다. 최면과 모르핀은 모두 감정 경험을 차단하는 해리 현상을 유발한다(Herman, 1997, 44).

그러나 해리는 단지 방어기제일 뿐만 아니라 성격을 조직하는 구성요소가 된다. 자녀가 반복적으로 부모로부터 학대를 받으면 학대를 받을 때마다 최면 몰입과 해리를 경험하게 됨으로써 최면과 해리가 성격화된다. 그것은 학대받은 내면아이의 정신적인 특성이다. 이처럼 최면과 해리가 성격화되면 이제는 학대 상황이 아닌 데도 불구하고 고통스러운 일이 발생하거나 스트레스를 받으면 최면 몰입과 해리가 나타난다. 그것이 고통을 줄이는 데 도움이 되기 때문이다. 최면 몰입이나 해리 경험이 잘 이뤄지지 않으면 알코올이나 마약을 흡수하기도 한다. 왜냐하면 알코올이나 마약은 최면 몰입과 해리 경험을 촉진하는 효과가 있기 때문이다. 그러나 알코올이나 마약에 의한 해리 상태는 외상 사건에 대한 직면과 재구성을 방해하고 현실감을 빼앗아 감으로써 치유에 필요한 통합의 과정을 방해한다(Herman, 1997, 45).

해리는 다양한 해리성 장애의 원인이 된다. 해리성 장애에는 기억작용을 방해하는 해리성 건망증과 해리성 기억상실, 그리고 자기 정체감의 문제를 일으키는 해리성 정체감 장애 또는 다중 인격장애 등이 있다. 학대받은 내면아이는 다중 인격장애라는 정신질환으로 나타날 수 있다. 다중 인격장애는 한 사람의 의식 안에 서로 다른 여러 명의 인격이 동시에 존재함으로써 인격의 통일성을 잃어버리는 장애이다. 이것은 학대와 같은 심각한 외상이나 장기간의 스트레스에 그 원인이 있는 것으로 알려졌다. 로버트 메이어(Robert G. Meyer)와 이보네 오스번(Yvonne Hardaway Osborne)은 다중 인격장애의 발생 요인으로 다음의 일곱 가지 상황을 제시한다. ① 어릴 적에 학대를 받은 경험이 있다. ② 너무 과도한 스트레스를 받고 있다. ③ 다소 모순된 성격요인들을 가진 적이 있다. ④ 어머니로부터 거절당한 경험이 있다. ⑤ 감수성이 너무 예민하고 외부의 영향을 쉽게 받으며 의존적이다. ⑥ 과도할 정도로 극단적인 행동을 하는 경향이 있다. ⑦ 비현실적으로 높은 성취기준을 가지고 있다(Meyer & Osborne; 김영애 역, 1997, 97).

나는 계속해서 한사람 안에 두 가지의 인격, 즉 내면부모와 내면아이가 있다는 것을 강조해 왔다. 그것은 한사람의 인격이 둘로 분열되어 있다는 것을 암시한다. 따라서 모든 사람은 어느 정도의 해리 현상을 지니고 살아간다고 말해야 할 것이다. 인격의 통합은 내면부모와 내면아이의 갈등을 최소화함으로써 두 인격 사이의 평화와 조화를 목표로 한다. 그럼 어떻게 한 개인의 정신과 신경체계 속에 서로 다른 인격들이 동시에 존재하게 되는 것일까? 메이어와 오스번은 '상황의존 학습(Situation Dependence Learning)' 모델 이론을 제시한다. 한 개인으로서의 유기체가 주어진 시간에 존재하는 상태는 개인의 신체적, 심리적 조건뿐만 아니라 환경적 조건의 영향으로 인한 결과이다. 특수한 상황에서 학습된 정보는 그 상황과 동일하거나 유사한 상황에서 가장 잘 회상되며, 그때 발생한 정신적인 반응은 동일하거나 유사한 상황에서 가장 잘 반복된다. 다중 인격을 만들어 내는 학습된 정보는 학대와 폭력 같은 스트레스 상황에 대한 것이다. 다중 인격을 지닌 사람은 스트레스 상황이 발생하면 그 정보에 대한 기억과 함께 과거와 유사한 정신적인 반응을 나타냄으로써 평상시와 다른 인격을 지닌 사람처럼 행동한다(Meyer & Osborne; 김영애 역, 1997, 97-98). 대개 다중 인격장애가 발생하는 과정은 다음과 같다. 어린 시절의 학대로 인하여 최초의 해리를 경험하면서 하나의 해리된 인격(자아)이 나타난다. 그 후 다른 학대나 외상으로 인하여 두 번째 해리가 일어나고 또 하나의 다른 인격(자아)이 생긴다. 이렇게 해서 한 사람 안에 여러 인격이 존재하게 된다.

학대받은 내면아이는 과거의 중요한 사실을 잊어버리고 그 사실을 의도적으로 부정하며 자주 공상과 환상에 빠진다. 망각과 부정과 공상은 학대받은 내면아이가 사용하는 대표적인 방어기제이다. 망각은 해리성 건망증 또는 기억상실과 관계가 있다. 인간의 정신 속에는 너무나 충격적인 사건이 발생했을 때, 그 사건에 대한 기억을 지움으로써 스스로 자신을 보호하는 기능이 있다. 그러므로 망각은 자녀가 계속되는 부모의 학대 속에서 살아남기 위해 불가피한 반응일지도 모른다. 부정은 학대의 사실을 의도적으로 또는 비의도적으로 부인하는 것이다. 자신의 부모로부터 학대받은 자녀는 그런 학대가 아예 발생하지 않았다고 믿고 싶은 소망이 있다. 왜냐하면 학대를 인정하는 상태에서는 부모와 자녀라는 가족관계가 유지될 수 없기 때문이다. 그 결과, 학대는 부모만이 아니라 자녀 자신에 의해서도 부정되고 은폐된다. 그러나 학대받은 자녀의 몸은 기억한다. 과거에 어떤 일이 있었는지에 대한 감각과 느낌을 가지고 있다. 몸은 정신이 부정하는 것을 긍정한다. 정신이 은폐시킨 것을 노출시킨다. 이런 몸의 기억은 학대받은 내면아이의 치유에 필요한 단서를 제공한다(Bradshaw; 오제은 역, 2006, 225). 공상과 환상 역시 고통스러운 학대의 현실을 피하는 수단으로 사용된다. 공상과 환상은 두 가지 방식으로 나타난다. 하나는 학대의 고통을 보상할 수 있는 유토피아적인 환상이고, 다른 하나는 학대자와 긍정적으로 결합됨으로써 학대 사실을 왜곡하는 변형적인 환상이다. 유토피아적인 환상에서 내면아이는 부모가 없는 행복한 환경을 만들어 냄으로써 자신을 위로한다. 내면아이는 만화나 TV에서 본 장면을 심상화한다. 변형적인 환상에서 내면아이는 자기 자신을 부모와 결합시킨다. 환상 속에서의 부모는 현실과 달리 자신을 사랑하고 보호해 주는 좋은 부모가 된다.

학대받은 내면아이는 ADHD로 알려진 주의력 결핍 과잉행동 장애(Attention-Deficit Hyperactivity Disorder)라는 문제의 원인이 될 수 있다. 이 장애는 주로 학령기 어린아이들에게서 발생되지만 성인의 행동에도 나타난다. 주의력 결핍은 한 가지 일에 지속적으로 집중하지 못하고 부주의함으로써 자주 실수를 저지르는 경우에 해당되는 말이다. 아동의 경우 이것은 학습장애로 이어진다. 아동은 선생님의 말을 경청하지 못하거나 학업에 집중하지 못함으로써 학습 부진 상태를 나타낸다. 과잉행동은 가만히 앉아 있지 못하고 계속 몸을 움직이고 뛰어다니거나 지나치게 말을 많이 하는 것 등으로 나타난다. 어떤 아동은 계속 손가락을 움직이거나 발을 심하게 떨기도 하며 다른 아이들을 괴롭히기도 한다. 과잉행동은 충동성으로도 나타난다. 과잉행동 장애는 그 자체로 진단되지 않고 주의력 결핍 장애와 함께 진단된다. 왜냐하면 그것은 주의력 결핍 장애에 따라오는 부수적 과정으로 이해되기 때문이다. 실제로 임상에서 이 두 가지는 함께 나타나는 것으로 보고되고 있다(Meyer & Osborne; 김영애 역, 1997, 339). 주의력 결핍 과잉행동 장애의 환경적인 원인은 두 가지로 볼 수 있다. 하나는 계속되는 부모의 학대와 징벌에 의한 것이고, 다른 하나는 자녀의 행동에 제약과 적절한 통제를 못한 경우이다. 부모의 학대가 계속되면 자녀는 불안 속에서 부모라는 심리적 안전기지를 상실한다. 심리적 안전기지(secure base)는 애착이론에 나오는 중요한 개념으로서, 유아가 탐색과 모험활동을 할 때 정서적으로 의지할 수 있는, 그리고 몸이 아프거나 피로할 때 마음 놓고 찾아가서 쉴 수 있는 홈 베이스(home base)와 같은 것이다. 엄마는 유아에게 탐색과 모험을 할 수 있는 안전기지가 되어 주어야 한다. 주의력 결핍과 과잉행동 장애는 안전기지의 상실에서 비롯된 결과라 할 수 있다. 안전기지의 상실은 부모의 학대에서뿐만 아니라 무관심이나 방치에서도 비롯된다. 요컨대, 주의력 결핍 과잉행동 장애는 심리적 안전기지의 상실에 대한 증상이며, 동시에 그 안전기지를 찾고 있다는 표현으로 볼 수 있다.

학대받은 내면아이를 지닌 사람은 정신적으로 낮은 자기분화(self-differentiation) 상태를 보인다. 자기분화는 머레이 보웬(Murray Bowen)의 가족치료 이론에 나오는 핵심개념이다. 보웬에 따르면, 건강하고 성숙한 사람은 자기분화 지수가 높게 나타나지만, 그렇지 못한 사람은 그 지수가 낮다. 자기분화는 두 가지 수준에서 이뤄진다. 첫째는 외부대상인 원가족 관계로부터의 분화이고, 둘째는 개인의 내적 세계에서 진행되는 감정과 생각 사이의 분화이다(Bradshaw; 오제은 역, 2006, 99-100). 건강한 인격을 위해서는 가족과의 관계를 유지하되 적절한 자아의 경계선을 지님으로써 자신의 정체성이 소멸되는 자기융해(self-fusion)가 발생되지 않도록 해야 한다. 보웬은 한 사람이 다른 사람과 정서적으로 지나치게 가까워짐으로써 자신의 감각이나 경계가 없어지는 것을 융해라고 하였다. 이런 융해는 부부의 갈등이나 가정 폭력이 많은 가정에서 발생한다. 예를 들면, 아버지가 엄마를 학대할 경우 아들은 엄마를 보호함으로써 엄마와 아들 사이에 융해가 발생한다. 딸은 엄마와 이혼한 아버지를 돌봄으로써 아버지와 딸 사이에 융해가 일어난다. 융해는 자기분화의 반대 현상으로서, 지적 경험과 정서적 경험을 혼란시킨다. 융해는 스스로의 확신 속에서 결정하고 행동하는 견고한 자기(solid self)가 아니라 자신의 생각과 감정은 감추고 다른 사람의 견해를 따름으로써 의존적인 사이비 자기(pseudo self)로 살도록 만든다. 독립의 욕구와 소속의 욕구는 항상 우리 안에서 대립된다. 우리는 독립과 소속을 양끝으로 이어 놓은 연속선상의 어딘가에 존재한다. 자기분화는 자기 경계선과 정체성을 지님으로써 독립의 욕구가 소속의 욕구에 희생되지 않도록 하는 것이다.

자기분화는 감정과 생각 사이에서도 이뤄져야 한다. 보웬은 인간의 정신을 지적 체계와 정서적 체계로 나누었다. 이 두 체계가 기능적으로 분화되지 않으면 정서적 체계가 지적 체계를 삼켜 버리는 현상이 나타난다. 이렇게 되면 모든 것을 감정적으로 처리하려는 '감정반사 행동(emotional reactivity behavior)'이 발생한다(김용태, 2000, 327-331). 감정반사 행동은 생각하기 전에 먼저 감정에 의해 행동하는 것을 말한다. 따라서 감정반사행동은 실수와 갈등과 폭력의 원인이 될 수 있다. 자기분화가 잘 된 사람은 감정적으로 반응하기 전에 생각함으로써 감정에 사로잡힌 행동을 하지 않는다. 학대받은 내면아이를 지닌 사람은 자기분화 수준이 낮기 때문에 자기 경계선이 불분명하고 감정반사 행동을 많이 하게 된다.

학대받은 내면아이는 죄책감과 수치감 그리고 낮은 자존감에 시달린다. 죄책감은 자녀가 부모의 잘못을 자신의 잘못으로 받아들인 결과이다. 자녀는 자신이 학대받은 것은 자기에게 잘못이 있었기 때문이라고 생각한다. 자녀가 부모를 사악한 인간으로 간주하기는 어렵다. 왜냐하면 계속 부모이어야만 하기 때문이다. 브래드쇼는 이렇게 말했다. "아빠가 나쁠 리가 없는데, 만약 아이에게 싫고 나쁜 느낌이 든다면, 그 나쁜 사람은 아이 자신이어야만 한다."(Bradshaw; 오제은 역, 2006, 223) 죄책감은 내면부모의 지속적인 자기학대를 통해서 강화된다. 내면아이는 죄책감으로부터 벗어나기 위해서 학대를 받아들인다. 피학증은 학대받은 내면아이의 특성이다. 수치감은 죄책감보다 무섭다. 죄책감은 내가 무엇인가 잘못했다고 느끼는 감정이다. 따라서 그것을 고칠 수 있는 가능성이 남아 있다. 그러나 수치감은 나의 존재 자체가 잘못되었다고 생각될 때 느껴지는 감정이다. 그 속엔 고칠 수 있다는 희망이 담기지 않는다. 수치감은 학대받은 내면아이가 지닌 핵심감정 중의 하나이다. 학대받은 내면아이는 수치감에 매임으로써 수치감에서 벗어나지 못한다. 브래드쇼는 이런 상태를 '수치감 중독'이라고 했다. 수치감에 중독되면 자신의 모든 감정과 행동이 수치감에 묶이게 된다. 예를 들면, 강압적이거나 학대하는 부모 밑에서 자란 자녀는 부모에게 화를 내거나 저항하는 것은 옳지 않은 행동이라고 배운다. 따라서 분노가 느껴지나 저항하고 싶은 충동이 있을 때 자녀는 수치감을 느낀다. 수치감은 분노표현이나 저항행동을 못하도록 묶어 버린다.

수치감은 자존감을 손상시키는 주범이다. 수치감은 낮은 자존감에 자리 잡고 있는 자기내적 감정이다. 학대받은 내면아이는 내면부모로부터 과거에 들었던 비난과 욕설과 징벌의 말들을 계속 듣는다. 그리고 스스로 이렇게 말한다. "나는 무슨 일을 해도 안 돼. 안 될 게 뻔해. 나는 아무것도 할 줄 아는 게 없잖아!" "내가 미쳤지! 내가 바보 병신이지!" 이렇게 내면화된 말들은 자존감을 떨어뜨리는 원인으로 작용한다. 성적인 학대는 더 강한 수치감을 불러일으킴으로써 자존감을 짓밟아 버린다. 포터(Porter)와 블릭(Blick)과 스그로이(Sgroi)의 연구에 따르면, 성적으로 학대받은 아동은 마치 자기 자신이 '파손된 물건(damaged goods)'인 것처럼 인식됨으로써 더욱 초라한 자아상을 가지게 된다고 했다(Urguiza & Cynthia; 노충래 역, 2003, 50). 수치감을 지닌 사람은 다른 사람들이 자기에게 해주는 칭찬이나 인정의 말들을 받아들이지 못한다. 만약 어떤 사람이 나를 칭찬해 줄 때에 내 얼굴이 붉어지거나 마음이 불편하고 거북해진다면, 수치감의 문제와 함께 학대받은 내면아이에 대해 생각해 볼 필요가 있다.

학대받은 내면아이를 지닌 사람은 자기 자신을 지키고 보호하는 능력이 부족하다. 자신의 자아 경계선을 지킬 수 있는 능력을 잃어 버렸기 때문이다. 브래드쇼는 '침범당한 경계선'이라는 용어를 사용했다. 튼튼한 자아 경계선은 집 주인이 안에서만 열 수 있는 문과 같다. 문을 열고 닫을 수 있는 개폐의 권한이 주인에게 있다는 것이다. 그러나 침범당한 경계선은 그 안에 자물쇠가 없는 문과 같아서 밖에서 아무나 열고 들어갈 수 있다. 무방비 상태가 되는 것이다(Bradshaw; 오제은 역, 2006, 273). 부모의 학대는 자녀가 자신을 지키기 위해 필요한 자아 경계선의 문과 자물쇠를 파괴한다. 학대받은 내면아이를 지닌 사람은 스스로를 지킬 수 있는 자아 경계선의 문이 파괴되어 있기 때문에 자기보호의 능력이 약화된 상태에 있다. 오히려 자신을 위험에 노출시킴으로써 다시 학대받게 될 가능성이 있다. 아동기에 신체적으로나 성적으로 학대받은 사람은 다시 학대받을 위험성이 그렇지 않은 사람에 비해 두 배나 많은 것으로 나타났다. 다이애나 러셀(Diana Russel)은 아동기에 부모로부터 성학대를 당한 여성에 대해 연구했는데, 이들 중 3분의 2는 그 후 성장해서 다른 성폭력을 겪은 것으로 밝혀졌다. 그들은 성학대의 고통을 경험했음에도 불구하고 위험한 상황에 자신을 다시 노출시킨 것이다. 왜 이런 일이 발생하는 것일까? 그들은 자신을 비극적 운명의 주인공으로 생각한다. 주디스 허만은 이렇게 말했다. "어른이 된 아동 피해자는 자신이 마치 늘 외상 경험을 반복해야 하는 운명을 가진 것처럼 느낀다. 단지 기억에서만이 아니라 실제적인 삶에서 그렇게 느낀다."(Herman, 1997, 111) 부모로부터 학대를 받은 자녀는 위험상황을 식별해 내고 경계하는 조심성과 능력이 부족하다. 왜냐하면 부모의 학대와 폭력은 종종 사랑이라는 허울을 쓰고 표현되기 때문이다. 자녀는 사랑과 폭력을 혼동한다. 사랑과 폭력이 동의어가 되기도 한다. 그것은 학대받은 내면아이가 폭력의 위험을 위험으로 인식하고 식별해 내는 것을 방해한다.

학대받은 내면아이는 분노와 두려움이라는 양가적인 감정을 가지고 있다. 분노는 보복심과 공격성을 지님으로써 내면화된다. 자녀가 부모로부터 학대나 가혹한 징벌을 받을 때 자녀는 분노를 품고 보복을 생각한다. 미실다인에 따르면, 아이들은 부모로부터 학대나 징벌을 받을 때 이렇게 생각한다고 한다. "지금은 당신이 나보다 크고 힘이 세기 때문에 나를 때리고 징벌할 수 있겠지. 하지만 조금만 더 기다려 봐. 내가 크면 당신에게 복수하고 말 거야." 학대와 징벌이 부당하면 부당할수록 분노와 보복심은 강화된다. 분노와 보복에 대한 환상은 학대받은 내면아이가 지닌 일반적인 반응이다. 이런 환상은 공격성이 되어 현실로 나타나기도 한다. 이 경우 내면아이의 분노는 내면부모가 지니고 있는 학대 방식에 대한 모델과 손을 잡음으로써 극도로 공격적이 되거나 적대적이 된다. 학대받은 자녀가 자라서 청소년이나 어른이 되면 분노와 복수심은 외부로 행동화된다. 자녀는 반항과 폭력을 통해서 부모에게 직접적으로 복수하기도 하고, 밖에 나가서 비행과 범죄 행동에 가담함으로써 간접적으로 복수하기도 한다. 자녀의 분노와 복수심은 종종 어린 시절의 부모를 대신할 수 있는 권위자에게 향한다. 권위자에게 저항하고 충돌함으로써 갈등을 유발한다. 미실다인의 견해에 의하면, 어린 시절에 부모로부터 학대받은 사람은 사회의 규범이나 질서를 보편부모로 생각함으로써 반항한다고 한다. 그러므로 그 사람의 사회적인 범죄 행동은 자신을 학대했던 부모에 대한 복수가 되는 셈이다. 이것은 부모에 대한 분노와 복수심을 사회(보편부모)에 치환함으로써 사회를 학대의 환경으로 인지왜곡한 결과이다. 이런 성향은 오래전 하버드 대학교와 몇몇 전문기관에서 실시한 연구 결과들을 통해서 확증된다. 연구 결과에 따르면, 비행과 범죄 행동으로 수감되어 있는 청소년들의 60~90%는 체포 당시에 지속적으로 학대와 징벌을 받아 왔다는 것이 밝혀졌다(Missildine, 1963, 203). 그들의 학대는 주로 부모에 의한 학대였을 것이다.

그러나 어린 시절에 부모로부터 학대받았다고 해서 모두 범죄 행동이나 사회적 물의를 일으키는 것은 아니다. 아동기에 학대받은 경험이 반사회성 인격장애의 원인이 될 수 있다는 견해는 찬반으로 양분된다. 찬성하는 입장은 어린 시절에 학대받은 사람이 그렇지 않은 사람에 비해 거짓말이나 폭력 그리고 불법적인 범죄 행동을 더 많이 한다고 주장한다. 반대하는 입장은 학대받은 경험과 반사회적인 행동 사이에는 연관성이 별로 없다고 주장한다. 반대의 입장에 따르면, 아동기 학대는 자해나 자살과는 관련성이 많지만, 범죄나 타살과는 관련성이 없는 것으로 밝혀졌다는 것이다(Herman, 1997, 113). 하지만 거짓말과 속임수는 학대받은 내면아이가 자주 사용하는 자기보호의 수단이 될 수 있다. 왜 그럴까? 부모의 무서운 학대와 징벌 앞에서 자녀의 긴급한 과제는 그 위기를 모면하는 것이다. 어린아이가 회초리나 채찍 앞에 있다면 그것을 피하는 것보다 더 시급한 문제는 없을 것이다. 자녀는 거짓말을 함으로써 위기를 모면한다. 그러므로 거짓말 역시 위기로부터 자신을 보호하는 자녀의 자기방어 수단이 되는 것이다. 거짓말이 효과가 있게 되면, 자녀는 계속 거짓말을 사용하게 된다. 거짓말은 하나의 습관이 되고 내면아이의 인격적인 특성이 된다. 이 경우에 더 문제가 되는 것은 자녀가 자기의 감정까지 속이게 되는 것이다. 자녀는 자신의 거짓말이 탄로 나지 않도록 해야 하기 때문에 자신의 감정까지 숨겨야 한다. 불안하면서도 태연한 척한다. 무서우면서도 안 무서운 척한다. 울고 싶지만 울지 않는다. 이런 상황이 반복되면 자녀는 자신의 진정한 감정을 잘 느끼지 못하는 감정적인 이탈과 무반응의 상태에 이르게 된다.

두려움은 학대받은 내면아이가 가지고 있는 또 하나의 핵심감정이다. 학대받은 내면아이를 지닌 사람의 마음 밑바닥에는 항상 두려움이라는 어둠이 깔려 있다. 두려움은 공포와 불안과 불신의 이유가 된다. 신체적으로 또는 성적으로 폭행을 당할 때 나타나는 최초의 정서적인 반응은 두려움이다. 두려움은 외부의 외상 사건 앞에서 자신을 보호하려고 할 때 나타나는 자연적인 반응이다. 따라서 두려움은 학대나 폭력으로부터 자신을 지키는 데 도움이 된다. 그러나 아무리 노력해도 자신을 지킬 수 없다고 느껴질 때 두려움은 공포증(phobia)으로 바뀐다. 공포증은 불안장애의 현상으로서 다양하게 나타날 수 있다. 광장공포증은 홀로 남겨지거나 공개된 장소에 있을 때 갑자기 당황하고 무력감을 느끼며 아무런 도움도 받을 수 없다고 느낌으로써 발생하는 두려움이다. 사회공포증은 다른 사람에게 노출되어 주시당하는 것에 대한 두려움으로서, 여러 사람 앞에서 어떤 말이나 행동을 해야만 할 때 많이 나타난다. 공황장애는 불안이 급속도로 최고조에 도달함으로써 심장의 두근거림, 숨막히는 질식감, 흉부의 통증, 온몸이 떨리는 경련 등과 함께 자신이 곧 죽을 것 같은 두려움이 느껴지는 장애이다. 이 외에도 단순공포증, 범불안장애, 강박장애 등이 있다(Meyer & Osborne; 김영애 역, 1997, 61). 물론 학대받은 내면아이에게 이런 모든 공포증이 나타나는 것은 아니다. 발생 가능성이 있을 뿐이다. 실제로 몇 가지 공포증은 아동학대 피해자들에게서 발견된다. 주디스 허만은 이렇게 말했다. "만성적으로 학대받은 아동의 정서 상태는 기본적으로 불쾌한 상태에서 간헐적인 불안과 침울의 상태를 거쳐 극단의 공황, 격분, 절망의 상태로 확대된다." 이런 극단적인 공황상태에 대하여 허만은 제럴드 아들러(Gerald Adler)의 말을 인용하여 '전멸에의 공황(annihilation panic)'이라고 했다(Herman, 1997, 108).

두려움은 경계와 불신의 원인으로 작용한다. 학대받은 내면아이를 지닌 사람은 학대에 대한 아픈 경험 때문에 다른 사람들과의 접촉을 경계하고 회피한다. 이것은 학대받은 내면아이가 나타내는 양가적인 행동의 원인이 된다. 어떤 경우에는 자신을 위험 상황에 노출시키고, 또 어떤 경우에는 누구하고의 접촉도 차단해 버린다. 접촉을 차단하는 이유는 언제 어떻게 상해와 고통이 발생될지 모른다는 두려움 때문이다. 두려움은 의심을 낳는다. 친밀한 관계까지 의심한다. 부모가 자녀를 학대하는 것은 믿음에 대한 배신이며, 친밀한 관계를 파괴적인 관계로 바꾸는 것이다. 따라서 불신은 자녀에게 당연한 것이다. 자녀는 의심해야 한다. 그러나 문제가 발생한다. 의심하지 않아야 할 사람까지 경계하고 의심하는 것이다. 자신에게 도움을 주기 위해 찾아온 사람을 의심한다. 왜냐하면 학대와 배신은 친밀한 사이에서 발생될 수 있다는 것을 배웠기 때문이다. 학대받은 내면아이에게 친밀감과 학대는 모두 위험스러운 것이다. 그러나 간혹 반대 현상이 나타날 수도 있다. 학대받은 내면아이를 지닌 사람은 의존과 안전과 친밀감의 욕구가 결핍되어 있기 때문에 그 욕구를 충족하기 위해 과도한 접근성을 나타낼 수가 있다. 주디스 허만은 낯선 사람에 대한 빠른 애착이 학대받은 아동들에게서 반복적으로 나타나는 현상이라고 말했다(Herman, 1997, 107).

학대받은 내면아이를 지닌 사람은 두려움과 불안으로부터 벗어나기 위하여 모순적으로 보일 수 있는 태도를 발달시킨다. 그것은 학대와 징벌을 기대하고 기다리는 것이다. 매일 밤마다 부모의 학대와 징벌이 반복될 때, 그리고 그것을 피할 수 없을 때, 자녀는 빨리 학대와 징벌이 시작되고 종료됨으로써 거기에서 해방되기를 원하는 마음이 생긴다. 자녀는 학대가 시작되기 전의 상태에서 더 두려움과 불안을 느낀다. 그리고 그 두려움과 불안에서 벗어나기 위해 학대가 빨리 시작되기를 기다린다. 이것은 마치 태풍이 불어 닥치기 직전에 느끼는 긴장과 불안에 비유될 수 있다. 나는 실제로 유사한 경험을 한 적이 있다. 오래전 군대에 있을 때였다. 거의 매일 밤마다 단체기합을 받았다. 취침나팔을 불면 모포를 깔고 자리에 눕는다. 그러나 잠을 청하지 못한다. 매일 밤 반복되는 단체기합이 아직 없었기 때문이다. 나는 단체기합이 빨리 시작되기를 기다리고 있는 나 자신을 발견했다. 빨리 기합을 끝내고 잠을 자고 싶었던 것이다. 미실다인에 따르면, 학대받은 내면아이는 학대와 징벌이 없으면 불안해하며 그것을 기다리다가 그것이 끝나면 안심을 한다고 했다(Missildine, 1963, 179). 이런 상황이 반복되면 학대가 부당한 것이 아니라 정상으로 느껴진다. 정상과 비정상 그리고 옳은 것과 그른 것을 구별할 수 있는 분별력이 약해진다.

앞에서 말한 것처럼, 분노와 두려움은 학대받은 내면아이가 지니고 있는 양가적인 감정이다. 따라서 두 감정이 충돌함으로써 갈등을 일으킬 수 있다. 두려움은 분노를 억압하게 되고 분노는 두려움을 무시하려고 한다. 이런 현상은 학대받은 내면아이를 치유하는 데 필요한 감정정화 작업을 방해한다. 분노와 두려움의 표출이 잘 이뤄지지 못한다. 분노를 표현하려고 하면 두려움이 그것을 막아 버리고, 두려움을 표현하려고 하면 분노가 그것을 방해한다. 학대받은 내면아이에게 있어서 분노는 대개 두려움 밑에 숨겨져 있다.

학대받은 내면아이를 가진 사람은 삶에서 무기력과 우울감을 자주 느끼며 사회생활에서 철수된 행동을 나타낸다. 무기력과 무력감은 학대받은 내면아이의 에너지 수준이 매우 낮은 상태에 있다는 것을 의미한다. 내면아이는 삶에 대한 열정과 자발성이 부족하고 삶의 장애물 앞에서 쉽게 좌절한다. 열정과 자발성은 자기 자신과 다른 사람들을 신뢰할 수 있을 때 생기는 것이다. 부모의 학대는 자녀가 지니고 있는 본래의 열정과 자발성을 꺾어 버린다. 학대받은 내면아이는 무력감에 시달릴 수밖에 없다는 것을 알 수 있는 증명된 이론이 있다. 마틴 셀리그먼(Martin Seligman)의 '학습된 무력감'의 이론이다. 셀리그먼의 가설과 연구에 따르면, 사람은 스스로 통제할 수 없는 외부의 충격이 반복되면 그 충격에서 벗어나려고 하는 자신의 노력을 완전히 포기함으로써 외부의 환경에 저항 없이 따르게 된다는 것이다. 그것은 반복에 의해서 부정적으로 강화된 학습의 결과이다. 즉 사람은 자신의 노력과 저항이 아무런 소용이 없다고 느껴지면 노력 자체를 포기함으로써 무력감에 빠지게 된다. 이런 가설은 동물실험을 통해서 입증되었다. 셀리그먼과 그의 연구팀은 개를 대상으로 실험했다. 그들은 개를 우리 안에 가두어 놓고 무작위로 시간 간격을 두어 아무 때나 전기충격을 주었다. 처음 전기충격을 받았을 때 개는 이리 뛰고 저리 뛰며 도망치기 위해 무척 노력하며 여러 행동을 시도했다. 그러나 어떤 행동도 그 고통을 피할 수 없게 되자 개는 아무런 행동도 하지 않고 복종적이 되었다. 그 후 연구팀은 실험을 위해서 그 개가 전기충격이 없는 다른 우리로 도망치도록 문을 열어 주었다. 그러나 그 개는 전기충격이 계속되고 있음에도 불구하고 다른 우리로 도망가지 않았다. 무력한 상태가 되어 계속 전기충격을 받고 있었다. 개가 이런 상태를 보이는 것은 학습된 무력감 때문이다. 이처럼 학습된 무력감을 지닌 개가 그 상태에서 벗어나는 데는 상당한 시간이 걸린다. 연구팀은 개의 연령이 어릴수록 극복하는 시간이 더 오래 걸린다는 것도 알아냈다(Seligman/ Bradshaw; 오제은 역, 2006, 253~254에서 재인용).

학대받은 내면아이를 지닌 사람은 만성적인 우울감을 느끼는 경우가 많다. 우울감은 학습된 무력감에 의한 당연한 결과이다. 사람은 자기 자신을 잃어버렸다고 생각될 때 우울감을 느낀다. 자신의 진정한 생각과 감정과 욕구가 학대라는 외부환경에 의해 차단되고 상처 입으면 마음속에서 우울감이 시작된다. 그러므로 우울감은 자기상실에 대한 영혼의 애도라고 할 수 있다. 우울감은 상실에 대한 소리 없는 애도이다. 하지만 소리 없는 애도는 우울감을 치유할 수 없다. 치유를 위해서는 소리 내어 울어야 한다. 학대로 인하여 상실한 아픔을 소리 내어 충분히 애도해야 한다. 우울감은 종종 자해와 자살충동으로 이어진다. 우울감은 가학증이 아니라 피학증의 정서이다. 여러 연구에서 아동기에 학대받은 사람들은 또다시 피해자가 되거나 스스로 자신을 해치는 경우가 많다는 것이 보고되고 있다. 그런 경향은 남자들보다 여자들에게 더 많이 나타난다. 아동기의 학대와 자해 사이에는 많은 관련성이 있는 것으로 알려지고 있다. 반복적으로 그리고 충동적으로 자신의 신체를 공격하고 해치는 것은 아동기에 학대받은 피해자들에게서 흔하게 발생된다. 주디스 허만에 따르면, 자해는 정신적인 고통을 신체적인 고통으로 바꾸는 것이다. 그렇게 하는 이유는 그 편이 훨씬 낫기 때문이다. 주디스 허만은 자해와 자살시도는 완전히 다른 것이라고 말한다. 자해는 죽음에 목적이 있지 않다. 견디기 힘든 정서적인 고통을 완화하려는 데 목적이 있다(Herman, 1997, 109). 학대받은 내면아이를 지닌 사람은 우울감과 자해와 자살충동의 증상을 보일 수 있다.

학대받은 내면아이를 지닌 사람은 사람들과의 만남을 피하고 고립됨으로써 사회적인 철수현상을 보인다. 그것은 아동기에 계속된 학대를 통해서 나타난 사회적 현상이다. 부모의 학대와 징벌이 반복될 때에 자녀는 부모의 폭력이 미치지 못하는 안전한 공간을 필요로 한다. 그것은 가능한 부모의 눈에 띄지 않는 장소에 있는 것이다. 자녀는 숨을 곳을 찾는다. 이것은 왜 부모로부터 학대를 받은 자녀들이 가출을 많이 하는지에 대한 이유가 된다. 부모가 없는 곳이 안전한 장소이다. 학대받은 내면아이를 지닌 사람이 사회활동으로부터 철수되는 이유가 있다. 가족의 비밀과 인간관계 기술의 부족 때문이다. 학대받은 내면아이를 지닌 사람은 학대받은 사실을 누설해서는 안 된다는 생각을 가지고 있다. 왜냐하면 그것은 수치스러운 일로 느껴지고 말해서는 안 된다는 부모의 협박이 있었기 때문이다. 그것은 부모를 배신하는 행동이다. 그것은 비밀이 되어야만 한다. 사람들을 피하는 것은 비밀이 탄로 날 수 있는 위험을 애초에 차단하는 효과가 있다. 또한 그 사람은 어려서 생산적이며 건설적인 인간관계를 맺을 수 있는 능력을 습득할 수 있는 기회를 갖지 못했다. 대화와 정서적인 상호작용의 기술이 부족하다. 이러한 이유로 학대받은 내면아이를 가진 사람은 대인관계와 사회활동이 어렵게 느껴진다.

학대받은 내면아이를 지닌 사람은 특별한 콤플렉스를 가질 수 있다. 나쁜 아이 콤플렉스를 가질 수도 있고 착한 아이 콤플렉스를 가질 수도 있다. 즉 자기를 나쁜 아이로 생각하거나 착한 아이가 되어야 한다고 생각한다. 때로는 둘 사이에서 혼란을 느끼기도 한다. 나쁜 아이 콤플렉스는 자신이 근본적으로 악하고 잘못된 존재라고 생각하는 성향을 말한다. 그것은 나쁜 아이의 행동에 대한 이미지들과 감정들로 되어 있다. 따라서 누군가로부터 나쁜 아이에 대한 말을 들으면 자기 자신에 대한 지적이 아님에도 불구하고 자신이 의식되고 강한 정서적인 반응을 보인다. 두려움이나 분노를 느낀다. 왜 이런 나쁜 아이 콤플렉스를 지니게 된 것일까? 대상관계 이론가인 페어베언(W. R. D. Fairbairn)의 설명이 가장 명쾌한 것으로 보인다. 비행이나 범죄 행동을 하는 아동에게는 대개 나쁜 부모가 있지만 아동은 자신의 부모가 나쁘다는 말을 하지 않는다. 대신 아동은 부모의 나쁜 측면을 자신의 것으로 내면화한다. 아동은 자신이 나쁜 사람이 됨으로써 외부대상(부모)이 입고 있는 나쁜 옷을 벗겨서 자신이 입는 것이다. 이렇게 하는 것은 외부 대상을 좋은 대상으로 만듦으로써 외부 환경의 안전성을 확보하려는 데 목적이 있다. 아동은 자기 내부의 안전성을 희생할지라도 외부의 안전성을 더 중요하게 생각하는 것이다(Clair, 2004, 58). 외부의 나쁜 대상을 내면화하는 것은 자녀의 마음속에 나쁜 아이 콤플렉스가 만들어지는 심리적인 과정이 된다. 나쁜 아이 콤플렉스는 부모의 반복적인 나쁜 말들이 자녀의 마음속에 내면화된 결과이기도 하다. 자녀를 향한 부모의 비난과 욕설이 계속되면 자녀는 그 말들을 내면화하여 자신을 그 말들과 동일시한다. 나쁜 아이가 되는 것이다. 이처럼 나쁜 아이 콤플렉스가 형성되면 자녀는 자신이 학대받는 이유를 자기 안에서 찾는다. 자신이 나쁘고 근본적으로 잘못되었기 때문에 학대받는 것이라고 생각한다.

나쁜 아이 콤플렉스가 굳어지면 자기표상이 된다. 자기표상이 나쁜 아이가 되는 것이다. 자기 자신을 나쁘고 잘못된 인간으로 인식한다. 따라서 누구도 자신을 좋아하거나 사랑할 수 없을 것이라고 느낀다. 때로는 내면화된 나쁜 대상을 다른 사람에게 투사함으로써 그 사람을 나쁜 인간으로 인지왜곡하기도 한다. 이것은 인간관계에서 오해와 갈등과 싸움이 발생하게 되는 심각한 원인이 된다. 오래전 사람을 죽여서 그 시체를 소각했던 살인 사건이 있었다. 피의자는 소각장을 설치해 놓았으며 심지어 인육을 먹기도 했다고 말했다. 그가 체포된 후 자백의 과정에서 "난 인간도 아니야."라는 말을 남겼다. 두려움과 슬픔이 느껴지는 말이다. 자기표상이 얼마나 부정적으로 형성되어 있는지를 알 수 있는 단서가 된다. 나쁜 아이 콤플렉스를 지닌 사람은 다른 사람들이 자신에게 해 주는 칭찬과 지지의 말을·액면 그대로 받아들이지 못한다. 누군가가 자신을 칭찬하면 속으로 이렇게 생각한다. '저 사람은 내가 얼마나 나쁜 사람인지 몰라서 그러는 거야. 아마 내가 어떤 사람인지 알게 되면 깜짝 놀라서 도망칠 거야.' 때로는 상대방이 하는 칭찬의 말을 가로막고 자신이 나쁜 사람이라는 것을 입증시키려고 한다. 이것은 지속적으로 자신을 괴롭히는 죄책감에서 벗어나기 위한 행동으로 볼 수 있다(Missildine, 1963, 180).

학대받은 내면아이를 지닌 사람은 착한 아이 콤플렉스를 가질 수도 있다. 착한 아이 콤플렉스는 항상 착한 사람이 되어 착한 행동을 해야 한다고 생각하는 정신적인 성향이다. 그 성향이 지나치고 과도할 때 콤플렉스라고 말한다. 착한 아이 콤플렉스가 생기면 자신의 자유와 욕구를 희생시킬지라도 착한 아이 이미지를 유지하려고 한다. 다른 사람에게 잘 보이기 위해 노력한다. 내 감정과 욕구보다 다른 사람의 감정과 욕구를 더 중요하게 여기고, 내 생각이나 의견보다 다른 사람의 생각이나 의견을 더 비중 있게 다룬다. 하지만 이것은 진정한 삶이라 할 수 없다. 나의 말과 행동 속에 내가 없다면 그건 내 삶이 될 수 없기 때문이다. 착한 아이 콤플렉스가 있으면 내가 하고 싶은 내 말을 하지 못한다. 남의 말을 대신 해 줄 뿐이다. '착한 아이'라는 개념 자체가 문제가 되는 것은 아니다. 세상에는 착한 아이, 착한 사람, 착한 인간이 많아야 한다. 그것은 안전하고 평화로운 세상이 되는 데 무엇보다 필요한 조건이다. 그러나 문제는 항상 지나친 생각에서 비롯된다. 착한 아이가 되어야 한다는 생각이 지나치면 자신의 진정한 모습을 억압하고 숨기게 된다. 자신의 감정과 욕구를 억압하고, 자신의 단점과 부정성을 숨기며, 좋은 모습만 보여 주려고 한다. 이것은 참자기가 아니라 거짓자기로 사는 것이다.

자녀에게 착한 아이 콤플렉스가 만들어지면 자녀는 부모가 시키는 것은 무엇이든지 다 하게 된다. 이것은 왜 착한 아이가 학대의 대상이 되곤 하는지 그 이유가 된다. 우르퀴자와 신시아에 의하면, 부모로부터 학대를 받은 자녀는 종종 부모를 돌보고 부모의 욕구를 충족시키는 행동을 한다. 또한 부모 대신 동생을 돌봄으로써 부모역할을 수행한다(Urquiza & Cynthia; 노충래 역, 2003, 45). 이처럼 자녀는 가정 안에서나 밖에서 모범생이 되고 뛰어난 희생자가 되기도 한다. 훌륭한 살림꾼이 되기도 하고, 부모의 대리 배우자가 되기도 하며, 동생들의 대리 부모가 되기도 한다. 그러나 그런 모든 성취에도 불구하고 내면에서는 기쁨이나 행복을 느낄 수가 없다. 왜냐하면 그것은 진짜가 아니라 가짜의 삶이기 때문이다.

가족 안에서 부부싸움이나 자녀학대가 지속될 때 자녀는 두 가지 방식으로 반응한다. 하나는 가족의 울타리 안에 머물면서 가족을 지키는 것이다. 가족의 문제에 대한 책임을 느끼며 자신을 희생시켜서 그 문제를 해결하려고 한다. 이 경우 자녀는 희생자, 구원자, 영웅, 마스코트, 모범생 등이 된다. 나는 이런 사람을 '울타리-안-인간'이라고 부른다. 울타리-안-인간은 가족 안에 있으면서 가족의 문제에 집중한다. 거의 모든 시간과 에너지를 가족을 위해 사용한다. 따라서 자신만을 위한 시간이나 외부의 다른 사람들과의 만남을 위한 시간을 갖지 못한다. 울타리-안-인간은 착한 아이 콤플렉스를 가지고 산다. 다른 하나의 반응 방식은 가족의 울타리 밖으로 나가 가족 안에서 채울 수 없었던 자신의 욕구를 충족시키는 것이다. 나는 이런 사람을 '울타리-밖-인간'이라고 부른다. 울타리-밖-인간은 많은 시간을 가족 밖에서 보낸다. 일을 하거나 사람들을 만나는 데 모든 에너지를 다 쓴다. 따라서 가족 간에는 의미 있는 시간을 갖지 못한다. 울타리-밖-인간은 다시 두 가지 유형으로 나뉜다. 첫째는 '인정-추구' 유형으로 가족 안에서 채우지 못한 인정욕구를 밖에 나가 충족한다. 아동기에 부모로부터 학대받은 자녀는 인정받는 것에 대한 목마름이 있다. 자녀는 밖에 나가 친구와 친구의 부모와 선생님 등으로부터 인정받기 위해 노력한다. 밖에 나간 자녀는 가족 안에서와는 달리 친절하고 호의적인 태도를 보인다. 집에서는 말도 하지 않고 우울해하거나 분노와 미움을 품고 있지만 밖에서는 완전히 다른 모습이다. 이런 모습은 결혼 후에도 그대로 지속된다. 이런 사람은 나쁜 아이 콤플렉스와 착한 아이 콤플렉스 사이에서 혼란을 느낀다. 둘째는 '권력-추구' 유형으로서 가족 안에서 채울 수 없었던 권력욕구를 밖에 나가 보상적으로 충족한다. 돈, 지식, 지위, 통제, 폭력 등은 권력욕구를 채우는 수단이 된다. 권력의 욕구는 인정의 욕구 못지 않게 중요하다. 부모로부터 학대받은 자녀는 부모로부터 무시되고 황폐화된 자신의 권력욕구를 채우기 위해 울타리 밖으로 나간다. 이때 자녀는 폭력적이 되거나 범죄 행동에 가담하게 되는 경우가 많다. 왜냐하면 부모의 학대로부터 권력은 곧 폭력이라는 것을 배웠기 때문이다. 이 경우 자녀는 나쁜 아이 콤플렉스를 가지게 될 가능성이 크다. 브래드쇼는 우리가 권력을 가지려고 하는 것은 어린 시절의 상처를 보상하려는 욕구 때문이라고 말했다(Bradshaw, 1988, 121). 그것은 어린 시절에 있었던 부모의 학대에 대한 보상적인 경험이 될 것이다.

학대받은 내면아이를 지닌 사람은 제한된 감정만을 경험하며 감정표현에 어려움이 있다. 이 사람은 두려움과 분노, 불안과 우울, 그리고 수치감과 죄책감 등의 부정적인 감정만을 느낄 뿐, 기쁨, 즐거움, 사랑, 행복, 감사 같은 긍정적인 감정은 잘 느끼지 못한다. 왜냐하면 부모의 학대와 징벌은 항상 두렵고 불안한 분위기를 만듦으로써 긍정적인 감정을 경험할 기회를 주지 않았기 때문이다. 자녀는 긍정적인 감정을 느낄 수 있는 정서의 촉수가 고장난 상태처럼 되는 것이다. 이 사람은 분노나 두려움 같은 부정적인 감정은 느낄 수 있다. 그러나 느끼기는 하지만 그것을 언어로 표현하지는 못한다. 왜냐하면 어렸을 때 부모는 자녀가 그런 감정을 표현하는 것도 허용하지 않았기 때문이다. 자녀는 분노나 두려움을 느끼지만 말을 해서는 안 된다. 침묵하고 감추고 있어야 한다. 그런 감정이 없는 것처럼 보여야 한다. 심각한 억압이 발생한다.

이처럼 항상 부정적인 감정을 마음속에 가지고 산다는 것은 고통스러운 일이다. 그런 상태에서 벗어나고 싶다. 그러나 그렇게 되지 않는다. 그 결과, 학대받은 내면아이를 지닌 사람은 매우 특별하고 자극적인 방식을 통해서 다른 감정을 느껴 보려고 한다. 주디스 허만은 이렇게 기록했다. "학대받은 아이들은 자극적이고 극단적인 행동을 통해서 자율신경계의 반응을 일으켜 일시적이지만 주요한 정서상태의 변형을 일으킬 수 있다는 것을 발견한다. 그들은 이러한 방식으로 내적인 정서 상태를 조절한다."(Herman, 1997, 109-110) 그 수단으로 사용되는 것은 폭력적인 행동, 강박적인 성적 행동, 위험에의 노출, 알코올 또는 마약의 흡입 등이다. 이런 수단에 의해 자기 안에 지속적으로 자리 잡고 있는 두려움과 불안과 우울감 등의 부정적인 감정으로부터 벗어나려고 한다.

학대받은 내면아이를 가진 사람은 친밀감을 형성하는 데 어려움이 있으며, 인간관계에서 반복적으로 실패를 경험할 수 있다. 친밀감을 형성하지 못하는 것은 이유가 있기 때문이다. 학대받은 내면아이를 가진 사람은 자아의 경계선을 유지하는 데 어려움이 있다. 때로는 과경계적이 되고 때로는 무경계적이 된다. 과경계적이 되면 관계의 문을 닫고 누구하고도 만나지 않는다. 경계선에 바리케이드를 치는 것이다. 이런 경우 그 사람에게는 모든 피부 접촉과 만남은 폭력이라는 등식이 성립된다. 그러나 무경계적이 되면 자아 경계선이 허물어짐으로써 다른 사람의 침범으로부터 자기를 지키지 못한다. 과경계적이 되는 것과 무경계적이 되는 것 사이에 어떤 기준이나 규칙은 없다. 무경계적이 될 때에는 어느 한순간에 완전히 무너지듯이 그렇게 된다. 과경계적이 될 때에는 바위처럼 무겁고 얼음처럼 차갑다. 결코 들어갈 수 없는 요새처럼 보인다. 브래드쇼는 말하기를, 아동기에 성적인 학대로 자아 경계선에 문제가 발생하면 배우자와도 성관계를 갖지 않으려 하거나 반대로 아무하고나 성관계를 가질 수도 있다고 했다(Bradshaw; 오제은 역, 2006, 235).

학대받은 내면아이를 지닌 사람이 지속적으로 인간관계에 실패하는 것은 파괴적인 관계의 양식을 가지고 있기 때문이다. 이것은 내면부모와 내면아이의 합작으로 이뤄진다. 내면아이의 핵심감정 중의 하나는 분노이다. 내면아이에게 분노가 발생되면 내면부모에게 전달된다. 내면부모는 자신이 지니고 있는 학대와 징벌의 방식을 통해서 그 분노를 다른 사람에게 쏟아 놓는다. 그렇게 함으로써 내면아이의 분노가 사라진다. 분노가 사라진 내면아이는 자신이 지닌 또 하나의 감정인 후회와 죄책감의 자리로 이동한다. 왜냐하면 자기로 인해 다른 사람이 고통을 받았다고 느껴지기 때문이다. 내면아이는 용서를 구하기도 한다. 이때 내면아이의 죄책감은 다시 내면부모에게 전달된다. 내면부모는 자신에게 익숙한 방식으로 내면아이를 처벌하고 학대한다. 그러면 내면아이의 죄책감이 사라진다. 죄책감이 사라진 내면아이는 다시 자기감정의 고향과도 같은 분노의 자리로 이동한다. 그리고 동일한 순환과정을 반복한다. 이런 순환과정은 인간관계가 실패로 끝나는 이유가 된다.

학대받은 내면아이를 가진 사람은 상식적으로 보기에는 모순된 태도와 행동을 보일 때가 있다. 자신을 학대하고 이용하는 사람을 떠나지 못할 뿐만 아니라 그 사람에게 이용당하는 것을 허용하기 때문이다. 심지어 그 사람에게 매달리고 의존하기도 한다. 주디스 허만은 말했다. "지배적인 환경에서 성장한 아이들은 성인이 되었을 경우, 그렇지 않은 사람보다 훨씬 더 자신을 학대하고 방임하는 사람들과 병리적인 애착관계를 형성한다. 아이들은 자신의 복지, 현실, 혹은 삶을 희생할지라도 애착관계를 유지하려고 애쓴다."(Herman, 1997, 98) 왜 이런 현상이 나타나는 것일까? 학대를 사랑으로 오해하기 때문이다. 학대하는 부모는 자녀에게 신체적으로 고통을 주면서 이렇게 말한다. "다 너를 위한 일이야. 사랑하기 때문이야." 부모는 학대를 사랑이라는 말로 바꾼다. 자녀는 사랑을 학대와 결합시킨다(Missildine, 1963, 199-200). 또한 학대받은 내면아이를 지닌 사람이 학대자에게 집착하게 되는 이유는 학대자를 떠나서는 살 수 없다는 거짓된 의존성과 학대자를 돌봐 줘야 한다는 왜곡된 태도 때문이다. 학대자의 폭력은 피해자의 거짓된 의존성과 피학적인 희생정신을 강화한다.

학대받은 내면아이를 지닌 사람은 수면장애가 있거나 악몽에 시달리는 경우가 많다. 불면증에 시달리거나 반대로 수면과다증이 나타날 수 있다. 악몽을 반복적으로 경험하기도 한다. 이 경우 악몽은 학대라는 외상적 상처를 드러내는 상징이 된다. 학대의 사건들을 노골적으로 보여 주는 꿈을 꾸기도 하고 다른 형태의 무시무시한 꿈을 꾸기도 한다. 브래드쇼를 찾아왔던 한 여인은 꿈에 괴물이 나타나서 엄지손가락으로 그녀를 찌르고 때리는 꿈을 꾸었다고 말했다. 이 꿈의 상징이 의미하는 것은 무엇일까? 그녀는 어렸을 때, 아버지로부터 근친상간적인 성 학대를 여러 번 경험했다. 그리고 성장하면서 다른 남자들에게 성 학대를 받은 일이 더 있었다. 그러나 그 사실들을 잊어버렸다. 브래드쇼는 최면기법을 통해 어린 시절에 있었던 성추행 사건들을 기억해 내도록 도왔다. 그녀는 흐느껴 울기 시작했으며 그녀가 3~5세였을 때 아버지가 어떻게 구강 섹스를 강요했는지를 기억해 냈다. 그 후 계속된 치유를 통해서 그녀의 악몽은 사라지게 되었다(Bradshaw; 김홍찬, 고영주 역, 2008, 106).

지금까지 신체적으로, 정서적으로, 그리고 성적으로 학대받은 내면아이에게 공통적으로 발생될 수 있는 문제와 특성들을 알아보았다. 그러나 성적으로 학대받은 내면아이는 앞에서 언급한 것 외에 몇 가지 다른 특성들을 더 나타낼 수 있다. 다음은 성 학대받은 내면아이에게 추가적으로 더 나타날 수 있는 증상들이다. 이것은 브래드쇼의 책을 참고로 한 것이다(Bradshaw; 오제은 역, 2006, 228-238). 성 학대를 받은 내면아이를 가진 사람은 어린 시절부터 일찍 나이에 맞지 않는 성적인 지식을 가지고 있거나 성적인 행동을 할 수 있다. 예를 들면, 어린 자녀가 어른들의 성행위 동작을 하거나, 다른 아이의 성기에 관심을 가지고 만지려고 하거나, 동물 또는 장난감을 가지고 성행위하는 놀이를 하는 것 등이다. 조금 큰 아이는 일찍부터 자위행위를 하거나 무분별한 성관계를 가질 수 있으며 또한 매춘행위에 연루될 수도 있다.

성 학대를 받은 내면아이를 지닌 사람은 자기 자신과 다른 사람을 성적으로 대상화할 수 있다. 성적으로 대상화하면 성적인 파트너를 단지 자신의 욕구를 충족시키는 비인격적인 대상으로 격하시킨다. 사랑이나 친밀감이 없는 섹스를 한다. 왜 그럴까? 자녀는 부모의 성적인 학대 속에서 부모의 욕구를 위해 이용당하는 경험을 했기 때문이다. 성적인 학대는 부모가 자녀를 이용함으로써 자녀를 대상화하는 것이다. 부모가 자녀를 대상화하면 자녀는 스스로 자기 자신을 대상화하게 된다. 브래드쇼의 견해에 따르면, 자녀가 손가락을 빨거나 자위행위를 하는 것은 자기 자신을 대상화하는 행동으로 볼 수 있다. 성 중독과 성 학대는 성적인 대상화의 결과물이다.

성 학대를 받은 내면아이를 가진 사람은 이성에 대해서 공격적이거나 유혹적인 행동을 할 수 있다. 이성의 파트너를 공격하는 것은 어린 시절에 자신을 학대한 부모에 대한 복수의 행동이 된다. 이성의 파트너를 유혹하는 것은 상대방의 관심을 받는 중요한 존재가 되기 위한 행동이다. 이 사람은 어려서부터 남에게 호감 받는 중요한 사람이 되기 위해서는 성적으로 매력적인 존재가 되어야 한다고 배웠기 때문이다. 자기 자신이 중요한 존재라고 느낄 수 있는 두 가지 효과적인 방식이 있다. 하나는 성 회피적(antisexual)이 되는 것이고, 다른 하나는 성 집착적(supersexual)이 되는 것이다. 성과 담을 쌓고 살거나, 반대로 성에 탐닉하는 것은 자신이 특별한 존재라는 느낌을 줄 수 있기 때문이다.

성 학대를 받은 내면아이를 지닌 사람은 성 정체감의 혼란과 성 기능의 장애가 나타날 수 있다. 성은 존재의 핵심으로 여겨지기 때문에 성 학대는 정체성을 와해시킨다. 부모로부터 성 학대를 당한 자녀는 자신이 여자로 또는 남자로 태어난 것을 후회하고 용납하지 않으려 한다. 자녀는 성장하여 성 기능 장애를 경험할 수 있다. 이 사람은 성적인 만족을 위해서 가학적 또는 피학적 환상을 가져야 할지 모른다.

사례

...

갈매기(가별칭)는 5남매 중 셋째로 시골 작은 마을에서 태어났다. 위로 두 명의 누나가 있다. 갈매기는 어린 시절 아픈 기억을 가지고 있다. 여섯 살이 되던 어느 날, 아버지가 노트와 연필을 사 왔다. 글쓰기를 가르치기 위한 것이었다. 아버지는 노트에 글자와 숫자를 하나씩 쓰고 그대로 따라서 쓰라고 했다. 갈매기는 생전 처음으로 연필을 잡았다. 겨우 글자를 쓴 다음 노트를 아버지에게 내밀었다. 그러자 아버지는 다짜고짜 뺨을 때렸다. 글씨를 이따위로 쓰냐며 다시 쓰라고 했다. 갈매기는 너무나 놀라고 무서웠다. 무서워서 더 이상 글씨를 쓰기가 어려웠다. 그때 이후로 갈매기는 아버지에게 여러 차례 맞았다. 맞으며 글자와 숫자 쓰기를 배웠다. 갈매기는 그때 자신의 아버지가 친아빠인가 의심이 들었다고 말했다. 한번은 갈매기가 누나들과 함께 오락실에 갔었다. 오락실에 갔었다는 것을 알게 된 아버지는 갈매기를 사정없이 두들겨 팼다. 누나들은 때리지 않았다. 갈매기는 아버지가 유독 자신만을 미워하고 때린다고 느꼈다. 여섯 살 이후 아버지로부터 매 맞은 기억이 너무나 많다. 갈매기는 지속적으로 신체적인 학대를 당한 것이다. 학대하는 내면부모와 학대받은 내면아이라는 두 인격이 형성되었을 것이다.

갈매기는 아버지에게 두들겨 맞으면서 두려움과 함께 분노를 느꼈다. 그리고 생각했다. "도망칠까? 갈 데가 있을까?……. 그래 지금은 네 맘대로 때려라. 내가 지금은 힘이 없어서 맞지만 언젠가는 똑같이 갚아 줄게." 복수를 다짐했다. 이것은 학대받은 자녀들에게서 나타나는 공통된 반응이다. 아버지의 학대는 열두 살까지 계속되었다. 아버지와 엄마는 사이가 좋지 않았다. 많이 싸웠다. 아버지는 밖에 나가 다른 여자를 만났고 술에 취해 들어오는 날이 많았다. 엄마는 술에 취해 늦게 돌아오는 아버지를 맞이하기 위해 잠자고 있던 갈매기를 깨워서 데리고 나갔다. 버스 종점까지 걸어가는 동안 엄마는 종종 이렇게 말했다. "너도 네 아버지처럼 살면 내가 죽더라도 무덤에서 뛰쳐나와 널 찢어 버릴 거다. 네 할아버지나 네 아버지나 너의 집안 종자가 다 그렇다." 갈매기는 엄마의 말을 듣는 것이 너무 싫고 고통스러웠지만 듣고 있어야만 했다. 갈매기는 엄마로부터 정서적인 학대를 받은 것이다.

갈매기는 자라면서 우울한 아이가 되었다. 삶에 대한 의욕과 열정이 없었다. 살고 싶지 않았다. 초등학교 6학년 때, 갈매기는 조금씩 모아 둔 수면제를 입에 털어넣고 자살을 시도했었다. 그러나 죽지 않았다. 그 후 두 번이나 자동차에 부딪히는 사고가 발생했다. 다행히 크게 다치지는 않았다. 이것은 수동 공격적인 자살 행동으로 볼 수 있다. 무의식적인 자살충동이 외현화된 것이다. 그는 중학생 때까지 집에서는 말 잘 듣는 아이로, 그리고 학교에서는 공부 잘하는 아이로 살았다. 착한 아이 콤플렉스를 가지고 살았던 것이다. 그러나 고등학교에 들어가면서 무기력해지고 의욕상실로 인하여 성적이 최하위권으로 떨어졌다. 이것은 외부의 부모와 내부의 학대하는 내면부모가 자기에게 지시하는 명령과 학대에 대한 내면아이의 반항의 결과로 볼 수 있다. 갈매기는 고등학교 3학년 때 예수님을 만나면서 치유와 회복을 시작하였다. 그는 치유상담 연구원에 등록하여 공부했으며 연구원에서 실시하는 여러 치유 프로그램을 통해서 많이 좋아졌다. 갈매기는 아버지를 용서하고 화해했으며 아버지의 권유로 신학 공부를 마쳤다.

밤나무(가별칭)는 40대의 미혼 여성으로 불행한 삶을 살아 왔다. 그녀의 불행은 초등학교 시절에 시작되었다. 아버지로부터 상습적으로 성폭행을 당했다. 아버지는 밤이면 밤나무가 자고 있는 방으로 들어가서 그녀의 몸을 더듬었다. 밤나무는 너무나 놀랍고 무섭고 싫었지만 꼼짝하지 못했다. 아버지는 짐승처럼 허둥거렸다. 아버지의 성폭행은 밤나무가 자라서 완전히 집을 나갈 때까지 계속되었다. 아버지에게 저항하면 아버지는 밤나무를 구타하였다. 그리고 미리 배워 두면 도움이 될 거라고 말했다. 밤나무는 분노와 증오심이 일어났지만 아무것도 할 수 있는 것은 없었다. 그러다가 사춘기에는 임신까지 하게 되어 낙태수술을 받기도 했다. 밤나무는 엄마에 대한 강한 분노를 지니고 있었다. 엄마가 더 밉다고 말했다. 왜냐하면 아버지의 행동을 알면서도 못 본 체하거나 피해 버렸기 때문이다. 이런 현상은 자녀학대가 일어나는 가정에서 흔히 나타난다. 자녀를 괴롭게 하는 것은 학대자만이 아니라 학대자의 학대 행동을 묵인하는 다른 가족들이다. 그것은 자녀에게 배신과 불신이라는 상처를 남긴다.

청소년기에 이르자 밤나무는 여러 번 가출을 시도했다. 아버지의 성폭행으로부터 도망치기 위한 것이었다. 그러나 바깥세상 역시 안전하지 않았다. 밤나무는 낯선 남자들에게 끌려가 성폭행을 당한 일이 여러 번 있었다. 어려서 부모에게 성 학대를 받은 자녀는 밖에서 다른 사람에게 성 학대를 받을 가능성이 있다. 즉 다시 희생자가 되는 것이다. 밤나무는 삶이 너무 고통스러웠다. 가족의 울타리 안과 밖에서 그녀를 기다리고 있는 것은 폭력뿐이었다. 죽고 싶었다. 밤나무는 두 차례나 약을 먹고 자살을 시도했으나 다시 살아났다. 밤나무는 고등학교를 마치자마자 집을 나갔다. 그리고 다시는 집으로 돌아가지 않았다. 밤나무는 먹고 살기 위해서, 그리고 특별히 할 수 있는 것이 없었기 때문에 술집에 들어가 접대부가 되었다. 그녀는 술을 마시고 남자들을 상대했으며 수렁처럼 깊은 어둠 속으로 빠져 들어갔다. 밤나무는 그 시절 자신의 마음을 이렇게 말했다. "나는 내 자신을 학대하고 싶었어요. 더 망가뜨리고 싶었어요. 그렇게 하지 않고는 폭발할 것 같았어요." 밤나무는 자기 자신을 마치 망가진 물건처럼 느끼고 있었다. 그리고 그렇게 사는 것이 자신의 타고난 운명인 것처럼 생각하였다. 밤나무는 자신이 번 돈을 자신을 위해 쓰지 않았다. 부모에게 보냈다. 증오하는 아버지에게 보낸 것이다. 이것은 학대받은 내면아이가 지닌 하나의 특성이기도 하다. 학대받은 내면아이는 모순되게도 자신을 학대한 부모의 욕구를 충족시키는 행동을 하곤 한다. 밤나무는 자기 자신이 누구인지, 앞으로 어떻게 살아야 하는지, 전혀 모른다고 말했다. 자기 정체감도 없었고 내일에 대한 희망도 없었다. 그리고 종종 두려움과 분노에 시달렸으며 때로는 심한 무력감과 우울감에 빠져 아무것도 할 수 없었다.

브래드쇼의 사례에 나오는 한 여인은 친밀감 형성에 문제가 있었으며 인간관계에서 지속적으로 어려움을 겪었다. 이 여인은 미혼임에도 불구하고 마흔다섯 살이 될 때까지 거의 15년 동안이나 남자를 만나거나 데이트를 한 적이 없었다. 그녀의 말에 의하면, 사랑하는 남자가 있었는데 교통사고로 죽었다고 했다. 그리고 그 후로는 어떤 남자도 만나지 않았다고 했다. 하지만 그녀는 죽은 남자와 석 달 정도밖에 교제하지 않았다. 그 남자의 죽음이 15년 동안 누구하고도 데이트를 하지 아니한 이유로는 충분하지 않았다. 사실, 그녀는 어떤 남자와도 친밀한 관계를 가져 본 적이 없었다. 그것은 오래전부터 있었던 그녀의 행동이었다. 계속된 상담과정에서 브래드쇼는 그녀가 어렸을 때 성적으로 학대받았다는 것을 알게 되었다. 그녀는 양아버지로부터 5년 동안이나 지속적으로 성 학대를 당했다. 그 후로 그녀는 자기 주변에 벽을 쌓음으로써 다른 남자들과 가까워지는 것을 차단하였다(Bradshaw, 1990, 17). 그것은 그녀의 마음속에 형성된 학대받은 내면아이가 지닌 두려움과 공포 때문이었을 것이다.

···

학대와 결혼

어린 시절에 부모로부터 학대받고 자란 사람이 어른이 되어 결혼을 한다면 어떤 결혼 생활을 하게 될까? 그 사람의 내면에는 가학적인 태도를 지닌 학대하는 내면부모와 피학적인 태도를 지닌 학대받은 내면아이가 있다는 것을 고려해야 한다. 다른 경우와 마찬가지로, 이 경우에도 내면부모와 내면아이는 부부의 관계가 어렵고 혼란스러워지는 이유가 된다. 부부는 서로를 만날 때, 때로는 내면부모로서 만나고 때로는 내면아이로서 만난다. 이런 두 인격의 출현은 부부의 관계를 복잡하고 혼란스럽게 만든다. 그러나 부부는 매일 만나는 반복적인 관계이기 때문에 역할상 내면부모와 내면아이 중에 하나의 역할로 고정되는 경우가 많다. 내면부모의 역할로 고정되면 가학적이 되고, 내면아이 역할로 고정되면 피학적이 된다.

만약 부부의 역할이 학대하는 내면부모로 고정된다면 어떻게 될까? 학대하는 내면부모를 지닌 배우자는 상대방을 학대하고 징벌함으로써 고통을 주게 된다. 배우자의 학대는 신체적인 수준과 정서적인 수준에서 모두 나타난다. 그것은 어린 시절에 자신을 학대한 부모로부터 경험적으로 배운 것이다. 부모에게 배운 것을 그대로 사용하기 쉬운 대상은 자녀와 배우자이다. 학대하는 내면부모를 지닌 배우자는 소리를 지르거나 기물을 던짐으로써 불안과 공포를 조성한다. 비난과 폭언으로 상대방에게 상처를 입힌다. 상대방이 작은 실수만 해도 가혹한 책망과 불신의 말을 쏟아 낸다. "내가 뭐라고 그랬어! 당신은 안 될 거라고 그랬지." "병신같이, 미친 년." "꼬라지하고는! 밥도 먹지 마." 때로는 위협적이 되거나 폭력을 쓰기도 한다. 이 사람의 학대 행동은 특별한 기준이나 원칙이 없이 나타난다. 따라서 함께 사는 배우자는 항상 불안과 긴장 속에 있어야 한다. 이 사람은 부부의 성생활에서 만족을 얻으려면 가학적이 될 필요가 있을지도 모른다. 이처럼 부부의 역할이 학대하는 내면부모로 고정되는 것은 아내의 경우보다는 남편의 경우가 많다. 왜냐하면 일반적으로 남자가 여자보다 신체적으로 강하고 경제적인 능력을 가지고 있으며, 또한 전통적인 사회적 분위기는 남편이 아내를 학대하는 행동을 묵인하는 경향이 있었기 때문이다. 남성 중심의 가부장적인 유교문화권의 사회에서는 더욱 그렇다.

학대받은 내면아이가 더 발달되어 그것이 부부의 역할로 고정된다면 부부의 관계는 어떻게 될까? 내면아이의 특성들이 부부관계에 나타날 수 있다. 이 역할로 고정된 배우자는 상대방에 대한 분노와 두려움의 양가적인 감정과 태도를 지니게 된다. 마음속에 배우자에 대한 분노와 두려움이 있다. 두 감정이 갈등을 일으킨다. 따라서 어떤 감정도 표현하기가 어렵다. 그러나 이 사람이 배우자에 대해서 느끼는 분노와 두려움은 적절한 감정이 아닌 경우가 많다. 왜냐하면 그것은 어린 시절에 자신을 학대했던 부모에 대한 감정을 배우자에게 치환한 것이기 때문이다. 사람은 어린 시절의 부모에 대한 감정과 태도를 다른 대상에게 그대로 옮겨 놓는 경향이 있는데, 그렇게 하기에 가장 손쉬운 대상은 배우자이다. 이런 경향은 성별에 관계없이 나타난다. 즉 아들의 경우 아버지에 대한 감정과 태도가 결혼해서 아내에게 그대로 옮겨질 수도 있고, 딸의 경우 어머니에 대한 감정과 태도가 결혼해서 남편과의 관계에서 그대로 나타날 수도 있다. 미실다인에 따르면, 부모에 대한 분노나 보복심을 배우자에게 치환적으로 표현하게 되는 이유는 배우자가 가정에서 가장 어른으로 느껴지기 때문이라고 했다(Missildine, 1963, 199).

부부관계에서 학대받은 내면아이의 역할이 고정된 배우자는 피학적이 됨으로써 학대받는 삶을 반복할 수 있다. 이 사람은 학대하는 배우자의 보호자가 되기도 하고 피학적인 희생양이 되기도 한다. 착한 아이 콤플렉스는 보호자와 희생양의 역할을 강화한다. 이처럼 피학적인 희생양이 되면 학대와 폭력이 지속될지라도 학대자를 떠나기가 어려워진다. 자신이 상대방에게 이용당하고 있다는 것을 알면서도 그것을 허용한다. 왜냐하면 부모로부터 학대와 사랑은 함께 있는 것이라고 배웠기 때문이다(Missildine, 1963, 199-200). 남편의 지속적인 학대에도 불구하고 불행한 결혼 생활을 청산하지 못한 아내가 있었다. 남편은 아내를 신체적으로 그리고 정서적으로 학대했다. 남편은 자주 술을 마셨는데 그때마다 아내에게 욕을 퍼붓고 구타했다. 남편은 행실이 좋지 않았다. 여러 번 바람을 피웠는데, 아내와 서로 알고 지내는 여자와도 관계를 맺었다. 그러나 아내는 남편과 헤어지지 못했다. 자신이 남편을 버리면 아무도 남편을 돌봐 줄 사람이 없을 것이라고 생각이 되었기 때문이다. 이 여인은 남편을 사랑한다고 말했다. 여인의 진술을 통해 알게 된 것이 있다. 이 여인은 어렸을 때 아버지로부터 가혹하게 학대를 당했다. 그리고 그 아버지의 보호자로, 그 가정의 구원자로 살았다.

한편, 학대받은 내면아이의 역할을 하는 배우자는 상대방의 분노를 자극함으로써 자신이 학대받는 것을 자초하는 경우가 있다. 이 사람은 충동적이거나 선동적인 언어를 사용함으로써 또는 실망과 멸시의 표정을 지음으로써 상대방을 자극한다. 이것은 피학적인 태도의 표현으로서 자기 내면의 죄책감을 없애기 위한 행동으로 볼 수 있다(Missildine, 1963, 198). 이 사람은 부부의 성생활에서 만족을 얻기 위해 피학적인 태도를 취할 가능성이 있다. 이처럼 부부관계에서 학대받은 내면아이의 역할이 고정되는 것은 남편보다는 아내의 경우가 더 많다. 왜냐하면 여성은 신체적으로, 사회 경제적으로 약자일 뿐만 아니라 전통적으로 학대를 참고 사는 것이 미덕이라고 여겨져 왔기 때문이다.

학대하는 내면부모의 역할을 하거나 학대받은 내면아이의 역할을 하거나에 관계없이 어린 시절에 학대를 경험한 사람은 부부간에 비인격적인 성생활을 한다. 단지 감각적인 만족을 추구할 뿐 친밀감이 없는 성생활이 된다. 성적으로 학대받은 경우에는 더욱 그렇다. 왜냐하면 부모의 학대가 성을 비인격적인 대상으로 만들어 버렸기 때문이다.

학대하는 내면부모와 학대받은 내면아이가 함께 손을 잡고 부부관계를 형성하는 경우가 있다. 이런 경우에 부부관계는 파괴적인 관계를 반복 순환하게 된다. 배우자를 향한 내면아이의 분노가 내면부모에게 전달된다. 분노를 전달받은 내면부모는 배우자를 학대한다. 내면아이는 죄책감을 느끼게 되고 그것은 다시 내면부모에게 전달된다. 내면부모는 내면아이를 징벌함으로써 죄책감을 없애 준다. 죄책감에서 벗어난 내면아이는 다시 배우자에게 분노를 느낀다. 이런 파괴적인 관계가 계속 반복된다.

···

프레드(가명)는 미실다인을 찾아온 내담자이다. 그는 결혼 생활의 어려움 때문에 상담을 받게 되었다. 프레드의 어린 시절은 불행했다. 아버지의 학대와 폭력 때문이었다. 아버지는 자주 분노를 터트렸으며 어머니와 프레드를 구타하곤 했다. 프레드가 결혼했을 때 처음에는 모든 것이 순조롭게 보였다. 그러나 곧 어려워지고 말았다. 프레드는 아내와 갈등이 생길 때마다 어린 시절에 아버지가 자기에게 했던 태도와 방식으로 자기 자신을 대했다. 자기 자신에게 화를 내고 가혹해지거나 자학적이 되었다. 그리고 그럴 때마다 자기 안에서 반항적인 분노가 일어나곤 하였다. 프레드는 아내에게도 그렇게 했다. 아버지가 자기에게 했던 것처럼 아내에게 소리를 지르고 화를 쏟아 냈으며, 욕을 하고 폭력을 쓰기도 하였다. 프레드의 아내는 도저히 결혼 생활을 유지할 수가 없었다. 그러나 그런 일이 일어난 다음에 프레드는 스스로 자신을 꾸짖고 자학적이 되었다. 그리고 아내를 사랑할 것이라고 굳게 마음먹었다. 하지만 그럴 때마다 마음 한쪽에서는 다시 분노가 일어났으며 그의 태도는 더 신경질적이 되었고 혼란스러웠다.

프레드의 행동은 학대하는 내면부모와 학대받은 내면아이가 어떻게 결혼 생활에 문제를 일으키게 되는지를 알 수 있는 좋은 예가 된다. 어린 시절에 아버지의 학대로 인하여 형성된 프레드의 학대받은 내면아이라는 인격은 아버지에 대한 분노를 아내에게 전이했다. 그리고 그 분노는 학대하는 내면부모에게 전달되어 정당한 이유 없이 아내를 학대하고 징벌했다. 그런 다음 프레드의 내면아이는 죄책감을 느꼈으며, 그의 내면부모는 그런 내면아이를 꾸짖고 징벌함으로써 그 죄책감을 사라지게 해 주었다. 동시에 내면부모는 내면아이에게 '아내를 사랑해야 한다.'는 교훈적인 의무감을 심어 주었다. 그러나 이에 대한 내면아이의 반응은 저항과 분노였다. 그리고 그 분노는 다시 파괴적인 관계의 순환이 시작되는 원인이 된다. 미실다인의 도움으로 프레드는 아내와의 결혼 생활을 회복할 수 있었는데, 그것은 흥미롭게도 프레드가 '나는 아내를 사랑해야만 한다.'는 강박적인 생각을 포기했을 때 이뤄졌다(Missildine, 1963, 16-17).

...

학대와 인격장애

부모의 학대는 자녀의 마음과 정신세계를 황폐화시킨다. 앞에서 알아본 것처럼 그것은 많은 정신장애의 원인이 된다. 그것은 외상후 스트레스 장애, 주의력 결핍 과잉행동 장애(ADHD), 불안장애와 공포증, 우울장애 등을 유발할 수 있다. 학대는 정신장애를 일으키는 온상이다.

학대와 인격장애 사이에는 어떤 관련성이 있을까? 인격장애는 정신장애의 한 분류로서 다수의 일반적인 사람과 달리 사회 문화적인 범례로부터 벗어나 독특하게 행동하는 사람이 지닌 정신적인 문제를 일컫는 말이다. 그것은 인격의 문제이기 때문에 쉽게 바뀌지 않는다. 인격장애의 발생 원인을 명확하게 밝히는 것은 어려운 일이다. 그것은 선천적이며 유전적인 소인, 뇌 기능 및 뇌 활동상태의 문제, 심리적인 발달단계의 문제, 외부적 소인으로서 환경의 문제 등이 종합적으로 검토되어야 할 것이다. 따라서 부모의 학대가 자녀에게 어떤 인격장애를 일으킬 수 있는가 하는 문제는 제한된 소인론이라 할 수 있다. 왜냐하면 단지 환경의 문제만을 다루는 것이기 때문이다. 그러나 부모의 양육환경이 자녀의 성격 형성은 물론 정신장애의 원인이 될 수 있다는 것을 부인하는 사람은 거의 없는 것으로 보인다. 특히 대상관계 이론가들은 유아가 부모 또는 부모의 대리자와 갖는 초기의 관계 경험이 성격 형성과 정신병리의 중요한 요인이 된다는 것을 강조하고 있다.

앞에서 논의한 것처럼 아동기에 부모의 학대 환경에서 자란 사람의 내면에는 학대하는 내면부모와 학대받은 내면아이라는 인격이 형성된다. 이런 내면부모와 내면아이의 인격을 지닌 사람에게 나타날 가능성이 있는 인격장애는 무엇일까? 편집성 인격장애(paranoid personality disorder), 조현형(분열형) 인격장애(schizotypal personality disorder), 반사회성 인격장애(antisocial personality disorder) 등이 관련이 있어 보인다.

편집성 인격장애는 근거 없는 의심으로 사람들을 믿지 못하고 경계하며, 마음속에 두려움과 분노가 두드러진 사람에게 내려지는 진단명이다. 다른 사람의 호의나 친절을 그대로 받아들이지 못하고 나쁜 동기가 있을 것이라고 의심한다. 그런 만성적인 의심과 불신으로 인하여 친밀한 인간관계를 맺기가 어렵다. 자신이 상대방에게 이용과 착취를 당할 수 있다고 느끼기 때문에 항상 거리를 두고 만나기를 꺼려 한다. 한번 화가 나면 오랫동안 풀지 못하고 상대방을 용서하지 않는다. 정신역동 이론에 따르면 편집성 인격장애의 기저에는 수치나 수모를 당하는 것에 대한 두려움이 있다고 한다(Gunderson/원호택, 2003, 358에서 재인용). 인지치료 이론에 따르면 이 인격장애를 지닌 사람은 특정한 인지도식을 가지고 있다고 본다. 예를 들면 '사람들이 결국에는 나를 해치려고 할 것이다.' '사람들은 언제나 나를 이용하려 들기 때문에 믿을 수가 없다.' '누가 나를 모욕하면 별 것이 아니더라도 반드시 보복하여야 한다.' '사람들과는 거리를 두어야 한다. 가까이 하면 나의 약점이 잡힐 테니까.' 등의 신념과 인지도식을 가지고 있다는 것이다(Beck & Freeman/원호택, 2003, 358에서 재인용). DSM-5에 명시된 편집성 인격장애의 진단기준은 다음과 같다(American Psychoanalytic Association; 권준수 외 역, 2015).

〈편집성 인격장애 진단기준〉

다른 사람의 동기를 악의가 있는 것으로 해석하는 등 타인에 대한 전반적인 불신과 의심이 있으며, 이는 성인기 초기에 시작되며 여러 상황에서 나타나고 다음 중 네 가지(또는 그 이상)로 나타난다.

1. 충분한 근거 없이, 다른 사람이 자신을 관찰하고 해를 끼치고 기만한다고 의심함

2. 친구들이나 동료들의 충정이나 신뢰에 대한 근거 없는 의심에 사로잡혀 있음

3. 어떠한 정보가 자신에게 나쁘게 이용될 것이라는 잘못된 두려움 때문에 다른 사람에게 비밀을 털어놓기를 꺼림

4. 보통 악의 없는 말이나 사건에 대해 자신의 품위를 손상하는 또는 위협적 의미가 있는 것으로 해석함

5. 지속적으로 원한을 품는다. 즉 모욕이나 상처 줌 혹은 경멸을 용서하지 못함

6. 다른 사람에겐 분명하지 않은 자신의 성격이나 평판에 대해 공격으로 지각하고 곧 화를 내고 반격함

7. 정당한 이유 없이 애인이나 배우자의 정절에 대해 반복적으로 의심함

조현형(분열형) 인격장애는 공상과 망상이 많고 다른 사람들이 이해할 수 없는 이상한 생각과 행동을 하며 자기만의 독특한 언어를 사용함으로써 의사소통이 잘 되지 않는 등 인간관계에 대한 어려움을 나타내는 장애이다. 이런 장애를 지닌 사람은 고통스럽거나 스트레스를 받는 상황에 처하게 되면 망상에 빠짐으로써 그 상황으로부터 도피하려는 특징을 나타낸다. 때로는 다른 사람들이 알아들을 수 없는 말을 혼자 중얼거리기도 한다. 편집증적인 성향으로 자주 불안을 느끼며 감정표현이 피상적이다. 조현형 인격장애의 환경적인 요인으로는 부모의 자녀학대를 주목할 수 있다. 그러나 일반적으로 유전적인 요인이 더 중요한 것으로 알려져 있다. 즉 조현형 인격장애는 조현병(정신분열증)을 지닌 가족 안에서 많이 나타나는 것으로 보고되고 있다(Siever & Klar, 1986; Torgersen; 원호택, 2003, 356에서 재인용). 하지만 조현형 인격장애의 유전적 소인을 가지고 태어났다고 하더라도 양육환경의 조건에 따라 발병의 정도에 차이가 있다는 것만은 분명하다. DSM-5에 나타난 조현형 인격장애의 진단기준은 다음과 같다(American Psychoanalytic Association; 권준수 외 역, 2015).

〈조현형(분열형) 인격장애 진단기준〉

친분 관계를 급작스럽게 불편해하고 그럴 능력의 감퇴 및 인지 및 지각의 왜곡, 행동의 괴이성으로 구별되는 사회적 및 대인관계의 결함의 광범위한 형태로, 이는 성인기 초기에 시작되며 여러 상황에서 나타나고 다음 중 5가지(또는 그 이상)로 나타난다.

1. 관계사고(심한 망상적인 관계망상은 제외)
2. 행동에 영향을 주며, 소문화권의 기준에 맞지 않는 이상한 믿음이나 마술적인 사고를 갖고 있음(예, 미신, 천리안, 텔레파시 또는 육감 등에 대한 믿음, 다른 사람들이 내 느낌을 알 수 있다고 함. 아동이나 청소년에서는 기이한 공상이나 생각에 몰두하는 것)
3. 신체적 착각을 포함한 이상한 지각 경험
4. 이상한 생각이나 말을 함(예, 모호하고, 우회적, 은유적, 과장적으로 수식된, 또는 상동적인)
5. 의심하거나 편집성 사고
6. 부적절하고 제한된 정동
7. 기이하거나 편향되거나 괴이한 행동이나 외모
8. 일차 친족 이외에 친한 친구나 측근이 없음
9. 친하다고 해서 불안이 감소하지 않으며 자신에 대한 부정적인 판단보다도 편집증적인 공포와 관계되어 있는 과도한 사회적 불안

반사회성 인격장애는 다른 사람들의 권리를 무시하거나 침해함으로써 인간관계와 사회생활에 물의를 일으킬 수 있는 성향을 지닌 사람에게 내려지는 진단명이다. 이 인격장애를 지닌 사람은 법 테두리 안에 있는 사회적인 규범을 따르지 않고 범법 행위를 함으로써 사회적인 지탄을 받기도 한다. 자신의 이득과 쾌락을 위해서 다른 사람을 이용하고 조정하고 심지어 거짓말까지 한다. 다른 사람의 욕구와 권리와 감정을 무시한다. 때로는 충동적으로 폭력적인 싸움에 휘말리기도 하며, 자기 자신과 다른 사람에 대한 보호와 안전의식이 부족하다. 무책임하고 공격적이며 남을 학대하는 행동을 보인다. 자녀를 제대로 보살피고 양육하지 못한다. 이 사람은 자신의 부당한 행동을 합리화하기 위한 생각을 가지고 있다. 예를 들면 "인생이란 본래 불공평한 거야." "도둑맞은 사람은 당연히 그 일을 당할 만했기 때문에 당한 거야." "올 것이 온 거야." 등의 생각이다. 보고된 바에 따르면 아동기에 주의력 결핍 과잉행동 장애 또는 품행장애를 갖고 있던 사람이 치유되지 않은 채로 성인기에 들어오면 반사회성 인격장애로 진행될 가능성이 높다고 한다. DSM-5에 따르면, 반사회성 인격장애의 진단기준은 다음과 같다 (American Psychoanalytic Association; 권준수 외 역, 2015).

〈반사회성 인격장애 진단기준〉

15세 이후에 시작되고 다음과 같은 다른 사람의 권리를 무시하는 행동 양상이 있고 다음 중 세 가지(또는 그 이상)를 충족한다.

1. 체포의 이유가 되는 행위를 반복하는 것과 같은 법적 행동에 관련된 사회적 규범에 맞추지 못함
2. 반복적으로 거짓말을 함, 가짜 이름 사용, 자신의 이익이나 쾌락을 위해 타인을 속이는 사기성이 있음
3. 충동적이거나, 미리 계획을 세우지 못함
4. 신체적 싸움이나 폭력 등이 반복됨으로써 나타나는 불안정성 및 공격성
5. 자신이나 타인의 안전을 무시하는 무모성
6. 일정한 직업을 갖지 못하거나 혹은 당연히 해야 할 재정적 의무를 책임감 있게 다하지 못하는 것 등의 지속적인 무책임성
7. 다른 사람을 해하거나 학대하거나 다른 사람 것을 훔치는 것에 대해 아무렇지도 않게 느끼거나 이를 합리화하는 등 양심의 가책이 결여됨

심리적 치유

치유에 관한 논의는 제한적일 수밖에 없다. 많은 이론과 기법이 있지만 그것을 모두 다룰 수는 없기 때문이다. 논의되지 않는 것이 논의되는 것보다 훨씬 많다. 제한된 범위 안에서 치유의 문제를 다룬다. 마음의 상처를 치유하는 기본적인 원리 중의 하나는 재구성(reconstruction) 작업이라는 것이다. 재구성 작업은 성격 형성과 정신병리의 기원과 원인을 찾기 위해 기억의 흔적을 되짚어 과거에 발생한 일들을 회상하는 것을 말한다. 정신분석 이론에 따르면, 치유의 기본적인 작업은 억압된 기억을 찾아내서 그 기억을 의식화하는 데 있다. 억압된 기억은 종종 정서적인 갈등과 신경증의 원인이 되기 때문이다. 재구성은 기억에 대한 회복이기 때문에 과거에 발생한 사건의 실재와는 차이가 있다. 즉 과거에 발생한 사건의 실재를 재구성하는 것이

아니라 그 사건에 대한 개인적인 기억을 재구성하는 것이다. 재구성의 대상이 사건의 실재가 아니라 기억이 되는 셈이다. 그럼에도 불구하고 재구성 작업은 치유적 효과가 있는데 그 이유는 프로이트가 말한 것처럼 재구성된 내용이 진실이라고 믿는 환자의 믿음 때문이다(The American Psychoanalytic Association, 1990, 163-164). 상담과 치유의 많은 전문가가 재구성 작업을 치유의 중요한 과정으로 여기고 있으며 실제로 임상 장면에서 많이 사용한다. 치유적 효과가 있기 때문이다.

재구성 작업은 학대하는 내면부모와 학대받은 내면아이의 치유에도 필요하며 효과가 있다. 주디스 허만은 말하기를, 재구성 작업은 외상 기억을 전환시켜 삶의 이야기에 통합시킨다고 했다. 재구성 작업의 기본적인 형태는 외상 기억을 언어화하는 것이다. 학대와 같은 외상 기억은 대부분 언어화되지 않은 기억으로 되어 있다. 그것은 공포나 수치감에 매어 있거나 말하지 않기의 규칙에 따라 비밀로 억압되어 있다. 재구성은 그 것을 언어화된 기억으로 바꾸는 것이다(Herman, 1997, 175). 언어화한다는 것은 다른 말로 하면 '자기노출(self-disclosure)' 또는 '상처 드러내기'라 할 수 있다. 이것은 용기가 필요한 일이다.

학대하는 내면부모와 학대받은 내면아이가 치유되기 위해서는 학대받았던 기억을 재구성해야 한다. 그러나 재구성 과정이 쉬운 것은 아니다. 왜냐하면 학대에 대한 기억은 오랫동안 억압과 망각에 의해 희미해지고 깨어지고 파편화되어 있었기 때문이다. 재구성의 과제는 파편화된 이야기를 하나의 온전한 이야기로 완성하는 데 있다. 그것은 마치 조각 맞추기 과정에 비유될 수 있다. 오래전 프로이트는 아동기에 있었던 성적인 학대의 외상을 드러내는 과정은 퍼즐 맞추기 게임과 유사하다고 했다. 이야기를 재구성하는 과정은 구체적이고 생생한 진술이 되어야 한다. 그렇게 하기 위해서는 상상과 오감과 신체적인 감각을 모두 사용하는 것이 필요하다. 재구성된 기억 속에서 무엇이 보이는지, 무엇이 들리는지, 어떤 감정이 올라오는지, 어떤 생각이 드는지를 말해야 한다. 그리고 근육이 어떻게 긴장되는지, 심장이 어떻게 두근거리는지, 호흡이 어떻게 진행되고 있는지를 알아차리며 말하는 것이 필요하다. 이처럼 학대의 기억을 언어화하는 과정에서 중요한 것은 감정을 표현하는 것이다. 감정에 대한 진술은 학대 사건에 대한 진술만큼 구체적이어야 한다. 감정이 빠진 진술은 인지적 작업에 그침으로써 아동기 학대로 인한 상처를 치유하는 데 크게 도움이 되지 못한다. 따라서 과거에 무슨 일이 발생했는가에 대한 재구성만이 아니라 거기서 무엇을 느꼈는가에 대한 감정의 재구성을 해야 한다. 감정의 재구성은 학대 사건에 대한 정서적인 재경험의 과정이 된다. 치유와 회복은 진실을 말할 때 일어나는 것이다. 그리고 진실은 재구성과 재경험의 과정 안에 있다.

감정의 재경험은 감정정화(catharsis)의 효과가 있다. 감정정화는 상담과 치유뿐만 아니라 문학과 연극 등 예술의 분야와 종교에 이르기까지 넓게 사용되고 있는 치유의 원리이다. 감정정화는 마음속에 억압되어 있거나 쌓여 있는 감정을 밖으로 쏟아 냄으로써 얻게 되는 시원함과 해방감을 의미한다. 오래전 브로이어(J. Breuer)와 프로이트는 둘이 함께 쓴 히스테리의 치료에 관한 연구 논문에서 기록하기를, 히스테리는 환자가 큰 충격을 받았는데도 충분히 자기감정을 표현하지 못했기 때문에 생기는 것이라고 했다. 따라서 정신병은 발산되지 못한 정서에서 기인되는 것이기 때문에 치료는 죽은 정서에 소리를 주어 표현하도록 하는 데 있다고 했다. 이런 이론을 배경으로 해서 '정화치료(cathartic treatment)'라는 방법이 나오게 되었다(Breuer & Freud/Yalom; 최해림, 장성숙 역, 2008, 48에서 재인용). 집단정신치료의 전문가인 어빈 얄롬(Irvin D. Yalom)은 프란츠 알렉산더(Franz Alexander)의 말을 인용하여 치료의 기본 원칙은 보다 우호적인 환경에서 과거에 처리할 수 없었던 정서적 상황에 환자를 노출시키는 것이라고 말했다. 환자가 치유적으로 도움을 받으려면 이전의 외상적 경험을 수정하기에 적절한 '교정적 정서 체험(corrective emotional experience)'을 해야만 한다는 것이다(Yalom; 최해림, 장성숙 역, 2008, 45).

학대와 관련된 초기 고통의 감정은 분노와 두려움 그리고 수치감과 상실감과 슬픔 등이다. 분노는 피학대 아동이 지닌 대표적인 감정이다. 그러나 그것은 두려움 아래 감추어져 있다. 학대받은 내면아이의 치유와 회복을 위해서는 분노의 정화작업이 필요하다. 분노의 정화작업은 상담자가 있는 안전하고 통제된 장소에서 진행되어야 한다. 이때 피치유자는 학대자의 부당한 행동을 고발함으로써 분노를 표현하고 치유자는 그 고발에 귀 기울임으로써 부당한 사건에 대한 증인이 되어야 한다. 치유자는 수용적이고 공감적이며 때로는 윤리적이 되기도 한다. 증인이 되려면 중립의 상태가 아니라 가치판단적인 상태에 있어야 하기 때문이다. 학대는 옳지 않은 행동이라는 윤리적 가치를 갖지 않는다면, 학대받은 내면아이의 치유를 도울 수 없다. 분노의 정화작업은 '분노하기'를 통해 이루어진다. 소리 지르기와 몸의 강렬한 움직임은 분노를 정화하는 효과적인 수단이 될 수 있다. '프라이멀 소리 지르기 요법(primal screaming therapy)'은 아동기의 외상체험을 재경험하도록 도움으로써 신경증의 치료에 효과가 있는 정신요법으로 알려져 있다. 피치유자의 분노하기는 학대자에 대한 복수의 행동이 아니다. 자신이 그만큼 아팠다고 하는 것을 외부에 알리는 선포의 행동이다. 그렇게 함으로써 브로이어와 프로이트가 말한 것처럼 그동안 죽어 있었던 감정에 소리를 주는 것이다. 분노하기를 경험할 때 피치유자는 비로소 자신의 존재를 드러내게 된다. 자신의 몸과 마음과 욕구와 감정을 찾기 시작한다. 그리고 오랫동안 시달렸던 무력감과 우울감에서 벗어나게 된다. 이처럼 학대받은 내면아이의 치유를 위해서는 분노의 정화작업이 필요하다. 그러나 분노를 억압하고 정화하지 못하면 '복수환상'이나 '사이비 용서'가 나타날 수 있다. 복수환상은 감정정화의 변형된 방법으로서 상상 속에서 가해자를 보복함으로써 분노를 해소하는 것이다. 그러나 복수환상은 온전한 감정정화가 되지 못한다. 피해자의 고통을 지속시킬 뿐이다. 사이비 용서는 겉으로 보기에는 용서 같지만 내면에서는 진정으로 용서하지 못한 상태를 의미한다. 윤리적이거나 종교적인 신념 등의 영향으로 자신의 분노를 억압하거나 못 본 체할 때 그런 사이비 용서를 할 수 있다. 그러므로 사이비 용서는 누구보다도 자기 자신을 속이는 일이다. 그것은 자기 고문이 될 수 있다(Herman, 1997, 189-190).

학대받은 내면아이의 치유를 위해서는 분노하기와 함께 '애도하기'가 필요하다. 애도는 상실로 인한 아픔과 슬픔을 정화하는 것이다. 아동기에 부모로부터 학대받은 사람은 많은 것을 잃어버렸다. 어린 시절을 잃어버렸고, 자기의 꿈과 삶을 잃어버렸으며, 신체에 상해를 입었고, 마음에 상처를 입었다. 상실에는 잃어버린 것만이 아니라 결핍된 것도 포함된다. 학대받은 사람은 부모의 사랑, 돌봄, 보호, 친절, 따뜻함 등 어린아이의 성장에 필요한 것이 결핍되었다. 애도는 이런 상실과 결핍을 충분히 슬퍼하는 것이다. 울음은 애도의 표현이다. 충분히 울어야 한다. 상실이 컸다면 애도의 기간도 그만큼 오래 걸린다. 애도는 상실과 아픔의 치유에 도움이 되는 효과적인 과정이다. 그러나 학대받은 내면아이를 지닌 사람은 애도하기가 쉽지 않다. 왜냐하면 어린 시절의 경험을 통해서 울음이 아무런 도움도 되지 못한다는 것을 배웠기 때문이다. 울음이 부모의 학대를 멈출 수 없다면 자녀는 울지 않게 될 것이다. 따라서 치유를 위해서는 애도하기를 배워야 한다. 애도하기는 상실을 인정하는 데서부터 시작된다. 어린 시절에 부모로부터 학대를 경험한 사람은 자신이 학대받은 사실을 숨기거나 억압함으로써 인정하지 않으려는 경향이 있다. 그러나 그 사실을 인정하지 않으면 치유가 일어나지 않는다. "나는 소중한 것을 상실했어. 나에게는 어린 시절이 없었어. 나는 나의 시간을 잃어버렸어."라고 말하는 순간 슬픔은 고개를 들기 시작한다. 애도는 상실을 인정하고 슬퍼하는 것이다. 그렇게 애도하고 슬퍼하면 상실을 바라보는 태도에 변화가 일어난다. 상실을 받아들이게 된다. 이것이 애도가 지니고 있는 진정한 치유의 의미이다. 삶이 고통스러운 이유는 상실이 발생했다는 것 때문만은 아니다. 이미 발생한 상실을 부정하고 받아들이지 않으려 하기 때문이다. 상실에 대한 우리의 일차적이고 일반적인 반응은 마치 상실이 발생하지 않은 것처럼 상실을 밀어내고 부정하는 것이다. 그렇게 함으로써 상실 이전의 상태가 되기를 원한다. 그러나 상실을 부정하고 거부하면 할수록 고통은 더 커질 수밖에 없다. 애도는 부정과 거부의 기제를 내려놓고 상실을 받아들이도록 돕는다. 그러므로 애도는 단지 슬퍼하는 것 이상이 된다. 애도는 상실을 받아들이는 것이다. 상실을 받아들이면 상실은 비로소 우리의 삶에 자연스러운 한 부분으로 통합된다. 내 삶에 통합되기 이전의 상실은 언제나 큰 문제로 나를 지배해 왔다. 그러나 이제 상실을 받아들이면 상실의 이야기는 그렇게 중요하지도 특별하지도 않은 평범한 이야기가 된다. 그것은 단지 나의 많은 삶의 이야기를 구성하는 한 부분이 될 수 있을 뿐이다(Herman, 1997, 195).

재구성 기법에는 여러 가지가 있다. 그중에서 홍수(flooding)기법과 최면치료(hypnotherapy) 기법을 소개한다. 홍수기법은 '직접노출(direct exposure)'이라고도 하는데, 행동치료에서 사용하는 기법으로서 잘 통제된 상황에서 피치유자가 외상을 다시 생생하게 체험함으로써 공포와 분노와 슬픔 같은 감정을 해소하고 회복되도록 돕는 기법이다. 피치유자는 치유자와 함께 외상 사건을 구체적으로 기술한 '각본'을 준비해야 한다. 그 각본은 외상 사건의 배경, 사실, 감정, 의미라는 네 요소가 포함되도록 작성한다. 중요한 것은 자신의 외상 경험을 구체적이고 직접적으로 기록하는 것이다. 필요하다면 치유자와 상의하여 기록을 교정할 수 있다. 교정하는 동안 피치유자는 자신의 외상 경험에 더 생생하게 반복적으로 노출된다. 외상 사건이 여러 개라면 그 숫자만큼 각본을 각각 작성한다. 현재 시제로 작성한다. 그런 다음 그 각본을 치료자 앞에서 큰 소리로 읽는다. 만약 집단상담의 경우라면 여러 사람 앞에서 공개적으로 읽는다. 감정을 충분히 표현하는 것이 중요하다. 홍수기법은 외상후 스트레스 장애를 치유하는 데 효과가 있는 것으로 알려져 있다. 피치유자들은 홍수기법의 도움으로 과각성과 침투 증상이 완화되었고 악몽과 플래시백에서 벗어날 수 있었으며 불안과 우울과 여러 신체화 증상도 점차로 개선되었다는 보고가 있다(Herman, 1997, 181-183).

최면치료 기법은 피치유자가 최면상태에서 자신이 학대받고 충격받았던 외상 기억을 회상하도록 돕는 재구성 기법이다. 최면상태에서는 심상적 지각이 보다 잘 이루어지며 치유자의 요구에 저항감 없이 따르게 됨으로써 학대와 같은 억압된 기억을 회상하는 데 도움이 된다. 주디스 허만은 셔리 무어(Shirley Moore)가 사용하는 최면기법을 간략히 소개해 놓았다. 셔리 무어는 피치유자로 하여금 눈을 감은 최면상태에서 과거로 가는 리본이나 밧줄을 붙잡는 것처럼 나이를 거슬러 올라가라고 말함으로써 아동기의 외상에 도달하도록 돕는다. 또는 최면상태에서 텔레비전의 화면을 보도록 한다. 자신의 외상 경험이 담긴 비디오테이프가 돌아가도록 하면서 화면에 나타난 영상을 보게 하는 것이다. 피치유자는 스스로 화면을 바꿀 수 있다. 느린 화면, 빠른 화면, 앞으로 감기, 뒤로 감기 등을 할 수 있다. 감정의 농도를 조절하기 위하여 음량을 조절할 수도 있다(Herman, 1997, 185-186). 나는 최면치료 기법을 다소 응용하여 사용한다. 나는 이것을 '반영 심상 기법'이라 부른다. 반영 심상 기법은 치유자가 피치유자의 이야기를 경청한 다음, 그 이야기를 심상화할 수 있도록 언어로 다시 되돌려 주는 것이다. 이때 치유자는 피치유자의 이야기를 잘 들어야 한다. 잘 들어야만 되돌려 줄 수 있기 때문이다. 들은 이야기를 되돌려 주는 것은 그 이야기를 심상적으로 재구성하도록 돕는 데 목적이 있다. 심상적 재구성은 정서적 재경험을 일으키는 즉각적이고 효과적인 과정이 된다.

다음은 반영 심상 기법의 사용에 관한 예이다. 등대(가별칭)의 아버지는 술중독이었다. 거의 매일 밤마다 술에 취해 집에 들어 왔다. 술에 취하면 아버지는 포악해졌다. 엄마를 상습적으로 폭행했으며 등대와 등대의 동생을 사정없이 때리곤 했다. 치유과정에서 등대는 아버지의 폭력적인 행동에 대해 말했다. 나는 등대의 이야기를 경청했다. 등대는 아버지의 학대 행동을 낱낱이 말함으로써 고발했고, 나는 그의 말에 경청함으로써 그런 학대가 있었다는 사실에 증인이 되었다. 술 취한 아버지는 낫을 들고 엄마를 죽이겠다고 위협했다. 엄마는 부엌으로 피신해 있었다. 아버지는 소리를 지르며 엄마를 찾아다녔다. 등대는 동생과 함께 방 안에서 떨고 있었다. 공포와 불안에 사로잡혔다. 한번은 아버지가 등대의 학교 성적이 나쁘다는 이유로 화가 났다. 아버지는 성적표를 내던지며 등대의 뺨을 때렸다. 그래도 화가 풀리지 않았던 아버지는 발로 차고 밟으면서 나가 죽으라고 말했다. 중학교 1학년 때였다. 등대가 친구들과 밖에서 놀다가 늦게 들어왔다. 화가 난 아버지는 등대의 옷을 벗겨 문 밖으로 내쫓았다. 문 밖에 있는 도랑에 처박았다. 옆집에 사는 여자아이들이 보고 있었다. 등대는 수치감과 함께 아버지에 대한 분노와 증오심을 느꼈다. 등대는 빨리 커서 아버지의 그늘을 벗어나고 싶었다. 그러나 초등학생 때까지는 그냥 참고 지냈다. 사춘기가 시작되자 등대의 분노는 걷잡을 수 없이 터져 나왔다. 아버지에 대항하기 시작했다. 외박과 가출이 잦았다. 등대는 폭력적이 되었다. 몇 명의 친구들과 어울려 다니면서 싸움을 하고 아이들에게서 돈을 뺏기도 했다. 어떤 때는 이유 없이 남의 집에 돌을 던져 유리창을 깨기도 했다. 한번은 흉기로 사람을 때려 큰 부상을 입힌 일로 경찰에 연행되기도 했다. 등대의 폭력은 결혼 후에도 나타났다. 아내와 말싸움을 하다가 주먹을 휘둘렀고 아직 초등학교에 다니는 어린 아들에게 욕을 하고 발길질을 했다. 등대는 이런 자신의 모습을 고치고 싶어 했다. 자신의 상태를 잘 알고 있었다. 등대의 이야기가 끝났을 때, 나는 등대에게 눈을 감아 보라고 했다. 그리고 다음과 같이 반영 심상 기법을 사용하여 치유 작업을 하였다.

...

"등대, 눈을 감아 보세요. 앞에 아버지가 있습니다. 아버지의 모습을 떠올려 보세요. 상상이 되시나요? 만약 상상이 되시면 오른손을 살짝 들어 주세요."

(오른손을 든다.)

"아버지의 손을 보세요. 그 손에 무엇이 있습니까?"

(몸을 떨며) "낫이 있어요."

"그 낫으로 무엇을 하려고 하나요?"

"엄마를 죽이려고 해요."

"지금 어떤 감정이 올라옵니까?"

"두려워요. 무서워요."

"어떻게 하고 싶으세요?"

"소리 지르고 싶어요."

"뭐라고 소리 지르고 싶죠?"

"그만해! 엄마 죽어!"

"그렇게 하세요. 그렇게 소리 지르세요."

...

등대는 용기를 냈다. 소리를 질렀다. 두 손으로 휘젓고 온몸을 비틀며 소리를 질렀다. 분노가 두려움의 벽을 뚫었다. 등대는 큰 소리로 아버지를 불렀다. 엄마도 불렀다. 그리고 소리 내어 울었다. 한참 동안 울었다. 분노 때문만은 아니었다. 상실 때문이었다. 등대는 자신이 어린 시절에 잃어버린 것들에 대해 처음으로 울어 본 것이다. 등대의 울음은 상실에 대한 태도를 바꾸도록 도왔을 것이다. 점차 상실을 인정하고 받아들이게 되었을 것이다.

영적 치유

재구성 작업과 감정정화는 학대하는 내면부모와 학대받은 내면아이의 치유에 도움이 된다. 그것은 모든 상처 입은 내면부모와 내면아이의 치유에 필요한 효과적인 과정이다. 그러나 온전한 치유를 위해서는 그다음 단계로 더 나아갈 필요가 있다. 다음 단계는 영적 치유의 과정이다. 영적 치유의 과정에서 경험해야 할 것이 있다. 그것은 학대자를 용서하는 일이다. 용서는 영적이며 종교적인 삶에서 강조되는 행동이다. 그러므로 용서는 영적으로 이해되고 설명될 필요가 있다.

용서해야 한다는 말은 너무 율법적이거나 상투적인 말로 들릴 수 있다. 나는 용서의 주제에 대해서 말하는 것을 망설이고 있는 내 자신을 발견했다. 적어도 나는 용서해야 한다는 말을 상투적으로 하고 싶지 않은 것이다. 나는 실제로 상담이나 치유 작업을 하면서 용서하라는 말을 거의 하지 않는다. 그러나 용서는 그런 나의 생각이나 태도에 관계없이 중요한 행동이다. 왜냐하면 용서는 영적 치유의 핵심이기 때문이다. 데이빗 스툽은 수많은 경험을 통해서 용서가 과거의 상처와 나쁜 영향으로부터 벗어나 참된 자유에 이르는 유일한 길이라는 사실이 밝혀졌다고 말했다(Stoop & Masteller; 정성준 역, 2001, 185).

용서란 무엇일까? 용서는 결코 쉬운 과정이 아니다. 하나님께서 우리를 용서하기 위해 하신 일을 생각해 보라. 하나님은 독생자 예수 그리스도를 십자가에 달려 죽게 하셨다. 그것만이 우리를 용서할 수 있는 유일한 길이었기 때문이다. 창세기에 나오는 요셉의 경우는 어떠한가? 자신을 애굽의 노예로 팔아 버린 형제들을 용서하는 데 얼마나 오랜 시간이 필요했던가? 형제들을 용서하기 위해서 얼마나 힘든 시험의 과정을 거쳤어야 했던가? 용서는 어려운 것이다. 그러나 나는 용서가 결코 쉽지 않고 어려운 것이기 때문에 용서의 가치와 효험을 신뢰할 수 있다고 믿는다. 그리고 그것이 바로 용서가 온전한 자유에 이르는 영적 치유의 핵심이 되는 이유이기도 하다. 그러므로 만약 어떤 사람이 자신에게 상처를 입힌 가해자를 너무 쉽게 용서했다고 말한다면 그 용서에 대한 진정성을 의심해 보아야 한다. 용서는 관습적인 행동이 아니다. 충분한 대가를 지불하는 행동이다.

용서에 대한 오해가 있다. 용서는 가해자가 자신에게 행한 모든 행동을 잊어버리는 것이라는 생각이다. 그것은 말 그대로 오해다. 왜냐하면 용서는 사실에 대한 망각이나 은폐가 아니라 사실에 대한 확인과 노출을 전제로 하는 것이기 때문이다. 용서는 있었던 일을 없었던 일로 덮어 버리는 것이 아니다. 아동기에 부모로부터 학대를 받은 사람은 그 고통에서 벗어나고 싶어 한다. 그리고 그렇게 할 수 있는 방법을 찾게 되는데 그것은 자신이 학대받은 기억을 지우는 것이다. 그런 일이 발생하지 않았다고 믿게 된다면 고통은 더 이상 없을 것이라고 생각하기 때문이다. 그러나 그것은 진실이 아니다. 그것은 방어기제에 의한 은폐일 뿐이다. 은폐된 것은 고통보다 더 깊은 장애의 원인이 될 수 있다. 데이빗 스툽은 이렇게 말했다. "우리가 의식적으로 그것을 기억하든 기억하지 아니하든 상관없이 과거의 상처로 인한 해로운 영향은 우리에게 여전히 남아 있게 마련이다. 그렇기 때문에 용서의 열쇠는 잊어버리는 것이 아니라 기억하는 것이다."(Stoop & Masteller; 정성준 역, 2001, 218) 지우고 잊어버리고 덮고 묻어 두는 것은 해결책이 되지 못한다. 그런 이유 때문에 거의 모든 정신치료의 치료과정에서 피치유자가 자신의 외상 기억을 드러내어 말하도록 하는 것이 장려되고 있는 것이다.

따라서 자신에게 상처를 준 사람을 용서하기 원한다면 이런 질문에 성실하게 대답해야 한다. "그때 무슨 일이 일어났는가?" "나는 어떤 상해와 상처를 받았는가?" "누가 거기에 있었는가?" 이런 질문에 대답을 한다는 것은 두려움과 분노와 수치감 같은 감정을 경험해야 하는 일이다. 그러므로 용서를 향해 가는 과정에서 가해자에 대한 분노와 미움을 느끼게 되는 것은 자연스러운 반응이다. 오히려 그 분노를 직면하고 정화해야 한다. 분노에 대한 직면이 없는 용서는 진정성이 없는 사이비 용서가 될 수 있기 때문이다. 자신이 지닌 분노를 충분히 경험하고 정화할 수 있을 때 참된 용서가 가능해진다. 그러므로 가해자에 대한 분노와 미움이 있다고 해서 죄책감을 가질 필요는 없다. 분노와 미움의 강을 건너지 않고는 용서의 평원에 도달할 수 없다.

마티(가명)라는 40대의 한 여성이 데이빗 스툽을 찾아 왔다. 그녀는 어머니에게 받은 상처 때문에 고통스러워했다. 스툽은 그녀에게 어떤 일이 있었는지를 기억하고 말하도록 도왔다. 마티가 상처받은 이야기를 털어놓기 시작했을 때 오랫동안 내면에 감춰져 있었던 분노가 터져 나왔다. 스툽은 그녀가 계속 분노를 표현하도록 도왔다. 감정이 다소 진정된 후에 마티가 스툽에게 물었다. "도대체 언제까지 이런 식으로 나를 몰고 갈건가요? 어디까지 갈 건가요?" 마티는 엄마에 대한 분노를 표현하도록 하는 스툽의 치료방식에 의문을 제기한 것이다. 스툽은 잠시 그녀를 바라보았다. 그리고 정말 알고 싶으냐고 물은 다음, 이렇게 말했다. "모든 것이 좋아진다면 당신은 어머니를 용서할 수 있는 지점에 이르게 될 것입니다." 자신의 분노를 직면하고 표현하는 것은 용서라는 단계에 이르기 위한 것이다. 그리고 용서의 단계에 이르면 학대하는 내면부모와 학대받은 내면아이가 치유받게 될 것이며 참 자유를 누리게 될 것이다.

다시 '용서란 무엇인가?'라는 질문으로 돌아가자. 용서는 비록 나에게 해를 입히고 잘못한 사람이라 할지라도 그 사람을 보복하거나 묶어 두지 않고 보내 주는 것이다. 상대방이 나에게 진 빚을 탕감해 주거나(마18:21-36) 나에게 해를 입힌 일로 감옥에 갇혀 있는 사람을 풀어 주는 것이다. 이처럼 용서에 대한 기본적인 개념은 자신에게 잘못한 사람을 풀어 주고 보내 주는 것이라 할 수 있다. 마음으로 또한 물리적으로 그렇게 하는 것이 필요하다. 그러나 용서해야 할 사람이 부모라면 용서는 단지 보내 주는 것 이상이 된다. 부모를 용서한다는 것은 부모를 받아들이는 것이 되어야 하기 때문이다. 어린 시절에 부모로부터 학대를 받은 사람은 학대받은 과거의 기억을 지우면서 부모에 대한 기억까지 지우는 경우가 많다. 다시 말하면, 학대받은 사람의 마음과 기억 속에는 부모가 없는 것이다. 그 사람은 이렇게 생각하며 살았다. "학대하는 부모는 부모가 아니다. 그런 부모라면 차라리 없는 것이 낫다." 그런 까닭에 학대받은 사람의 마음속에는 부모가 존재하지 않는다. 그리고 마음속에 부모가 없다는 사실은 삶이 힘들고 고통스러운 이유가 된다. 왜냐하면 삶에 필요한 심리적인 에너지의 많은 부분은 마음속에 있는 부모로부터 나오는 것이기 때문이다. 부모를 용서한다는 것은 부모를 받아들임으로써 부모가 마음속에 있게 하는 일이다. 그리고 그것은 버트 헬링거(Burt Hellinger) 박사가 그의 '가족 세우기' 과정에서 강조하는 '신성한 질서'를 따르는 일이다. 헬링거 박사에 따르면, 가족 안에는 신성한 질서가 있는데 그것은 연속성과 절차를 나타내는 방식으로써 먼저 온 사람이 먼저 서고 나중에 온 사람이 나중에 선다는 의미로 사용된다. 이 질서가 존중될 때, 가족체계 안에 사랑이 막힘없이 흐르게 된다고 보았다. 헬링거 박사의 제자인 스바기토 리버마이스터(Svagito R. Liebermeister)는 이렇게 말했다. "신성한 질서의 관점에서 볼 때, 평화로워지기 위한 방법은 하나이다. 나의 부모를 진심으로 존경하는 것이다. 이것은 깊은 존경의 행위이며 신성한 영적 행위이다."(Liebermeister; 박선영, 김서미 진 역, 2009, 67) 신성한 질서는 부모가 부모의 자리에 있게 하는 것이다. 그러므로 용서는 부모가 나에게 학대를 했을지라도 여전히 부모임을 인정하고 고백하는 것이라 할 수 있다. 부모를 용서하면 마음속에서 부모가 살아난다. 부모가 살아나면 부모가 없던 고아의 삶에서 부모가 있는 자녀의 삶으로 바뀔 것이다.

부모를 용서하는 것은 지속적인 과정이 요구된다. 부모에 대한 용서가 완결되려면 부모에게 감사할 수 있어야 한다. 감사는 용서의 완성이다. 과거에 있었던 부모의 행동에 대해 여전히 화를 내거나 불평을 하고 있다면 그것은 아직 부모를 용서하지 못했다는 증거이다. 분노를 직면하고 정화하는 시간이 더 필요할지 모른다. 헬링거 박사는 말하기를, 우리는 부모에게 생명을 준 것만으로도 감사해야 한다고 했다. 만일 자녀가 부모에게 감사와 존경의 마음으로 "생명을 주서서 감사합니다."라고 말할 수 있다면, 그것은 부모를 온전히 마음속에 받아들이는 일이며, 또한 잃어버린 에너지의 근원을 다시 찾는 일이 된다. 나는 함께 집단치유 작업을 했던 한 여인으로부터 감동적인 이야기를 들었다. 그녀는 어린 시절에 몹시 가난하게 살았다. 그러나 그녀가 고통스러운 것은 가난 때문이 아니었다. 어머니의 학대 때문이었다. 어머니는 신체적으로, 정서적으로 그 딸을 학대했다. 여인은 이미 성장한 어른이 되었고 결혼해서 부모를 떠나 산 지 오래되었다. 하지만 엄마에게 학대받은 기억 때문에 고통스러워했다. 여인은 여러 종류의 상담과 치유 프로그램에 참여했고 공부도 많이 했다. 그러나 아직도 해결되지 못한 아픔이 있다는 것을 발견했다. 여인은 아직 엄마를 용서하지 못한 것이다. 그러던 어느 날, 엄마에게 자신의 생명을 주신 이유만으로도 감사해야 한다는 생각을 하게 되었다.

남편과 자녀들이 모두 외출하고 없는 시간이었다. 여인은 고운 한복으로 옷을 갈아입었다. 그리고 엄마가 있는 시골 마을을 행해 절을 올렸다. 감사의 절이었다. 여러 번 반복해서 절을 올렸다. 절을 하며 고백했다. "엄마, 날 낳아 주서서 고맙습니다. 생명을 주셔서 감사합니다." 두 눈에서 눈물이 흘러내렸다. 가슴 밑바닥에서 솟구치는 눈물이었다. 그것은 엄마를 생각하며 흘린 눈물 중에서 가장 깊고 뜨거운 눈물이었다. 그 후 엄마를 대하는 그녀의 태도에 변화가 나타났다. 이제는 의무감이 아니었다. 형식적이지 않았다. 예전과 달리 엄마를 만나러 가는 발걸음이 가벼워졌다. 기쁘고 즐거웠다. 자발적인 마음에서 나오는 기쁨이었다.

자녀는 부모와 근원이 하나이다. 부부의 DNA는 다르지만 부모와 자녀의 DNA는 동일하다. 동일하지 않으면 친자 확인이 성립되지 않는다. 따라서 자녀가 부모를 용서하는 것은 자기 자신을 용서하는 일이 된다. 자녀가 부모를 받아들이는 것은 자기 자신을 받아들이는 것이 된다. 그리고 자기 자신을 용서하고 받아들이면 학대하는 내면부모와 학대받은 내면아이가 서로 손을 잡는 경험이 된다. 그것은 내적인 통합과 평화가 이루어짐으로써 치유에 이르는 효과적인 과정이 된다.

자기 치유

에릭 번(Eric Berne)이 창안한 교류분석 이론에 따르면, 사람들은 개인마다 인간관계를 맺는 자기만의 독특한 인생태도(life position)를 가지고 살아간다고 할 수 있다. 인생태도란 내가 다른 사람들을 만날 때 나타나는 대인관계적인 자세로서 나 자신과 상대방에 대한 표상과 신념과 감정 등으로 표현된다. 인생태도는 네 가지로 분류된다.

첫째는 '나는 틀렸고 너는 옳다(I'm not OK-You're OK)'라는 인생태도이다. 이것은 자신이 다른 사람에 비해 항상 무능하고 무력하고 잘못되었다고 느끼는 태도이다. 이런 인생태도를 지닌 사람은 자주 열등감과 우울감에 빠지며 불행한 삶을 자신의 운명처럼 받아들이고 살아간다. 심할 경우에는 자살충동을 경험할 수도 있다. 교류분석에 따르면 이것은 생애 초기에 모든 유아가 임시적으로 또는 지속적으로 갖게 되는 인생태도이다. 유아는 부모에 비해 자신이 작고 무능하고 무력하게 느껴지게 되는데 여기에 그 형성 기원이 있다.

둘째는 '나도 틀렸고 너도 틀렸다(I'm not OK-You're not OK)'라는 인생태도이다. 이런 인생태도를 지닌 사람은 인생이 무가치하고 무의미하다고 느끼며 다른 사람이 자기에게 주는 관심이나 애정을 거부하고 모든 인간관계를 단절하려 한다. 절망과 허무감에 사로잡히며 자살충동과 타살충동을 느낄 수 있다. 이것은 생애 초기에 부모의 거절이나 방임 등으로 인하여 기본적인 신뢰감이 형성되지 않은 데 그 원인이 있다.

셋째는 '나는 옳고 너는 틀렸다(I'm OK-You're not OK)'라는 인생태도로서, 이런 인생태도를 지닌 사람은 다른 사람을 경계하고 의심하며 자신의 불행이 다른 사람 때문이라고 느낀다. 항상 피해자 의식이 있으며 잘못은 다른 사람에게 있다고 생각한다. 내면에 분노와 적개심이 있으며 비행이나 범죄에 가담할 수 있고 때때로 타살충동을 느낀다. 이것은 생애 초기에 부모의 애정박탈이 있었거나 부모로부터 학대를 받았을 경우에 형성되는 인생태도이다.

이상 세 가지의 인생태도들은 생애 초기에 부모와의 관계 경험을 통해서 형성된다. '나는 틀렸고 너는 옳다'라는 '자기부정-타인긍정'의 태도가 가장 먼저 형성되어 그것이 전 생애 동안 지속될 수 있다. 또한 부모의 양육태도에 따라 두 번째의 '자기부정-타인부정'의 인생태도와 세 번째의 '자기긍정-타인부정'의 인생태도로 바뀔 수도 있다. 생후 3년에 이르면 거의 모든 유아는 이 세 가지 인생태도들 중에서 하나의 인생태도로 적응되어 하나의 고정된 인생태도를 가지고 살아간다.

넷째는 '나도 옳고 너도 옳다(I'm OK-You're OK)'라는 인생태도이다. 이것은 '자기긍정-타인긍정'의 태도로서 가장 건강한 인생태도이다. 이런 인생태도를 지닌 사람은 자기 자신과 다른 사람의 가치를 함께 인정하고 존중하며 협동적이고 평화로운 인간관계를 형성할 수 있다. 정서적으로 안정되어 있으며 기쁨과 감사와 같은 긍정적인 정서가 많다. 문제를 건설적으로 해결할 수 있는 능력이 있으며 자기실현의 삶을 살아갈 수 있는 가능성이 많다. 그러나 이런 네 번째의 인생태도가 생애 초기에 형성되는 경우는 드물다. 왜냐하면 어떤 부모라 할지라도 자녀가 그런 인생태도를 형성할 수 있을 만큼 완벽한 환경을 제공해 줄 수는 없기 때문이다. 교류분석 이론에 따르면 이런 인생태도는 성인으로서 자신의 의지적인 재결단에 의해서 이루어진다고 보고 있다. 그리고 그런 재결단의 기초가 되는 것은 합리적인 이성 또는 신앙과 신념 등이다. 재결단은 생애 초기에 형성된 세 가지의 인생태도를 네 번째의 태도로 바꿀 수 있는 변화의 근거가 된다. 종교 체험과 같은 하나의 전환경험(conversion experience)은 네 번째의 인생태도를 갖는 데 도움이 된다(Harris; 이형득, 이성태 역, 1995, 56-66).

학대의 양육환경 속에서 자란 사람의 내면에는 학대하는 내면부모와 학대받은 내면아이가 있다. 이런 내면부모와 내면아이는 어떤 인생태도를 가지고 있을까? 앞에서 검토한 것처럼 서로 상반된 두 가지의 인생태도를 가지고 있다는 가정이 가능하다. 즉 학대하는 내면부모는 '나는 옳고 너는 틀렸다(자기긍정-타인부정)'는 인생태도를 가지고 있으며, 학대받은 내면아이는 '나는 틀렸고 너는 옳다(자기부정-타인긍정)'는 인생태도를 가지고 있다고 할 수 있다. 이런 서로 다른 인생태도는 내면부모와 내면아이의 갈등과 적응의 주된 이유가 된다. 치유는 이런 내면부모와 내면아이의 인생태도가 '나도 옳고 너도 옳다(자기긍정-타인긍정)'는 네 번째의 태도로 전환되는 것이다. 이런 전환경험에 도움이 될 수 있는 것은 무엇일까? 두 가지의 경우를 소개하려고 한다. 하나는 '나도 옳고 너도 옳다'는 인생태도를 지니고 있는 가장 확실한 대상을 체험하는 것이다. 나를 대할 때 언제나 '나도 옳고 너도 옳다'는 인생태도로 나를 만나 주는 대상을 만나야 한다. 그런 대상이 어디에 있을까? 건강한 인격을 가진 배우자와 친구 그리고 상담자는 많은 도움이 된다. 그러나 그런 인격의 완전한 모델은 예수님이시다. 예수님은 결코 나를 정죄하지 않으신다. '나도 옳고 너도 옳다'는 태도로 나를 만나 주신다.

요한복음 8장에 나오는 한 여인과 예수님 사이에 있었던 이야기는 그런 사실을 뒷받침해 준다. 한번은 서기관들과 바리새인들이 간음하다가 현장에서 잡힌 여인을 예수님께 끌고 왔다. 모세의 율법에 보면 이런 여자는 돌로 쳐서 죽이라고 되어 있는데, 예수님께 어떻게 하겠느냐고 물었다. 그것은 예수님을 궁지에 몰아넣음으로써 고소할 조건을 찾으려는 의도에서 나온 질문이었다. 예수님은 말로 하시기 전에 손가락으로 땅에 글을 쓰셨다. "너희 중에 죄 없는 자가 먼저 돌로 치라." 그들은 술렁거리며 예수님께 무엇인가를 계속해서 물어보았다. 예수님은 그들의 질문에 답하지 않으셨다. 대신 땅에 썼던 그 글을 입으로 말씀하시면서 한 번 더 그것을 땅에 쓰셨다. 이것이 예수님의 대답이었다. 그러자 주위가 조용해지면서 잡혀 온 여인 외에 모든 사람이 다 돌아가고 말았다. 성경은 그들이 돌아간 이유를 양심의 가책을 받았기 때문이라고 기록했다. 예수님은 홀로 남은 여인에게 "너를 정죄하는 자가 없느냐?"고 물으신 다음, "나도 너를 정죄하지 아니하노니 가서 다시는 죄를 범치 말라."고 하셨다.

　이 이야기에 나오는 인물들이 지니고 있는 인생태도를 알아보는 것은 흥미로운 일이다. 그 인물들의 인생태도를 찾아내는 것은 어렵지 않다. 그것은 분명한 차이를 보인다. 첫째, 서기관들과 바리새인들이 여인을 대하는 인생태도는 앞에서 본 네 가지의 태도 중에 어떤 것에 해당될까? 그들은 '나는 옳고 너는 틀렸다'는 인생태도를 가지고 있었다는 것을 쉽게 추론할 수 있다. 그들은 자신을 의롭다고 생각했으며 여인은 죽어 마땅한 죄를 지었다고 생각했다. 둘째, 여인이 서기관들과 바리새인들을 대하는 인생태도는 어떠했을까? 여인은 '나도 틀렸고 너도 틀렸다'는 인생태도를 지녔던 것으로 보인다. 아마도 여인은 이렇게 생각했을 것이다. '내가 간음한 것은 잘못한 일이지만, 나를 돌로 쳐 죽이려고 끌고 가는 너희들도 잘못하고 있는 것은 마찬가지다.' 셋째, 여인이 예수님을 대하는 인생태도는 무엇이었을까? 이때 여인은 '나는 틀렸고 너는 옳다'는 태도를 지녔을 것이다. 왜냐하면 예수님의 행동은 서기관들이나 바리새인들의 행동과 달랐기 때문이다. 넷째, 예수님이 여인을 대하시는 인생태도는 무엇이라 할 수 있을까? 예수님은 '나도 옳고 너도 옳다'는 태도를 지니셨다고 할 수 있다. 예수님은 선하시고 신적 권위를 가지신 분으로서 그 여인을 정죄하지 않으셨기 때문이다. 이런 예수님을 인격적으로 그리고 체험적으로 만난다면 우리의 인생태도에 변화가 있을 것이다. 예수님이 지니신 인생태도를 닮아 갈 것이다. 그날 간음 중에 잡혀 왔던 그 여인이 예수님의 말씀을 받아들이고 예수님을 마음에 영접했다면, 그녀의 인생태도는 '나도 옳고 너도 옳다'는 태도로 바뀌게 되었을 것이다. 만약 그녀가 그렇게 했다면 그것은 그녀가 할 수 있었던 최선의 자기 치유가 되었을 것이다.

　인생태도의 전환경험에 필요한 또 하나의 과정은 이성적이고 의지적인 결단에 의해서 주어지는 자기 언어이다. 말은 생각과 신념의 표현으로서 자기 결단과 선택의 강력한 수단이 된다. 이것은 내면부모와 내면아이가 동시에 치유될 수 있는 효과적인 자기 치유의 과정이다. 이런 결단의 자기 언어는 내면부모가 내면아이에게 '나도 옳고 너도 옳다'고 말하고, 또한 내면아이가 그 말을 받아들임으로써 '나도 옳고 너도 옳다'는 태도로 바뀌게 되는 전환경험의 과정을 의미한다. 즉 '자기 OK요법'이라 할 수 있다. 이 과정은 이렇게 진행될 수 있다. 빈 의자 두 개를 서로 마주 놓는다. 하나는 내면부모의 의자이고 다른 하나는 내면아이의 의자이다. 피치유자는 먼저 내면부모의 의자에 앉아서 맞은편 빈 의자를 바라보며 그곳에는 자신의 내면아이가 앉아 있다고 생각하고 내면아이에게 이렇게 말한다.

...

"나도 옳고 너도 옳단다."
"나도 OK이고 너도 OK이란다."
"나에게도 잘못이 없고 너에게도 잘못이 없단다."
"나도 사랑받고 있으며 너도 사랑받고 있단다."

...

그런 다음 자리를 바꿔서 내면아이의 의자에 앉는다. 잠시 침묵하면서 내면부모가 한 말을 기억하며 마음속에 담는다. 그리고 준비가 되면 이렇게 말한다.

...

"나도 옳고 당신도 옳아요."
"나도 OK이고 당신도 OK예요."
"나에게도 잘못이 없고 당신에게도 잘못이 없어요."
"나도 사랑받고 있으며 당신도 사랑받고 있어요."

...

이때 '당신'은 자신의 내면부모를 나타낼 수도 있고 때로는 자신을 학대했던 어린 시절의 부모를 지칭할 수도 있다. 그것은 치유과정에서 나타날 수 있는 자연스러운 변화의 경험이 된다. 말에는 비언어적인 과정이 있기 때문에 손의 움직임이나 몸 동작이 함께한다면 더욱 좋을 것이다. 가령, 두 손을 가슴에 얹거나 빈 의자를 향하여 두 손을 내밀고 말하면 도움이 된다. 만약 이런 자기 OK요법을 개인상담 또는 집단상담에서 사용할 경우에는 피치유자로 하여금 자신이 학대받고 상처받은 이야기를 충분히 하게 한 다음에 사용하는 것이 효과적이다. 그러나 무엇보다 중요한 것은 자신의 말에 진정성이 담겨야 한다는 것이다. 단순한 입술의 말이 아니라 자신의 신념을 담은 영혼의 말이 되어야 한다.

다음은 자기 OK요법을 다른 말로 바꾼 것인데, 학대하는 내면부모와 학대받은 내면아이의 치유에 도움이 된다. 이것은 내면부모가 내면아이의 무혐의를 인정함으로써 무죄판결을 내려 주는 것이다. 이것은 어린 시절에 부모로부터 받은 모든 학대와 징벌과 고통을 기억하며 "그건 네 잘못이 아니야(It's not your fault)."라고 말하는 것이다. 일명 '아니야 요법'이다. 아니야 요법은 내면부모가 내면아이에게 이렇게 말해 주는 것이다.

...

　– 네가 학대받은 건 네 잘못이 아니야!
　– 네가 욕설을 들은 건 네 잘못이 아니야!
　– 네가 매를 맞은 건 네 잘못이 아니야!
　– 네가 추행당한 건 네 잘못이 아니야!
　– 네가 그렇게 한 건 네 잘못이 아니야!
　– 네가 징벌받은 건 네 잘못이 아니야!
　– 네가 쫓겨난 건 네 잘못이 아니야!
　– 네가 발가벗겨진 건 네 잘못이 아니야!
　– 네가 창피당한 건 네 잘못이 아니야!
　– 네가 광속에 갇힌 건 네 잘못이 아니야!
　– 네가 뺨을 맞은 건 네 잘못이 아니야!
　– 네가 터지도록 맞은 건 네 잘못이 아니야!
　– 네가 묶여 있었던 건 네 잘못이 아니야!
　– 네가 끌려갔었던 건 네 잘못이 아니야!
　– 네가 굴복한 건 네 잘못이 아니야!
　– 네가 거기에 있었던 건 네 잘못이 아니야!
　– 엄마와 아빠가 싸운 건 네 잘못이 아니야!
　– 엄마와 아빠가 이혼한 건 네 잘못이 아니야!

...

이것은 자기 결단에 의한 이성적이고 의지적인 자기 치유의 과정이다. 학대받은 것은 결코 자신의 잘못이 아니었다는 것을 의지적인 결단으로 말해야 한다. 학대는 힘 있는 사람이 힘없는 사람에게 행하는 비도덕적이고 강제적이며 가해적인 행동이다. 유아는 부모의 학대 행동을 막아 낼 수가 없다. 이런 사실을 인식하는 것은 자기 결단을 위한 이성적인 기초가 된다. 앞에서 언급했듯이, 아동학대 피해자들은 자신이 부모로부터 학대받은 것은 자신이 잘못했거나 자신의 본성이 악하기 때문이라고 생각하는 경향이 있다. 즉 학대의 원인을 자기 자신에게서 찾는 자기 귀인적인 사고를 많이 한다. 따라서 아동학대 피해자들을 치유하는 치유자들은 그들이 학대받은 것이 그들의 잘못 때문이 아니었다는 것을 인식할 수 있도록 돕는 데 역점을 둔다(Herman, 1997, 105). 아니야 요법은 내면부모가 내면아이에게 "그건 네 잘못이 아니야."라고 말함으로써 자동적인 자기 귀인적 사고를 바꿀 수 있도록 돕는 자기 치유의 과정이 된다.

아니야 요법을 개인상담이나 집단상담에서 사용할 경우에는 피치유자의 재구성과 감정정화 작업이 이뤄지고 있는 상태에서 사용된다면 더욱 효과적이다. 이때 피치유자는 어린 시절에 학대받던 상태로 돌아가는 퇴행이 나타나기도 하는데, 이런 퇴행상태에서 "그건 네 잘못이 아니야"라는 말을 들으면 훨씬 치유적 효과가 높다. 혹은 집단상담에서 이렇게 사용될 수도 있다. 한 집단원이 자신이 학대받았던 경험을 기억하며 "네가 ~한 건 네 잘못이 아니야!"라고 말하면, 다른 집단원들이 그 말을 마음속으로 또는 입으로 소리 내어 따라 한다. 또 다른 집단원이 자신의 학대 경험을 그렇게 말하고 다른 집단원들이 같은 방법으로 따라 한다. 집단원들의 전체적인 역동이 일어나는 치유적 효과가 있다.

제10장
거절, 내면부모와 내면아이

거절(rejection)은 상대방의 필요와 요구에 응답하지 않고 무시하거나 부정하는 태도를 말한다. 그러나 거절의 보다 강력한 태도는 상대방의 존재 자체를 인정하지 않는 것이다. 거절은 자녀를 양육하는 부모의 양육태도에서 발견되는데, 그런 거절의 양육환경 속에서 자란 자녀의 마음속에는 거절하는 내면부모와 거절받은 내면아이라는 두 인격이 형성된다. 거절하는 내면부모는 부모의 거절하는 태도와 행동을 유사하게 닮아 형성된 인격이고, 거절받은 내면아이는 그런 부모의 거절 행동에 대한 자녀의 심리정서적인 반응으로 형성된 인격이다. 사람의 인격은 그냥 형성되지 않는다. 중요한 외부대상과의 상호작용의 결과로 형성된다. 어린아이에게 중요한 외부대상은 부모이다. 그러므로 인격은 부모와의 상호작용의 결과로 형성되는 것이라 할 수 있다. 앞에서 언급한 것처럼 부모는 혈연적인 부모만을 의미하지 않는다. 개인의 성장 발달과 인격 형성에 주도적으로 영향을 준 모든 대상을 말한다. 조부모, 숙부, 숙모, 이모, 고모, 큰형, 큰언니, 그리고 선생님이나 목사님 등은 그 대상이 된다. 한 시대의 사회 문화적인 전통 역시 그 대상이 될 수 있다. 이런 부모를 보편부모라고 한다.

한 사람의 내면에 거절하는 내면부모와 거절받은 내면아이가 있다는 것은 정신적인 갈등과 혼란의 원인이 되기도 한다. 왜냐하면 그런 내면부모와 내면아이는 기본적으로 대립과 갈등관계에 있기 때문이다. 내면부모는 지배적이고 통제적이며, 내면아이는 그런 지배와 통제에 저항하거나 적응하려고 한다. 그러나 이런 두 인격의 특성이 명확하게 구분되는 것은 아니다. 서로 중복되는 것처럼 보이는 것들도 있다. 하지만 내면부모는 능동적이고 주도적이며, 내면아이는 수동적이고 반응적이라는 점에서 차이가 있다.

증상과 특징

다음의 문항들은 거절하는 내면부모와 거절받은 내면아이의 특징들이다. 각 문항을 읽고 자신에게 해당되는 것이 있는지 알아보자.

〈거절하는 내면부모〉

1. ☐ 나는 내 자신의 욕구를 부정하거나 나에게 "안 돼!"라고 말하는 경우가 많다.
2. ☐ 나는 다른 사람들을 수용하고 돌보는 데 익숙하지 않다.
3. ☐ 나는 내 자신이 세상에 태어난 것이 잘못이라고 생각할 때가 있다.
4. ☐ 나는 나의 가족이 부담스러운 짐처럼 느껴질 때가 있다.
5. ☐ 나는 스스로 내 자신의 복지와 행복을 파괴하는 경우가 있다.
6. ☐ 나는 종종 내 자신을 비난하고 책망한다. 내 자신에게 화가 난다.
7. ☐ 나는 내가 먼저 상대방을 버리거나 거절하는 경우가 있다.
8. ☐ 나는 가끔 내가 차갑고 냉정하다는 말을 듣는다.
9. ☐ 나는 어려운 일이 생길 때마다 다른 사람과 세상을 탓하는 경향이 있다.
10. ☐ 나는 나의 인생과 삶을 생각하면 후회스럽다.
11. ☐ 나는 거절받는 것보다 거절하는 것이 덜 아프다고 생각한다.
12. ☐ 나는 내가 해야 할 일이나 맡은 책임을 남에게 떠넘기는 경우가 있다.

〈거절받은 내면아이〉

1. ☐ 나는 사람들을 만날 때 내가 거절을 받을지도 모른다는 두려움을 느낀다.

2. ☐ 나는 사회활동이나 인간관계에서 철수되고 고립되어 있을 때가 많다.

3. ☐ 나는 인간관계가 원만하지 못하며, 파괴적으로 끝나는 경우가 있다.

4. ☐ 나는 내가 이 세상에 있다는 것이 후회스러울 때가 있다.

5. ☐ 나는 때때로 사람들과 가까이 지내고 싶지만 쉽게 다가서지 못한다.

6. ☐ 나는 어떤 사람이 내게 관심을 가지고 적극적으로 다가오면 회피하거나 도망친다.

7. ☐ 나는 사람들을 잘 믿지 못한다. 세상에 대한 불신이 많다.

8. ☐ 나는 부적절한 분노와 적개심에 시달릴 때가 있다.

9. ☐ 나는 친밀한 인간관계를 맺지 못할 뿐만 아니라 즐기지도 않는다.

10. ☐ 나는 내가 고통 받는 것은 내가 무엇인가 잘못했기 때문이라고 느낀다.

11. ☐ 나는 사회적 규범이나 권위적 질서에 저항감을 느끼며 파괴하고 싶을 때가 있다.

12. ☐ 나는 상대방의 어떤 행동을 오해하고 쉽게 상처를 받는다.

13. ☐ 나는 나의 속마음을 털어놓고 이야기할 수 있는 친구가 없다.

14. ☐ 나는 종종 무력감과 우울감을 경험하며 에너지가 바닥난 것처럼 느껴진다.

15. ☐ 나는 상대방의 부당한 요구에도 거절하지 못하고 이용과 착취의 대상이 될 때가 있다.

16. ☐ 나는 상대방으로부터 관심과 사랑을 받고 있다고 느끼면 집착적으로 매달리는 경향이
    있다.

17. ☐ 나는 내 자신의 감정을 잘 파악하지 못한다. 분노와 우울 같은 제한된 감정만 느낀다.

18. ☐ 나는 다른 사람들과 대화나 정서적인 상호작용을 거의 하지 않는다.

🌀 거절

　　　　　　거절은 상대방의 필요와 욕구를 부정하는 것이다. 배
고픈 사람이 밥을 달라고 할 때 못들은 체하거나 문을 닫아 버린다면 그것은 거절의 행
동이 된다. 상대방이 위기 상황에서 구조를 요청할 때 못 본 체하고 그냥 지나쳐 버린다
면 그것 역시 거절에 해당된다. 물론 이런 거절의 행동이 법적으로 문제가 되는 것은 아

니다. 고발이나 고소의 대상이 되지는 않는다. 그러나 인간관계와 윤리적인 측면에서 본다면 그것은 거절의 행동이다.

거절의 보다 강력한 형태는 상대방의 존재 자체를 부정하는 것이다. 이것은 상대방과 함께 있음에도 불구하고 상대방이 없는 것처럼 행동하거나, 상대방이 없었으면 하는 생각을 가지고 있는 것을 말한다. 이런 태도가 상대방에게 미치는 영향은 파괴적이다. 자존감은 물론 자기 존재감까지 손상을 입힌다.

거절은 상대방에 대한 관심과 배려가 없는 자기중심적인 행동이다. 상대방의 입장이 되어서 상대방을 이해한다면 거절할 수 없는 경우가 많기 때문이다. 많은 경우 거절하는 이유와 동기는 거절하는 사람에게 있다고 보아야 한다. 상대방이 옳지 않은 행동을 했기 때문에 거절하는 경우도 있지만 대개 거절하고 싶은 자기 이유 때문에 거절하는 것이다. 자기 이유 중의 하나는 자기의 부정적인 생각이나 이미지를 상대방에게 투사하는 것이다. 투사는 내 것을 상대방의 것이라고 간주하는 왜곡된 정신기제로서 거절 행동의 내적인 이유가 된다. 투사의 결과, 자기가 싫어하는 이미지를 상대방이 가지고 있다고 생각함으로써 상대방을 거절한다. 그러나 실상 상대방이 가지고 있다고 생각하는 그 이미지는 상대방의 것이 아니라 자기의 것이다.

거절은 두 사람의 관계 안에서 발생한다. 관계는 두 사람 사이에 연결되어 있는 인격적인 상호작용의 정도를 말하는 것인데, 거절은 그런 상호작용을 파괴한다. 거절에는 인격적인 관계가 존재하지 않는다. 거절에는 지배적인 대상과 반응적인 대상이 존재한다. 전자는 거절하는 자가 되고 후자는 거절받는 자가 된다. 거절하는 자는 거절함으로써 상대방에게 상처를 주고 거절받는 자는 거절받음으로써 상처를 입게 된다.

거절은 강압이나 학대와도 다르고 또한 방임과도 다르다. 강압이나 학대는 상대방이 지니고 있는 자아의 경계선을 마구 부수고 들어가서 그 사람의 내적 세계를 짓밟는 것이다. 방임은 무관심하고 방치함으로써 상대방이 지니고 있는 자아의 경계선으로부터 이탈되는 것이다. 즉 상대방이 가지고 있는 내적 세계와의 접촉이 없는 상태이다. 그러나 거절은 아예 상대방의 존재 자체를 부정함으로써 상대방과의 인간관계를 포기해 버리는 것이다. 즉 거절에는 상대방이라는 대상이 존재하지 않는다. 거절은 대상을 무효화시킨다. 그 결과, 대상이 지니고 있는 자아의 경계선은 아무런 의미도 가질 수 없게 된다. 그것은 접촉의 대상도, 침범의 대상도, 이탈의 대상도 되지 못한다. 그런 까닭에 거절로 인한 상처는 깊을 수밖에 없다. 영혼과 존재의 핵심에 상처를 입힌다.

거절의 언어적 표현은 "안 돼!" "그만해!"라고 말하는 것이다. 이것은 상대방의 욕구나 행동에 대한 부정을 나타낸다. 그러나 거절이 상대방의 존재에 대한 부정이 될 때에는 다양한 언어표현이 가능하다. "꼴도 보기 싫어!" "왜 이러고 살아?" "차라리 죽어버려라!" "왜 세상에 나왔는지 몰라." "다시는 찾아오지 마! 이젠 끝장이야." "이유는 없어. 그냥 당신이 싫어!" 이런 표현들은 존재에 대한 부정의 의미를 지닌다. 욕구의 거절이 반복되면 프로이트가 말한 것처럼 누적된 외상이 된다. 그러나 존재의 거절이 반복되면 외상을 경험하고 느낄 수 있는 존재 자체가 망가진다.

거절이 자녀를 대하는 부모의 양육태도가 된다면 그것은 자녀의 인격과 존재를 황폐화시키는 매우 해로운 환경이 된다. 왜냐하면 자녀는 자신이 존재할 수 없는 장소에서 존재해야 하는 고통을 겪어야 하기 때문이다. 자녀는 자신의 존재를 부정하는 환경에서 자신의 존재를 알리고 긍정하기 위해 노력해야 한다. 그것은 너무나 힘겨운 일이다. 거절은 부모와 자녀 사이에서만 발생되는 것이 아니다. 남편과 아내 사이, 형제와 형제 사이, 친구와 친구 사이, 연인과 연인 사이, 고용주와 고용자 사이, 한 집단과 그 집단의 구성원 사이 등에서도 발생된다.

그러나 거절에는 항상 부정적인 의미만 있는 것은 아니다. 긍정적인 의미의 거절도 있다. 즉 건강하고 적절한 거절도 있다는 것을 기억해 두어야 한다. 거절 중에는 내가 나의 욕구를 존중하고 자신의 자아 경계선을 지키기 위한 건강한 거절도 있다. 상대방의 부당한 요구나 내가 진정으로 원하는 것이 아닐 때, "아니요(no)."라고 말하는 것은 건강한 것일 뿐만 아니라 필요한 행동이다. 그것은 자기 존재에 대한 확실한 표현이며 내가 내 삶의 책임 있는 주인으로 살고 있다는 증거이기도 하다. 두세 살 된 유아는 성장해 가면서 새로운 언어들을 배운다. 이때 유아는 "싫어!" "안 돼!" "안 할래." "내가 할 거야."라는 등의 말을 하게 되는데, 이것은 유아가 부모로부터 분리 개별화되어 독립적인 존재로 성장해 가고 있다는 것을 의미한다. 따라서 그런 표현은 필요한 것이며 건강한 것이라 할 수 있다. 그러나 유아가 "싫어! 안 할래."라고 말을 했다가 부모로부터 야단을 맞는 경우가 있다. 그러면 유아는 두려움과 불안을 느끼며 좌절한다. 이런 좌절 경험이 계속되면 유아는 거절을 해야 할 때 거절을 하지 못한다. 즉 건강한 거절의 능력이 형성되지 않는다.

거절이라는 말과 유사한 의미로 사용되는 용어들이 있다. 거부, 버림, 유기 등은 거절의 유사어들이다. 유기는 부모가 자녀를 버리는 물리적인 행동으로서 크게 보면 아동학대에 해당된다고 할 수 있다. 그러나 여기서는 학대와 유기를 구분해서 사용하기로 한다. 학대는 부모가 자녀에게 정신적으로나 신체적으로 고통을 주는 것이라면, 유기는 거절의 한 형태로서 부모가 자녀를 물리적으로 버리는 것이다.

✿ 거절의 양육태도

양육태도는 부모가 자녀를 양육하는 마음의 자세와 행동방식을 말한다. 그것은 말과 표정과 행동을 통해서 나타난다. 부모의 양육태도는 쉽게 바뀌지 않는다. 그것은 반복적으로 오래 지속된다. 따라서 그것은 반복적 환경으로서 자녀의 인격형성에 많은 영향을 미친다. 부모의 양육태도가 부정적일 때 자녀는 마음에 상처를 받는다. 심리적인 문제 또는 정신장애가 나타날 수도 있다.

거절의 양육태도는 어떤 것일까? 거절의 양육태도는 부모가 자녀의 욕구와 필요를 무시하거나 부정함으로써 자녀의 욕구를 채워 주지 않는 것이다. 자녀에게 필요한 것이 있다. 자녀는 그것을 원한다. 그러나 부모는 그것에 관심이 없고 그것을 원하는 자녀의 마음을 무시한다. 이것은 자녀의 욕구를 거절하는 것이다. 욕구의 거절은 욕구의 방임과 유사하지만 방임보다 더 심각하다. 왜냐하면 거절은 방임보다 더 적극적인 부정의 행동이기 때문이다.

자녀를 향한 부모의 거절 행동이 일상화되고 습관화될 때 부모의 양육태도는 거절의 양육태도가 된다. 물론 부모가 자녀의 모든 욕구와 요구를 다 채워 주어야 하는 것은 아니다. 그것은 자녀의 건강한 인격 발달에 오히려 방해가 될 수도 있다. 부모는 자녀의 과도한 욕구나 부당한 요구를 거절함으로써 적절한 좌절 경험을 주는 것도 필요하다. 그러나 부모의 말과 행동 속에 습관적으로 거절의 의미가 담겨 있다면 문제가 된다. 왜냐하면 그것은 자녀가 존재하는 삶의 환경이 거절의 환경이 되는 것이기 때문이다.

거절의 양육태도는 부모가 자신의 자녀를 존재적으로 원하지 않는 것이다. 예를 들면, 자녀의 출산을 후회하거나, 자녀를 자기 인생의 무거운 짐 꾸러미 또는 불행의 원인

쯤으로 생각하는 것이다. 혹은 자녀를 귀찮고 성가신 말썽꾸러기로 여기거나 부모의 명예를 더럽히는 사고뭉치로 생각한다. 자신이 낳은 자녀를 존재적으로 원하지 않는 부모가 있을까? 함께 살고 있는 자녀를 그렇게 거절하는 부모가 있을까? 나는 상담과 집단치유의 시간을 통해서 그런 양육태도를 지닌 부모 밑에서 자란 자녀들이 결코 적지 않다는 것을 알 수 있었다. 많은 내담자는 부모의 거절로 인하여 고통을 받고 있다.

거절은 부모가 자녀를 심리적으로 부정하는 것이다. 부모의 마음 안에 자녀가 거할 수 있는 용납과 수용의 공간이 없다. 왜냐하면 마음에서 자녀를 밀어내고 있기 때문이다. 이것은 심리적인 거절이다. 심리적인 거절은 부모가 차라리 자녀를 낳지 않았거나 자녀가 없었더라면 하고 생각하면서 양육하는 것이다. 미실다인의 글에 따르면, 이런 거절의 양육태도는 자녀에게 정신적인 장애를 가져다 줄 수 있는 가장 위험한 환경적인 요인이 된다는 것을 알 수 있다(Missildine, 1963, 247).

오늘날 우리나라에서 자녀의 양육은 부모들의 부담스러운 짐이 되고 있는 것처럼 보인다. 자녀의 양육비가 가계 지출의 큰 부담이 되고 있기 때문이다. 특히 자녀의 사교육비 문제는 사회적인 이슈가 되고 있다. 부부는 결혼을 했지만 자녀를 낳으려 하지 않는다. 여성의 경우 출산은 자기성취를 위한 직장생활의 기회를 잃어버리게 할 가능성이 있으며, 동시에 경제적인 수입이 줄어드는 요인으로 간주된다. 그러나 문제는 부모의 기회 상실이나 경제적인 수입 감소에만 있는 것이 아니다. 가정에서 자녀의 출생을 기다리고 환영하는 분위기가 감소되고 있다는 데 있다. 사회 정치적으로는 출산이 장려되고 있지만 실제로 자녀를 돌보고 양육해야 할 가족환경은 그렇지 못하다. 부모는 자녀의 출산과 양육을 부담스러워한다. 이런 경향은 자녀를 돌보는 부모의 양육태도에도 영향을 줄 수 있다.

거절 중에서 가장 심각한 거절은 부모가 자녀의 양육을 포기하거나 자녀를 버리는 것이다. 부모가 자신의 짐을 덜기 위하여 자녀를 남의 집에 가서 살도록 보내는 것은 거절의 행위가 된다. 부모가 있는데도 자녀를 고아원에 보내는 것은 당연한 거절이다. 부모가 이혼이나 재혼 등으로 자녀의 양육을 할머니나 친척에게 맡기는 것도 거절이다. 자신이 낳은 자녀를 길거리에 내어 버리는 것은 거절의 행위일 뿐만 아니라 자녀 유기라는 범법 행위가 된다. 이런 부모의 행위들은 부모가 자녀를 억지로 떼어 놓음으로써 발생되는 물리적인 거절이라 할 수 있다.

이런 사례가 있다. 10대의 미혼모 여성이 첫 아기를 낳았다. 그녀는 두려움과 수치심 그리고 부담감 때문에 그 아기를 키울 수 없다고 생각하고 해외 입양기관에 위탁했다. 그 후 20대 초에 그녀는 두 번째 아기를 출산했는데 같은 이유로 그 아기를 고아원으로 보냈다. 몇 년 후 그녀는 다시 세 번째 아기를 낳았다. 그런데 아기를 낳은 지 3일만에 아기를 병원에 두고 도망쳐 나왔다. 말 못할 그녀의 사정이 있었을 것이다. 그녀의 사정을 이해하고 싶다. 그러나 세 명의 아기들은 생모를 잃어버렸다. 그 아기들이 겪어야 할 삶의 아픔은 어떻게 해야 할까?

통계에 따르면, 우리나라에서 매년 부모로부터 버려지는 아기들이 거의 만여 명에 달한다. 부모의 학대와 실직 등으로 버려지는 아이들이 약 4,000명이고, 미혼모의 출산으로 버려지는 아이들이 약 4,000명이다(KBS1 TV, 2005년 5월 5일, 어린이날 뉴스). 버려진 아이들은 새 부모를 찾아 입양되거나 고아원에서 자라게 된다. 우리 사회에는 아직도 길가에 버려지는 신생아들이 있다. 부모가 자녀의 양육권을 포기할 뿐만 아니라 자녀의 존재를 자신의 기억에서 지워 버리려고 한다. 자녀를 양육할 수 없는 개인의 문제와 어려움이 있을 것이다. 자녀를 버리는 부모도 상담과 치유가 필요하다. 버려진 신생아의 삶은 어떻게 해야 할까? 어느 목사 부부가 버려지는 신생아의 보호와 안전을 위해 아기 상자(baby box)를 만들어 놓았다는 뉴스를 본 적이 있다. 아기를 아무 곳에나 버리지 않고 그곳에 넣어 주면 잘 돌봐 주겠다는 약속의 상자이다. 아기는 돌봄받고 보호받아야 한다.

부모가 자녀를 거절하지 않았지만 자녀에게는 거절로 느껴지는 경우가 있다. 부모가 자녀에게 한 약속을 지키지 않을 때 자녀는 거절을 받았다고 느낀다. 예를 들면, 부모가 어린 자녀를 친척 집에 맡기면서 얼마 후에 꼭 데리러 오겠다고 약속을 해 놓고 부모의 사정으로 인하여 그 약속을 지키지 못하는 경우이다. 이때 자녀는 분노와 슬픔을 동시에 경험하면서 거절을 받았다고 느낀다. 부모에 대한 자녀의 신뢰가 무너진다. 부모가 이혼을 하면서 자녀와 헤어질 때 자녀는 방임을 경험하기도 하고 거절을 경험하기도 한다. 부모가 이혼을 하면 반드시 따라오는 것이 있다. 자녀는 한 부모와 헤어져야만 한다. 어떤 자녀는 엄마와 헤어지고 또 어떤 자녀는 아빠와 헤어진다. 부부의 이혼은 두 사람의 분리만이 아니라, 부모와 자녀 사이에 분리의 문제를 유발한다. 어린 자녀는 부모의 이혼을 이해할 수 없다. 부모의 이혼을 이해하지 못했음에도 불구하고 부모와 헤어져야 한다면, 자녀는 거절받음의 경험을 피할 수 없게 된다. 이런 이유 때문에 부모의 이혼으로 부모와 헤어진 자녀는 함께 살고 있는 부모보다 헤어져 살고 있는 부모를 더 미워한다.

브루스 톰슨(Bruce Thompson)과 바바라 톰슨(Barbara Thompson) 부부에 따르면, 자녀의 행동에 대한 부모의 조건부 수용은 거절의 행위가 될 수 있다(Thompson & Thompson; 허광일 역, 1993, 135). 이런 경우는 자녀에 대한 기대가 높은 완벽주의 부모에게서 많이 나타난다. 자녀에 대한 기대가 높은 부모는 자녀의 행동이 기대에 못 미칠 때 거절의 말이나 행동을 할 수 있다. "이걸 성적이라고 받아 왔니? 우리 가문에는 이렇게 공부 못하는 사람은 없었어!" "뻔뻔하구나. 이런 성적을 받고 어떻게 집에 들어왔니?" "어째 그러니? 넌 한 번도 내 맘에 들게 하는 적이 없구나." "난 너 때문에 창피해서 못 살겠다. 얼굴을 못 들고 다니겠어!" 부모는 자녀가 자신의 기대에 못 미칠 때 자녀를 거절할 수 있다. 이것은 완벽주의 양육태도와 거절의 양육태도가 함께 병합된 경우이다.

앞에서 예를 든 것처럼, 자녀를 거절하는 부모의 거절에는 거절을 나타내는 말들이 있다. 다음은 부모가 자녀를 심리적으로 거절하는 말들이다. "넌 아무짝에도 쓸모가 없는 애야. 쓸데가 없다고." "쟤만 없었다면! 쟤 때문에 내가 발목을 잡혔지." "쟤가 없었다면 내 팔자가 달라졌을 거야. 인생이 이렇게 불행해 지지는 않았을 거야." "내가 어쩌다가 쟤를 가졌는지 후회스러워. 그때 낳지 말았어야 하는 건데." "어휴! 저 웬수." "꼴도 보기 싫으니 제발 나가 버려라!" "없어졌으면 좋겠어." 이런 말들을 마음속으로 혼자 중얼거리기도 하고 자녀에게 직접 말하기도 한다. 모두 거절의 말들이다. 부모가 자녀에게 하는 욕설은 대개 학대에 해당되지만, 거절의 의미를 포함하는 경우도 있다. "빌어먹을 년!" "저 돼지 같은 놈!" "싸가지 없는 새끼." 이런 말들은 언어적인 거절에 해당된다. 언어적인 거절은 부모가 자녀에게 욕을 하거나 거절의 의미를 지닌 말을 함으로써 자녀에게 상처를 주는 것이다. 이런 거절의 말을 듣고 자란 자녀들의 마음속에는 스스로 무가치하며 쓸모없는 존재라는 자기의식이 깊게 자리를 잡게 된다(Thompson & Thompson; 허광일 역, 1993, 117).

거절의 부정적인 말이 그 말을 듣는 사람에게 미치는 영향력은 매우 심각하다. 브루스 톰슨이 의사로서 아프리카에서 의료 선교를 하고 있을 때의 경험이다. 그때 그는 아무런 병명도 없이 죽어 가고 있는 몇 명의 젊은이들을 진료하고 있었다. 그들을 살리기 위해 노력했다. 그러나 그들에게는 어떤 의료적인 치료도 도움이 되지 않았다. 왜 그랬을까? 나중에 알게 된 사실이지만 그 젊은이들은 모두 특별한 괴력을 지니고 있다고 알려진 마법사로부터 어느 특정한 날짜에 죽게 될 것이라는 저주의 말을 들었다는 것이다. 그들은 마법사의 말을 믿었으며 죽음이 예고된 날짜가 다가오자 실제로 죽어 가고 있었다. 부모가 자녀에게 하는 거절의 말들은 자녀의 성장과 발달에 매우 부정적인 영향을 준다. 그 말들은 자녀의 인격을 황폐시킨다. 왜냐하면 자녀는 부모가 하는 모든 말들을 믿고 자신을 그 말들과 동일시하려는 경향이 있기 때문이다.

노만 라이트에 따르면, 부모가 자녀에게 너무 많은 짐을 지우는 것도 자녀에게는 거절로 경험될 수 있다(Wright; 송헌복, 백인숙 역, 1996, 35). 이런 경우는 맏아들이나 외동의 자녀에게 많이 나타난다. "나는 너만 믿는다. 우리 집안의 내일은 모두 너한테 달려 있다. 너는 우리 집안의 대들보다. 네가 잘못되면 우리 집안은 끝장이다. 네가 잘되어야 한다." 이런 말들은 자녀의 어깨 위에 무거운 짐을 올려놓음으로써 자녀에게 너무 큰 부담을 주게 된다. 이때 자녀는 자신이 이해받지 못하고 거절받는 것처럼 느낀다. 아직 준비가 되지 않은 아이에게 어른이 져야 할 책임을 부과하는 것은 어린아이로서 누려야 하는 삶의 경험을 빼앗는 결과가 된다. 그 결과, 아이는 성장해서도 마음에 여유가 없으며 자신의 삶을 즐기며 살지 못한다.

거절은 부모와 자녀의 관계에서만 발생되는 것이 아니다. 모든 인간관계에서 그리고 사람들이 함께 있는 모든 집단 안에서도 발생된다. 어떤 집단이 그 집단에 속한 구성원을 거절할 때 그것은 사회적인 거절이 된다. 사회적인 거절은 거절받는 사람에게 심각한 상처를 입힌다. 집단 따돌림이 대표적인 예라 할 수 있다. 이때 집단은 거절받은 사람의 내면 속에 거절하는 보편부모로 남게 된다. 집단에 의한 사회적인 거절은 처벌과 규율의 강화라는 형태로 나타날 수도 있다. 1960년대 초까지 미국의 해병대에서 계속되었던 불명예 제대군인들에 대한 추방의식은 사회적인 문제가 되었다. 그것은 해병대의 명예와 군기확립이라는 명분하에 행해졌다. 추방의식은 이렇게 진행되었다. 부대의 모든 해병이 연병장에 정렬을 한다. '죽음의 행진곡'이라는 북소리가 서서히 울려퍼지면 불명예 제대 판결을 받은 병사들이 정렬된 대열 앞으로 걸어 나온다. 이어서 불명예 제대를 하는 병사들의 비행이 적힌 글이 큰 소리로 낭송되고 제대 명령서가 선포된다. 그다음 한 장교가 단상에 올라가 "이들을 이곳 미합중국 해병기지 영내로부터 호송해 가라!"고 외친다. 그러면 불명예 퇴역 병사들은 동료 병사들이 줄지어 서 있는 대열 앞을 지나간다. 그들이 각각의 대열 앞을 지날 때마다 지휘관은 대열의 병사들에게 "뒤로 돌아."의 명령을 내린다. 대열은 차례로 뒤로 돌아선다. 그들은 부대원들로부터 차례로 외면당한다. 견딜 수 없는 모멸감이 느껴진다. 하지만 그들은 마지막 대열까지 행진을 계속해야 한다. 이것은 미 해병대의 명예 이면에 숨겨진 어둠의 그림자이다. 한 집단의 자의식이 지나치게 도덕적일 때 나타날 수 있는 집단 그림자의 투사적 표출이다. 부도덕성은 개인만이 아니라 집단 안에도 있다. 몇 명의 병사들을 추방하면서 집단의 부도덕한 그림자를 그들에게 던진 것이다. 이것은 사회적인 거절이며 동시에 사회적인 유기에 해당된다.

최근에 한국의 해병대에서 특별한 전통을 만들었다. 부당하게 부하를 구타하거나 해병대의 명예를 실추시킨 병사들의 가슴에서 해병대를 상징하는 '빨간색 명찰'을 떼어 내는 전통이다. 계속된 총기사고와 병사들의 자살사건 그리고 상관들의 부당한 부하 구타 등을 근절하기 위한 조치로 보인다. 그러나 이런 전통이 해병대의 명예를 지키고 문제의 병사들을 교화하는 데 도움이 될 수 있을지는 의문이다. 과거에 있었던 미 해병대의 불명예 제대병사 추방의식과 같은 문제가 생기지 않을까 염려된다.

🌀 거절의 원인

앞에서 언급한 것처럼, 거절의 모습은 다양하게 나타난다. 거절에는 심리적인 거절, 물리적인 거절, 언어적인 거절 그리고 사회적인 거절 등이 있다. 거절은 혈연적인 부모와 자녀의 관계에서뿐만 아니라 모든 인간관계와 집단 안에서 발생한다. 거절은 파괴적인 인간관계의 한 형태이다.

부모가 자녀를 거절하게 되는 원인은 무엇일까? 다양한 원인이 있을 것이다. 하지만 그 원인들이 거절의 행동을 정당화시켜 줄 수 있는 것은 아니다. 부모가 자녀를 거절하게 되는 원인으로, 먼저 원하지 않는 임신과 출산의 경우를 생각해 볼 수 있다. 원하지 않는 임신이 되었을 때 부모는 그 태아를 거절한다. 원하지 않는 아기가 태어났을 때 부모는 그 아이를 거절한다. 이런 상황은 미혼모의 경우에 흔히 발생하는데 특히 남녀 사이에 결혼을 원하지 않거나 헤어진 상태에서 임신된 사실을 알게 되었을 때 거절의 문제가 발생된다. 아기는 임신되었다는 것이 알려지는 순간부터 거절받는다. 미혼모는 임신에 대한 수치감, 실패감, 부담감 등으로 태아를 거절한다(Missildine, 1963, 251). 아이의 아빠는 두려움에 쌓여 태아의 임신을 은폐하고 출산을 반대한다. 태아의 임신을 환영하는 사람은 아무도 없다. 태아의 양가 조부모도 환영하지 않는다. 태아는 태어나기도 전에 존재적으로 거절을 받는다.

미혼모의 경우 외에 성폭력이나 피임 실패로 임신된 아이도 거절을 받는다. 성폭력에 의한 임신은 윤리적으로 많은 논란의 대상이 되고 있다. 그것은 용납될 수 없는 행동의 결과이므로 그 태아의 출산 여부는 전적으로 임신모의 행복과 임신모의 결정에 따라야 한다는 입장이 있다. 그러나 태아는 그 자체로서 생명에 대한 존엄성을 지니고 있기 때문에 태아의 출산을 막는 일은 결코 없어야 한다는 입장도 있다. 어떤 입장을 지닌다 할지라도 원하지 않는 임신이라는 점에서는 동일하다. 태아는 심리적으로 거절을 받고 있는 것이다. 이미 많은 자녀를 두었거나 생활이 어려워서 더 이상 자녀를 갖지 않으려고 하는 부모가 피임에 실패하여 자녀를 임신한 경우 임신된 아이는 거절을 받는다. 아이는 태어나기도 전에 존재적으로 거절을 받는 것이다. 부모는 임신을 후회하거나 피임에 실패한 것을 자책한다.

그런데 이처럼 원하지 않는 임신이 되었을 때, 때로는 그 태아를 제거하기 위한 시도가 은밀히 자행될 수 있다. 임신모는 산부인과 병원에 찾아가서 낙태 수술을 의뢰한다. 그러나 태아가 이미 수술할 수 없을 정도로 자랐다는 것을 알고 당황한다. 한두 세대 전에는 이런 일들도 있었다. 임신모가 태아를 제거하기 위해서 긴 천이나 복대로 자신의 하복부를 조여서 압박하는 것이다. 태아를 질식시켜 죽이려는 행동이었다. 임신모가 언덕에 올라가 의도적으로 넘어져 구르기도 했다. 간장이나 식초 등의 자극적인 음식물을 다량 마시기도 했다. 그러나 그럼에도 불구하고 낙태에 실패하여 출산을 하게 되는 경우가 있는데, 이때 아이는 태어난다 할지라도 버려지거나 다른 가정에 입양됨으로써 거절을 받는 일이 많았다. 나는 상담과 치유의 과정에서 내담자들로부터 그들이 임신 중에 거절을 받았다는 말을 많이 들었다. 물론 그들은 거절을 받은 경험에 대한 인지적 기억은 없었다. 부모나 할머니 또는 다른 가족들로부터 그런 이야기를 들은 경우가 대부분이었다. 그러나 그럼에도 불구하고 그들에게 거절을 받은 상처가 있는 것은 분명해 보였다. 왜냐하면 그들의 내면과 일상적인 행동 속에 거절받은 사람들에게서 보이는 증상들이 나타나고 있었기 때문이다. 거절에 대한 두려움, 삶에 대한 무력감, 그리고 우울감을 가지고 있었으며, 사회적으로 철수되고 고립된 삶을 살고 있었다. 이런 삶의 모습들은 그들이 태중에서 거절을 받았다고 전해 들은 이야기가 사실이었음을 확인해 주는 증상적인 근거가 된다.

부모가 자녀를 거절하는 이유는 원하지 않는 임신의 경우만이 아니다. 부모는 자녀가 원하지 않는 성별을 가졌다는 이유로 거절하기도 한다(Missildine, 1963, 249). 부모가 아들을 바라고 있었는데 딸을 낳았다든지, 아니면 딸을 원했는데 아들을 낳았다든지 하는 경우이다. 대개 아들에 대한 선호의식이 강한 가정에서 딸만 있고 아들이 없을 경우, 부모는 아들 낳기를 열망한다. 그런데 딸만 계속 낳게 되면 딸은 딸이라는 이유로 거절을 받는다. 이런 거절은 남성 중심의 가부장적인 문화와 전통을 지닌 가정에서 많이 나타난다. 딸은 가문의 혈통을 유지할 수 없다는 생각 때문에 거절을 받는다.

$\cdots$

집단치유의 시간에 만난 어느 여인의 이야기이다. 여인은 이 이야기를 할머니로부터 들었다고 했다. 여인은 갓 태어났을 때 부모가 원하지 않는 성별을 가졌다는 이유로 버림을 받았다. 할아버지와 할머니는 대를 이어 줄 수 있는 손자를 기다리고 있었다. 부모는 실망한 나머지 딸을 키우고 싶지 않았다. 엄마는 계속 딸만 낳았다는 것 때문에 실패감과 죄책감을 느꼈다. 아들도 못 낳는 여자라는 말을 듣는 것이 두려웠다. 그래서 그 핏덩이의 어린 생명을 흰 천으로 싸서 방 윗목에 밀쳐놓았다. 아기가 울어도 젖을 주지 않았다. 죽을 테면 죽으라는 생각이었다. 며칠이 지났다. 그러나 아기는 죽지 않았다. 간간히 울음소리가 들렸다. 아기는 자신의 존재와 생명을 울음소리로 알린 것이다. 그 모습을 더 이상 지켜볼 수 없었던 할머니가 아기를 안아서 엄마에게 주었다. 그리고 젖을 먹이라고 했다. 아기는 겨우 생명을 건진 것이다. 나는 이와 유사한 이야기를 여러 사람으로부터 들었다. 부모가 원하지 않는 성별을 가진 아이는 거절의 대상이 될 수 있다.

$\cdots$

자녀가 성별의 문제로 거절을 받는 것은 성 정체감 형성에 부정적인 영향을 줄 수 있다. 부모가 자녀를 딸이라는 이유로 무시하고 거절하면 딸은 자신이 여자로 태어났다는 사실을 즐거워하지 않는다. 여자로 태어났다는 것에 대하여 수치감이나 열등감을 느낀다. 때로는 남자처럼 외모를 꾸미고 남자아이들과 어울려 다니기도 한다. 성 정체감의 혼란을 겪는 것이다. 물론 이와 반대의 현상이 나타날 수도 있다. 부모가 자녀를 아들이라는 이유로 거절하면, 아들은 자신이 남자로 태어난 것을 좋아하지 않게 된다. 역시 성 정체감의 혼란을 겪을 수 있다.

태어나면서부터 심한 장애를 지녔거나 기대에 못 미칠 만큼 못생긴 아이는 거절을 받을 수 있다. 신체적으로 결핍이 있거나 기형으로 태어난 아이, 장애로 인하여 걷지 못하는 아이 그리고 다운 증후군이나 정신박약처럼 정신적인 장애를 지닌 아이는 종종 부모로부터 거절을 받는다(Missildine, 1963, 249). 부모는 수치감이나 실망감 그리고 그 아이를 돌보고 양육해야 하는 부담감 때문에 그 아이를 거절한다. 또한 부모가 예쁘고 잘생긴 아이를 기대했는데 너무 실망할 정도로 못생긴 아이가 태어났을 경우에도 거절할 수 있다(Missildine, 1963, 252). 부모는 차라리 그 아이가 태어나지 않았으면 하는 마음으로 거절한다. 이때 부모의 거절은 마음에서 그 아이를 받아들이지 못하는 심리적인 거절일 수도 있고 아예 그 아이를 입양기관에 보내거나 길가에 버리는 물리적인 거절일 수도 있다.

서울 시립 아동병원에는 장애로 부모가 버린 아이들이 수용되어 있다. 아이들이 지니고 있는 장애의 형태는 다양하다. 입술이 구개 파열된 아이, 화상으로 심한 흉터를 가진 아이, 인공 항문 수술을 받은 아이, 손가락이나 발가락이 없는 아이, 뇌 손상으로 정신적인 장애를 지닌 아이 등이다. 그렇게 버림받은 아이들이 그 병원에만 200여 명이 있다(KBS1 TV, 2007년 5월 5일, 어린이날 뉴스). 이 아이들은 장애를 지녔다는 이유로 부모로부터 버림받았다.

물론 그렇지 아니한 부모들도 있다. 내가 아는 한 여인은 다운 증후군을 지닌 자녀를 두었는데 그 아이를 천사라고 말했다. 그 아이의 맑고 순수한 영혼은 가족 모두의 기쁨과 행복의 근거가 된다고 했다. 여인은 아이를 사랑했다. 그 아이를 돌보고 양육해야 하는 부담감이 없는 것은 아니다. 그러나 그 아이로 인하여 새로운 세계와 사역에 눈을 뜨게 되었다. 다운 증후군을 지닌 자녀를 둔 부모들의 모임을 알게 되었고, 앞으로 그런 자녀들과 부모들을 위한 특별한 일을 하고 싶어 했다. 나는 다음과 같은 이야기를 들은 적이 있다. 어느 여인이 심한 장애를 지닌 자기 자녀 때문에 고통스러워하고 있었다. 그런 중에 하나님께 기도했다. "하나님, 왜 나에게 이런 아이를 주셨습니까?" 그때 하나님의 음성이 들렸다. "사랑하는 딸아, 내가 너를 사랑하노라. 그러나 너를 사랑하는 것만큼 그 아이도 사랑한단다. 나는 그 아이를 세상에 보내기 전에 누구에게 맡길까 하고 생각해 보았단다. 누구에게 맡기면 잘 키워 줄 수 있을까? 그러다가 너라면 안심하고 맡길 수 있다는 생각이 들었단다. 너에게는 남을 잘 돌보는 사랑이 있지 않니? 사랑하는 딸아, 그 아이를 맡아 주어서 고맙구나." 하나님의 음성을 들은 여인은 한없이 눈물을 흘렸다. 세상에는 자녀가 장애를 지녔다는 이유로 자녀를 거절하고 버리는 부모도 있지만 그렇지 않은 부모도 있다. 오히려 더 사랑으로 돌보는 부모도 있다.

부모가 볼 때에 원하지 않는 피부색을 지녔거나 부모와 다른 피부색을 지닌 아이는 거절받을 수 있다(Missildine, 1963, 249). 이런 경우는 한국의 사회와 가정에서는 거의 없는 일이다. 그러나 여러 인종이 섞여 살고 있는 미국과 같은 나라에서는 종종 있는 일이다. 백인과 흑인이 만나 결혼하여 백인 아이가 태어나기를 원했는데 흑인 아이가 태어났을 때, 또는 반대로 흑인 아이가 태어나기를 기대했는데 하얀 피부색을 지닌 아이가 태어났을 때, 부모는 아이를 심리적으로 거절할 수 있다. 오늘날에는 한국에도 다문화 가정이 점점 늘어나고 있다. 만약 부모에게 순수혈통과 피부색에 대한 편견이 있다면, 그것은 자녀를 양육하는 태도에 영향을 줄 수 있을 것이다.

자녀 양육에 대한 지나친 스트레스는 부모가 일시적으로 자녀를 거절하게 되는 원인이 된다. 계속 울고 보채는 아이, 한밤중에 깨서 우는 아이, 엄마를 잠시도 쉬지 못하게 하는 아이가 있다. 이런 아이의 엄마는 잠을 못 잔다. 스트레스가 쌓인다. 그래서 아이를 낳고 기르는 것이 즐겁지 않다. 하루 종일 울어 대는 아이 때문에 잠을 못 잔 어떤 엄마는 너무 고통스러운 나머지 순간적으로 아이를 버리고 싶었다고 울면서 말했다. 그러나 아이에 대한 그녀의 미움과 분노는 곧 죄책감과 미안함으로 바뀌었다. 자신은 아이를 키울 자격이 없다는 생각과 함께 죄책감을 느낀 것이다. 아기를 낳은 후에 간혹 찾아오는 산후 우울증은 자녀를 일시적으로 거절할 수 있는 원인이 된다. 그러나 이런 거절은 완전한 거절이라고 보기 어렵다. 왜냐하면 그것은 일시적인 것일 뿐만 아니라 자기 태도에 대한 죄책감을 동시에 느끼고 있기 때문이다.

부모의 불행한 결혼 생활은 자녀를 거절할 수 있는 원인이 된다. 부부가 갈등과 싸움으로 불행한 결혼 생활을 지속할 경우 부모는 자녀를 심리적으로 거절할 수 있다. 왜 그럴까? 부모는 이혼하고 싶지만 자녀 때문에 이혼하지 못한다고 생각하기 때문이다. 이때 부모는 자녀가 자신을 불행에 묶어 놓는 사슬이라고 생각하기도 한다(Missildine, 1963, 251). 부모는 이렇게 생각하거나 말을 하기도 한다. "쟤만 없었다면 내가 벌써 이혼을 했을 텐데." "쟤가 없었다면 내가 벌써 팔자를 고쳤을 텐데. 어휴, 쟤가 웬수야." "어쩌다가 쟤가 생겨서 그 인간과 헤어지지도 못하고 이 고생을 해야 하는지……." 한 연구에 따르면, 엄마가 자녀를 거절하는 가장 큰 이유는 불행한 결혼 생활 때문이라고 알려져 있다. 자녀를 거절하는 태도를 지닌 엄마들을 대상으로 실시한 집단 연구에서 95%의 엄마들이 자기 남편에게 실망했다고 응답했다(Missildine, 1963, 250). 불행한 결혼 생활은 자녀를 거절하는 주된 이유가 된다.

그러나 부모의 불행한 결혼 생활이 자녀를 거절하게 하는 이유만 되는 것은 아니다. 오히려 자녀와 과밀착 관계를 형성함으로써 과보호하거나 과허용하는 이유가 되기도 한다. 특히 아내의 경우에 자녀와 지나치게 친밀한 관계를 유지함으로써 남편으로 인한 애정결핍을 보상받으려 하기도 한다. 이런 자녀와의 과밀착 관계는 가족으로부터 남편을 소외시킴으로써 남편에 대한 간접적인 보복의 수단이 되기도 한다.

자녀의 양육으로 인하여 자신의 꿈이나 사회활동을 포기한 부모는 자녀를 심리적으로 거절할 수 있다(Missildine, 1963, 250). 이런 경우는 남편보다 아내의 경우가 많다. 왜냐하면 전통적으로 그리고 사회 문화적으로 아내가 남편보다 자녀양육에 있어서 더 많은 역할과 책임을 감당해야 한다고 여겨져 왔기 때문이다. 사회활동을 포기한 아내는 자녀가 자신의 꿈이나 자기실현의 기회를 상실하게 만든 대상이라고 생각함으로써 자녀를 거절할 수 있다. 여성이 결혼을 하거나 자녀를 출산하게 되면 직장을 그만두어야 한다는 사회적인 분위기는 여성의 자기실현 기회를 박탈하는 문제에 국한되지 않는다. 그것은 자녀양육에 대한 부모의 태도에 부정적인 영향을 줄 수 있다는 점을 생각할 필요가 있다.

너무 일찍 결혼하여 부모역할을 할 수 있는 준비가 되어 있지 않은 부모는 자신의 자녀를 거절할 수 있다. 미실다인은 사이먼(A. J. Simon) 박사의 연구를 예로 들었는데 그의 연구에 따르면, 자녀를 거절하는 부모들 중에는 정서적으로 어린아이와 같은 부모들이 있었으며, 그들은 자녀들에 대해서 무관심하거나 때로는 적대적인 감정까지 지니고 있었다고 했다(Missildine, 1963, 250). 이런 관점에서 본다면, 너무 일찍 어린 나이에 결혼하는 것은 바람직하지 않은 일이다. 미성숙한 부모는 자녀양육에도 미성숙할 수밖에 없다.

경제적으로 자녀를 양육할 수 없을 만큼 지나친 가난은 자녀를 거절할 수 있는 원인이 된다(Missildine, 1963, 251). 먹고살 수 없을 만큼 가난할 때, 부모는 생존을 위하여 자녀를 강제로 남의 집에 양자와 양녀로 보내거나 식모로 보내는 경우가 있다. 한두 세대 전만 해도 당장 먹고살 양식이 없는 집들이 많았다. 배고픔보다 더 큰 고통이 있을까? 그래서 부모는 한 식구라도 줄이기 위해 자녀를 남의 집에 보내는 일이 있었다.

• • •

어느 여인이 우리 연구원에서 하는 영성치유수련에 참석했다. '엄마와 아빠 테라피' 시간이었다. '엄마'와 '아빠'는 아기가 이 세상에 태어나서 제일 먼저 배우는 말로서 아기의 생존과 안전에 가장 필요한 말이다. 이 시간에는 모두 엄마와 아빠를 소리쳐 부른다. 눈물을 흘리고 통곡을 하기도 한다. 그리고 마음속에서 엄마와 아빠를 만난다. 그러나 주어진 시간이 끝나면 대부분의 참가자는 눈물을 닦고 일어나 밖으로 나간다. 그런데 한 여인이 나가지 않고 바닥에 엎어진 채, 손으로 바닥을 치며 계속 울고 있었다. 울음이 그치지를 않았다. 그녀는 울면서 이렇게 소리쳤다. "엄마, 왜 날 보냈어? 왜 날 보냈어? 언니도 있고 동생도 있는데……. 왜 날 보낸 거야?" 얼마 후 울음이 진정되었을 때 그녀의 사연을 들을 수 있었다. 초등학교에 다녀야 할 어린 나이였다. 부모는 너무 가난하고 먹고살기가 어려워서 그녀를 남의 집에 식모로 보낸 것이다. 언니도 있고 동생도 있었는데 자기를 보냈다는 사실이 너무나 서럽고 억울하고 화가 났다. 그것은 그녀에게 부모로부터 버림받았다는 상처로 남아 있었다. 그녀의 식모생활은 가혹했다. 그녀는 생존하기 위해서 온갖 궂은일을 다 견뎌 내야만 했다. 무엇보다 배우지 못한 것이 한이 되었다. 학교에는 근처에도 가 보지 못했다. 그녀는 거절의 상처를 가지고 있었다.

• • •

우리나라에서 2010년도에 영아유기로 경찰에 입건된 사람이 34명인데, 그 가운데

65%는 경제적 자립이 어려운 10대와 20대의 여성이었다(MBC 인터넷 뉴스, 2011년 8월 22일, 일일뉴스). 경제적인 어려움은 자녀를 거절하는 원인이 될 수 있다.

부모의 이혼과 재혼은 자녀를 거절하는 원인이 된다. 부모가 이혼을 한 후에 한부모와 함께 살고 있던 아이는 그 한부모가 재혼을 할 경우 거절받을 수 있다. 새 배우자가 그 한부모의 자녀를 원하지 않기 때문이다. 이때 자녀는 할머니나 친척 또는 남의 집이나 고아원에 보내짐으로써 거절을 받는다. 미실다인은 미국의 유명한 가수이며 연예인이었던 어사 키트(Eartha Kitt)의 사례를 소개한다.

...

어사 키트의 아버지는 자신의 아내와 딸 어사 키트를 버리고 집을 나갔다. 그것은 어린 딸에게 너무나 큰 고통이었다. 그러나 얼마 있지 않아서 엄마에게 새로운 애인이 생겼고 그 애인으로부터 결혼하자는 프러포즈를 받는다. 그러나 조건이 있었다. 딸 어사 키트를 포기하는 조건이다. 엄마는 딸을 포기하고 새 애인과 결혼했다. 어사 키트는 엄마로부터 버림받은 것이다. 그 후 어사 키트는 친척 집에 맡겨졌는데, 친척은 그녀를 귀찮은 짐으로 여겼으며 학대와 멸시로 고통을 주었다. 어사 키트는 우울하고 절망적인 외로움 속에서 어린 시절을 보냈다. 그녀는 노래 부르는 것을 좋아했다. 그것은 그녀에게 유일한 기쁨이며 희망이었다. 그녀는 교회에서 성가를 부르면서 위로받았고 교인들로부터 수용되고 인정받는 경험을 하였다. 그 경험이 계기가 되어 그녀는 유명한 가수가 되었다. 그러나 유명한 가수가 되었을지라도 그녀의 삶은 행복하지 않았다. 자신을 이용하고 착취하는 사람들의 계략에 희생되기도 했다. 어린 시절에 부모에게 거절받은 상처 때문이었다. 그녀는 거절받지 않기 위해 그들의 부당한 요구를 들어주었다. 그녀는 치유를 통해서 자신의 상처받은 내면아이를 이해하고 만날 수 있었으며, 자기 자신을 가치 있는 인간으로 받아들일 수 있게 되었다(Missildine, 1963, 248).

...

이처럼 부모의 이혼과 재혼은 종종 자녀를 거절할 수 있는 원인이 된다.

✒ 거절하는 내면부모

자녀가 부모를 닮는 것은 자연스러운 일이다. 자녀는 부모의 외모만이 아니라 성격과 태도 그리고 행동까지 닮는다. 물론 부모와 동일하게 닮지는 않는다. 유사하게 그리고 부분적으로 닮는다. 어떤 것은 닮고 어떤 것은 닮지 않는다. 많이 닮는 것도 있고 적게 닮는 것도 있다. 그러나 신체적으로나 정신적으로 부모를 전혀 닮지 않는 자녀는 없다. 왜냐하면 자녀는 부모의 유전인자를 선천적으로 가지고 태어나며, 또한 부모의 양육환경 속에서 오랫동안 부모와 함께 지내게 되기 때문이다. 자녀가 부모를 신체적으로 닮는 것은 부모의 양육환경과 별로 관계가 없다. 그것은 유전인자에 의한 선천적인 요인 때문이다. 다만, 동일한 음식을 섭취하고 생활의 리듬이 유사하다는 것이 다소 영향을 줄 수 있을지 모른다. 그러나 자녀가 부모를 정신적으로 닮는 것은 선천적인 요인뿐만 아니라 환경적인 요인 때문이기도 하다. 부모의 양육을 받으면서 부모와 함께 사는 삶의 환경은 자녀가 정신적으로 부모를 닮게 되는 중요한 이유가 된다.

모든 자녀의 마음속에는 어린 시절의 부모의 모습을 닮은 내면부모라는 인격이 존재한다. 내면부모는 부모의 말과 행동을 보고 듣고 체험함으로써 형성된 자녀의 인격이다. 이것은 자녀가 부모를 정신적으로 닮게 되는 이유가 된다. 내면부모 속에는 부모가 했던 말과 행동들이 정보의 형태로 저장되어 있다. 이렇게 저장된 정보는 자녀가 부모처럼 생각하고 말하고 행동하도록 유도한다. 사람은 자신이 알고 있거나 익숙한 것을 하려는 경향이 있다.

거절의 양육태도를 가진 부모 밑에서 어린 시절을 보낸 사람의 마음속에는 그런 거절의 태도를 닮은 거절하는 내면부모라는 인격이 형성된다. 그것은 어린 시절에 거절하는 부모의 말과 행동을 보고 듣고 체험함으로써 형성된 인격이다. 자녀는 부모의 행동을 모방하여 자기의 것으로 만든다. 모방은 어린아이가 취하는 가장 강력한 학습의 방식이다. 모방에는 내면화와 동일시라는 정신적인 기제가 작동한다. 크게 보면 내면화와 동일시는 유사한 개념에 속한다. 내면화는 외부대상의 특성을 마음속으로 받아들여서 자기의 것으로 삼는 것이다. 대상관계 이론가인 페어베언에 따르면, 내면화는 유아가 자신의 성격, 즉 심리내적 구조물들을 형성하는 데 중요한 과정이 된다. 갓 태어난 유아의 정신세계는 단순하다. 외부대상을 좋은 것과 나쁜 것으로 구분한다. 엄마가 자신을 만족시켜 주면 엄마는 좋은 대상이 되고, 자신을 만족시켜 주지 못하면 나쁜 대상이 된다. 이처럼 유아는 엄마를 두 개의 부분 대상으로 분할한다. 즉 유아에게는 좋은 엄마와 나쁜 엄마가 있다. 그런데 유아는 자신의 기쁨과 만족을 위해 엄마의 나쁜 측면을 통제하기 원한다. 그러나 유아에게는 그렇게 할 수 있는 힘이 없다. 따라서 그 나쁜 대상을 자신이 통제할 수 있는 영역이 되는 내부 세계로 끌어들인다. 이것이 내면화이다. 즉 유아는 엄마의 나쁜 측면을 내면화하는 것이다(Clair, 2004, 56-58). 거절하는 부모의 영향을 받으며 자란 자녀의 마음속에 거절하는 내면부모가 형성되는 것은 부모의 거절하는 태도와 행동을 내면화한 결과라 할 수 있다.

동일시는 자신의 정체감이나 행동양식을 외부의 대상에게 일치시키는 것이다. 거절하는 부모 밑에서 자란 자녀는 자기 자신을 거절하는 부모와 동일시한다. 이런 동일시는 자녀가 부모에게 거절받은 아픔을 견뎌 내기 위한 수단이 된다. 거절은 학대와 마찬가지로 자녀에게 너무 고통스러운 경험이기 때문에 자녀는 거절받은 상태에 그대로 머물러 있을 수가 없다. 그 고통에서 살아남기 위해서 자녀는 자신의 정체성을 버리고 자신을 거절하는 부모와 동일시한다. 즉 부모처럼 거절하는 자가 된다. 거절의 아픔을 이겨 낼 수 있는 효과적인 방법 중의 하나는 자신이 거절하는 자가 되는 것이다. 다른 사람을 거절하는 경험은 자신이 강하고 힘이 있으며 상대적으로 우월하다는 착각을 불러일으킨다. 이것은 거절당한 아픔에 대한 방어적인 자기 보상이 된다. 동일시의 정신기제는 앞에서 설명한 내면화의 정신기제와 함께 자녀의 마음속에 거절하는 내면부모가 형성되는 과정을 설명할 수 있는 심리학적인 추론이 된다.

거절은 상대방의 욕구를 무시하고 부정할 뿐만 아니라, 상대방의 존재 자체를 인정하지 않음으로써 상대방이라는 대상을 무효화시키는 것이다. 이런 거절의 행동이 발생하게 되는 이유는 무엇일까? 그 이유 중의 하나는 거절하는 내면부모라는 인격 때문이다. 그리고 그런 인격이 형성되는 주된 이유 중의 하나는 거절하는 부모의 양육태도 때문이다. 물론 부모는 혈연적인 부모만을 의미하지 않는다는 것을 기억할 필요가 있다. 언급한 것처럼, 부모는 보편부모를 말한다. 그러나 혈연적인 부모이든 보편적인 부모이든 부모로부터 거절을 경험한 사람은 다른 사람을 거절할 가능성이 있다는 것을 이해해야 한다.

거절하는 내면부모의 기능적인 특성은 무엇일까? 다른 내면부모의 기능과 마찬가지로 두 가지로 나누어 볼 수 있다. 하나는 자기 안에 있는 내면아이, 즉 거절받은 내면아이와의 관계에서 나타나는 기능이고, 다른 하나는 외부의 다른 사람들, 즉 자녀, 배우자, 동료 등과의 관계에서 나타나는 기능이다. 거절하는 내면부모의 가장 주된 기능은 자기 자신, 즉 거절받은 내면아이를 거절하는 것이다. 그 거절은 과거에 자신의 부모가 자기를 거절했던 것보다 더 집요하고 지속적이다. 왜냐하면 한 인격 안에 그 내면부모와 내면아이가 항상 함께 있기 때문이다. 따라서 거절하는 내면부모라는 인격을 지니고 있는 사람은 실제의 부모와 함께 살고 있지 않을지라도 계속해서 거절의 삶을 살게 된다. 결혼하여 부모를 떠나 살고 있거나 혹은 부모는 이미 돌아가셨다. 그러나 그럼에도 불구하고 여전히 거절받은 삶을 살고 있는 것이다. 왜 그런 것일까? 그 사람의 내면에는 부모의 말과 행동과 태도를 닮은 거절하는 내면부모가 있기 때문이다.

거절하는 내면부모를 가지고 있는 사람은 자기 자신, 곧 내면아이의 욕구와 요구를 거절한다. 그 내면아이는 오랫동안 부모로부터 거절받은 내면아이이다. 그 내면아이가 이제는 내면부모로부터 거절을 받는다. 따라서 거절받은 내면아이에게는 결핍된 욕구들이 많다. 거절하는 내면부모는 내면아이의 욕구를 거절할 뿐만 아니라, 과거의 부모가 그렇게 했던 것처럼 자기 자신에게 "안 돼!" "그만 둬!" "가만히 있어!"라고 말한다. 그 결과, 내면부모와 내면아이 사이에 갈등과 충돌이 계속된다.

거절하는 내면부모를 지닌 사람은 자기 자신, 곧 내면아이를 존재적으로 거절한다. 내면아이의 인격적인 존재를 인정하지 않으려 한다. 이것은 스스로 자기 존재감에 상처를 입히는 심리적인 자기 거절의 행동이다. 거절하는 내면부모는 스스로 자기(내면아이)에게 이렇게 말한다. "나는 네가 싫어. 넌 잘못 태어난 거야." "넌 세상에 나오지 말았어야 했어." "넌 아무 짝에도 쓸모없는 애물단지야. 넌 전혀 도움이 안 돼. 제발 조용히 사라지면 좋겠어." 이런 말들은 언어적인 자기 거절로서 과거에 부모로부터 들었던 말들을 자기 자신에게 반복하고 있는 것이다. 미실다인의 견해에 따르면, 어린 시절에 부모로부터 거절받은 사람은 자기 자신을 스스로 원치 않는 짐이나 문제 덩어리로 생각하는 경향이 있다고 했다(Missildine, 1963, 257). 자기는 무능하고 가진 것이 없으며 착하지도 않고 다른 사람들의 장애물이 될 수 있을 뿐이라고 생각한다는 것이다. 이런 경향은 거절하는 내면부모가 지속적으로 자기 자신에게 하는 거절의 말과 행동 때문에 생긴 결과라 할 수 있다.

거절하는 내면부모를 가진 사람은 자기 자신을 미워하고 증오하는 경향이 있다. 왜냐하면 거절의 행동 속에는 미움과 증오 같은 숨겨진 정서가 자리를 잡고 있기 때문이다. 어린아이가 부모로부터 거절받을 때 아이는 부모가 자기를 미워하고 있다고 생각한다. 아이는 '안 된다'는 말을 '미워한다'는 말로 받아들인다. 그런 까닭에 거절하는 부모 밑에서 어린 시절을 보낸 사람은 스스로 자기 자신을 미워할 가능성이 많다. 그가 지닌 거절하는 내면부모라는 인격 속에는 과거의 부모로부터 가져온 자기 증오의 감정이 들어 있기 때문이다. 톰슨 부부의 견해에 따르면, 자기 증오(self-hatred)는 외부대상으로부터 거절당한 사람이 거절당한 후에 자기 자신을 거절하는 주된 방식이라고 했다 (Thompson & Thompson; 허광일 역, 1993, 107).

거절하는 내면부모를 지니고 있는 사람은 스스로 결혼이나 직업 등을 포기함으로써 스스로 자신의 행복을 파괴하는 경향이 있다. 이 사람은 자기 자신에게 이렇게 말한다. "넌 사랑받을 만한 존재가 못돼. 넌 결혼해도 행복하게 살지 못할 거야." "네 삶은 실패한 삶이야. 넌 누구에게도 인정받지 못할 거야." "넌 그 일을 제대로 해낼 수 없을 거야. 또 실패할 거야." 거절은 욕구를 부정하고 존재를 인정하지 않을 뿐만 아니라 자신감과 능력까지도 빼앗아 버린다. 이런 거절의 태도가 내면부모라는 인격 속에 들어 있다. 그 인격은 거절하는 부모 밑에서 어린 시절을 보낸 사람에게 형성된 거절하는 내면부모라는 인격이다.

거절하는 내면부모의 또 하나의 기능은 외부의 다른 사람들과의 관계에서 나타난다. 거절하는 내면부모를 가진 사람은 과거에 자신이 거절을 받았던 것처럼 다른 사람들을 거절한다. 거절하는 내면부모의 첫 번째 대상은 자녀이다. 자녀는 거절의 가장 손쉬운 대상이 된다. 거절하는 내면부모를 지닌 사람이 어린 시절에 부모로부터 배운 것 중의 하나는 자녀를 거절하는 것이었다. 그것은 몸에 밴 행동양식이다. 이 사람은 부모로부터 보고 듣고 체험한 것으로 자신의 자녀를 양육한다. 그 결과, 거절의 양육태도가 대물림된다. 톰슨 부부는 그들의 책 『내 마음의 벽(Walls of My Heart)』에서 거절의 행동은 세대에서 세대로 이어질 수 있다고 말한다. 그것은 의식적으로 또는 무의식적으로 대물림될 수 있다(Thompson & Thompson; 허광일 역, 1993, 94).

자녀를 거절한 부모를 대상으로 조사한 뉴웰(W. H. Newell) 박사의 연구에 재미있는 결과가 있다. 어린 시절에 자신의 부모에게 적대적이었던 사람이 결혼해서 자녀를 낳으면, 자기와 같은 성을 가진 자녀에게 적대적으로 되는 경우가 많다는 것이다. 즉 어린 시절에 어머니를 미워했던 여자는 결혼해서 자신의 딸을 미워하고, 어린 시절에 아버지를 미워했던 남자는 결혼해서 자신의 아들을 미워한다는 것이다(Missildine, 1963, 250). 즉 어머니와 아버지에 대한 미움이 각각 딸과 아들에게 전이 될 수 있다는 것이다. 이런 뉴웰 박사의 연구가 적절한 것이라면, 다음과 같은 말도 가능할 것이다. 어린 시절에 아버지로부터 거절받은 남자는 결혼해서 자신의 아들을 거절할 수 있고, 어린 시절에 어머니로부터 거절받은 여자는 결혼해서 자신의 딸을 거절할 수 있다.

거절하는 내면부모를 지닌 사람이 자녀를 거절하는 방식은 어린 시절에 경험한 부모의 거절 방식만큼 다양하다. 자녀의 욕구와 필요를 거절하고, 자녀의 존재를 부담스러워하고, 자녀를 낳은 것을 후회하기도 하며, 자녀가 자기 자신을 묶어 놓은 무거운 짐 꾸러미라고 여기기도 한다. 이 사람은 자녀를 심리적으로, 언어적으로, 존재적으로, 그리고 물리적으로 거절한다.

거절하는 내면부모를 지닌 사람은 자신의 자녀만 거절하는 것이 아니다. 자기보다 힘이 없거나 약해 보이는 사람들을 거절한다. 동생, 조카, 제자, 손아랫사람, 부하직원, 친구 그리고 배우자 등은 거절의 대상이 된다. 자기보다 힘이 있고 강해 보이는 사람을 만나면 거절받은 내면아이의 인격이 작동되고, 자기보다 힘이 없고 약해 보이는 사람을 만나면 거절하는 내면부모의 인격이 활동을 개시한다. 즉 약자 앞에서는 내면부모로 존재하고 강자 앞에서는 내면아이로 존재한다. 배우자는 두 인격이 양가적으로 작동하는 특별한 대상이 된다. 즉 배우자와의 관계에서는 내면부모가 작동되기도 하고, 내면아이가 작동되기도 한다. 거절하는 내면부모를 가진 사람은 자기보다 약한 대상들을 심리적으로, 언어적으로, 그리고 존재적으로 거절한다.

거절하는 내면부모를 지닌 사람이 다른 사람들을 거절하는 것은 심리적으로 특별한 동기에서 비롯되는 행동이다. 심리적으로 특별한 동기란 무엇일까? 그것은 다른 사람들을 거절함으로써 그들을 자기(내면아이)처럼 거절받은 사람들이 되게 하는 것이다. 즉 그 사람의 행동은 모든 사람을 거절함으로써 이 세상을 거절받은 세상으로 만들려는 것처럼 보인다. 왜 그럴까? 거절받은 것이 모든 사람의 공통된 경험이 되게 함으로써 자신이 거절받은 경험을 일반화하는 것이다. 거절받은 경험이 일반화되면 자신이 거절받은 상처와 아픔은 상대적으로 적어질 것이라고 느낀다.

사례

...

이디 아민 다다(Idi Amin Dada)는 우간다의 독재적인 통치자로서 극악무도한 행동으로 악명이 높다. 그는 단지 자신의 통치를 반대한다는 이유로 수많은 백성을 죽였다. 그러나 그런 행동의 배후에는 그가 성장과정에서 뼈저린 거절의 아픔을 겪었다는 것을 이해할 필요가 있다. 그는 우간다에서 최하 천민으로 여겨지는 누비아족의 한 아이로 태어났다. 그에게는 엄마만 있고 아버지는 없었다. 그는 자신의 아버지가 누구인지 모른다. 왜냐하면 아버지는 무책임하게 그의 어머니와 그를 버렸기 때문이다. 그는 태어날 때부터 아버지로부터 거절받은 것이다. 엄마는 천민의 신분으로 이곳저곳을 떠돌아다니면서 아들을 키웠다. 그런 과정에서 이디 아민은 수없이 방임되고 거절받았다. 사랑과 용납을 경험하지 못했다. 특히 천민의 자녀라는 신분 때문에 사회적으로 차별받고 무시당하는 고통을 겪어야만 했다. 그는 사회적인 거절의 상처를 받은 것이다. 어린 이디 아민에게 있어서 사회는 믿을 수 없는 대상이며 항상 분노와 적대감의 대상이 되었다.

이디 아민의 삶은 어린 시절에 받은 상처에 대한 반항의 삶이었다. 그는 자신이 상처받은 것처럼 다른 사람들에게 상처를 주었고, 자신이 거절받은 것처럼 수많은 백성을 거절하였다. 그가 다른 사람들에게 상처를 주는 방식은 자신이 성장과정에서 경험한 것처럼 그들을 거절하고 학대하는 것이었다. 그는 자기와 의견이 다른 사람들의 존재를 인정하지 않았다. 그는 포고령에 의한 실정법을 만들어서 자기에게 도전하거나 의견을 달리하는 자는 누구를 막론하고 사형에 처했다. 그것은 그가 자신의 권위에 의문을 품는 사람들의 입을 틀어막는 유일한 방식이었다. 그는 자신의 정적들을 무참히 살해함으로써 그들의 존재를 거절하였다. 그의 고문과 살인으로 죽어 간 사람들은 10만 명이나 된다고 한다. 그는 그렇게 많은 사람을 죽임으로써 자신이 통치하는 사회를 거절받은 사회로 만들었다. 이것은 거절하는 내면부모와 거절받은 내면아이를 지닌 사람에게 흔히 나타나는 행동방식이다. 그는 다른 사람들을 거절함으로써 자신을 거절했던 대상들에게 복수했으며, 자신이 거절받은 경험을 일반화했고, 자신이 거절하는 강자가 됨으로써 거절받은 아픔과 두려움에서 벗어나려고 한 것이다. 거절받은 자는 자신을 거절하는 자와 동일시함으로써 거절받음의 아픔을 감소시키려는 행동을 한다. 그것은 간혹 자신이 더 강하다는 착각을 불러일으키는 우월의식 또는 우월 콤플렉스의 원인이 되기도 한다. 우월 콤플렉스는 자신이 다른 사람들보다 더 힘이 있고 능력이 있다고 생각함으로써 자신을 위로하고 만족하게 되는 정신적인 성향을 말한다. 이런 우월 콤플렉스를 가진 사람은 항상 자신이 우월해야 하며 우월하지 않으면 천대받거나 거절받을 것이라고 생각한다. 이디 아민은 어린 시절 자신의 초라한 출생 배경과 거절의 아픔에 대한 자기 보상으로서 우월 콤플렉스를 지니게 되었다고 할 수 있다. 그러나 그것은 과잉 자기 보상이었다(Thompson & Thompson; 허광일 역, 1993, 117).

이디 아민은 아돌프 히틀러를 자신의 영웅처럼 생각했다. 그리고 그와 경쟁이나 하듯이 많은 사람을 죽였다. 죽이는 수법도 히틀러만큼 잔인했다. 그는 자기의 정적들을 악어에게 던져 물려 죽게 했다. 그는 자신의 정치적 야욕을 달성하기 위해서 어떤 수단과 방법도 가리지 않았다. 그의 우월 콤플렉스에서 비롯된 자만과 오만은 한계를 몰랐다. 그는 영국 여왕에게 여왕의 조언자가 되겠노라고 편지를 보내기도 했다. 이런 그의 행동은 거절받은 상처에서 비롯된 열등감을 숨기기 위한 과잉 보상적 책략이라 할 수 있다. 그는 치유가 절실히 요구되는 내면부모와 내면아이를 지니고 있었던 것이다.

· · ·

다음은 미실다인의 글에 나오는 사례이다(Missildine, 1963, 254-256).

· · ·

거절하는 내면부모에 대해 알 수 있는 좋은 사례라고 생각되어 옮겨 놓는다. 캐디(가명)라는 여인은 25세의 젊고 매력적인 가정주부이다. 그녀는 잘 다듬어진 타고난 외모를 지녔다. 하지만 캐디의 얼굴은 오랫동안의 우울한 삶으로 생기가 없어 보였다. 그녀는 우울한 삶을 지속하고 있었다. 항상 의기소침하고 불안해하였으며 쉽게 화를 내곤 하였다. 캐디의 남편은 그녀를 기분 좋게 해 주려고 노력했지만 허사였다. 그녀는 항상 자신이 무력해지고 축 처지는 기분을 막을 수 없었다. 그녀는 남편에게 자주 화를 냈으며, 자신의 아이를 돌보지 않았다. 캐디는 자신을 뜨내기 같은 엄마라고 말했다. 그녀는 자신을 끊임없이 비난했다. 자신을 쓸모없고 천박하고 이기적이며 어리석은 인간이라고 말했다. 그녀는 자살충동을 느끼고 있었다.

캐디는 왜 그렇게 자기 자신을 비난하며 우울한 삶을 살고 있었던 것일까? 그녀의 진술에 따르면, 그녀는 성장과정에서 계속되는 거절과 방임을 경험하였다는 것을 알 수 있다. 그녀가 다섯 살이 되던 해에 엄마와 아빠가 헤어졌다. 그녀는 엄마가 아빠를 버렸다고 생각했다. 그 후 캐디는 엄마와 함께 살았으며, 아버지는 다시 볼 수 없었다. 엄마는 캐디를 돌보지 않았다. 그녀의 교육에 관심이 없었다. 어떤 때는 아무런 이유도 없이 어린 딸을 쥐어박거나 때리기도 하였다. 캐디가 일곱 살이 되었을 때, 엄마는 그녀를 숙모에게 맡기고 직장을 구하러 다른 도시로 떠났다. 그때 엄마는 그녀를 꼭 데리러 오겠다고 약속했다. 그러나 오지 않았다. 그 후 캐디는 엄마와 살아 본 적이 없다.

캐디를 맡은 숙모는 겨우 몇 달 동안 그녀를 돌봐 주었다. 그 후 캐디는 수녀원 부속학교에 보내졌으며 여러 고아원으로 옮겨 다니며 힘든 삶을 살았다. 그러다가 열 살 때에는 최종적으로 다른 숙모에게 보내졌다. 그녀는 그 숙모의 집에서 7년을 지냈다. 숙모와 숙부는 나이가 많았으며 차갑고 완고했다. 캐디를 따뜻하게 돌보지 않았다. 캐디가 거울 보는 것을 막았으며, "너도 네 엄마처럼 쓸모없고 이기적인 년"이라고 욕을 했다. 캐디는 이렇게 말했다. "만약 내가 데이트라도 하려고 했다면 숙모는 절대로 안 된다고 했을 거예요. 그리고 내가 아버지를 닮아서 음탕하게 행동하려 한다고 말했을 겁니다. 숙모는 항상 나에게 "네 아버지는 나쁜 사람이라는 것을 알고 있겠지?" 하고 물었습니다. 숙모는 캐디를 비난하고 괴롭혔다. 존재적으로 거절했다. 캐디를 귀찮고 성가신 짐으로 생각했다. 그녀는 숙모의 집에서 심부름하는 여자아이처럼 살았다. 캐디는 고등학교 졸업반이 되었을 때에 또 한 번 다른 친척 집으로 옮겨서 살아야 했다.

캐디는 이렇게 말했다. "그들은 모두 나에 대해서는 조금치도 관심이 없는 부모들이었어요. 나를 원하지도 않았지요. 오히려 나를 없애 버리려고 했어요. 나의 생모는 실제로 나를 돌봐 준 적이 없었어요. 그녀가 나를 위해서 한 것이 있다면, 그것은 나를 데리러 오겠다고 약속하고 오지 않은 거예요. 엄마는 자기 이외에는 누구에게도 관심을 가져 본 적이 없어요. 그래서 아버지와의 관계도 끝나게 된 것이지요." 캐디는 어렸을 때에는 엄마를 숭배하였다고 말했다. 이것은 거절받은 자녀가 거절의 아픔을 느끼지 않으려고 만들어 낸 방어기제라 할 수 있다. 거절받은 자녀는 자신의 부모를 대단한 인물로 여기며 숭배하는 경향이 있다. 그것은 거절받은 고통을 감소시키는 효과가 있기 때문이다. 하지만 이제 캐디는 더 이상 엄마를 숭배하지 않는다. 원망하고 미워한다. 그런데 그녀는 엄마를 미워하는 것처럼, 그리고 자신이 엄마로부터 거절받은 것처럼, 자기 자녀에게 똑같이 하고 싶다고 말한다. 이것은 그녀의 마음속에 거절하는 내면부모와 거절받은 내면아이가 형성되었다는 것을 말해 준다. 그녀의 내면부모는 자녀를 거절함으로써 자신을 부모와 동일시하고 있으며, 그녀의 내면아이는 내면부모가 자녀를 거절하게 함으로써 부모로부터 거절받은 아픔을 보복적으로 해소하고 있다.

· · ·

🌙 거절받은 내면아이

부모의 양육태도와 행동은 단지 지나간 과거로 끝나지 않는다. 자녀의 성격 형성과 행동양식에 영향을 준다. 그것은 자녀가 성장한 후에도 그대로 남아 지속된다. 어린 시절에 부모로부터 거절받은 자녀의 내면에는 부모의 거절 행동에 대한 심리내적인 반응으로 형성된 인격이 존재한다. 거절받은 내면아이라는 인격이다. 인격은 행동의 내적인 동기가 된다. 즉 거절받은 내면아이는 그런 인격을 지닌 사람이 외적으로 나타내 보이는 행동에 영향을 미치고 그 행동을 제한한다. 그 사람의 행동양식에는 거절이라는 주제가 담겨 있다. 그 결과, 거절받은 내면아이를 지닌 사람은 과거에 거절받았던 것처럼 계속해서 거절받은 삶을 살게 된다.

거절받은 내면아이의 특징과 기능은 무엇일까? 다양한 측면에서 많은 것들이 논의되어야 한다. 거절받은 내면아이를 가진 사람은 자기 존중감과 자기 존재감이 매우 부족하다. 왜 그럴까? 어린 시절 부모의 거절 행동이 자녀로 하여금 스스로 가치 있고 영향력 있는 사람이라는 생각을 부정하게 만들었기 때문이다. 자기 존중감은 자신이 가치 있고 소중한 존재라는 것을 알 때 생기는 태도와 감정이다. 즉 그것은 스스로 자기 자신을 좋아하고 존중하는 태도를 의미한다. 자기 존재감은 자신이 다른 사람들에게 도움이 되며 영향력을 줄 수 있다고 느낄 때 생기는 태도와 감정이다. 그것은 부모와 같이 중요한 대상으로부터 인정과 격려와 사랑을 받음으로써 형성되는 것이다. 그러나 자녀를 거절하는 부모는 자녀의 가치를 무시하고 자녀의 욕구와 존재를 부정한다. 따라서 거절받은 자녀는 자신이 얼마나 가치 있고 소중하며 능력이 있는 사람인지를 모른다. 문제는 사랑과 수용 받음의 결핍이다. 사랑을 받지 못하면 자존감과 자기 존재감이 떨어질 수밖에 없다. 톰슨 부부는 이렇게 묻는다. "만약 당신에게서 사랑을 뺀다면 무엇이 남을까?" 그 질문을 이처럼 재치 있게 수식화했다. "당신-사랑=?" 이 수식의 답은 무엇이 될까? 영(zero)이다. "당신-사랑=0", 즉 당신으로부터 사랑을 빼면 당신은 아무것도 아니라는 느낌을 가지게 된다는 것이다(Thompson & Thompson; 허광일 역, 1993, 95). 거절은 사랑과 수용에 대치되는 태도이다. 그것은 거절받은 사람의 자기 존중감과 자기 존재감을 파괴한다.

거절받은 내면아이를 지닌 사람의 보편적인 자기의식은 자기 몰가치감과 자기 비하감이다. 자기 자신을 쓸모없는 사람이라고 느끼며 아무도 자신을 필요로 하지 않는다고 생각한다. 톰슨 부부는 이렇게 기록했다. "거절을 받고 산 사람들의 가장 큰 고충 중의 하나는 그들 자신이 무가치하다는 깊은 감정에 굳어져 있다는 것이다. 그들은 자신이 제대로 쓰일 곳이 없다는 생각을 지우지 못하며, 자신의 마음속에서 '난 쓸데가 없는 사람이야! 난 도대체 되는 것이 없어! 내가 하는 것은 뭐든지 잘못투성이야!'라는 목소리가 들린다."(Thompson & Thompson; 허광일 역, 1993, 117)

이런 자기 비하감의 배경에는 부적절한 죄책감과 자기 수치감이 있다. 거절받은 내면아이를 가진 사람은 부적절한 죄책감을 느낀다. 부적절한 죄책감은 죄책감을 느끼지 않아도 되는 상황에서 죄책감을 느끼는 것이다. 이 사람은 자신이 거절받은 것이 자신의 잘못 때문이었다고 생각한다. 자신이 못나고 부족하고 열등하고 실수해서 거절을 받았다고 느낀다. 그 결과, 자기 자신을 부끄럽게 여긴다. 자기 수치감은 죄책감보다 심각한 것이다. 왜냐하면 그것은 자기의 존재 자체가 잘못되었다고 생각함으로써 자기의 가치를 부정하는 것이기 때문이다. 이런 자기 수치감은 어린 시절에 부모의 거절로 말미암아 시작된다. 부모가 자녀의 욕구를 반복적으로 거절하면, 자녀는 자신의 욕구가 중요하지 않다는 메시지를 받게 된다. 그리고 부모에게 무엇을 요구하거나 자신의 욕구를 표현하는 것은 부모를 화나게 만드는 일이라고 생각하게 된다. 그러면 자녀는 자기 안에서 어떤 욕구를 느낄 때마다 수치감을 경험하게 된다(Bradshaw, 2005, 82). 또한 부모가 자녀의 출산을 후회하거나 마지못해 양육하고 있다면 자녀는 자신의 존재적인 가치를 부정하게 된다. 즉 자기 수치감에 매이게 되는 것이다. 자기 수치감에 매인 자녀는 끊임없이 자기를 비난하고 비하한다. 그러나 이것은 거짓 자아, 즉 거절받은 내면아이에 의한 거짓 수치감이다. 상처 입고 왜곡된 감정이다(Bradshaw, 1990, 79). 이처럼 거절의 양육환경은 부적절한 죄책감과 자기 수치감의 원인이 된다고 할 수 있다. 자기 수치감은 자기의 존재 자체를 부정하게 만드는 감정이기 때문에 생존에 대한 희망과 에너지를 고갈시킨다. 즉 부모가 자녀를 거절하는 것은 자녀로부터 스스로 살아갈 수 있는 내면의 힘을 빼앗는 결과가 된다.

거절받은 내면아이를 지닌 사람은 항상 부적절한 거절감에 시달린다. 부적절한 거절감은 거절감을 느끼지 않아도 되는 상황에서 거절감을 느끼는 것이다. 그것은 거절받은 내면아이를 지닌 사람이 가지고 있는 핵심문제이다. 그 거절감은 언제 어디에서나 그 사람을 쫓아 다니고 묶어 두는 사슬과도 같다. 그 사람의 생각과 감정을 제한하고 그 사람의 행동을 구속한다. 특히 다른 사람과 갈등관계에 있거나 스트레스를 받으면 거절감이라는 주제에 사로잡힌다. 부적절한 거절감으로 발생되는 감정은 두려움이다. 두려움은 거절받은 내면아이를 지닌 사람의 핵심감정이다. 누구를 만나든지 상대방이 자신을 거절할 것이라는 두려움을 느낀다. "날 거절할지도 몰라. 언제든지 난 버림받을 수 있어!" 이런 생각과 두려움으로 항상 불안하다. 톰슨 부부에 따르면, 불안과 두려움은 어린 시절에 거절받은 경험에 대한 직접적인 정서적 결과라고 했다(Thompson & Thompson; 허광일 역, 1993, 117). 톰슨 부부는 거절받은 사람의 심리를 갑옷을 입고 방패를 든 사람의 모습에 비유한다. 갑옷과 방패는 외부의 공격으로부터 상처 입지 않도록 자기를 보호하기 위한 수단이다. 거절받은 내면아이를 가진 사람은 항상 자기가 공격받을지도 모른다는 두려움을 느낀다. 그 사람에게 있어서 거절받는 것은 곧 공격받는 것이 되는 셈이다. 두려움이 지속되거나 억압되면 불안장애와 공포증이 나타날 수 있다. 대상관계 이론가인 제이콥슨(E. Jacobson)의 연구에 따르면, 불안장애와 공포증이 있는 환자들(자녀들)의 부모는 그런 장애가 없는 사람들의 부모와 비교할 때 더 거절적이며 비온정적이라고 했다. 거절이라는 부모의 양육환경은 자녀에게 불안장애와 공포증을 일으킬 수 있는 배경이 된다는 것을 알 수 있다.

핵심문제에는 항상 자기표상과 대상표상의 문제가 따른다. 거절받은 내면아이를 지닌 사람은 왜곡된 자기표상과 왜곡된 대상표상을 가지고 있다. 자기표상은 자기 자신에 대한 생각과 태도와 이미지를 말하는데, 거절받은 내면아이를 지닌 사람은 '나는 초라하고 볼품없으며 사랑받을 만한 존재가 못된다. 나는 언제나 거절받을 수 있다.'는 자기표상을 가지고 있다. 자신의 가치와 소중함을 모르는 왜곡된 자기표상이다. 미실다인은 이렇게 기록했다. "부모의 거절은 자녀에게 자신은 사랑받을 만한 가치가 없고, 착하지도 않으며, 다른 사람들에게 문젯거리가 된다는 의미로 받아들여진다."(Missildine, 1963, 257) 대상표상은 외부의 다른 사람들에 대한 생각과 태도와 이미지를 말한다. 그것은 지금 내가 관계를 맺고 있는 상대방이 나를 어떻게 보고 생각하고 느끼고 있는지를 내가 인지하고 알아차리는 방식에 영향을 준다. 즉 '상대방은 나를 어떻게 생각하고 있을까? 나를 어떻게 느끼고 있을까? 나를 좋아할까? 싫어할까?' 등의 인지방식에 영향을 미친다. 거절받은 내면아이를 지닌 사람은 '상대방은 나보다 낫고 더 능력이 있으며, 나를 싫어하고 거절할 것이다.'라는 대상표상을 가지고 있다. 그러나 이것은 상대방의 생각과 입장을 확인하지 아니한 인지왜곡으로서 사실에 근거하지 않은 것이다. 인지왜곡은 상처 입은 내면아이를 가진 사람에게서 흔히 나타나는 정신현상이다. 이것은 오해와 갈등을 불러일으킴으로써 인간관계를 어렵게 만드는 원인이 된다.

거절받은 내면아이를 지닌 사람은 상대방의 말이나 행동을 쉽게 오해하고 상처를 받는다. 다른 사람이라면 상처받지 않을 것이다. 상대방의 행동에 악의적인 의도가 전혀 없다. 상대방은 결코 거절하지 않았다. 그러나 그럼에도 불구하고 상처를 받는다. 왜 그럴까? 오해 때문이다. 인지왜곡의 문제 때문이다. 미실다인의 견해에 따르면, 거절받은 내면아이를 가진 사람은 자기 몰가치감에 시달리고 있기 때문에 외부 사람들과의 일상적인 대화에서 자신이 거절받았다고 오해함으로써 상처받는 경우가 많다고 했다(Missildine, 1963, 248). 그 사람은 마치 상처받기를 기다리고 있는 것처럼 보인다. 그리고 실제로 상처를 받는다. 상처를 받았다고 느껴지면 달팽이처럼 자기 내면 속으로 숨어 버린다. 그 결과, 자기를 스스로 고립시킨다. 고립은 거절받은 내면아이를 가진 사람이 스스로 자기를 보호하는 자기보호의 익숙한 방식이다.

일상적인 삶에서 어떤 사람이 좋은 일에 나를 초대해 주는 것은 고마운 일이다. 왜냐하면 그것은 나를 위한 배려와 호의로 이해될 수 있기 때문이다. 그러나 초대가 고마운 것이기는 하지만 그 초대에 응할 수 없는 경우가 있다. 그런 경우에 우리는 이렇게 말한다. "초대해 주셔서 감사합니다. 하지만 다른 일이 있어서 갈 수가 없습니다. 미안합니다." 이 정도면 최상의 말은 아닐지라도 공손한 말이다. 그러나 거절받은 내면아이를 가진 사람은 그런 공손한 말에도 화가 나고 상처를 받는다. '다른 일이 있다고? 올 수 없다고? 내가 다시 너를 초대하는가 봐라!' 왜 이런 반응을 하게 되는 것일까? 상대방의 말을 거절의 말로 오해했기 때문이다. 그 말이 거절로 느껴지기 때문이다. 학교, 직장, 교회와 같은 공공의 장소에서는 사람들이 너무 분주하기 때문에 제대로 인사를 하지 못하고 지나칠 때가 있다. 가령, 한 사람이 상대방을 먼저 알아보고 인사를 했지만, 상대방은 바쁜 나머지 고개만 끄덕하고 지나가거나 아예 눈도 마주치지 못하는 경우가 있다. 이런 경우 먼저 인사한 사람은 아쉽지만 상대방의 분주함을 이해하고 지나가는 것이 보통이다. 그러나 거절받은 내면아이를 가진 사람은 그런 상대방의 행동에 분노를 느낀다. '내 인사를 그렇게 받아? 날 무시해? 다시 인사하는가 봐라. 아는 척도 안 할 거다.' 이런 분노의 감정이 생기는 것은 상대방의 행동이 자신에 대한 거절의 행동으로 느껴지기 때문이다. 이처럼 거절받은 내면아이를 가진 사람이 쉽게 오해하고 상처를 받는 것은 과거에 거절받은 아픔이 있었기 때문이다. 존 브래드쇼는 지금 우리가 거절의 아픔으로 몹시 괴로워하고 있다면 그것은 어린 시절에 거절받은 상처가 있기 때문이라고 말했다(Bradshaw, 1989, 247).

거절받은 내면아이를 지닌 사람이 가장 피하고 싶은 것은 거절을 받는 것이다. 거절을 받는 것은 너무 아프고 고통스럽기 때문이다. 그 사람이 원하는 것은 사랑과 용납을 받는 것이다. 그러나 그렇게 되지 않는다. 왜냐하면 상대방이 자기를 사랑하고 용납하게 하는 방법을 모르며, 또한 상대방의 선의적인 행동을 악의적인 것으로 오해하는 경우가 많기 때문이다. 그 결과, 모순되게도 가장 피하고 싶은 것, 곧 거절받음의 경험을 피할 수 없게 된다.

거절받은 내면아이를 지닌 사람이 취하는 몇 가지 부적절한 행동이 있다. 인간관계의 접근성에 문제가 있다. 관심과 호감이 생기는 사람이 있을지라도 가까이 다가가지를 못한다. 멀리서 바라보고 있거나 주위에서 머뭇거릴 뿐이다. 먼저 찾아가서 손을 내밀거나 사귀고 싶다고 말하지 못한다. 프러포즈를 하는 것은 너무나 어려운 일이다. 왜 그럴까? 거절받을 것이라는 두려움 때문이다. 두려움이 두 발을 묶어 놓는다. 한편, 어떤 사람이 자기에게 관심을 갖고 다가오면 어느 정도까지는 허용하지만 그 이상은 허용하지 않는다. 그래도 다가오면 자기가 먼저 거절하고 그 사람을 떠나 버린다. 그렇게 함으로써 상대방을 거절받은 사람으로 만드는 것이다. 이런 행동의 원인은 몇 가지 측면에서 이해되어야 한다. 첫째는 두려움과 아픔 때문이다. 거절받은 사람의 내면아이는 이렇게 생각한다. '만약 내가 상대방을 좋아했다가 상대방이 나를 거절한다면, 그것은 너무 고통스러운 일이다. 차라리 내가 상대방을 거절하는 것이 낫다.' 물론 좋아하는 사람을 먼저 거절하는 것도 마음 아픈 일이다. 그러나 거절받은 내면아이를 지닌 사람에게는 거절하는 아픔이 거절받는 아픔보다는 덜 아프게 느껴진다. 그것이 더 낫다고 생각된다. 이것은 거절받은 내면아이가 자신의 아픔을 최소화하기 위해 선택한 하나의 전략이라 할 수 있다. 다시 말하면, 자신의 고통을 줄이기 위한 방어기제인 셈이다. 둘째는 무의식적인 자기 위로의 효과 때문이다. 언급한 것처럼, 거절받은 내면아이를 가진 사람은 상대방을 거절함으로써 상대방을 자기처럼 거절받은 사람으로 만들려고 한다. 그 결과, 자기가 속한 세상을 거절받은 세상으로 만드는 것이다. 이와 같이 다른 사람들을 거절받은 사람으로 만드는 것은 어떤 심리적인 이득이 있기 때문인데, 그것은 거절받는 경험이 자기만의 아픔이 아니고 모든 사람의 아픔이 되게 함으로써 자기가 위로받는 것이다. 거절의 문제가 자기만의 문제가 아니고 모든 사람들의 보편적인 문제라고 생각하면 그것은 견딜 만한 것이 된다. 이처럼 거절받은 아픔이 있는 사람이 다른 사람들을 거절함으로써 그들을 자기처럼 거절받은 사람이 되게 하는 정신적인 성향을 '자기동일화' 기제라고 하면 좋을 것이다. 셋째는 분노와 복수심 때문이다. 거절받은 내면아이를 가진 사람은 자신을 거절한 부모에 대한 분노와 복수심이 있다. 그러나 부모에게 직접 복수한다는 것은 어려운 일이다. 따라서 부모를 대신할 수 있는 중요한 대상에게 치환적으로 복수한다. 거절하는 것은 자기가 거절받은 것에 대한 보복 행동이 되는 것이다.

...

달님(가별칭)이라는 여인은 배신과 거절의 아픔을 가지고 있었다. 그녀는 교회학교 교사로 섬기고 있었는데, 같은 교회에서 일하고 있는 한 전도사를 만나게 되었다. 두 사람은 가깝게 교제하면서 결혼을 생각하게 되었다. 그런데 어느 날 갑자기 그 전도사가 교회를 사임하고 떠나 버렸다. 달님은 주일 예배시간에 그가 사임한다는 말을 처음 들었다. 그는 달님에게 아무런 언급도 없이 사임인사를 한 것이다. 충격적이었다. 달님이 예배를 마치고 나가 보니까 그는 이미 떠나고 사라진 뒤였다. 연락이 되지 않았다. 연락할 길이 없었다. 달님은 화가 나고 고통스러웠지만 아무것도 할 수 없었다. 달님은 그 전도사가 자신을 배신했다고 느꼈다. 달님은 배신과 거절의 아픔에 시달렸다. 오랫동안 그 아픔에서 벗어나지 못했다. 그 후 달님의 행동에 문제가 있었다. 사람들을 만나지 않았다. 회피했다. 남자들과의 만남은 더욱 그랬다. 간혹 어떤 남자에게 관심이 있어도 다가가지 못했다. 어떤 남자가 자신에게 관심을 갖고 다가오면 도망쳤다. 왜 그랬을까? 거절받은 상처와 아픔 때문이다. 달님의 마음속에는 거절받은 상처가 생긴 것이다. 그것은 그녀의 핵심문제가 되었다. 거절감이라는 주제가 내면의 인격 속에 자리를 잡은 것이다. 이처럼 마음의 상처와 핵심문제는 어린 시절에만 생기는 것이 아니다. 성인이 된 이후에도 생길 수 있다.

...

거절받은 내면아이를 지닌 사람은 의심과 불신이 많다. 다른 사람을 믿지 못한다. 심지어 상대방의 선의적인 말과 행동까지 그 동기를 의심한다. 상대방이 자기에게 해 주는 칭찬이나 호감의 말을 있는 그대로 받아들이지 못한다. 대신 마음속으로 이렇게 생각한다. '나를 좋아한다고? 그걸 어떻게 믿어? 괜히 그런 척하지 마!' '내게 매력이 있다고? 마음이 끌린다고? 내가 그 말을 믿을 것 같아? 웃기지 마!' 수년 전의 일이다. 나는 연구원에서 한 여학생을 만났는데 아마도 그녀는 거절받은 내면아이를 지니고 있는 것 같았다. 나는 그녀에게 관심을 갖고 따뜻하게 대해 주려고 했다. 내가 먼저 말을 건네고 손을 내밀었다. 그런데 그녀는 어느 날 나에게 이렇게 말했다. "교수님, 괜히 그러지 마세요. 관심 있는 척하지 마세요. 그러다가 그만두실 거잖아요." 나는 멈칫했다. 마음이 아팠다. 잠시 할 말을 잃었다. 어쩌면 그녀의 말이 맞을지도 모른다. 내가 언제까지나 그녀에게 손을 내밀지는 못할 것이기 때문이다. 하지만 내가 그녀를 만날 때마다 그녀를 향했던 나의 관심은 진심이었다. 가슴에서 우러난 것이었다. 그러나 그녀는 그런 나의 마음을 믿지 않았다. 아니, 믿을 수 없었을 것이다. 그녀와의 계속된 대화가 있었다면, 그녀의 마음속에서 거절받은 내면아이를 만났을지도 모른다.

에릭슨(Erik Erikson)은 인간의 심리 사회적인 발달에 주목했다. 그의 8단계 발달이론은 잘 알려져 있다. 에릭슨은 발달의 과정을 8단계로 구분하였는데, 각 단계에는 그 단계에 필요한 발달과업과 덕성(virtue)이 있다고 보았다. 발달과업은 각 발달단계의 특정 시기에 해결되어야 할 심리 사회적인 과업이다. 그러나 그 발달과업은 단순히 그냥 달성되지 않는다. 그 단계에서 부딪치는 갈등과 위기를 극복해야 한다. 그 위기는 긍정적인 요소와 부정적인 요소 사이에서 발생된다. 즉 발달과업은 그 과업을 방해하는 비발달적인 요소에 의해서 저지된다. 이런 상반된 요소 때문에 내적인 갈등과 위기가 발생되는 것이다. 그런 갈등과 위기가 처음부터 만족스럽게 해결되면 건강한 발달이 보장된다. 그러나 갈등과 위기가 계속되거나 그 해결과정이 불만족스러우면 성격 형성에 부정적인 영향을 미친다. 성격의 형성은 이처럼 과업이나 위기가 어떻게 해결되는가에 따라 결정되는 것이다. 각 발달단계의 과업이 성공적으로 해결되면 하나의 심리 사회적인 능력 혹은 덕성이 형성된다. 이것은 발달과업이 긍정적으로 달성되면 나타나는 심리 사회적인 결과물이다(Hjelle & Ziegler, 1981, 117-118).

에릭슨의 8단계 이론 중 첫 단계는 생애 초기, 즉 프로이트가 말하는 구강기에 해당되는 시기이다. 이것은 생후 한 살 반까지의 시기에 있는 유아에게 해당된다. 이 시기의 유아가 해결해야 할 발달과업은 기본적인 신뢰감(basic trust)이다. 유아의 마음속에 신뢰감이 형성되어야 한다. 이것은 유아가 성장하여 한 인간으로 살아가는 데 필요한 심리적인 초석이 된다. 모든 삶과 인간관계는 믿음이 없이는 불가능한 것이기 때문이다. 기본적인 신뢰감이 형성된 유아는 자신감과 내적인 확신감을 가지게 되는데, 그렇게 됨으로써 유아는 자기가 만나는 대상을 안전하게 생각하고 자신이 속한 사회를 안전한 장소로 느낄 수 있게 된다. 에릭슨은 유아가 신뢰감의 과업을 달성하는 정도가 엄마로부터 받는 양육의 질에 의존한다고 보았다. 엄마가 유아의 개인적인 욕구에 민감하게 반응하고, 따뜻하고 친밀하게 그리고 일관성 있게 유아를 돌보고 사랑하면 신뢰감이 발달된다. 그러나 엄마가 유아의 욕구를 무시하고 제대로 보살피지 못하면 유아는 위기를 겪게 된다. 이처럼 유아의 욕구와 존재가 무시되거나 거절받게 되면 유아는 심리 사회적인 위기를 겪게 되는데, 그것은 불신감이라는 위기이다. 이로써 유아는 두려움과 공포로 외부대상을 믿지 못한다. 의심하고 불신한다. 에릭슨에 따르면, 유아의 불신감은 엄마가 관심의 초점을 유아에게 두지 않고 다른 것에 두기 때문에 생기는 것이라고 했다. 신뢰감이 발달되지 못하고 불신감이 형성되면 그 결과 유아에게는 급성 우울증이 나타날 수도 있고, 성인에게는 편집증이 발생될 수도 있다. 따라서 그런 증상이 있는 사람이 치유받는 데 있어서 무엇보다도 중요한 것은 치유자를 신뢰하는 것이다. 그런 다음 자기 자신을 신뢰하고 다른 대상들을 신뢰하는 경험이 필요하다(Hjelle & Ziegler, 1981, 119-120).

그러나 에릭슨은 유아가 건강하게 성장 발달하기 위해서는 적절한 불신감의 형성도 필요하다고 보았다. 왜냐하면 삶을 살아가는 데는 위험과 불안을 예상하는 능력도 필요하기 때문이다. 적절한 의심은 위험을 예방하는 데 도움이 된다. 따라서 유아의 건강한 발달은 신뢰감과 불신감의 적절한 비율에서 비롯되는 것이라 할 수 있다. 그러나 거절받은 아픔이 있는 사람에게는 적절한 불신감이 아니라 부적절한 불신감을 가지고 있다는 것이 문제이다. 이 사람은 지나친 불신감으로 의심하지 않아도 될 대상을 의심한다. 신뢰감과 불신감의 갈등을 성공적으로 해결하면 획득되는 것이 있다. 그것은 심리 사회적인 결과물이다. 에릭슨은 그것을 덕성이라 하였다. 덕성은 8단계의 모든 단계에서 발생하는 위기를 해결할 때 획득되는 것인데, 1단계에서 발생한 신뢰감 대 불신감의 갈등이 해결되면 희망(hope)이라는 덕성이 생긴다. 희망은 삶의 의미와 새로움을 주는 생존의 동력으로서 건강한 성격 발달에 필요한 첫 번째의 심리 사회적인 능력이 된다.

거절받은 내면아이를 지닌 사람은 인간관계를 맺는 데 어려움이 있다. 왜냐하면 인간관계 스타일에 있어서 파괴적인 구조를 가지고 있기 때문이다. 모든 인간관계의 출발점은 거절에 대한 두려움에서부터 시작된다. 누구를 만나든지 거절을 받을지도 모른다는 두려움을 느낀다. 이런 두려움은 불신과 의심을 낳는다. '저 사람은 나를 거절할지도 몰라. 조심해야 돼. 아무도 믿으면 안 돼.' 그 결과, 상대방의 호의적인 말과 행동까지 의심한다. 상대방의 말과 행동을 있는 그대로 순수하게 받아들이지 못하고 어떤 불순한 동기가 숨겨져 있을 것이라고 의심한다. 이런 의심과 불신에는 때때로 상대방의 행동에 대한 진위를 알아보기 위한 시험(test) 행동이 뒤따른다. 예를 들면, 상대방이 싫어하는 행동을 의도적으로 행한 다음, 상대방이 어떻게 반응하는지를 관찰하는 것이다. 그러나 그런 시험 행동이 반복되면 결국 상대방이 알아차리게 되고, 시험 행동은 탄로 나게 마련이다. 그것은 상대방을 불쾌하고 화나게 함으로써 결과적으로 자기를 떠나게 만든다. 미실다인에 따르면, 거절받은 내면아이를 지니고 있는 사람은 다른 사람들이 자기를 매력 있고 재미있으며 바람직한 동료로 생각한다고 말할지라도 믿지 못한다고 말했다. 오히려 그들의 말이 사실인지를 확인하기 위하여 시험을 하는 경우가 많다고 했다. 결국 그것은 상대방의 불쾌감을 불러일으킴으로써 두 사람의 관계가 결렬되고 만다(Missildine, 1963, 248-249). 상황이 이렇게 진행되면, 거절받은 내면아이를 지닌 사람은 상대방이 자신을 거절했다고 느끼고 마음에 상처를 받는다. 그리고 이렇게 생각한다. '내 생각이 틀리지 않았어. 그 사람은 나를 좋아하는 척했을 뿐이야. 역시 아무도 믿으면 안 돼!' 그리고 항상 자기에게 익숙한 내면의 독방으로 숨어 버린다. 자신을 고립시키는 것이다. 내면의 독방은 거절받은 내면아이의 고향 같은 장소이다.

거절받은 내면아이를 가진 사람은 일상적인 대인관계와 사회생활로부터 철수되고 고립되는 경향이 많다. 사람들과 함께 섞여서 어울려 지내지 못한다. 사람을 사귀거나 어떤 집단에 들어가 융화되는 것이 어렵다. 대신 혼자 있고 혼자 지내는 것이 편하고 익숙하다. 왜 그럴까? 어린 시절에 경험한 거절이라는 양육환경 때문이다. 부모가 자녀를 거절하면 자녀는 신체적으로 그리고 정서적으로 고립된다. 고립된 자녀는 생존을 위하여 고립된 상황에 적응해야 한다. 즉 부모로부터 거절받은 아이는 부모 없이 혼자 지내는 방법을 배우지 않으면 안 되는 것이다. 그 결과 다른 사람들로부터 이탈되어 있거나 사회적인 철수의 행동을 나타낸다(Thompson & Thompson; 허광일 역, 1993, 130).

이런 사회적 철수와 고립의 현상 때문에 거절받은 내면아이를 지닌 사람은 친구를 사귀는 데 어려움을 느낀다. 자기 주위에 마음을 털어놓고 이야기할 수 있는 친구가 없다. 어쩌다가 친구가 생길지라도 자기의 속마음을 말하지 않는다. 왜냐하면 상대방을 믿지 못하기 때문이다. 따라서 이 사람은 항상 알 수 없는 사람 또는 베일에 싸여 있는 사람처럼 보인다. 이런 대인관계의 어려움은 이성교제에서 더욱 두드러진다. 즉 거절받은 내면아이를 지닌 사람은 이성 간에 친밀감을 형성하기가 어렵기 때문에 연애를 못한다. 애인이 없거나 애인이 있을지라도 오래 지속하지 못한다. 결혼을 할지라도 친밀감이 없는 결혼 생활을 할 수 있다. 왜냐하면 이 사람은 친밀감 장애의 문제를 가지고 있기 때문이다. 친밀감 장애는 사람들을 만나고 사귀는 것에 대한 어려움이 있는 상태를 말하는 것으로서 그것은 어려서 거절, 학대, 방임 등과 같은 양육환경을 겪은 사람들에게서 많이 나타난다(Bradshaw, 1990, 17-19). 이런 여러 가지 이유 때문에 거절받은 내면아이를 가진 사람은 직장을 잃고 실직자가 되는 경우가 많다. 이 사람에게 어려운 것은 일과 업무가 아니라 인간관계이다. 인간관계의 어려움 때문에 직장을 떠나게 되는 경우가 많다.

거절받은 내면아이를 지닌 사람은 대화 및 정서적인 상호작용이 단조롭고 상대방의 말과 행동에 대한 반응이 무미건조하다. 상대방과 말을 주고받고 하는 교환의 횟수가 적으며 단회적으로 끝나는 경우가 많다. 대화가 중도에 단절된다. 상대방의 말에 대한 정서적인 반응이 거의 없으며, 상대방의 말과 관련이 없는 말을 하기도 한다. 즉 대화의 흐름이나 문맥에 맞지 않는 말을 할 때도 있다. 또는 상대방이 질문을 할지라도 그 질문에 응답하지 않는 경우도 있다. 그런 자신의 행동이 상대방을 얼마나 불편하게 만들고 있는지를 모른다. 왜 이런 상호작용의 문제가 생기게 된 것일까? 거절이라는 양육환경 때문이다. 거절의 양육환경은 부모와 자녀 사이에 있어야 할 대화와 정서적인 상호작용의 기회를 박탈한다.

거절받은 내면아이를 가진 사람은 인간관계에서 모순적인 양태를 나타낸다. 마음속으로는 몹시 사랑과 친밀감을 경험하고 싶어 하면서도 겉으로는 전혀 그렇지 않은 것처럼 행동한다. 일상적인 삶과 행동에서는 다른 사람들로부터 사랑과 관심을 받는 것에 별로 흥미가 없는 것처럼 보인다. 그러나 무의식의 내면 깊숙한 곳에서는 애정과 용납에 대한 욕구가 매우 크다(Missildine, 1963, 251). 이런 모순된 특성을 지니고 있기 때문에 누군가 자신을 진심으로 이해하고 받아 주었다고 확신하게 되면, 그 사람에게 집착적으로 매달린다. 반복적으로 전화하고, 문자를 보내고, 자기를 만나 달라고 요청한다. 무의식 속에 감추어져 있던 애정과 용납에 대한 욕구가 터진 봇물처럼 넘쳐흐르는 것이다. 그러나 그것은 상대방을 지치고 질리게 함으로써 상대방이 자기를 떠나도록 만드는 원인이 되기도 한다. 이 사람이 겉으로 친밀한 관계를 즐기지 않는 것처럼 행동하는 것은 이유가 있다. 그것은 자신이 상처받지 않기 위해서 자기를 보호하기 위한 방어적인 행동이다. 그런 까닭에 거절받은 내면아이를 가진 사람에게 있어서 친밀감은 가장 원하는 것이지만 동시에 가장 두려워하는 것이 되기도 한다.

거절받은 내면아이를 가진 사람에게는 결핍된 욕구들이 많다. 그중의 하나가 의존욕구이다. 어린아이의 인격적인 특성은 의존성이다. 그것은 어린아이가 살아가기 위한 생존의 수단이 된다. 어린아이는 부모에게 의존함으로써 생존의 보장을 받는다. 어린아이의 생존과 성장을 위해서는 의식주의 안전한 제공과 따뜻한 보살핌이 있는 정서적인 환경이 필요하다. 부모의 관심과 사랑은 자녀가 건강하게 자랄 수 있는 정서적인 환경이 된다. 부모가 자녀에게 그런 환경을 제공하면 자녀의 의존욕구가 충족된다. 의존욕구가 충족되면 자녀는 부모로부터 건강한 분리를 시작한다. 그러나 의존욕구가 충족되지 못하면 건강한 분리과정을 기대할 수 없다. 부모의 거절과 학대와 방임 등은 자녀의 의존욕구를 방치함으로써 의존성 장애의 문제를 남길 수 있다.

…

동백나무(가명)라는 한 여인은 부부 사이에 친밀감이 전혀 없는 결혼 생활을 오랫동안 유지하고 있었다. 그녀의 남편은 성중독자였다. 결혼 후에도 여러 여자를 만났다. 여자들은 모두 그의 섹스 파트너가 되었다. 동백나무는 남편의 그런 행동을 알고 있었다. 동백나무가 알고 있는 여자들만 해도 서너 명은 되었다. 한번은 남편이 다른 여자와 함께 자기 집 침대 위에 누워 있는 것을 목격하기도 했다. 충격이었다. 그러나 그럼에도 불구하고 동백나무는 남편과 헤어지지 못했다. 무엇이 그녀를 그렇게 만들었을까? 동백나무는 남편을 사랑하기 때문이라고 말했다. 그러나 그것은 남편을 사랑했기 때문이 아니라 남편에 대한 의존과 집착 때문이라는 것을 알게 되었다. 그녀는 세 살 때 아버지로부터 버림받았다. 아버지가 다른 여자와 살기 위해서 엄마와 자신을 버리고 집을 나간 것이다. 그 후로 동백나무는 아버지를 만나지 못했다. 그녀는 거절감의 깊은 상처를 가지고 살았다. 그리고 그것은 그녀에게 의존성 장애의 문제를 남겼다. 즉 동백나무는 어린 시절에 아버지로부터 거절을 당하고 아버지와 헤어짐으로써 아버지에 대한 의존욕구가 방치된 것이다. 그녀의 남편이 수차례 외도한 사실을 알면서도 남편과 헤어지지 못한 것은 사랑하기 때문이 아니었다. 버림받는 것에 대한 두려움 때문이었다.

…

거절받은 내면아이를 지닌 사람은 알코올, 마약, 섹스, 도박, 인터넷 게임 등 무엇인가에 중독될 가능성이 있다. 존 브래드쇼는 말하기를, 과거에 부모로부터 버림받은 경험이 있거나 수치감이 내재되어 있는 사람 가운데 중독에 빠지지 않은 사람은 단 한 명도 못 보았다고 했다(Bradshaw, 2005, 130). 왜 그럴까? 그 이유는 몇 가지 측면에서 검토 되어야 한다. 첫째는 앞에서 언급한 것처럼 의존욕구가 결핍되어 있기 때문이다. 의존욕구가 결핍되면 그 욕구를 충족하기 위한 시도를 하게 되는데, 그런 시도의 가장 손쉬운 형태는 무엇인가에 중독되는 것이다. 무엇인가에 중독되어 있는 사람은 자신의 결핍된 의존욕구를 충당하기 위하여 특별한 행동을 하는 것으로 알려져 있다. 그 사람은 스트레스를 받거나 어려움이 있을 때, 그것을 스스로 이겨 내지 못하고 무엇인가에 의존해서 해결하려 한다. 중독은 잠정적으로 스트레스를 해소하는 효과가 있는데, 그것은 중독이 일으키는 환각과 해리현상 때문이다. 그것은 즉각적이며 손쉬운 위안을 제공한다. 이런 즉각적인 위안의 효과 때문에 알코올과 마약과 섹스는 더 없이 좋은 의존대상이 된다. 거절받은 내면아이를 지닌 사람이 무엇인가에 중독될 가능성이 있다는 것은 어린 시절에 결핍된 의존욕구 때문이다. 그것은 어린 시절에 의존했던 부모라는 의존대상을 치환한 결과이다. 부모는 어린 시절의 1차적인 의존대상이었다. 그러나 부모가 어린아이의 의존욕구를 채워 주지 못하면 아이는 다른 의존대상을 찾아 나선다. 술, 마약, 섹스, 도박, 인터넷 게임 등은 2차적인 의존대상이 된다. 즉 부모가 자녀의 의존욕구를 거절하거나 무시하면 중독이 부모를 대신한다. 그러므로 중독은 어린 시절에 자신의 의존욕구를 채워 주지 못한 부모에 대한 치환적 행동이라 할 수 있다.

둘째는 중독이 주는 강렬한 감정경험 때문이다. 알코올이나 마약의 섭취, 또는 섹스 등은 일시적이기는 하지만 짜릿한 쾌감을 느끼게 함으로써 일상적인 삶에서는 맛볼 수 없는 감정을 경험하게 만든다. 그것은 거절받은 내면아이를 지닌 사람에게 매우 자극적이며 유혹적인 경험이다. 왜냐하면 이 사람은 자기 존재감이 부족하며 늘 우울감과 무력감을 느끼고 있기 때문이다. 중독으로 인한 강렬한 감정경험은 자기 존재감을 자극함으로써 우울감과 무력감으로부터 일시적으로 벗어나게 하는 효과가 있다. 존 브래드쇼가 인용한 카프만(G. Kaufman)의 글은 우리의 논의에 도움이 된다. "부모로부터 정서적인 필요를 채우는 것을 배우지 못한 어린 소년은 뭔가 결핍되고 불안정하다고 느낄 때마다 곤경에 처하게 된다. 만약 이때 자위행위가 기분 좋은 느낌의 주요한 자원이 되었다면, 그는 그런 좋은 느낌이 필요할 때마다 자위행위를 할 것이다. 성적인 충동과 전혀 관계가 없는 경우에도 그렇게 할 것이다."(Bradshaw, 2005, 85에서 재인용)

셋째는 중독에서 비롯되는 무시하고 대담해지는 부정 효과 때문이다. 거절받은 내면아이를 지닌 사람은 항상 마음속에서 자신을 거절하는 음성이 들린다. "어쩌다가 네가 생겼는지 몰라. 넌 태어나지 말았어야 해!" "너만 없다면! 너만 없어지면 돼." "누가 널 좋아하겠니? 너는 아무 짝에도 쓸모가 없어." "안 돼! 안 된다고 했지." "말도 안 되는 소리! 그걸 말이라고 하니?" 이것은 어린 시절에 부모로부터 들었던 거절의 말들이 었는데, 이제는 자신의 마음속에 있는 내면부모로부터 그런 말들이 들린다. 그것은 너무나 고통스럽고 괴로운 일이다. 그런데 알코올이나 마약을 섭취하면 내면에서 들려오는 그런 거절의 말들을 무시하거나 부정할 수 있다. 그것은 거절감의 고통에서 벗어나게 해 주는 일시적인 효과가 있다. 미실다인에 따르면 알코올 중독은 과거에 부모로부터 들었던 거절과 부정적인 말들을 무시하게 함으로써 고통스러운 감정을 벗어나게 하는 효과가 있다고 하였다. 따라서 중독 행동은 어린 시절에 부모로부터 거절받았었다는 것을 알려 주는 하나의 증상이 된다고 말할 수 있다(Missildine, 1963, 249).

수철(가명)이는 중학교 2학년이 된 남자아이이다. 그는 게임 중독으로 학교에 가지 않는 날이 많았다. PC방에 가서 게임을 했는데 한번 게임을 시작하면 멈추지를 못했다. 돈이 없어 주인에게 쫓겨날 때까지 게임을 했다. 그는 여러 PC방을 옮겨 다니면서 게임을 했다. 한번은 이틀 동안 아무것도 먹지 않고 게임을 한 적도 있었다. 게임기 사용료를 못 내어 붙잡혀 있기도 했다. 다행히 학교 선생님에게 연락이 되어 선생님이 돈을 내고 데려오기도 했다.

···

수철이의 부모에 대한 이야기를 들었다. 부모는 오래전에 이혼했다. 그 후 수철이는 엄마와 함께 지냈다. 그러나 엄마는 항상 직장과 밖의 일로 분주했기 때문에 수철이는 늘 혼자 지내야 했다. 가끔씩 할머니가 돌봐 주었다. 엄마는 매일 출근하면서 얼마간의 용돈을 주었는데, 수철이는 그 돈으로 게임을 했다. 부모의 이혼은 수철이에게 방임과 거절의 양육환경이 된 것이다. 수철이는 아버지가 엄마와 자신을 버렸다고 생각하였다. 엄마는 수철이를 돌보지 못하는 죄책감을 하루의 용돈으로 대신하였다. 엄마는 항상 밖에 나가 있었기 때문에 수철이의 의존욕구와 정서적인 필요가 채워질 수 없었다. 그것은 수철이가 게임에 중독되는 하나의 이유가 되었다고 할 수 있다.

...

거절받은 내면아이를 지닌 사람에게는 거절에 대한 두려움 외에 또 하나의 핵심감정이 있다. 분노와 적개심이다(Missildine, 1963, 248). 그 분노는 학대받은 내면아이가 지닌 분노에 못지않다. 톰슨 부부는 거절받은 사람의 정서적인 증상을 검토하면서 분노와 적개심을 가장 먼저 언급했다(Thompson & Thompson; 허광일 역, 1993, 129). 거절받은 내면아이는 이렇게 생각한다. "나는 버림받았어. 부모도 날 버렸고 세상도 날 버린 거야. 날 버린 사람들을 가만두지 않을 거야. 복수할 거야!"

분노는 종종 충동조절 장애의 원인이 된다. 충동조절 장애는 자기 자신이나 다른 사람들에게 해가 될 수 있는 행동을 하려는 유혹이나 충동을 스스로 통제하지 못하는 상태를 말한다. 예를 들면, 심한 욕설, 상해적 폭력, 기물파괴, 그리고 병적인 도벽, 방화, 도박 등이 대표적이다. 충동조절 장애가 있는 사람은 그런 파괴적인 행동을 할 때에 여러 감정의 변화를 경험한다. 마음속에 있는 충동을 행동으로 옮기기 전에는 긴장감을 느끼며 정신 신체적으로 각성되어 있다가 충동적인 행동을 할 때에는 쾌감이나 만족감 등을 경험하게 되며, 충동적인 행동을 한 후에는 후회, 죄책감, 자기 비난 등이 뒤따른다. 물론 그런 후회나 죄책감을 느끼지 않는 사람도 있다(American Psychiatric Association; 이근후 외 역, 1994, 785).

충동조절 장애에서 가장 문제가 되는 감정은 분노이다. 즉 충동조절 장애는 분노조절에 장애가 있는 상태라고 볼 수 있다. 분노가 일어날 때에는 걷잡을 수 없이 폭발한다. 그런데 특이한 점이 있다. 분노는 혼자 있을 때보다 다른 사람들이 보고 있을 때 더 쉽게 폭발한다. 분노 폭발의 장소가 개인적 환경이 아니라 사회적 환경이 되는 것이다. 왜 그럴까? 이유는 간단하다. 관심받고 주목받고 싶기 때문이다. 그러나 그런 분노의 폭발은 관심받기 원하는 자신의 목적을 달성하는 데 번번이 실패하게 만든다. 결국 상대방으로부터 제공받는 것은 관심이나 사랑이 아니라 거절의 아픔이다.

충동조절의 문제는 경계성 인격장애를 가진 사람에게서 많이 나타난다. 경계성 인격장애자들은 만성적인 불안과 충동억제의 결여 상태에 있다. 그들은 감정의 기복과 변화가 심하기 때문에 주위 사람들을 당황하게 하고 불편하게 만들고 상처를 받게 한다. 경계성 인격장애의 치료에 공헌한 오토 컨버그(Otto F. Kernberg)에 따르면, 경계성 인격장애자들은 생애 초기 몇 년 사이에 과도한 좌절과 강한 공격을 받는 개인력이 있다는 것이 알려졌다(Clair, 2004, 136에서 재인용). 이런 좌절 경험이 있는 유아는 극도의 분노와 공격성을 느끼게 되고 그것을 부모에게 투사함으로써 자기 자신을 보호하려고 한다. 그 결과, 부모에 대한 왜곡된 표상을 지니게 된다. 부모가 자신을 해칠 수 있는 위협적인 존재로 보이는 것이다. 그리고 부모를 두려워하거나 미워하게 된다. 유아가 오이디푸스 콤플렉스 이전 단계인 2~5세 사이에 강한 분노와 공격성을 경험하게 되면, 유아는 자신의 분노와 두려움을 성적이고 오이디푸스적인 갈망으로 극복하려고 애쓰게 된다. 그것은 경계성 인격장애자들에게서 보이는 난잡한 성생활과 가학적인 행동의 원인이 된다(Clair, 2004, 136).

언급한 것처럼 거절받은 내면아이를 지니고 있는 사람의 핵심감정은 거절에 대한 두려움과 분노이다. 두려움과 분노는 서로 대조가 되는 양가감정으로서 거절받은 상처를 가지고 있는 사람을 이해하는 데 필요한 정서적인 기준이 된다. 톰슨 부부는 거절받은 사람의 특이한 두 가지 행동방식을 지적했다. 그것은 방어와 공격이다(Thompson & Thompson; 허광일 역, 1993, 44-46). 방어행동은 두려움에서 비롯된 것이고 공격행동은 분노에서 비롯된 것이다. 이처럼, 그 사람은 두려움과 분노라는 양가감정을 지니고 있기 때문에 인간관계에서 경험하는 감정도 양가적이다. 즉 사람들을 만날 때 두려워하면서 분노를 느끼고, 분노를 느끼면서 두려워한다. 때로는 두려움과 분노의 감정이 충돌함으로써 아무런 감정도 느끼지 못한다. 이런 상태에 있는 사람을 치유하는 데 필요한 것은 두려움과 분노라는 두 감정을 구별하고 분리하도록 돕는 것이다. 두 감정이 혼합되어 있는 상태에서는 감정의 정화가 이루어질 수 없기 때문이다. 분노의 감정이 건설적으로 해소되지 못하고 억압되면, 그것은 과잉통제와 과잉폭발 사이를 왕래하며 반복 순환된다. 두려움은 분노를 과잉통제 할 수 있는데, 두려움에 의해 과잉통제 된 분노는 그다음 단계에서 통제력을 잃고 폭발할 수 있다. 이것은 분노가 적절한 탈출구를 찾지 못하고 인격의 내부에 갇혀서 팽창된 결과이다(Thompson & Thompson; 허광일 역, 1993, 130).

거절받은 내면아이를 지닌 사람은 사회적인 법과 질서를 위반함으로써 범죄 행동에 연루될 수 있다. 이것은 학대받은 내면아이를 지닌 사람의 행동과 유사하다. 이런 범죄 행동을 하는 정서적인 이유가 있다. 억압된 분노와 복수심 때문이다. 그 사람은 법과 질서를 깨트리고 범죄 행동을 함으로써 과거에 자신을 거절했던 부모에게 복수하는 것이다. 물론 이것은 정당한 행동이 아니다. 복수의 대상이 왜곡되어 있다. 그러나 본인은 자신의 행동이 부모에 대한 복수라는 것을 알지 못한다. 왜냐하면 그것은 무의식적인 복수의 행동이기 때문이다. 그것은 사회적인 법과 질서를 과거에 자신을 거절한 부모로 생각한 결과이다. 언급한 것처럼, 여기서 논의되고 있는 부모는 혈연적인 부모만을 생각하면 안 된다. 자신의 성격 형성과 삶에 영향을 준 보편부모라는 점을 기억해야 한다.

사회적인 법과 질서를 위반하고 파괴하는 행동이 어린 나이에 나타나기도 하는데, 그런 파괴행동이 심각할 때 품행장애(conduct disorder)라는 진단이 내려지기도 한다. 품행장애는 동료나 이웃 등 다른 사람들이 가지고 있는 기본적인 권리를 침해하고, 자기 나이에 지켜야 할 사회적 규범이나 규칙을 위반하는 행동을 지속적이고 반복적으로 하는 경우에 내려지는 진단명이다. 예를 들면, 학교에서 동료를 괴롭히고, 싸움과 도둑질을 하기도 하며, 기물을 파괴하고, 거짓말을 하고, 아동에게 금지된 행동을 하며, 사람만이 아니라 동물에게 신체적으로 가해행동을 하는 것 등이다(American Psychiatric Association; 이근후 외 역, 1994, 122-129). 이런 품행장애는 어린 시절에 부모로부터 돌봄을 받지 못하고 학대나 거절을 받은 자녀들에게 많이 나타나는 것으로 알려져 있다. 다음의 사례는 부모의 거절과 방임 행동이 자녀에게 품행장애를 유발하는 환경적인 원인이 될 수 있다는 것을 말해 준다.

...

진수(가명)는 초등학교 4학년이 된 남자아이다. 진수는 어려서부터 불행한 삶을 살고 있었다. 불행은 부모의 부부싸움에서 시작되었다. 싸움은 하루도 그칠 날이 없었다. 진수는 늘 불안과 공포와 분노 속에서 지내야 했다. 진수의 불행은 엄마가 가출하면서 더 커졌다. 엄마는 아빠의 폭언과 폭행을 견딜 수가 없어서 집을 나갔다. 그것은 결국 이혼으로 끝나고 말았다. 그런 과정에서 진수의 상황은 전혀 고려되지 않았다. 엄마는 쉽게 진수를 포기하고 말았다. 진수는 어느 날 한순간에 엄마를 잃어버린 것이다. 아니 엄마로부터 버림받았다고 해야 한다. 왜냐하면 그는 아무 설명도 없이 그냥 부모가 결정한 상황에 물건처럼 내던져졌기 때문이다. 그의 마음속에는 복잡한 감정들이 섞여 있었다. 그것은 거절감과 분노 그리고 상실감 등이다. 어느 날 갑자기 발생한 엄마의 가출, 그리고 자기의 입장은 전혀 고려되지 아니한 부모의 이혼 결정, 그것은 그가 부모로부터 거절받았다는 아픔을 느끼기에 충분했다. 그런데 더 큰 문제는 아버지의 행동이었다. 엄마의 가출과 이혼에 실망한 아버지는 그 고통을 잊으려고 날마다 술을 마셨다. 진수에게는 전혀 관심이 없었다. 돌봄도 없었고 훈육도 없었다. 폭언과 학대가 있었을 뿐이다. 아버지는 자기 실패감과 무력감에 시달리다가 결국 삶을 비관하고 집을 나가 버렸다. 아버지마저 가출하고 만 것이다. 진수는 다시 한 번 아버지로부터 버림받았다. 나이 많은 고모가 진수를 맡았다. 그러나 고모는 건강과 경제적인 문제 때문에 진수를 양육할 형편이 되지 못했다. 고모는 진수를 고아원으로 보냈다. 진수는 또 한 번 거절을 받은 것이다. 부모가 자기를 버렸고 고모마저 자신을 버렸다고 생각되었다. 진수를 고아원에 보낸 고모는 마음이 편치 않았다. 진수가 너무나 가엽다는 생각이 들었다. 고모가 진수를 다시 데려왔다. 그런데 문제가 있었다. 진수의 행동이 매우 거칠고 폭력적으로 변했기 때문이다. 진수는 반항적이 되었으며, 친구와 동료들을 폭력적으로 괴롭혔다. 때리고 발로 차고 넘어트리고 목을 조르기도 했다. 고모는 여러 번 학교에 불려갔다. 그러나 진수의 폭력은 계속되었다. 진수는 컴퓨터 게임을 즐겼는데, 매우 난폭한 게임을 좋아했다. 총으로 쏴서 사람을 모조리 죽이는 게임이었다. 진수의 행동에 염려스러울 만큼 특이한 모습이 나타났다. 집에서 기르던 병아리를 죽였는데 잔인하게 죽인 것이다. 손으로 눌러 질식시켜 죽였고, 플라스틱 통에 물을 담아 놓고 그 속에 집어넣어 죽였다. 옥상에 올라가서 떨어트려서 죽이기도 했다. 그러나 진수는 어떤 잘못이나 죄책감을 느끼지 못했다. 단지 그 과정을 재미있어 했을 뿐이다.

진수의 행동이 염려스럽다. 심각한 품행장애의 상태에 있기 때문이다. 진수가 품행장애의 문제를 가지게 된 이유는 무엇일까? 여러 가지의 요인과 배경이 논의되어야 할 것이다. 선천적인 요인, 뇌 신경학적인 요인, 사회적 환경의 요인, 교육적 환경의 요인, 폭력 영상물과의 접촉 요인 등이 검토되어야 할 것이다. 그러나 그중에 빼놓을 수 없는 것이 있다. 부모의 양육환경이다. 진수는 거절과 학대와 방임이라는 매우 부정적인 양육환경을 경험했다는 것이 지적되어야 한다. 다행히 진수가 상담을 받을 수 있게 되었다. 치유와 회복이 기대된다.

...

거절받은 내면아이의 아픔과 상처, 그리고 그것으로 인하여 발생된 품행장애가 치유되지 않는다면, 성장하여 반사회성 인격장애(antisocial personality disorder)와 사이코패스(psychopath)가 될 가능성을 염려해 볼 수 있다. 반사회성 인격장애는 타인의 권리를 무시하고 사회적인 규범을 지키지 않음으로써 인간관계와 사회활동에 문제를 유발할 수 있는 사람에게 내려지는 정신의학적인 진단명이다. 그런 장애를 지닌 사람은 자신의 이득과 쾌락을 위해 다른 사람에게 피해를 주거나 상해를 입힐지라도 죄책감을 느끼지 못한다.

사이코패스는 반사회성 인격장애의 경우와 크게 다르지 않다. 사이코패스는 반사회성 인격장애를 지닌 개인에게 붙여지는 이름이라고 할 수 있다. 사이코패스는 독일의 정신의학자 슈나이더(K. Schneider)가 1920년대에 소개한 개념인데, 연구에 따르면 사이코패스들의 뇌 기능이 일반인들과 차이가 있다는 주장이 있다. 그들의 뇌는 일반인의 뇌에 비해 감정을 느끼고 감정에 반응하는 기능이 발달되지 못했거나 망가져 있다는 것이다. 특히 상대방이 나타내는 두려움과 공포 같은 부정적인 감정에 대한 반응이 매우 부족하다는 것이 알려졌다. 데클란 머피(Declan Murphy) 교수를 중심으로 구성된 연구팀은 여섯 명의 사이코패스들과 아홉 명의 일반인들을 대상으로 비교 연구했다. 그들에게 여러 종류의 감정을 담고 있는 사람들의 얼굴 표정을 찍은 사진을 보여 주었다. 그리고 그들의 뇌가 어떻게 반응하는지를 뇌 스캔 조사를 통해서 살펴보았다. 결과는 다음과 같이 나타났다. 즐겁거나 행복한 표정을 나타내는 사진을 볼 때에는 일반인들과 사이코패스들 사이에 별로 차이가 나타나지는 않았다. 즉 사이코패스들의 뇌가 긍정적인 감정에는 상당히 반응한 것이다. 그러나 공포에 떠는 얼굴 표정을 지닌 사진을 볼 때에는 큰 차이가 있었다. 일반인들의 경우 뇌 기능이 훨씬 활성화되고 그 영역이 넓어졌지만 사이코패스들의 뇌는 오히려 뇌 기능의 활동이 축소되었다. 즉 사이코패스들의 경우 공포에 떠는 표정이나 행동에 무감각하고 무반응적이라는 것이 확인된 것이다. 이런 성향은 사이코패스들이 사회적인 범죄에 가담하고 잔인한 행동을 할 수 있는 이유가 된다고 볼 수 있다. 그들은 자신이 범죄 행동을 하는 동안 피해자가 나타내는 공포 감정을 읽어 내는 능력이 매우 부족하다. 또한 자신의 범죄 행동에 대해서 반성을 하거나 죄책감을 느끼는 능력도 결핍되어 있다. 즉 도덕성이 발달되지 못한 것이다. 사이코패스들은 사람의 얼굴 표정만이 아니라 감정이 실린 단어에 반응하는 것도 일반인들의 경우와 다르다는 것이 밝혀졌다. 일반인들은 기쁨, 슬픔, 사랑, 죽음, 공포 등과 같이 감정이 실려 있는 단어에 빠르고 강한 반응을 보인다. 그것은 나무, 돌, 산, 집 등과 같이 감정이 없는 단어에 반응하는 것과 큰 차이가 있다. 그러나 사이코패스들은 두 종류의 단어에 반응하는 속도와 정도에 차이가 없다. 즉 감정 단어에 대한 정서적인 반응이 매우 취약하다. 사이코패스들은 감정에 반응하는 능력이 매우 부족하기 때문에 무표정한 얼굴을 하고 있을 때가 많다. 재미있고 우스운 장면을 보아도 무표정하고, 슬프거나 공포스러운 장면을 보아도 무표정하다. 그들은 다른 사람들의 감정에 반응하는 공감능력도 매우 부족하다. 따라서 다른 사람들이 기뻐하거나 슬퍼하는 모습을 보면 의아해하거나 이해할 수 없다는 반응을 보인다.

지금까지 알려진 바에 의하면, 사이코패스와 같은 사람들이 왜 생기게 되는지 그 이유가 뚜렷하게 밝혀지지는 않았다. 다만, 뇌신경의 문제로 볼 때 선천적인 요인이 거론되고 있을 뿐이다. 그러나 정확한 원인 규명을 위해서는 선천적인 요인만이 아니라 후천적인 요인도 검토되어야 한다. 그리고 후천적인 요인이 검토된다면, 거절이나 학대와 같은 부정적인 양육환경을 빼놓을 수 없을 것이다.

모두를 경악하게 하는 엽기적이고 반인륜적인 살인 사건이 뉴스에 보도되곤 한다. 무차별 살인, 토막 살해와 암매장, 부모를 죽이는 존속 살해 그리고 어린이 성추행 등 많은 사건이 끊이지 않는다. 그런데 이런 끔찍한 사건의 혐의자들이 지닌 공통점이 있다. 그들의 과거가 행복하지 않았다는 점이다. 대개 그들은 학대와 거절과 배신 그리고 상처받은 경험을 가지고 있다. 오래전 불특정 여성들을 20여 명이나 토막 살해하여 암매장했던 한 피의자는 과거에 자신이 좋아했던 어느 여인으로부터 배신과 거절을 당한 아픔이 있었다는 것이 보도되었다. 여중생을 납치하여 성폭행하고 살해한 어느 피의자는 그가 영아기 때에 부모에게 버림받았다는 것이 알려졌다. 그는 길거리에 버려졌는데, 양부모가 버려진 그 아기를 데려다가 양육하였다. 가끔 미국에서 발생되는 총기난사 살해사건의 배후에는 범인이 동료나 자신이 속한 집단으로부터 심한 거절감이나 소외감을 느끼고 있었다는 것이 보도되곤 한다. 그러나 과거에 거절받았거나 상처받았다는 사실 때문에 그들의 범죄 행동에 대한 죄과와 형벌이 경감 되어야 한다는 말은 아니다. 거절, 학대, 방임 등과 같은 양육환경과 사회환경은 개인의 인격형성에 그만큼 부정적인 영향을 주게 된다는 것을 이해해야 한다는 것이다.

거절받은 내면아이를 지닌 사람은 거절에 대한 두려움이 많다. 그런 점에서 사이코패스와 구별된다. 거절받은 내면아이를 지닌 사람은 분노와 두려움 그리고 슬픔과 우울감 같은 부정적인 감정에 익숙하다. 기쁨, 감사, 만족, 행복 같은 긍정적인 감정은 잘 경험하지 못한다. 거절받은 내면아이를 가진 사람은 자주 슬픔에 잠긴다. 슬픔은 자기 연민과 애처로움 그리고 비참함을 느끼게 만드는 감정이다. 슬픔의 원인은 상실과 단절 그리고 거절에 있다. 톰슨 부부는 말하기를, 슬픔은 거절에 대한 정서적인 대치물이라고 했다(Thompson & Thompson; 허광일 역, 1993, 106).

우울감 역시 거절받은 내면아이를 지닌 사람에게서 많이 나타난다. 그 사람은 자주 우울감에 사로잡힌다. 외적으로 뚜렷한 이유가 없다. 비가 와서 우울한 것이 아니다. 친구가 이사를 가서 우울한 것도 아니다. 그런 우울감은 일시적이다. 그러나 거절받은 내면아이를 지닌 사람은 날씨가 맑은 날에도 우울하고, 친구가 곁에 있어도 우울하다. 왜냐하면 그것은 거절받은 내면아이의 인격으로부터 나오는 우울감이기 때문이다. 우울감은 심할 경우에 우울증이라는 정신장애로 발전할 수 있다. DSM-IV와 아론 벡(Aron Beck)의 우울증 검사 설문지에 따르면, 우울증의 증상에는 다음과 같은 것들이 포함된다. 슬픔, 과다 눈물 또는 메마른 눈물, 불행감, 실패감, 절망, 불만, 자기실망, 죄책감, 벌을 받고 있다는 느낌, 자기 증오, 자기 무가치감, 무력감, 자살충동, 신경질, 짜증, 권태, 관심과 흥미의 저하, 우유부단, 의사결정의 어려움, 일과 업무의 수행능력 저하, 피로, 불면 또는 과다 수면, 식욕의 감소 또는 증가, 체중의 감소 또는 증가, 건강문제의 과다 염려, 성생활에 대한 흥미 상실, 사고력과 집중력의 감소 등이다(American Psychiatric Association; 이근후 외 역, 1994, 432-433; Aron Beck의 BDI).

우울은 생명의 약동과 달리 내적으로 무엇인가 죽어 가고 있는 상태라 할 수 있다. 따라서 우울에는 무력감과 무기력이 수반된다. 즉 거절받은 내면아이를 가진 사람은 무력감을 많이 그리고 자주 느낀다. 매사에 열정과 의욕이 없고 내면의 에너지가 바닥난 것처럼 느껴진다. 마치 휘발유가 떨어진 자동차처럼 앞으로 나가지를 못한다. 그 결과, 새로운 일의 시작은 물론 이미 자기에게 주어진 일도 제대로 해내지 못한다. 남자의 경우, 밖에 나가서 활기차게 일을 할 수가 없다. 사회활동과 직장생활에 소극적이다. 하루 종일 집안에 있는 경우가 많으며, 도무지 어떤 일을 하고 싶은 의욕과 열정이 생기지 않는다. 여자의 경우, 아이들을 돌보고 집안 살림을 하는 것이 어렵다. 아이들은 울고 있고, 싱크대 위에는 씻지 않은 그릇들이 수북하게 쌓여 있으며, 벗어 놓은 옷가지들이 여기저기 그대로 흩어져 있다. 자기 자신을 꾸미고 단장할 힘도 없다. 잠옷 바람에 머리가 흐트러진 채로 소파에 누워 TV를 본다. 이처럼 우울감에 빠져서 무기력해지는 증상은 어려서 존재적으로 거절받은 사람에게서 많이 나타난다. 태중 거절은 대표적인 존재적 거절에 해당된다. 부모가 자녀의 임신이나 출산을 후회하고 마지못해 양육하는 것은 자녀를 존재적으로 거절하는 것이다. 존재에 대한 거절은 우울감과 무력감의 뿌리 깊은 원인이 된다고 말할 수 있다.

거절받은 내면아이를 가진 사람은 다른 사람에게 무관심하고 냉담한 반응을 보인다. 톰슨 부부에 따르면, 무관심은 원래 거절과 실패에 대한 경험에서 비롯되는 것이라 하였다(Thompson & Thompson; 허광일 역, 1993, 115). 즉 남에게 무관심한 것은 자신이 거절받았거나 삶에 실패했다는 것을 나타내는 결과적인 반응인 셈이다. 이런 무관심한 태도 때문에 거절받은 내면아이를 가진 사람은 다른 사람들의 입장이나 감정을 이해하고 공감하는 능력이 떨어진다. 다른 사람들이 아파하거나 슬퍼하고 있을지라도 그 감정이 자신에게 전달되지 않는다. 따라서 상대방을 긍휼히 여기는 마음이 생기지 않는다. 이것은 상대방을 배려하고 돌보는 능력이 발달되지 못했다는 것을 의미한다. 사실, 거절받은 내면아이를 가진 사람은 자기 자신을 돌보기도 어려울 만큼 무력감을 느끼고 있기 때문에 다른 사람들을 돌본다는 것을 기대하기는 어렵다. 그래서 다른 사람들의 눈에는 냉정한 사람, 차가운 사람, 눈물도 없는 사람, 바늘로 찔러도 꿈쩍하지 않을 사람처럼 보이기도 한다. 그러나 그 사람의 내면은 우울감과 무력감으로 매우 연약한 상태에 있다는 것을 기억할 필요가 있다.

거절받은 내면아이를 가진 사람은 거절감의 상처 때문에 자신의 복지에 위배되는 모순된 행동을 할 때가 있다. 자신이 불량한 사람들의 이용과 착취의 대상이 되는 것을 허용하는 것이다. 이용과 착취의 대상이 되는 것은 여러 가지의 형태로 나타난다. 금전적인 착취의 대상, 노동력 착취의 대상, 욕구충족을 위한 이용의 대상, 성적인 욕망해소를 위한 이용의 대상, 출세와 성공을 위한 이용의 대상, 위험한 상황을 피하기 위한 이용의 대상 등이다. 거절받은 내면아이를 가지고 있는 사람은 자신이 그런 이용과 착취의 대상이 되고 있다는 것을 알고 있을지라도 단호하게 거절하지 못한다. 싫어하면서도 따라가고, 원하지 않으면서도 '아니요'를 못한다. 왜냐하면 상대방으로부터 거절을 받고 버림을 받는 것이 두렵기 때문이다. 과거의 거절받은 경험이 현재 거절해야 할 자신의 거절 행동을 제한하는 것이다.

미실다인에 따르면, 어린 시절에 심각하게 거절의 아픔을 경험한 사람은 자신을 깔보고 무시하고 학대하는 사람에게 마음이 끌리는 경향이 있다는 것을 알 수 있다. 이상하게도 그런 사람에게 신경이 쓰이고 관심을 갖게 된다는 것이다. 거절받은 사람의 그런 행동은 매우 모순된 행동이기 때문에 다른 사람들의 눈에는 너무나 잘 보인다. 그러나 본인의 눈에는 잘 보이지 않는다(Missildine, 1963, 253). 자기 자신에게는 보이지 않기 때문에 그런 모순된 행동을 지속한다. 결국 다시 거절의 상처를 받게 된다. 왜냐하면 이용과 착취의 대상으로서의 가치가 없다고 판단되면 다시 버림을 받게 되기 때문이다.

사례

...

어린 시절 들국화(가별칭)의 양육환경은 거절과 방임이었다. 들국화는 딸만 여섯 명이 있는 집안에 일곱 번째 딸로 태어났다. 엄마는 아들을 낳지 못한 것에 스스로 실망하여 자녀 낳기를 포기했는데, 임신이 되어 어쩔 수 없이 낳은 것이 또 딸이었다. 엄마는 실망했다. 죄책감을 느꼈다. 왜냐하면 남편은 물론 시어머니와 병석에 누워 있는 시아버지가 너무나 아들 낳기를 기다리고 있었기 때문이었다. 그런데 설상가상으로 들국화가 태어난 지 3일이 되는 날, 할아버지가 돌아가셨다. 엄마는 장례를 치르느라고 몸과 마음이 매우 지쳐 있었다. 갓 태어난 들국화를 돌보는 것이 스트레스가 되었다. 엄마는 누워 있는 들국화를 바라보며 이렇게 말했다. "얘야, 너도 할아버지 따라 (저 세상으로) 가거라." 거절의 말이었다. 들국화는 태어날 때부터 거절받은 것이다. 이런 거절의 양육환경은 들국화가 성장하는 동안에도 달라지지 않았다.

들국화가 세 살인가 네 살 때에 있었던 일이다. 할아버지의 제삿날이었다. 그해 첫눈이 내리던 추운 겨울날 밤이었는데, 어린 들국화가 집에서 보이지 않았다. 집 안 구석구석을 아무리 찾아도 없었다. 어디로 간 것일까? 나중에 이웃집 툇마루 밑에서 발견되었다. 이웃집 주인이 아기의 울음소리를 듣고 찾아낸 것이다. 들국화는 셔츠 위에 윗옷 하나만 걸치고 추위에 떨고 있었다. 들국화는 이 이야기를 엄마로부터 들었다. 할아버지 제사 때마다 귀가 닳도록 들었다고 했다. 들국화는 왜 할아버지 제삿날에 집을 나간 것일까? 우연이라고 해야 할까? 우연일 가능성이 많다. 그러나 들국화의 이야기를 들은 사람들에게는 자연히 연상되는 것이 있을 수밖에 없다. 그것은 우연이라고 하기에는 너무나 석연치 않다. 들국화가 할아버지 제삿날에 집을 나갔다는 말을 들었을 때, 나는 그녀에게 "너도 할아버지 따라서 저 세상으로 가거라."고 했던 엄마의 말이 떠올랐다. 들국화가 집을 나간 것은 엄마의 그 말에 대한 반응 행동이었다고 설명한다면 지나친 것일까? 들국화는 부모가 기대하지 않았던 성별을 가진 딸이라는 이유로 환영받지 못했다.

들국화의 부모는 행복하지 않았다. 부부싸움이 그칠 날이 없었다. 아버지는 늘 술에 취해 있었고 엄마는 술 취한 아버지에게 소리를 지르며 대들었다. 들국화는 엄마의 한숨과 한탄 그리고 아버지를 향한 비난과 욕설을 들으며 자랐다. 항상 불안하고 두려웠다. 부모의 부부갈등은 자녀를 거절할 수 있는 이유가 된다. 왜냐하면 부모는 자녀 때문에 어쩔 수 없이 불행한 결혼 생활을 유지하고 있다고 생각할 수 있기 때문이다. 아버지는 술에 취해 아무것도 제대로 할 수 있는 것이 없었다. 엄마가 집안일은 물론 농사일과 가축 키우는 일을 도맡아 했다. 따라서 엄마는 자녀들을 돌볼 수가 없었다. 자녀들은 방임된 상태에서 지내야 했다. 들국화의 기억 속에 있는 엄마는 차갑고 무섭고 짜증스럽게 화내는 엄마였다. 엄마가 자기에게 따뜻한 말을 하거나 함께 놀아 주었던 기억이 없다. 거친 손으로 맞은 기억만 있다.

엄마가 다시 여덟 번째 딸을 낳았다. 그런데 이상하게도 엄마는 그 막내딸을 예뻐하였다. 막내딸의 생일이 되면 항상 생일 파티를 열어 주었다. 하지만 들국화의 생일 파티는 한 번도 해 주지 않았다. 들국화는 항상 동생이 부러웠다. 엄마의 이런 차별적인 양육이 들국화에게 남긴 것은 거절과 방임으로 인한 아픔이었다. 들국화에게는 잊히지 않는 기억이 있다. 막내 여동생의 생일이었는데, 엄마가 음식을 차려 놓고 동생의 친구들을 불렀다. 들국화도 동생에게 줄 선물을 준비해서 함께 앉아 있었다. 그때 그 장면에 대한 기억이 사라지지 않는다. 깊이 남아 있는 마음의 심상이다. 동생과 자기의 모습이 너무 비교되고 대조되었다. 동생은 공주처럼 앉아 있었고 자기는 꾸어다 놓은 자루처럼 앉아 있었다. 들국화는 동생이 미웠다. 엄마에 대한 미움과 분노를 동생에게 치환한 것이다. 이런 심상적 기억 속에 담겨 있는 들국화의 자기감정은 외로움과 슬픔 그리고 소외감과 우울감이다.

또 하나의 심상적 기억이 있다. 아버지가 술에 취한 모습으로 집에 들어온다. 엄마가 들국화에게 눈짓을 한다. 빨리 아버지를 데리고 방으로 가서 재우라는 사인이다. 엄마는 항상 그 일을 들국화에게 시켰다. 아버지가 들국화를 좋아하기 때문이라고 했다. 그러나 들국화는 그렇게 하는 것이 너무나 싫었다. 긴장되고 불안하고 무서웠기 때문이다. 언제 아버지가 소리를 지르고 야단을 칠지 모른다. 들국화는 조심스럽게 아버지의 옷과 양말을 벗기고 이부자리를 펴고 술 취한 아버지를 그 위에 눕혔다. 들국화는 엄마가 해야 할 일을 대신 한 것이다. 아빠의 아내 역할을 했다. 아빠 역시 들국화를 돌보지 못했다. 들국화가 아빠를 돌보아 주었다.

어린 시절에 들국화는 불면증에 시달렸고 입맛이 까다로워서 편식을 했다. 아침마다 일어나지를 못해 늘 엄마에게 게으르고 느리다는 말을 들었다. 엄마는 욕을 하기도 했다. 들국화는 유난히 부끄러움을 많이 탔다. 초등학교 때 통지표에는 항상 수줍음이 많고 소극적이라는 말이 적혀 있었다. 한번은 외삼촌이 집에 왔는데, 부끄러워서 대문을 열고 들어가지 못했다. 한참 동안 집 밖에 서 있었던 기억이 남아 있다. 담임선생님이 살고 있는 동네를 지날 때면 마주칠까 봐 가슴이 두근거리고 얼굴이 화끈거렸다. 들국화는 의기소침하였고 스스로를 고립시켰다. 사회적인 철수 현상을 보인 것이다. 사람들과 함께 있으면 불안했다. 특히 남자 앞에서는 더욱 그랬다. 학창 시절에 소풍을 가면 친구들과 어울려 놀지 못했다. 늘 혼자 지냈고 모든 일은 혼자 해결해야 한다고 생각했다. 자기를 도와줄 사람은 없다고 느꼈다. 마음이 허전했고, 채워지지 않는 알 수 없는 느낌에 사로잡히곤 했다. 그러나 누군가 어떤 사람이 자기에게 관심을 보였다고 확신하게 되면, 그 사람에게 집착하고 매달렸다. 인정받기 위해 애쓰고 노력했다. 그 결과, 쉽게 이용당하고 유혹당하기도 했다. 그러나 그것은 또 다른 거절의 아픔으로 끝나곤 했다.

들국화는 결혼을 생각하기가 어려웠다. 어떤 남자도 자기의 성격과 비위를 맞추어 줄 수는 없을 거라고 생각했기 때문이다. 그래서 수녀가 되려고 생각한 적도 있었다. 그러던 중에 현재의 남편을 만났다. 남편은 이해심이 많고 착하고 지적인 남자였다. 남편의 관심과 배려에 마음이 끌려 만난 지 두 달만에 결혼했다. 시댁의 반대가 있었지만 가정을 이뤘다. 하지만 결혼 생활이 행복하지 않았다. 남편의 문제 때문이 아니라 들국화 자신의 문제 때문이었다. 들국화는 그런 자기의 문제를 알고 있었고 또 인정하였다. 들국화는 남편에게 많은 것을 기대했고, 남편이 그 기대를 채워 주지 못할 때마다 분노에 찬 원망과 비난의 말을 쏟아 냈다. 그리고 그런 다음엔 항상 자기비난과 죄책감에 시달리곤 했다. 감정의 기복이 심했다. 남편이나 시댁 식구들과 갈등과 충돌이 많았다. 남편이 뭔가 실수를 하면 화가 났다. 그리고 자기를 위해 뭐라고 말을 하거나 충고를 해 주면 과도하게 분노했다. 폭발적이 되었다. 왜냐하면 남편이 자신을 완전히 무시했다고 느껴졌기 때문이다. 아마도 들국화에게는 남편의 충고가 자신을 거절하는 말로 들렸을지 모른다. 거절받은 내면아이를 지닌 사람은 별것 아닌 말에도 상처를 받는다.

정신분석 이론에 따르면, 사람들이 결혼하게 되는 이유와 동기가 있는데, 그것은 어린 시절에 생긴 결핍욕구를 충족하고 과거에 발생한 무의식적인 상처를 치유받기 위해서라고 한다. 배우자가 그렇게 해 주기를 원하는 기대가 있기 때문에 결혼한다는 것이다. 물론 이것은 환상이다. 지나친 기대이며 비현실적인 기대이다. 아마도 들국화의 무의식 속에는 그런 기대와 환상이 있었을지 모른다. 남편은 아내를 사랑했다. 그러나 들국화는 믿지 못했다. 들국화는 여러 번 남편에게 이렇게 물었다. "당신, 나 사랑하지 않지?" 들국화는 남편과 한 공간에 있었지만 친밀감을 느끼지는 못했다. 마음속에서는 친밀감을 경험하고 싶었지만 그녀가 경험한 것은 친밀감이 아니라 외로움과 소외감이었다. 그녀는 남편의 사랑을 의심했으며, 또한 친밀감을 형성할 수 있는 행동을 하지 못했다.

들국화가 임신을 했다. 그러나 반갑지 않았다. 아기를 낳았다. 아들이다. 그러나 기쁘지 않았다. 들국화는 아이에게 젖 주는 것을 싫어했다. 그것은 낯설고 어색하고 불편한 것이었다. 젖을 주고 있으면 이상하게도 자신의 몸에서 어떤 물질이 빠져

나가는 것처럼 느껴졌다. 그래서 두 달만에 억지로 수유를 중단하고 분유를 먹였다. 들국화는 아이를 돌보는 것이 너무 힘들었다. 스트레스가 되고 짜증스러웠다. 아이가 자신의 몸에 손을 대거나 매달리면 회피하고 밀어냈다. 아이를 거절한 것이다. 대신 남편이 아이를 돌봐 주었다. 남편이 우유를 먹이고 기저귀를 갈아 채우고, 아기가 울면 남편이 안아서 재웠다.

들국화는 내가 인도하는 영성치유 수련과 내면치유 수업 과정에 참석했다. 들국화는 자기 안에 거절받은 내면아이와 방임받은 내면아이의 특징들이 거의 다 있는 것 같다고 말했다. 사랑과 관심을 받고 싶은 강한 욕구가 있지만 그런 욕구를 표현하지는 못한다. 항상 거절에 대한 두려움과 소외감이 있으며 쉽게 상처를 받고 사소한 일에도 화를 내며 파괴적인 행동을 한다고 했다. 우울감과 무력감을 자주 느끼며 스스로를 고립시킨다. 자기 존재감이 부족하며 자기표상이 부정적이다. 사람들에 대한 신뢰감이 부족하고 분노조절에 어려움이 있다.

그러나 이제 들국화는 많이 치유되고 회복되었다. 상처 입은 내면부모와 내면아이의 증상들이 완화되었다. 자신의 문제와 그 문제의 원인을 아는 것만큼 변화된 것이다. 어느 날 들국화는 초등학교 2학년이 된 아들이 이렇게 말하는 것을 들었다. 자신이 거절했던 그 아들의 말이다. "엄마, 나 죽고 싶어! 난 아무데도 갈 데가 없어!" 그 말을 듣는 순간 들국화의 마음이 무너지듯 아팠다. 어쩌면 어린 시절에 거절받았던 자기(내면아이)가 자기(내면부모)에게 하는 말로 들렸을지 모른다. 그 후 아들과의 관계가 달라지기 시작했다. 아들이 가엾고 진심으로 아들을 돌봐 주고 싶은 마음이 생겼다. 거절과 방임의 태도가 사라지기 시작했다. 마음 한구석에 있었던 죄책감도 없어졌다. 남편과의 관계에도 변화가 있었다. 들국화는 요즘 남편에게 이렇게 말을 하기도 한다. "여보, 내가 그렇게 좋아?"

새싹(가별칭)은 태어나자마자 부모로부터 버림을 받았다. 그녀는 자신의 엄마와 아버지가 누군지 모른다. 새싹은 자신의 출생에 대해 이렇게 알고 있다. 엄마가 결혼 전에 한 남자를 만났는데 그 남자와의 사이에서 아이가 생겼다. 엄마는 그 남자와 헤어진 후에 자신이 임신했다는 사실을 알게 되었다. 원치 않는 임신이었다. 그렇게 임신된 아이가 새싹이다. 새싹은 모태에서부터 거절받은 것이다. 엄마가 새싹을 낳았다. 엄마는 미혼모가 되었다는 것 때문에 수치감과 부담감을 느꼈다. 아이를 키울 자신이 없었다. 자신을 두고 떠나 버린 남자에 대한 분노가 치솟았다. 그 남자의 핏줄을 양육하고 싶지 않다는 생각이 들었다. 엄마는 이제 겨우 탯줄을 자른 핏덩이인 새싹을 헝겊에 싸서 들고 밖으로 나갔다. 그리고 어느 교회의 정문 앞에 그 핏덩이를 놓고 달아났다. 잘 키워 달라는 쪽지를 남겼다. 새싹은 엄마에게 버림을 받았다.

신생아의 울음소리가 들렸다. 목사님이 울고 있는 아기를 발견했다. 목사님은 그 아기를 안고 고아원으로 갔다. 이렇게 해서 새싹은 고아원에서 자라게 된다. 아동기와 청소년기를 고아원에서 보냈다. 고아원에서의 삶은 어둡고 칙칙하고 답답하였다. 군대처럼 억압적이었고 규율에 따르는 단체생활을 해야 했다. 규율을 어기면 가혹하게 처벌을 받았다. 가족같이 따뜻한 고아원도 있다. 그러나 새싹이 그 고아원에서 경험한 것은 결핍과 방임 그리고 강압과 거절이었다. 그녀는 고아원이 싫었다. 그곳을 빨리 떠나고 싶었다.

새싹은 기회가 주어지는 대로 틈을 내서 공부를 하였다. 그리고 초등학교 선생이 된다. 그러나 늘 좋은 선생이 못 된다는 자괴감에 시달렸다. 왜냐하면 학생들을 진심으로 사랑할 수 없었기 때문이다. 마음속에 그들을 수용할 공간이 없었다. 학생들에게 소리를 지르고 화를 냈으며 따뜻한 말이나 칭찬을 해 주지 못했다. 새싹은 자신이 거절받은 것처럼 학생들을 거절하고 있었다. 새싹은 교회를 다녔다. 그러나 교회 생활이 즐겁지 않았다. 교인들과 잘 어울리지 못했으며 쉽게 상처를 받았다. 새싹은 사람들에게 여러 번 이용을 당했다. 부당한 일이었다. 그러나 그럼에도 불구하고 단호하게 자신의 입장과 감정을 표현하지는 못했다. 새싹은 사람들에 대한 불신과 의심이 많았다. 주위에 아무도 믿을 수 있는 사람이 없다고 생각했다.

새싹과 함께한 치유의 시간이었다. 그녀의 떨리던 목소리가 통곡으로 바뀌었다. 얼마 동안이나 울었을까? 한참만에 울음을 그친 새싹은 이렇게 말했다. "난 외로워서 우는 게 아니에요. 화가 나서 우는 거예요." "불공평해, 너무 불공평해!" "난 믿을 수가 없어. 아무도 믿을 수가 없어! 부모도 날 버렸는데 누굴 믿어! 하나님이 원망스러워!" 새싹의 분노와 불신의 상처가 너무나 깊다. 새싹이 외롭지 않은 것은 아니다. 방임되고 거절받은 내면아이의 주된 정서 중의 하나는 외로움이다. 그러나 그 순간 새싹은 자기 안에 억압되어 있던 강한 분노를 만났다. 외로움이 그 분노에게 감정의 통로를 양보한 것이다. 분노가 어느 정도 빠져나갔을 때, 새싹은 울면서 이렇게 말했다. "죽고 싶어! 어떻게 해? 나 어떻게 해?" 거절감의 상처가 새싹으로부터 삶의 희망과 에너지를 빼앗아 버렸다는 것을 알 수 있었다. 거절받은 내면아이의 절규였다. 하지만 그것은 동시에 치유의 시간이기도 하다. 왜냐하면 그것은 새싹이 내면 깊숙이 자리 잡고 있었던 자신의 상처받은 내면아이를 만난 것이기 때문이다. 나는 방석을 접어 새싹에게 주며 말했다. "버림을 받고 상처를 입은 새싹의 어린아이예요. 안아 주시겠어요?" 새싹은 용기를 내었다. 두 손을 내밀어 가슴에 끌어안았다. 자신의 거절받은 내면아이를 안은 것이다.

...

🌱 거절과 결혼

의미상으로 볼 때, 거절과 결혼은 양립될 수 없는 개념이다. 왜냐하면 결혼은 연합과 하나 됨의 의미를 지닌 행동이지만 거절은 상대방의 존재를 부정함으로써 관계의 단절을 나타내는 행동이기 때문이다. 그러므로 거절의 상처를 그대로 지닌 채 결혼을 한다면 부부 사이에 갈등과 위기를 피할 수 없다(Missildine, 1963, 252). 언급한 것처럼, 어린 시절을 거절의 양육환경 속에서 자란 사람의 마음 안에는 거절하는 내면부모와 거절받은 내면아이라는 두 인격이 형성된다. 두 인격은 한 사람의 내면에서 서로 충돌하고 대치됨으로써 내적 혼란을 일으킬 뿐만 아니라 배우자와의 관계에서도 갈등을 초래한다. 부부 사이가 좋고 삶이 잘 통제되어 마음이 평안할 때는 문제가 발생하지 않는다. 그러나 부부 사이에 갈등이 있거나 일이 꼬여 스트레스를 받게 되면 문제가 생긴다. 상처받은 내면부모와 내면아이가 전면으로 등장하여 인격 전체를 지배한다. 거절하는 내면부모는 부모가 자기를 거절했던 것처럼 배우자를 거절하고, 거절받은 내면아이는 자기가 거절을 받았던 것처럼 배우자와의 관계에서 거절의 아픔을 경험한다. 즉 배우자의 행동에 관계없이 자기가 거절받았다고 느끼는 것이다.

대부분의 부부관계는 역할상, 내면부모와 내면아이 중 하나로 고정되는 것이 보통이다. 왜냐하면 그것은 매일 반복되는 습관적인 관계이기 때문이다. 반복과 습관에 따라 부부는 각각 내면부모의 역할에 익숙해지거나 내면아이의 역할에 익숙해진다. 즉 어린 시절에 거절의 환경 속에서 자란 사람이 성장하여 결혼을 하게 되면, 그 사람은 부부관계에서 거절하는 내면부모의 역할로 고정될 수도 있고, 거절받은 내면아이의 역할로 고정될 수도 있다. 이처럼 부부의 역할이 하나로 고정되는 데 영향을 미치는 요인들이 있다. 그것은 남자와 여자의 역할에 대한 사회 문화적인 이해와 관습, 부부 두 사람의 성격과 심리상태, 그리고 자신의 내면부모와 내면아이가 상처받은 정도 등에 의해 영향을 받는다고 할 수 있다. 그러나 하나의 역할로 고정되지 않고 두 가지의 역할이 중복적으로 반복되는 경우도 많다. 즉 어떤 때는 거절하는 내면부모가 되어 배우자를 거절하기도 하고, 또 어떤 때는 거절받은 내면아이가 되어 배우자로부터 거절을 받았다고 느끼기도 한다. 이런 두 가지 역할의 반복은 부부의 관계를 더욱 혼란스럽게 만드는 원인이 된다.

한 사람의 인격 안에서 거절하는 내면부모가 전체 인격을 지배하고 있다면, 부부관계는 어떻게 될까? 거절하는 내면부모의 지배를 받고 있는 배우자는 상대방의 존재와 욕구를 거절함으로써 상대방에게 상처를 줄 수 있다. 상대방을 거절하는 것은 심리적인 거절, 언어적인 거절, 신체적인 거절 등 다양한 형태로 나타난다. 심리적인 거절은 마음에서 상대방을 부정하고 밀어내는 것이다. 마음속에 남편이나 아내를 받아들일 수 있는 따뜻한 공간이 없다. 물리적으로는 한 공간에 있지만 마음속에서는 분리와 단절을 느낀다. 특히 부부 사이에 갈등이나 충돌이 생기면 너무 쉽게 부부관계를 포기한다. 쉽게 이혼을 생각하기도 한다. 이혼은 상대방을 심리적으로만이 아니라 물리적으로 거절하는 행동이다. 그러나 이혼은 상대방을 거절하는 것인 동시에 자기 자신, 즉 자신의 내면아이를 고립시키는 자기 거절의 행동이 되기도 한다. 상대방을 거절하는 것은 자기를 거절하는 것이다.

언어적인 거절은 언어를 통해서 배우자를 거절하는 것이다. 언어적인 거절에는 욕구를 거절하는 말도 있고, 관계나 존재를 거절하는 말도 있다. "안 돼! 그만해요! 조용히 해! 그걸 말이라고 해? 당신이 참아요!" "난 못 해요. 안 해요. 괜한 욕심 부리지 말아요. 당장 그만둬요!"와 같은 말들은 욕구를 거절하는 말이다. "난 당신한테 통 정이 안 붙어. 남 같아! 우린 잘못 만났어." "난 당신이 싫어요. 내 곁에 오지 말아요. 난 당신을 못 믿어요." "이젠 갈라서고 싶어. 끝내자!"와 같은 말들은 관계나 존재를 거절하는 말이다. 거절하는 내면부모가 작동되면 부부는 이처럼 거절의 언어를 사용하게 된다.

신체적인 거절은 얼굴 표정이나 행동을 통해서 배우자를 거절하는 것이다. 시선, 손동작, 자세 그리고 행동을 통해서 배우자를 거절한다. 다음은 신체적인 거절의 행동들이다. 상대방의 눈을 피하거나 외면한다. 상대방이 말해도 듣지 않는다. 상대방이 물어보아도 대답하지 않는다. 상대방이 방에 들어오면 일어나서 나간다. 상대방과 몸이 닿으면 피하거나 밀어낸다. 침대에서 등을 돌려 대거나 아예 다른 방에 가서 잠을 잔다. 함께 식탁에 앉지 않는다. 물론 이런 행동들이 모두 거절하는 내면부모 때문이라고 말할 수는 없다. 또한 거절하는 내면부모를 지니고 있을지라도 항상 이런 부부관계를 갖는 것은 아니다. 부부 사이에 갈등이 생기거나 스트레스를 받을 경우에 나타날 수 있는 행동들이다.

한 사람의 인격 안에서 거절받은 내면아이가 주도적으로 작동하고 있다면 부부관계에 어떤 영향을 미치게 될까? 많은 문제가 발생될 수 있다. 우선 배우자를 만나고 선택하는 데 어려움이 있다. 그 어려움은 양극단적인 형태로 나타난다. 즉 배우자를 만나는 데 있어서 회피적이 되든가 아니면 너무 즉흥적인 결정을 할 수 있다는 것이다. 회피적이 되는 이유는 거절에 대한 두려움과 불신 때문이다. 즉 거절감을 느끼지 않기 위해서 아예 이성과의 만남 자체를 회피한다. 그러나 반대로 배우자를 선택하는 데 있어서 신중하지 못하고 즉흥적으로 결정할 수도 있는데, 그 이유는 사랑과 용납에 대한 욕구가 너무 크기 때문이다(Missildine, 1963, 251). 배고픈 사람이 허기진 배를 채우듯이 자신의 결핍된 욕구를 채우기 위해 쉽게 결혼을 결정한다. 그것은 종종 불행한 결혼 생활의 원인이 된다.

거절받은 내면아이를 가진 사람은 무분별한 성적 접촉을 가짐으로써 결혼 생활에 위기를 초래할 수 있다. 그것은 외도와 불륜의 원인이 되기도 한다. 왜 그럴까? 심리적인 이유가 검토되어야 한다. 섹스를 하는 동안에는 일시적이기는 하지만 자신이 거절을 받지 않고 용납되고 있다는 긍정적인 경험을 할 수 있기 때문이다. 그 사람의 핵심문제는 거절감이다. 항상 거절을 받을지도 모른다는 두려움을 가지고 살았다. 그러나 섹스를 하는 동안에는 그런 두려움에서 벗어날 수가 있다. 파트너의 반응과 행동에 따라 그런 효과는 더 강화될 수 있다. 또한 섹스의 강렬한 느낌으로 말미암아 자신이 살아 있다는 자기 존재감을 경험할 수 있게 되기 때문이다. 그것은 지속적이지는 않지만 자신의 주된 정서였던 우울감과 무력감에서 일시적으로 벗어나게 하는 효과가 있다.

거절받은 내면아이의 지배를 받고 있는 사람은 학대받은 내면아이의 지배를 받는 사람처럼 배우자를 만날 때 서로 대립되는 양가적인 감정을 느낀다. 양가적인 감정은 두려움과 분노이다. 두려움과 분노는 거절받은 내면아이가 지니고 있는 핵심감정이다. 따라서 이 사람은 배우자와 함께 있을 때 두려워하면서 분노를 느끼고, 분노를 느끼면서 두려워한다. 그런 양가적인 감정의 동기는 자기 안에 있는 거절감의 상처 때문이다. 배우자가 자신을 버리고 떠날지도 모른다는 생각 때문에 두려워하고, 또한 그런 배우자의 행동을 용납할 수 없기 때문에 분노한다. 이 사람의 분노는 폭발적으로 나타나기도 하는데 그것은 배우자에게 깊은 상처를 입힌다. 그러나 그런 분노의 뿌리가 거절받은 자기 상처에 있다는 것을 모른다. 상대방이 잘못을 했기 때문에 화가 난 것이라고 생각한다. 그러나 배우자에 대한 분노는 과거에 자신을 거절했던 부모에게 느꼈던 억압된 분노의 치환일 뿐이다. 부모에 대한 분노를 배우자에게 전이한 것이다. 이것은 그 사람의 무의식(내면아이)이 배우자를 부모로 인지왜곡한 결과이다. 부부가 갈등을 겪거나 스트레스를 받으면 부부는 상대방을 어린 시절에 자신에게 스트레스를 주었던 부모로 잘못 생각하게 되는 경향이 있다. 그렇게 생각함으로써 과거에 부모로부터 받은 상처의 아픔을 배우자에게 치환적으로 복수한다. 이것은 거절받은 내면아이의 주된 행동방식 중의 하나이다. 거절받은 내면아이를 가진 사람이 배우자를 통해서 부모에게 복수하는 가장 흔한 방식은 배우자를 거절하는 것이다. 이것은 내면아이의 분노와 내면부모의 거절 행동이 연합되어 나타나는 행동이라 할 수 있다. 거절받은 내면아이가 분노를 느끼면 그 분노가 거절하는 내면부모에게 전달되어 배우자를 거절하는 것이다. 그 결과, 거절받은 내면아이는 자신이 과거에 거절을 받았던 것처럼 배우자를 거절받은 사람으로 만든다.

거절받은 내면아이가 전체 인격을 지배하고 있는 경우 배우자에 대한 지나친 기대와 집착과 의존이 나타날 수 있다. 배우자가 자신을 사랑하고 돌보고 용납해 주기를 기대하고 요구한다. 그 기대와 요구는 자신이 과거에 거절받은 아픔을 보상할 수 있을 정도의 것이기 때문에 매우 비현실적이다. 그것은 상대방에게 불가능할 정도로 이상적인 부모가 되어 주기를 기대하는 것과 같다. 미실다인은 이렇게 기록했다. "어린 시절에 거절의 아픔을 겪은 사람은 사랑과 인정을 받는 것이 절실하게 필요하고 또한 어떠한 사랑의 제안도 진지하게 받아들일 수 있는 능력이 없기 때문에 만족스러운 성생활과 결혼 생활을 유지하는 데 큰 어려움을 느낀다."(Missildine, 1963, 252) 어떤 배우자도 거절받은 내면아이가 지니고 있는 비현실적인 기대와 욕구를 충족시켜 줄 수는 없다. 그 결과, 거절받은 내면아이를 가지고 있는 사람은 자신을 향한 배우자의 사랑과 관심이 항상 부족하게 느껴진다. 그 부족감은 종종 그 사람의 핵심문제인 거절감을 자극함으로써 배우자로부터 거절을 받았다고 느끼도록 만든다.

거절받은 내면아이를 지니고 있는 사람은 대화 및 정서적인 상호작용의 능력이 부족하기 때문에 결혼 생활이 무미건조하고 부부 사이에 친밀감을 경험하는 것이 어렵다. 또한 자신의 감정을 느끼고 표현하는 데 익숙하지 않고 배우자의 감정을 함께 느끼는 공감능력도 부족하기 때문에 차갑고 냉정한 사람으로 보일 수 있다. 배우자는 그 사람을 바라볼 때 이런 생각을 하게 된다. "왜 저렇게 입을 다물고 있을까? 왜 저렇게 얼굴이 무표정할까? 왜 감정을 표현하지 않을까? 답답하네." "어떻게 이처럼 냉정할 수가 있을까? 무관심할 수가 있을까? 내 마음을 몰라 줄 수가 있을까?"

뿐만 아니라 거절받은 내면아이를 지닌 사람은 배우자의 사소한 말에 쉽게 상처를 받는다. 다른 사람이라면 얼마든지 그냥 넘어갈 수 있는 말이나 행동임에도 불구하고 마치 잘못 먹은 음식처럼 마음속에 걸려 괴로워한다. 왜 그럴까? 배우자의 말과 행동을 자신이 지니고 있는 거절감의 렌즈를 통해 바라보고 있기 때문이다. 미실다인의 부부 상담에 나오는 비비안의 경우가 대표적인 사례라 할 수 있다. 비비안은 성장과정에서 거절의 상처를 받았다. 그녀의 상처는 부부관계에 영향을 미치고 있었다. 그녀는 남편의 사소한 말에도 상처를 받고 분노했다. 예를 들어, 남편이 그녀에게 스타일을 내기 위해 만들어 놓은 스타킹의 뒷선이 구부러졌다고 하거나 오늘 수프가 조금 짜다고 말하면 그녀는 즉시 감정이 상해서 화를 냈다. 친구의 집에서 친구의 아내가 해 준 음식을 맛있게 먹었다고 말하면 그녀는 이내 토라지거나 화난 표정을 지었다. 왜냐하면 그녀에게는 그 모든 말이 자신에 대한 비난과 거절의 말로 들렸기 때문이다. 비비안은 상처를 받으면 말을 중단하고 입을 다물어 버린다. 그리고 불쑥 일어나 밖으로 나간다. 화가 풀릴 때까지 돌아오지 않는다. 남편은 비비안처럼 쉽게 상처를 받고 화를 잘 내는 사람을 본적이 없다고 말했다. 비비안이 상처를 받고 화가 났을 때, 그녀의 분노를 진정시키기 위해서 그녀의 남편이 할 수 있는 것은 두 가지뿐이었다. 하나는 키스와 성행위이고 다른 하나는 무릎을 꿇고 손바닥을 비비면서 잘못했다고 말하는 것이다. 비비안이 남편에게 원하는 것은 항상 백퍼센트의 칭찬과 찬사의 말이었다(Missildine, 1963, 253).

거절받은 내면아이를 지닌 사람은 배우자의 사소한 말과 행동에도 쉽게 상처를 받게 될 뿐만 아니라 상처받지 않기 위하여 배우자를 조정하고 통제하기 위해 노력한다. 조정은 자신의 내적인 동기와 욕구를 감추고 있다는 점에서 정직하지 않은 행동이다 (Thompson & Thompson; 허광일 역, 1993, 143). 자신이 상처받지 않기 위해서 배우자를 조정하고 통제하는 방식은 여러 가지의 모습으로 나타난다. 예를 들어, 무시하기, 반응하지 않기, 말하지 않기, 밥 안 먹기, 화내기, 소리 지르기, 슬픈 표정 짓기, 침대에 눕기, 미소 짓기 또는 미소 짓지 않기, 친절을 베풀기 또는 베풀지 않기, 어제와 다르게 행동하기 등이다. 이런 모든 행동의 동기는 자신이 더 이상 상처받지 않으려는 데 있다.

거절받은 내면아이를 지닌 사람은 배우자에 대한 의심과 불신이 많다. 자신을 좋아하고 사랑한다는 배우자의 말이 잘 믿어지지 않는다. 따라서 배우자의 말과 행동의 진정성을 의심한다. 배우자가 마음에도 없는 말을 하고 있다고 생각하며 밖에서 다른 이성을 만나고 있을지도 모른다고 의심을 하기도 한다. 이것은 의처증과 의부증의 원인이 된다. 이 사람은 증거가 될 만한 아무런 단서가 없음에도 불구하고 배우자의 불륜 행동을 의심한다. 이런 의심과 불신은 상상 속에서 강화되어 그것이 사실이라고까지 믿게 된다. 그러면 배우자에게 심한 욕설이나 폭력을 행사하기도 한다(Thompson & Thompson; 허광일 역, 1993, 140). 왜 그럴까? 역시 거절감의 상처 때문이다. 알려진 바에 따르면, 의처증이나 의부증이 있는 사람은 마음속에서 항상 배우자가 자신을 버리고 떠나갈지도 모른다는 불안과 두려움을 지울 수 없다고 한다.

배우자에 대한 의심과 불신은 부부관계의 양식을 일정한 방식으로 구조화하는데, 그것은 파괴적인 관계로 나타난다. 부부 사이에 갈등이 생기면 거절받은 내면아이를 지닌 사람은 배우자로부터 거절받는 것에 대한 두려움을 느낀다. 그 사람의 핵심문제인 거절감이 작동되었기 때문이다. 거절감의 작동은 즉시 배우자의 말과 행동을 의심하도록 만든다. 그리고 의심은 종종 배우자의 말과 행동의 진정성을 알아보기 위한 시험 행동으로 이어진다. 그러나 그 시험 행동은 종종 배우자에 의해 발각됨으로써 배우자의 분노를 유발한다. 그 결과, 부부의 갈등과 불화는 위험수준에 도달한다. 이렇게 되면 거절받은 내면아이를 가진 사람은 배우자의 말과 행동이 거짓이었다고 확신하며 자신은 또 한 번 거절을 받았다고 느끼게 된다. 즉 자기행동의 출발점이었던 거절감의 자리로 되돌아가는 것이다.

거절받은 내면아이를 지닌 사람, 특히 여성의 경우에, 이상하게도 자신을 무시하고 거절하며 무례하고 난폭하게 대하는 남자에게 마음이 끌리는 경향이 있다(Missildine, 1963, 253). 왜 그럴까? 다음과 같은 추론이 가능하다. 거절이라는 환경이 그녀가 어려서부터 경험한 익숙한 환경이기 때문이다. 사람은 좋은 것을 추구하기보다 나쁠지라도 익숙한 것을 추구하는 경향이 있다. 미실다인은 기록하기를, 거절받은 내면아이를 지닌 사람은 자신이 어린 시절에 거절을 받았던 상황을 부부관계에서 재현한다고 했다(Missildine, 1963, 253-254). 즉 거절받은 내면아이를 지닌 사람은 학대받은 내면아이를 가진 사람처럼, 피학적인 태도가 형성될 수 있다는 것이다. 즉 자신이 거절받고 학대받을 때에 오히려 안심이 되거나 불안을 덜 느끼게 된다. 이런 경향은 거절받은 내면아이를 지닌 사람이 자신을 거절하거나 학대하는 사람에게 매력을 느끼게 되는 원인이 된다. 뿐만 아니라 자신을 거절하고 학대하는 배우자를 떠나지 못함으로써 가정 폭력이 지속되는 원인이 되기도 한다.

🐌 거절과 인격장애

인격장애는 환경을 인지하거나 환경에 반응하는 데 유연하지 못하며 개인이 속한 사회의 문화적 관습이나 기대로부터 많이 벗어난 행동을 하는 사람에게 내려지는 정신장애의 진단명이다. 인격장애가 있는 사람은 인지, 정동, 대인관계, 충동조절 등의 영역에서 어려움을 느낀다. 그런 어려움이 개인생활과 사회생활 전반에 걸쳐서 고정된 행동양식으로 지속적으로 나타난다. 그러나 사람들 중에는 인격장애라고 진단이 내려질 만큼 심각한 증상을 나타내는 사람들도 있지만 그렇게 심각하지 않고 어느 정도의 그런 증상을 보이는 사람들도 있다. 후자에 해당되는 사람들은 인격장애라는 용어 대신 인격성향이라는 말을 사용할 수 있을 것이다.

거절의 양육환경과 인격장애 또는 인격성향 사이에는 어떤 연관성이 있을까? 아동기에 부모로부터 거절받은 사람의 내면에는 거절하는 내면부모와 거절받은 내면아이라는 두 인격이 형성된다. 이것은 모두 건강하지 못한 내면의 인격이다. 이런 인격을 지닌 사람에게는 어떤 인격장애들이 나타날 수 있을까? 몇 가지의 인격장애들을 생각해 볼 수 있다. 조현성(분열성) 인격장애(schizoid personality disorder), 회피성 인격장애(avoidant personality disorder), 반사회성 인격장애(antisocial personality isorder), 경계성 인격장애(borderline personality disorder) 등에 관련된 증상들이 집중적으로 또는 부분적으로 나타날 수 있다. 거절의 환경은 학대의 환경처럼 여러 가지의 정신장애가 나타날 수 있는 상처와 정신병리의 온상이다.

조현성(분열성) 인격장애는 조현형(분열형) 인격장애와 구별된다. 조현형 인격장애는 망상과 환각 그리고 독특한 언어를 사용하는 등 조현병적인 증상을 보인다. 지각과 인지의 왜곡이 많고 시각과 청각적인 환각이 나타난다. 현실적인 삶에서 스트레스를 받거나 고통을 느끼게 되면 망상의 세계로 도피한다. 즉 망상이 불안에 대한 방어로 사용된다. 그러나 조현성 인격장애에는 망상이나 환각 같은 조현병적인 증상이 나타나지 않는다. 조현성 인격장애는 인간관계와 사회활동으로부터 철수되고 고립되며 감정 표현이 매우 제한적인 사람에게 내려지는 진단명이다. 조현성 인격장애를 지닌 사람은 다른 사람들과 친밀한 관계를 맺지 못할 뿐만 아니라 그런 관계를 즐기지도 않는다. 따라서 늘 혼자 지내는 것이 특징이다. 가족 외에 마음을 털어놓을 수 있는 가까운 친구가 없다. 그러나 대인관계 기술이 전혀 없는 것은 아니다. 다만, 혼자 있고 혼자 일하는 것을 선호할 뿐이다. 특히 감정을 느끼고 표현하는 것이 매우 제한적이기 때문에 정서적인 상호작용에 문제가 있다. 다른 사람의 말과 행동에 대해서 무감각하거나 정서적으로 반응하지 않는다. 이런 증상들은 거절받은 내면아이를 지닌 사람의 행동 특성들과 유사하다. 조현성 인격장애를 지닌 사람은 다음과 같은 인지도식을 가지고 있다. "왜 내가 다른 사람과 친해져야 하는가? 그것은 별로 중요한 것이 아니다. 나의 가장 친한 친구는 나 자신일 뿐이다. 다른 사람들이 무슨 말을 하든지 나는 상관하지 않을 것이다."(원호택, 2003, 357) DSM-5에 따른 조현성 인격장애의 진단기준은 다음과 같다(American Psychiatric Association; 권준수 외 역, 2015).

〈조현성(분열성) 인격장애 진단기준〉

다양한 형태의 사회적 유대로부터 반복적으로 유리되고, 대인관계에서 제한된 범위의 감정 표현이 전반적으로 나타나며, 이러한 양상이 성인기 초기에 시작되며 여러 상황에서 나타나고 다음 중 네 가지 이상에 해당될 때 조현성 성격장애로 진단한다.

1. 가족과의 관계를 포함해서 친밀한 관계를 바라지 않고 즐기지도 않음
2. 항상 혼자서 하는 행위를 선택함
3. 다른 사람과의 성적 경험에 대한 관심이 거의 없음
4. 거의 모든 분야에서 즐거움을 취하려 하지 않음
5. 일차 친족 이외의 친한 친구가 없음
6. 다른 사람의 칭찬이나 비난에 무관심함
7. 감정적 냉담, 유리 혹은 단조로운 정동의 표현을 보임

회피성 인격장애의 주요 증상은 대인관계 및 사회 활동을 피하고 자신이 부정적으로 평가받는 것에 대해서 과민한 반응을 보이는 것이다. 비난과 꾸중 또는 거절받는 것이 두렵기 때문에 사람들과의 접촉을 제한한다. 자신이 상대방에게 호감을 주고 있다는 확신이 서지 않으면 만나지 않고 항상 버림을 받을지도 모른다는 생각에 시달린다. 사회적 환경에 적응하는 것이 어려우며 자신이 매력이 없거나 열등하다고 느낀다. 회피성 인격장애를 지닌 사람이 대인관계를 꺼리고 사회적인 철수 현상을 보이는 중요한 이유 중의 하나는 거절에 대한 두려움 때문이다. 이것은 거절받은 내면아이의 핵심문제이다. DSM-5에 수록되어 있는 회피성 인격장애의 진단기준은 앞에 기록한 '방임과 인격장애' 부분을 참고하기 바란다.

반사회성 인격장애의 중요한 특징은 이기적이고 비도덕적이며 무책임한 행동을 충동적으로 그리고 지속적으로 하는 것이다. 반사회성 인격장애를 가진 사람은 자신의 만족과 쾌락을 위해 다른 사람들의 권리를 무시하고 침해한다. 돈, 섹스, 권력 등에 대한 자기욕구를 채우기 위해서 다른 사람들을 속이거나 조정하기도 한다. 이런 비도덕적인 행동은 사회적인 법과 질서를 위반함으로써 형사적인 처벌을 받게 되는 경우도 있다. 이 사람은 충동적이기 때문에 자신과 타인의 안전을 무시한 채 위험하고 무모한

행동을 하기도 한다. 예를 들면, 과음이나 과속운전 또는 폭력적인 싸움에 휘말리는 것 등이다. 반사회성 인격장애가 있는 사람은 다른 사람들의 감정을 함께 느끼는 공감능력이 결여되어 있기 때문에 냉담하고 냉소적으로 보인다. 때로는 오만하고 잘난 체하려는 태도 때문에 일상적인 대화에서 전문용어를 사용하는 등 그럴싸하게 말한다. 반사회성 인격장애의 특징은 무책임성이다. 가족을 부양하고 자녀를 양육하는 데 무책임하다. 현실적인 계획도 없이 직장을 그만둠으로써 가족을 곤경에 빠트리고 자녀를 방치하기도 한다. 이런 무책임성은 채무의 불이행, 여러 명의 성적 파트너를 만나는 불륜관계 등으로 나타나기도 한다. 그러나 무엇보다도 두드러진 것은 그렇게 부당한 행동을 할지라도 죄책감을 느끼지 않는다는 것이다. 오히려 자신의 행동을 그럴듯하게 합리화한다. 이런 반사회성 인격장애의 증상들은 거절받은 내면아이의 행동특성에서도 일부 발견된다. DSM-5에 나타나 있는 반사회성 인격장애의 진단기준은 앞에 제시한 '학대와 인격장애' 부분을 참고하기 바란다.

경계성 인격장애의 주요 증상은 대인관계와 자기 정체감 그리고 감정에 있어서 매우 불안정하고 충동적인 모습을 보이는 것이다. 경계성 인격장애를 지닌 사람의 마음속에는 버림받는 것에 대한 두려움이 있다. 이것을 유기불안이라고 한다. 이런 유기불안은 거절받은 내면아이의 핵심문제인 거절감, 즉 거절받는 것에 대한 두려움과 일맥상통한다. 이 사람은 유기불안을 피하기 위해서 필사적으로 노력한다. 그러나 그 노력이 실패하면 부적절한 분노를 터트린다. 자신과 약속한 사람이 약속 시간에 늦거나 약속 시간을 연기했을 때 분노를 느끼게 되는데, 그 이유는 자신이 버림받았다고 느껴지기 때문이다. 이 사람은 자신이 나쁜 사람이기 때문에 버림받은 것이라고 생각한다.

경계성 인격장애를 지닌 사람은 인간관계가 불안정하다. 자신이 만나는 상대방을 이상화 했다가 갑자기 평가절하 한다. 이상화는 상대방이 항상 자기 곁에 있으며 자신의 요구에 응답해 주고 지지해 줄 때 나타나는 정신현상이다. 그러나 그런 자신의 기대가 깨지고 상대방이 자신을 버리거나 거절할 것이라는 예감이 들면 극적으로 상대방을 평가절하 한다. 이런 전환은 마치 천사가 악마로 보이는 것처럼 극에서 극으로 달린다. 이렇게 갑작스럽고 극적인 전환은 자아상, 자기 정체감 또는 자기 역할에서도 나타난다. 예를 들면, 얼마 전까지 서로 도움을 주고받는 협조자에서 아무런 예고도 없이 상대방에게 고통을 주는 가해자나 보복자로 자기 역할을 갑자기 바꾸는 것이다. 이런 전환은 의미 있는 관계를 상실했거나 자신을 돌봐 주는 사람이 없을 때 자주 발생한다. 경계성 인격장애를 가지고 있는 사람이 다른 사람들과 맺는 인간관계의 특징은 '접근과 단절'을 반복하는 것이다(원호택, 2003, 362). 그 결과, 대부분의 인간관계가 파괴적으로 끝난다.

경계성 인격장애를 지닌 사람은 정서적으로도 불안정하고 충동적이기 때문에 기쁨, 감사, 행복감 같은 긍정적인 정서를 지속적으로 유지하지 못한다. 갑자기 화를 내고 소리를 지르거나 우울해지기도 한다. 자해 및 자살시도의 행동이 반복될 수 있으며 만성적인 공허감에 시달린다. 이런 경계성 인격장애의 증상들은 앞에서 살펴본 것처럼 거절하는 내면부모와 거절받은 내면아이의 행동특성들과 유사한 점들이 많다. DSM-5에 수록된 경계성 인격장애의 진단기준은 다음과 같다(American Psychiatric Association; 권준수 외 역, 2015).

〈경계성 인격장애 진단기준〉

대인관계, 자아상 및 정동의 불안정성과 현저한 충동성의 광범위한 형태로 성인기 초기에 시작되며 여러 상황에서 나타나고, 다음 중 다섯 가지(또는 그 이상)를 충족한다.

1. 실제 혹은 상상 속에서 버림받지 않기 위해 미친 듯이 노력함(주의점: 5번 진단기준에 있는 자살 행동이나 자해 행동은 포함하지 않음).
2. 과대이상화와 과소평가의 극단 사이를 반복하는 것을 특징으로 하는 불안정하고 격렬한 대인관계의 양상
3. 정체성 장애: 자기 이미지 또는 자신에 대한 느낌의 현저하고 지속적인 불안정성
4. 자신을 손상할 가능성이 있는 최소한 두 가지 이상의 경우에서의 충동성(예, 소비, 물질 남용, 좀도둑질, 부주의한 운전, 과식 등) (주의점: 5번 진단기준에 있는 자살 행동이나 자해 행동은 포함하지 않음)
5. 반복적 자살 행동, 제스처, 위협 혹은 자해 행동
6. 현저한 기분의 반응성으로 인한 정동의 불안정(예, 강렬한 삽화적 불쾌감, 과민성 또는 불안이 보통 수 시간 동안 지속되며 아주 드물게 수일간 지속됨)
7. 만성적인 공허감
8. 부적절하고 심하게 화를 내거나 화를 조절하지 못함(예, 자주 울화통을 터뜨리거나

늘 화를 내거나, 자주 신체적 싸움을 함)

9. 일시적이고 스트레스와 연관된 피해적 사고 혹은 심한 해리 증상

심리적 치유

마음의 상처는 그냥 생기는 것이 아니다. 외상적 사건이나 반복적 사건과 같은 부정적인 환경 때문에 생긴다. 마찬가지로, 상처의 치유 또한 그냥 되지 않는다. 치유의 원리에 따른 치유적인 경험이 있어야 한다. 치유의 원리는 많은 사람에게 도움이 될 수 있는 보편성을 지녀야 한다. 따라서 그것은 심리학자의 이론뿐만 아니라 피치유자들의 실제적인 치유 경험을 필요로 한다. 치유자는 피치유자의 치유 경험을 도울 수 있을 뿐이다. 치유의 원리에는 어떤 것들이 있을까? 모든 치유의 원리를 완벽하게 통합적으로 제시할 수는 없다. 왜냐하면 치유의 원리들은 상담심리학과 치유자의 입장에 따라 차이가 있으며 또한 피치유자의 상황에 따라 그 치유적 효과에도 차이가 있기 때문이다. 그럼에도 불구하고 치유의 원리에 대한 논의는 필요한데, 임상과정에서 사용되는 상담과 치유의 다양한 기법들은 치유의 원리에서 나오는 것이기 때문이다.

여러 학자의 연구와 자료 그리고 나 자신의 상담과 치유의 경험을 참고했다. 임상적인 현장을 염두에 두었다. 다음과 같은 치유의 원리들이 고려되어야 한다고 생각한다. 자기개방(self-disclosure), 재구성 작업과 감정정화(reconstruction and catharsis), 통찰과 해석(insight and interpretation), 새 구성 작업(new construction), 사고의 전환(conversion of thinking), 실험행동(experimental behavior), 치유적 관계의 경험(experience of healing relationship), 자기수용(self-acceptance) 등이다. 이 원리들 가운데 몇 가지는 이미 앞에서 언급하였다. 또한 각 원리들에 따른 치유 기법들도 소개하였다. 그러나 전체적인 이해와 비교를 위해 다시 한번 간략하게 정리한다.

자기개방은 자신의 상처와 상처를 입게 된 원인과 배경을 될 수 있는 한 충분히 그리고 구체적으로 치유자에게 말하는 것이다. 일명 '상처 드러내기'라 할 수 있다. 밖으로 드러낸 상처는 치유된다. 자기개방은 상담과 치유의 분야에서 공통적으로 받아들여지

고 있는 치유의 원리이다.

재구성 작업은 상처의 원인이 되는 과거의 사건을 회상적으로 복원하는 것이다. 복원은 과거의 사건을 심상적, 정서적, 언어적으로 재경험함으로써 이루어지는데, 그것은 과거의 미해결된 사건을 해결하는 효과가 있다. 과거의 사건을 정서적으로 재경험할 때 감정의 정화가 일어난다. 감정정화는 상처 속에 억압되어 쌓여 있는 부정적인 감정들을 해소하는 것이다. 재구성 작업과 감정정화는 고전적인 정신분석 치유와 경험 중심의 치유에서 많이 사용되는 치유의 원리이다.

통찰은 무의식을 의식화하는 작업이다. 통찰은 상처를 유발한 과거의 사건과 그 사건으로 인하여 마음속에 생긴 핵심문제나 장애 그리고 그 결과 삶에 나타나는 행동양식을 연결시킴으로써 그 관계를 인지적으로 알아차리는 '아하'의 경험이다. 의식적으로 그리고 인지적으로 알아차린 과거의 사건은 그 영향력이 약화된다. 해석은 피치유자의 통찰 경험을 돕기 위한 치유자의 설명이다. 통찰과 해석은 정신분석 치유에서 가장 강조되고 있는 치유의 원리이다.

새 구성 작업은 과거에 경험하지 못한 치유적인 환경을 상상 또는 역할 시연 등을 통해서 경험하는 것이다. 치유는 과거의 사건을 다시 경험하는 재구성 작업만으로는 부족하다. 마음의 심상을 바꿔 줄 수 있는 새 구성 작업이 필요하다. 새 구성 작업이라는 말은 필자가 만들어 사용하고 있는 용어이다. 그러나 이 개념은 신경언어 프로그램(NLP)을 비롯해서 여러 상담과 치료의 분야에 나타나 있다.

사고의 전환은 마음과 생각을 바꿈으로써 스트레스나 고통의 수위를 낮추는 것이다. 즉 외부의 문제 상황을 바꾸는 것이 아니라 그 문제 상황을 바라보고 해석하는 자신의 생각과 관점을 바꾸는 것이라 할 수 있다. 생각이 바뀌면 외부의 환경이 달라 보이고 감정의 변화가 수반된다. 이것은 치유에 대한 인지적인 접근으로서 인지치료와 합리적 정서행동 치료에서 강조하는 치유의 원리이다.

실험행동은 자신의 치유와 성장에 도움이 되는 새롭고 건강한 행동을 의식적으로, 의도적으로 행하는 것을 말한다. 의식적으로 행하는 것이 중요하다. 이것은 치유에 대한 의식적인 접근으로서 자기 안에 있는 건강한 능력과 접촉하는 것이다. 치유에는 상처나 장애와 같은 부정성만이 아니라 건강한 능력과 같은 긍정성을 다루는 경험이 필요하다. 실험행동은 행동주의와 게슈탈트 심리치료에서 중요하게 생각하는 치유의 원리이다.

치유적 관계의 경험은 치유에 도움이 되는 좋은 대상을 만남으로써 과거의 왜곡된 관계를 대신하는 것이다. 치유자는 좋은 대상이 됨으로써 성장과정에서 박탈되고 결핍된 피치유자의 발달적인 욕구를 충족시켜 주어야 한다. 상처는 왜곡된 관계에서 비롯되는 것이기 때문에 치유를 위해서는 그 관계를 보상할 수 있는 건강한 관계가 필요하다. 이것은 대상관계 이론에 근거한 치유의 원리이다.

자기수용은 자신이 지닌 상처와 장애를 받아들임으로써 그것을 그냥 안고 사는 것을 말한다. 치유는 상처와 장애를 제거하기 위해 노력하는 것만이 아니라 그것을 안고 살아갈 수 있는 능력을 향상시키는 것을 포함한다. 그런 의미에서 치유의 마지막 과정은 그냥 사는 법을 배우는 것이라 할 수 있다. 이것은 외로움과 고독 그리고 어느 정도의 아픔이 따르는 일이지만 성숙한 자기 변화의 길이다. 이런 자기수용은 실존주의 심리치료와 영적이며 종교적인 치유에서 중요하게 여기는 치유의 원리이다.

앞에 제시된 치유의 원리들은 나의 제한된 지식과 경험을 정리한 것이기 때문에 이 외에 다른 원리들이 더 검토되어야 할 것이다. 그러나 나는 상담과 치유의 현장에 임할 때 앞에 열거된 원리들을 잊지 않는다. 그 원리들을 따르는 데 충실하려고 노력한다. 치유의 원리들은 다양한 사람의 다양한 상처와 장애를 치유하는 데 공통적으로 적용될 수 있다는 점에서 '원리'라는 의미를 지닌다. 즉 치유의 원리들은 우리가 논의한 모든 상처받은 내면부모와 내면아이의 치유에 적용될 수 있다. 예를 들어, 나는 학대받은 내면아이의 치유에 대한 논의에서 재구성 작업과 감정정화를 강조했는데, 그것은 학대받은 내면아이의 치유뿐만이 아니라 거절받은 내면아이의 치유에도 적용될 수 있다는 것이다. 따라서 앞에 제시된 모든 치유의 원리들은 현재 논의 중인 거절로 인하여 상처받은 내면부모와 내면아이를 치유하는 데 그대로 적용될 수 있다. 그러나 거절하는 내면부모와 거절받은 내면아이의 치유를 위해서는 치유적 관계의 경험 원리가 강조될 필요가 있다. 왜냐하면 거절은 관계가 완전히 단절된 상태로서 그 치유는 단절된 관계의 회복이라는 의미를 지녀야 한다고 볼 수 있기 때문이다.

대상관계 이론가인 로날드 페어베언(Ronald Fairbairn)은 조현성(분열성) 병리에 대한 연구와 치유에 많은 공헌을 남겼다. 그의 분열성 병리에 대한 이해를 알아보는 것은 거절받은 내면아이를 치유하는 데 도움이 된다. 왜냐하면 앞에서 살펴본 것처럼 분열성 병리는 거절받은 내면아이의 증상적인 특징들과 유사한 점이 많기 때문이다. 분열성 병리의 특징은 대상에 대한 강렬한 욕구가 있지만 동시에 그 대상과 가까워지는 것에 대한 두려움을 느끼는 것이다. 분열성 성격을 지닌 사람은 고립감과 무의미감을 자주 경험한다. 페어베언에 따르면, 분열성 병리가 발생되는 중요한 이유 중의 하나는 초기 발달단계에서 유아가 겪는 외상 경험 때문이다. 초기 발달단계에서 유아의 가장 큰 외상 경험은 대상(엄마의 젖가슴)을 향한 자신의 사랑이 받아들여지지 않고 거절을 받았다고 느끼는 것이다. 유아는 대상을 사랑함(젖가슴 빨기)으로써 대상과 하나가 되려고 하는 소망적인 욕구를 갖는다. 그런 욕구는 엄마의 적절한 반응과 적응 행동을 통해서 충족된다. 그러나 그런 소망적인 욕구가 엄마의 적응 실패로 충족되지 않으면 유아는 좌절을 경험한다. 자신의 사랑이 대상을 파괴시켰다고 느끼며 동시에 대상을 향한 자신의 사랑이 거절을 받았다고 느낀다. 그리고 자신이 대상을 사랑하는 것은 나쁜 것이라는 결론을 내린다. 이런 심리적 상황은 유아에게 심한 갈등과 불안을 유발한다. 대상을 사랑하고 싶지만 그것은 대상을 파괴하는 것이 되기 때문이다. 유아는 사랑하는 대상을 잃어버리게 될 것이라고 느낀다. 유아는 대상상실에 대한 불안을 떠안는다(Summers; 이재훈 역, 2004, 48).

그런 상황에서 유아가 취하는 조치는 두 가지이다. 하나는 대상을 보호하기 위해 대상으로부터 철수하는 것이다. 철수는 분열성 병리의 주요 증상으로서 대상과의 관계를 포기하고 자신의 내적 세계로 도망가는 것이다. 그 이유는 자신의 사랑과 관심이 거절되었다고 느껴지기 때문이다. 그 결과, 사회활동과 대인관계를 회피하고 스스로를 고립시킨다. 정서적인 상호작용을 못하고 친밀한 인간관계를 형성하지 못한다. 다른 하나는 대상을 좋은 대상(만족스러운 대상, 수용된 대상)과 나쁜 대상(불만족스러운 대상, 거절된 대상)으로 분열시켜서 내재화하는 것이다. 분열과 내재화는 유아가 자신의 사랑이 거절되었다는 고통과 불안을 줄이기 위한 방어적인 조치이다. 대상을 분열시킴으로써 좋은 대상을 나쁜 대상으로부터 보호하려 한다. 이처럼 유아의 초기 분열이 발생되는 현상을 설명하기 위해서 페어베언은 '분열적 자리(schizoid position)'라는 용어를 사용했다. 자리라는 용어는 단계라는 말과 차이가 있다. 자리는 단순히 지나가는 단계가 아니라 특정한 대상관계의 유형과 방어기제, 그리고 장애를 유발할 수 있는 특성이 전 생애 동안 지속된다는 의미를 지닌다. 페어베언은 분열적 자리가 인간심리의 근원적인 자리라고 생각했다. 따라서 어느 정도의 분열과 좌절은 인간의 보편적인 현상이라 할 수 있다(The American

Psychoanalytic Association, 1990, 72). 그런데 유아의 분열 작업은 여기서 끝나지 않는다. 내재화한 나쁜 대상을 다시 '흥분시키는(exciting) 대상'과 '거절하는(rejecting) 대상'으로 분열시킨다. 흥분시키는 대상은 유아에게 만족을 줄 것처럼 자극하고 만족을 주지 않는 대상이며, 거절하는 대상은 유아의 욕구에 아예 반응하지 않는 대상을 말한다. 두 번째 분열도 역시 유아가 자신의 고통과 불안을 줄이기 위해 취하는 방어적인 행동이다.

페어베언에 따르면, 자아의 구조는 그냥 만들어지는 것이 아니다. 유아가 내재화한 내적 대상(좋은 대상, 흥분시키는 대상, 거절하는 대상)으로부터 상응하는 자아구조가 형성된다. 좋은 대상은 분열되지 않은 채 중심자아(central ego)로 남는다. 흥분시키는 대상은 성애적인 욕동을 지닌 리비도적 자아(libidinal ego)를 만들고, 거절하는 대상은 공격성을 지닌 반리비도적 자아(anti-libidinal ego)를 형성한다(Summers; 이재훈 역, 2004, 52). 반리비도적 자아는 일명 '내적 파괴자(internal saboteur)'로서 공격성을 사용하여 리비도적 자아의 욕동을 억압한다. 반리비도적 자아의 형성은 유아가 공격성을 지니게 되었다는 것을 의미한다. 유아는 만족스럽지 않을 때 대상(젖가슴)을 공격(깨물기)한다. 만약 엄마가 유아의 공격성을 견뎌 주고 받아 주면 유아는 사랑(성애적 욕동)과 미움(공격성)이라는 양가감정을 통합할 수 있는 능력을 갖게 된다. 즉 한 대상을 사랑하면서 동시에 미워할 수 있는 경험이 가능해진다. 그러나 엄마가 유아의 공격성을 받아 주지 못하면 양가감정의 통합에 실패한다. 이처럼 유아가 사랑과 미움을 모두 인식하는 상태를 설명하기 위하여 페어베언은 멜라니 클라인(Melanie Klein)의 개념을 차용하여 '우울적 자리(depressive position)'라는 말을 사용했다. 클라인에 따르면, 이 시기의 유아는 자신의 공격성을 사용하여 대상을 파괴하려는 충동을 느끼는데, 그 충동은 동시에 대상을 잃을 수도 있다는 상실불안과 공포로 이어지고, 그 결과 유아는 우울불안을 느끼게 된다는 것이다. 우울불안은 자신의 공격성 때문에 사랑하는 대상이 파괴되는 것을 염려하는 것이다(The American Psychoanalytic Association, 1990, 107). 양가감정의 통합에 실패하는 것은 대상관계의 분열을 의미한다.

공격성은 중심자아에게서도 나타난다. 중심자아는 공격성을 사용하여 리비도적 자아와 반리비도적 자아를 제어하고 거절한다. 그 결과, 리비도적 자아와 반리비도적 자아는 무의식 속에 억압된다. 이것은 중심자아와 비중심자아(리비도적 자아와 반리비도적 자아) 사이에 분열이 발생하게 된다는 것을 의미한다. 페어베언은 이런 유아의 내적 상황을 인간이 지닌 '기본적인 심리내적 상황(basic endopsychic situaion)'이라고 말했다(Summers; 이재훈 역, 2004, 51-53). 즉 인간은 누구나 불안과 갈등과 억압에 의한 분열이라는 심리내적 상황을 기본적으로 가지고 있다는 것이다. 그러므로 분열이 심각하지 않다면 병리로 간주되지 않는다.

페어베언에게 있어서 치유는 다른 사람들과 직접적이고 온전한 인간관계를 맺을 수 있는 능력을 형성하도록 돕는 것을 의미한다. 분열성 병리의 문제는 사람과의 관계에서 고립과 장애를 느끼는 것이기 때문이다. 페어베언은 임상적인 치유의 과정에서 항상 환자의 무의식으로부터 나쁜 대상을 추방하도록 돕는 데 초점을 두었다. 왜냐하면 내면화된 나쁜 대상들이 인간관계에 장애를 유발하는 요소라고 보았기 때문이다. 나쁜 대상들은 투사라는 방어기제에 의하여 상대방을 나쁜 사람으로 인지왜곡 하는 원인이 된다. 나쁜 대상들이 추방되면 그들에게 향했던 카섹시스(에너지를 집중하는 애착상태)와 정서적인 과잉투자를 그만둘 수 있다. 즉 자아가 나쁜 대상들로부터 해방되는 것이다 (Clair, 2004, 62-63). 치유자는 피치유자가 나쁜 대상들을 추방함으로써 해방될 수 있도록 돕기 위하여 안전한 환경을 제공하고 인격적인 관계를 형성해야 한다. 치유자가 좋은 대상이 됨으로써 피치유자의 내면에 있는 나쁜 대상을 대신하는 것이다. 페어베언은 그것을 분석과정의 '인격화(personalization)'라고 말했다. 인격화는 치유자와 피치유자 사이에 형성되는 치유적인 관계로서 초기의 외상적 관계를 대체할 수 있을 만큼 안전하고 만족스러운 관계를 제공하는 것을 말한다. 정신병리는 인생 초기에 경험한 만족스럽지 못한 관계로 인하여 발생되는 것이기 때문에 치유는 그것을 보상할 수 있을 만큼 만족스러운 관계가 되어야 한다(Summers; 이재훈 역, 2004, 70).

페어베언은 분석과정의 인격화를 강조함으로써 피치유자에게서 나타나는 저항과 전이의 현상을 재개념화하였다. 저항은 피치유자가 자신의 내적 실재(나쁜 대상과 분열된 자아)를 분석과 치유의 현실로 가져오도록 도우려는 치유자의 노력에도 불구하고 계속 자신의 내적 실재를 붙잡고 놓지 않으려는 것이다. 전이는 피치유자의 자아가 외적 현실의 세계로 나오도록 도우려는 치유자의 노력에도 불구하고 오히려 치유자를 나쁜 대상과 분열된 자아가 있는 자신의 내적 세계로 데려가려고 하는 역시도이다. 그 이유는 초기 발달단계에서 나쁜 대상을 내면화함으로써 나쁜 내적 대상에게 카섹시스되어 있기 때문이다. 그러나 그런 내적 세계에 있는 한 변화와 치유는 일어날 수 없다. 자기 내적 세계에 갇혀 있는 피치유자가 그 세계에서 나오기 위해서는 저항과 전이를 발생시킨 자신의 왜곡된 지각에 불일치하는 인격적인 관계, 즉 안전하고 좋은 외적 환경을 경험해야 한다. 페어베언은 말하기를, 피치유자의 저항과 전이의 해결은 통찰이나 해석보다 분석과정 중에 발달하는 치유자와의 새로운 관계 경험에 의해서 더 잘 나타난다고 하였다(Summers; 이재훈 역, 2004, 73-74). 즉 치유적 관계 경험의 중요성을 강조한 것이다.

치유자와 피치유자 사이에 형성되는 좋은 대상관계가 치유의 핵심이 된다는 페어베언의 생각은 그의 제자인 해리 건트립(Harry Guntrip)에게 이르러 더 구체화되고 발전되었다. 건트립은 정신병리에 대한 페어베언의 견해를 받아들였다. 즉 분열성 병리와 같은 정신장애는 초기 대상관계에서 유아의 욕구와 갈망이 해결되지 않아서 발생되는 것이라고 보았다. 따라서 치유는 그 욕구와 갈망을 만족시켜 줄 수 있는 새로운 관계를 경험하도록 돕는 것이다. 분석과 치유의 과정에서 피치유자는 자신의 상처와 분열성적인 모습이 나타나는 퇴행상태를 경험하게 되는데, 이때 치유자는 피치유자가 안심하고 퇴행할 수 있는 안전한 환경을 제공해야 한다. 건트립은 치유자가 본래의 부모 인물보다 '더 좋은 부모'가 되어야 한다고 말했다(Summers; 이재훈 역, 2004, 97).

대상관계 이론가인 도널드 위니컷(Donald Winnicott) 역시 치유자의 역할을 강조했다. 위니컷에 따르면, 정신병리는 발달의 정지 상태로서, 그것은 환경(엄마)이 유아의 발달을 촉진시켜 주지 못해서 생긴 결과이다. 환경의 실패가 정신병리의 원인이 되는 셈이다. 따라서 치유는 발달이 정지된 지점을 확인하고 그 지점에서 박탈된 유아의 욕구에 적응함으로써 발달이 계속되도록 돕는 것이다. 위니컷은 '관리(management)'라는 말을 사용했는데, 관리란 치유자가 피치유자의 심리적인 욕구만이 아니라 현실적인 욕구까지도 충족시켜 주기 위해 노력하는 것을 말한다. 위니컷은 치유자의 역할이 '충분히 좋은 엄마'가 되는 것이라고 했는데, 그것은 엄마가 유아의 발달수준에 맞추어 유아에게 필요한 것을 제공해 주듯이 치유자도 피치유자가 머물러 있는 발달단계에 따라 그 단계에서 결핍된 발달적인 욕구를 충족시켜 주는 것을 말한다(Summers; 이재훈 역, 2004, 264-265).

위니컷은 유아의 발달단계를 절대적 의존단계, 상대적 의존단계, 독립을 위한 단계로 구분하고 각 단계에서 유아가 필요로 하는 것과 엄마의 역할, 그리고 각 단계에서 나타날 수 있는 정신병리에 대해 논의했다. 각 단계의 특징과 정신병리는 같지 않다. 따라서 충분히 좋은 엄마로서의 치유자의 역할은 피치유자의 발달이 어느 단계에서 정지되었느냐에 따라 달라져야 한다. 예를 들어, 피치유자가 절대적 의존단계에서 발달이 정지되었다면, 치유자는 그 단계에서 필요한 전능 환상의 임시적인 유지를 위해 피치유자의 욕구를 가능한 많이 충족시켜 줄 필요가 있다. 이때 치유자에게는 모성적 공감과 정서적 안아 주기가 필요하다. 그러나 피치유자가 상대적 의존단계에 머물러 있다면, 치유자는 이 단계의 발달과제인 자기감과 현실감의 형성을 돕기 위해 피치유자의 욕구를 충족시켜 주는 것에 점진적으로 실패할 필요가 있다. 그러나 욕구충족의 실패는 피치유자가 감당할 수 있을 만큼 점진적이어야 한다. 그 실패가 너무 빠르거나 갑작스러우면 위니컷이 '멸절불안'이라고 부른 극심한 공포상태에 처할 수 있다. 이때 치유자는 피치유자의 '중간대상'이 되어 줄 필요가 있다. 중간대상은 피치유자가 자신의 전능 환상을 포기하고 일차적 의존대상인 엄마로부터 점진적으로 분리되어 자기로서 존재할 수 있는 능력을 갖는 데 도움이 된다. 치유에 대한 위니컷의 기본 개념은 초기 발달단계에서 결핍된 피치유자의 욕구와 필요를 적절하게 충족시켜 줌으로써 발달이 계속되도록 돕는 것이다. 그것은 피치유자가 치유자를 좋은 대상(충분히 좋은 엄마)으로 경험함으로써 가능하다.

페어베언의 '인격화', 건트립의 '더 좋은 부모' 위니컷의 '충분히 좋은 엄마'로 표현된 치유자의 역할은 모두 치유에 도움이 되는 모성적 환경을 제공하기 위한 것이다. 이런 모성적 환경의 제공은 거절의 양육환경으로 상처를 입은 인격, 곧 거절하는 내면부모와 거절받은 내면아이를 치유하고 회복하는 데 매우 도움이 된다. 모성적 환경을 제공하는 실제적인 방법은 가족세우기 치유를 만든 버트 헬링거의 치유 과정에서 쉽게 찾아볼 수 있다. 헬링거는 건트립과 같이 어린 시절에 부모의 부재나 거절로 인하여 상처받은 사람이 치유되기 위해서는 그 시절로 퇴행하여 그때의 고통을 재경험해야 한다고 생각했다. 이때 치유자는 안전한 공간을 만들어 피치유자의 퇴행을 도와야 한다. 예를 들면, 치유자는 피치유자가 퇴행하여 과거의 고통스러운 기억을 통과하는 동안 엄마가 되어 피치유자를 꼭 안아 주는 것이다. 그렇게 함으로써 피치유자가 홀로 남겨져 있다는 느낌을 갖지 않도록 돕는다. 그 과정은 이렇게 진행된다. 치유자는 먼저 안전하고 신뢰를 느낄 수 있는 공간을 만든 다음, 피치유자의 맞은편에 마주 앉는다. 정서적으로 또는 팔을 내밀어 피치유자를 감싸 안음으로써 피치유자가 자신에게 안길 수 있도록 자신의 가슴을 내어 준다. 피치유자가 자신에게 안겨서 깊은 호흡을 하도록 돕는다. 피치유자가 눈물을 흘리면 기다려 준다. 이때 눈물을 흘리거나 흐느껴 우는 경우가 많다. 치유자는 자신의 역할이 엄마가 아기를 안아 주듯이 피치유자를 안아 주는 엄마의 역할이라는 것을 잊지 않는 것이 중요하다. 피치유자는 치유자의 허용된 품속에서 과거에 발생했던 일들을 안전하게 재경험한다. 언급한 것처럼, 재경험은 재구성 작업의 과정으로서 치유의 중요한 원리이다. 어느 정도의 시간이 지나면 피치유자는 호흡이 느려지거나 안정되면서 평화로워진다. 그리고 치유자의 품에서 나오게 된다. 치유자는 피치유자가 스스로 잡았던 팔을 놓을 때까지 기다려 주어야 한다. 먼저 팔을 놓지 않도록 주의해야 한다. 피치유자는 치유자의 품에서 떨어져 나와 엄마의 대리역할을 해 주었던 치유자를 바라본다. 이제 치유자는 과정을 마무리하기 위해서 피치유자로 하여금 엄마에게 하고 싶은 말을 하게 한다. 또는 포옹, 인사, 큰절 등과 같은 행동으로 자신의 마음을 표현하도록 한다(Liebermeister; 박선영, 김서미진 역, 2009, 116-119). 집단상담의 경우 피치유자를 위한 엄마의 역할은 집단을 인도하는 리더가 할 수도 있고, 다른 집단원이 할 수도 있다.

영적 치유

앞에서 우리는 치유적 관계의 경험이 치유의 중요한 원리가 된다는 것을 알아보았다. 마음의 상처와 정신병리는 적절하지 못한 대상과의 왜곡된 관계로 인하여 생기는 것이다. 따라서 상처와 병리가 관계 때문이라면 치유도 관계적일 필요가 있다. 즉 적절한 대상과의 건강한 관계를 경험해야 한다. 집단 정신치료의 대가인 어빈 얄롬(Irvin Yalom)은 그의 책 『집단 정신치료의 이론과 실제(The Theory and Practice of Group Psychotherapy)』제3판 1장에서 말하기를, 치유의 핵심에 이르면 치유는 인간과 인간 사이에 발생하는 '깊숙한 인간체험'이라는 것을 알게 된다고 하였다(Yalom; 최해림, 장성숙 역, 2008, 13). 그가 말한 깊숙한 인간체험은 피치유자와 치유자 사이에 이루어지는 특별한 만남의 경험을 의미하는 것으로 보인다. 그것은 이전에 경험해 보지 못한 만남의 경험이다. 존재와 존재의 중심에서 만나는 인격적인 만남이며, 이전의 부정적인 만남을 상쇄하고 보상하기에 충분할 만큼 사랑과 애정이 깊은 만남이다.

나는 얄롬의 말을 좋아한다. 강의나 글에서 그의 말을 여러 번 인용했다. 그러나 나는 얄롬의 말을 좋아하는 것만큼 동시에 그의 말 앞에서 나의 한계와 제약을 느낀다. 왜냐하면 나는 치유자로서 피치유자가 원하는 것만큼 깊숙한 인간체험의 대상이 되어 주지 못하기 때문이다. 시간적인 한계, 에너지의 한계, 정서적인 한계, 현실적인 한계……. 이런 한계들로 인하여 나는 피치유자가 가지고 있는 사랑과 의존의 욕구를 만족시켜 줄 수가 없다. 전통적으로 사랑은 치유에 필요한 최상의 조건으로 이해되어 왔다. 그 이유는 피치유자에게 가장 결핍되고 필요한 것이 사랑이기 때문일 것이다. 피치유자는 사랑을 원한다. 거절받은 내면아이에게 필요한 것도 사랑이다. 거절받은 내면아이를 지닌 사람은 사랑과 의존에 대한 욕구가 매우 강하다. 그 욕구는 충족될 수 없을 정도로 비현실적인 경우가 많다. 그것은 인생 초기의 발달단계에서 박탈된 욕구이다. 누가 그런 피치유자의 욕구를 넉넉히 채워 줄 수 있을까? 어떤 사람도 그런 사랑의 욕구를 만족시켜 줄 수는 없을 것이다. 왜냐하면 그것은 인간 이상의 존재가 되지 않으면 불가능한 일이기 때문이다.

나의 종교적인 배경으로 말한다면 인간 이상의 존재는 하나님이시다. 나는 하나님만이 피치유자가 필요로 하는 완벽한 사랑을 제공해 주실 수 있다고 믿는다. 그러므로 치유의 완성을 위해서는 백퍼센트의 온전한 사랑을 주시는 하나님을 만나야 한다. 영적 치유의 핵심은 그런 하나님을 만나는 것이다. 그러므로 나는 이렇게 말하고 싶다. '치유의 마지막 단계에 이르면 치유는 하나님과 인간 사이에 발생하는 신비하고도 심오한 영적 체험이라는 것을 알게 된다.' 영적 체험이란 하나님의 완벽한 사랑에 노출되는 것이다. 하버드 대학의 교수이며 미국 심리학회 회장을 지낸 고든 올포트(Gordon Allport)는 사랑을 그 무엇에도 견줄 수 없는 치유의 가장 훌륭한 동인(動因)이라고 했으며, 그것은 일반 심리치료에서는 제공될 수 없는 종교적인 것이라고 말했다(Collins; 피현희, 이혜련 역, 1984, 35에서 재인용). 올포트는 신앙이 없는 치유자는 피치유자가 원하는 사랑을 제공할 수 없기 때문에 치유자에게는 종교와 신앙이 필요하다고 보았다. 그러나 나는 종교나 신앙이 있는 치유자도 그런 사랑을 공급하는 것은 어렵다고 생각한다. 왜냐하면 아무리 훌륭한 인격과 신앙을 가진 치유자라고 할지라도 여전히 인간적인 한계를 벗어날 수는 없기 때문이다. 하지만 그런 치유자가 할 수 있는 것이 있다. 피치유자를 하나님의 현존 앞으로 나가도록 안내하는 것이다. 하나님으로부터 방출되는 완전한 사랑을 경험할 수 있도록 돕는 것이다.

거절받은 내면아이를 지닌 사람의 핵심문제는 거절감, 즉 거절받는 것에 대한 두려움이다. 그것은 사랑하거나 의존하는 대상이 있는데 그 대상이 자신의 사랑을 거절하고 떠나 버릴 것이라는 두려움이다. 그 결과, 대상에게 다가가고 싶지만 동시에 대상과 가까워지는 것을 회피한다. 이런 현상은 분열성 병리의 특징이기도 하다. 따라서 거절받은 내면아이의 치유를 위해서는 마음껏 사랑해도 자신의 사랑을 거절하지 않고 받아 주며 심지어 화를 내거나 미워해도 그것을 견뎌 주고 받아 줄 수 있는 안전한 대상과의 만남이 필요하다. 이처럼 안전한 대상을 경험하면 두려움과 불안에 싸여 있던 내적 세계가 변형되어 외부의 다른 대상들과의 접촉을 위한 탐색과 모험을 시작할 수 있게 될 것이다.

애착이론 중에 '안전기지(secure base)'라는 말이 있다. 이것은 애착이론가인 메리 에인스워스(M. Ainsworth)가 처음으로 사용한 말인데, 유아가 애착대상인 엄마로부터 제공받는 심리적인 안전감을 설명하기 위하여 도입한 용어이다. 안전기지라는 말 속에는 두 가지의 의미가 있다. 첫째, 안전기지는 유아가 새로운 대상과의 접촉을 갖기 위한 호기심과 탐색 활동의 발판이 된다. 엄마가 자신과 함께 있다는 것을 확인한 유아는 이리저리 자신이 원하는 대로 돌아다니면서 탐색 활동을 하고 놀이를 즐긴다. 둘째, 안전기지는 유아가 환경으로부터 위협을 받거나 불안해질 때, 또는 몸이 아프거나 피로할 때, 언제든지 돌아가서 위로받고 쉴 수 있는 안식처가 된다. 탐색 활동을 하던 유아는 불안해지면 엄마를 찾고 엄마에게 달려가 위로를 받는다(Holmes; 이경숙 역, 2005, 120).

1970년대 초에 있었던 앤더슨(Anderson)의 관찰 연구는 흥미롭다. 그는 어느 날 영국 런던에 있는 한 공원에 나갔는데, 거기서 여러 명의 엄마들과 아기들이 놀고 있는 것을 보았다. 엄마들은 공원 벤치에 앉아 책을 읽거나 이야기를 나누고 있었고, 아기들은 잔디밭에서 뛰어다니며 놀고 있었다. 아기들은 엄마가 있는 벤치 근처에서 놀다가 때로는 멀리 뛰어 가기도 했다. 그런데 앤더슨은 아기들이 뛰어다니는 행동반경에 마치 마지노선과 같이 어떤 한계선이 있다는 것을 알게 되었다. 아기들은 그 한계선에 도달하면 불안해하며 엄마 쪽을 쳐다보았다. 엄마가 보이면 탐색과 놀이 활동을 계속했지만, 엄마가 보이지 않거나 보일지라도 너무 멀리 떨어져 있다고 느껴지면 서둘러 그 한계선 안으로 돌아왔다. 아기들은 마치 보이지 않는 고무줄에 매어 있는 것처럼 엄마를 향하여 끌어당겨지고 있었다. 그렇게 끌어당겨지고 있는 힘은 엄마로부터 멀리 떨어져 있을수록 더 강하게 나타났다(Holmes; 이경숙 역, 2005, 121). 앤더슨의 관찰 연구는 엄마가 유아의 탐색과 놀이 활동 그리고 위안과 휴식을 위한 안전기지가 된다는 에인스워스의 견해를 뒷받침해 주는 증거가 된다. 엄마와 유아 사이에 안정적인 애착관계가 형성되면 엄마는 유아의 활동과 성장을 위한 안전기지가 된다.

안전기지와 안전기지에 대한 반응현상은 유아만이 아니라 성인에게도 동일하게 적용된다. 사람은 애정과 신뢰를 느낄 수 있는 안전한 대상과 함께 있다고 느낄 때, 새로운 관계를 맺기 위한 탐험을 시작하고 마음껏 놀이를 즐길 수 있게 된다. 그리고 자신이 불안하거나 몸이 아플 때에 언제든지 돌아가서 위로받고 쉴 수 있는 대상이 있다고 느낄 때, 평안과 안정감을 유지할 수 있다. 그러나 그런 안전기지로서의 대상이 없으면 사람은 결정해야 할 일을 결정하지 못하며, 진취적한 행동이나 모험을 하지 못한다. 그리고 자신의 불안을 줄이기 위한 방어적인 행동을 하게 된다. 예를 들면, 분노를 억압하거나 반대로 과민하게 짜증을 내고 분노를 폭발한다. 또는 자신의 성적 충동을 억압하거나 반대로 모든 관계를 성적인 관계로 만들려고 한다. 따라서 건강하고 행복한 삶을 위해서는 안전기지로서의 안전한 대상이 있어야 한다. 부모가 자녀의 안전기지가 된다면 자녀는 잘 성장할 것이다. 부부가 서로의 안전기지가 되어 줄 수 있다면 부부는 행복해질 것이다. 그런 의미에서 치유자는 피치유자의 탐색과 모험과 놀이 활동을 돕고 위안과 안식을 제공할 수 있는 심리적인 안전기지의 역할을 해야 한다고 볼 수 있다.

유대교와 기독교의 전통에 따르면, 하나님은 하나님의 백성들을 사랑하시고 은혜를 주시며 그들이 새로운 세계로 나갈 수 있도록 힘과 용기를 주시는 믿음의 대상으로 고백되어 왔다. 그들이 낯선 땅을 향하여 나아갈 때, 가 보지 아니한 길을 가고 있을 때, 무섭고 두려운 대상 앞에 서야 할 때, 대적들과의 전쟁이 벌여졌을 때, 그리고 복음을 전파하다가 핍박을 받거나 순교를 당할 때, 하나님은 두려움을 이기고 바른 길을 갈 수 있도록 도우시는 믿음의 근거가 되어 주셨다. 다른 말로 하면, 하나님은 그들이 그렇게 행동할 수 있도록 믿음과 용기를 주시는 진정한 안전기지가 되어 주신 것이다.

성경에는 하나님이 안전기지가 되어 주심으로 두려움을 이기고 용기를 내어 대적과 싸운 인물들의 이야기가 나온다. 모세는 원래 겁이 많고 말을 잘 못하는 열등감이 있는 사람이었다. 그러나 그는 호렙산에서 하나님을 만난 다음 완전히 변화되었다. 생각만 해도 무섭고 두려웠던 애굽 왕 바로 앞에 당당히 서서 이스라엘 백성들을 노예생활에서 풀어 달라고 강력히 요구하였다(출5:1). 이전 같으면 생각조차도 할 수 없는 행동이었다. 당시 하나님은 모세에게 그렇게 행동할 수 있도록 믿음과 용기를 주시는 안전기지가 되어 주신 것이다. 다윗은 어린 소년으로 블레셋의 장수 골리앗과 싸워 이겼다. 그러나 그것은 누구도 예측하지 못한 승리였다. 왜냐하면 골리앗은 적의 장수로서 보기만 해도 무섭고 겁이 나는 거인이었기 때문이다. 다윗은 병사도 아니었고 갑옷도 입을 수 없는 어린 소년이었다. 다윗의 손에는 창도 없었고 칼도 없었다. 단지 양떼를 짐승들로부터 지키기 위해 사용하던 막대기 한 개와 물매 돌 다섯 개가 있었을 뿐이다. 그러나 다윗은 두려워하지 않았다. 승리에 대한 확신에 차 있었다. 왜냐하면 하나님께서 지켜 주시고 이기게 해 주실 것을 믿었기 때문이다. 골리앗을 보았을 때 다윗은 이렇게 외쳤다. "너는 칼과 창과 단창으로 내게 나아오거니와 나는 만군의 여호와의 이름 곧 네가 모욕하는 이스라엘 군대의 하나님의 이름으로 네게 나아가노라."(삼상17:45) 다윗이 그렇게 담대하고 용맹스러울 수 있었던 것은 하나님에 대한 믿음 때문이었다. 하나님은 다윗이 그렇게 담대할 수 있도록 도우시는 안전기지가 되어 주신 것이다. 핍박자 사울은 다메섹으로 가는 길에서 홀연히 나타나신 예수님을 만난 이후 전도자 바울로 변화되었다. 그 후 바울은 평생 복음을 전하기 위해서 헌신한다. 수없이 굶고 헐벗고 쉬지 않고 걸었으며, 여러 번 옥에 갇히고 매를 맞으면서도 복음 전파에 대한 그의 열정은 식지 않았다. 그가 그렇게 생명을 위협하는 박해 속에서도 두려움을 이기고 복음을 전파할 수 있었던 것은 주님에 대한 사랑과 믿음 때문이었다. 하나님은 바울의 마음속에 계시면서 그가 그렇게 복음을 전파하도록 지켜 주시고 힘과 용기를 주시는 안전기지가 되어 주신 것이다.

영적 치유의 핵심은 하나님의 사랑을 경험함으로써 하나님이 우리의 탐색과 모험과 성장을 위한 진정한 안전기지가 되어 주신다는 것을 알게 되는 것이다. 하나님이 자신의 안전기지가 되심을 아는 사람은 거절에 대한 두려움을 무릅쓰고 새로운 대상과의 접촉을 시도하며 새로운 세계를 향해 나아가는 모험을 할 수 있다. 그 결과, 이전에는 결코 다가갈 수 없었던 사람에게 가서 먼저 손을 내밀고 말을 건넬 수 있게 된다. 이것은 믿음과 용기가 없이는 어려운 일이다. 왜냐하면 자신의 사랑이 다시 거절받을지도 모른다는 두려움을 무릅써야 하는 일이기 때문이다. 그러나 우리의 믿음과 삶에 안전기지가 되시는 하나님은 우리가 다시 거절받을지라도 또 한 번 사랑할 수 있는 믿음과 용기를 주실 것이다.

거절하는 내면부모와 거절받은 내면아이의 치유에 있어서 하나님 체험의 중요성을 강조하는 또 다른 이유가 있다. 그 이유는 성자 예수님이 성부 하나님으로부터 거절을 받으시는 처절한 고통을 겪으셨기 때문이다. 마가복음 15장 34절에는 이런 말씀이 기록되어 있다. 예수님이 십자가상에서 남기신 가상칠언 중의 하나이다. "제 구시에 예수께서 크게 소리 지르시되 엘리 엘리 라마 사박다니 하시니 이를 번역하면 나의 하나님, 나의 하나님 어찌하여 나를 버리셨나이까 하는 뜻이라." 예수님은 거절받으셨다. 성부 하나님으로부터 외면당하시고 버림받으신 것이다. 예수님은 아버지를 아버지라고 부르지 못했다. 하나님이라고 불렀다. 여기에 아들이 아버지로부터 거절받는 아픔이 보인다.

십자가에 달리시기까지 예수님은 이루 다 말로 할 수 없는 고통을 겪으셨다. 그것은 그 누구도 견뎌 낼 수 없는 극도의 고통이었다. 예수님은 자신이 겪게 될 그 고통과 아픔을 미리 다 아셨다. 그래서 이렇게 기도하셨다. "내 아버지여 만일 할 만하시거든 이 잔을 내게서 지나가게 하옵소서 그러나 나의 원대로 마옵시고 아버지의 원대로 하옵소서."(마26:39) 이때 예수님은 아버지를 아버지라고 부른다. 그러나 성부 하나님은 아들의 원대로 하지 않으시고 아버지의 원대로 하셨다. 아들이 고난을 받고 십자가에 달리게 하신 것이다. 왜냐하면 그것이 성부 하나님의 계획이었기 때문이다.

"어찌하여 나를 버리셨나이까?"라는 예수님의 절규에서 무엇을 보게 되는가? 아들의 기도를 외면하시는 성부 하나님의 침묵이 보인다. 성부 하나님은 침묵하셨다. 침묵은 성부 하나님이 성자 예수님을 거절하시는 방식이었다. 그러나 성부 하나님의 침묵 속에는 표현되지 아니한 아버지의 처절한 고뇌와 고통이 담겨 있다. 그것은 사랑하는 아들을 십자가에 못 박아야 하는 아버지의 고통이다. 누가 죽음 앞에서 도움을 청하는 아들의 외침에 침묵할 수 있을까? 누가 죽어 가면서 마지막으로 부르짖는 아들의 부탁을 외면할 수 있을까? 사람이라면 불가능한 일이다. 그러나 하나님은 그렇게 하셨다. 성자 예수님을 거절하신 것이다. 왜, 무슨 연유로, 그렇게 하셨을까? 답은 하나뿐이다. 우리를 거절하지 않으시고 구원하기를 원하셨기 때문이다.

그러므로 나는 성자 예수님을 거절하신 성부 하나님과 성부 하나님으로부터 거절받으신 성자 예수님을 만나면, 거절로 인하여 상처받은 내면부모와 내면아이가 치유될 수 있다고 믿는다. 성부 하나님과 성자 예수님이 치유에 필요한 값을 모두 치러 주셨기 때문이다. 성부 하나님의 거절하심과 성자 예수님의 거절받으심은 거절받은 내면아이의 치유와 회복의 근거가 된다. 아들의 기도를 외면하시고 침묵하시는 성부 하나님의 얼굴을 보게 된다면, 그리고 그것이 나를 거절하지 않으시고 구원하시기 위한 하나님의 사랑이었다는 것을 알아차리게 된다면, 나의 상처받은 내면부모와 내면아이는 치유받게 될 것이다.

다음은 거절로 인하여 상처받은 내면부모와 내면아이의 치유와 회복에 도움이 되는 성경 말씀들이다. 이 말씀들을 기억해 두고 필요할 때마다 되뇌면 도움이 될 것이다.

...

"여호와께서 내게 이르시되 너는 내 아들이라 오늘 내가 너를 낳았도다."(시2:7b)

"여호와는 나의 반석이시요 나의 요새시요 나를 건지시는 자시요 나의 하나님이시요 내가 그 안에 피할 나의 바위시요 나의 방패시요 나의 구원의 뿔이시요 나의 산성이시로다."(시18:2)

"여호와는 나의 빛이요 나의 구원이시니 내가 누구를 두려워하리요 여호와는 내 생명의 능력이시니 내가 누구를 무서워하리요."(시27:1)

"주의 얼굴을 내게서 숨기지 마시고 주의 종을 노하여 버리지 마소서 주는 나의 도움이 되셨나이다 나의 구원의 하나님이시여 나를 버리지 마시고 떠나지 마소서 내 부모는 나를 버렸으나 여호와는 나를 영접하시리이다."(시27:9-10)

"너는 두려워하지 말라 내가 너를 구속하였고 내가 너를 지명하여 불렀나니 너는 내 것이라 네가 물 가운데로 지날 때에 내가 함께할 것이라 강을 건널 때에 물이 너를 침몰하지 못할 것이며 네가 불 가운데로 지날 때에 타지도 아니할 것이요 불꽃이 너를 사르지도 못하리니 대저 나는 여호와 네 하나님이요 이스라엘의 거룩한 이요 네 구원자임이라."(사43:1b-3a)

"그가 친히 말씀하시기를 내가 결코 너희를 버리지 아니하고 너희를 떠나지 아니하리라 하셨느니라 그러므로 우리가 담대히 말하되 주는 나를 돕는 이시니 내가 무서워하지 아니하겠노라 사람이 내게 어찌하리요 하노라."(히13:5b-6)

...

🐚 자기 치유

자기 치유는 스스로 치유적인 태도와 환경을 만들고 치유적인 행동을 함으로써 자기의 상처를 치유하고 회복하기 위해 노력하는 것이다. 치유를 위해서는 스스로 노력하는 자기 치유의 과정이 필요하다. 자신의 치유를 상담자나 치유자에게만 의존하지 않도록 해야 한다. 왜냐하면 상담자나 치유자의 치유적 개입에는 한계가 있기 때문이다. 그들은 피치유자의 치유과정을 도와 줄 수 있을 뿐이지 그 치유과정을 대신해 줄 수는 없다. 치유의 주체는 상담자나 치유자가 아니라 내담자 또는 피치유자이다.

내면부모와 내면아이는 기본적으로 대립과 갈등의 관계에 있다. 왜냐하면 내면부모의 보편적인 태도는 주도적이고 지배적인데 반하여 내면아이는 그런 주도적인 태도에 반응하고 저항하는 성향을 가지고 있기 때문이다. 따라서 한 사람의 인격은 내면부모와 내면아이로 분열되어 있으며 사람은 누구나 분열된 두 인격의 갈등과 충돌로 인하여 혼란을 겪는다고 할 수 있다. 자기 치유는 이처럼 분열과 갈등상태에 있는 내면부모와 내면아이가 서로를 이해하고 수용함으로써 인격의 통합을 이루는 과정이다.

자기 치유는 내면부모와 내면아이를 치유하는 데 매우 효과적이다. 왜냐하면 자기 치유는 내면부모와 내면아이가 동시에 치유되는 경험이 가능하기 때문이다. 자기 치유는 스스로 좋은 부모가 되어 자기 자신을 잘 돌보는 것이라 할 수 있다. 자기 치유에는 돌보는 자로서의 부모 인격과 돌봄을 받는 자로서의 아이(자녀) 인격이 함께 존재한다. 부모 인격은 치유하는 자가 되고 아이 인격은 치유받는 자가 되는 셈이다. 이 두 인격은 상처받은 내면부모와 내면아이를 치유하고 회복시키는 내적인 근거가 된다. 돌보는 자로서의 부모 인격은 상처를 주던 내면부모를 대신하고, 돌봄을 받는 자로서의 아이 인격은 상처를 받은 내면아이를 대신한다.

미실다인의 견해에 따르면, 자기 치유의 핵심은 자기(내면부모)가 자기(내면아이)에게 좋은 부모가 됨으로써 부모로부터 물려받은 이전의 병적이고 부적절한 자기 양육태도를 버리고 건강하고 적절한 자기 양육태도를 갖는 것이라 할 수 있다(Missildine, 1963, 283). 사람은 성장함에 따라 스스로 자기(내면부모)가 자기(내면아이)에게 부모역할을 하게 되는데, 그런 자기 부모역할은 과거의 부모의 양육태도를 반복하는 것이 보통이다. 자기 치유는 내면부모가 부모로부터 물려받은 부정적인 양육태도를 버리고 새로운 부모가 됨으로써 자신의 내면아이를 돌보고 과거에 충족되지 못했던 내면아이의 욕구와 필요를 채워 주는 것이다.

이런 자기 부모역할은 거절하는 내면부모와 거절받은 내면아이를 치유하는 과정에도 그대로 적용된다. 내면부모는 이전에 지니고 있었던 자기거절의 태도를 버림으로써 자기(내면아이)의 존재와 욕구와 감정을 거절하지 않도록 해야 한다. 이것은 거절이라는 양육환경과 불일치하는 새로운 환경을 자기 안에 창조함으로써 가능하다. 새로운 환경 속에는 자기수용과 자기환영의 태도가 있어야 한다. 자기수용(self-acceptance)은 자기(내면아이)의 존재를 있는 그대로 받아들이고 자기가 가지고 있는 욕구와 감정에 능동적으로 응답하는 것이다. 비록 자기(내면아이)가 실수를 하거나 부적절한 행동을 했을지라도 자기의 존재와 가치를 거절하거나 평가절하 하지 않는 것이다. 왜냐하면 거절하는 내면부모는 거절받은 내면아이를 다시 거절함으로써 이중거절하는 경우가 많기 때문이다. 거절받은 내면아이의 상처는 쉽게 치유되지 않는데, 그 이유는 상처를 주는 외부의 대상 때문이 아니라 스스로 계속해서 자기를 거절하는 내면부모 때문이다. 미실다인은 상처 입은 내면아이의 치유는 내면아이가 가지고 있는 욕구와 감정을 스스로 이해하고 존중하는 데서부터 시작되어야 한다고 말했다(Missildine, 1963, 287).

자기환영(self-welcoming)은 스스로 자기(내면아이)의 존재를 기뻐하고 즐거워하며 환대하는 것이다. 따라서 자기환영은 자기거절에 가장 불일치하는 치유적인 태도라 할 수 있다. 자기환영은 존재의 시작, 곧 임신과 출산의 시기에서부터 시작된다. 생명은 누구를 막론하고 환영받아야 할 일이기 때문이다. 그렇게 하는 데 도움이 되는 것이 있다. 자기의 출생과 존재를 기뻐하는 자기환영의 의례를 갖는 것이다. 그런 의례 중의 하나는 자기(내면부모)가 자기(내면아이)에게 환영의 말을 하거나 글을 쓰는 것이다. 스스로 자기가 자기에게 하는 확신에 찬 말은 다른 사람이 자기에게 해 주는 말보다 그 영향력이 더 강력하다. 팜 레빈(Pam Levin)은 확신에 찬 선언적인 메시지는 혼수상태에 있는 환자의 심장과 호흡속도까지 변화시킨다고 말했다(Bradshaw, 1990, 92에서 재인용). 스스로 긍정적인 말을 반복하는 것은 자기 치유를 위한 효과적인 방법이다.

다음은 브래드쇼가 자신의 내면아이에게 쓴 자기환영의 글을 다소 개작한 것이다. 이 글을 참고로 하여 각자 자신의 내면아이에게 환영의 글을 써 본다면 치유에 도움이 될 것이다.

...

축하한다. 아가야! 이 세상에 태어난 것을 환영한다.

나는 네가 태어나기를 기다리고 있었단다.

이렇게 네가 여기에 있다는 것이 너무나 기쁘구나.

나는 네가 남자아이(또는 여자아이)라서 기쁘단다.

나는 네가 지낼 수 있도록 특별한 장소를 준비해 두었단다.

네게 필요한 것은 모두 준비해 놓았지.

네가 원하는 것은 무엇이든지 다 있단다.

네가 원하는 것이면 무엇이든지 다 해 줄 거야.

언제까지나 나는 너를 보살펴 줄 거란다.

그렇게 할 준비가 되어 있어.

나는 무슨 일이 있어도 너를 떠나거나 버리지 않을 거야.

그런 일은 없을 거란다.

안심해도 돼. 염려하지 않아도 돼.

불안해하지 마.

나는 너를 사랑한단다.

나는 항상 너와 함께 있기를 원하거든.

나는 너와 함께 시간 보내는 것을 좋아하거든.

이 세상 어디에도 너와 똑같은 아이는 아무도 없단다.

알고 있니?

네가 태어났을 때 하나님이 웃으셨단다.

하나님이 너를 보시고 좋아하셨단다.

...

앞에서 치유의 원리들을 설명할 때 실험행동에 대해서 언급한 것이 기억날 것이다. 실험행동은 거절받은 내면아이를 비롯해서 모든 상처받은 내면아이의 치유에 도움이 된다. 실험행동은 자기 치유적인 작업이다. 실험행동을 하는 주체는 바로 자기 자신이기 때문이다. 치유에 있어서 실험행동을 강조한 제이 얼리는 '새로운 방식으로 존재하려는 시도'라는 어빈 얄롬의 말을 인용하면서, 실험은 내담자가 새로운 행동을 실험적인 태도를 가지고 의식적으로 시도하는 것으로서, 위기개입이나 증상의 완화뿐만이 아니라 의미 있는 행동의 변화와 기질적인 변화를 촉진하는 데 없어서는 안 될 치유 작업이라고 했다(Earley; 김창대 외 역, 2004, 53-56). 실험행동은 다음과 같은 몇 가지의 특성을 지닌 자기 치유의 작업이다.

- 실험행동은 마음의 상처를 치유하고 성격이나 행동양식을 바꾸는 데 도움이 된다. 그것은 치유와 성장에 목적이 있다.
- 실험행동은 내담자나 피치유자가 스스로 하는 자기 치유의 과정이다. 상담자나 치유자는 그 사람의 실험행동을 격려하고 촉진시킬 수 있을 뿐이다. 그것을 대신해 줄 수는 없다.
- 실험행동은 새로운 방식으로 존재하려는 시도이다. 만약 거절받은 내면아이의 치유를 위하여 실험행동을 한다면, 거절받을 수 있는 환경 속에서 거절받지 않은 내면아이로 존재하려고 노력하는 것이다.
- 실험행동은 이전에 해 보지 않은 행동을 하는 것이다. 그것은 자신에게 낯설고 익숙하지 않은 행동이다.
- 실험행동은 그냥 되지 않는다. 의도를 가지고 의식적으로 해야 한다. 용기를 내야 한다.
- 성격이나 행동양식의 변화를 위한 실험행동은 한두 번으로 완성되지 않는다. 여러 번 반복해야 한다.

거절받은 내면아이를 지닌 사람이 실험행동을 통해서 치유받은 사례가 있다. 그 사람은 40대 중반의 여인으로서 어린 시절에 거절의 양육환경 속에서 자랐다. 그녀의 부모는 그녀를 존재적으로 그리고 정서적으로 거절했다. 성장한 후에도 거절감은 그녀의 핵심문제가 되었다. 그녀는 인간관계에서 많은 어려움을 겪고 있었다. 자신이 좋아하거나 의존하고 싶은 대상이 나타날지라도 그 사람에게 접근하거나 좋아한다는 표현을 못했다. 거절받을까 봐 두려웠기 때문이다. 그녀는 거절을 받지 않기 위해서 아예 접근을 하지 않은 것이다. 그녀는 자신의 욕구나 감정을 표현하는 데 익숙하지 않았다. 다른 사람들의 요구나 부탁은 잘 들어주었지만 정작 자신은 원하는 것이 있을지라도 남에게 부탁하지 못했다. 그녀가 나의 치유집단에 참석했다. 그러나 그녀는 이미 여러 번 다른 치유 프로그램에 참석한 경험이 있었다. 그녀는 자신의 핵심문제인 거절감과 그 원인에 대해서 어느 정도 알고 있었으며 그 문제와 관련해서 어린 시절로 돌아가 자신의 부모를 직면하는 치유의 시간도 가진 상태였다. 즉 자기통찰과 재구성 작업 그리고 감정정화 등의 치유 작업을 경험하였다. 나는 그녀의 자기통찰을 더 심화하고 재구성 작업을 다시 하도록 도울 수도 있었지만 그 시점에서 그녀의 치유에 더 필요한 것은 실험행동이라고 생각했다.

나는 하나의 가상적인 시나리오를 만들어 그녀에게 제시했고 그녀로 하여금 그 시나리오의 주인공으로 행동하도록 요청했다. 시나리오는 이랬다. 그녀는 학생이고, 나는 그녀가 다니는 학교의 교수이다. 그녀는 개인적인 문제로 나를 만나 상담하기를 원한다. 그녀가 나의 연구실로 찾아와서 노크를 한다. 이것은 그녀가 새로운 방식으로 존재하려는 시도이다. 그녀는 나에게 시간을 내어 달라고 부탁한다. 그러나 나는 그녀의 부탁을 거절한다. 그다음의 행동이 중요하다. 거절받은 그녀는 그것으로 나를 만나고 싶어 했던 자신의 마음을 포기할 것인지, 아니면 용기를 내어 다시 부탁할 것인지를 선택해야 한다. 여기에 필요한 것이 실험행동이다. 그녀는 이전에 해 보지 않았던 행동을 해야만 한다. 그녀가 그렇게 할 수 있을까?

나는 그녀에게 실제로 집단치유를 하고 있던 방 밖으로 나가도록 했고, 역할연기의 진정성을 가지고 방문에 노크하라고 요청했다. 그녀가 노크했다. 나는 방문을 열고 웬일이냐고 퉁명스럽게 말했다. 그녀는 고개를 숙인 채 조심스럽게 말했다. "교수님, 상담할 게 있어서 왔는데요, 시간이 어떠신지요?" 그러나 나는 이렇게 말했다. "지금 바빠요. 시간이 없어요. 미리 연락도 없이 이렇게 찾아오면 어떻게 해요. 미안합니다. 다음에 와요." 그리고 방문을 닫아 버렸다. 그녀는 거절받은 것이다. 그녀가 다시 노크를 할 수 있을까? 아니면 그대로 포기해 버릴까? 역할연기였지만 나는 그녀가 포기해 버릴까 봐 걱정이 되었다. 왜냐하면 그녀의 일상적인 행동특성이 역할연기에 그대로 나타날 수도 있기 때문이다. 그녀는 자신의 내적 경험을 깊이 탐색하면서 자기 자신을 직면하고 있었을 것이다. 시간이 흘렀다. 나는 초조한 마음으로 기다렸다. 다행스럽게도 그녀가 다시 노크했다. 반가웠다. 그러나 나는 그녀가 자신의 거절감을 밑바닥에서부터 경험하고 다시 한 번 치유를 위한 실험행동을 하는 것이 필요하다고 판단했다. 나는 방문을 열고 이렇게 말했다. "학생! 아직도 안 갔네. 시간이 없다고 했잖아요. 미리 연락을 했어야지. 이렇게 막무가내로 찾아오면 어떻게 해요? 무례하게!" 나는 의도적으로 "쾅" 소리가 나도록 방문을 세차게 닫았다. 그녀는 다시 거절받았다. 인격적으로 거절받은 것이다. 그녀가 다시 용기를 낼 수 있을까? 나뿐만 아니라 방 안에 있던 모든 집단원의 얼굴에 걱정하는 빛이 역력했다. 그리고 방문 밖에 있는 그 여인에게 마음으로 지지와 응원을 보내고 있었다. 나는 진심으로 그녀가 한 번 더 용기를 낼 수 있기를 바라며 기다리고 있었다. 얼마를 기다렸을까? 그녀가 용기를 냈다. 다시 노크했다. 너무나 반가웠다. 감격스러웠다. 눈시울이 뜨거워졌다. 나는 방문을 열고 기쁨으로 그녀를 맞이하였다. 환영하고 환대하였다. 그것은 집단치유 과정의 선물이었다.

물론 집단치유에서 경험한 그녀의 실험행동이 그녀가 평생 지니고 있었던 거절감의 문제를 모두 해결했다고 말할 수는 없다. 일상적인 삶에서 그녀의 실험행동이 반복되어야 하며 또한 다른 치유 작업이 더 필요할 수도 있다. 그러나 그럼에도 불구하고 그 경험은 그녀가 실험행동의 치유적인 가치를 깨닫는 중요한 계기가 되었을 것이다. 그녀는 그렇게 용기를 내었던 자신의 실험행동이 자신이 지닌 거절감의 상처를 치유하고 회복하는 데 매우 도움이 된다는 것을 알게 되었을 것이다.

거절받은 내면아이의 치유와 회복을 위한 심층적인 자기 치유의 과정이 있다. 그것은 '추방당한 아이(the infant child in exile)'의 신화적인 의미를 자신의 내적 세계와 삶 속에서 찾는 것이다. 브래드쇼는 상처받은 내면아이의 치유와 회복의 과정에서 우리의 내면에 있는 신성한 아이 또는 놀라운 아이가 지닌 창조적인 능력과의 접촉이 필요하다는 것을 강조했다. 그것은 사회로부터 추방당한 신성한 아이의 신화를 우리 자신의 이야기로 개인화함으로써 가능하다(Bradshaw, 1990, 265).

브래드쇼(Bradshaw, 1990)와 폰태너(Fontana, 1994)의 글에 따르면, 신화에 등장하는 신성한 아이는 다음과 같은 특징을 지닌 인물이다. 신성한 아이는 비범한 능력을 지니고 있거나 영웅적인 존재로서 변화와 재생력의 원형이다. 칼 구스타프 융에 따르면, 신성한 아이는 우리의 집단무의식 안에 있는 원형으로서 진정한 자기(self)와 존재의 완전성을 상징한다. 신성한 아이는 구세주가 되기도 하고 새로운 질서를 만드는 변혁자가 되기도 한다. 이런 신성한 아이의 신화적인 이야기는 역사적으로 그리고 종교적으로 여러 지역에서 발견된다. 기독교의 아기 예수는 신성한 아이의 가장 원형적인 모델이다. 그런데 이런 신화들이 지니고 있는 공통된 주제가 있다. 신화에 등장하는 신성하고 영웅적인 아이는 그 아이가 속한 사회로부터 배척을 받고 추방당한다는 것이다. 사회는 그 아이의 출생을 환영하지 않으며, 그 아이를 제거하기 위한 음모를 꾸민다. 아이는 상자에 담겨 강물에 떠내려 가거나 산속에 버려진다. 사람들을 피하여 동굴이나 마구간에서 태어난다. 왜 이처럼 아이는 사회로부터 거절받고 추방당하는 것일까? 그 이유는 사회가 그 아이의 신성과 능력을 용납하지 못하기 때문이다. 사회에는 그 사회의 현 체제를 유지하면서 이득을 보는 기득권자들이 있게 마련이다. 그들은 변화를 원하지 않는다. 신성한 아이가 거절받고 추방당하는 것은 그런 이유 때문이다. 다시 말하면, 신성한 아이가 사회에서 추방당하는 이유는 그 사회를 바꾸고 구원할 수 있는 신성한 능력을 가지고 있기 때문이다. 그러나 기득권자들의 음모와 거절과 추방에도 불구하고 아이는 살아남는다. 그리고 때가 되면 아이가 본래 지니고 있었던 신성한 능력이 나타난다. 신성한 아이의 시대가 도래하는 것이다. 개혁과 변화의 바람이 분다. 구원의 노래 소리가 들린다. 기득권자들은 물러나고 억압받던 자들이 풀려나며 세계의 질서가 새롭게 개편된다. 이제 아이는 진정한 자기가 되어 신성한 능력을 행사하며 본래의 지위와 명예를 회복한다. 아이가 존경을 받는다.

신화 속에는 인간들의 삶의 이야기가 투사되어 나타나 있다. 추방당한 아이의 이야기는 우리 각자의 개인적인 이야기가 될 수 있다. 나는 이 이야기가 거절받은 내면아이의 치유와 회복을 위한 신화적인 모델이 될 수 있다고 생각한다. 거절받은 내면아이는 거절받고 추방되었지만 살아남을 것이다. 아이가 추방당한 것은 사회를 구원할 수 있는 비범한 능력을 지니고 있었기 때문이다. 추방당했다는 것은 비범한 능력을 가지고 있다는 증거이다. 반드시 그 아이의 시대가 올 것이다. 아이의 비범한 능력이 나타나고, 변화가 시작되며, 아이는 복권될 것이다.

이제 이 이야기는 더 이상 먼 지역의 신화가 아니다. 바로 거절받은 내면아이를 가지고 있는 우리들의 이야기다. 거절받은 내면아이는 거절받고 추방되었으나 복권될 것이다. 추방당한 신성한 아이의 신화를 자신의 이야기로 만든 사람은 그렇게 될 것이다.

참고
문헌

〈국내 서적〉

김병오(2010). 상처와 슬픔의 치유. 서울: 대서.

김용태(2000). 가족치료이론. 서울: 학지사.

김유숙(2002). 가족치료. 서울: 학지사.

양병환 외(2001). 기억. 서울: 하나의학사.

원호택(2003). 이상심리학 총론. 서울: 학지사.

이상조(1979). 성격과 행동의 지도: 성격심리학적 접근. 서울: 중앙적성연구소.

이성훈(1993). 내적치유. 서울: 은혜문화.

이숙, 우희정, 최진아, 이춘아(2002). 훈련중심 부모교육(2판). 서울: 학지사.

임경수(2002). 중년 리모델링. 서울: 도서출판CUP.

장영희(2009). 살아온 기적 살아갈 기적. 서울: 샘터

장현갑, 배재홍, 정애자, 권석만(2007). 마음챙김명상 108가지 물음. 서울: 학지사.

장휘숙(2001). 아동발달. 서울: 박영사.

정옥분(2004). 발달 심리학. 서울: 학지사.

정옥분(2013). 아동발달의 이해. 서울: 학지사.

정옥분, 정순화(2002). 부모교육. 서울: 양서원.

정태기(2008). 당신은 혼자가 아닙니다. 서울: 상담과 치유.

정태기(2009). 아픔 상담 치유. 서울: 상담과 치유.

정태기(2010). 하늘과 바다와 산이 만나는 곳. 서울: 상담과 치유.

정태기(2011). 내면세계의 치유 2. 서울: 상담과 치유.

주서택, 김선화(2001). 엄마 가지 마. 서울: 순 출판사.

주서택, 김선화(2015). 내 마음속에 울고 있는 내가 있어요. 서울: 순 출판사.

한복희(2012). 엄마공감. 서울: 여성신문사.

〈외국 서적〉

American Psychiatric Association (1996). *Diagnostic and Statistical Manual of Mental Disorders* (4th ed.). Washington, USA: APA.

Beatlie, M. (1989). *Beyond Codependency: And Getting Better All the Time.* New York, NY, USA: A Hazelden Book.

Beatlie, M. (1992). *Codependent No More: How to Stop Controlling Others and Start Caring for Yourself.* Center City, Minnesota, USA: A Hazelden Book.

Bradshaw, J. (1990). *Homecoming: Reclaiming and Championing Your Inner Child.* Broadway, NY, USA: Bantan Book.

Bradshaw, J. (2005). *Healing the Shame That Binds You.* Deerfield Beach, FL, USA: Health Communications, Inc.

Capacchione, L. (2001). *The Power of Your other Hands.* Franklin Lakes, NJ, USA: New Page Books.

Carter, L. (2003). *The Anger Trap: Free Yourself from the Frustrations That Sabotage Your Life.* San Francisco, CA, USA: John Wiley & Sons, Inc.

Carter, L., & Minirth, F. (1993). *The Anger Workbook: A 13-step Interactive Plan to Help You.* Nashville, Tennessee, USA: Thomas Nelson, Inc.

Carter, L., & Minirth, F. (1995). *The Freedom from Depression Workbook.* Nashville, Tennessee, USA: Thomas Nelson, Inc.

Clair, M. St. (2004). *Object Relations and Self Psychology: An Introduction* (4th ed.). Belmont, CA, USA: Brooks/Cole, Cengage Learning.

Fossum, M. A., & Mason, M. J. (1986). *Facing Shame: Families in Recovery.* New York, NY, USA: Norton & Company, Inc.

Hart, A. D. (1999). *The Anxiety Cure: You Can Find Emotional Tranquillity and Wholeness.* USA: Publishing Group.

Herman, J. (1997). *Trauma and Recovery.* New York, NY, USA: Basic Books.

Hjelle, L. A., & Ziegler, D. J. (1981). *Personality Theories: Basic Assumptions, Research, and Applications.* Auckland, USA: McGraw-Hill, International Book Company.

Kohut, H. (1995). *The Analysis of the Self.* Madison, Connecticut, USA: International Universities Press, Inc.

Martin, G. L. (1987). *Counseling for Family Violence and Abuse: A How-To Approach.* Dallas, USA: Word Publishing.

Miller, A. (1997). *The Drama of the Gifted Child: The Search for the True Self.* New York, NY, USA: Perennial, Harper Collins Publishers.

Missildine, W. H. (1963). *Your Inner Child of the Past.* New York, NY, USA: Simon & Schuster Inc.

Patton, J. (1993). *Pastoral Care in Cantext.* Louisville, Kentucky, USA: Westminster/John Knox Press.

Poulter, S. B. (2006). *The Father Factor: How Your Father's Legacy Impacts Your Carrer.* Amherst,

NY, USA: Prometheus Books.

Poulter, S. B. (2008). *The Mother Factor: How Your Mother's Emotional Legacy Impacts Your Life*. Amherst, NY, USA: Prometheus Books.

Samuels, A., Shorter, B., & Plaut, F. (1993). *A Critical Dictionary of Jungian Analysis*. New York, NY, USA & Canada: Routledge.

Siegal, A. M. (1996). *Heinz Kohut and the Psychology of the Self*. New York, NY, USA: Routledge.

Squire, L. P. (1992). Memory and the Hippocampus: A Synthesis from Findings with Rats, Monkeys and Humans. *Psychological Review, 99*, 195-231.

The American Psychoanalytic Association (1990). B. E. Moore, & B. Fine (Eds.), *Psychoanalytic Terms & Concepts*. Binghamton, NY, USA: Vail-Ballou Press.

Tulving, E. (1972). Episodic and Semantic Memory. In E. Tulving & W. Donaldson (Eds.), *Organization of Memory*. New York, USA: Oxford University Press.

Weinhold, B. K., & Weinhold, J. B. (1989). *Breaking Free of the Co Dependency Trap*. Walpole, NH, USA: Stillpoint International, Inc.

Wright, H. N. (1989). *Always Daddy's Girl: Understanding Your Father's Impact on Who You Are*. Ventura, CA, USA: Regal Books.

〈번역 서적〉

American Psychiatric Association (1994). *Diagnostic and Statistical Manual of Mental Disorders* (4th ed.). 이근후 외 역(1995). **정신장애의 진단 및 통계 편람**. 서울: 하나의학사.

American Psychiatric Association (2013). *Diagnostic and Statistical Manual of Mental Disorders* (5th ed.). 권준수 외 역(2015). **정신질환의 진단 및 통계 편람**. 서울: 학지사.

Bradshaw, J. (1988). *Healing the Shame That Binds You*. 김홍찬, 고영주 역(2008). **수치심의 치유**. 서울: 한국기독교상담연구원.

Bradshaw, J. (1990). *Homecoming: Reclaiming and Championing Your Inner Child*. 오제은 역(2004). **상처받은 내면아이 치유**. 서울: 학지사.

Bradshaw, J. (1996). *The Family*. 오제은 역(2006). **가족**. 서울: 학지사.

Clair, M. St. (2004). *Object Relations and Self Psychology*. 안석모 역(2009). **대상관계 이론과 자기심리학**. 서울: 시그마프레스.

Collins, G. (1980). *Christian Counseling*. 피현희, 이혜련 역(1984). **크리스천 카운슬링**. 서울: 두란노서원.

Corey, M. S., & Corey, G. (2001). *Groups: Process and Practice*. 김명권 외 역(2003). **집단상담 과정과 실제**. 서울: 시그마프레스.

Dennis, L., & Matthew, L. (2001). *Healing of Memories*. 염영호 역(1991). **기억의 치유**. 서울: 성요셉

출판사.

Didier, A. (1995). *Le Moi-peau*. 권정아, 안석 역(2008). **피부자아**. 서울: 인간희극.

Earley, J. (2000). *Interactive Group Therapy: Integrating, Interpersonal, Action-orientated, and Psychodynamic Approaches*. 김창대 외 역(2004). **상호작용 중심의 집단상담**. 서울: 시그마프레스.

Fairbairn, W., & Ronald, D. (1990). *Psychoanalytic Studies of the Personality*. 이재훈 역(2003). **성격에 관한 정신분석학적 연구**. 서울: 한국심리치료연구소.

Fontana, D. (1994). *The Secret Language of Dreams*. 원재길 역(1998). **꿈의 비밀**. 서울: 문학동네.

Fosha, D., Siegel, D., & Solomon, M. F. (2009). *The Healing Power of Emotion*. 노경선, 김건종 역 (2013). **감정의 치유력**. 서울: NUN.

Freud, S., Hall, C. S., & Osborne, R. *Interpreting Freud Psychology*. 설영환 편역(1989). **프로이트 심리학 해설**. 서울: 선영사.

Gottmann, J. (1997). *Raising An Emotionally Intelligent Child: The Heart of Parenting*. 남은영 공저 및 감수(2007). **내 아이를 위한 사랑의 기술**. 서울: 한국경제신문.

Greenspan, M. (2003). *Healing through the Dark Emotions*. 이종복 역(2008). **감정공부**. 서울: 뜰.

Hajime, Y.(하지매 야마구치). (2002). **愛撫, 人の心に觸れる力**. 김정운 역(2007). **애무: 만지지 않으면 사랑이 아니다**. 서울: 프로네시스.

Harris, T. A. (1968). *I'm OK-You're OK: The Practical Guide to Transactional Analysis*. 이형득, 이성태 역(1995). **인간관계의 개선과 치료**. 서울: 중앙적성출판사.

Hill, C. E., & O'Brien, K. M. (1999). *Helping Skills: Facilitating Exploration, Insight and Action*. 주은선 역(2012). **상담의 기술**. 서울: 학지사.

Holmes, J. (1993). *John Bowlby & Attachment Theory*. 이경숙 역(2005). **존 볼비와 애착이론**. 서울: 학지사.

James, M., & Jongeward, D. (1978). *Born to Win: Transactional Analysis with Gestalt Experiments*. 우재현 역(1990). **자아실현의 열쇠**. 서울: 정암미디어.

Lerner, R. *Affirmations For The Inner Child*. 김홍찬, 이경애 역(2003). **내 안의 아이를 만났어요**. 서울: 한국기독교 상담연구원.

Liebermeister, S. R. (2006). *The Roots of Love, A Guide to Family Constellation: Understanding the Ties That Bind us and the Path to Freedom*. 박선영, 김서미진 역(2009). **삶의 얽힘을 푸는 가족 세우기**. 서울: 동연.

Marshall, T. (1988). *Healing from the Inside Out: Understanding God's Touch for Spirit Soul and Body*. 이상신 역(2004). **내면으로부터의 치유**. 경기: 예수전도단.

Marrone, M. (1988). *Attachment and Interaction*. 이민희 역(2005). **애착이론과 심리치료**. 서울: 시그마프레스.

McDermott, I., & O'Conner, J. (2001). *NLP and Health*. 설기문 역(2002). **NLP와 건강**. 서울: 학지사.

Meyer, R. G., & Osborne, Y. H. *Abnormal Psychology* (3rd ed.). 김영애 역(1997). **이상심리학**. 서

울: 하나의학사.

Pennebaker, J. W. (1997). *Opening Up*. 김종한, 박광배 역(1999). 털어놓기와 건강. 서울: 학지사.

Seamands, D. A. (1963). *Healing of Memories*. 송헌복, 송복진 역(1999). 상한 감정과 억압된 기억의 치유. 서울: 죠이선교회 출판부.

Seamands, D. A. (1991). *Healing for Damaged Emotions*. 송헌복 역(2011). 상한 감정의 치유. 서울: 두란노.

Sledge, T. (1992). *Making Peace with Your Past: Help for Adult Children of Dysfunctional Families*. 정동섭 역(1996). 가족치유 마음치유. 서울: 요단출판사.

Stoop, D. (1991). *Hope for the Perfectionist*. 김태곤 역(2006). 완벽주의로부터의 해방. 서울: 미션월드 라이브러리.

Stoop, D., & Masteller, J. (1996). *Forgiving Our Parents Forgiving Ourselves*. 정성준 역(2001). 부모를 용서하기 나를 용서하기. 경기: 예수전도단.

Summers, F. (1994). *Object Relations Theories and Psychopathology*. 이재훈 역(2004). 대상관계 이론과 정신병리학. 서울: 한국심리치료연구소.

Thompson, Bruce & Thompson, Barbara. (1989). *Walls of My Heart*. 허광일 역(1993). 내 마음의 벽. 경기: 예수전도단.

Urquiza, A. J., & Cynthia, W. (1993). *Treatment for Abused and Neglected Children*. 노충래 역(2003). 학대와 방임피해 아동의 치료. 서울: 학지사.

Whitfield, C. L. (1987). *Healing the Child Within: Discovery and Recovery for Adult Children of Dysfunctional Families*. 김용교, 이인출 역(2005). 잃어버린 자아의 발견과 치유. 서울: 글샘.

Winnicott, D. (1971). *Playing and Reality*. 이재훈 역(1997). 놀이와 현실. 서울: 한국심리치료연구소.

Wright, H. N. (1985). *Making Peace with Your Past*. 송헌복, 백인숙 역(1996). 당신의 과거와 화해하라. 서울: 죠이선교회 출판부.

Yalom, I. D. (1985). *The Theory and Practice of Group Psychotheraphy* (3rd ed.). 최해림, 장성숙 역(1993). 최신 집단정신치료의 이론과 실제(개정판). 서울: 하나의학사.

Yalom, I. D. (1995). *The Theory and Practice of Group Psychotherapy* (4th ed.). 최해림, 장성숙 역(2008). 최신 집단정신치료의 이론과 실제. 서울: 하나의학사.

〈학술지 · 논문 · 기타〉

김금희, 이달석(2003). 어머니의 양육태도와 유아의 자아개념 및 사회적 기술과의 관계. 조선대 생활지도연구, 22(1), 33-57.

김보경, 민병배(2006). 청소년 우울과 지각된 부모 양육 행동, 기질 및 성격의 관계. 한국심리학회지, 25(1), 221-236.

김소명(2009). 부모의 양육태도와 청소년의 수치심 및 죄책감의 상관성 연구. 상명대학교 대학원 석사학위논문.

김숙경(1986). 아동이 지각하는 부모행동과 자아존중감 간의 관계연구. 숙명여자대학교 대학원 석사학위논문.

김연실(2000). 부모권위에 따른 완벽주의와 지연행동에 관한 연구. 연세대학교 대학원 석사학위논문.

김은경, 유가효(2002). 아버지의 양육태도와 아동의 자아존중감, 문제행동 간의 관계. **놀이치료연구**, 5(1), 33-44.

김재은(1974). 한국 가족의 집단성격과 부모 자녀 관계에 관한 심리학적 연구. 이화여자대학교 대학원 박사학위논문.

박미영(2005). 부모의 양육태도와 자녀의 자아존중감 및 학업성취도 간의 관계. 경상대학교 교육대학원 박사학위논문.

박영애, 정옥분(1996). 부모의 양육행동과 아동의 자존감과의 관계연구. **대한가정학회지**, 34(1), 321-340.

박홍선, 박경란(1998). 유아기 자녀를 둔 부모의 자녀교육관 및 양육태도 조사연구. **아동·가족복지연구**, 2, 79-101.

변영주(1995). 부모의 양육태도와 청소년의 비합리적 신념 및 스트레스의 상호관계 연구. 연세대학교 대학원 석사학위논문.

배문주(2005). 부모의 양육태도 및 양육태도 일치에 따른 유아의 정서지능. 이화여자대학교 대학원 석사학위논문.

백은미(1999). 아동기 학대 및 지각된 부모의 양육태도가 성인기 대인관계에 미치는 영향에 관한 연구-초기 성인기의 친밀한 대인관계의 질을 중심으로. 연세대학교 대학원 박사학위논문.

송기분(2007). 부모의 양육태도가 아동의 자아존중감에 미치는 영향. 상명대학교 정치경영대학원 석사학위논문.

안석모(2009). 인간의 삶을 떠받치고 있는 기억. **상담과 치유**, 2009년 52(겨울호). 크리스찬치유상담연구원.

안은선(2010). 부모의 양육태도와 자녀의 자아정체감 및 문제행동과의 관계 연구. 상명대학교 복지상담대학원 석사학위논문.

안혜미(2008). 청소년이 지각한 부모의 양육태도 및 청소년의 의사결정유형이 학교생활적응에 미치는 영향. 단국대학교 대학원 석사학위논문.

양유진(2008). 부모양육태도가 청소년 우울에 미치는 영향: 회피적 정서조절과 정서인식의 명확성을 매개로. 연세대학교 대학원 석사학위논문.

연인자(2005). 초등학교 아동이 지각하는 부모의 양육태도가 자아존중감에 미치는 영향. 건국대학교 교육대학원 석사학위논문.

오성심, 이종승(1982). 부모의 양육방식에 대한 아동의 지각과 정의적 특성의 관계연구. 한국행동과학연구소, 2-15.

오현아(2006). 부모-자녀 의사소통과 우울이 청소년 자살생각에 미치는 영향. 중앙대학교 대학원 석사학위논문.

유영권(2007). 무의식적 결혼에서 의식적 결혼으로. **상담과 치유**, 2007년 40(봄호). 크리스찬치유상담

연구원.

유지혜(2007). 청소년이 지각한 부모양육태도가 우울에 미치는 영향. 백석대학교 상담대학원 석사학위 논문.

이미정(2001). 어머니의 양육태도 및 학교상황과 청소년 우울증과의 관계: 자존감을 매개 변인으로. 중 앙대학교 사회개발연구원 석사학위논문.

이성실(2008). 아동이 지각하는 부모양육태도와 완벽주의 및 대인관계 성향간의 관계. 상명대학교 대 학원 석사학위논문.

이성희(2002). 지각된 부모의 양육태도와 아동의 문제행동과의 관계. 서강대학교 교육대학원 석사학위 논문.

이숙, 최정미(2003). 어머니의 양육행동과 또래수용도가 아동의 자아존중감에 미치는 영향. **대한가정학 회지, 41**(2), 31-42.

이현숙(2011). 완벽주의. **상담과 치유, 2011년 60(겨울호)**, 크리스찬치유상담연구원.

장미영(2006). 아동이 지각하는 부모의 양육태도와 자아존중감 및 문제해결능력의 관계. 숙명여자대학 교 대학원 석사학위논문.

정미현(2003). 부모의 양육태도와 아동의 자아탄력성 및 친구간 갈등해결전략과의 관계. 숙명여자대학 교 대학원 석사학위논문.

정태기(2001). 내면의 치유. **상담과 치유, 19(가을호)**. 크리스찬치유상담연구원.

차경숙(1997). 아동이 지각한 어머니의 양육태도 및 언어통제유형이 아동의 자아존중감에 미치는 영 향. **이화교육논총, 8.**

최경옥(2004). 부모의 양육태도가 자녀의 자아존중감에 미치는 영향. 한서대학교 교육대학원 석사학위 논문.

홍성신(2002). 가족관계에서 부모의 양육태도가 청소년 자녀의 성격에 미치는 영향. 광운대학교 정보 복지대학원 석사학위논문.

황혜자, 최윤화(2003). 부모의 양육태도가 아동의 자기효능감과 학업성취에 미치는 영향. **사회과학논집, 22**(1), 285-304.

경향신문, 2011년 3월 15일, 칼럼.

메디컬투데이/뉴시스, 2008년 7월 1일, 칼럼.

한국뇌과학연구원, 서울경제신문, http:/julythief.blog.me, 2004.

KBS1 TV, 2005년 5월 5일, 어린이날 뉴스.

KBS1 TV, 2007년 5월 5일, 어린이날 뉴스.

KBS1 TV, 2008년 5월 5일, 어린이날 뉴스.

MBC 인터넷뉴스, 2011년 8월 22일, 일일 뉴스.

김광일 221
김명수 96
김병인 91
김순덕 96

박미옥 96

성정자 96

오성심 91, 96
원호택 277
이상로 95
이숙 96
이종승 91, 96

정원식 95
조연규 221

최진 96

Adler, A. 328
Ainsworth, M. 444
Alexander, F. 351
Allport, G. 443
Anna, O. 55
Anzieu, D. 243
Atkinson, R. 32

Bandura, A. 108
Bateson, G. 300
Baumrind, D. 94
Beck, A. 415
Becker, A. 91
Berne, E. 101, 310
Bettelheim, B. 314
Bowen, M. 323
Bowlby, J. 104, 277

Bradshaw, J. 24, 119, 123, 177, 304, 306, 454
Breuer, J. 55, 351

Childs, B. 285
Clair, M. 104, 187
Claparede, E. 46
Courdet, J. 177
Cynthia, W. 265, 266, 333

Earley, J. 83, 171, 283
Erikson, E. 402

Fagot, B. 91
Fairbairn, R. D. 88, 264, 331, 387, 436, 438
Finn, C. C. 121
Firestone, R. 51, 311
Fontana. D. 454
Freud, S. 17, 48, 70, 191, 311, 351

Goldwyn, R. 253
Guntrip, H. 440

Hall, C. S. 250
Halpern, H. 132
Hamacheck, D. E. 138
Harlow, H. F. 253
Helfer, S. 242
Hellinger, B. 359, 441
Herman, J. 74, 77, 319, 335
Hilgard, E. 320
Hill, C. E. 222
Horney, K. 143, 145
Horowitz, M. 78

Jacobson, E. 156, 398
Janet, P. 70, 77
Jourard, S. 118
Jung, C. G. 34, 454

Kagan, J. 107
Kardiner, A. 76
Kaufman, G. 407
Kernberg, O. F. 89, 107, 410
Klein, M. 87, 153, 438
Kohut, H. 89, 170, 260
Kolb, L. 76

Laing, R. 54
Ledoux, J. 45
Levin, P. 450
Liebermeister, S. R. 359
Locke, J. 62

Maccoby, E. E. 95
Maclean, P. 26
Mahler, M. 89
Main, M. 253
Medinnus, G. R. 92
Meyer, R. G. 321
Miller, A. 118, 313
Missildine, W. H. 17, 81, 398, 449
Money, J. 62
Moore, S. 143, 354
Murphy, D. 413

Newell, W. H. 390

O'Brien, K. M. 222
Osborne, Y. H. 321

Patton, J. 283
Penfield, W. 27
Pennebaker, J. W. 50, 107
Perls, F. 310
Plaut, F. 34

Rapoport, R. N. 266
Robertson, J. 277
Rogers, C. R. 222
Russell, P. 78, 325

Salier, D. 284
Samuels, A. 34
Schaefer, E. S. 93
Schneider, K. 413

Seamans, D. 175
Seligman, M. 330
Shiffrin, R. 32
Shoter, B. 34
Simon, A. J. 384
Stern, D. 20
Sternback, J. 241
Stoop, D. 140, 151, 163, 356, 357
Sullivan, H. S. 90
Symonds, P. M. 93

Thompson, Barbara 377, 390, 397
Thompson, Bruce 377, 390, 397

Trevarthen, C. 20
Tulving, E. 45

Urquiza, A. J. 265, 266, 333

Wemmie, J. 57
Whitfield, C. L. 118, 120
Whitman, W. 17
Winnicott, D. W. 14, 88, 118, 202, 240, 244, 440
Wright, H. N. 104, 378

Yalom, I. D. 351, 442

내용

가족 세우기 359
가족치료 20
가짜자기 120
가치의 조건 224
가학적인 성애 312
가학적인 쾌감 312
가학증 311
가해자 314
가해자와의 동일시 314
각본 51, 353
간접적인 신체학대 301
갈망 278
갈망의 단계 278
감각 등록기 32
감각기억 32
감독 188
감사 359
감시 188
감정 290
감정 아기 290
감정반사 행동 324
감정의 뇌 56
감정의 재경험 351
감정의 톤 35

감정정화 48, 351, 435
강도 46
강박성 인격장애 138, 166
강박성 인격장애의 진단기준 167
강박적 자위 212
강박적 재연 313
강압 81, 183
강압받은 내면아이 181, 197
강압적인 내면부모 181
강요의 폭군 145
개념 35
개인 무의식 34
거리 두기 289
거부-수용 93
거세불안 212
거울반응 90
거절 82, 371
거절받은 경험을 일반화 391
거절받은 내면아이 369, 395
거절받은 세상으로 만드는 것 400
거절에 대한 정서적인 대치물 415

거절의 강력한 형태 372
거절의 말 377
거절의 양육태도 374
거절하는 내면부모 369, 387
거절하는 대상 438
거절하는 부모와 동일시 388
거절하는 아픔 400
거짓말 205, 206, 327
거짓자기 120, 121, 202, 224
건강염려증 81
건강한 수치감 152
견고한 자기 324
결정적인 시기 250
경계성 인격장애 89, 409, 430
경계성 인격장애의 진단기준 433
경고 187
경이로운 내면아이 119
경이로운 아이 118
경험의 역사 17
경험자기 289
계몽주의 18
고전적인 이야기치료 54
고착 260

공상 205, 322
공생 89
공적인 자기 120
공포가 만연한 가정 299
공포의 기억 56
공포증 328, 345
공황상태 70
공황장애 328
과각성 76
과거로 가는 리본이나 밧줄 354
과경계적 335
과대-과시적인 자기 90
과대자기 171
과도하지 않은 경험 69
과도한 경험 69
과보호 81
과잉통제 410
과잉폭발 410
관계적인 존재 90
관리 440
관심과 돌봄 283
관찰자기 289
광장공포증 328
괜찮아 요법 231
교류분석 360
교정적 정서 체험 351
구강기 311
구피질 26
권력-추구 334
권위자와의 동일시 192
권위적인 양육태도 94
권위주의 184
권위주의적 양육태도 95
그건 네 잘못이 아니야 365
그림 퍼즐 맞추기 40
그 어미에 그 딸 112
극대화와 극소화 142
금메달 콤플렉스 140
긍정적인 말 302
긍정적인 의미의 거절 373
긍정적 전이 201
기다리시는 하나님 227
기본적인 신뢰감 402
기억 32

기억상실증 76, 286
기억의 하나님 284
기억하고 기억받는 것 283
기억하는 것은 돌보는 것 283
깊숙한 인간체험 442

나는 옳고 너는 틀렸다 361
나는 틀렸고 너는 옳다 360
나도 옳고 너도 옳다 361
나도 틀렸고 너도 틀렸다 361
나-보고법 291
나쁜 대상 89, 437
나쁜 아이 콤플렉스 331
나-전달법 291
낭만주의 18
내면부모 102
내면아이 22, 115
내면의 목소리 51
내면화 107, 387
내면화된 부모의 목소리 310
내면화된 환상적 대상 264
내사 53, 108
내재아이 118
내재와 과잉통제 314
내적 굶주림 170
내적인 공허감 260
내적 파괴자 438
내적 행동화 123
네피오스 125
놀이 244
놀이의 방임 244
뇌간 26
누적된 외상 79, 186
눈치 151

다중 인격장애 321
단기기억 32
단어 연상검사 34
닫힌 가족체계 299
당신-사랑=? 396
대뇌기능 국재설 28
대뇌피질 26
대물림 195
대상관계 이론 18
대상상실에 대한 불안 437

대상상실의 동일시 191, 267
대상으로부터 철수 437
대상을 추구하는 존재 88
대상표상 85, 156
대화의 방임 243
더 좋은 부모 440
덕성 402
덫에 걸린 느낌 300
독립을 위한 단계 440
독재형 94
동일시 53, 108
되뇌이기 32
두려움 327
둔감화 현상 75, 320

리비도 170
리비도적 자아 438

마녀의 마술 54
마술적 신념 123
마음의 상처 31, 83
만나지지 않는 꿈 264
만성적인 우울감 330
망각 205, 206, 322
멸절불안 441
명령 187
명시적 기억 45
모더니즘 18
모방행동 109
모성적 환경의 제공 441
목석같은 남편 273
목표지향적인 동일시 191
무경계적 335
무분별한 성적 접촉 425
무의식 17
무의식의 의식화 41
무의식적 결혼 272
무의식적인 회상 41
무조건적인 긍정적 존중 222, 225
물리적인 거절 375
물리적인 방임 238
미루기와 지연 149
민주형 94

반리비도적 자아 438
반복적 환경 64, 78
반사회성 인격장애 346, 413, 430
반사회성 인격장애의 진단기준 348
반영 심상 기법 354
반영된 평가 90
반항형 209
발달과업 402
발산되지 못한 정서 351
발생기원 83
방어막 57
방어와 공격 410
방임 237
방임과 결혼 271
방임받은 내면아이 235, 259
방임의 원인 245
방임하는 내면부모 235, 251
방임형 94
방치 82, 238
배우자를 조정하고 통제하는 방식 428
백지상태 62
버려진 아이들 376
변연계 26
변형적인 환상 322
병리적인 애착관계 336
보호의 방임 242
복수환상 352
본보기 108
부모 없는 부모 254
부모가 인지하는 자신의 양육태도 92
부모가 하는 말 303
부모의 양육태도 98
부모의 이혼 249
부모의 죽음 249
부모자아 101, 102
부부의 맞벌이 245
부분대상 89
부적응적 행동 83
부적절한 거절감 397
부적절한 죄책감 396
부전자전 112

부정 322
부정적 전이 201
부정적인 말 302
부호화 과정 32
부호화된 언어 109
분노 326
분노 폭발의 장소 409
분노의 정화작업 351
분리 개별화 14
분리불안 15
분리와 개별화 89
분석과정의 인격화 439
분열과 내재화 437
분열성 병리 437
분열적 자리 437
분할기제 89
분할적 갈등 관계 268
불신감 403
불안장애 70, 345
불행한 결혼 생활 249, 306, 384
비극적 운명의 주인공 326
비극적인 인간 260
비서술적 기억 45
비언어적인 통제 방식 189
비지시적인 상담 222
비판부모 102
빈도 46, 47

사고의 전환 435
사랑의 사닥다리 249
사연 49
사이비 용서 352, 358
사이비 자기 324
사이코패스 413
사회공포증 328
사회적인 거절 379
사회적인 철수 404
사회적인 철수현상 331
사회적인 학대 305
삼자관계 152, 154
상대적 의존단계 440
상호주관성 20
상황의존 학습 321
새 구성 작업 435

새로운 방식으로 존재하려는 시도 452
생동감 지수 261
생리 신경증 76
서술적 기억 45
선천적인 결정론 62
성 정체감의 혼란 382
성 집착적 338
성 학대를 받은 내면아이 337
성 회피적 338
성공과 성취 157
성공과 성취감 163
성공적인 실패작 159
성부 하나님의 침묵 447
성인아이 116
성적 쾌감과 죄책감 213
성적인 금욕주의 189
성적인 학대 300, 303, 319
성적인 환상 211
성적자극 82
성폭력에 의한 임신 380
세대 간에 대물림 253
세대 간의 학대 313
소극적 반항형 210
소리 없는 애도 330
소외감 262
손가락을 빠는 것 264
수동-공격성 인격장애 219
수동-공격성 인격장애의 진단기준 221
수축 74
수치감 151, 324
수치감 중독 324
순응형 208
순환적 인과관계 20
시공간 잡기장 32
시기와 질투 152
신경언어 프로그래밍 18, 178
신경증적인 완벽주의 138
신비하고도 심오한 영적 체험 443
신성한 아이 118, 454
신성한 질서 359
신체적인 거절 425
신체적인 자기돌봄 289

신체적인 학대 300, 301, 318
신피질 26
신화적인 모델 455
실험정신 232
실험행동 435, 451
심리 사회적인 발달 402
심리적 싸개 243
심리적인 거절 375, 424
심리적인 국경선 187
심상 35
심상적 기억 35
심상적 잔재 39
심상적인 재구성 작업 40
싸우기와 도망치기 76
쌍생아들에 대한 추적연구 107

아니야 요법 365
아동자아 101, 102
아동학대 297
아버지 없는 가정 241
악몽 77, 336
안아 주기 단계 290
안전기지 323, 444
알아차리기 단계 289
알코올 중독 307
암묵적 기억 45
암묵적인 정서 기억 45
애교 없는 아내 273
애도하기 352
애정-적대 94
애착관계 277
야망 171
양육부모 102
양육태도 91
양자관계 152
어른자아 101
어미 없는 어미 254
억압 76
언어적 자기 지지 요법 179
언어적 자기존중 요법 231
언어적인 거절 377, 424
언어적인 기억 48
언어적인 치료 50
언어-정서적인 학대 300, 302
언어화되지 않은 기억 350

언어화된 기억 350
엄마, 가지 마 278
엄마, 빨리 와 278
엄마, 언제 와 278
엄마의 사랑 281
엄마환경 88
역기능적 행동 83
연령 퇴행 25
염색체 62
영장류의 뇌 26
오염 123
오이디푸스 콤플렉스 18, 154
완벽주의 81, 137
완벽주의 내면부모 135
완벽주의 내면아이 135, 147
완벽주의 성격의 발달 143
완벽주의 양육태도 139
완벽주의의 기원 173
왜곡된 신념 83
왜곡된 표상 83
외로움 261
외상 70
외상 신경증 70
외상의 재현 78
외상적 환경 64
외상후 스트레스 장애 69, 345
외상후 스트레스 장애의 진단
    기준 70
외적 행동화 123
외현과 통제불능 314
요구적 164
욕구만족 171
욕구의 방임 242
용서 356
용서의 가치와 효험 357
우울감 415
우울장애 345
우울적 자리 438
울타리-밖-인간 334
울타리-안-인간 333
원본능 101
원시적 뇌 26
원시적인 억압 193
원하지 않는 성별 381
원하지 않는 임신과 출산 379

원형적인 핵 34
위협 187
유기체적 가치화 과정 222
유아가 겪는 외상 경험 437
유아의 가치결정 224
유아의 욕동 88
유약 81
유전 62
유토피아적인 환상 322
유혹적인 행동 337
융 심리학 34
융해 323
은폐된 가정 299
은혜 175
음식의 방임 242
응집물 34
의미적 기억 45
의부증 428
의식상태의 변형 74
의식의 변형상태 320
의존성 인격장애 219, 275, 276
의존성 인격장애의 진단기준
    219, 277
의존욕구 406
의존적 164
의처증 428
이분법적 사고 144
이상적 자아 143
이상화된 부모 267
이상화된 부모 원상 90, 170
이상화에 의한 동일시 266
이야기치료 55
이용과 착취의 대상 416
이중구속 300
이중단일체 89
이탈 278
이탈의 단계 280
이혼 424
익애형 94
인간 이상의 존재 443
인격의 분리 320
인격장애 165
인격장애의 발생 요인 321
인과론적인 결정론 18
인생태도 360

인자형 63
인정욕구 149
인정-추구 334
인지왜곡 129, 332
인터넷 중독 207
일 중독 157
일차적 모성몰두 240
일차적인 중독 212
일화적 기억 35, 45
일화적 재구성 작업 54

자기 OK요법 363
자기 귀인적인 사고 366
자기 부모역할 133
자기 수치감 397
자기 정체성의 변형 314
자기 존재감 259
자기 증오 390
자기 지지 176
자기개방 55, 434
자기기억 287
자기노출 350
자기대상 90, 260
자기돌봄 287
자기동일화 400
자기분화 323
자기수용 436, 450
자기심리학 170
자기애성 인격장애 166, 170, 171
자기애성 인격장애의 진단기준 168
자기애적 장애 123
자기애적 지복 170
자기애적인 동일시 191
자기점수 155
자기존중 231
자기처벌 310
자기표상 85, 156
자기학대 310
자기환영 450
자기환영의 의례 450
자녀가 지각하는 부모의 양육태도 92
자녀 유기 375

자아 101
자아 이상 170
자아 콤플렉스 34
자아의 경계선 238, 372
자연 치유 77
자연아동 103, 118, 119
자위행위 211, 212, 264
자유와 권리 226
자율신경계 26
자율-통제 94
자존감 155
자해 331
자해적 행동 310
작업기억 32
작은 공간 279
작은 교수 103
잔소리 188
장기기억 32
장애적 행동 83
재구성 작업 40, 349, 435
재생된 과거 28
재연 33
저주의 말 378
저항 278, 439
저항의 단계 278
적대감에 기초한 거리 두기 266
적응아동 103
적절한 억압 193, 194
전멸에의 공황 328
전부가 아니면 전무 140
전이 129, 201, 439
전형적인 경험 16
전환경험 362
절대적 의존단계 440
절망 278
절망의 단계 279
절차적 기억 45
접촉의 방임 243
정상적인 완벽주의 138
정서적 기억 35, 41
정서적 재구성 48
정서적 체계 324
정서적인 방임 238, 244
정서적인 자기돌봄 289

정서적인 학대 302, 318
정신분석 17
정화치료 351
젖가슴 선망 153
조음회로 32
조현성(분열성) 병리 436
조현성(분열성) 인격장애 430
조현성 인격장애의 진단기준 430
조현형(분열형) 인격장애 346
조현형 인격장애의 진단기준 347
존재의 수용 230
존중의 가장 진화된 형태 228
종결원칙 78
종교적인 완벽주의 142
좋은 대상 89, 437
죄책감 324
죄책감을 지닌 인간 260
주 양육자 91
주의력 결핍 과잉행동 장애 322, 345
주의 분산 190
중간대상 14, 441
중독 205, 207, 247, 407
중심자아 438
지각의 둔감화 75
지나친 과로 246
지배-복종 93
지속도 46, 47
지시 187
지적 체계 324
지지치료 172
직선적 인과관계 19
진정한 자기 118
집단 무의식 34
징벌 82, 299

착수와 종결의 어려움 149
착한 아이 콤플렉스 208, 331, 333
참 사랑 229
참자기 118, 119, 202
초자아 101
최면 몰입 상태 320

최면치료 55
최면치료 기법 354
최적의 좌절 171
추방당한 아이 454
추방의식 378
충동조절 장애 409
충분히 좋은 엄마 88, 240, 440
치료의 기본 원칙 351
치료적 불일치 283
치유적 관계의 경험 436
친밀감 없는 성생활 273
친밀감 장애 124, 404
친밀감이 없는 섹스 337
친숙함에서 오는 안전감 130
침범당한 경계선 325
침습 76

카섹시스 121, 439
콤플렉스 34
콤플렉스 심리학 34

타란툴라 57
타인점수 155
탈동일시 289
태아를 제거하기 위한 시도 380
통제 188
통찰 435
통찰의 원리 23
통찰치료 172
퇴행 25

파괴적인 관계의 양식 335
파괴적인 구조 403
파손된 물건 325
파이디온 125
파편화 54

파편화된 이야기 350
페니스 선망 153
편도체 26, 56
편집성 인격장애 346
편집성 인격장애의 진단기
  준 346
편향 의존성 123, 198
편향 의존적 자기 120
폐위된 왕 248
포로나 노예가 되는 꿈 211
포스트모더니즘 18, 19
포유류의 뇌 26
표현하기 단계 290
표현형 63
품행장애 411
프라이멀 소리 지르기 요법
  352
플래시백 39, 77
피로와 무력감 203
피부 접촉 경험 243
피부자아 243
피학적 성애자 312
피학적인 쾌감 312
피학적인 희생양 343
피학증 311
피해자 314
필요충족 171

하나님 체험 226, 229
하나님의 손바닥 284
하나님의 평가 175
학대 295
학대받은 내면아이 293
학대의 양육태도 297
학대하는 내면부모 293, 309
학습된 무력감 330
학습장애 322

합입 108
항문기 312
항문기적 성격 140
해로운 수치감 152
해리 74, 320
해리성 건망증 321
해리성 기억상실 321
해리성 장애 321
해리성 정체감 장애 321
해리성 정체장애 75
해마 26
해석 435
핵심문제 83
핵심자기 90
행동양식 83
행위의 주체라는 느낌 21
허용적 양육태도 95
홍수기법 353
화장실에 관한 꿈 200
환경 62
환상적인 결속 304
황량한 들판을 걷고 있는 꿈
  264
회복에 걸리는 시간 281
회상 33
회피성 인격장애 275, 430
회피성 인격장애의 진단기
  준 276
훈육 188
흥분시키는 대상 438
희망 403
히스테리 351
히스테리 신경증 212
히스테리아 70

저자 소개

김중호(Kim, Joongho)

저자 김중호는 성균관대학교와 장로회신학대학원을 졸업하고 미국 시카고에 있는 매코믹(McCormick) 신학교와 시카고(Chicago) 신학교에서 각각 신학석사와 목회학박사 학위를 받았다. 그 후 클라렛(Claret) 연구소에서 영성지도 인턴십을 마쳤고, 헤이든(Haden) 연구소에서 꿈작업지도자 과정을 수료했다.

서울 영락교회 상담전담목사와 미국 시카고복음장로교회 담임목사로 사역하였고 치유상담대학원대학교의 대학원장으로 재직하였으며, 현재 동 대학원의 명예교수와 치유상담연구원의 부원장으로서 한국목회상담학회 감독, 한국치유상담협회 감독, (사)한국가족문화상담협회 전문이사 및 수련감독 그리고 한국상담전공대학원협의회 전문회원으로 활동하고 있다.

저자는 트라우마 치유상담, 내면아이 치유상담, 한국인의 심리와 한작업, 집단상담 등의 정규과목 외에 영성치유수련, 한작업 치유수련, 명상기도수련, 집단투사 꿈작업, 감수성훈련, 엄마아빠 테라피 등의 임상적인 수련과정을 만들어 진행하고 있다.

내면부모와 내면아이
-상처와 치유-

Inner Parents and Inner Child
-Wounds & Healing-

2017년 9월 15일 1판 1쇄 발행
2023년 9월 20일 1판 5쇄 발행

지은이 • 김 중 호

펴낸이 • 김 진 환

펴낸곳 • (주) **학지사**

　　　　04031 서울특별시 마포구 양화로 15길 20 마인드월드빌딩 5층

대표전화 • 02) 330-5114　　　팩스 • 02) 324-2345

등록번호 • 제313-2006-000265호

홈페이지 • http://www.hakjisa.co.kr
인스타그램 • https://www.instagram.com/hakjisabook

ISBN 978-89-997-1364-4 03180

정가 **18,000원**

출판미디어기업 **학지사**

간호보건의학출판 **학지사메디컬** www.hakjisamd.co.kr
심리검사연구소 **인싸이트** www.inpsyt.co.kr
학술논문서비스 **뉴논문** www.newnonmun.com
원격교육연수원 **카운피아** www.counpia.com